WINDOWS XP 9 EN 1 POUR LES NULS

Woody Leonhard

First Interactive

Windows XP 9 en 1 pour les Nuls

Publié par
Hungry Minds, Inc.
909 Third Avenue
New york, NY 10022

Pour les Nuls est une marque déposée de Hungry Minds, Inc
For Dummies est une marque déposée de Hungry Minds, Inc
Collection dirigée par Jean-Pierre Cano
Traduction : Geneviève Vassaux, Denis Duplan, Daniel Rougé
Édition : Pierre Chauvot
Maquette et illustration : Stéphane Angot

Edition française publiée en accord avec Hungry Minds, Inc.
© 2002 par Éditions First Interactive
33, avenue de la République
75011 Paris - France
Tél. 01 40 21 46 46
Fax 01 40 21 46 20
E-mail : firstinfo@efirst.com
Web : www.efirst.com
ISBN : 2-84427-354-8
Dépôt légal : 4ème trimestre 2002

WINDOWS XP 9 EN 1 POUR LES NULS

Sommaire

Introduction

Windows XP marque le grand retour de l'âge d'or de Windows : après des années de cohabitation de deux versions très différentes de Windows – une version floue qui plantait tout le temps mais qui pouvait lancer des jeux et une version stable qui ne se chargeait que des activités commerciales et ne tolérait aucun divertissement telles les fonctionnalités des appareils photo numériques –, les utilisateurs de Windows sont enfin de retour.

Nombre d'utilisateurs considèrent Windows XP comme la première version de Windows qu'il faut absolument avoir. Si comme moi, vous aviez recours à Windows AXP (avant XP) parce que vous le deviez, maintenant vous allez utiliser avec joie, allégresse et bonne humeur toutes les nouvelles fonctionnalités de Windows XP. Du moins, les jours impairs.

A propos de Windows XP 9 en 1

Windows XP 9 en 1 est un guide touristique sur le Pays des Nuls, avec un parcours initiatique sur le matériel et quelques excursions pratiques que même votre grand-mère pourrait (et devrait) comprendre – qui se poursuit dans des régions plus avancées où vous pourrez utiliser Windows XP tous les jours. Je ne m'embarrasse pas du charabia technique et emploie le jargon technique au strict minimum. Toutefois, j'aborde les problèmes que vous allez sans doute rencontrer, affiche la signalétique adéquate et vous propose une foule de solutions au moment où vous en aurez le plus besoin.

Si vous voulez installer facilement et rapidement un réseau domestique fiable ou que vous voulez tricher au Solitaire, ce livre est pour vous. En fait, je devrai plutôt dire ces *neuf* livres sont pour vous. J'ai en effet préféré traiter les différents thèmes que j'aborde en neuf livres différents de telle sorte que vous puissez aisément trouver un sujet particulier.

Ce livre ne se lit pas d'une traite. C'est un ouvrage de référence. Chaque chapitre et chaque section sont censés résoudre un problème spécifique ou décrire une technique précise. Les sections du début sont davantage des didacticiels alors que les sections de la fin prennent plutôt le taureau par les cornes.

Windows XP 9 en 1 devrait être votre roue de secours, avant même de consulter le Centre d'aide et de support de Windows XP. Car le Centre d'aide et de support a été rédigé par des centaines de personnes il y a bien, bien longtemps. Certains articles sur le matériel datent et sont obsolètes, mais l'Aide de Windows reste une bonne ressource pour toutes les questions qui relèvent du "piratage". La terminologie employée dans certains fichiers Aide est quelque peu confuse et peut induire en erreur, car la technologie a évolué depuis la rédaction de ces articles. Bref : je vous renverrai au Centre d'aide et de support seulement si je pense qu'il vous sera utile.

Conventions

J'utilise un minimum de conventions typographiques :

- La première fois qu'un terme technique apparaît dans le texte, je le mets *en italique* et vous donne immédiatement une définition. Vous pouvez ainsi plus facilement le repérer dans le texte et relire sa définition ultérieurement.

- Lorsque vous devez saisir quelque chose ou appuyer sur une touche spécifique, je mets les caractères ou les noms de touches **en gras**. Par exemple : "Appuyez en même temps sur les touches **Ctrl**, **Alt** et **Suppr** pour fermer la session."

- Les adresses Web et les adresses électroniques sont mentionnées ainsi : par exemple mon adresse électronique est `talk2woody@woodyswatch.com` et la page Web de ma newsletter est `www.woodyswatch.com`.

J'utilise tout le temps une autre convention : j'inclus toujours et entièrement l'extension du nom de fichier, ces fameuses lettres à la fin du nom de fichier comme `doc` ou `vbs` ou `exe`, lorsque je parle d'un fichier. Je sais que Windows XP masque les extensions de nom de fichier, à moins que vous ne le changiez. (Bill Gates en personne a pris la décision de les cacher et n'y reviendra pas... du moins, c'est la rumeur.)

Je sais également que des *centaines*, et sans doute des milliers d'employés de Microsoft ont eu la désagréable surprise de faire la connaissance du virus ILOVEYOU, parce qu'ils ne pouvaient pas voir l'extension du nom du fichier, ce qui les aurait avertis. Mauvais choix, Bill.

(Si vous n'avez pas indiqué à Windows XP d'afficher les extensions de nom de vos fichiers, prenez une minute et allez de ce pas au Chapitre 2 du Livret I.)

Ce que vous ne devez pas lire

J'ai délibérément séparé dans ce livre les "suppléments" des "bases indispensables". Si vous voulez apprendre un sujet particulier ou résoudre un problème spécifique, suivez les grandes lignes du texte. Vous pouvez sauter les icônes et encadrés, à moins qu'ils traitent d'un sujet qui vous intéresse.

En revanche, si vous connaissez bien un sujet, mais que vous voulez vérifier certains points, sautez les icônes ou lisez-les en diagonale.

Les encadrés sont des sortes de "résumé de cours" pour tous ceux qui sont intéressés par un sujet particulier et qui veulent en savoir plus.

Folles hypothèses

Je ne formule aucune folle hypothèse sur vous, cher Lecteur, excepté que vous êtes évidemment intelligent, bien informé, sagace et que vous avez bon goût. C'est pour cette raison que vous avez choisi ce livre, non ?

Si vous n'avez jamais utilisé Windows auparavant, sonnez chez votre voisin et demandez-lui (ou mieux à ses enfants) de vous apprendre trois petites choses :

- ✦ A jouer au Solitaire.
- ✦ A accéder au World Web Wide.
- ✦ A Allumer et éteindre votre ordinateur.

Si vous savez jouer au Solitaire, allumer et éteindre votre ordinateur, utiliser le bouton Démarrer, cliquer et double-cliquer, aller sur le Web, enfin que vous devez passer par le bouton Démarrer pour arrêter votre ordinateur, vous êtes un vrai Nul.

Vous pouvez commencer la lecture du Chapitre 1 du Livret I.

Structure du livre

Windows XP 9 en 1 est composé de neuf livres, chacun traitant de manière approfondie d'un sujet spécifique. Si vous recherchez des informations sur un sujet spécifique sur Windows XP, reportez-vous à la table des matières ou à l'index.

Ce livre est conçu pour vous permettre de trouver le plus (ou le moins) d'informations possibles quand vous en avez besoin. Vous voulez savoir comment truquer votre score au Démineur et ainsi épater votre patron et vos collègues de travail ? Lisez le Chapitre 5 du Livret I. Les cookies vous préoccupent ? Lisez le Chapitre 3 du Livret IX. *Windows XP 9 en 1* est aussi un ouvrage de référence que vous pouvez consulter et reconsulter si une nouvelle question se pose au fur et à mesure que vous utilisez Windows XP.

Voici ce que contiennent les neuf livres :

Livret I : Présentation générale de Windows XP : Ce que peut et ne peut pas faire Windows XP. Qu'est-ce qu'un PC, comment Windows le contrôle ? Avez-vous vraiment besoin de Windows XP ? Comment le mettre à jour ? Qu'est-ce que l'activation et en quoi cela vous concerne ? Ajouter des utilisateurs. Manipuler des fichiers. Utiliser la barre des tâches et les raccourcis. Trouver de l'aide. Effectuer des recherches. Tricher aux jeux Windows. Graver des CD. Maintenir un système Windows XP. Maintenir les disques. Utiliser les applications intégrées de traitement de texte et de retouche d'images. En quoi Windows XP/Pro diffère-t-il de Windows XP/Edition familiale ?

Livret II : Personnaliser votre eXpérience Windows : Personnaliser le Bureau avec les thèmes, les couleurs, l'arrière-plan, etc. Eviter les Fenêtres actives. Les pointeurs de la souris. Les écrans de veille. ClearType. Modifier le menu Démarrer. Utiliser la barre de Lancement rapide.

Livret III : Windows XP et Internet : Elargissez vos horizons avec Internet. Outlook Express : votre outil de gestion de messagerie électronique et de groupes de discussion. Chatter, voire plus si affinités avec Windows Messenger.

Livret IV : Aventures avec Internet Explorer : Se connecter à Internet. Travailler avec Internet Explorer. Travailler intelligemment avec des pages Web. Le courrier électronique, enregistrer et imprimer des pages Web. Utiliser le dossier Historique. Créer vos favoris. Rechercher. Personnaliser Internet Explorer. Accélérer. Verrouiller les contenus indésirables.

Livret V : Voyage au pays d'AOL : Accéder à AOL. Noms des écrans et mots de passe. Paramétrer des profils. Créer et envoyer des courriers électroniques. Envoyer et recevoir des fichiers. Utilise le Carnet d'adresses. Filtrer les spams. Groupes de discussion, chats et messagerie instantanée.

Livret VI : Connexions sur MSN : Comparaison de MSN Explorer et de AOL. Utiliser Passeport pour récupérer un ID et votre mot de passe. Configurer sa propre page d'accueil. Courriers électroniques et groupes de discussion.

Livret VII : Ajouter et utiliser du matériel : Appareils photo, scanners, imprimantes, lecteurs audio, barrettes mémoire, écrans, etc. Choisir les bons produits et les faire fonctionner.

Livret VIII : En avant vers le multimédia : Le Lecteur Windows Media, Windows Movie Maker, appareils photo numériques, et autres matériels vidéo. Extraire des pistes audio dans un CD. Graver vos propres CD. Licence numérique. Imprimer et partager des photos.

Livret IX : Windows XP et les réseaux : Les concepts des réseaux poste à poste et client/serveur. Comment construire facilement et rapidement un réseau fiable ? A propos des virus et autres insectes nuisibles. Pare-feu. Protéger vos données privées sur Internet.

Les icônes

Certains points dans *Windows XP 9 en 1* méritent votre attention. Je les souligne par des icônes :

Lorsqu'il me vient une idée absolument fabuleuse, je ne résiste pas à vous en faire part et le souligne dans la marge par l'icône Truc. Vous pouvez parcourir tous les chapitres de ce livre en passant de Truc en Truc.

Vous n'avez pas besoin de retenir tout ce qui est indiqué dans les icônes N'oubliez pas, mais essayez du moins de vous rappeler que quelque chose de spécial s'y cache.

Achtung ! Cuidado ! Dès que vous tombez sur une icône Attention, soyez sûr et certain que j'ai fait de mauvaises rencontres dans le passé. Attention aux doigts !

D'accord, je suis un technicien. Je l'avoue. Et j'adore parler de choses techniques. Mais je suis aussi un homme moderne, de sensibilité new-age, et je peux quelquefois ne pas vous aider, non ? Si vous êtes allergique à tout ce qui est technique, sautez ces icônes. (Pour la peine, je vous signale que j'ai écrit ce livre sans vous dire qu'une adresse IP est composée d'une combinaison unique sur 32 bits d'un ID réseau et d'un ID hôte, comme un jeu de quatre chiffres numériques dont les octets sont séparés par un point. Vous voyez. Je *peux* quelquefois me retenir !)

Par où commencer ?

Ouvrez le livre.

N'oubliez pas de vous abonner à ma newsletter. Elle vous permettra de suivre l'actualité de Windows XP, elle contient des notes sur ce livre et vous trouverez sûrement un truc ou deux sur des problèmes que vous pouvez rencontrer. Woody'Watches est gratuite. Allez www.woodyswatch.com.

A bientôt ! talk2woody@woodyswatch.com.

Livret I

Présentation générale de Windows XP

Sommaire

Chapitre 1 : Introduction à Windows XP

Dans ce chapitre :

- **Quand Windows XP entre dans les "Grandes choses de la vie".**
- **Ce que Windows peut (ou ne peut pas) faire.**
- **Anatomie d'un ordinateur.**
- **Installer et activer Windows.**
- **Trouver de l'aide.**

Bien, vous êtes assis devant votre ordinateur et vous fixez cette chose que l'on nomme Windows XP. L'écran que vous regardez, celui avec le nom des utilisateurs, est appelé un écran de Bienvenue, mais cet écran ne souhaite pas la "Bienvenue", ne vous salue pas, et vous invite encore moins à vous asseoir pour commencer le travail. Il se contente de vous dire que vous devez saisir votre nom d'utilisateur pour démarrer, mais vous n'avez aucune idée de ce qu'est un nom d'utilisateur, pourquoi vous devez en avoir un, quel est le rapport avec Windows et pourquoi vous devez passer par là pour vous connecter et récupérer vos messages électroniques.

Un jour viendra où vous pourrez sortir votre PC de son carton, le brancher à une prise, l'allumer, puis récupérer vos messages électroniques, et hop en deux temps trois mouvements. Si vous voulez que l'ordinateur effectue une tâche, il vous suffira de prendre la souris et de dire "Ordinateur, récupère mes messages", un peu comme Scotty dans les films de Star Trek. En fait, vous n'aurez même pas besoin de souris. Et vous n'aurez sans doute pas besoin de brancher votre ordinateur.

Quoi qu'il en soit, l'informatique en est seulement à ses balbutiements. Un jour, on pourra peut-être constater la facilité d'utilisation des ordinateurs, et les adjectifs de marketing tels que "intuitif", "transparent" et "convivial" prendront tous leurs sens. Je doute que je le verrai.

En attendant, nous approchons du XXIe siècle avec des PC qui sont obsolètes avant même que vous les ayez déballés, des logiciels qui vous portent sur les nerfs, et des connexions Internet qui sont aussi rapides que des tortues.

Windows XP est l'un des programmes les plus sophistiqués que l'on n'est jamais fait. Son développement a coûté très cher et a demandé bien plus de personnels que n'importe quel autre programme. Alors pourquoi semble-t-il si difficile à utiliser ? Pourquoi ne fait-il pas tout de suite ce que vous voulez ? Et d'ailleurs de quoi avez-vous besoin ?

Ce chapitre va essayer de répondre à ces épineuses questions.

Ce que fait (et ne fait pas) Windows

Windows peut vous rendre complètement fou. Je vous assure. Si vous avez une terrible envie de donner des coups de poings dans l'écran de l'ordinateur, de jeter le CD de Windows XP au feu ou d'engager un expert de Windows afin d'exorciser tous les maux de votre PC (un exorciste certifié bien sûr par Microsoft), lisez cette section. Vous comprendrez pourquoi et comment Windows a des limites. Vous pourrez enfin discuter avec le petit gars de l'équipe technique qui vous sort d'affaires (si vous avez acheté votre PC dans un magasin), avec votre petit voisin de l'immeuble ou encore avec la copine de classe de votre fille de 8 ans.

Matériel et logiciel

Fondamentalement, tous les ordinateurs entrent dans ces deux catégories : le matériel et le logiciel. Le *matériel* est tout ce que vous pouvez toucher : un écran d'ordinateur, une souris, un CD. Le *logiciel* est tout le reste : messages électroniques, la lettre que vous envoyez à la tante Marthe, les photos de vos dernières vacances, des programmes comme Microsoft Office. Si vous avez fait développer et numériser sur CD une pellicule photo, le CD est le matériel et les photos sont du logiciel. Vous comprenez la différence ?

Windows XP, c'est du logiciel. Vous ne pouvez pas le toucher.

D'un autre côté, votre PC est du matériel. Un coup de pieds dans l'écran de votre ordinateur vous fera mal. Faites tomber le gros boîtier et il s'éclatera en mille petits morceaux.

Je parie que votre matériel est de l'une de ces marques, Dell, Compaq, Gateway, IBM, Toshiba, Sony, HP, etc. Microsoft, et Microsoft seul, fait Windows XP. Les fabricants d'ordinateurs ne fabriquent pas Windows. Microsoft ne fabrique pas de PC, même s'il propose d'autres types de matériel comme les consoles de jeu vidéo, les claviers et les souris.

Lorsque vous configurez votre PC pour la première fois, vous devez cliquer sur "J'accepte" afin d'obtenir une licence d'agrément suffisamment grande pour assurer l'empire State Building. Si vous avez envie de connaître les termes exacts de cette licence, une copie imprimée du contrat de la licence de l'utilisateur final se trouve dans l'emballage ou dans le CD (si vous avez acheté Windows XP indépendamment de votre PC). Dans le cas où vous ne trouveriez pas la copie, sélectionnez Démarrer/Aide et Support. Saisissez **eula** dans la boîte Rechercher et appuyez sur la touche Entrée.

Lorsque vous achetez votre ordinateur, le prix comprend une licence vous permettant d'utiliser une copie de Windows sur le PC que vous venez d'acquérir. Le fabricant paie des droits à Microsoft pour pouvoir vous vendre Windows avec le PC. Vous pourriez croire que c'est par exemple Dell qui fournit Windows mais, en réalité, vous allez contacter Dell pour le support technique relatif à Windows, alors que Windows est de Microsoft.

Maintenant vous savez à qui adresser vos plaintes.

Pourquoi dois-je lancer Windows ?

La réponse est courte : vous *ne devez pas* lancer Windows.

Votre PC est passif. Pour effectuer des tâches avec ce boîtier passif, vous avez besoin d'un programme informatique qui puisse contrôler le PC et effectuer des tâches telles que répondre à des clics de souris, afficher des pages Web à l'écran ou imprimer des notes. Un système d'exploitation contrôle ce boîtier et permet d'effectuer ces tâches.

Sans système d'exploitation, l'ordinateur peut s'asseoir dans un coin et compter sur lui-même ou afficher de mystérieux messages à l'écran tels que `Pas de système disque` ou `erreur disque. Insérez le disque système et appuyez sur une touche quand il est prêt.` Si vous voulez que votre ordinateur fasse bien plus que cela, vous avez besoin d'un système d'exploitation.

Windows n'est pas le seul système d'exploitation au monde. Le concurrent le plus connu est le système d'exploitation appelé Linux. Certaines personnes préfèrent Linux à Windows et le débat entre les pros Windows et les pros Linux peut très vite s'enflammer. Bref, sachez que 99 % des utilisateurs PC (dont vous faites sans doute partie) ont choisi Windows.

Le kit de survie de la terminologie

Certains termes sont employés si souvent qu'il vous faut les retenir ou du moins comprendre leur signification. Ainsi, vous n'afficherez plus un air déconcerté lorsque votre enfant rentrera de l'école et vous demandera s'il peut télécharger un programme sur Internet.

Un programme est un logiciel (voir la section précédente) qui fonctionne sur un ordinateur. Windows, le système d'exploitation, (voir section précédente) est un programme. Il existe également des jeux vidéo, Microsoft Office, Microsoft Word (la partie traitement de texte de Office), Internet Explorer (le navigateur Web sous Windows), le Lecteur Windows Media, ces horribles virus dont vous avez entendu parler, cet écran de veille avec des vaches sautant à l'élastique, etc.

Si vous voulez vraiment faire appel à vos amis du service technique quand vous rencontrez un problème, indiquez-leur bien ce qui se passe lorsque vous "êtes sur Windows". Ils ne pourront pas deviner si vous parlez de Windows, Office, Outlook ou tout autre programme.

Un type spécial de programme appelé *pilote* fait fonctionner certains éléments de matériel avec le système d'exploitation. L'imprimante de votre ordinateur comporte un pilote, tout comme l'écran et la souris.

Copier un programme et le configurer de telle sorte qu'il fonctionne se dit *installer*.

Lorsque vous lancez un programme, c'est-à-dire une fois que le programme en question est en marche sur l'ordinateur, vous pouvez dire que vous l'avez *démarré*, *lancé*, *fait tourner* ou *exécuté*. Toutes ces expressions signifient la même chose.

Si le programme n'effectue pas ce qu'il est supposé faire, vous pouvez dire qu'il *s'est arrêté*, qu'il *a fini*, *terminé*. Là aussi, toutes ces expressions reviennent au même. Si le programme s'arrête avec un étrange message d'erreur, vous pouvez dire qu'il s'est *planté*, *crashé*, *GPFé* (abréviation technique de "General Protection Fault", erreur de protection générale), qu'il est *mort*... vous pouvez employer une dizaine d'épithètes riches en couleur, mais qui ne peuvent pas être décemment cités ici. Si le programme tourne et que vous n'arrivez pas à lui faire exécuter une quelconque tâche, vous direz que le programme est *gelé*, *en veille*, *a arrêté de répondre* ou *est entré dans une boucle*.

Un bogue désigne quelque chose qui ne fonctionne pas correctement. (Attention ! Un bogue n'est pas un virus ! Les virus fonctionnent très bien !) L'amiral Grace Hopper a souvent raconté l'histoire d'une mite qu'elle a trouvée nichée entre deux contacts de relais d'un vieux ordinateur Mark II. La mite est mentionnée dans le journal de bord de la technicienne le 9 septembre 1947 avec cette remarque : "1545 Relais n° 70 Panneau F (mite). Premier cas d'insecte trouvé."

Tous ceux qui ont conçu cette terminologie considèrent Internet comme une grande étoile s'élevant dans le ciel. Ainsi, vous envoyez quelque chose depuis votre PC *sur* Internet, vous téléchargez *vers* le serveur. Si vous récupérez quelque chose sur Internet et le mettez sur votre ordinateur, vous téléchargez *depuis*.

Cela doit bien couvrir 90 % des mots de ce langage courant.

Puis vous avez les assistants. Windows en comporte un certain nombre. Les assistants vous guident étape par étape pour effectuer des procédures complexes. Généralement, ils comportent trois boutons en bas de chaque écran : Précédent, Suivant (ou Terminer) et Annuler (voir la Figure 1.1). Les assistants vous rappellent les options que vous avez sélectionnées d'une étape à l'autre, vous permettent de les tester facilement, de les changer, de sauvegarder et de tester différents paramètres tout en proposant des cases à cocher très simples.

NOTE TECHNIQUE

Une histoire courte d'amorçage

Vous savez sans doute que la procédure qui fait démarrer votre ordinateur – lorsque vous appuyez sur le bouton On jusqu'à ce que l'ordinateur réponde – est appelée *amorçage* ; mais savez-vous pourquoi ? C'est un terme ancien, qui remonte à l'aube de l'histoire de l'informatique. Quand l'ordinateur démarre, il contient un minuscule programme, qui à son tour contient tous les autres programmes qui font fonctionner l'ordinateur. La procédure ressemble à celle que vous suivez lorsque vous activez vous-même vos propres amorçages, le minuscule programme est appelé un programme de chargement d'amorçage d'où *amorçage*.

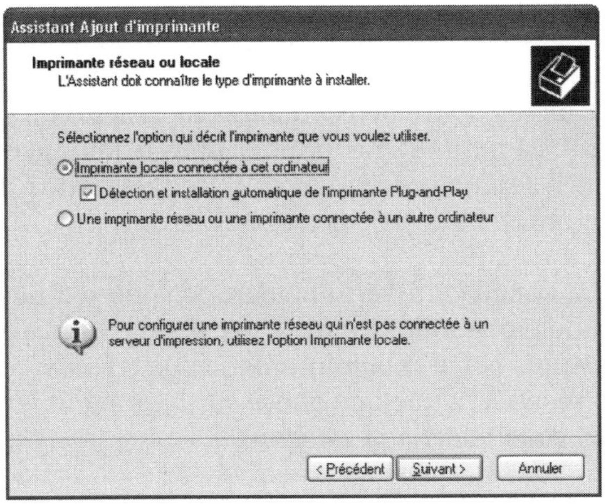

Figure 1.1 : L'Assistant Ajout d'imprimante vous permet de connecter des imprimantes à votre ordinateur.

Où en sommes-nous ?

Contrairement à Windows ME (qui est à peine différent des autres versions de Windows 98) et de Windows 2000 (qui devrait être appelé Windows NT 5.0), Windows XP est complètement différent. Pour comprendre pourquoi Windows XP fonctionne si différemment, vous devez comprendre son origine génétique.

Commençons par le commencement.

Microsoft a vendu à IBM la licence du premier système d'exploitation pour PC, appelé DOS en 1981. MS-DOS s'est vendu comme des petits pains pour de nombreuses raisons, et non parce qu'il était le seul. Il n'y avait aucun graphisme, DOS vous demandez de saisir et de saisir et encore de saisir ce que vous vouliez faire.

L'ascension de Windows

Le développement des logiciels Windows a sérieusement commencé lorsque Microsoft a compris qu'il avait besoin d'un système d'exploitation pour lancer Excel, son tableur. Windows 1.0 sortit en novembre 1985. Il était lent, surchargé et peu fiable, – certaines choses ne changent-elles jamais ? –, mais si vous vouliez utiliser Excel, vous deviez avoir Windows.

Excel 2.0 et Windows 2.0 sont sortis à la fin de 1987. Cette révolutionnaire et stupéfiante nouvelle version de Windows vous permettait de travailler en multifenêtré – mettre une fenêtre en haut d'une autre –, et tirait parti de la puce du PC/XT, le 80286. La version 2.1 (également appelée Windows 286) est sortie en juin 1988 et certaines personnes ont découvert qu'il fonctionnait plus qu'il ne se plantait. Personnellement, ma propre expérience fut un peu différente. Windows 286 tenait sur une seule disquette.

Avez-vous des amis de Macintosh qui aiment à vous rappeler que Microsoft a "piqué" les idées des vieux systèmes Mac ? La prochaine fois que ces révisionnistes vous lacent cet argument, rétorquez-leur ce qui suit. En réalité, Apple et Microsoft ont tous deux "volé" de nombreuses idées à Xeros, en particulier la machine Star conçue par le centre de recherche de Palo Alto de Xerox vers la fin des années soixante-dix, début quatre-vingt. Star avait un bureau, avec des icônes et des fenêtres qui se chevauchaient. Elle utilisait la souris, supportait des actions "pointer-cliquer", affichait des menus, se lançait via des boîtes de dialogue, utilisait un réseau Ethernet, et a introduit l'imprimante laser.

L'apparition de Windows 3.0 a bouleversé l'industrie informatique. Microsoft avait enfin créé un concurrent direct à son ancien MS-DOS.

Sorti en avril 1992, Windows 3.1 devint le système d'exploitation le plus utilisé. En octobre 1992, Windows de WorkGroups 3.1 (groupe de travail, que j'aime surnommer "Windows pour entrepôt") commença à se déployer, avec un support de mise en réseau, pouvait partager des fichiers et imprimantes, des messages électroniques internes et d'autres fonctionnalités que vous utilisez aujourd'hui. Certaines de ces fonctionnalités marchaient... sporadiquement. Une bien meilleure version, Windows 3.11 Workgroups, sortit en novembre 93. Elle se propagea dans le monde des affaires.

L'eNTrée de NT

Au fond, Windows 3.x était construit sur MS-DOS qui était la cause de bon nombre de migraines : DOS n'était pas suffisamment stable ou souple pour faire de Windows un robuste système d'exploitation. Bill Gates comprit en 1988 que DOS ne pourrait jamais supporter une version avancée de Windows, aussi il a engagé Dave Cutler pour construire une nouvelle version de Windows à partir de zéro. A son tour, Dave a engagé une équipe qui a construit le système d'exploitation des ordinateurs DEC, Digital Equipment Corp.

Lors de la sortie de la toute nouvelle version de Windows créée par l'équipe de Dave cinq ans plus tard en août 1993, Windows NT 3.1 ("nouvelle technologie", certes ce fut la première version dont le numéro était 3.1) a été accueilli dans l'indifférence générale. Il était terriblement pointilleux sur les types de matériel qu'il pouvait supporter et n'était pas rentable.

NT et le "vieux" Windows

Pendant les huit années qui suivirent, ces deux lignées complètement différentes de Windows coexistèrent.

L'ancienne branche DOS/Windows devint Windows 95 (sortie en août 95, "sans doute la dernière version de Windows basée sur DOS"), Windows 98 (en juin 98 "certainement la dernière version de Windows basée sur DOS"), puis Windows ME (Millennium Edition, septembre 2000, "sincèrement, c'est vraiment la toute dernière version de Windows basée sur DOS").

D'un point de vue NT (nouvelle technologie), Windows NT 3.1 engendra Windows NT 3.5 (septembre 94), lequel engendra Windows NT 4.0 (août 96). De nombreuses entreprises utilisent encore Windows NT 3.5 et NT 4 pour leurs serveurs, les machines reliant les réseaux d'entreprise. En février 2000, Microsoft sortit Windows 2000, à la confusion de tous : malgré son nom, Windows 2000 est une nouvelle version de Windows NT et n'a rien à voir avec Windows 98 ou ME.

Microsoft a gagné beaucoup d'argent avec Windows basé sur DOS et a patiemment attendu que les ventes de NT augmentent régulièrement. Windows NT 5.0 et 2000 n'étaient toujours pas rentables et avaient des problèmes de compatibilité matérielle, toutefois Windows 2000 est rapidement devenu le système d'exploitation de choix pour la plupart des entreprises et pour certains utilisateurs.

Fusion des branches

Sorti en octobre 2001, Windows XP est, à mon humble avis, la meilleure version de Windows depuis Windows 95. Vingt ans après que Microsoft est entré par la pointe des pieds dans la cour des grands avec DOS, l'écrasante force de Windows XP a tout balayé sur son passage.

Certains considèrent Windows XP (XP pour eXPérience, d'après le département du Marketing) comme le mariage des deux lignées de Windows : un peu de ME ici, un peu de 2000 là, avec un côté 98, le tout dans une bonne mesure.

Ce n'est pas le cas.

Windows XP est à 100 % un véritable NT. Il n'y a aucune partie de Windows ME, ou de DOS, la base des autres versions de Windows ; de plus DOS n'est mentionné nulle part dans Windows XP.

Ce qui est à la fois une bonne et une mauvaise nouvelle. Commençons par la bonne : soit vous pouvez choisir Windows XP pour travailler sur votre vieil ordinateur, soit vous en avez acheté un neuf et ce dernier est conçu pour fonctionner sous Windows XP. Ainsi, votre nouveau système sera certainement bien plus stable qu'avec Windows ME et ses ancêtres. La mauvaise nouvelle est que si vous avez appris à régler un problème sous Windows ME (ou 98 ou 95), vous n'allez pas pouvoir utiliser les astuces sur Windows XP. D'extérieur il semble identique. L'intérieur est radicalement différent.

Microsoft a mis un soin particulier à faire ressembler XP à Windows ME. Mais cette ressemblance n'est qu'une façade. L'habillage de Windows XP ressemble à celui de Windows NT/2000. Mais Windows XP n'est pas un descendant ni de Windows ME ni de Windows 98, même s'il est commercialisé dans ce sens. Les astuces qui fonctionnent sur Windows ME ou 98 peuvent ou ne pas fonctionner sur Windows XP.

L'avenir de Windows

Un autre important changement de stratégie se déroule actuellement à Redmond (siège social de Microsoft) et concerne bien plus le marketing que tout autre département. Microsoft a le projet de quitter le monde des ventes de logiciel pour entrer dans le monde des locations. Microsoft veut pénétrer un certain nombre de marchés lucratifs en agissant en tant qu'intermédiaire électronique et prestataire de service.

C'est ici qu'entre en scène le prochain projet de Microsoft, appelé .NET ("Point net") Passeport. Auparavant, Microsoft n'était pas aussi important (et aussi rentable) qu'il l'est actuellement. Le Bureau Windows est mis au second plan dans le but de contrôler la toile qui tisse tout Internet. Et vous pouvez parier que Microsoft entrera dans la course.

Certaines des fonctionnalités présentes dans Windows XP, comme NET Passeport, représentent la première étape de cette nouvelle politique. De nombreuses batailles ont laissé des cicatrices sous Windows XP : la concurrence des divers standards audionumériques, ou la lutte émergeante entre AOL et Microsoft, à la fois sur les navigateurs Web et la messagerie instantanée, vont affecter profondément l'avenir de l'informatique.

Il est grand temps maintenant d'examiner Windows XP pour le connaître. Les prochaines versions de Windows vont nous paraître bien ordinaires, comparées à cette dernière.

Anatomie d'un ordinateur

Vous songez à vous acheter un nouvel ordinateur. Vous passez des semaines à récolter toutes sortes d'informations obscures sur les bits, octets, kilo-octets, mégaoctets et gigaoctets, et à comparer les prix dans les boutiques. Vous finissez dans le magasin de votre quartier *L'informatique à portée de main.* Le jeune homme accoudé derrière le comptoir réussit à vous convaincre que la meilleure affaire est ici, devant vous et que vous feriez mieux de vous décider vite avant qu'une autre personne en profite.

Vous jetez un dernier œil sur le prospectus et essayez une dernière fois de comprendre si une RAM est un ROM et la différence entre un CD-ROM et un CD-RW. Finalement, vous pensez que le jeune homme accoudé au comptoir sait ce qu'il fait et vous payez en priant que vous avait fait une bonne affaire.

Le dimanche matin, en lisant le manuel, vous découvrez que vous avez payé deux fois la valeur de la machine. La seule chose dont vous pouvez être sûr est que votre PC date, et que la prochaine fois on ne vous y prendra pas.

Si cette histoire éveille en vous de sombres souvenirs. Détendez-vous. Cela peut arriver à tout le monde. Consolez-vous en pensant que le mois dernier un pauvre passant s'est fait avoir de la même manière.

Dans cette section, je vais essayer de vous donner suffisamment d'informations sur le fonctionnement interne de votre PC pour que vous sachiez ce que vous pouvez faire avec Windows. Les détails peuvent changer d'une semaine à l'autre. Mais ce sont les bases.

L'intérieur du boîtier

Le gros boîtier où séjourne votre ordinateur est quelquefois appelé *CPU*, Central Processor Unit (unité centrale, voir Figure 1.2). Ce qui peut prêter à confusion, à moins qu'une personne bien intentionnée vous donne un indice important : la principale puce de l'ordinateur à l'intérieur du gros boîtier est également appelée CPU. Je préfère appeler le gros boîtier "PC" à cause de cette ambiguïté, mais vous avez sûrement pensé à de meilleurs noms.

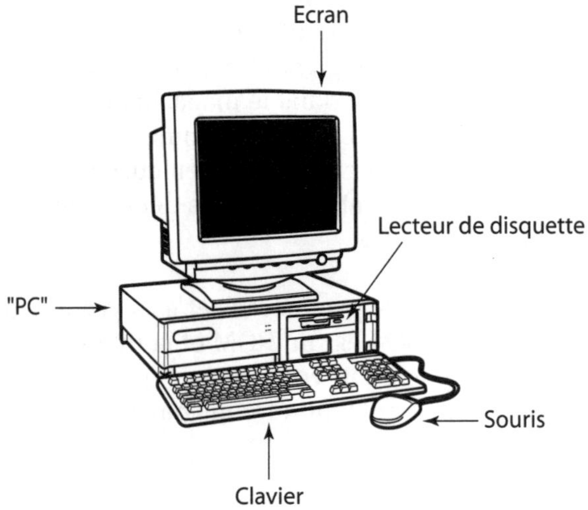

Figure 1.2 : Le gros boîtier.

Le gros boîtier contient de nombreuses parties et éléments (sans poussière), mais l'élément central et indispensable à l'intérieur de chaque PC est la *carte mère* (voir Figure 1.3). Reliés à la carte mère, vous trouverez :

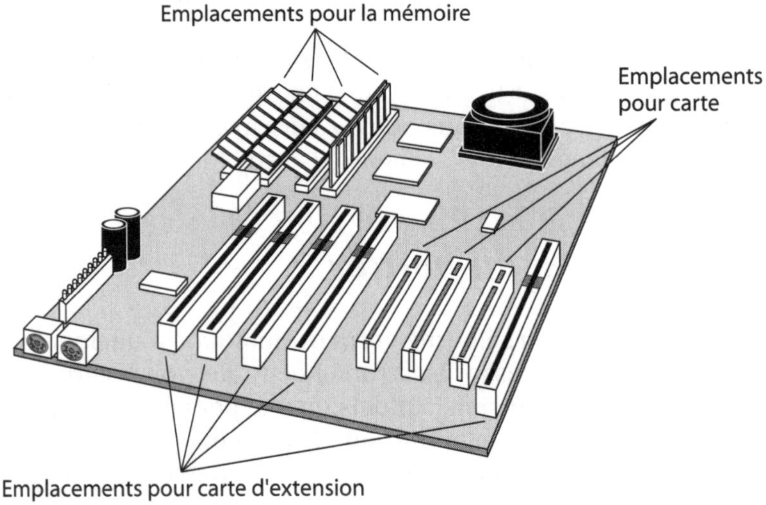

Figure 1.3 : La carte mère se trouve au milieu de l'ensemble.

- **Le processeur ou CPU :** Il est chargé de tous les calculs informatiques. Il est sans doute de marque Intel ou AMD ou d'un autre concurrent. Les fabricants vendent les ordinateurs en fonction de la vitesse du processeur, mesurée en MHz (mégahertz) ou GHz (gigahertz, 1 GHz = 1 024 MHz). Windows XP est un petit peu plus lent à 300 MHz.

  ATTENTION !

  Si vous achetez un nouvel ordinateur, la vitesse n'a pas vraiment d'importance, à moins que vous conceviez des ailes d'avion ou que vous retourniez *Jurassic Park*. Ignorez ce que vous dit le vendeur. Si vous voulez améliorer les performances de Windows, investissez dans la mémoire (voir section suivante) ou dans une connexion rapide à Internet.

- **Les barrettes mémoire et leur emplacement :** La mémoire est mesurée en Mo (mégaoctets). Windows XP peut tourner sur une machine de 64 Mo, mais vous pouvez utiliser 128 Mo ou plus. En général, vous pouvez ajouter de la mémoire aux ordinateurs et booster la mémoire de 64 Mo à 128 Mo.

- **Autres emplacements :** Vous n'avez pas besoin de bricoler ces autres trucs, à moins que la chance ne vous fasse vraiment défaut !

Ne laissez jamais un vendeur vous parler de vider un PC ou de mettre à niveau votre CPU : un PC de 900 MHz ne tourne pas plus vite qu'un de 500 MHz. La mise à jour de la mémoire n'est pas significative au-delà de 256 Mo : vous constaterez une amélioration notable des performances jusqu'à 256 Mo, notamment si vous lancez plusieurs applications consommant de la mémoire en même temps (non, je ne parle pas de Office 2000 et de Office XP), mais vous observerez une toute petite amélioration. Achetez un nouvel ordinateur et débarrassez-vous de l'ancien !

TRUC

Si vous voulez avoir plus de mémoire, demandez à la société qui vous a vendu votre PC de l'installer. La procédure est simple, rapide et facile, si vous savez ce que vous faites. Mais, vous pouvez avoir des surprises si vous le faites vous-même : les barrettes mémoire peuvent ne pas fonctionner.

Ce que vous voyez, ce que vous avez

Le *moniteur* ou *écran de l'ordinateur* – un peu comme un téléviseur – utilise une technologie qui est légèrement différente de votre poste de TV. Un téléviseur scanne des centaines de lignes à l'écran, les unes après les autres, de gauche à droite. Les couleurs de chaque ligne varient en fonction de leur place. L'infinitésimale nuance d'une couleur sur un téléviseur combinée à un petit nombre de lignes crée de belles images floues.

En revanche, un écran d'ordinateur fonctionne avec des points de lumière, appelés *pixels*. Chaque pixel peut avoir une couleur différente, mais le nombre maximal de différentes couleurs qui apparaissent à l'écran est limité. Les écrans d'ordinateur sont donc bien plus précis que les téléviseurs, malgré le nombre de couleurs limité. Cependant, les images affichées à l'écran ne seront pas aussi bonnes que sur un poste de TV.

Bien qu'il soit théoriquement possible d'utiliser un poste de TV comme écran d'ordinateur, les résultats laissent à désirer. Un convertisseur analogique-numérique vous permet de brancher un poste de TV à votre ordinateur, mais le texte sera si flou qu'il sera difficilement lisible. Il existe des convertisseurs format texte très chers qui, tout compte fait, vous coûteront bien plus que d'acheter un nouvel écran.

La plupart des utilisateurs configurent Windows XP à 1 024 x 768 pixels, c'est-à-dire que leur écran affiche 1 024 pixels à travers l'écran dont 728 vont et viennent. Certaines personnes ont des écrans (et des yeux !) qui sont suffisamment bons pour tourner à 1 280 x 1 024. D'autres se traînent à 800 x 600. Plus vous pouvez entasser de pixels à l'écran (la résolution de l'écran), plus vous pourrez afficher d'informations à l'écran. Ce qui est important si vous avez ouvert simultanément plus d'un document de traitement de texte. A 800 x 600, vous pouvez ouvrir deux documents Word côte à côte, mais ils seront flous, comme si vous les regardiez à travers une glace sale. A 1 280 x 1 040, ces deux mêmes documents seront nets, mais le texte sera si petit que vous devrez loucher pour le déchiffrer.

En informatique, une *carte graphique* sur la carte mère crée tout ce qui est affiché à l'écran de l'ordinateur. La carte graphique jongle avec tous les pixels et toutes les couleurs. Ces cartes sont vendues en fonction de leur résolution et de leur intensité de couleur, ces deux paramètres étant étroitement liés. Une carte graphique qui peut traiter 1 024 x 768 pixels à l'écran avec 64 000 couleurs s'affichant simultanément est capable d'afficher 1 280 x 1 024 pixels, mais seulement 256 couleurs simultanément.

NOTE TECHNIQUE

Si vous n'aimez pas la carte graphique qui est intégrée dans votre ordinateur, vous pouvez toujours en acheter une autre. Mais prenez garde à un gros problème : les pilotes de la nouvelle carte graphique, programmes qui permettent à Windows XP de contrôler la carte graphique, sont connus pour être peu fiables et bogués. Réfléchissez à deux fois avant d'acheter une nouvelle carte graphique et pensez à mettre à jour le pilote en vous procurant la version la plus récente et en suivant les instructions depuis le site Web de votre fabricant.

Un écran plat, minuscules écrans des ordinateurs portables et de plus en plus utilisés sur les bureaux, fonctionnent différemment, mais ont également des résolutions et des intensités de couleur limitées.

Les écrans d'ordinateur sont vendus par taille, mesurée au diamètre, comme les postes de TV. Un peu comme les téléviseurs, la seule manière de bien choisir un écran parmi les milliers sur le marché consiste à les comparer ou à se procurer celui que l'on vous a recommandé.

Gérer les disques

Les barrettes mémoire de votre PC contiennent les informations de manière temporaire : coupez l'électricité et tout le contenu de la mémoire principale s'efface. Si vous souhaitez réutiliser votre travail, une fois l'électricité rétablie vous devez le sauvegarder, généralement sur un disque. Voici les plus courants types de disque :

- **Les disquettes :** Difficile à croire qu'elles existent toujours après toutes ces années, mais l'inévitable lecteur de disquette à 1, 44 Mo est en mauvaise passe.

  TRUC

  Vous savez sans doute comment insérer une disquette dans le lecteur (le côté métallique orienté vers le PC). Mais vous ne savez peut-être pas comment retirer une disquette récalcitrante de votre lecteur. Quelquefois c'est l'ouverture du lecteur qui est inclinée si bien que votre disquette est coincée lorsque vous appuyez sur le bouton Eject. Si cela se produit, armez-vous d'une longue pince à épiler – ou pince à timbres –, éteignez votre PC, débranchez-le, saisissez la disquette entre les deux pinces et soulevez doucement. Baissez la pince à épiler au-dessus de l'ouverture du lecteur de disquette et tout ira bien mieux !

✦ **Le disque dur :** Procurez-vous le plus grand et le moins cher possible. Peu importe la vitesse ou la technologie (ATA, EIDE, SCSI).

Si vous achetez un nouveau disque dur, demandez à ce que l'on vous l'installe. Ne vous embarrassez pas des nombreuses modifications et combinaisons, et cela ne vous demande aucun effort !

✦ **Lecteur de CD et DVD :** Bien entendu, ces lecteurs fonctionnent avec des CD et des DVD, lesquels contiennent des données, de la musique ou des films. Même si Windows XP affiche automatiquement un lecteur CD audio, vous pouvez très bien recourir à quelques astuces pour lui faire lire des DVD. Reportez-vous à la section "Multimédia à gogo" plus loin dans ce chapitre.

✦ **Lecteur de CD-Rom :** Ces lecteurs vous permettent de créer (*graver*) vos propres CD. Une fois gravé, deux fois lancé. Une fois un CD gravé, vous ne pouvez généralement pas le réutiliser.

✦ **Lecteur de CD-Rom réinscriptible :** Ces lecteurs vous permettent non seulement de graver des CD, mais aussi de les réutiliser.

La plupart des lecteurs CD audio, comme un autoradio ou une chaîne hi-fi, lisent uniquement des CD gravés avec un lecteur de CD-R. Vous ne pouvez pas regraver des CD audio.

✦ **Lecteur de CD-R/CD-RW :** De nombreux lecteurs actuels peuvent créer les deux CD-R et CD-RW. Vous avez besoin d'un lecteur CD-R si vous comptez graver des CD audio. Vous aurez sans doute besoin d'un lecteur CD-RW pour tout le reste, mais sachez que les disques vierges sont plus chers que les CD-R.

Cette liste n'est pas exhaustive : il existe des lecteurs Jaz, Zip et médias réengistrables…

Faire des connexions PC

Votre PC se connecte au monde extérieur en utilisant une multitude de câbles et connecteurs. Les plus courants sont :

- **Les câbles USB (Universal Serial Bus) :** Ces câbles ont des connecteurs plats qui se branchent à votre PC. L'extrémité est généralement en forme de D, mais les diverses pièces du matériel ont différentes *terminaisons*. Le connecteur USB convient particulièrement bien à toute sorte de matériel, tel que les imprimantes, scanners, lecteurs MP3, ordinateurs Palm/pocket, lecteurs de disque dur portable, souris. Si vous n'avez pas de connexion UBS au dos de votre PC, procurez-vous un hub USB et branchez-le.

- **Les connecteurs RJ-45 :** Ce sont les connecteurs réseau les plus courants. Ils ressemblent à de grosses prises de téléphone (voir Figure 1.4). Une extrémité se branche à votre PC, généralement à la *carte réseau* ou *NIC* (Network Interface Card), un connecteur à la carte mère ou un connecteur réseau à une carte qui s'insère dans un portable (également appelée "carte PC" ou "carte PCMCIA"). L'autre extrémité se branche au hub de votre réseau (voir Figure 1.5) ou, dans la mesure du possible, à un modem, à un boîtier DSL ou tout autre périphérique de partage de connexion à Internet.

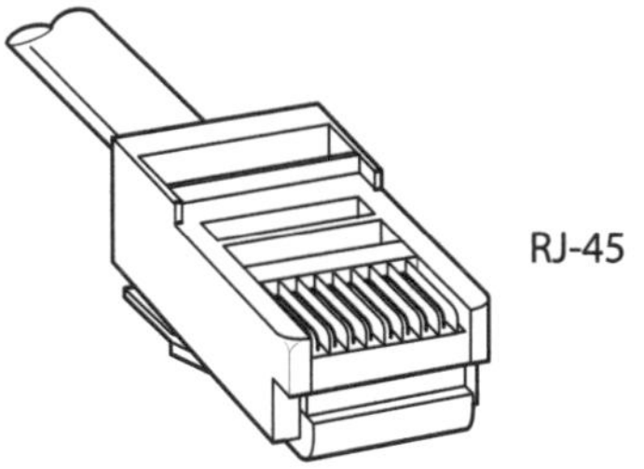

Figure 1.4 : Le connecteur réseau RJ-45.

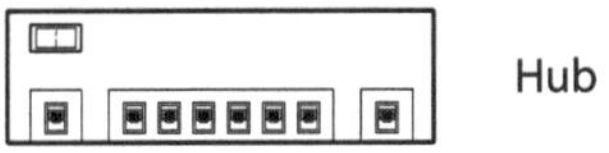

Figure 1.5 : Un hub réseau.

- **Les connecteurs PS/2 ou mini-DIN :** Ces connecteurs ont une forme arrondie avec six broches et une bosse en plastique qui vous indique le sens dans lequel ils doivent être branchés (voir Figure 1.6). Il s'agit d'une antiquité technologique qui fonctionne bien. Ils se trouvent généralement sur les claviers et souris.

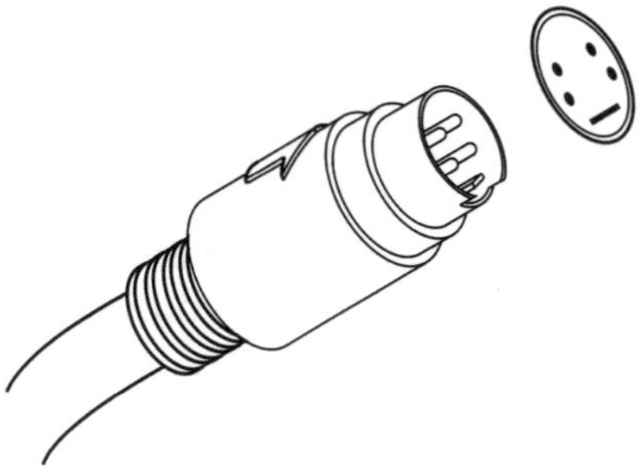

Figure 1.6 : Un connecteur PS/2 ou mini-DIN.

Si votre souris et votre clavier ont tous deux des connecteurs PS/2, mais que les ports de votre PC ne comportent qu'une seule prise PS/2, ne vous inquiétez pas ! La plupart des fabricants de câble proposent des connecteurs Y qui vous permettent de relier deux périphériques PS/2 à un seul port. Sans grande surprise, la souris et le clavier peuvent coexister. Consultez www.cablestogo.com.

- **Les ports parallèles et série :** Ce sont les connexions longue (parallèle, de 25 broches dont 13 en haut et 12 en bas) et courte (série, de 9 broches, cinq en haut et quatre en bas) au dos de votre PC. Le port série est notoirement lent, et tous deux "tombent en morceaux", ce qui peut être particulièrement déconcertant lorsque vous dévissez un connecteur et qu'une noisette échoue à l'intérieur de votre PC. Dans la mesure du possible, choisissez un USB.

Du son

Si vous branchez directement des enceintes au dos de votre PC, vous n'aurez pas besoin d'utiliser vos cellules grises (voir Figure 1.7).

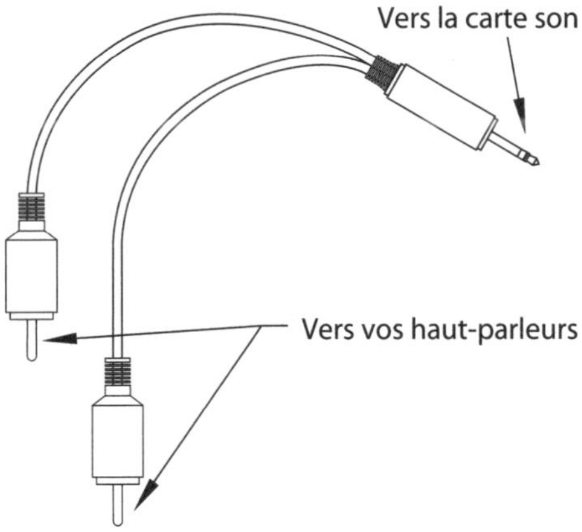

Figure 1.7 : Une simple connexion à des enceintes.

Vous avez très peu de chance d'utiliser Windows XP sur un PC dans un studio audio. Si, vous devez le faire, il vous faudra connaître les quatre différentes prises son, car chacune produit un son différent. Votre machine peut ne pas comporter les quatre prises son. Voici une description générale de ces prises, même si vous devez vous plonger dans la documentation pour obtenir de plus amples informations :

- **Entrée de ligne :** Prise d'entrée stéréo. Envoie un signal stéréo dans le PC. Est très peu utilisée, mais peut être utile si vous devez enregistrer un programme radio ou numériser quelque chose sur une bande audio.

- **Entrée du microphone :** Est quasiment exclusivement utilisée pour les systèmes de reconnaissance vocale : vous parlez dans un micro et l'ordinateur essaie de convertir vos propos en texte. Il existe de nombreux accessoires dont notamment une sélection de microphones. Consultez www.woodyswatch.com/office/archtemplate.asp ?v6-n30 pour de plus amples informations.

- **Sortie de ligne :** Prise de sortie stéréo qui évite l'amplificateur interne de l'ordinateur. C'est la source de son de haute qualité que peut produire votre PC.

- **Sortie casque d'écoute ou d'enceintes :** Passe par l'amplificateur interne. Utilisez cette prise pour les casques d'écoute ou les enceintes, mais évitez-la pour tout autre usage.

TRUC

Les fabricants de PC aiment exhaler les vertus des systèmes de son avancés, mais sachez que vous pouvez relier un PC standard vers un système home stéréo et obtenir un bon son. Il vous suffit de connecter la prise "sortie de ligne" au dos de votre PC à la prise "Aux in" de votre système home stéréo. Et voilà !

Avez-vous besoin de Windows XP ?

Si vous n'êtes pas encore convaincu que Windows XP vaut le coup, cette section va vous aider à y voir plus clair.

TRUC

Vous pouvez très bien sauter cette section, à moins que vous deviez convaincre votre patron ou votre conjoint. Croyez-moi. Vous voulez Windows XP. Voici pourquoi :

Il fonctionne

Dans la plupart des cas, Windows XP est bien plus fiable que les autres versions de Windows. Et ce pour une seule raison : Windows XP se protège lui-même efficacement des programmes qui essaient d'écraser ses principaux fichiers. La fin – ou du moins le sévère repli – de "l'enfer DLL" est en marche, ce qui assure la fiabilité de Windows XP.

Même si plonger dans Windows XP est sans doute un peu plus complexe que dans Windows 98 ou ME, vous serez plus à même à comprendre les entrailles de XP, à moins que vous utilisiez un bien étrange matériel qui date ou que vous vous évertuiez à faire exécuter un vieux jeu.

Multimédia à gogo

Si vous utilisez votre PC pour la musique, les images, la vidéo, Windows XP regorge de nouveautés qui vous satisferont. Microsoft a enfin donné ses lettres de noblesse au multimédia.

L'une des parties les plus controversées de XP est son support limité pour le format audio MP3. Un certain nombre de rumeurs circule à propos de XP et du MP3, laissez-moi y mettre un terme :

- Si vous avez des fichiers MP3, Windows XP les lira sans peine. Vous pouvez envoyer vos fichiers MP3 par courrier électronique, les graver sur CD, les copier et les échanger, Windows XP vous guidera pas à pas.
- D'un autre côté, si vous voulez convertir des pistes audio CD au format MP3 (procédure appelée *extraction*), Windows XP ne vous sera pas d'un grand secours, pour de nombreuses raisons dont les deux suivantes :

  Microsoft devrait payer des droits pour la technologie qui permet aux pistes audio CD d'être converties au format MP3. Microsoft ne veut pas payer des droits pour chaque copie de Windows XP vendue, et donc n'intègre pas une technologie d'extraction MP3 complètement fonctionnelle dans Windows XP. Vous devez payer un supplément, trouver un ripper, et l'installer sur votre machine ou récupérer le ripper autrement, peut-être avec votre lecteur MP3.

  Microsoft n'a pas l'intention de construire une technologie d'extraction MP3 dans Windows XP. Des rumeurs circulent sur le fait que Microsoft projetterait de construire quelque chose de mieux pour supporter la technologie d'extraction MP3. Mais, il ne le fait pas. Microsoft veut changer la donne avec son propre format de fichier audio WMA, et ce pour une multitude de raisons, notamment le fait que le format WMA décourage le piratage, ce que souhaite ardemment Microsoft.

- Quelle que soient les questions d'éthique que vous vous posez sur le piratage, Microsoft peut gagner beaucoup d'argent sur les ventes de fichiers de musique (non piratés).

Windows XP n'inclut pas de support DVD, direct à l'extérieur du boîtier. Encore une fois, c'est pour une question de licence. Si votre lecteur DVD ou PC ne comporte pas de logiciel de lecture DVD, vous devez en trouver un, l'acheter et l'installer avant que Windows XP lise les DVD.

Windows XP inclut également un support de photo numérique qui est automatique, pleinement fonctionnel, et sans doute de bien meilleure qualité que le logiciel intégré à votre appareil photo. Ajoutez la fonctionnalité d'affichage d'image intégré à l'Explorateur Windows et la qualité des images numériques auront une bonne longueur d'avance.

Un support multi-utilisateur facile d'emploi

Windows XP/Edition familiale permet de paramétrer très facilement plusieurs utilisateurs sur une même machine :

- Chaque utilisateur peut avoir son propre mot de passe ou décider ne pas du tout utiliser de mot de passe.
- Avec Windows XP/Edition familiale, vous n'avez pas besoin de mémoriser les noms d'utilisateur ou mots de passe : un clic et hop, vous y êtes.
- Vous pouvez facilement et vite passer d'un utilisateur à un autre. Si votre sœur veut vérifier son courrier Hotmail pendant que vous achetez un sandwich, elle le fera en un seul clic.
- Votre programme continue de tourner lorsque vous basculez d'un utilisateur à un autre, à moins que vous spécifiiez de fermer la session.

Windows XP/Pro garde les bons vieux ID et mots de passe utilisateur, mais ne vous permet pas de basculer rapidement d'un utilisateur à l'autre. Ce qui dans un environnement ayant des contrôles d'accès centralisés prend tout son sens. (Vous pouvez modifier XP/Pro pour le faire agir comme XP/Edition familiale et vice versa.)

Groupes de travail et domaines

Lorsque vous reliez un ordinateur à un autre, vous devez choisir entre deux méthodes radicalement différentes. Dans un *réseau client/serveur*, appelé *domaine* dans le jargon de Microsoft, un ordinateur, le *serveur*, contrôle l'accès à toutes les autres machines. Alors que dans un réseau *poste à poste*, appelé *groupe de travail* dans le jargon de Microsoft, tous les ordinateurs sont égaux, il n'y a pas d'ordinateur qui domine les autres.

Les réseaux client/serveur sont très répandus dans de grandes entreprises, pour lesquels un contrôle centralisé est un point crucial. Les administrateurs réseau définissent les règles de sécurité, accordent les accès si nécessaire, permettent aux nouveaux utilisateurs de récupérer des PC clients et généralement parcourt tout le réseau. En règle générale, le(s) serveur(s) contiennent les fichiers importants de la société et les copies de sauvegarde des principaux fichiers sur les ordinateurs clients. La plupart des imprimantes réseau sont reliées au serveur et tous les accès à Internet passent par le(s) serveur(s).

Généralement.

En revanche, les réseaux poste à poste ne s'arrêtent pas à genre de problème de sécurité et à l'administration centralisée des réseaux client/serveur. Par exemple, un utilisateur d'un réseau poste à poste peut partager un lecteur si bien que tout le monde peut le lire. Sur un réseau client/serveur, vous devez généralement faire appel à l'administrateur réseau.

Au risque d'être très simplifiés, les réseaux poste à poste conviennent mieux aux réseaux domestiques et dans les petits bureaux, dans lesquels la sécurité ne pose pas de problème majeur. Les réseaux client/serveur conviennent mieux à des grandes entreprises qui ont un besoin significatif de sécurité et dont le budget correspond à ces attentes. Les administrateurs réseau coûtent cher.

Installer facilement un réseau

Windows XP tient enfin la promesse de Microsoft d'installer simplement un simple réseau. Ce n'est pas une petite tâche, comme quiconque s'étant débattu avec l'assemblage et la maintenance d'un réseau peut l'attester. Dans la plupart des cas, mettre en réseau des PC tournant sous Windows XP, 2000, ME et 98 est aussi facile que de brancher les câbles et de lancer un assistant.

Et cela ne s'arrête pas à la mise en réseau. Windows XP facilite le partage de connexion à Internet entre plusieurs machines, qu'elles tournent sur Windows XP, 2000, ME, voire même Windows 98. Le partage d'une imprimante avec un autre ordinateur sur le réseau s'effectue en quelques clics. Le partage d'un disque dur demande bien moins d'effort.

Avez-vous besoin de Windows XP/Pro ?

Windows XP/Pro coûte davantage que Windows XP/Edition familiale, mais pour de nombreuses personnes, que ce soit à la maison ou au bureau, XP/Edition familiale marche sur les plates-bandes de Windows XP/Pro. Les arguments, à la fois pour les pros Pro ou les pros Edition familiale, sont ésotériques et deviennent vite très techniques. Alors que peut faire un Nul ?

Heureusement, ce n'est pas aussi compliqué que cela n'y paraît. Dans la plupart des cas, vous choisissez la version de XP qui correspond à vos besoins : Windows XP/Edition familiale. Si une autre personne prend la décision, sans doute au département des nouvelles technologies, elle choisira probablement Windows XP, car il s'intègre mieux au réseau de PC existant.

Vous achèterez XP/Pro si :

- Vous voulez installer un réseau client/serveur sécurisé (voir l'encadré "Groupes de travail et domaines". Si vous pensez que XP/Pro coûte cher, attendez de voir la facture.
- Votre entreprise veut que vous utilisiez XP/Pro. Elle a sans doute de bonnes raisons à vouloir dépenser quelques billets supplémentaires, généralement elles concernent la sécurité, l'administration centralisée et les sauvegardes automatisées.
- Alors que vous êtes sur la route, vous devez téléphoner à votre entreprise au siège et utiliser un ordinateur portatif. Pour cela, sélectionnez la fonctionnalité Bureau à distance incluse uniquement sur XP/Pro.
- La machine dont vous vous servez d'ordinaire tourne sous Windows 2000 Pro (ou Windows NT 4) et vous voulez la mettre directement à jour vers Windows XP, en gardant tous vos paramètres.

TRUC

Vous pouvez directement mettre à jour votre machine depuis Windows 98 ou Windows ME vers Windows XP/Pro ou Windows XP/Edition familiale, et garder tous vos paramètres. Reportez-vous à la section suivante "Mise à jour : une transplantation cérébrale".

Windows XP/Pro peut être utile dans un environnement d'entreprise, et ce pour quelques raisons d'ordre secondaire. Par exemple, il gère Profils itinérants, fonctionnalité qui vous permet d'ouvrir une session sur n'importe quel ordinateur du réseau et de récupérer vos paramètres. Il comporte également des crochets de sécurité qui vous permettent de récupérer des dossiers même si le serveur ne fonctionne pas (également appelé Dossiers hors connexion) sans qu'aucune des autres fonctionnalités de XP/Pro n'interrompe les activités.

Mise à jour : une transplantation cérébrale

Si votre machine actuelle tourne sous Windows 98 ou ME, vous pouvez la mettre à jour vers Windows XP en démarrant simplement Windows, en insérant le CD XP dans votre lecteur de CD et en suivant les instructions.

Si vous trouvez que Windows XP n'est pas votre tasse de thé, vous pouvez le supprimer et restaurer votre ancien système Windows 98 ou ME intact comme suit :

1. **Sélectionnez Démarrer/Panneau de configuration.**
2. **Cliquez sur Ajouter ou Supprimer des programmes.**
3. **Cliquez sur Windows XP, puis cliquez sur Ajouter/Supprimer.**
4. **Cochez l'option Désinstaller Windows XP et cliquez sur Continuer.**

Si votre machine actuelle tourne sous Windows NT 4 ou Windows 2000, vous pouvez directement la mettre à jour vers Windows XP/Pro avec le CD. Cependant, vous ne serez pas en mesure de désinstaller automatiquement XP et de réinstaller NT 4 ou 2000.

ATTENTION !

Si votre machine actuelle tourne sur Windows 95 ou NT 3.x, vous ne pourrez pas la mettre à jour. La seule chose que vous pouvez faire est de supprimer Windows de votre disque dur et d'effectuer une installation propre à partir de zéro (reportez-vous à la section "Une installation propre"). Votre système Windows 95 ou NT 3.x n'est pas suffisamment puissant pour bien exécuter XP. Il vaut mieux dans ce cas attendre de vous procurer un nouvel ordinateur avec Windows XP préinstallé.

Conseil de mise à jour Windows/Liste de compatibilité matérielle

Microsoft fait une liste de tous les matériels qui s'adaptent à Windows XP. Cette liste est appelée Liste de compatibilité matérielle ("HCL", Hardware Compability List, pour les techniciens). Elle comprend les noms des produits qui ont été testés et approuvés par Microsoft. Si vous pensez mettre à jour votre ordinateur vers Windows XP ou ajouter un nouveau matériel à votre PC existant, vous devez tenir compte de la compatibilité de Windows XP. Vous pouvez consulter cette liste à l'adresse www.microsoft.com/hcl/default.asp.

La liste de compatibilité matérielle doit être considérée comme un grain de sable. Bien que les fabricants de matériel s'évertuent à faire correspondre leurs produits aux standards érigés par Microsoft, dans la réalité il est rare qu'un élément du matériel soit refusé à moins qu'il existe un conflit avec un autre élément matériel, avec un horrible pilote de périphérique ou avec la face de la lune.

Avant de mettre à jour un PC vers Windows XP, vérifiez que la machine en question n'a pas de problèmes connus. Microsoft distribue un programme appelé Windows XP Upgrade Advisor qui parcourt les parties les plus intimes de votre PC et reporte tous les problèmes éventuels avec la mise à jour. Vous pouvez télécharger le programme XP/Home Upgrade Advisor depuis www.microsoft.com/windowsxp/home/howtobuy/upgrading/advisor.asp. XP/Pro advisor est à www.microsoft.com/windowsxp/pro/howtobuy/upgrading/advisor.asp. Vous pouvez également récupérer une copie de ces deux programmes sur un CD gratuit dans le magasin d'informatique du coin.

Une installation propre

Windows XP est un programme très complexe. Dans le meilleur des cas, si vous mettez à jour votre version actuelle de Windows, que ce soit 98, ME, NT 4 ou 2000, vers Windows XP, la procédure de mise à jour réussit à récupérer tous vos anciens paramètres, à se débarrasser de la Corbeille de votre ancienne machine, et à installer une copie stable et toute neuve de Windows XP, prête à l'emploi.

Hélas, le monde est rude… et votre disque dur doit sans doute ressembler à une décharge publique. D'une manière générale, ceux qui effectuent des mises à jour considèrent Windows moins stable que ceux qui effectuent une installation propre : vider le contenu du disque dur et recommencer de zéro. L'installation d'une nouvelle version depuis une vieille version de Windows gâche invariablement le travail de la nouvelle version.

ATTENTION !

Une installation propre n'est pas la panacée. Même si vous y mettez tout votre cœur, vous perdrez inévitablement des données : cela se produit toujours, même pour les plus masochistes d'entre nous qui ont effectué une installation propre pour une décennie. Si tout ce que contient votre PC a de la valeur pour vous, optez pour une simple mise à jour. Si vous voulez que votre PC tourne bien, optez pour une installation propre.

Voici comment j'effectue une installation propre sur des ordinateurs qui peuvent démarrer à partir d'un lecteur de CD :

1. **Téléchargez et installez Revelation à partir du logiciel SnadBoy depuis www.snadboy.com (voir Figure 1.8).**

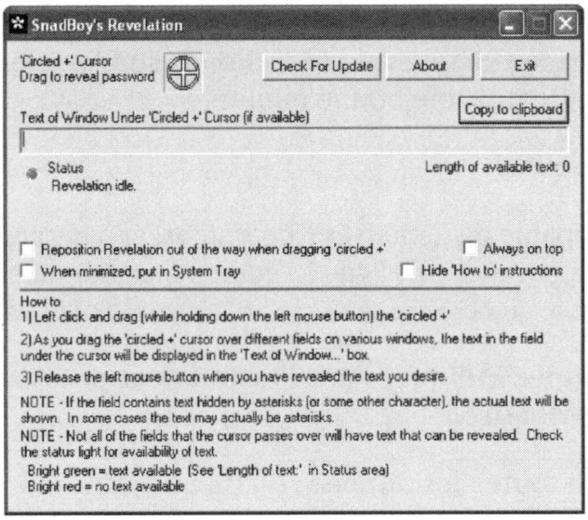

Figure 1.8 : Revelation de Snadboy vous permet de faire apparaître les mots de passe sous forme de ****** à l'écran.

Utilisez Revelation pendant quelques jours (ou des semaines !) pour récupérer les mots de passe que vous comptez mettre à l'abri.

2. **Vérifiez que vous avez bien tous les CD des logiciels que vous utilisez normalement.**

   Si ces programmes requièrent des mots de passe/clés d'installation, vous devez les connaître.

3. **Faites une sauvegarde de tout ce que vous avez. Deux fois.**

   Si vous avez un ordinateur Windows XP et que vous le reliez au PC dont vous faites la mise à jour via le réseau ou directement connecté à un câble, testez l'Assistant de migration Windows XP. Utilisez-le pour transférer tous vos fichiers et paramètres sur l'autre PC, temporairement. Suivez les instructions de la prochaine section "Utiliser l'Assistant Migration" pour sélectionner les paramètres avant d'effectuer la mise à jour et de les copier sur la machine temporaire. Suivez de nouveau les instructions pour les déplacer de la machine temporaire au PC original (fraîchement mis à jour).

4. **Insérez le disque d'installation Windows XP dans le lecteur de CD puis sélectionnez Démarrer/Arrêter pour éteindre votre ordinateur complètement.**

   Windows XP peut vous proposer de s'installer tout seul pendant que vous l'arrêtez. Si tel est le cas, cliquez sur Annuler. Eteignez le PC, puis patientez une bonne minute.

5. **Allumez votre PC.**

   Si le PC est capable de démarrer ("de s'amorcer") depuis le CD, vous verrez apparaître une ligne à l'écran vous indiquant de `Pressez n'importe quelle touche pour amorcer depuis le CD.`

6. **Suivez les étapes indiquées par l'installateur pour supprimer la partition primaire.**

   Ce qui détruit toutes les données du disque dur.

7. **Etirez-vous, donnez-vous deux petites tapes sur la joue, puis respirez un grand coup pour suivre la fin de l'installation.**

   Windows XP vous assiste tout au long des étapes. Il vous suffit de les suivre. La seule partie réellement délicate de l'installation est que Windows XP peut redémarrer votre ordinateur très tôt pendant la procédure de l'installation. Dans ce cas, vous pouvez voir réapparaître ce message `Pressez n'importe quelle touche pour amorcer depuis le CD`. Cette fois, c'est la seconde fois que vous voyez ce message, ignorez-le. Laissez Windows XP démarrer lui-même depuis le disque dur.

Toute personne saine d'esprit essayera d'effectuer une installation propre.

Utiliser l'Assistant Migration

L'Assistant de transfert de fichiers et de paramètres (plus connu sous le nom d'Assistant de migration) de Windows XP permet de transférer facilement certains types de fichiers et de données entre deux ordinateurs. C'est beau et ça marche, tant que vous n'en demandez pas trop. Sachez qu'il y a des limites :

- Le PC "vers" lequel vous allez transférer les fichiers et les paramètres doit tourner sous Windows XP. Et, si possible, il doit être connecté au PC "d'où" sont transférés les fichiers. Le PC "d'où" sont transférés les fichiers et paramètres peut tourner sur n'importe quelle version de Windows : Windows 95, 98, ME, NT 4, 2000 ou XP.

  L'Assistant de transfert de fichiers et de paramètres peut envoyer une gigantesque quantité de données d'un PC à un autre. Vous pouvez les dispatcher sur des disquettes d'une machine vers une autre, si vous avez des heures voire des journées à perdre. Mieux vaut que les deux ordinateurs communiquent via un réseau. A défaut, vous pouvez acheter un câble spécial appelé un "câble série de transfert de PC vers PC" qui se branche sur les emplacements série des deux PC (là où vous branchez les imprimantes). L'assistant fonctionne avec n'importe lequel.

- L'assistant ne peut pas installer vos vieux programmes sur le nouveau PC. Vous devez le faire vous-même, manuellement, un par un, généralement depuis le CD original.

Si vous utilisez l'Assistant de transfert de fichiers et de paramètres, mais que vous n'installez pas tous vos anciens programmes sur la nouvelle machine, des choses étranges peuvent se produire. Vous double-cliquez par exemple sur un fichier dans l'Explorateur Windows et Windows XP vous indique qu'il ne trouve pas le programme associé à ce fichier. Outlook peut avoir des problèmes pour afficher un fichier attaché à un message. Rien de bien méchant, pensez-vous, mais cela peut être assez embêtant.

- L'assistant choisit uniquement les fichiers de données et quelques entrées du Registre Windows. Ne vous attendez donc pas à ce qu'il prenne en considération tous vos mots de passe ainsi que toutes les copies de protection que vous avez créées (pour des jeux par exemple).

Toutefois, l'Assistant de transfert de fichiers et de paramètres ne choisit pas la Corbeille qui semble s'accumuler sur chaque PC Windows, ce qui signifie que vous pouvez l'utiliser sans crainte sur votre nouveau PC.

Voici le genre de chose que vous pouvez transférer :

- Les fichiers de votre Bureau Windows, le dossier Mes documents (y compris Mes images, Mes sons, si vous les avez placés dans le dossier Mes documents) et les dossiers Bureau et Documents partagés.
- Les autres fichiers éparpillés sur le disque dur, tant que Windows les considère comme des fichiers de données courantes.

L'Assistant de transfert de fichiers et de paramètres choisit les fichiers à transférer en fonction de l'extension du nom du fichier. Il examine les extensions de nom de fichier qui sont généralement associés aux fichiers de données, comme .doc ou .jpg. Reportez-vous à la section sur les extensions de nom de fichier au Chapitre 2 du Livret I, pour de plus amples informations.

- Les paramètres de Windows (Bureau, économiseurs d'écran, les options de la barre des tâches, etc.), l'Explorateur Windows, Internet Explorer (y compris la liste de vos Favoris) et Outlook Express.
- Tous vos paramètres de Microsoft Office.

Pour utiliser l'Assistant de migrati... euh... l'assistant de transfert de fichiers et de paramètres :

1. **Vérifiez que Windows XP est prêt et qu'il tourne sur le PC "vers".**

   Une fois le matériel installé, configurez vos utilisateurs, puis lancez Windows XP assez longtemps pour vous familiariser.

2. **Ouvrez une session sur le PC "vers" en tant qu'utilisateur qui est supposé recevoir tous les fichiers et paramètres du PC "d'où".**

   Si les deux PC "d'où" et "vers" sont connectés à votre réseau, sélectionnez Démarrer/Connexions réseau ou Démarrer/Poste de travail pour vérifier les connexions réseau. S'ils ne sont pas connectés au même réseau, récupérez un câble de transfert en série PC vers PC et reliez-le aux ports série des deux PC.

3. **Sélectionnez Démarrer/Assistant de transfert de fichiers et de paramètres, s'il est dans le menu Démarrer.**

   Sélectionnez Démarrer/Programmes/Accessoires/Outils système/Assistant de transfert de fichiers et de paramètres.

4. **Suivez les étapes indiquées par l'assistant (voir Figure 1.9).**

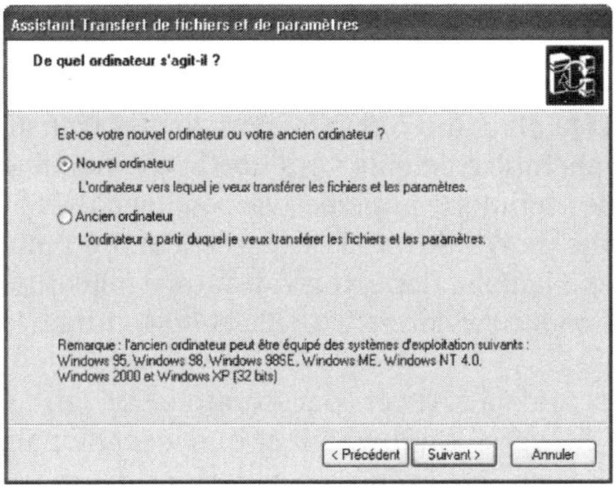

Figure 1.9 : L'Assistant transfert de fichiers et de paramètres peut envoyer la plupart (mais pas toutes !) des informations d'un PC à un autre.

Les étapes exactes varient en fonction de la méthode que vous employez pour transférer les données. Si vous avez un très grand nombre de documents ou de fichiers image, prévoyez quelques heures. Si vous transférez par disquettes, ne soyez pas surpris que cela prenne une journée.

TRUC

Si vous effectuez une installation propre de tête brûlée de Windows XP (voir section précédente), vous pouvez utiliser deux fois l'Assistant transfert de fichiers et de paramètres pour glisser la plupart de vos données (mais aucun de vos programmes !) via la mise à jour, même si vous les supprimez de votre disque dur lors de la mise à jour. Tout cela revient à faire une machine intermédiaire tournant sous Windows XP qui contient tous vos paramètres tandis que l'ancien PC est vidé. Lors de la première utilisation de l'Assistant de transfert de fichiers et de paramètres, utilisez une machine intermédiaire en tant que PC "vers". Puis mettez à jour l'ancien. Enfin, réexécutez l'Assistant de transfert de fichiers et de paramètres, cette fois en utilisant la machine intermédiaire comme machine "d'où". Cela marche à merveille.

Activation du produit

Lorsque vous achetez une copie de Windows XP dans le commerce, vous êtes autorisé à l'installer une fois, une seule fois, sur un PC.

Lorsque vous achetez un nouveau PC avec Windows XP préinstallé, Windows reste dans la machine. Vous ne pouvez pas transférer Windows XP de la machine originale vers une autre machine. Microsoft utilise une technique appelée "verrouillage BIOS" pour s'assurer que la copie de Windows XP intégrée à un PC reste dans ce PC, pour toujours et à jamais. Reportez-vous aux explications de Fred Langa à www.langa.com/newsletter/2001/2001-09-10.htm.

ATTENTION !

Il y a beaucoup de si, de mais, de et (par exemple que faire si vous mettez à jour votre PC vers Windows XP et que le lendemain il meurt soudainement ?), mais en règle générale, vous ne pouvez pas copier Windows XP et vendre des copies piratées ou installer une seule copie sur toutes les machines de votre maison. Si vous avez trois PC, vous devez acheter trois copies de Windows XP.

Les licences délivrées aux entreprises sont légèrement différentes. J'en parle à la fin de cette section.

Windows XP rend indispensable ce système de licence avec une technique appelée *Activation du produit Windows* (WPA). Voici comment WPA fonctionne :

1. **L'installateur de Windows XP vous demande de saisir le numéro unique composé de 25 caractères qui est affiché au dos de la jaquette de votre CD Windows XP.**

   Plus tard, le programme d'activation examine divers numéros de série à l'intérieur de votre PC : processeur, carte réseau, et lecteurs de disque entre autres, puis les mélange et crée un second numéro de 25 caractères qui identifie votre PC. Ces 50 caractères, réunis, sont appelés l'*ID d'installation.*

2. **Lorsque vous activez Windows XP, vous transmettez l'ID d'installation de 50 caractères à Microsoft.**

   Microsoft vérifie si personne d'autre n'a donné le numéro de 25 caractères du dos de la jaquette de votre CD de Windows XP.

   - Si personne d'autre n'a activé ce numéro de 25 caractères ou si le numéro de 25 caractères a été activé avec un ID d'installation spécifique (ce qui signifie que vous avez activé cette copie de Windows XP deux fois sur le même PC), Microsoft vous renvoie un *ID de confirmation* de 42 caractères. Les deux ID d'installation et de confirmation sont stockés sur votre PC.
   - Si le numéro de 25 caractères a déjà été utilisé sur un autre PC, vous recevrez un message vous indiquant que `D'après nos enregistrements, le numéro que vous avez transmis pour pouvoir activer Windows avec ce product key a expiré. Veuillez saisir un autre product key, puis cliquez sur réessayer.` Vous recevrez des instructions pour contacter Microsoft, si besoin ~~ait~~. est.

3. **A chaque démarrage de Windows XP, XP recalcule le numéro de 25 caractères en fonction des divers numéros de série qui sont à l'intérieur de votre PC.**

   Si le numéro correspond à celui qui est stocké sur votre PC, et que l'iD de confirmation est correct, Windows s'exécute.

4. **En revanche, si le numéro de 25 caractères recalculé ne correspond pas à votre code original, c'est la pagaille !**

   Votre disque dur commence à tourner deux fois plus vite que sa vitesse normale, votre clavier court-circuite l'alimentation de votre PC et le commissariat du quartier reçoit un fax urgent de Redmond d'avis recherche. D'accord, d'accord, j'exagère un petit peu. Voici ce qui se produit dans la réalité :

   - Si Windows détermine que vous n'avez effectué que de petites modifications, comme remplacer le disque dur ou la carte mère, il vous permet de démarrer le système d'exploitation.
   - En revanche, si Windows trouve que vous avez effectué trop de modifications, il refuse de démarrer et insiste sur le fait que vous devez contacter Microsoft pour obtenir un nouvel ID de confirmation. Bref, vous devez recommencer le cycle d'activation. Microsoft donne tous les détails sur www.microsoft.com/piracy/basics/xp_activation.asp et www.microsoft.com/TechNet/prodtechnol/winxppro/evaluate/xpactiv.asp.

Si vous achetez un nouveau PC avec Windows XP préinstallé, ce dernier a déjà été activé avant que vous ne le récupériez.

Si vous achetez et installez vous-même Windows XP, vous disposez de 30 jours après l'installation pour l'activer. Windows vous incitera à l'activer lors de l'installation. A défaut, il vous le rappelle inévitablement une fois les 30 jours expirés. La réinstallation de Windows XP ne vous fait pas échapper à la procédure d'activation.

L'activation via Internet rend invisible la procédure de génération, d'envoi et de réception des numéros ID : tout ce que vous savez est que la procédure marche tout en continuant à utiliser le logiciel que vous venez d'acheter. Si vous effectuez l'activation par téléphone, vous êtes assis devant votre ordinateur avec votre CD d'installation de Windows XP. Vous devez indiquer une foule de numéros à l'opératrice de l'autre côté de la ligne téléphonique. A son tour, elle vous donne une foule de numéros que vous devez saisir dans l'Assistant WPA.

Etonnamment, Windows XP continue de fonctionner peu de temps après le délai d'expiration de l'activation même s'il ne démarre pas. Par exemple, un modem relié à un PC qui n'a pas été activé peut encore composer des numéros, s'il est configuré pour le partage de connexion Internet.

Comme l'Assistant WPA l'indique, l'activation n'est pas un enregistrement. Lorsque vous activez Windows XP, votre ordinateur envoie à Microsoft l'ID d'installation de 50 caractères et *rien d'autre*. Lorsque vous enregistrez Windows XP, vous envoyez vos nom, adresse, numéro de téléphone et toutes les autres informations que l'écran vous demande de saisir.

L'activation est obligatoire : vous devez activer Windows XP, sinon il ne fonctionne pas. En revanche, l'enregistrement est facultatif et peu utile pour tous les Nuls de la terre. (Quoi ? Vous pensez que Microsoft veut votre adresse électronique pour vous envoyer une promotion ? Une carte d'anniversaire ? Vous rêvez !)

Les grandes entreprises ne sont pas concernées par l'Activation du produit Windows. Toute entreprise qui achète Windows XP via un site, c'est-à-dire qui achète plusieurs copies en même temps, récupère une version spéciale qui ne nécessite pas d'être activée.

Si vous avez entendu parler d'une version pirate de Windows XP disponible sur Internet et qui par magie se passe de l'Activation du produit Windows, il s'agit sans doute d'une copie entreprise.

Que faire si rien ne marche ?

Que devez-vous faire si Windows XP ne marche pas ?

- Si vous avez acheté Windows XP avec un nouveau PC, allez vous plaindre auprès du fournisseur qui vous a vendu ce p... de truc ! Ne vous laissez pas berner par des explications du type : "C'est un problème logiciel. La faute en incombe à Microsoft." Si vous achetez Windows XP préinstallé dans un nouveau PC, c'est la société qui vous a vendu la machine qui est responsable de tout dysfonctionnement.

- Si vous avez mis à jour Windows 98 ou ME vers Windows XP, vous pouvez toujours désinstaller Windows XP et revenir à votre ancien système d'exploitation. Suivez les instructions de la section intitulée "Mise à jour : une transplantation cérébrale".
- Si vous mettez à jour Windows NT 4 ou 2000 et que vous n'avez pas effectué d'installation propre, suivez les instructions de la section intitulée "Une installation propre". Vous n'avez rien à perdre ?
- Si vous avez effectué une installation propre et que Windows ne marche toujours pas, vous avez toute ma sympathie. Allez voir le fournisseur de votre matériel et vérifiez que vous avez bien installé la version la plus récente de BIOS. (Vérifiez également que vous avez bien le manuel d'instructions ; changer de BIOS est d'une simplicité enfantine, si vous suivez les instructions.) Consultez les forums de discussion en ligne comme WOPR Lounge, www.wopr.com/lounge pour voir s'il n'y pas une personne qui pourrait vous venir en aide. Si décidément rien ne marche, admettez-le et réinstallez votre ancien système d'exploitation. La vie est trop courte !

Chapitre 2 : Trouver votre chemin du début à la fin

Dans ce chapitre :

- **Ouvrir une session.**
- **Ajouter des utilisateurs.**
- **Parcourir le Bureau.**
- **Travailler avec des fenêtres.**
- **Contrôler vos fichiers.**
- **Un bouton nommé Démarrer.**
- **Fermer une session.**

Ce chapitre vous explique comment démarrer Windows et quel ordre lui donner pour qu'il exécute les tâches que vous lui confiez. Si vous êtes un familier de Windows, vous connaissez déjà la plupart de ces manipulations, comme utiliser la barre des tâches ou les boîtes de dialogue, mais je pense que vous aurez quelque surprise. Si vous êtes débutant, commencez par lire ce chapitre. Vous apprendrez notamment à supprimer ou ajouter des utilisateurs, et saurez pourquoi vous devez éviter Microsoft Passport. Pas de panique ! Lorsque vous maîtriserez la terminologie, les concepts n'auront plus de secret pour vous.

Ce chapitre comprend également le truc le plus important que je dois donner aux nouveaux utilisateurs, un truc qui vous remboursera le prix de ce livre, si vous voulez vous protéger de l'infection d'un seul virus. La section intitulée "Afficher les extensions de nom de fichier" contient toutes les informations. Croyez-moi. Lisez-la et parlez-en à vos amis.

Contrôler qui entre

Windows XP suppose que tôt ou tard plus d'une personne travaillera sur votre PC. Toutes sortes de problèmes peuvent apparaître lorsque plusieurs personnes partagent un PC. Je venais de bien configurer mon écran, disposer mes icônes là où je le voulais. Puis mon fils a installé sur le Bureau une photo de Alpha Centauri. Il a mis une petite liste dans le Lecteur Media et a supprimé "accidentellement" ma liste Grateful Dead !

C'est pire que de partager la télécommande !

Windows est pour la paix des familles – et des bureaux – en demandant aux personnes d'ouvrir une session. Cette procédure d'ouverture (également appelée d'inscription) permet à Windows de garder les paramètres de chaque personne : vous indiquez à Windows qui vous êtes, et Windows vous laisse jouer dans votre propre bac à sable.

Les paramètres personnels qui s'activent lorsque vous ouvrez une session sous Windows XP ne relèvent pas vraiment de la sécurité, du moins dans l'Edition familiale de Windows XP. (Windows XP/Pro a substantiellement gonflé la sécurité, mais vous pouvez passer à travers de nombreux filets.) Dans XP/Edition familiale, vos paramètres peuvent être effacés, vos fichiers détruits, si une autre personne essaie de le faire. Mais tant que tous ceux qui partagent le PC coopèrent, la méthode d'ouverture de session fonctionne très bien.

L'écran de Bienvenue

Lorsque vous êtes prêt à commencer, Windows XP vous accueille par un écran de Bienvenue – appelé également "Ecran d'ouverture de session" ou "Ecran d'inscription", comme celui de la Figure 2.1. Cet écran liste tous les utilisateurs inscrits pour utiliser l'ordinateur. Il peut également afficher une espèce de fourre-tout utilisateur appelé "Invité". (Je suppose que cela sonne mieux que "Autres" ou "Hé, vous" !)

Vous pouvez paramétrer un compte Invité pour accorder des droits d'accès très limités à toute personne qui n'est pas formellement paramétrée sur un PC spécifique. (J'explique comment configurer un compte Invité et de nouveaux utilisateurs dans la section suivante intitulée "Ajouter des utilisateurs".) Bien sûr, rien n'empêche un invité – un ami, un ennemi ou votre belle-mère – de cliquer sur une autre icône et d'ouvrir une session sous une autre identité : Windows XP/ Edition familiale s'appuie sur le savoir-vivre de tous les utilisateurs pour garder leurs paramètres. Et si vous ne pouvez pas compter sur le respect des autres, paramétrez des mots de passe. Je vous explique comment procéder dans la section intitulée "Changer les paramètres utilisateur".

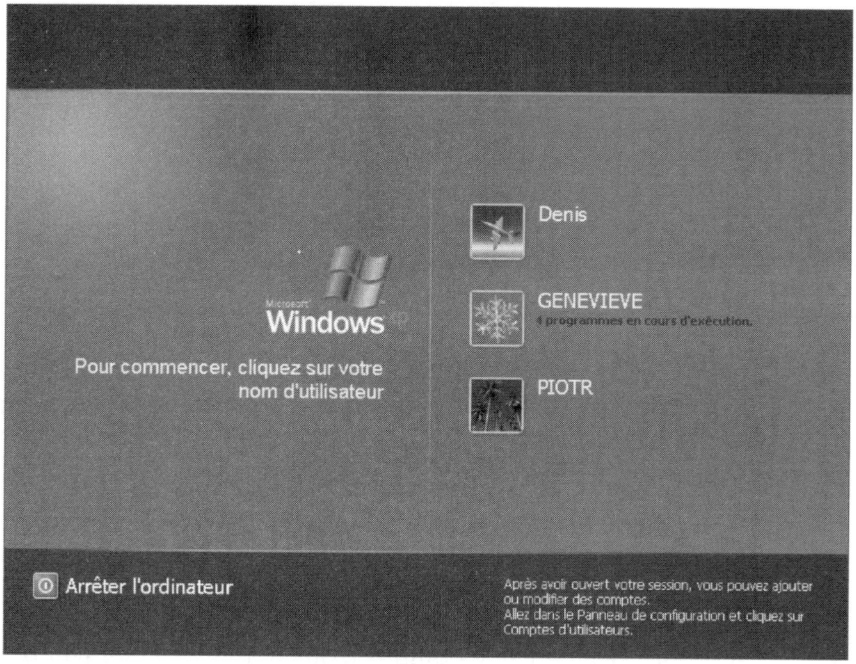

Figure 2.1 : L'écran de Bienvenue permet à Windows de basculer d'un utilisateur à un autre.

Ajouter des utilisateurs

Une fois que vous avez cliqué sur votre nom d'utilisateur dans l'écran de Bienvenue, vous pouvez ajouter très facilement d'autres utilisateurs. Voici comment :

1. **Sélectionnez Démarrer/Panneau de configuration/Compte d'utilisateurs.**

Vous verrez apparaître la boîte de dialogue Compte d'utilisateurs, comme à la Figure 2.2.

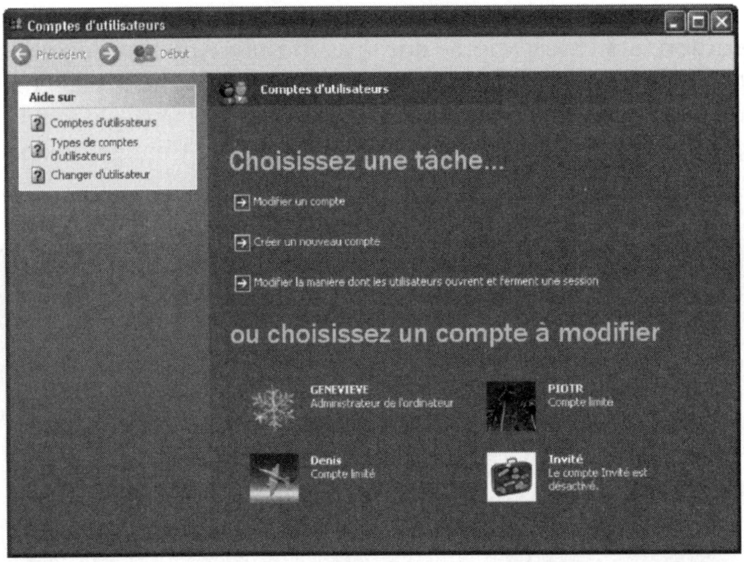

Figure 2.2 : Effectuez toutes sortes de tâches de maintenance utilisateur dans l'écran Compte utilisateur.

2. **Cliquez sur la tâche intitulée Créer un nouveau compte.**
3. **Entrez un nom.**

   C'est fait.

Le nom apparaît maintenant dans l'écran de Bienvenue.

TRUC

A propos des noms de compte. Vous pouvez donner n'importe quel type de nom à un compte : un prénom, un nom de famille, un surnom, un titre, une abréviation. Sans problème. Même les signes de ponctuation passent entre les mailles du filet des censeurs de Windows : le nom "A Votre base@" est accepté.

Pour activer ce compte Invité sur votre ordinateur, cliquez sur le compte Invité dans l'écran Compte d'utilisateurs (voir Figure 2.2). Puis cliquez sur Fermer le compte Invité.

Changer les paramètres utilisateur

Si vous avez choisi un compte utilisateur dans l'écran Compte d'utilisateurs, lequel apparaît en sélectionnant Démarrer/Panneau de configuration/Compte d'utilisateurs, Windows vous présente immédiatement cinq options. (Voir Figure 2.3.) Cliquez sur l'une de ces options pour ouvrir la tâche que vous voulez faire. Voici la description de ces options :

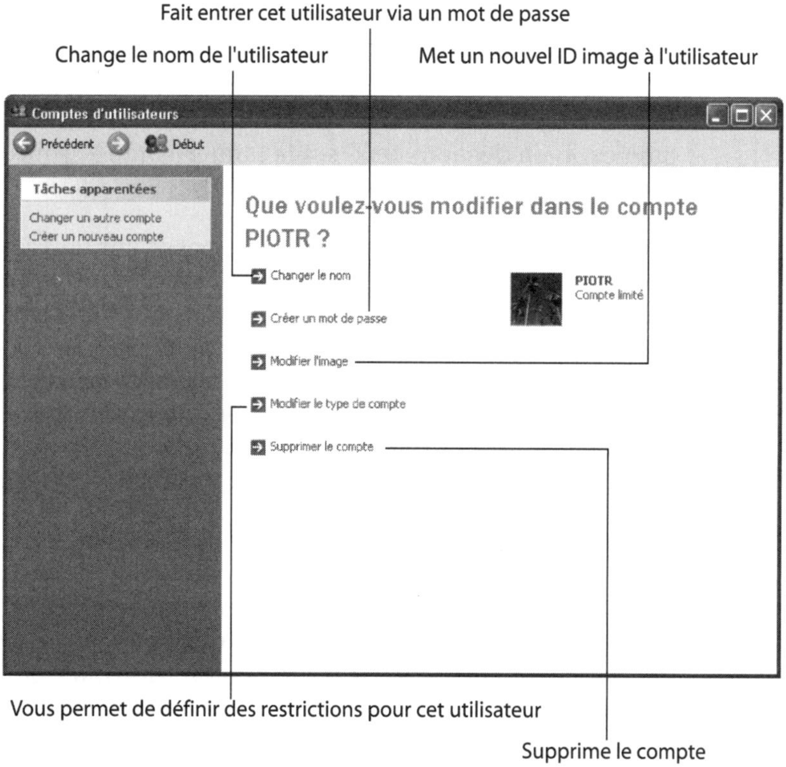

Figure 2.3 : Maintenir le compte d'une autre personne.

- **Changer le nom :** Modifie le nom affiché à l'écran de Bienvenue et tout en haut du menu Démarrer, alors que les autres paramètres restent tels quels. Utilisez cette option si vous voulez changer le nom d'un compte seulement, par exemple "Bill" veut soudainement être appelé "William".

✦ **Créer un mot de passe :** L'utilisateur doit entrer un mot de passe s'il démarre Windows. Il ne peut pas passer l'écran de Bienvenue (en utilisant son propre compte) sans mot de passe. C'est un étrange paramètre car vous pouvez le changer pour les autres utilisateurs : vous pouvez obliger Bill à utiliser un mot de passe alors qu'il n'en avait pas auparavant. Pire, vous spécifiez le mot de passe initial lorsque vous paramétrez ce compte utilisateur et Bill devra vous supplier de lui donner son mot de passe pour qu'il puisse ouvrir sa session.

Les mots de passe sont SenSible à la cAse : vous devez saisir le mot de passe, majuscule, et tout le toutim exactement comme il a été saisi lorsque vous l'avez enregistré. Si l'ordinateur ne reconnaît pas votre mot de passe, vérifiez que la touche Verr num est bien désactivée. C'est le numéro un des sources de problème.

Si vous décidez de mettre un mot de passe sur votre compte, prenez deux minutes pour lancer l'Assistant Mot de passe perdu (sélectionnez Démarrer/Aide et support, et saisissez **Assistant Mot de passe perdu**). Ce petit programme crée une disquette que vous pouvez utiliser pour déverrouiller votre mot de passe et accéder à votre compte, même si votre précoce fille de 7 ans l'a changé en MXYPLFTFFT. Vous devez lancer l'assistant une seule fois, la disquette qu'il crée déverrouillera toujours votre compte.

✦ **Modifier l'image :** Change l'image qui apparaît à côté du nom de l'utilisateur sur l'écran de Bienvenue, le menu Démarrer et dans les zones des Comptes utilisateur. Vous pouvez choisir une image de n'importe quel type de fichier : GIF, BMP, JPG ou NPG. Windows vous propose de choisir parmi deux dizaines d'images, mais vous pouvez en choisir d'autres n'importe où. Si vous sélectionnez une grande image, Windows redimensionne automatiquement sa taille.

✦ **Modifier le type de compte :** Vous permet de passer les comptes de Administrateur à Limité et vice versa. Les conséquences de ces options sont quelque peu complexes, je vous les explique dans la prochaine section.

- **Supprimer le compte :** Vous permet de détruire le compte, si vous en avez le courage (ou si vous êtes fou). Windows vous permet de garder des copies des comptes supprimés dans le dossier Mes documents ou Bureau, mais attention faites-le bien car si vous supprimez le compte, vous perdez également les messages électroniques, les favoris Internet, et autres paramètres qui s'y rapportent.

D'accord, j'ai menti : vous ne pouvez pas effectuer toutes ces modifications sur les comptes d'autres personnes si vous êtes un simple utilisateur "Limité". En fait, vous devez être un Administrateur pour que Windows vous accorde un tel pouvoir. Mais c'est une autre histoire, que je vais vous raconter dans la section suivante.

Utiliser les types de compte

Les utilisateurs Windows XP/Edition familiale peuvent être divisés en deux groupes : ceux qui en ont et ceux qui n'en ont pas. Les premiers sont appelés *Administrateurs* ; les seconds, *Limités*. C'est ainsi.

Un utilisateur Limité, utilisant son compte Limité, ne peut faire... que des choses... Limitées :

- Exécuter des programmes installés sur l'ordinateur (mais ne peut pas installer de nouveaux programmes).
- Utiliser le matériel installé sur l'ordinateur (mais ne peut pas installer de nouveau matériel).
- Créer et utiliser des documents/images/sons dans ses dossiers Mes documents/Mes images/Ma musique, tout comme les dossiers partagés dans le PC.
- Changer son mot de passe ou hésiter entre avoir ou non un mot de passe.
- Changer l'image qui apparaît à côté de son nom dans l'écran de Bienvenue ou le menu Démarrer.

En revanche, l'Administrateur peut tout changer, n'importe où, à tout moment, à une seule et unique exception : il ne peut pas accéder aux dossiers Privés. L'Administrateur a même le pouvoir de changer les mots de passe des utilisateurs, rappelez-vous-en si vous avez oublié le vôtre !

Pour indiquer qu'un fichier est Privé, et par conséquent empêcher tous les autres utilisateurs d'y accéder, vous devez avoir recours au système de fichier Windows NT, également connu sous le nom de *NTFS*. Si Windows XP a été installé sur l'ordinateur avant que vous ne l'achetiez, vous avez de grande chance de l'utiliser. Si vous avez mis à jour Windows 98 ou ME vers Windows XP/Edition familiale, vous avez très peu de chance d'utiliser NTFS. Afin de savoir si vous utilisez NTFS et indiquer qu'un fichier est Privé, suivez les étapes décrites dans la section "Indiquer qu'un fichier est Privé".

Lorsque vous installez Windows XP/Edition familiale, tout compte configuré est considéré comme un compte Administrateur. C'est pourquoi certaines personnes préfèrent que Windows vous demande un mot de passe : n'importe qui peut être un Administrateur.

Qu'est-ce qu'un Administrateur ?

A l'époque des serveurs de fichier verrouillés, lorsque les hommes possédant les clés de la boîte noire portaient des blouses blanches de laboratoire, les techniciens réseau s'identifiaient à leurs ordinateurs en tant que "Administrateur". Chaque PC avait un compte Administrateur appelé "Administrateur" (ces hommes étaient vraiment très créatifs !) et ce compte faisait tout : éteindre une imprimante, planter le disque système, brouiller vos paramètres avant de reconnaître qu'un doigt a glissé. Le nom est resté et a même survécu à la disparition des hommes en blouse blanche de laboratoire. De nos jours, un compte Administrateur est un compte qui permet de tout faire, à n'importe qui, à tout moment.

Eviter Microsoft Passport

En surface, Microsoft Passport semble être une excellente idée : un lieu central où vous pouvez mettre toutes vos informations personnelles dont vous aurez besoin lorsque vous serez en contact avec des fournisseurs sur le Web, chatter avec d'autres personnes via Windows Messenger, télécharger le prix des stocks, personnaliser les prévisions météorologiques, envoyer et recevoir des messages électroniques grâce à votre propre service Hotmail de Microsoft, ouvrir un compte en banque, gérer le stock, et ainsi de suite.

Si vous sélectionnez Démarrer/Panneau de configuration/Compte d'utilisateurs et que vous sélectionnez votre propre compte dans l'écran Compte utilisateur, vous avez l'option de vous inscrire à Microsoft Passport ou de relier votre PC local à votre passeport existant, comme à la Figure 2.4.

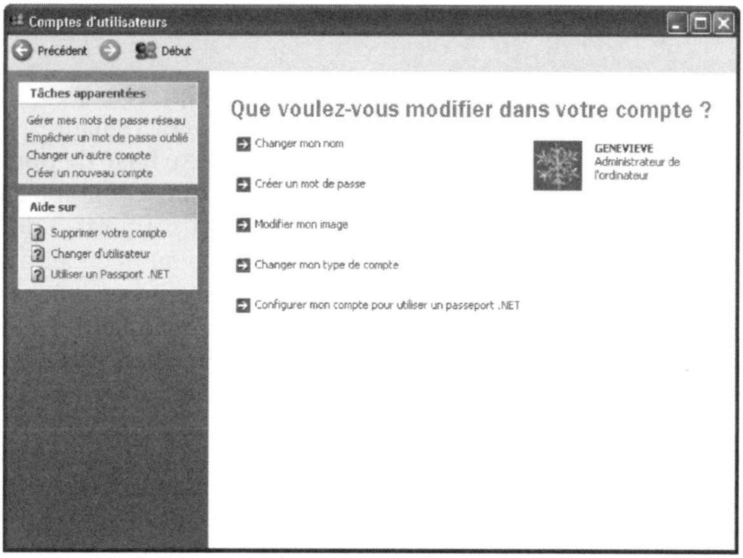

Figure 2.4 : Lorsque vous sélectionnez votre compte, vous pouvez accéder à Microsoft Passport.

Dans quelle mesure pouvez-vous faire confiance à Microsoft pour protéger vos données privées ? C'est la question fondamentale qui se pose lorsque l'on entame toute discussion sur Microsoft Passport. La plupart des gens ne font pas confiance à Microsoft.

En surface, Microsoft Passport semble bien innocent : saisissez votre nom, choisissez un ID et un mot de passe et soudain toutes ces merveilleuses fonctionnalités sont mises à votre disposition.

Toutefois, sachez que Microsoft garde les clés de toutes les données Passport. Si vous faites confiance à Microsoft (personnellement, dans ce cas, je lui fais confiance), le seul réel problème que pose Passport est qu'il annonce l'arrivée imminente de "Big Brother". Si vous ne faites pas confiance à Microsoft, vous serez bien bête de lui transmettre des informations personnelles, même une simple liste de sites favoris.

D'un autre côté, si vous ne vous inscrivez pas à Microsoft Passport, vous ne pouvez pas utiliser Messenger pour chatter, ni Hotmail pour avoir une adresse électronique sur le Web, ni demander à une tierce personne de prendre le contrôle de votre ordinateur et de vous aider avec l'Assistance à distance, etc.

Alors que faire ?

De nombreuses personnes hésitent entre vie privée et convenance en récupérant Passport, mais restent extrêmement vigilantes quant aux informations qu'elles transmettent à l'immense base de données de Microsoft. Vous pourrez trouver cette solution acceptable. Mais sachez que l'ensemble des données Passport peut être à double tranchant : si vous avez recours à Passport pour accéder à un site, il y a fort à parier que ce site rassemble toutes les informations et les renvoie à Microsoft. Je ne veux pas vous inciter à la paranoïa, mais quasiment tout ce que vous saisissez dans une page Web reliée à Passport finit par échouer dans une base de données Microsoft.

ATTENTION !

J'aborde plus en détail Microsoft Passport dans Woody's Windows Watch (ma newsletter gratuite, www.woodyswatch.com) ; et chaque fois que j'apprends une nouvelle information sur Microsoft Passport, cette nouvelle information semble nous rapprocher à grand pas de Big Brother. Si vous décidez d'utiliser Passport, sachez que Microsoft gardera toutes les informations que vous avez saisies. Vérifiez que vous avez la dernière version de développement. Il existe d'autres versions qui demandent une constante vigilance.

Ne soyez pas également surpris si vous rencontrez une référence à ".NET Passport", voire à "Windows Passport" dans diverses publications. Passport change plus souvent de peau qu'un serpent à sonnettes. La version 1.1 est intégrée dans la version originale de Windows XP, mais la version 2.0 est sortie très peu de temps après en ligne. Quant à la version 3.0, elle ne va pas tarder à être sur le marché. Peu importe comment vous l'appelez, Microsoft Passport, Windows Passport ou .NET Passport, et peu importe la version que vous utilisez, le concept de base est le même.

Quoi qu'il en soit, si vous voulez vraiment vous inscrire à Microsoft Passport et avoir le compte de votre PC relié à ce grand registre Microsoft Passport, effectuez les étapes suivantes :

1. **Sélectionnez Démarrer/Panneau de configuration/Compte utilisateur.**

2. **Sélectionnez votre propre compte.**

3. **Cliquez sur Configurer mon compte pour utiliser un passeport .Net.**

Vous êtes alors dirigé vers le site Web de Microsoft où vous pouvez engager une relation.

Supprimez-vous

Comparez les Figures 2.3 et 2.4. Y voyez-vous une subtile différence ?

Vous ne pouvez pas supprimer votre propre compte.

Windows doit se protéger. Chaque PC doit avoir au moins un utilisateur inscrit comme Administrateur. Si Windows XP perd tous ses Administrateurs, personne ne pourra ajouter de nouveaux utilisateurs ou modifier les comptes existants, pas plus que d'installer des programmes ou du matériel.

Même si vous et moi pensons qu'il existe bien une dizaine de manières pour vérifier si un PC a toujours au moins un Administrateur, Microsoft a choisi une approche plus directe. Premièrement, vous ne pouvez pas passer en utilisateur Limité s'il ne reste pas de compte Administrateur. Deuxièmement, vous ne pouvez pas supprimer votre propre compte.

Avec ces deux conditions, Windows XP est assuré d'avoir toujours un minimum d'un administrateur.

Les bases

Dès que vous ouvrez une session sur votre ordinateur, vous êtes accueilli par une immense étendue de vide, joliment décorée d'une photo d'une colline verdoyante.

Ou est-ce le jardin de Bill ? Difficile à dire.

Le Bureau

Votre aventure Windows commence par l'écran de votre ordinateur. L'écran qu'affiche Windows à chaque démarrage est appelé le Bureau, bien que la ressemblance avec un vrai bureau s'arrête là. Essayez d'y poser un crayon.

La première fois que vous démarrez Windows, votre Bureau devrait ressembler à la Figure 2.5.

Bien que le nombre et la qualité des objets qui sont disséminés sur le moniteur de votre ordinateur varient en fonction de la personne qui vous a vendu l'ordinateur et de ce qui était inclus lorsque vous l'avez acheté, il y a de fortes chances que vous avez quelques images, dites "icônes" sur le Bureau. A la Figure 2.5, une icône apparaît, l'icône de la Corbeille, là où Windows met tout ce dont vous vous débarrassez.

TRUC

Votre Bureau est sans doute différent de celui représenté à la Figure 2.5. D'une part, vous êtes restreint à un ensemble d'icônes déjà installées. Si vous avez acheté un nouvel ordinateur avec Windows préinstallé, votre fournisseur a dû vendre quelque bureau à une société de logiciels ou à un fournisseur d'accès à Internet. (Et oui les AOL ou Norton dédommagent les Dell et Compaq pour tout service rendu. N'en doutez pas !) Si vous voyez des icônes qui ne vous plaisent pas, cliquez du bouton droit sur l'icône et sélectionnez Supprimer. Bon débarras !

Certes, le Bureau Windows n'a rien à voir avec votre bureau. Tout comme ces petites images appelées "icônes" sont un peu iconoclastes faisant des vraies icônes d'exquis *objets d'art* (NdT : en français dans le texte), peints sur du bois. Le prix du progrès, je suppose.

Une fois la colline verdoyante de votre écran parcourue, le reste de votre Bureau n'est pas très engageant, bien qu'au détour d'un clic une foule de surprises vous attende :

✦ **La barre des tâches Windows :** S'exécute le long du bas de votre écran, vous indique ce que votre ordinateur est en train de faire : quels sont les programmes ouverts, ce que vous consultez sur Internet ou tout autre chose qui mérite votre attention.

✦ **La zone de notification :** Egalement appelée *system tray*. Cette zone se trouve en haut à droite de la barre des tâches et vous indique l'heure ainsi que ce que fait Windows. Par exemple, si vous utilisez un modem pour vous connecter à Internet, le clignotement de l'icône du modem vous permet de savoir que la connexion n'est pas gelée. Du moins en théorie. D'autres minuscules icônes de la zone de notification vous permettent de contrôler le volume de vos enceintes ou de vous indiquer si vous êtes connecté à Windows Messenger.

✦ **Le bouton Démarrer :** Situé tout en bas à gauche du Bureau. Ce bouton vous donne accès à tout ce que peut faire l'ordinateur. Cliquez dessus pour voir le menu Démarrer, menu signifiant dans le jargon technique la liste de toutes les choses sur lesquelles vous pouvez cliquer. Reportez-vous à la section intitulée "Démarrer par le bouton Démarrer", plus loin dans ce chapitre.

Le Bureau Windows est apparemment assez simple, mais détrompez-vous : sous ce calme intérieur se dissimule le programme le plus sophistiqué jamais créé. Des centaines de millions de dollars ont été investis pour donner l'illusion de cette simplicité. Rappelez-vous-en la prochaine que vous aurez une irrésistible envie de donner des coups de pieds dans votre ordinateur.

Figure 2.5 : Le Bureau Windows XP/ Edition familiale.

Stocke les fichiers supprimés
Corbeille
L'heure courante, si vous avez bien configuré l'horloge
13:21

La chasse aux souris

La souris de votre ordinateur est le premier moyen d'interagir avec Windows, mais vous le saviez déjà. Vous pouvez cliquer du bouton gauche ou du bouton droit de la souris, ou bien utiliser la roulette du milieu (si vous en avez une) ; la souris effectuera différentes tâches selon que vous cliquez ou roulez. Mais vous le saviez déjà, aussi.

Vous pouvez intervertir l'action des boutons gauche et droit de la souris, c'est-à-dire vous indiquez à Windows XP qu'il traite le bouton gauche de la souris comme s'il s'agissait du bouton droit et le bouton droit comme s'il s'agissait du bouton gauche. Cette intervention est très pratique pour les gauchers, mais la plupart d'entre eux (comme mon fils) préfèrent garder les boutons tels quels, car c'est tout simplement plus facile pour les autres utilisateurs qui ne sont pas gauchers. Pour intervertir les actions des boutons droit et gauche de la souris, suivez ces étapes :

1. **Sélectionnez Démarrer/Panneau de configuration/Imprimantes et autres périphériques/Souris.**
2. **Sélectionnez l'onglet Boutons.**
3. **Cochez la case Permuter les boutons principal et secondaire.**
4. **Cliquez sur OK.**

Utiliser la souris

Voici quelques astuces que vous pouvez ne pas connaître :

- Pour déplacer un élément sur le Bureau Windows – procédure appelée *glisser* –, cliquez du bouton gauche, déplacez la souris puis relâchez le bouton. Sur des portatifs ayant une touche tactile, vous allez vous emmêler les doigts en essayant de reproduire la manipulation souris déplacer-relâcher. La touche tactile reconnaîtra sans doute une tape rapide comme le début d'un glisser. Consultez la documentation et exercez-vous.

  Windows comporte une fonctionnalité appelée Verrouillage clic qui peut s'avérer très pratique si vous avez du mal à maintenir appuyé le bouton gauche de la souris et à déplacer la souris en même temps : un problème que connaît tout utilisateur de portatif qui n'a pas plus de trois mains. Lorsque Windows utilise Verrouillage clic, vous maintenez appuyé le bouton de la souris pendant un certain temps (vous pouvez indiquer à Windows le temps exact) et Windows "verrouille" le bouton de la souris. Pour activer le Verrouillage clic :

1. **Sélectionnez Démarrer/Panneau de configuration/Imprimantes et autres Périphériques/Souris.**
2. **Dans l'onglet Boutons, cochez la case Activer le Verrouillage du clic.**
3. **Cliquez aussitôt sur le bouton Paramètres et ajuster le temps dont vous avez besoin pour maintenir appuyé le bouton de la souris afin d'activer le Verrouillage clic.**

Remarquez que vous pouvez tester le paramètre de la durée de Verrouillage clic en cliquant à côté de Paramètres de Verrouillage du clic et en glissant sur la case.

- Vous pouvez très vite explorer tous les éléments du Bureau ! Lorsque vous naviguez dans Windows XP, vous avez l'impression que tout marche lentement. Pour cela, survolez, autrement dit placez, le pointeur de la souris à un endroit pour obtenir des informations. Vous serez surpris par le nombre d'informations que Windows vous donne.

- Bien que la plupart des personnes ne manquent pas de cliquer en une seule fois en faisant plusieurs essais, certains d'entre eux ont du mal à double-cliquer, et ce pour une seule raison : Windows n'est pas si intelligent. Si vous cliquez deux fois, Windows suppose que vous voulez faire deux simples clics ou un seul double clic, c'est étonnamment difficile. Windows surveille vos clics. Vous devez cliquer deux fois, vite, sans déplacer la souris entre deux clics afin que Windows identifie vos deux clics comme étant un double clic. Si vous avez du mal à faire reconnaître vos doubles clics par Windows, vous avez dû déplacer légèrement votre souris entre les deux clics pour qu'ils soient "considérés" comme un double clic.

N'OUBLIEZ PAS

Si vous avez de vrais problèmes à faire reconnaître vos doubles clics par Windows, essayez d'ajuster la vitesse du double clic :

1. **Sélectionnez Démarrer/Panneau de configuration/Imprimantes et autres périphériques/Souris.**

2. **Cliquez sur l'onglet Boutons.**
3. **Double-cliquez sur le dossier droit, comme si c'était un test pour vérifier combien de temps vous accorde Windows.**
4. **Ajustez la glissière de la vitesse du double clic à votre convenance.**

✦ Comment choisir une nouvelle souris ? Testez-la en jouant aux jeux intégrés dans Windows. Je vous conseille le Démineur et le Solitaire. Essayez de cliquer n'importe où, de double-cliquer ou cliquer du bouton droit de différentes manières. Vous découvrirez bien des choses, même si vous êtes un habitué à ce type de test.

A l'intérieur de l'ordinateur, des programmeurs ont mesuré le déplacement de la souris en unités appelées *mickey*. Non, je ne vous mens pas. Déplacez votre souris sur une courte distance et elle aura parcouru quelques mickeys. Si elle part à Bratislava, elle aura parcouru une foule de mickeys.

Le point sur les pointeurs

Lorsque vous déplacez votre souris sur le Bureau, le pointeur (voir Tableau 2.1) se déplace à l'écran de concert. Cliquez sur l'un des boutons de la souris alors que le pointeur se trouve quelque part sur l'écran, il ne peut (ou ne pas) réagir.

Tableau 2.1 : Pointeurs standards des souris Windows.

Lorsqu'un pointeur prend cette forme	Cela signifie	Et Windows vous indique que
	Normal	La souris est prête à agir. Déplacez-la dans l'écran, puis pointez et cliquez sur ce que vous voulez récupérer.
	Sélection de lien	Windows a trouvé un "hot" (un hyperlien dans le jargon informatique) et si vous cliquez sur le pointeur pendant son affichage, vous êtes redirigé vers l'emplacement du lien.

Lorsqu'un pointeur prend cette forme	Cela signifie	Et Windows vous indique que
	Prêt à redimensionner	Maintenez enfoncé le bouton gauche de la souris et faites aller et venir la souris sur le Bureau (en haut ou en bas lorsque vous regardez le Bureau Windows) pour agrandir ou raccourcir la taille d'une fenêtre.
	Prêt à redimensionner	Comme le précédent pointeur, à l'exception que la fenêtre sélectionnée devient plus grosse ou plus fine selon que vous déplacez la souris à droite ou à gauche.
	Agrandit ou réduit	Cliquez et glissez au coin d'une fenêtre et la taille de l'image s'agrandit ou se réduit.
		Windows peut être lent à suivre car il travaille sur quelque chose d'autre. Si Windows devient trop lent, accordez-vous une faveur (et par la même occasion à Windows) ; faites une pause-café.
	Sorti déjeuner	Windows est vraiment, vraiment très occupé, ne le dérangez pas ! Vous pouvez déplacer le pointeur un petit peu, mais c'est tout !
	Présélection	Windows suppose que vous allez dessiner ou sélectionner une partie d'une image (comme la tête de l'oncle Pierre). Lorsque le pointeur prend cette forme, cliquez dans le coin supérieur gauche de l'image, maintenez enfoncé le bouton de la souris, puis relâchez une fois avoir atteint le coin inférieur droit. Lorsque vous effectuez votre sélection avec ce pointeur, vous avez toujours la possibilité d'utiliser les flèches de redimensionnement pour effacer vos erreurs.
	Déplacer	Au lieu de redimensionner la zone sélectionnée (voir précédent), si vous avez une flèche à quatre têtes comme celle-ci, vous savez que Windows se déplace dans toute la zone sélectionnée, en une seule fois.

Tableau 2.1 : Pointeurs standards des souris Windows (suite).

Lorsqu'un pointeur prend cette forme	Cela signifie	Et Windows vous indique que
	Aide	Cliquez sur quelque chose pour obtenir de l'aide. Si vous ne voulez pas d'aide, appuyez sur la touche Echap et le pointeur reprend sa forme normale.
	Sélection de texte	Cliquez lorsque le pointeur de la souris prend la forme I et saisissez le texte là où vous avez cliqué.
	Sens interdit	Windows affiche ce pointeur si vous essayez de faire quelque chose qu'il ne peut pas faire, comme installer une imprimante dans un traitement de texte.

Notez également ces *marques de redimensionnement*. Si vous voyez ces discrets triangles au coin droit en bas de la fenêtre, vous utilisez sans doute les quatre flèches de redimensionnement pour élargir ou réduire la fenêtre.

Si Windows affiche ses pointeurs "occupés", vous avez le temps d'aller déjeuner, de faire un parcours de 18 trous de golfe et de revenir. Mais, si, à votre retour, ces pointeurs "occupés" sont toujours là, Windows s'est *planté*. (Ne riez pas. C'est le terme technique. Vous pouvez également dire qu'il s'est crashé, qu'il est gelé ou mort.) Si Windows se plante, pressez tout en la maintenant appuyée la touche **Ctrl**, puis les touches **Alt** et **Suppr**. (Il s'agit du salut des trois doigts ou de tout autre expression qui dépasse le cadre de cet ouvrage.) Le gestionnaire des tâches de Windows apparaît, vous pouvez alors (généralement) l'utiliser pour fermer ce qui ne marche pas.

Si vous rencontrez l'un de ces pointeurs de redimensionnement lorsque vous travaillez sur une image, rappelez-vous que différents programmes utilisent ces pointeurs de différentes manières : certains tronquent (découpent) des parties de l'image quand vous la redimensionnez alors que d'autres l'agrandissent ou la rétrécissent lorsque vous glissez la souris. En règle générale, vous pouvez utiliser la combinaison des touches Shift et Ctrl pour faire fonctionner le programme : maintenez enfoncée la touche Ctrl afin de redimensionner et le programme commence à allonger l'image au lieu de la découper. Testez-le. Si rien ne marche, vous pouvez toujours recommencer.

NOTE TECHNIQUE

Le point où vous insérez du texte saisi à l'écran est appelé *point d'insertion*. Divers traitements de texte affichent différemment le point d'insertion, mais Word utilise une ligne verticale. Ne soyez pas également surpris si certaines personnes, vous y compris, appellent le point d'insertion "curseur". C'est une survivance de l'âge de Cro-Magnon de l'informatique, époque où les traitements de texte fonctionnaient davantage comme des machines à écrire et le curseur clignotant indiquait où saisir le texte.

Utiliser le bouton droit

Windows XP vous permet de cliquer du bouton droit à peu près n'importe où et de faire votre choix dans une liste d'actions à effectuer sur l'élément sur lequel vous avez cliqué. Par exemple, vous pouvez cliquer du bouton droit sur un lecteur de disque et effectuer une recherche sur ce disque ; vous pouvez cliquer du bouton droit sur une imprimante et arrêter l'impression. Les options qui apparaissent lorsque vous cliquez du bouton droit sur un élément sont appelé *menu raccourci* (également appelé *menu bouton droit* ou *menu contextuel*). A la Figure 2.6, vous pouvez voir un exemple de menu contextuel qui apparaît lorsque vous cliquez du bouton droit sur une partie vide du Bureau Windows.

TRUC

Les souris doivent être propres ! Si votre souris est lente, saute, cale ou encore ne se déplace plus à l'écran, retournez-la immédiatement et nettoyez-la ! Si vous voyez une boule en caoutchouc, retirez-la, soufflez dessus, et nettoyez l'intérieur (prenez un coton tige et quelque alcool d'isopropyle). Si votre souris a une boule, les pieds doivent être nettoyés de temps à autre : utilisez vos ongles et gratter doucement.

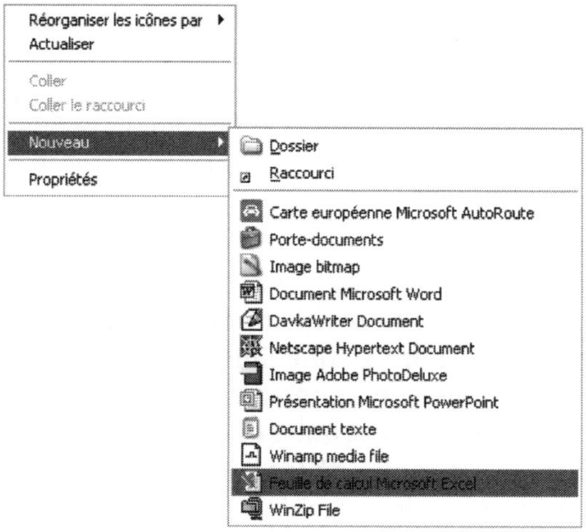

Figure 2.6 : Un clic du bouton droit sur le Bureau Windows fait apparaître un menu contextuel indiquant que Microsoft Office est installé.

Windows

La majeure partie du temps que vous passez à travailler sur Windows est du temps passé à travailler avec des fenêtres. Ces rectangles avec un petit "w" dans le coin qui apparaissent sur votre écran. Chaque partie d'une fenêtre a un nom et une fonction spécifique.

Nombre d'utilisateurs passent leur temps à travailler avec Word 2002, le traitement de texte de Office XP et qui est également le traitement de texte utilisé dans Outlook 2002 pour rédiger des courriers électroniques. Examinez la Figure 2.7 pour voir un aperçu des composants de la fenêtre Word 2002 et ce que représentent ces composants.

Remarquez :

- ✦ Le titre de la fenêtre apparaît à la fois dans la barre de titre, c'est-à-dire la barre en haut de la fenêtre, et (généralement) dans la barre de tâche de Windows en bas de l'écran. Ce qui vous permet d'identifier facilement la fenêtre et de passer aux autres en cliquant sur la barre des tâches. (Je précise "généralement", car quelquefois les icônes s'empilent dans la barre des tâches. Reportez-vous à la section "La barre des tâches Windows".)

- Cliquer sur le bouton Réduire fait disparaître la fenêtre, mais laisse le titre de la fenêtre en bas de la barre des tâches Windows. Vous pouvez donc la faire réapparaître en un seul clic.

- Cliquer sur le bouton Restaurer "restaure" la taille de la fenêtre. Autrement dit, si la fenêtre n'occupe pas tout l'écran et que vous cliquez sur le bouton Restaurer, la fenêtre est affichée en plein écran. En revanche, si la fenêtre est en plein écran et que vous cliquez sur le bouton Restaurer, la fenêtre est réduite et n'occupe plus qu'une partie de l'écran. Je ne sais absolument pas pourquoi ce bouton est appelé restaurer.

- Cliquer sur le bouton Fermer supprime l'écran, y compris dans la barre des tâches, et souvent, ferme le programme qu'utilise cette fenêtre.

La plupart des fenêtres peuvent être redimensionnées en cliquant et glissant un angle ou un coin. Reportez-vous à la section précédente "La chasse aux souris".

Les boîtes de dialogue

Lorsque l'ordinateur interagit avec vous, c'est-à-dire lorsqu'il pose une question ou qu'il a besoin de plus d'informations pour effectuer une tâche, il fait généralement apparaître une *boîte de dialogue* à l'écran. Une boîte de dialogue n'est rien d'autre qu'une fenêtre qui attire votre attention.

La Figure 2.8 représente une boîte de dialogue qui est un exemple des divers composants standards Windows utilisés pour obtenir des informations d'un innocent Nul.

Chacune des parties de la fenêtre a un nom :

- **Titre :** Le titre d'une boîte de dialogue apparaît en haut de la boîte de dialogue, mais rarement dans la barre des tâches Windows. C'est en cela qu'une boîte de dialogue diffère d'une fenêtre (voir section précédente) : vous pouvez généralement faire directement apparaître une fenêtre depuis la barre des tâches en cliquant sur la barre des tâches. Pour trouver une boîte de dialogue perdue, vous devez la rechercher.

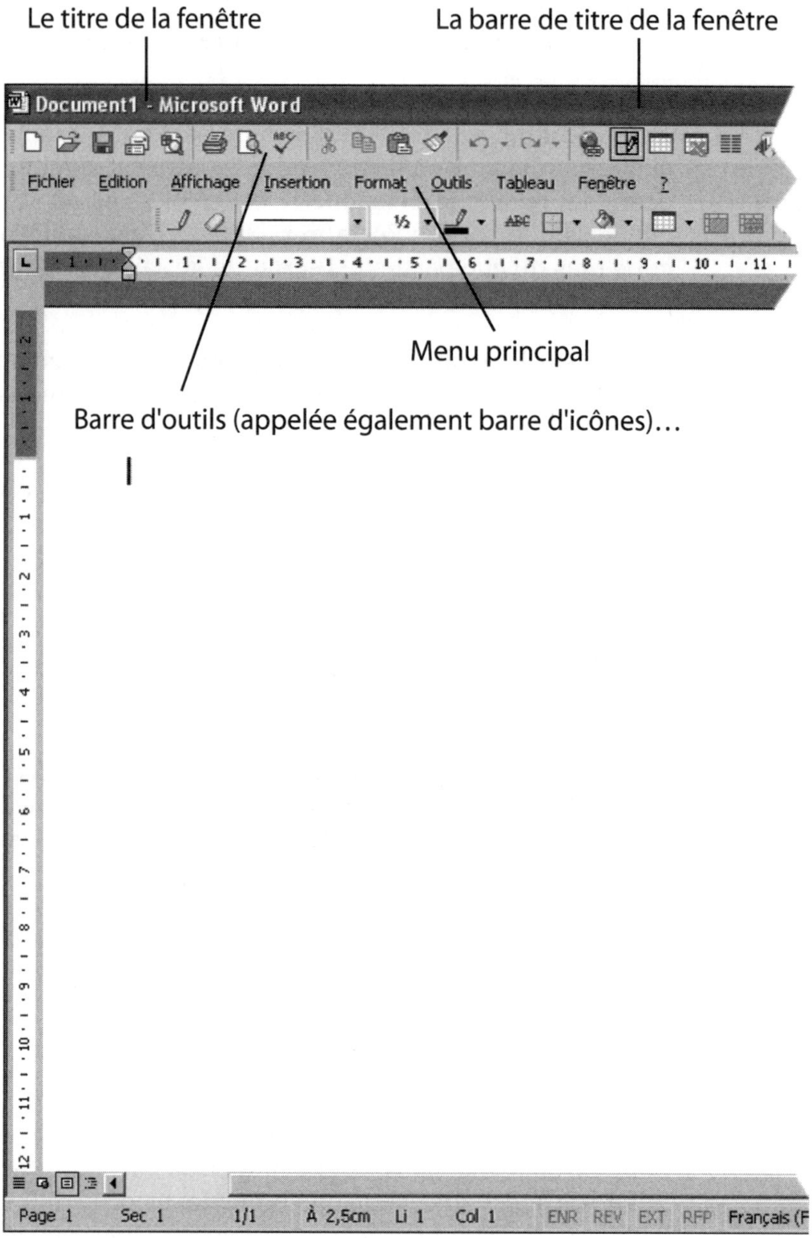

Figure 2.7 : La fenêtre Word 2002.

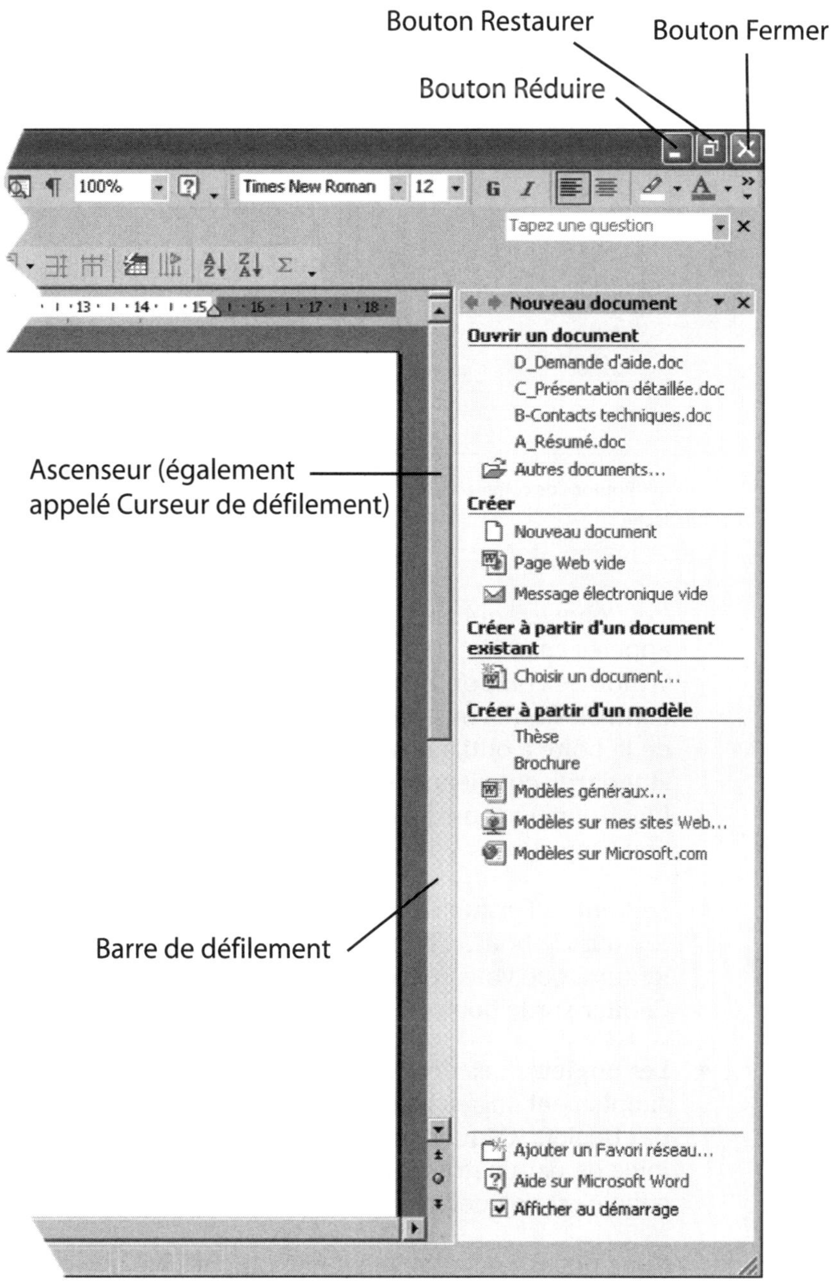
Bouton Restaurer
Bouton Fermer
Bouton Réduire
100%
Times New Roman
12
Tapez une question
Nouveau document
Ouvrir un document
D_Demande d'aide.doc
C_Présentation détaillée.doc
B-Contacts techniques.doc
A_Résumé.doc
Autres documents…
Créer
Nouveau document
Page Web vide
Message électronique vide
Créer à partir d'un document existant
Choisir un document…
Créer à partir d'un modèle
Thèse
Brochure
Modèles généraux…
Modèles sur mes sites Web…
Modèles sur Microsoft.com
Ajouter un Favori réseau…
Aide sur Microsoft Word
Afficher au démarrage
Ascenseur (également appelé Curseur de défilement)
Barre de défilement

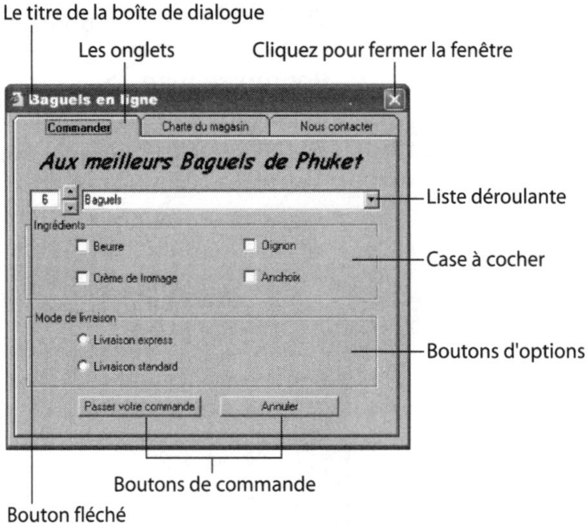

Figure 2.8 : Une boîte de dialogue pour commander les baguels de Khun Woody.

Ces "choses" qui apparaissent dans la boîte de dialogue sont appelés *contrôles*. (Ce qui est bien mieux que chose, non ?) Windows comporte de nombreux contrôles et la plupart des contrôles que vous rencontrerez au fur et à mesure sont extraits de la boîte à outils des contrôles standards. Ces contrôles standards conviennent particulièrement bien aux Nuls, car ils fonctionnent tous de la même manière, tout le temps, où que vous soyez sous Windows.

✦ **Le bouton Fermer :** Une boîte de dialogue comporte presque toujours le bouton Fermer, mais pas de boutons Restaurer ou Réduire que vous rencontrerez fréquemment dans une fenêtre. Cliquer sur le bouton Fermer fait disparaître la boîte de dialogue.

✦ **Les onglets :** Ces drôles onglets d'index (généralement appelés simplement *onglets*) sont supposés vous rappeler le classement des onglets. Cliquer sur un onglet, vous verrez apparaître une foule de paramètres ayant généralement un rapport avec l'onglet, enfin c'est ce que pensent les programmeurs qui les ont conçus.

Vous pouvez généralement faire apparaître une partie de la boîte de dialogue en appuyant sur la touche Tabulation. Appuyez sur les touches Shift+Tab pour revenir en arrière. Si vous voyez une lettre surlignée dans une boîte de dialogue, appelée *touche de fonction* (*d'accélération*), maintenez enfoncée la touche Alt, pressez la lettre et vous accédez directement à son emplacement. Dans la plupart des boîtes de dialogue, appuyer sur la touche Entrée revient à cliquer sur OK (à moins que vous utilisiez la touche Tabulation pour vous déplacer). Toutefois, dans certaines boîtes de dialogue appuyer sur la touche Entrée ne produit rien.

- **Boutons fléchés :** Ils sont presque toujours placés devant des chiffres, avec un chiffre prédéfini qui augmente si vous cliquez sur la flèche du haut et qui baisse si vous cliquez sur la flèche du bas. Vous pouvez quelquefois éviter le bouton fléché et sélectionnez directement un chiffre, le supprimer, et saisir celui que vous voulez.

- **Les listes déroulantes :** Ces listes entrent dans deux catégories. Dans une, vous êtes limité aux choix proposés dans la liste. Si l'article que vous recherchez est dans la liste, il vous suffit de le sélectionner. Si l'article n'y figure pas, vous êtes dans le pétrin. La seconde catégorie vous permet de saisir ce que vous recherchez, s'il n'apparaît pas dans la liste. Les programmeurs détestent ce type de liste déroulante, car vous pouvez commander des anchois ou de la sauce piquante avec vos baguels.

- **Cases à cocher :** Les cases à cocher vous permettent de répondre "oui" ou "non", quel que soit le nombre de choix possibles. Si vous rencontrez une foule de cases à cocher, vous devez choisir l'une d'entre elles. Les boutons d'options vous permettent de faire un choix parmi un ensemble de choix, ni plus ni moins.

Faisons un bref retour dans le passé, à l'époque où les boutons options étaient appelés *boutons radio*. Ils fonctionnaient comme les radios, vous appuyez dessus et vous obtenez une station radio, vous appuyez sur un autre bouton radio et vous avez une autre station. Vous ne pouviez pas presser sur deux boutons en même temps. Ces vieux boutons radio avaient un système mécanique d'entrée et de sortie semblable aux vieux boutons de radio, vous comprenez. Pas moi.

- **Les boutons de commande :** Ces boutons indiquent ce que doit faire la boîte de dialogue. Cliquez sur un bouton de commande et la boîte de dialogue effectue une tâche.

Il existe évidemment des règles qui vous permettent ou non d'effectuer des modifications dans une boîte de dialogue : le texte que vous ne pouvez pas changer apparaît généralement dans un fond gris et le texte que vous pouvez changer dans un fond blanc. Malheureusement, les programmeurs ne sont pas des personnes les plus cohérentes du monde et ce que vous verrez à l'écran ne correspondra peut-être pas au standard...

Par pur hasard dans certains cas.

Fichiers et dossiers

"Qu'est-ce qu'un fichier ?" C'est la question à 100 euros.

Un fichier est disons une chose. C'est ça... une chose qui contient des choses. Pourquoi ne me posez-vous pas une question plus facile comme "qu'est-ce qu'un paragraphe ?" ou "quel est le sens de la vie, de l'univers ?"

Un fichier est quelque chose de fondamental. Comme la plupart des choses fondamentales (par exemple, les protons, les circonspections électorales, les oreilles bouchées), toute tentative de définition revient à comprendre la chose en elle-même. Il me suffit de vous dire qu'un document Word est un fichier. Un tableau Excel est un fichier. La photo que votre cousin vous a envoyée par courrier électronique l'autre jour est un fichier. Chaque piste du dernier CD de Nine Inch Nail est un fichier, ainsi que toutes les pistes de tous les CD.

Les noms de fichier et de dossier peuvent être très longs, mais ne peuvent pas contenir les caractères suivants :

```
/\ : * ? <> I
```

Les fichiers peuvent être énormes ; ils peuvent être minuscules ; ils peuvent même être vides. N'attrapez pas la migraine pour autant.

Ce dont je suis sûr sur les fichiers :

- ✦ Chaque fichier a un nom.

- Les fichiers, du moins, les fichiers qui ne sont pas vides, contiennent des bits, les 1 et 0 que les ordinateurs utilisent pour représenter la réalité (un concept complexe).
- Windows vous permet de travailler avec des fichiers : les déplacer, les copier, les créer, les supprimer, les regrouper.

Les *dossiers* contiennent les fichiers et autres dossiers. Les dossiers peuvent être vides. Un seul dossier peut contenir des millions, oui littéralement des *millions*, de fichiers et de dossiers.

Ce dont je suis sûr sur les dossiers :

- Chaque dossier a un nom.
- Windows crée et garde la trace d'une grande quantité de dossier comme :

  Le dossier Mes documents de chaque utilisateur sur un PC. C'est généralement à cet endroit que Windows et Microsoft Office placent les nouveaux documents que vous créez.

  Les dossiers Mes images et Ma musique, à l'intérieur du dossier Mes documents de chaque utilisateur. Le Lecteur Windows Media compris, stocke vos fichiers d'image et de son dans ces dossiers.

  Le dossier Documents partagés, qui inclut les dossiers Images partagées et Musique partagée, pour faciliter le partage des documents, images et son avec les autres personnes qui utilisent votre PC ou avec les autres personnes sur le réseau, si vous en avez un. Pour de plus amples informations sur le partage des documents, reportez-vous à la section intitulée "Partager les dossiers".
- Windows vous permet de déplacer, copier, créer, supprimer et mettre des dossiers dans d'autres dossiers.

Si vous les classez correctement, les dossiers peuvent vous aider à conserver toute trace de ce que vous avez fait. Si vous les mettez n'importe comment, aucun système de dossiers au monde ne vous aidera.

Pour consulter les fichiers et les dossiers sur votre machine, sélectionnez Démarrer/Mes documents. Vous verrez apparaître une liste semblable à celle de la Figure 2.9.

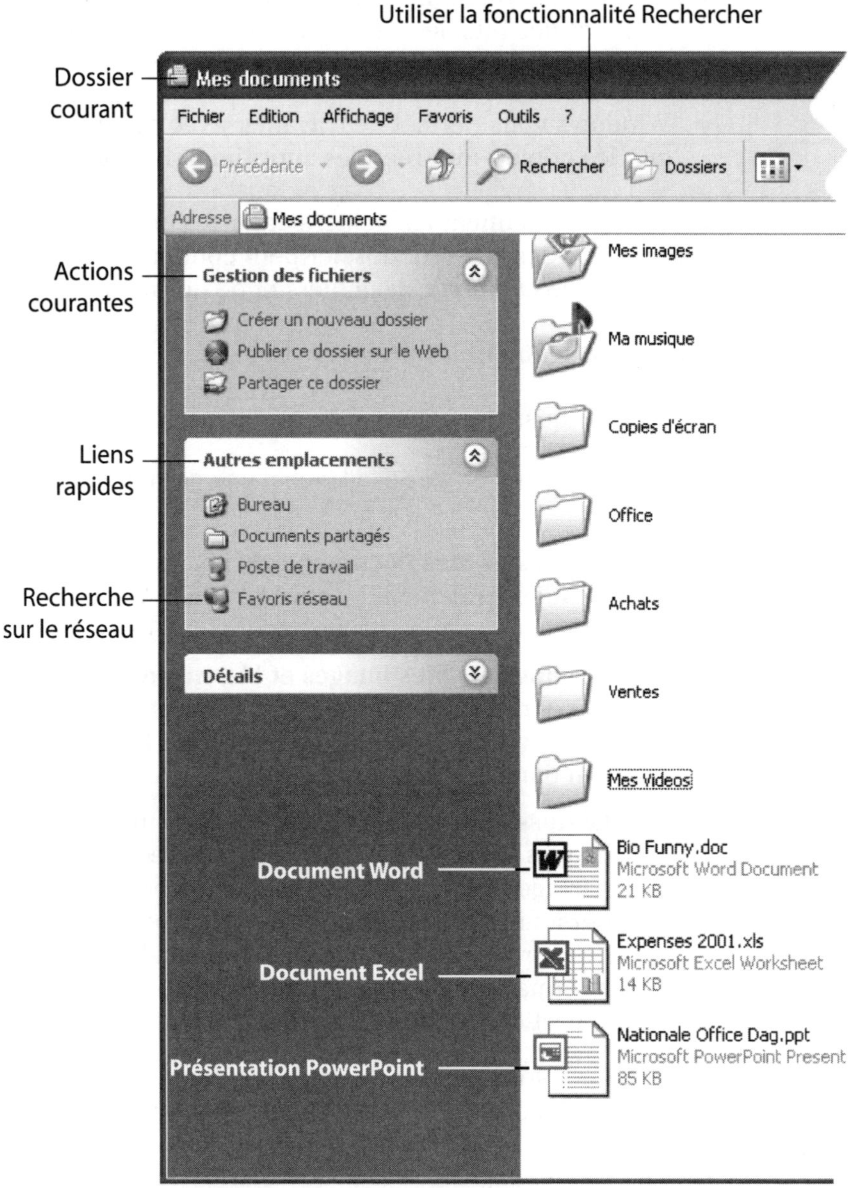

Figure 2.9 : Le dossier Mes documents de Woody.

Dossiers que comprend le dossier courant

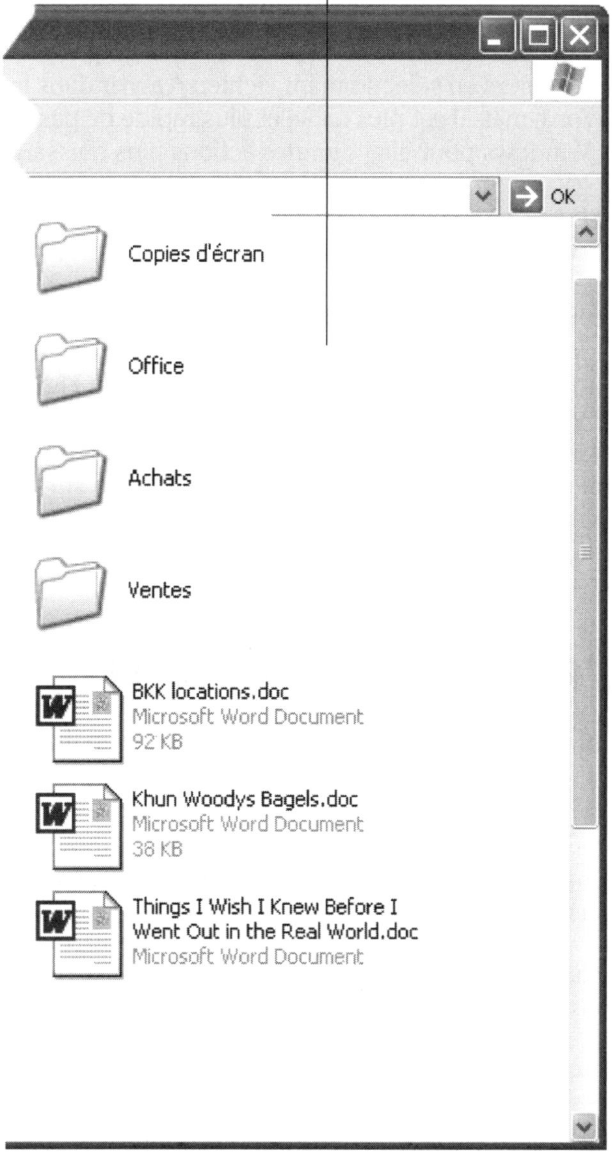

La copie d'écran de Mes documents de la Figure 2.9 est faite à partir d'une partie de Windows appelée l'Explorateur Windows, qui vous permet de classer vos fichiers et dossiers. Tout ce que vous pouvez faire dans l'Explorateur Windows, vous pouvez le faire ailleurs. Par exemple, vous pouvez renommer des fichiers en sélectionnant Fichiers/Ouvrir dans la boîte de dialogue de Word, mais il est plus facile et plus rapide de passer par l'Explorateur Windows pour effectuer des actions plus puissantes.

Je traite de l'Explorateur Windows dans la section intitulée "Utiliser l'Explorateur Windows ".

Si vous examinez le dossier Mes documents sur votre ordinateur et que vous ne pouvez pas voir les trois dernières lettres des noms de fichier (comme "doc" et "xls") qui sont présentes à la Figure 2.9, pas de panique ! Vous devez indiquer à Windows de les afficher. Je vous explique comment faire dans la section intitulée "Afficher les extensions de nom de fichier". Dans cette section, j'insiste sur l'importance de ne pas cacher les noms de fichier complet. Ce qui, à mon humble avis, revient à faire une partie de cache-cache dans Windows.

Commencer par le bouton Démarrer

La voie royale pour démarrer Windows XP reste le bouton Démarrer. Cliquez dessus et vous verrez apparaître le menu Démarrer comme à la Figure 2.10.

Le menu Démarrer semble avoir été gravé dans le marbre, mais il ne l'est pas. Vous pouvez quasiment tout changer :

- Pour changer le nom ou l'image de l'utilisateur courant, reportez-vous à la section "Changer les paramètres de l'utilisateur".
- Pour supprimer un programme dans la liste des programmes "ajoutés" ou dans la dernière liste de programmes utilisés, cliquez dessus du bouton droit et sélectionnez Supprimer.
- Pour ajouter un programme dans la liste des programmes "ajoutés", utilisez Windows Explorer pour trouver le programme (reportez-vous à la section "Utiliser l'Explorateur Windows"), cliquez du bouton droit sur le programme, puis sur Ajouter au menu Démarrer.

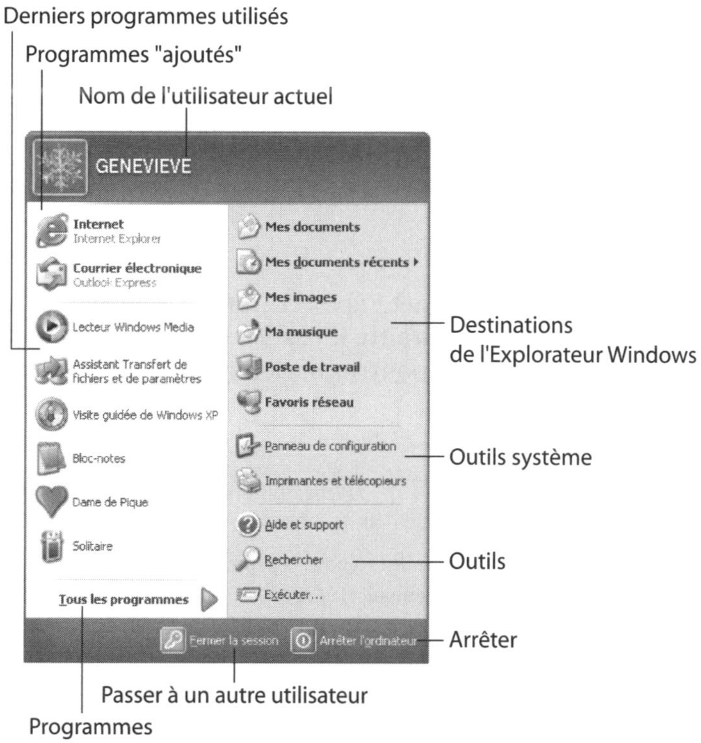

Figure 2.10 : Le menu Démarrer de Woody.

Si vous avez acheté un nouvel ordinateur avec Windows XP installé, les fabricants de l'ordinateur peuvent avoir vendu un espace publicitaire sur le menu Démarrer. Considérez le Bureau comme un espace panneau électronique. Non, je n'exagère pas. J'attends de voir l'ouverture d'une machine Windows XP avec les entrées flottantes du menu Démarrer et lire "Actualités/si loin si proche/Les personnes qui ont conduit comme des fous/Se rasent/avec Burma". Vous pouvez toujours supprimer ces maudits panneaux publicitaires en cliquant du bouton droit et en sélectionnant Supprimer.

N'espérez pas une grande cohérence dans la présentation des éléments du menu Démarrer.

Vous pouvez vous attendre à ce que la partie des derniers programmes utilisés du menu Démarrer affiche la liste des programmes que vous avez récemment utilisés. Il le fait. En partie. MSN Explorer (qui permet de se connecter au service payant MNS de Microsoft) est toujours en haut de la liste des autres programmes.

Certains programmes seraient-ils plus égaux que d'autres ?

Internet

Windows XP intègre Internet Explorer (IE6), le navigateur Web de Microsoft. Pour faire apparaître IE6, sélectionnez Démarrer/Internet/Internet Explorer et vous pourrez surfer sur le Web, comme à la Figure 2.11.

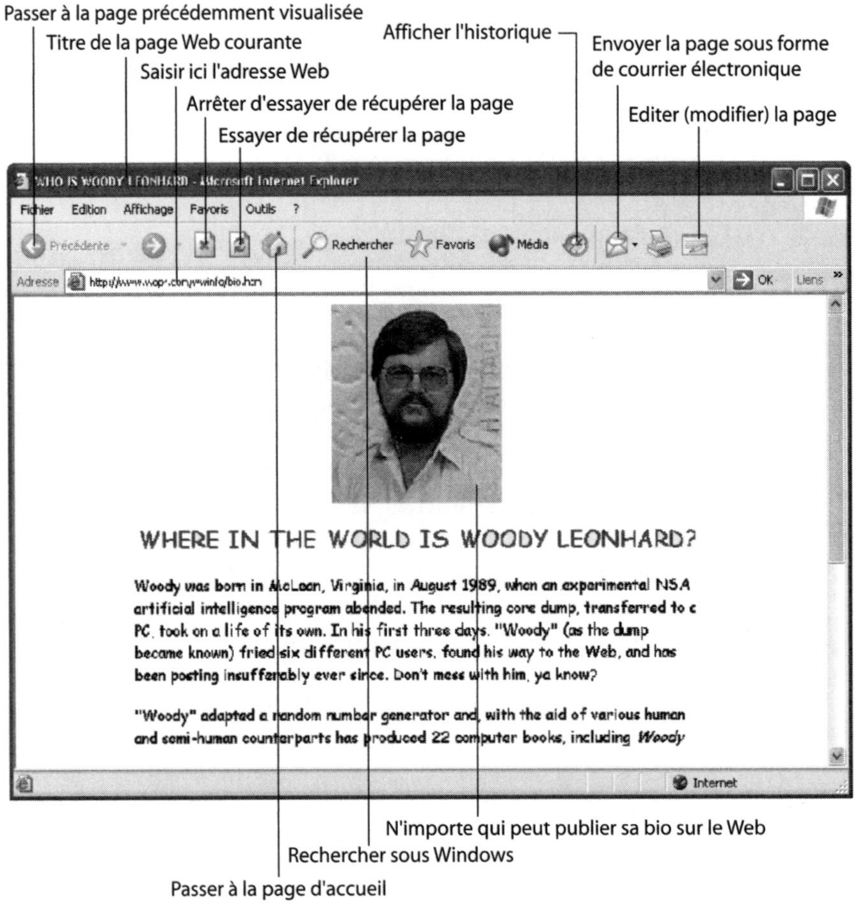

Figure 2.11 : Internet Explorer 6 en chair et en os.

Internet Explorer est un sujet si important que nous lui avons consacré le Livret IV.

Courrier électronique

Windows XP intègre un programme de messagerie électronique assez souple appelé *Outlook Express*. Outlook Express gère aussi les groupes de discussion, des sites Internet où les gens peuvent échanger librement des idées, des ragots, des trucs et des engrais chimiques. Sélectionnez Démarrer/Outlook Express, il apparaît comme à la Figure 2.12.

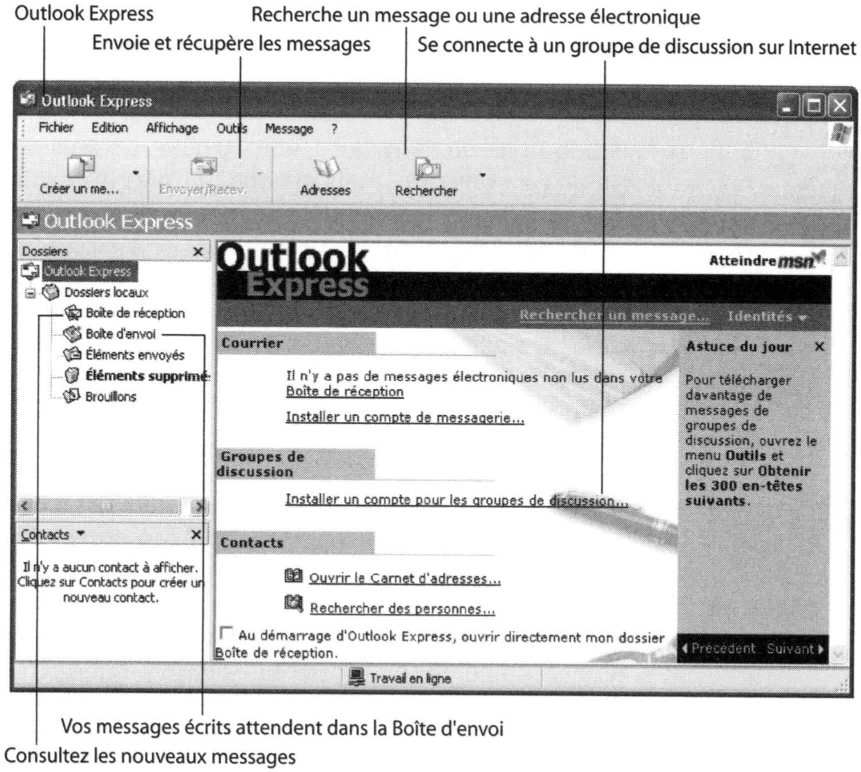

Figure 2.12 : Outlook Express, le programme de messagerie gratuit et rapide qui comporte un carnet d'adresses et un lecteur de groupes de discussion.

Si vous avez acheté un PC avec Microsoft Office installé, vous utilisez sans aucun doute Outlook, lequel en dépit de son nom aux résonances assez similaires et à certaines similitudes en l'apparence, est complètement différent de Outlook Express. Comprendre Outlook en lisant un manuel sur Outlook Express revient à essayer de comprendre les voitures en lisant un livre sur l'incarnation. Ce livre des Nuls traite de Outlook Express. Il ne parle en aucun cas de Outlook.

Outlook Express vous permet de rédiger et de lire des messages électroniques. Il comporte également un carnet d'adresses et un programme de lecture des groupes de discussion sur Internet. Je traite plus en détail Outlook Express au Chapitre 2 du Livret III.

Lecteur Media

Windows XP inclut le Lecteur Media de Microsoft, un outil à plusieurs facettes pour lire, classer, extraire et graver des fichiers audio et vidéo.

Si vous êtes néophyte en la matière, vous trouverez sans doute la terminologie un peu obscure, mais si vous côtoyez les ordinateurs depuis quelques jours, vous êtes déjà acclimaté à ce jargon. Voici les principaux termes et expressions à retenir :

- **MP3 :** Méthode de stockage de musique numérique qui est très répandue, car elle permet de compresser de gros fichiers audio en de tout petits fichiers MP3, sans dégrader la qualité du son. MP3 signifie MPEG3, mais cela n'intéresse personne. Mon fils insiste pour que je dise que MP3 signifie "Mario Partie 3", c'est fait.

- **WMA :** Abréviation de Windows Media Audio, le défi de Microsoft pour contrer MP3. La taille d'un fichier WMA correspond à la moitié de son équivalent MP3. Vous pouvez donc mettre deux fois plus de chansons dans le même espace de stockage. En outre, les maisons de disque peuvent utiliser WMA pour limiter le nombre de copies d'un fichier ou la durée de lecture d'une piste WMA. La protection des droits d'auteur est l'une des principales raisons qui font que les maisons de disque adorent WMA et que le grand public ne l'apprécie guère.

- **Extraire :** Procédure de conversion des pistes de CD audio en fichiers de format MP3 ou WMA. Vous insérez votre CD audio dans votre PC et le Lecteur Windows Media (ou un autre extracteur/ripper) convertit les pistes audio du CD en fichiers MP3 ou WMA.

✦ **Graver :** C'est ce que vous faites lorsque vous créez ou écrivez sur un CD. C'est également ce que vous faites si vous essayez de vivre en vendant des CD gravés et donc en enfreignant les règles des droits d'auteur.

Sélectionnez Démarrer/Lecteur Windows Media et vous verrez apparaître l'étrange amibe représentée à la Figure 2.13.

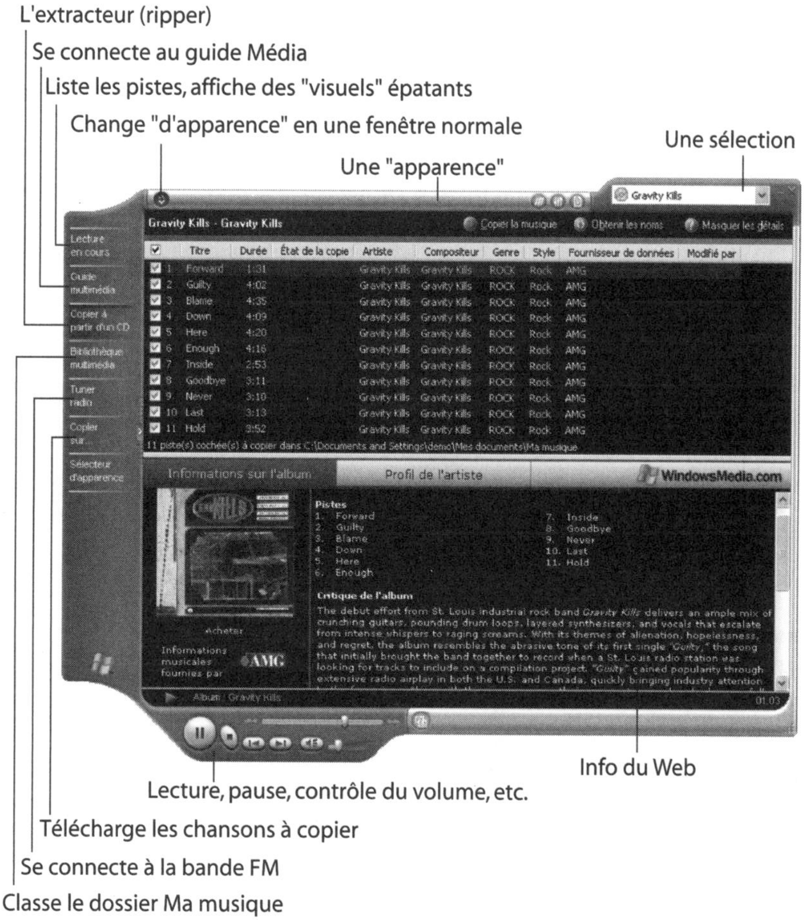

Figure 2.13 : Le Lecteur Windows Media, version 8.

Consultez WindowsMedia.com, un site Web appartenant (vous l'avez deviné !) à Microsoft Corp.

Mes documents, Mes images, Ma musique

La Figure 2.9 vous présentait le contenu de mon dossier Mes documents. L'Explorateur Windows Explorer vous permet d'examiner vos dossiers de différentes manières, appelées Affichage ; vous pouvez passer d'un affichage à un autre en fonction de ce que vous voulez faire, de votre humeur ou de la phase de la lune.

L'affichage de la Figure 2.9 est appelé Affichage Mosaïques. C'est le plus impressionnant et encombrant des affichages que propose Windows. Si, las de ces énormes icônes, vous sélectionnez Affichage/Détails, vous obtiendrez une liste succincte, comme celle de la Figure 2.14.

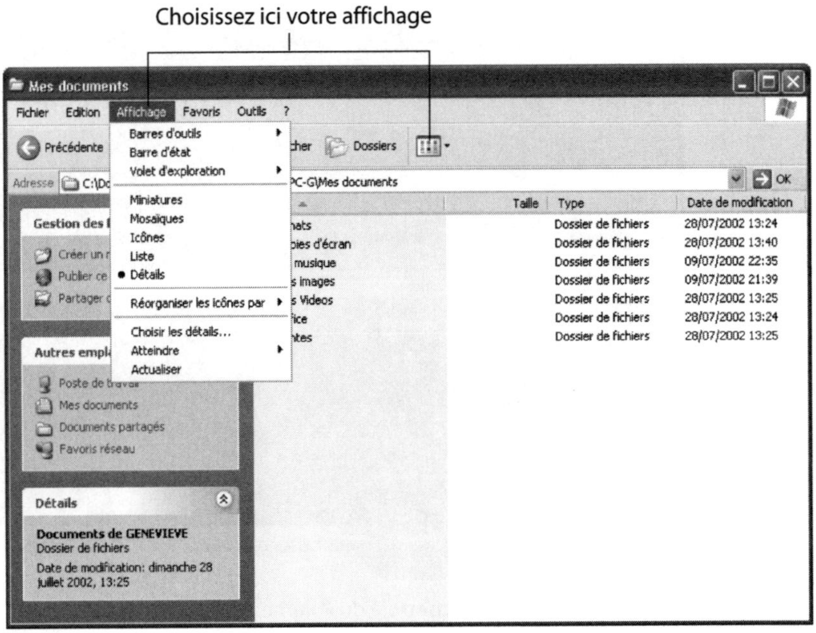

Figure 2.14 : L'affichage Détails de Mes documents.

Les affichages que vous pouvez utiliser sont les suivants :

- **Miniatures :** Affiche des petites versions (appelées *miniatures*) de fichiers graphiques avec quelques surprises : de minuscules images de la première glissière dans les présentations de PowerPoint, de petites images représentant des fichiers graphiques dans des dossiers, même des pochettes d'album correspondant aux albums de Ma musique.

- **Mosaïques :** Ce sont de grandes images, mais ne vous attendez pas à voir afficher une petite version des fichiers graphiques. Les documents sont identifiés par le type d'application qui les contient et leur taille.
- **Icônes :** Classe les mosaïques du plus grand au plus petit au détriment des détails.
- **Liste :** Une simple liste des noms de fichier. Cet affichage convient particulièrement bien pour consulter les dossiers qui contiennent beaucoup, beaucoup de fichiers.
- **Détails :** Affiche les noms, la taille et le type des fichiers. Dans la plupart des dossiers, la liste Détails inclut également la date de création du fichier, et pour les fichiers musique et image le nom de l'artiste et le titre.

  TRUC : Dans l'affichage Détails, vous pouvez trier la liste des fichiers en cliquant sur l'un des titres de colonne, à savoir le nom, la taille, etc. En double-cliquant sur le titre de la colonne puis sur Autres, vous pouvez changer ce que l'affichage vous indique (par exemple vous pouvez remplacer Type par Auteur).

- **Pellicule :** Affiche des mosaïques d'images en bas de l'écran avec un bouton Lire en dessous de l'image sélectionnée comme à la Figure 2.15. (Cet affichage est seulement disponible dans les dossiers image.)

Le dossier Mes documents comporte deux dossiers supplémentaires que vous pouvez directement récupérer dans le menu Démarrer. Si vous sélectionnez Démarrer/Mes images, l'Explorateur Windows apparaît avec le dossier Mes images ouvert. Sélectionnez Affichage/Pellicule et vos images apparaîtront comme celles de la Figure 2.15.

TRUC : Double-cliquez sur une image, ce qui la fera apparaître dans Aperçu des images et des télécopies Windows. Vous pourrez alors facilement zoomer dans l'image, l'imprimer, la copier sur disquette ou même la modifier.

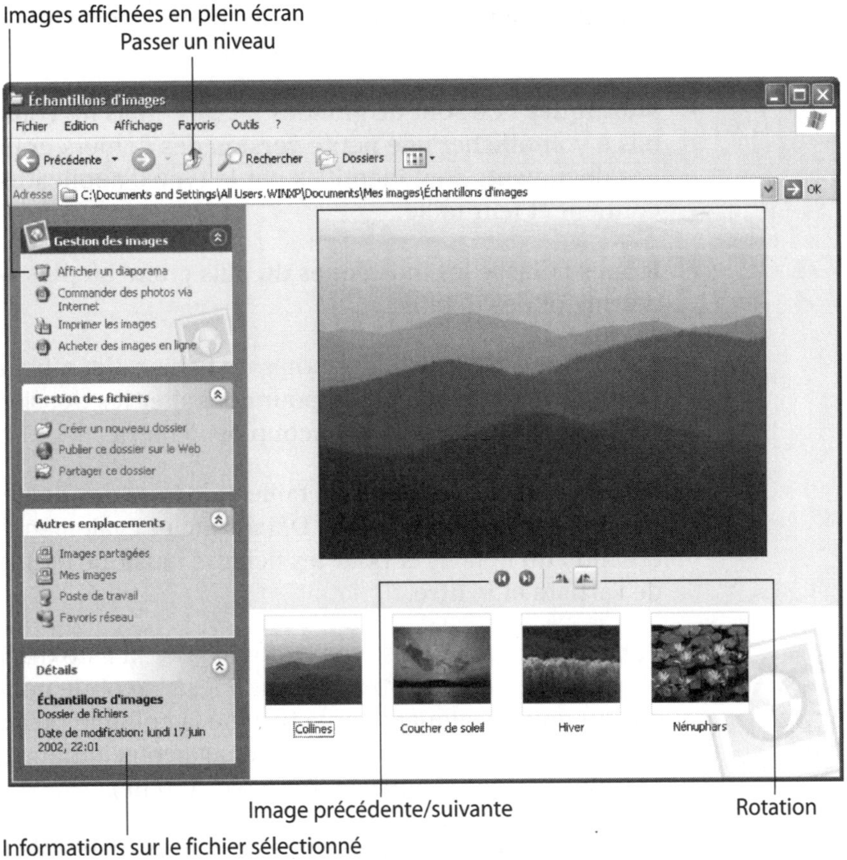

Figure 2.15 : Mes images.

Si vous sélectionnez Démarrer/Ma musique, puis Affichage/Mosaïques, le dossier Ma musique (voir Figure 2.16) apparaît avec ses propres paramètres d'action dans le panneau de gauche.

Si vous utilisez le Lecteur Windows Media pour écouter des CD audio, le lecteur place toutes les chansons d'un seul CD dans un dossier, puis met chaque dossier dans un dossier plus grand dédié à chaque artiste et enfin met le dossier de l'artiste dans le dossier Ma musique. Vous pouvez voir les pochettes des albums (jusqu'à quatre) dans un dossier en utilisant l'affichage Mosaïques.

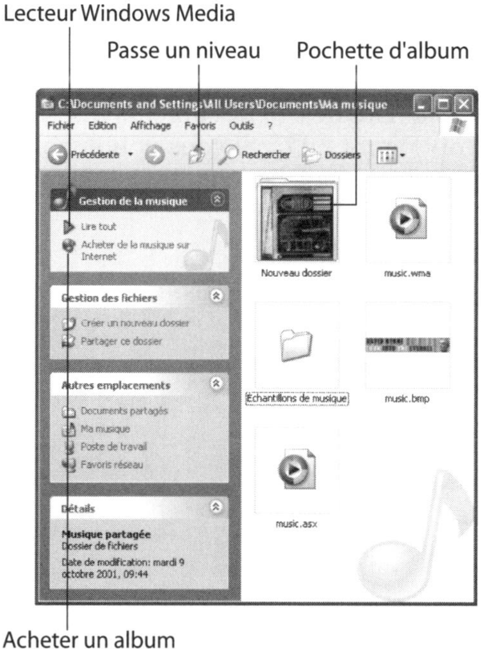

Figure 2.16 : Ma musique.

Mes documents récents

Windows garde la trace des documents que vous avez ouverts, en les mettant dans la liste des documents ouverts récemment. Le laboratoire de Microsoft a pensé que les utilisateurs de Windows XP/Edition familiale peuvent obtenir cette liste depuis le menu Démarrer s'ils le désirent. Pour cela, indiquez à Windows que vous voulez récupérer cette liste comme suit :

1. **Cliquez du bouton droit sur le menu Démarrer et sélectionnez Propriétés.**

2. **Cliquez sur le bouton Personnaliser.**

3. **Cliquez sur l'onglet Avancé.**

4. **Cochez la case Afficher les documents ouverts récemment, puis cliquez deux fois sur OK.**

Lorsque la liste Documents ouverts récemment est disponible, une entrée appelée Mes documents récents apparaît dans votre menu Démarrer. Si vous sélectionnez Démarrer/Mes documents récents, Windows vous présente la liste des 15 documents que vous avez récemment ouverts (voir Figure 2.17). Si vous voulez rouvrir un document de la liste, sélectionnez-le et Windows se charge du reste.

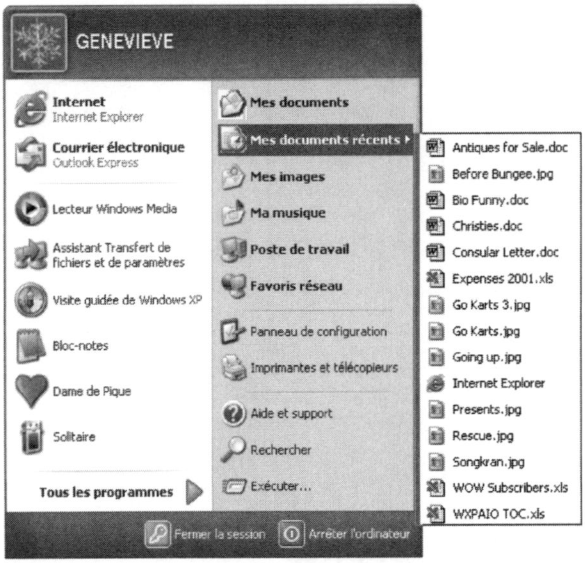

Figure 2.17 : Les documents que vous avez récemment ouverts peuvent apparaître dans votre menu Démarrer si vous l'avez configuré.

Ne prenez pas aux pieds de la lettre cette liste. Windows ne récupère pas toujours correctement les fichiers listés.

Si vous voulez effacer la liste des fichiers récemment ouverts, faites ce qui suit :

1. **Cliquez du bouton droit sur le menu Démarrer, puis sélectionnez Propriétés.**

2. **Cliquez sur le bouton Personnaliser.**

3. **Cliquez sur l'onglet Avancé.**

4. **Cliquez sur Effacer la liste, puis deux fois sur OK.**

   Toutes les entrées du menu Mes documents récents disparaissent.

Poste de travail

Sélectionnez Démarrer/Poste de travail, Windows vous affiche le niveau le plus élevé de tous les dossiers de votre machine ainsi que la liste de tous vos lecteurs (voir Figure 2.18). Vous pouvez utiliser cet œil de lynx pour parcourir de fond en comble vos dossiers et les dossiers des autres personnes qui utilisent votre PC.

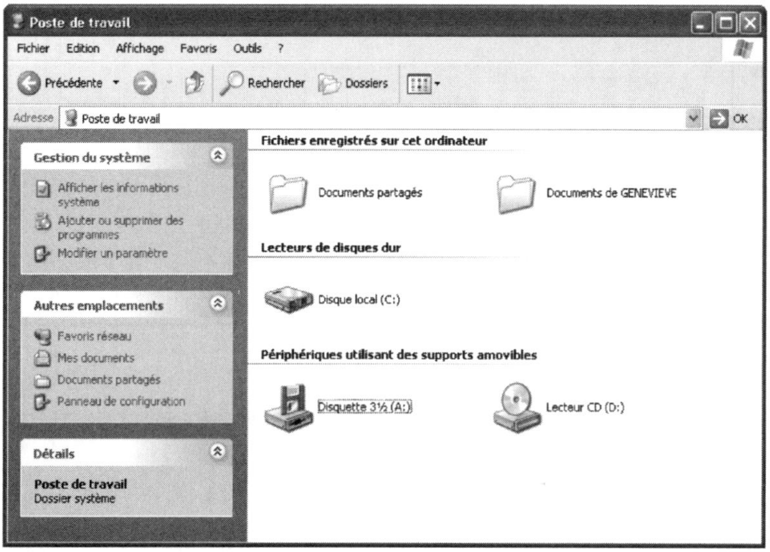

Figure 2.18 : Le Poste de travail.

Pour obtenir un affichage classique (c'est-à-dire antérieur à Windows XP) du contenu de votre ordinateur afin de naviguer plus facilement jusqu'au niveau le plus bas, cliquez sur l'icône Dossiers. Vous verrez apparaître tous vos dossiers et ce à quoi ils se rapportent dans le panneau de gauche (voir Figure 2.19).

Panneau de configuration

Le travail interne de Windows XP se révèle à l'intérieur du mystérieux (et bien nommé) Panneau de configuration. Sélectionnez Démarrer/Panneau de configuration pour pénétrer dans ses entrailles (voir Figure 2.20).

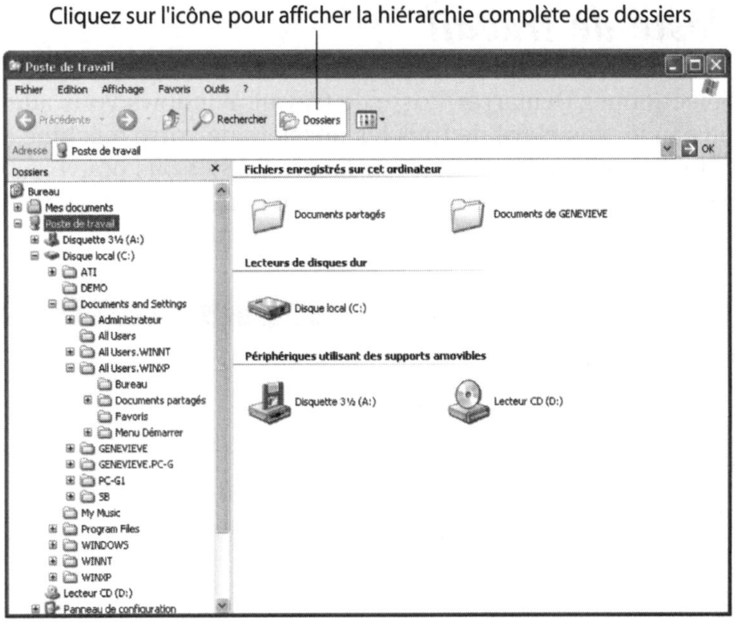

Figure 2.19 : Le Poste de travail affichant des dossiers dans le panneau de gauche.

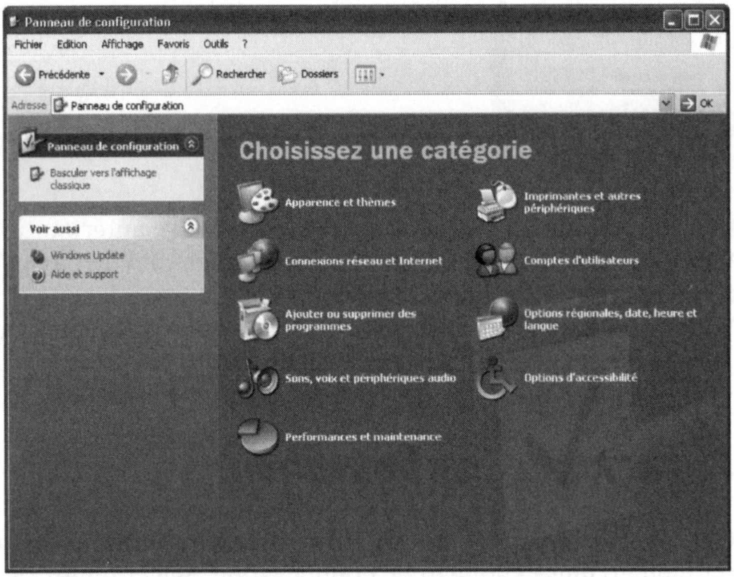

Figure 2.20 : Le Panneau de configuration.

Donnez un look Windows 98, ME et 2000 au Panneau de configuration.

Les options de Outlook Express sont en dessous.

J'aborde les divers composants (appelés *applets*) du Panneau de configuration de différentes manières dans *Windows XP 9 en 1*, mais j'en parle plus longuement au Chapitre 6 du Livret I.

Les principaux composants du Panneau de configuration sont :

✦ **Apparence et thème :** Modifie le look de votre Bureau : papier peint, couleurs, pointeurs de la souris, taille et espacement des icônes, etc. Configure la résolution de l'écran (par exemple 1 024 x 768 ou 800 x 600) afin que vous puissiez mettre plus d'informations à l'écran, en supposant que vos yeux le supportent. Permet de dissimuler la barre des tâches Windows lorsque vous ne l'utilisez pas et de modifier les éléments de votre menu Démarrer. Modifie ce qu'affiche l'Explorateur Windows lorsque vous consultez vos dossiers.

✦ **Imprimantes et autres périphériques :** Ajoute ou supprime des imprimantes et connecte d'autres imprimantes à votre réseau. Dépanne les imprimantes. Configure et modifie le fax Windows. Contrôle les options de la souris, contrôleurs de jeux, les joysticks et claviers. Configure les règles de numérotation et autre arcane de modem.

TRUC

Si vous utilisez un modem pour vos connexions Internet, le fax Windows peut ne pas répondre à vos attentes. Vous devrez peut-être vous déconnecter d'Internet avant d'envoyer ou de recevoir un fax. De nombreux Nuls utilisent le fax J2 (www.j2.com), car il traite les fax comme des courriers électroniques. Si vous utilisez le programme J2, les fax sortants sont convertis en courriers électroniques, puis ils sont envoyés à J2, qui les redirige vers la machine de fax local de votre destination ; par conséquent, cela vous fait économiser le prix des communications téléphoniques longue distance. Les fax entrants sont livrés dans votre boîte de réception électronique.

✦ **Connexion réseau et Internet :** Configure le réseau, Internet Explorer et sa page de démarrage, l'historique des fichiers, les cookies, AutoComplete, etc. Configure les connexions Internet, notamment si vous partagez une connexion réseau ou que vous disposez d'un modem câblé ou DSL.

- **Compte d'utilisateurs :** Ajoute ou supprime les utilisateurs dans l'écran de Bienvenue. Active le compte "Invité" (voir "Ajouter des utilisateurs" dans ce chapitre). Modifie les paramètres d'un compte, tels que l'image, la nécessité d'un mot de passe, une connexion directe à .NET Passport, et ainsi de suite.

- **Ajouter ou supprimer des programmes :** Ajoute ou supprime les fonctionnalités spécifiques de certains programmes (en particulier Windows XP).

- **Options régionales, date, heure et langue :** Paramètre la date et l'heure, même si double-cliquer sur l'horloge dans la barre des tâches est bien plus simple, ou indique à Windows de synchroniser l'horloge automatiquement. Vous pouvez également ajouter le support de langues plus complexes (comme le thaï) ainsi que des langues qui se lisent de droite à gauche et changer l'affichage des dates, heure, devise et nombres.

- **Sons, voix et périphériques audio :** Contrôle le volume, la sourdine, etc. ; toutefois ces fonctionnalités sont de meilleure qualité dans le Lecteur Windows Media. Vous pouvez également choisir un Arrangement son, ce qui correspond à un thème Bureau, excepté qu'il implique les petits bruitages associés aux événements Windows (par exemple, la musique qui est jouée lorsque vous démarrez Windows ou le ding ! que vous entendez lorsque vous essayez de cliquer sur quelque chose alors que vous ne devrez pas). L'icône Voix ne traite que le texte vers la sortie voix, le "Warning, Will Robinson !" que vous entendez lorsque l'ordinateur essaie de lire quelque chose à haute voix.

- **Options d'accessibilité :** Modifie les paramètres pour vous aider à voir l'écran, utiliser le clavier ou la souris, ou obtenir une infobulle Windows dans une partie de l'écran lorsque les enceintes jouent un son.

- **Performances et maintenance :** Utilise un immense tableau d'outils pour dépanner et ajuster votre PC et le faire fonctionner lorsqu'il ne le veut pas. Malheureusement, il inclut également tous les outils dont vous avez besoin au quotidien. Utilisez cette partie du Panneau de configuration avec parcimonie.

Aide et support

Windows XP inclut un système d'aide en ligne très bien conçu, difficile d'accès dans certaines régions, mais très bien relié à la ligne de Microsoft. Pour faire apparaître le système d'aide, sélectionnez Démarrer/Aide et support. Le système d'aide (voir Figure 2.21) se connecte à Internet, dans la mesure du possible, et met à jour sa liste de "sujets brûlants".

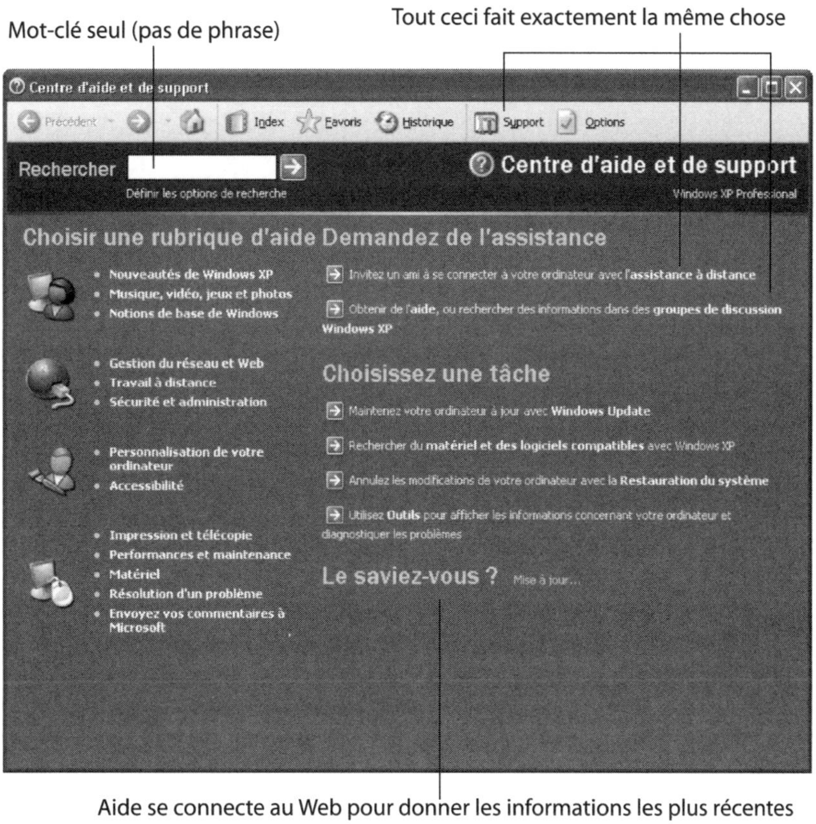

Figure 2.21 : Aide et Support.

Je traite du système d'aide au Chapitre 3 du Livret I.

TRUC

Paramétrer l'horloge

Windows XP/Edition familiale synchronise l'horloge de votre PC à celle de time.windows.com une fois par semaine. Si vous entendez votre modem composer un numéro sans raison apparente, Windows doit sans doute essayer de paramétrer son horloge. Quelquefois l'horloge n'arrive pas à se paramétrer, il se passe quelque chose sur Internet. Si vous voulez paramétrer l'horloge de votre PC sur Windows XP :

1. **Double-cliquez sur l'heure de la barre des tâches dans le coin inférieur gauche du Bureau.**

2. **Sélectionnez l'onglet Temps Internet. (Et oui, c'est vrai. A l'avenir, tout le monde réglera sa montre sur le temps Internet.)**

3. **Cliquez sur Mettre à jour.**

   Si rien ne se passe, suivez le lien de l'onglet Temps Internet pour trouver la rubrique Synchronisation du temps dans le centre d'aide et de support Windows.

   Si vous êtes angoissé à l'idée d'autoriser votre PC à téléphoner toutes les semaines à Oncle Bill – time.windows.com est évidemment une filiale de Microsoft –, effectuez les trois précédentes étapes, mais avant de cliquer sur Mettre à jour, sélectionnez l'horloge time.nist.gov. Ce site est celui de l'Institut national des standards et de la technologie, qui est un département du gouvernement américain. Bien sûr, si vous êtes vraiment paranoïaque, vous pouvez penser que cet institut est une petite filiale de l'organisation R&R de Microsoft et que Bill G. passe un coup de fil tous les mercredis aux martiens, mais je m'écarte du sujet.

Rechercher

Windows XP met pêle-mêle tout un assortiment de "ce que l'on peut rechercher" dans la fonctionnalité Rechercher. Sélectionnez Démarrer/Rechercher et vous comprendrez ce que je veux dire (voir Figure 2.22).

Figure 2.22 : Effectuer des recherches avec Windows XP.

Je présente plus longuement la fonctionnalité Rechercher au Chapitre 4 du Livret I.

Exécuter

La boîte Exécuter vous permet de saisir le nom du programme que devra ensuite exécuter Windows. Il reconnaît également les adresses Web.

Comment ? Vous n'y arrivez pas ?

Bon, essayez ceci. Sélectionnez Démarrer/Exécuter, saisissez **calc** (voir Figure 2.23), puis appuyez sur la touche Entrée.

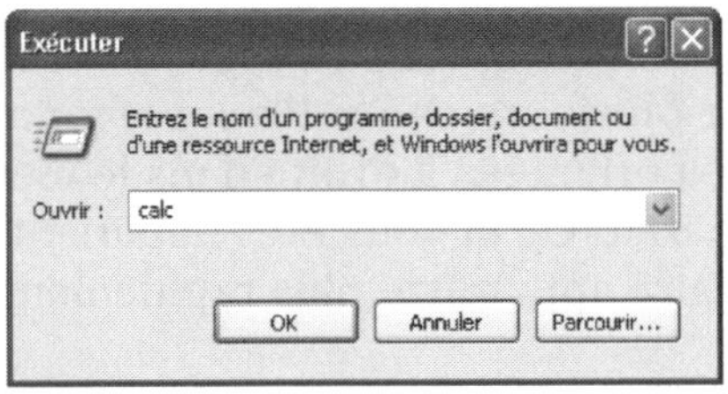

Figure 2.23 : La boîte Exécuter.

Je vous défie de trouver une manière plus facile et plus rapide pour exécuter la calculatrice de Windows.

D'accord, d'accord. Cette calculatrice n'est ni plus ni moins qu'un petit jeu que vous pouvez essayer chez vous. En réalité, la boîte Exécuter est légèrement dépassée et est une fonctionnalité que vous n'utiliserez pas souvent. Vous pourrez peut-être en avoir besoin dans des situations particulières, mais je pense que non.

Tous les programmes

Quasiment tous les programmes installés sur votre ordinateur sont accessibles via le menu Tous les programmes. Sélectionnez Démarrer/Tous les programmes. La Figure 2.24 représente ce que contient le dossier Jeux dans Tous les programmes.

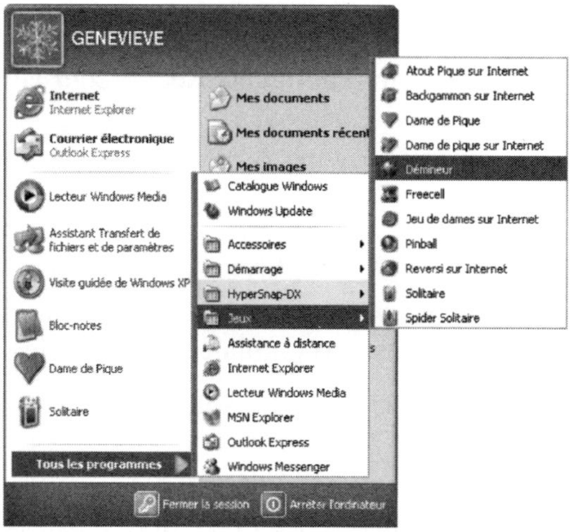

Figure 2.24 : Le dossier Jeux du menu Tous les programmes du menu Démarrer.

Les flèches orientées à droite que vous pouvez voir à la droite des Accessoires, Jeux, Outils Microsoft Office et Démarrer vous indiquent que vous disposez de plusieurs choix. Placez le pointeur de la souris sur une de ces flèches orientées à droite dans le menu Démarrer, un menu déroulant apparaît. Ou si vous êtes impatient, cliquez sur l'entrée du menu pour faire apparaître plus rapidement le menu déroulant.

TRUC

Etes-vous un utilisateur invétéré de Windows 98/ME/NT/2000, nostalgique de l'ancien menu Démarrer, avec un menu d'une seule colonne et ses petites icônes qui ouvrent automatiquement les éléments d'un menu que vous n'utilisez pas souvent ? Vous pouvez ressusciter ce Phénix, si vous insistez, et remplacez cette nouvelle version du menu Démarrer. Voici comment faire :

1. **Cliquez du bouton droit sur Démarrer, puis cliquez sur Propriétés.**

2. **Cliquez sur l'onglet du menu Démarrer.**

3. **Cochez la case Menu Démarrer classique, puis cliquez sur OK.**

Personnellement, je préfère le nouveau menu Démarrer, mais il est rassurant de savoir que vous pouvez revenir à la version classique.

L'organisation du contenu du menu Tous les programmes est très facile :

✦ Pour copier ou déplacer un élément du menu Tous les Programmes vers un autre emplacement dans le menu Tous les programmes, cliquez du bouton droit sur cet élément, glissez-le vers son nouvel emplacement (vous pouvez naviguer dans tout le menu, y compris dans les menus déroulants), relâchez le bouton droit de la souris et sélectionnez Copier ou Envoyer vers.

✦ Pour trier par ordre alphabétique tous les éléments du menu Tous les programmes (avec les dossiers plus gros que les programmes), cliquez du bouton droit sur un dossier ou programme et sélectionnez Trier par nom.

Récupérer

Votre PC est immense et vous pouvez facilement vous perdre. Microsoft a dépensé des centaines de millions de dollars pour s'assurer que Windows vous indique la bonne direction à suivre et a mis toutes sortes de fonctionnalités à votre disposition afin que vous puissez vous y retrouver.

Assez surprenant, tout marche bien.

Utiliser l'Explorateur Windows

Si vous voulez récupérer un travail, vous devez interagir avec Windows. Si Windows veut récupérer un travail, il doit interagir avec vous.

Les informaticiens qualifient la manière dont Windows interagit avec les utilisateurs d'*interface humaine*. Ce jargon est un peu présomptueux. Nous pauvres mortels, victimes de Windows, devrons plutôt parler d'interface stupide. Autant vendre la peau de l'ours avant de l'avoir tué.

Après ce bref rappel du jargon de l'informatique, vous comprenez facilement que l'Explorateur Windows entre dans le grand schéma des ChosesWin. L'Explorateur Windows est au cœur de l'interface stupide. Lorsque vous travaillez avec Windows – demandez-lui où il a mis votre photo de mariage, qu'il affiche comment il a détruit vos fichiers, dites-lui (littéralement) où aller –, vous utilisez généralement l'Explorateur Windows.

Si vous sélectionnez Démarrer/Mes documents ou Démarrer/Poste de travail, ou Démarrer/Mes images, ou Démarrer/Ma musique, ou Démarrer/Favoris réseau, l'Explorateur Windows obéit automatiquement à votre ordre comme un bon chien dressé, pointant vers l'emplacement que vous avez sélectionné. Lorsque vous exécutez une recherche avec Démarrer/Rechercher, l'Explorateur Windows prend les rênes.

Ce livre regorge de représentations de l'Explorateur Windows. Si vous parcourez ce chapitre, vous verrez l'Explorateur de Windows sous diverses formes : travaillant dans le dossier Mes documents (voir les Figures 2.9, 2.14, 2.26, 2.27), Mes images (Figure 2.15), Ma musique (Figure 2.16), Poste de travail (Figures 2.18 et 2.19), affichant les résultats d'une recherche (Figure 2.22).

TRUC

L'Explorateur Windows fait une photographie de votre disque dur et la présente. Si le contenu du disque change, la photographie n'est pas automatiquement mise à jour, ce qui peut poser un vrai problème. Supposez que vous utilisiez l'Explorateur Windows pour feuilleter les fichiers de Mes documents. Vous vous rendez compte que vous devez écrire une lettre à la tante Emma, vous lancez Word, rédigez votre lettre, et l'enregistrez dans Mes documents. Si vous revenez à l'Explorateur

Windows, vous ne verrez pas la lettre destinée à la tante Emma : la photographie n'est pas mise à jour. Déconcertant. Pour obliger l'Explorateur Windows à faire une mise à jour de sa photographie, vous devez le fermer et le relancer ou presser la touche F5.

Voici quelques remarques importantes sur l'Explorateur Windows :

- **Le nom du dossier courant apparaît dans la barre de titre.** Si vous cliquez une seule fois sur un fichier ou un dossier, des informations sur le fichier ou dossier sélectionné apparaissent dans le coin inférieur gauche. Si vous double-cliquez sur un document, il s'ouvre. (Par exemple, vous double-cliquez sur un document Word, Windows ouvre Word et démarre avec le document ouvert.)

  TRUC

  Quasiment toutes les tâches que vous voulez effectuer sur des fichiers ou dossiers s'affichent dans Gestion des fichiers dans le coin supérieur gauche de l'Explorateur Windows. Cliquez une seule fois sur un dossier avant l'affichage de la liste des tâches de Gestion des fichiers. De même cliquez une seule fois sur un fichier avant de voir s'afficher la liste des tâches d'un fichier. Donc, si vous essayez de copier un fichier et que vous ne voyez pas Copier ce fichier dans Gestion des fichiers, cliquez d'abord sur le fichier que vous voulez copier, Copier ce fichier apparaît dans la liste des tâches.

- **Vous pouvez ouvrir autant de copies de l'Explorateur Windows que vous voulez.** Ce qui peut être très pratique si vous êtes comme moi… tête en l'air… ou si vous appréciez l'environnement multitâche et consulter plusieurs emplacements en même temps. Il vous suffit de sélectionner Démarrer/ Mes documents (ou Poste de travail) et une copie de l'Explorateur Windows apparaît.

Créer des fichiers et des dossiers

En règle générale, vous créez de nouveaux fichiers et dossiers lorsque vous utilisez un programme. Vous créez un nouveau document Word avec Word ou un nouveau dossier pour mettre tous vos relevés de comptes bancaires avec Excel. Les programmes comportent généralement des outils qui vous permettent de créer de nouveaux fichiers et dossiers via des boîtes de dialogue Enregistrer ou Enregistrer sous. Cliquez de-ci de-là pour les trouver.

Vous pouvez également créer directement un nouveau fichier ou dossier dans Mes documents assez facilement, sans vous embarrasser du poids exorbitant d'un programme :

1. **Accédez à l'emplacement où vous voulez mettre le nouveau fichier ou dossier.**

   Par exemple, si vous voulez mettre un nouveau dossier intitulé Le Grunge techno révisionniste dans votre dossier Ma musique, sélectionnez Démarrer/Mes documents et double-cliquez sur le dossier Ma musique. (Si vous voulez l'afficher, vous pouvez simplement sélectionner Démarrer/Ma musique.)

2. **Cliquez du bouton droit sur du vide dans l'emplacement choisi.**

   Par "vide" je veux dire "ne cliquez pas du bouton droit sur un fichier ou dossier existant". Si vous voulez voir apparaître un nouveau fichier ou dossier, cliquez du bouton droit sur un emplacement vide.

3. **Sélectionnez Nouveau (voir Figure 2.25) et choisissez le type de fichier que vous voulez créer.**

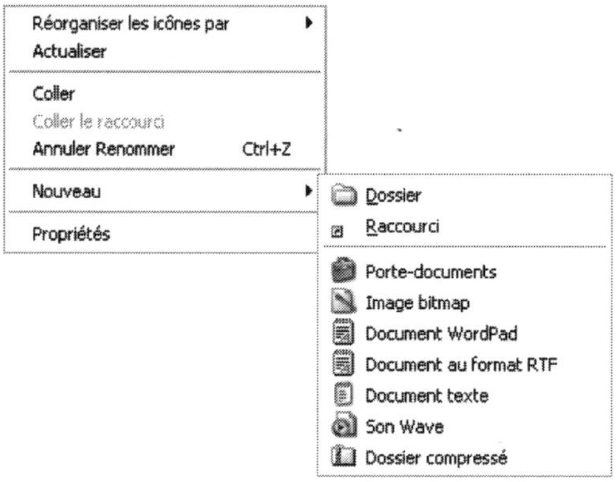

Figure 2.25 : Cliquez du bouton droit sur un emplacement vide et sélectionnez Nouveau pour créer un nouveau fichier ou dossier.

Si vous voulez créer un nouveau dossier, cliquez sur Dossier.

4. **Windows crée le nouveau fichier ou dossier et laisse un nom par défaut surligné, de telle sorte que vous pouvez le renommer en saisissant simplement son nom.**

N'OUBLIEZ PAS

La création de nouveau dossier est facile et rapide. Si vous sélectionnez Démarrer/Ma musique, cliquez du bouton droit sur du vide dans le dossier Ma musique, sélectionnez Nouveau/Dossier, puis saisissez aussitôt **Le Grunge techno révisionniste** et pressez Entrée, vous verrez le nouveau dossier Le Grunge techno révisionniste s'afficher fièrement dans le dossier Ma musique.

Modifier des fichiers et des dossiers

Modifier des fichiers et des dossiers est facile – les renommer, les supprimer, les déplacer ou les copier –, si vous vous rappelez une seule chose : cliquez une fois puis attendez.

TRUC

Tout le monde est pressé. Lorsque j'apprends quelque chose de nouveau, j'ai tendance à tester plusieurs choses en même temps, ce qui peut faire des ravages sur les ordinateurs. Quand vous commencez à travailler avec des fichiers et des dossiers, il est important que vous attendiez que l'ordinateur comprenne ce que vous voulez faire. En particulier, lorsque vous voulez renommer, déplacer, supprimer ou copier un fichier, *cliquez une fois puis attendez* que l'ordinateur comprenne ce que vous voulez faire et vous affiche les choix dont vous disposez dans la zone Gestion fichiers.

Si vous double-cliquez sur un fichier, Windows interprète votre action comme une tentative d'ouverture d'un fichier pour travailler dans ce fichier. Double-cliquez par exemple sur un document Word, Word apparaît avec le document ouvert prêt à l'emploi.

Si vous cliquez simplement sur un fichier, un seul clic et que vous attendez que l'ordinateur comprenne, Windows vous propose une foule d'options. A la Figure 2.26, j'ai cliqué une seule fois sur un document Word et Windows m'a proposé dans le panneau gauche toutes sortes de choix dans la zone Gestion des fichiers.

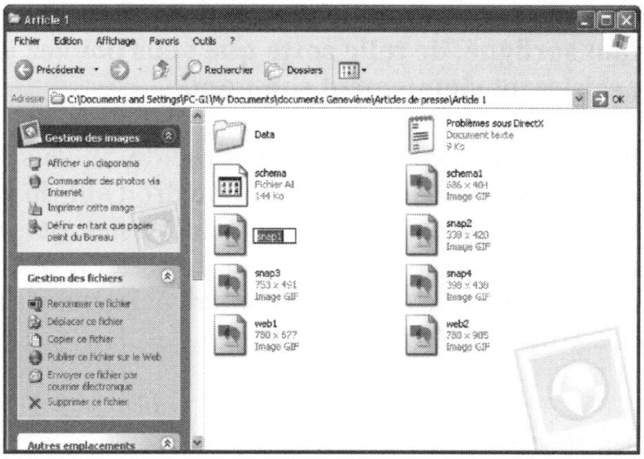

Figure 2.26 : Cliquez une seule fois et attendez pour effectuer de petites modifications dans un fichier.

TRUC

Si vous voulez copier ou déplacer plus d'un fichier (ou dossier) en même temps, sélectionnez tous les fichiers (ou dossiers) avant de choisir une action dans la zone Gestion des fichiers. Pour sélectionner plus d'un fichier, maintenez enfoncée la touche Ctrl pendant que vous cliquez dessus, ou cliquez et glissez autour des fichiers et dossiers "un lasso". Vous pouvez également utiliser la touche Shift si vous voulez sélectionner un groupe de fichiers ou dossiers contigus, c'est-à-dire les uns à côté des autres. Cliquez sur le premier fichier ou dossier, appuyez sur la touche Shift, et cliquez sur le dernier fichier ou dossier.

Les options des dossiers (voir Figure 2.27) sont légèrement différentes de celles des fichiers. Windows vous permet de partager un dossier, mais pas un fichier. Windows n'est pas configuré pour partager des fichiers individuels. Vous pouvez imprimer un fichier, mais pas tous les fichiers d'un dossier. Pour imprimer tous les fichiers d'un dossier, vous devez ouvrir le dossier et imprimer un à un les fichiers. Bien que certains détails diffèrent légèrement, le principe reste le même : si vous voulez manipuler des fichiers ou des dossiers, cliquez une fois et attendez.

N'OUBLIEZ PAS

Cliquer une fois et attendre est ni plus ni moins la meilleure méthode pour renommer, déplacer, copier, supprimer, envoyer par mail ou imprimer un fichier. C'est également la meilleure façon de voir ses erreurs, car vous pouvez suivre étape par étape ce que vous êtes en train de faire.

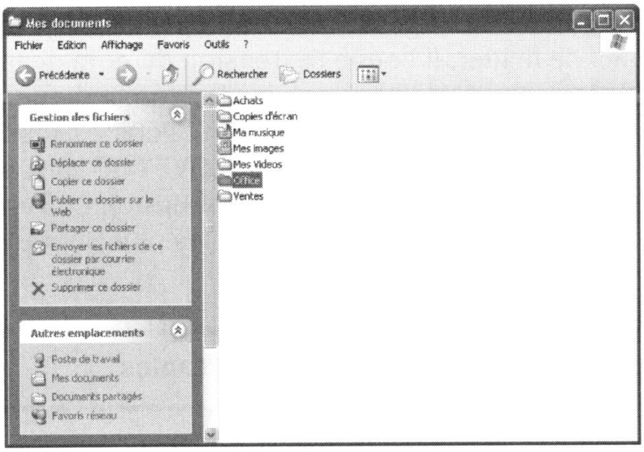

Figure 2.27 : Les options des dossiers sont un tantinet différentes de celles des fichiers.

Afficher les extensions de nom de fichier

Je suis un fervent militant de cette cause depuis de nombreuses années. Excusez mon prosélytisme, mais je vais me répéter.

Chaque fichier a un nom. Quasiment tous les fichiers ont un nom qui ressemble plus ou moins à ceci : `Un Nom Ou unAutre.ext`.

La partie à gauche du point, ici Un Nom ou unAutre, donne généralement une quelconque information sur le fichier. La partie à droite du point, ici ext, est appelée *extension du nom du fichier*, le sujet de mon combat.

Les extensions de nom de fichier existent depuis les temps les plus reculés des premiers PC. Elles faisaient partie du patrimoine des PC bien avant que l'on parle "d'héritage". Quelqu'un, quelque part, a décidé que Windows n'allait plus afficher les extensions de nom de fichier. (Bill G. a lui-même pris cette décision il y a 5 ans.) Les extensions de nom de fichier étaient considérées comme dangereuses : trop compliquées pour un utilisateur lambda ; un peu trop techniques pour les débutants.

Foutaises ! Ce sont de pures foutaises !

En réalité, quasiment tous les fichiers ont des noms du type Lettre à Maman.doc ou Prévision budgétaire.xls ou ILOVEYOU.vbs. Mais

Windows, dans son infime sagesse, affiche seulement la première partie des noms de fichier. Il coupe l'extension du nom de fichier. Vous verrez donc Lettre à Maman sans le .doc (qui indique que le fichier est un document Word), Prévisions budgétaires sans le .xls (qui indique que c'est un tableur Excel) et ILOVEYOU sans vbs (extension de nom de fichier des programme Visual Basic). Le Tableau 2.2 fait la liste des extensions de nom de fichier les plus courantes.

Tableau 2.2 : Extensions de nom de fichier les plus courantes.

Extension	Type de fichier
bat, exe, com, dll, vbs, vbe, js, jse*	Différents types de programme.
txt, asc	Texte.
ini, inf, pif	Fichiers système.
htm, html	Fichiers HTML, généralement utilisés pour les sites Web ou pour formater des courriers électroniques.
bmp, gif, jpg, wmf, mpg, avi	Différents types de fichier graphique.
mp3, wav, wma, mid	Fichiers son.
doc, dot	Microsoft Word.
xls, xla, xlt	Microsoft Excel.
ppt, pot	Microsoft PowerPoint.
pst	Microsoft Outlook.

Les noms en italique indiquent que ces types de fichiers ont été utilisés pour propager des virus et autres mauvaises ondes. Cette liste est loin d'être exhaustive et les petits malins trouvent chaque jour de nouvelles approches.

Chaque fois qu'un fichier est mentionné dans Windows, vous verrez une petite icône à côté du nom du fichier. Par exemple, les documents Word ont une icône en forme de feuille de papier avec un W qui flotte au-dessus. Les tableurs de Excel avec un grand X. Les icônes de présentation de PowerPoint ressemble à un Pac Man, mais vous pouvez le remplacer par un point. (Jetez un œil à la Figure 2.26 et vous comprendrez ce que je veux dire.) L'icône est directement associée à l'extension du nom de fichier. Tous les fichiers .doc ont l'icône avec le

W flottant. Tous les fichiers .xls ont un grand X. Tous les fichiers .ppt, un Pac Man. Quel que soit le type de fichier graphique, .gif, .jpg, et .bmp entre autres, ils ont quelquefois une toute petite reproduction de l'image dans leur icône.

Je ne tolère pas que Windows cache les extensions de nom de fichier, et ce pour quatre raisons :

- Si vous connaissez l'extension du nom du fichier, vous pouvez généralement deviner quel type de fichier vous avez sous les yeux (reportez-vous au Tableau 2.2) ; ce qui est très important, lorsque par exemple, vous récupérez un message électronique avec un fichier joint appelé ILOVEYOU. Des millions de personnes, y compris les informaticiens de Microsoft, ont reçu ce message, ont ouvert le fichier et ont été infectées par le virus. La plupart de ces personnes auraient été averties si on leur avait dit de vérifier l'extension complète du nom du fichier, ILOVEYOU.vbs.

- Il est quasi impossible de faire changer les extensions de nom de fichier sur Windows si vous ne pouvez pas les voir. Par exemple, lors de la rédaction de ce livre, je voulais créer un nouveau fichier texte appelé White.htm. Je n'ai pas pu le faire. Finalement, j'ai dû me rabattre sur le Bloc-notes de Windows et recourir à une astuce non documentée dans la boîte de dialogue Enregistrer pour récupérer l'extension modifiée.

- Microsoft Outlook vous empêche d'envoyer ou recevoir certains types de fichiers, uniquement sur la base de l'extension du nom de fichier. Si vous ne pouvez pas voir l'extension du nom de fichier, vous n'avez absolument aucune chance de savoir pourquoi Outlook est devenu si draconien.

- Tôt ou tard, vous serez confronté à l'extension des noms de fichier. Peu importe le soin que s'est donné Microsoft pour cacher ces extensions, elles sont présentent un peu partout : dans les fichiers LisezMoi.txt de la documentation officielle de Microsoft, dans les présentations sur les tailles des fichiers .jpg des pages Web, etc.

Pour que Windows affiche les extensions de nom de fichier, baissez votre bras droit, levez votre index et votre pouce dans l'air. Pointez votre index sur l'écran de l'ordinateur, faites les gros yeux à la manière de Jim Carrey puis hurlez le plus fort possible "Affiche-moi ces extensions de nom de fichier, espèce de... ou je fais un malheur !"

Euh. Attendez une seconde. Je divague.

Pour que Windows daigne afficher les extensions de nom de fichier, effectuez les étapes suivantes :

1. **Faites apparaître l'Explorateur Windows (en sélectionnant Démarrer/Mes documents).**

2. **Sélectionnez Outils/Options des dossiers, puis cliquez sur l'onglet Affichage.**

   Vous verrez apparaître la boîte de dialogue Paramètres avancés, comme à la Figure 2.28.

Figure 2.28 : Affichez-moi les extensions de nom de fichier !

3. **Décochez la case Masquer les extensions des fichiers dont le type est connu.**

4. **Cliquez sur Appliquer à tous les dossiers en haut de la boîte de dialogue, puis sur Oui, enfin sur OK.**

NOTE TECHNIQUE

Tant que vous y êtes, changez deux autres paramètres, si vous voulez ne pas être tenté de supprimer ou renommer des fichiers que vous ne comprenez pas. Cochez la case Afficher les fichiers et dossiers cachés, si vous voulez que Windows vous affichent tous ces fichiers sur votre ordinateur. Notez également la case décochée Masquer les fichiers protégés du système d'exploitation (recommandé).

Partager des dossiers

Partager, c'est bien. Votre mère vous a toujours dit de partager, n'est-ce pas ? Tout ce que vous devez savoir sur le partage vous l'avez appris à la maternelle, comme par exemple partager votre crayon préféré avec votre meilleur ami et récupérer un crayon rugueux, couvert d'une étrange matière visqueuse.

Windows XP/Edition familiale supporte quatre types de partage. Malheureusement, le mot "partage" prend différentes significations dans différents contextes, et le pire (comme vous l'avez sans doute deviné) peut se trouver dans les détails de Windows. Voici une courte présentation des quatre types de partage que vous rencontrerez dans diverses parties de Windows, qui vous explique comment les faire fonctionner, et ce qu'ils font réellement.

Partager un ordinateur

C'est la forme la plus simple du partage avec d'autres personnes qui utilisent votre ordinateur : ces personnes ouvrent une session avec un nom d'utilisateur différent du vôtre et ont accès à un fichier ou un dossier spécifique. En fait, sous Windows XP/Edition familiale, n'importe qui peut récupérer tous vos fichiers. Partager votre ordinateur avec d'autres personnes est plus facile pour ceux qui trouvent les fichiers dont ils ont besoin que pour ceux qui veulent empêcher les autres de voir des fichiers qu'ils ne devraient pas voir. Par conséquent, à mon humble avis, cette simple approche de partage consiste à "mettre votre fichier ou dossier là où les autres personnes penseront le trouver". Tout est une question d'emplacement.

Windows comporte un dossier appelé Documents partagés qui ressemble et fonctionne comme Mes documents. Dans Documents partagés, vous trouverez des dossiers appelés Musique partagée et Images partagées.

Le dossier Documents partagés a trois sympathiques, mais secondaires caractéristiques qui en fait un emplacement particulier :

✦ L'Explorateur Windows permet de récupérer facilement le dossier Documents partagés via un lien vers Documents partagés dans la boîte Autres emplacements du panneau gauche. Vous pouvez le voir dans les Figures 2.9, 2.14, 2.18 et 2.26. Un lien Musique partagée apparaît à gauche lorsque vous êtes dans le dossier Ma musique (reportez-vous à la Figure 2.16) et Images partagées apparaît dans Mes images (reportez-vous à la Figure 2.15).

✦ Le dossier Documents partagés est partagé via votre réseau (si vous en avez un). J'aborde le partage des ordinateurs sur un réseau dans la prochaine section.

✦ Les utilisateurs limités, tels que le compte Invité, peuvent accéder aux Documents partagés, mais pas aux autres dossiers de Mes documents (reportez-vous à la section "Utiliser les types de compte").

En dehors de ces trois points, le seul réel avantage de placer un fichier ou un dossier dans Documents partagés est l'emplacement : les autres personnes qui sont à la recherche de documents penseront regarder dans ce dossier.

Pour mettre un fichier ou un dossier dans le dossier Documents partagés – et, par conséquent, le "partager" au sens strict du terme –, vous devez le déplacer physiquement. Afin de le faire le plus simplement possible, effectuez les étapes suivantes :

1. **Faites apparaître l'Explorateur Windows (sélectionnez Démarrer/Mes documents) et cliquez sur les fichiers/dossiers que vous voulez mettre dans le dossier Documents partagés.**

2. **Dans le panneau gauche Gestion des fichiers, sélectionnez Déplacer ce fichier ou Déplacer ce dossier.**

3. **Dans la boîte de dialogue Déplacer les éléments (voir Figure 2.29), choisissez un emplacement dans ou sous le dossier Documents partagés où vous voulez mettre les fichiers/dossiers, puis cliquez sur Déplacer.**

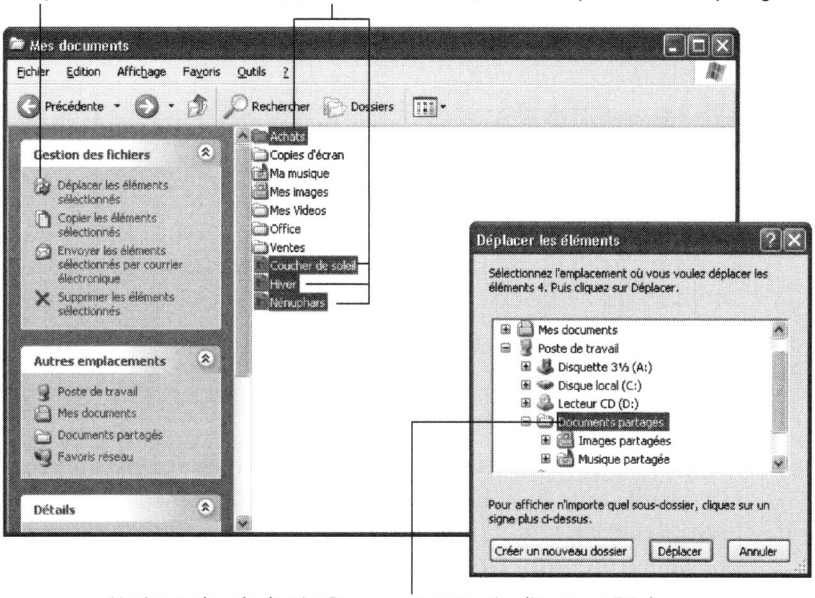

Figure 2.29 : Déplacer des fichiers et des dossiers dans le dossier Documents partagés.

ATTENTION !

La documentation de Windows XP vous conseille de cliquer et glisser le(s) fichier(s) et/ou le(s) dossier(s) que vous voulez partager dans le dossier Documents partagés vers la boîte Autres emplacements à gauche de l'écran de l'Explorateur Windows. Je vous conseille fortement de NE PAS suivre ces instructions. Glisser les fichiers vers un "Autre" mauvais emplacement est trop facile. Pire, recourir au glisser-poser ne vous permet pas de voir les dossiers proches du dossier Documents partagés. C'est une excellente manière de perdre un dossier. C'est également une incitation au désastre – ou du moins à une confusion – si Windows rencontre des doublons de noms de dossiers.

Après avoir déplacé le fichier ou dossier, vous aurez peut-être du mal à le retrouver ! Par exemple, si vous utilisez Word pour créer un document et que vous déplacez ce document dans le dossier Documents partagés, Word ne sait pas que vous avez déplacé ce document. Sous Word, si vous sélectionnez Fichier, puis cliquez sur le nom du document, Word ne pourra pas le trouver. Il en va de même si vous utilisez le Panneau de tâches de Word pour essayer d'ouvrir le document. Vous pouvez ouvrir le document uniquement via la boîte de dialogue Fichier/Ouvrir.

Se faufiler partout = partager

L'approche des Documents partagés de Windows pour partager des fichiers sur un seul ordinateur fonctionne, mais en réalité, elle ne marche pas si bien que cela, en particulier dans Windows XP/Edition familiale où n'importe quel utilisateur (excepté un utilisateur limité ; voir "Utiliser les types de compte") peut accéder en deux clics de souris à n'importe quel dossier (excepté les dossiers dits Privés ; voir "Rendre un fichier privé").

J'ai trouvé une superbe description du dossier Documents partagés de Microsoft dans le fichier d'aide Windows. Cela ressemble à ça : "Bill peut placer ses devoirs dans Documents partagés pour que son père puisse vérifier son travail. Et sa mère peut mettre des photos numériques des vacances de la famille dans Images partagées pour que toute la famille puisse les voir."

Brr...Tout cela est assez aseptisé. Le cerveau de cette famille serait-il passé au micro-ondes ? BILL ! ! ! ! !

Revenons à la réalité. Si Bill utilise Word pour taper ses devoirs, il a sans doute enregistré son travail dans son dossier Mes documents. (En fait, si Bill est aussi intelligent que je le crois, il a utilisé un dossier séparé dans Mes documents pour chaque matière.) Son père n'aura aucune difficulté à trouver le fichier des devoirs. Tout ce qu'il devra faire est de sélectionner Démarrer/Poste de travail, puis de double-cliquer sur Documents de Bill, puis double-cliquer sur le fichier des devoirs.

Sa mère peut très bien mettre ses photos de vacances dans Images partagées, si elle y tient, mais Bill et son père peuvent retrouver les photos tout aussi facilement dans le dossier Mes images de la mère.

Encore une fois, ils auront sélectionné Démarrer/Poste de travail, double-cliqué sur Documents maman, puis double-cliqué sur Images de maman.

A moins que vous comptiez suivre les étapes très précises pour rendre un fichier privé (décrites à la section "Rendre un fichier privé"), n'importe quel fichier que vous mettez sur un ordinateur tournant sur Windows XP/Edition familiale est aussitôt et facilement accessible à quiconque sait utiliser une souris. D'autres personnes qui utilisent votre ordinateur peuvent jeter un œil au dossier Documents partagés pour trouver ce qu'elles cherchent, mais Documents partagés reste une décharge de convenance. Pas de sécurité, pas de protection, rien.

Partager en réseau

Le vrai partage.

Windows XP vous permet d'identifier des dossiers spécifiques (ou tous les lecteurs de disque) qui sont partagés avec d'autres personnes sur le réseau. Vous pouvez également indiquer à Windows si ces autres personnes peuvent lire seulement les fichiers des dossiers ou si elles sont autorisées à effectuer des modifications.

Windows XP ne permet pas de partager des fichiers individuels via un réseau. Vous pouvez partager un dossier (qui peut comprendre d'autres dossiers et des fichiers) ou partager tout le disque. Mais des fichiers seuls, ça ne marche pas.

Avec Windows XP/Edition familiale, le choix du partage est très manichéen : un dossier (ou un lecteur) est partagé ou non. Un dossier (ou lecteur) peut être en lecture seule ou en écriture seule. C'est tout. N'importe qui sur le réseau peut accéder à un dossier ou à un lecteur partagé. Il n'y a pas d'autorisation supplémentaire, pas de mot de passe secret, ni de tractation clandestine, ni de liste noire de personnes qui peuvent ou non accéder au dossier (lecteur).

Dans Windows XP/Pro, les options de sécurité sont innombrables et vous disposez d'un bon nombre de paramètres de sécurité. C'est pour cette raison qu'il existe des administrateurs réseau, non ?

Windows paramètre le dossier Documents partagés, présenté dans les deux précédentes sections, pour le partage en réseau. Par conséquent, tous les fichiers et dossiers que vous mettez dans le dossier Documents partagés sont "automagiquement" partagés au travers du réseau : vous n'avez absolument rien à faire.

Avant d'essayer de partager un dossier ou un lecteur sur votre réseau, vous devez configurer le réseau. Pour cela, reportez-vous au Chapitre 2 du Livret IX.

Si vous ne comptez pas mettre la main à la pâte, vous pouvez facilement partager un dossier sur le réseau :

1. **Faites apparaître l'Explorateur Windows (sélectionnez Démarrer/ Mes documents).**

2. **Cliquez du bouton droit sur le dossier que vous voulez partager et sélectionnez Partage et sécurité.**

3. **Dans la boîte de dialogue Propriétés du dossier (voir Figure 2.30), cochez la case Partager ce dossier sur le réseau.**

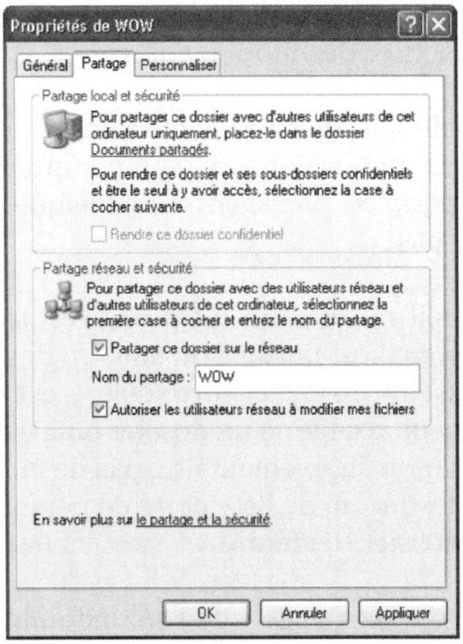

Figure 2.30 : Partager un dossier nommé WOW en utilisant la boîte de dialogue Propriétés.

4. **Saisissez un nom que les autres utilisateurs trouveront en surbrillance.**

   Officiellement, ce nom est appelé un nom du partage, mais tout autre surnom marchera.

5. **Si vous voulez accorder un accès en lecture-écriture à Pierre, Paul et Jacques, qui ont un accès au réseau, cochez la case Autoriser les utilisateurs du réseau à modifier mes fichiers.**

Cliquez sur OK, le dossier partagé est alors accessible dans tous les ordinateurs du réseau. Si je sélectionne par exemple Démarrer/Favoris réseau sur un ordinateur connecté au réseau qui contient les fichiers de la Figure 2.30, l'Explorateur Windows me permet d'accéder au dossier récemment partagé, comme à la Figure 2.31.

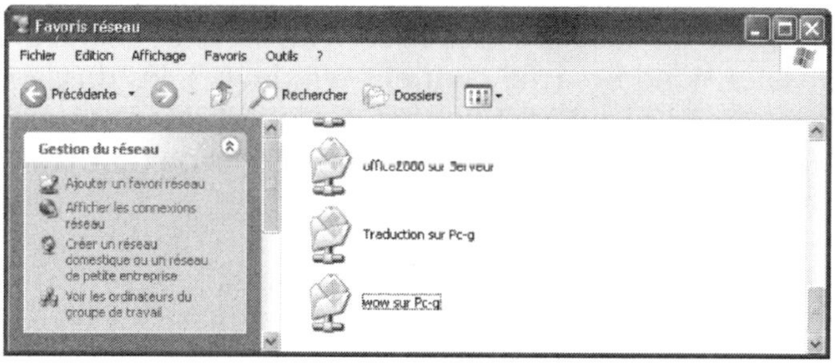

Figure 2.31 : Le nouveau dossier partagé WOW est accessible dans tout le réseau.

N'OUBLIEZ PAS

Lorsque vous partagez un dossier sur le réseau, tous les fichiers et dossiers inclus dans le dossier partagé sont aussi partagés.

La procédure de partage de tout un lecteur est un tant soit peu plus difficile, mais bien moins intimidant que le partage d'un dossier :

1. **Sélectionnez Démarrer/Poste de travail pour faire apparaître Poste de travail dans l'Explorateur Windows.**

2. **Cliquez du bouton droit sur le lecteur que vous voulez partager.**

   Remarquez que vous pouvez partager des lecteurs de CD, des lecteurs de disquette et toute sorte de lecteur.

3. **Sélectionnez Partage et sécurité.**

   Windows vous répond par une bien étrange instruction : `Pour protéger votre ordinateur d'un accès non autorisé, le partage de la racine d'un lecteur est déconseillé. Si, malgré les risques, vous voulez quand même partager la racine du lecteur, cliquez ici.` (Bref, la racine du disque signifie tout le disque, y compris tous les dossiers sur le lecteur.)

   Configurer tout un disque en vue d'un partage (en double-cliquant sur le disque dans Partage et sécurité) fait apparaître un message de Windows sur "les risques" du partage de tout un disque. Quelle que soit la prévision, je n'ai jamais trouvé d'explication sur ces "risques" et leurs prétendument conséquences dans la documentation Windows. Sachez que d'accorder l'accès à tout un lecteur permet à n'importe qui sur le réseau d'accéder à tout ce qu'il y a sur le lecteur en question. Si vous partagez le lecteur C :, vous accordez l'accès au lecteur, ce qui comprend le dossier Windows (qui contient Windows), les dossiers Fichiers Programmes (qui contiennent la plupart des programmes installés sur votre ordinateur), les paramètres de tous les utilisateurs de l'ordinateur, bref tout.

4. **Cliquez sur** "`Si, malgré les risques, vous voulez quand même partager la racine du lecteur, cliquez ici`".

5. **Cochez la case Partager le dossier sur le réseau. Saisissez un nom pour ce lecteur qui sera explicite pour tous les autres utilisateurs.**

   Si vous accordez à une personne sur le réseau l'accès en écriture, cochez la case Autoriser les utilisateurs réseau à modifier mes fichiers. Cliquez sur OK et le lecteur est alors accessible partout sur le réseau.

Si vous partagez des lecteurs CD, des lecteurs Jaz, voire même des lecteurs de disquette, ajouter une description du lecteur dans le nom du partage est souvent utile. De cette manière, vous savez ce que peut faire le lecteur avant que vous n'essayiez de l'utiliser, et donc vous ne connaîtrez pas de déception lorsque vous transférerez, disons, votre document de 2,3 Mo sur une disquette de 1,44 Mo.

"Partager" des fichiers sur Internet

Lorsque vous mettez un fichier sur Internet, Microsoft parle quelquefois de "partage" (reportez-vous au fichier d'aide de Windows sur le partage) et quelquefois de "publication" (reportez-vous aux boîtes de dialogue Gestions des fichiers de l'Explorateur Windows). Moi, je parle de "stockage". Il y a une différence notable que je vais tenter de vous faire comprendre.

De nombreuses entreprises louent des espaces de stockage sur Internet. Quelquefois, l'espace est gratuit, vous les payez en ajoutant des bannières publicitaires, et d'autres fois vous payez. Dans tous les cas, vous devez avoir accès à Internet pour visualiser vos fichiers.

Les fichiers peuvent être dédiés à votre propre usage. Ou vous pouvez donner à vos amis et voisins l'ID de votre site pour qu'ils puissent aussi récupérer ces fichiers. C'est ici que la notion de "partage" apparaît : stoker un fichier sur Internet, donnez à votre copain le mot de passe, il peut alors récupérer le fichier et le mettre sur son ordinateur.

NOTE TECHNIQUE

Partager un fichier sur Internet – je parle de "sauvegarder" un fichier sur Internet –, n'a rien à voir avec créer votre propre site Web ou entrer dans une page d'accueil. Le partage qui est accessible depuis l'Explorateur Windows (Windows l'appelle également "publication") n'est ni plus ni moins la possibilité de stocker un fichier sur Internet, un peu comme vous stockez le fichier sur votre propre disque dur, excepté que des millions de personnes peuvent le récupérer, si elles connaissent le mot de passe.

Les plus grands fournisseurs d'espace de stockage sur Internet sont la société Xdrive (www.xdrive.com) et – devinez ! – Microsoft Corporation (www.msn.com). Windows XP comporte une connexion directe de partage sur Xdrive et MSN. Je ne développe pas plus sur ce service, c'est-à-dire comment en bénéficier et combien coûte-t-il. Sachez simplement que ce service est connu pour sa fiabilité et sa sécurité, même si vous devez sans doute activer .NET Passport pour l'utiliser (reportez-vous à la section "Eviter Microsoft Passport").

Rendre un fichier privé

Dans certaines circonstances, Windows XP vous permet de créer des dossiers *privés*. Les dossiers privés ne sont pas accessibles aux autres utilisateurs qui ne sont pas le propriétaire de ce fichier.

Pour rendre un fichier privé, vous devez remplir les conditions suivantes :

- Vous devez utiliser *NTFS* (le système de fichier NT de Windows) sur le disque qui contient le dossier. NTFS comporte diverses améliorations qui n'existaient pas dans les précédentes versions de système de fichier Windows. Si vous avez acheté un PC avec Windows XP installé, vous utilisez probablement (mais ce n'est pas sûr) NTFS sur tous vos lecteurs. Si vous avez mis à jour Windows NT ou Windows 2000 en Windows XP, vous utilisez probablement (encore une fois, ce n'est pas sûr) NTFS. Si vous avez mis à jour Windows 98 ou ME en Windows XP, vous *n'utilisez pas* (vraisemblablement) NTFS.

  Pour savoir si un disque utilise NTFS, sélectionnez Démarrer/ Poste de travail. Cliquez du bouton droit sur le lecteur et sélectionnez Propriétés. L'entrée Système fichier à côté en haut de la boîte de dialogue devrait indiquer NTFS.

- Le dossier doit être unique. Vous pouvez marquer Mes documents privé ou tout autre dossier de Mes documents (tels que Mes images, Ma musique). Vous pouvez également marquer privé tout autre dossier à l'intérieur de l'arborescence du dossier Documents et paramètres. Lorsque vous marquez un dossier privé, tous les dossiers que contient ce dossier deviennent automatiquement privés.

- Vous devez attribuer un mot de passe à votre compte. Windows vous permet de marquer un dossier privé, même si vous n'avez pas de compte protégé par un mot de passe, mais il vous avertit que vous essayez de faire quelque chose de stupide. Si votre compte n'est pas protégé par un mot de passe, n'importe qui peut s'identifier comme étant vous et ouvrir le dossier privé.

- Dès que vous avez un mot de passe, lancez l'Assistant Mot de passe perdu et créez une disquette qui vous permet d'ouvrir une session sur l'ordinateur si vous avez oublié votre mot de passe. Mettez cette disquette en sécurité. Pour de plus amples informations sur les mots de passe et l'Assistant Mot de passe perdu, reportez-vous à la section "Changer les paramètres utilisateur" plus haut dans ce chapitre.

La barre des tâches Windows

Si vous faites tourner plus d'un programme, la meilleure façon de basculer d'un programme à l'autre se fait via la barre des tâches, représentée à la Figure 2.32.

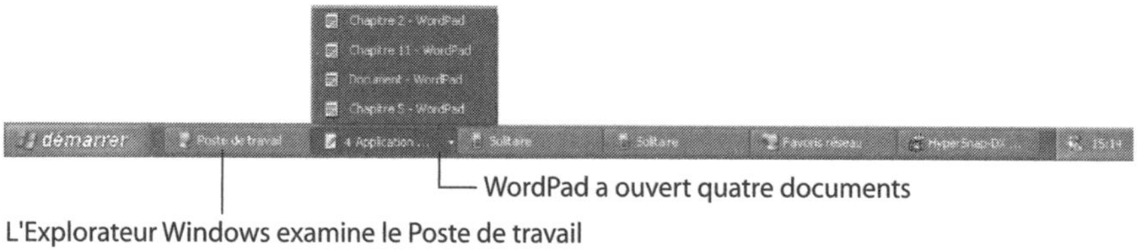

Figure 2.32 : La barre des tâches Windows vous permet de basculer facilement d'un programme à l'autre.

A quelques exceptions près, chaque programme est affiché dans l'espace de la barre des tâches. Si plus d'une copie d'un programme est en cours d'exécution (ce qui n'est pas loin d'être exceptionnel pour l'Explorateur Windows) ou si un programme a ouvert plus d'un fichier (ce qui est assez courant dans Word) ou encore si Windows tourne lentement, les divers éléments sont regroupés dans la barre des tâches avec le nombre de documents ouverts devant le nom du programme.

Si vous cliquez sur le bouton indiquant 4 MFC (comme à la Figure 2.32), vous verrez apparaître la liste des quatre documents que WordPad a effectivement ouverts. Cliquez sur l'un de ces documents, WordPad l'affichera.

La barre des tâches Windows a plus d'un tour dans son sac, dont un indispensable. Masquer automatiquement permet à la barre des tâches de se réduire à une fine ligne jusqu'à ce que le pointeur de votre souris soit en bas de l'écran. Dès que la souris passe en bas de l'écran, la barre des tâches apparaît. Voici comment paramétrer la barre des tâches à Masquer automatiquement :

1. **Cliquez du bouton droit sur un emplacement vide de la barre des tâches.**

   En règle générale, cliquez du bouton droit à côté du bouton Démarrer.

2. **Cliquez sur Propriétés.**

   La barre des tâches apparaît.

3. **Cochez la case Masquer automatiquement la barre des tâches, puis cliquez sur OK.**

Si vous ne voulez pas partir à la chasse aux souris ou si votre souris est partie déjeuner sans prévenir, Windows XP comporte une fonctionnalité qui vous permet de basculer dans plusieurs programmes, tandis que vos doigts ne quittent jamais vos mains… enfin vos doigts ne quittent jamais votre clavier. Il vous suffit de maintenir enfoncée la touche Alt et appuyez sur la touche Tabulation. Lorsque vous récupérez le programme que vous voulez, relâchez la touche Alt.

Raccourcis

La vie est quelquefois plus facile avec des raccourcis. (Dans la mesure où les raccourcis marchent.) Donc, dans le monde merveilleux de Windows XP, les raccourcis pointent vers les choses qui peuvent être exécutées. Double-cliquez sur un raccourci Word, et Word se lance comme si vous aviez sélectionné Démarrer/Tous les programmes/ Microsoft Word.

Vous pouvez paramétrer des raccourcis vers :

- Des programmes de tout genre.
- Des adresses Web comme www.woodyswatch.com/signup.

- Des documents, tableurs, bases de données, présentations PowerPoint et tout ce qui peut être lancé depuis l'Explorateur Windows en double-cliquant dessus.
- Des passages précis de texte dans des documents, tableurs, bases de données, présentations, etc. (ce qu'on appelle des *brouillons*).
- Des dossiers (y compris les mystérieux dossiers qui sont dans les appareils photo numériques), et même les dossiers Police et autres dossiers auxquels vous n'aurez pas pensé.
- Les lecteurs (disques durs, lecteurs de disquette, lecteur Jaz, etc.).
- Autres ordinateurs sur votre réseau, les lecteurs et dossiers sur ces ordinateurs.
- Imprimantes (dont les imprimantes et autres ordinateurs sur le réseau), scanners, appareils photo et autres matériels.
- Les connexions réseau.

La barre de lancement rapide

Lorsque la barre des tâches est un peu lente à apparaître, de nombreux Nuls la dotent d'un espace spécifiquement dédié à un petit programme de lancement appelé Lancement rapide. La barre de lancement rapide se trouve à côté du bouton Démarrer (voir la figure suivante) et vous pouvez la remplir de petites icônes qui lanceront vos programmes préférés.

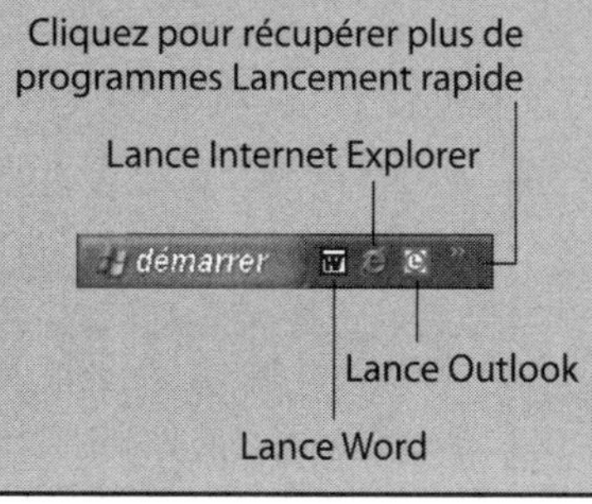

Vous pouvez afficher la barre de lancement rapide sur votre machine, tout dépend de sa configuration. Si vous ne la voyez pas, vous pouvez l'activer manuellement. Pour l'activer :

1. **Cliquez du bouton droit sur une partie vide de la barre des tâches.**

   Cliquez de préférence à la droite du bouton Démarrer.

2. **Cliquez sur Propriétés.**

   L'onglet Barre des tâches apparaît.

3. **Cochez la case Afficher la zone de lancement rapide, puis cliquez sur OK.**

La barre de lancement rapide apparaît avec trois icônes : Internet Explorer, le Bureau et le Lecteur Windows Media. Si vous avez installé Microsoft Office, Outlook est également affiché sous forme d'une icône dans la barre de lancement rapide.

Vous pouvez ajouter ou supprimer des icônes dans la barre de lancement rapide, ainsi que redimensionner la barre, si vous connaissez l'astuce. Voici comment configurer les deux en même temps, une fois que vous avez effectué les étapes précédentes pour afficher la barre de lancement rapide :

1. **Cliquez du bouton droit sur une partie vide de la barre des tâches, puis décochez la case Verrouiller la barre des tâches.**

   Cela vous permet de redimensionner la barre de lancement rapide.

2. **Faites apparaître l'Explorateur Windows (sélectionnez Démarrer/Poste de travail) et recherchez le programme, le document ou tout autre fichier que vous voulez mettre dans la barre de lancement rapide.**

   Note : si vous avez installé Office XP, Word se trouve probablement dans C :\Program Files\Microsoft Office\Office10\winword.exe.

3. **Cliquez sur le fichier que vous voulez mettre dans la barre de lancement rapide et glissez-posez l'icône à l'emplacement que vous avez choisi dans la barre de lancement rapide.**

4. **Cliquez du bouton droit sur la nouvelle icône, puis cliquez sur Renommer.**

   Quel que soit le nom que vous avez entré, il apparaîtra au-dessus de l'icône lorsque votre souris passera dessus.

5. **Répétez les étapes 3 et 4 autant de fois que vous voulez pour faire apparaître autant d'éléments que vous voulez dans la barre de lancement rapide.**

6. **Lorsque vous avez terminé, cliquez et glissez-posez la ligne "perforée" dans le coin droit de la barre de lancement rapide, redimensionnez-la (agrandissez-la ou réduisez-la). Puis cliquez du bouton droit sur une partie vide la barre des tâches et recochez la case Verrouiller la barre des tâches.**

Une utilisation judicieuse de la barre de lancement rapide vous fera gagner un temps fou.

Les raccourcis vous permettent de faire une quantité de choses. Par exemple, vous pouvez configurer un raccourci vers une imprimante spécifique du réseau sur votre poste de travail. Puis si vous voulez imprimer un fichier, il vous suffit de glisser ce fichier sur le raccourci et Windows XP se charge du reste.

Il existe différentes manières de créer des raccourcis.

Supposons que vous vous serviez tout le temps de la calculatrice Windows et que vous souhaitiez créer un raccourci vers la calculatrice Windows sur votre poste de travail. Pour cela, vous allez :

1. **Cliquez du bouton droit sur un emplacement vide de votre poste de travail.**

2. **Sélectionnez Nouveau/Raccourci.**

   L'Assistant Création d'un raccourci apparaît (voir Figure 2.33).

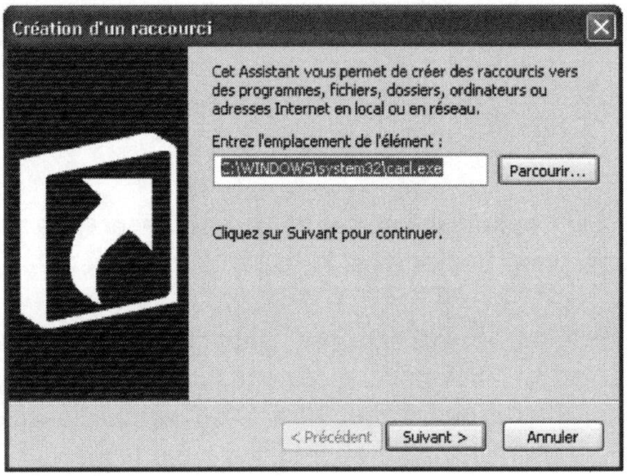

Figure 2.33 : Utilisez l'Assistant Création d'un raccourci pour créer un raccourci de la calculatrice Windows sur votre poste de travail.

3. **Cliquez sur Parcourir.**

4. **Dans la boîte de dialogue Parcourir ce dossier, cliquez sur Poste de travail, puis sur C :, puis sur Windows, et enfin sur System32.**

   Faites défiler jusqu'à ce que vous trouviez calc.exe (si vous n'avez pas indiqué à Windows d'afficher les extensions de tous les noms de fichier, vous trouverez seulement calc), suivez les instructions de la section "Afficher les extensions de nom de fichier" pour récupérer l'affichage complet des extensions de nom de fichier).

5. **Cliquez sur calc.exe, puis sur OK.**

6. **Cliquez sur Suivant, entrez un nom qui décrit bien la fonction du raccourci comme** `Calculatrice`**, puis cliquez sur Terminer.**

Chaque fois que vous double-cliquerez sur le raccourci Calculatrice Windows du poste de travail, la calculette s'affichera.

Vous pouvez suivre la même procédure pour paramétrer des raccourcis vers n'importe quel fichier, dossier, programme ou document résidant sur votre ordinateur ou sur n'importe quel ordinateur en réseau.

TRUC

Généralement, trouver le programme auquel se réfère le raccourci reste la partie la plus délicate de la création d'un raccourci. Dans l'exemple précédent, vous avez vu que la Calculatrice Windows se trouve dans le dossier system32, qui lui-même se trouve dans le dossier Windows (techniquement parlant C :\Windows\system32). Le dossier system32 comporte de nombreux autres programmes. Si vous recherchez des programmes Microsoft Office XP, ils sont généralement dans le dossier C :\Program Files\Microsoft Office\Office10 alors que les programmes Office 2000 sont généralement dans C :\Program Files\Microsoft Office\Office. Le dossier Police réside généralement dans C :\Windows. Bref, si vous recherchez des programmes, commencez par le dossier Program Files, puis consultez le dossier Windows.

Vous pouvez créer de diverses manières des raccourcis. Si vous travaillez dans l'Explorateur Windows, cliquez du bouton droit sur n'importe quel type de fichier et dossier, puis glissez-posez-les à leur nouvel emplacement – ce peut être d'autres dossiers, le Bureau, voire même le menu Démarrer ou la barre de lancement rapide –, relâchez le bouton de la souris et cliquez sur Créer un raccourci.

NOTE TECHNIQUE

Croyez-le ou non, Windows regorge de raccourcis. Ils sont partout, bien cachés. Par exemple, chaque entrée dans le menu Démarrer est un raccourci (bien déguisé). Les icônes de la barre de lancement rapide sont toutes des raccourcis. Tout l'Explorateur Windows est basé sur les raccourcis, bien qu'ils soient cachés un peu partout. Donc, ne soyez pas intimidé par les raccourcis. Au pire, vous pouvez les supprimer. N'hésitez pas à créer des raccourcis, mais surtout ne touchez pas du tout aux fichiers originaux.

Voici une autre manière de créer des raccourcis. Supposez que vous vouliez créer un raccourci vers l'imprimante en réseau sur votre Bureau :

1. **Sélectionnez Démarrer/Panneau de configuration, puis cliquez sur Imprimantes et autres périphériques.**

2. **Cliquez sur Afficher les imprimantes ou télécopieurs installés.**

3. **Cliquez du bouton droit sur l'imprimante pour laquelle vous allez créer un raccourci.**

4. **Cliquez sur Créer raccourci.**

   Windows affiche la boîte de dialogue comme celle de la Figure 2.34. Vous retrouverez l'option "Créer un raccourci" quasiment partout dans Windows XP en cliquant du bouton droit.

5. **Cliquez sur Oui, et le raccourci que vous voulez apparaît sur le Bureau.**

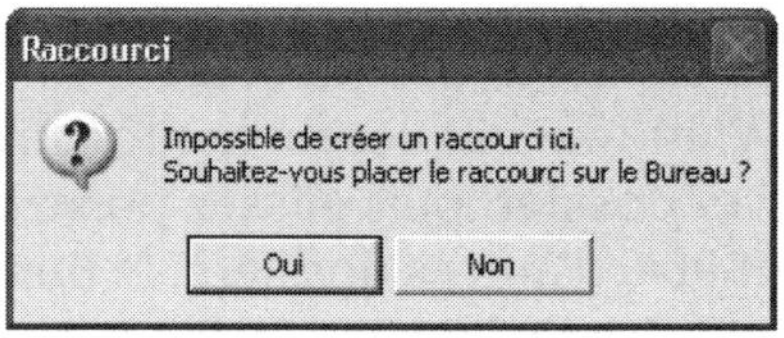

Figure 2.34 : La manière la plus rapide et facile pour créer un raccourci vers l'imprimante en réseau sur votre Bureau.

Recycler

Lorsque vous supprimez un fichier, il ne s'évanouit pas en poussière dans les airs.

Il existe une étape intermédiaire entre la suppression et la poussière. Cette étape est appelée purgatoire ! Attendez une seconde. Ce n'est pas le bon livre. (*L'existentialisme pour les Nuls* ?). Je recommence.

Lorsque vous supprimez un fichier ou un dossier dans votre disque dur – que ce soit en sélectionnant le fichier ou le dossier dans l'Explorateur Windows et en appuyant sur la touche Suppr ou en cliquant dessus du bouton droit et en sélectionnant Supprimer –, Windows ne le supprime pas réellement. Il se contente de noter que ce fichier ou dossier est supprimé, mais en fait il n'y touche pas.

Les fichiers ou dossiers d'une disquette ou en réseau sont réellement supprimés lorsque vous les effacez. La Corbeille ne fonctionne pas sur des disquettes ou des lecteurs reliés à d'autres ordinateurs en réseau.

C'est à la fois une bonne et une mauvaise nouvelle.

La bonne nouvelle est si vous supprimez par mégarde un fichier ou un dossier, vous pouvez toujours le récupérer dans la Corbeille.

La mauvaise nouvelle : tous ces fichiers supprimés prennent de l'espace sur votre disque dur. L'espace ne sera pas réutilisé tant que vous n'effectuez pas les étapes nécessaires pour vider la Corbeille, et par conséquent supprimer vraiment les fichiers.

Pour fouiller dans la Corbeille et dans la mesure du possible ressusciter un fichier supprimé, double-cliquez sur l'icône Corbeille de votre Bureau Windows. L'Explorateur Windows fait apparaître la Corbeille, comme à la Figure 2.35.

Figure 2.35 : La Corbeille, là où tous les fichiers vont devenir poussière.

Pour restaurer un fichier ou un dossier (quelquefois dit "non supprimer"), cliquez sur le fichier ou dossier, puis sur Restaurer tous les éléments dans la boîte des tâches de la Corbeille en haut à droite. Vous pouvez également sélectionner une foule de fichiers et dossiers en maintenant enfoncée la touche Ctrl lorsque vous cliquez.

Pour récupérer l'espace utilisé par les fichiers et dossiers de la Corbeille, cliquez sur Vider la Corbeille. Dans la boîte des tâches de la Corbeille. Windows vous demande si vous voulez réellement détruire ces fichiers. Si vous dites oui, ils disparaissent. Vous ne pourrez plus jamais les récupérer.

TRUC

Une fois que vous avez vidé la Corbeille, les fichiers et dossiers supprimés disparaissent à jamais. Si vous avez fait une sauvegarde, vous pourrez ressusciter ces vieux fichiers ou dossiers. Reportez-vous à la section sur les sauvegardes du Chapitre 6 du Livret I.

Fermer la session

L'ultime étape.

Windows XP/Edition familiale permet à plusieurs personnes d'ouvrir une session en même temps. Ce qui est plutôt pratique si vous travaillez sur le PC de la famille pour corriger les devoirs de Bill lorsque vous entendez les hurlements du chat dans la cuisine et que votre femme veut mettre dans le dossier Images partagées les photos des vacances alors que vous fermez votre session pour vérifier ce qui se passe dans le micro-ondes.

La fonctionnalité qui permet à plusieurs personnes d'ouvrir une session en même temps sur un PC est appelée *Bascule rapide utilisateur*, elle a ses avantages et ses inconvénients :

- **Le plus :** Bascule rapide utilisateur vous permet de laisser tourner tous vos programmes alors qu'une autre personne se précipite sur le clavier de votre machine. Les autres utilisateurs peuvent fermer leur session et vous pouvez choisir précisément ce que vous laissez fermé avant de commencer.

- **Le moins :** tous les programmes inoccupés résident du côté de l'utilisateur inactif ce qui peut gêner l'utilisateur actif. Vous pouvez éviter cette situation en fermant la session avant que le nouvel utilisateur ouvre sa session.

Si vous voulez désactiver Bascule rapide utilisateur, sélectionnez Démarrer/Panneau de configuration et cliquez sur Compte d'utilisateurs. En bas de la liste Choisissez une tâche, cliquez sur Modifier la manière dont les utilisateurs ouvrent et ferment une session. Puis décochez la case Utiliser la bascule rapide utilisateur.

De nombreux ordinateurs, en particulier les portatifs, peuvent être en mode Veille prolongée ou en mode Veille (ou encore En suspend, ou suspendre un fichier). Les principales différences entre ces deux modes sont :

- ✦ En mode Veille, le PC éteint l'écran et les disques durs, mais garde tout en mémoire s'il doit se "réveiller" rapidement.
- ✦ En mode Veille prolongée, le PC éteint l'écran et les disques durs et commence à copier tout ce qu'il y a en mémoire dans le disque dur avant d'aller se coucher. Son réveil est lent, car tout le contenu de la mémoire a été rentré dans le disque dur.

Si votre portatif n'a plus de batterie en mode en attente, vous pouvez le recharger sans problème. S'il est en mode Hiberner (et que le mode Hiberner fonctionne bien, ce qui n'est pas toujours le cas), le recharger ne pose pas de problème : branchez le PC et il revient en mode Hiberner, affiche sa mémoire dans le disque dur, et revient là où vous l'avez laissé.

Tous les ordinateurs ne supportent pas le mode Veille ou le mode Veille prolongée. Certains vieux modèles d'ordinateurs ne traitent aucun de ces deux modes. D'autres peuvent avoir les deux. Si vous avez le choix, tenez compte de ces remarques :

- ✦ Si votre PC n'a plus de batterie en mode Veille, ne l'utilisez pas. Préférez le mode Veille prolongée.
- ✦ Si vous avez emporté votre machine (pour faire une présentation ou prendre des notes), utilisez le mode Veille.

Pour passer en mode Veille ou en mode Veille prolongée, sélectionnez Démarrer/Arrêter l'ordinateur. Vous verrez apparaître une boîte de dialogue avec le mode conseillé en première option (voir les Figures 2.36 et 2.37).

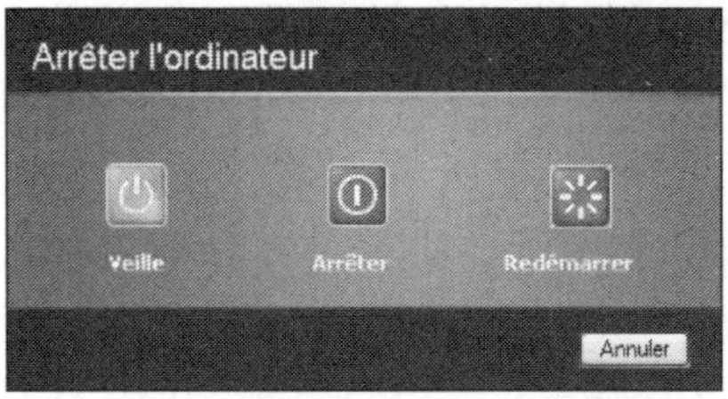

Figure 2.36 : Passez en mode Veille.

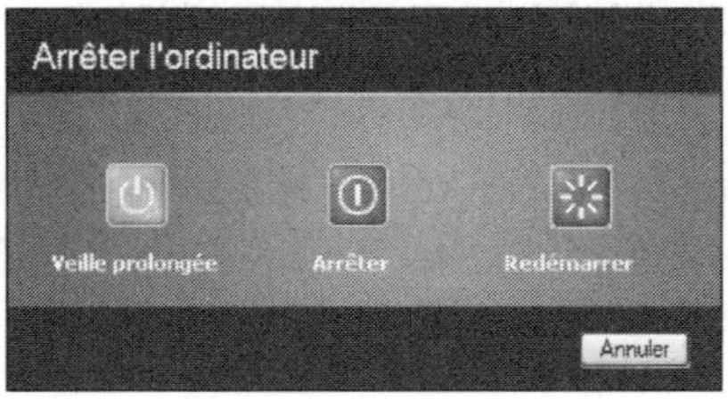

Figure 2.37 : Ou utilisez le mode Veille prolongée.

TRUC

Si votre PC supporte les deux modes Veille et Veille prolongée, maintenez enfoncée la touche Shift lorsque la boîte de dialogue Arrêter l'ordinateur apparaît à l'écran. Windows est obligé de passer d'un mode à un autre.

ATTENTION !

Vous pouvez toujours éteindre votre ordinateur en utilisant la méthode "officielle". Sélectionnez Démarrer/Arrêter l'ordinateur/Arrêter. Si vous vous contentez d'éteindre l'ordinateur, Windows peut accidentellement zapper des fichiers et les rendre inutilisables. Windows a besoin d'un certain temps pour vérifier que tout est en ordre avant de s'éteindre. Donnez-lui le temps nécessaire en recourant à la méthode officielle pour arrêter l'ordinateur.

Chapitre 3 : Trouver de l'aide dans Windows XP

Dans ce chapitre :

- L'Aide de Windows XP : une ressource de premier plan.
- L'Assistance à distance.
- Rechercher de l'aide aux bons endroits.
- Encore plus d'aide lorsque vous donnez votre langue au chat.

Ce chapitre vous aide à trouver de l'aide ! Lorsque vous en avez besoin, commencez par lire ce chapitre.

Windows XP comprend des hectares et des hectares – et des couches et des couches – d'Aide. Des fois, cela fonctionne très bien. D'autres fois, cela devrait bien fonctionner, si vous pensez pouvoir trouver de l'aide au bon endroit et au bon moment.

Ce chapitre vous explique quand et où rechercher de l'aide. Il vous explique également ce que vous pouvez faire si vous êtes sur le point d'abandonner. D'accord, détruire votre PC est une solution. Toutefois, il existe d'autres alternatives moins radicales… mais aussi sans garantie.

Ce chapitre comprend également des instructions simples et détaillées pour demander à un ami d'examiner votre ordinateur via Internet, de trouver ce qui ne marche pas et enfin de vous aider *tandis que vous examinez* vous aussi votre machine. Cette Assistance à distance est l'une des fonctionnalités les plus puissantes et les plus utiles jamais intégrées aux autres versions de Windows.

Voici donc ce que vous pouvez faire lorsque vous sentez que vous allez vous arracher les cheveux.

Rendez-vous au Centre d'aide et de support

Lorsque vous sélectionnez Démarrer/Centre d'aide et de support, Windows XP vous présente une large palette de choix. La plupart des choix dans le premier volet que vous voyez à la Figure 3.1 vous "conduisent" aux mêmes types d'information. En vous proposant différentes manières de récupérer ces informations, Microsoft espère que vous trouverez plus facilement ce dont vous avez besoin, même si vous ne savez pas quelle question vous allez poser (un problème assez courant dans les précédentes versions d'Aide de Windows, qui a été plus ou mois résolu dans Windows XP).

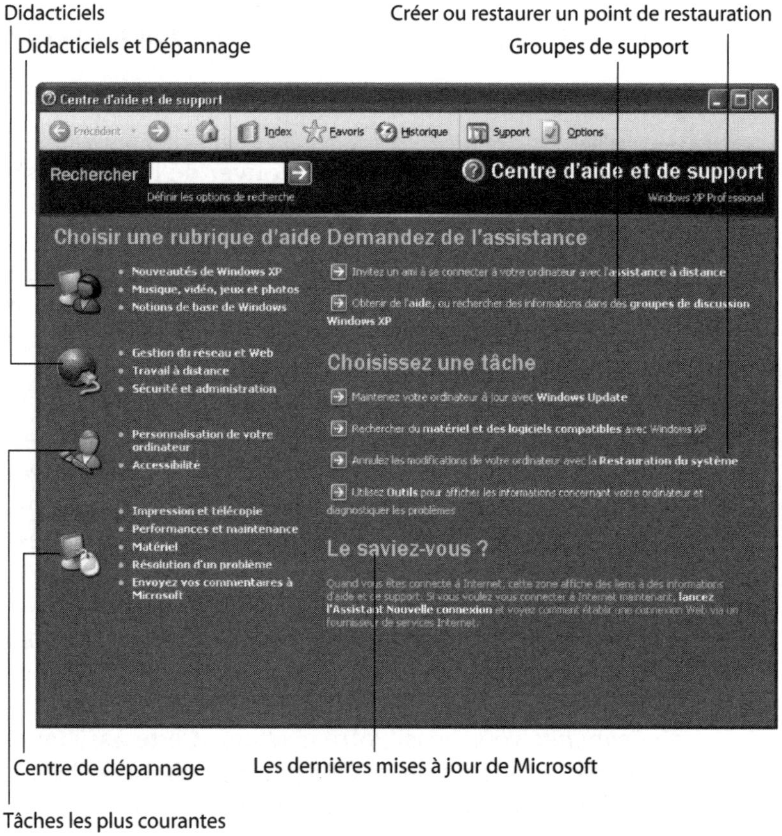

Figure 3.1 : L'habillage engageant de Aide et support.

ATTENTION !

Le Centre d'aide et de support vous donne seulement le parti pris de Microsoft. Si vous avez un gros problème avec Windows XP, vous ne trouverez qu'une infime partie de solution ou pas du tout. Si vous voulez obtenir des réponses pertinentes et sans parti pris, recherchez ailleurs. Comme dans ce livre par exemple.

L'Aide de Windows se divise en plusieurs catégories :

- **Aperçus, articles et didacticiels :** L'exploration de ces divers éléments vous donne une idée de ce qui ne marche pas, contrairement à la résolution d'un problème spécifique.
- **Tâches :** Instructions pas à pas pour résoudre un seul problème ou modifier un paramètre.
- **Visites guidées :** Démos de marketing… démonstrations multimédias des fonctionnalités qui sont censées vous éclairer sur certains points.
- **Dépannage :** Vous présente une série d'étapes (généralement complexes) pour vous aider à identifier et résoudre des problèmes.

TRUC

Le Centre d'aide et de support a été conçu par Microsoft pour réduire les coûts de support technique, ce qui est à la fois un avantage et un inconvénient. Microsoft a essayé de vous permettre de résoudre vous-mêmes vos propres problèmes, ce qui est plutôt bien. Mais en même temps, trouver le numéro de téléphone pour discuter avec une personne du service du support du produit est devenu un peu plus difficile. Je vous propose de meilleures alternatives à la fin de la section intitulée "Comment trouver réellement de l'Aide".

La fenêtre Centre d'aide et de support a un habillage plutôt sympathique pour des sujets sérieux (et déroutants !). Une fois que vous aurez passé le vernis, vous trouverez quelques trucs à connaître :

- Certains Nuls n'utilisent pas l'option Rechercher, excepté pour augmenter le nombre de "hits" qui ont été reportés (voyez la section "Lancer une recherche effective"). Le Centre d'aide et de support recherche toujours dans tous les endroits possibles. Les seules options dont vous disposez vous permettent de limiter certains types de recherche et ces délimitations s'appliqueront à la prochaine recherche.

- La vie du support technique de Microsoft est notoirement connue pour être inégale. Un jour, vous obtenez une réponse du support technique qui résout en un clin d'œil votre problème. Le lendemain, vous passez des heures au téléphone pour finalement apprendre que vous devez reformater votre disque dur et réinstaller Windows.

- Lorsque le Dépannage fonctionne, il marche bien, mais ne traite que les problèmes les plus basiques et les solutions les plus directes.

- Bien que l'Assistance à distance soit une excellente idée, dans la pratique elle pose de nombreux problèmes : vous et votre assistant devez tous deux être connectés à Internet. Vous devrez sans doute établir une connexion téléphonique avant de configurer la session, et s'il y a des pare-feu entre vous, l'Assistance à distance ne fonctionnera pas du tout. Reportez-vous à la section "Se connecter à l'Assistance à distance", plus loin dans ce chapitre pour obtenir de plus amples informations.

- Les groupes de discussion Windows ne sont pas contrôlés, ce qui signifie que n'importe qui peut dire n'importe quoi. Certains participants donnent des conseils exécrables.

- Quelquefois, les mises à jour de Windows sont incomplètes. J'attends généralement qu'une mise à jour soit mise en circulation depuis au moins une semaine avant de l'installer sur ma machine. Et j'attends bien un mois avant d'installer les mises à jour des pilotes, à moins qu'elles résolvent un problème spécifique qui m'a pourri la vie.

- La liste de compatibilité matérielle et logicielle laisse à désirer. Si un matériel ou un logiciel est mentionné dans cette liste, il doit être compatible. S'il n'est pas mentionné, vous ne pouvez pas vraiment tirer une conclusion.

TRUC

Lancer un point de restauration n'a jamais fait de mal lorsque Windows semble s'échauffer. Mais lorsque votre système semble partir en vrille, n'est-ce pas le pire moment pour créer un point de restauration ? Si vous y songez et que Windows vous incite à le faire, suivez les instructions du Chapitre 6 pour créer un point de restauration. Ainsi, quand l'inévitable panne se pointera à l'horizon, vous aurez quelque chose à faire en dernier ressort.

Comment trouver réellement de l'aide ?

Vous utilisez le Centre d'aide et de support lorsque vous avez besoin d'aide et de support, n'est-ce pas ?

Oui, en quelque sorte.

D'après mon expérience, le Centre d'aide et de support fonctionne bien quand :

- Vous voulez apprendre à utiliser les grandes fonctionnalités de Windows et que vous n'êtes absolument pas concerné par un problème spécifique ; par exemple, "Qu'est-ce que le Lecteur Windows Media ?
- Vous avez un problème facile à définir ; par exemple, "Mon imprimante n'imprime pas."
- Vous savez exactement ce que vous voulez faire, mais vous avez besoin d'informations supplémentaires pour effectuer votre tâche ; par exemple, "Comment changer l'image de mon Bureau ?"

Le Centre d'aide et de support ne vous sera d'aucun secours si vous avez une vague idée de ce qui ne marche pas sur votre machine, si vous voulez obtenir suffisamment de détails pour trouver une solution à votre problème, si vous décidez d'acheter du matériel ou un logiciel pour votre ordinateur ou si vous voulez savoir où sont enterrés les corps XP.

Dans tous ces cas, et bien d'autres, vous avez besoin d'une source indépendante… comme ce livre.

TRUC

Ma newsletter, Woody's Windows Watch, peut vous être utile. Allez vous inscrire sur www.woodyswatch.com.

Si vous ne trouvez pas l'aide dont vous avez besoin dans le Centre d'aide et de support, tenez compte de l'étendue de votre recherche dans cet ordre :

- Tôt ou tard la meilleure façon d'obtenir de l'aide nécessite un petit coup de pouce. Demandez à un copain qui s'y connaît de vous aider : offrez-lui une bière, une pizza, une soirée en ville, tout ce qui peut lui plaire. Si votre ami s'y connaît en informatique, cette alternative est la moins chère et la plus rapide. Si vous pouvez connecter votre machine à Internet et demandez à votre ami de se connecter également à Internet, Windows XP facilite l'examen de votre ordinateur par votre ami grâce à la fonctionnalité appelée Assistance à distance dont je parle dans la prochaine section "Se connecter à l'Assistance à distance".

- Si votre copain est parti en vacances, vous pouvez trouver de l'aide quelque part sur Internet. Reportez-vous à la section "Trouver de l'aide sur le Web".

- Si rien ne marche, essayez de contacter par courrier électronique Microsoft. Indiquez l'objet de votre message, en utilisant le support d'assistance en ligne de Microsoft. La meilleure façon d'indiquer l'objet de votre message pour vous connecter au support technique consiste à passer par ces étapes :

  1. **Sélectionnez Démarrer/Aide et support.**
  2. **En dessous de la liste Demandez de l'assistance, cliquez sur Obtenir de l'aide ou rechercher des informations dans des groupes de discussion Windows XP.**
  3. **Dans la rubrique Support, cliquez Obtenir de l'assistance de Microsoft.**
  4. **Vous vous connectez au site Internet du support technique de Microsoft et à ce stade vous avez une chance de savoir si le support technique est disponible et combien il coûte.**

En dernier ressort, essayez de contacter Microsoft par téléphone. On ne sait jamais !

Microsoft propose un support technique téléphonique, vous savez cette horrible boîte vocale – mais sachez que vous aurez plus de chance avec une hotline de psy. Quoi qu'il en soit, le numéro de téléphone du support technique des Etats-Unis est (425) 635 3311 et du Canada (905) 568 4494. NdT : En France 0825 827 829, code 1020.

Se connecter à l'Assistance à distance

Levez la main ceux qui ont déjà entendu ce type de conversation !

Surchargé de travail, Pierre répond au téléphone : "Salut, Chérie. Que se passe-t-il ?"

La femme de Pierre : "Désolée de t'appeler à ton travail, mais j'ai un problème avec mon ordinateur."

Pierre : "Quel genre de problème ?"

La femme de Pierre : "J'ai cliqué sur l'image dans Microsoft et essayé d'ouvrir le rapport que mon patron m'a envoyé, mais l'ordinateur a dit que je ne pouvais pas."

Pierre : "HEIN ?"

La femme de Pierre : "Tu es censé t'y connaître en informatique. Je suis sûr que tu as déjà vu ça des centaines de fois ! J'ai cliqué sur l'image, mais l'ordinateur dit que je ne peux pas. Comment ouvrir le rapport ?"

Pierre : "Poouuf !"

La femme de Pierre : "Pourquoi tu ne dis rien ? Tu n'as pas le temps d'aider les autres ? Pourquoi tu ne me réponds pas ?"

Pierre surchargé de travail se demanda au moins dix fois dans la journée pourquoi il avait choisi de faire carrière dans l'informatique.

Vous avez dû à un moment ou un autre avoir ce type de conversation, que vous soyez celui qui appelle ou celui qui répond, ou sans doute les deux à bien y réfléchir. Une chose est sûre : lorsque vous essayez de résoudre un problème d'informatique – que vous soyez celui qui résout le problème ou celui qui demande de l'aide –, l'examen de l'écran est bien plus parlant qu'une longue description de milles mots.

Windows XP inclut une fonctionnalité appelée Assistance à distance qui vous permet d'appeler un ami pour qu'il prenne le contrôle de votre PC. Cette interaction se déroule comme suit :

1. **Vous créez un message spécial invitant votre ami à prendre le contrôle de votre ordinateur.**

2. **Vous envoyez votre message à votre ami, soit par courrier électronique standard, soit par Windows Messenger, soit en donnant un fichier à votre ami.**

3. **Votre ami reçoit le message et répond en cliquant sur un lien spécifique.**

4. **Votre PC affiche un message vous indiquant que votre ami veut prendre le contrôle.**

5. **Si vous donnez votre accord, votre ami prend le contrôle total de votre machine. Vous voyez ce qu'il saisit et sur ce qu'il clique comme si vous le faisiez vous-même. Votre ami résout votre problème, comme vous pouvez le constater.**

6. **L'un de vous deux peut rompre la connexion à tout moment.**

L'idée de pouvoir donner le contrôle de votre machine à une personne sur Internet peut vous faire peur. J'ai moi-même quelque réserve, mais Microsoft a intégré de puissants contrôles industriels dans l'Assistance à distance. Si vous préférez, vous pouvez vous contenter de faire examiner votre machine par votre ami, au lieu de lui donner le contrôle de votre ordinateur. Vous pouvez également obliger votre ami à entrer un mot de passe avant de commencer la session. Et vous pouvez limiter la durée de la session : si votre ami ne répond pas par exemple dans l'heure, l'invitation sera annulée.

De nombreux pièges se cachent dans les recoins de l'Assistance à distance, mais cette fonctionnalité reste très pratique et puissante. Vous devez néanmoins tenir compte des conditions suivantes :

- ✦ Vous devez tous les deux être connectés à Internet. Si vous n'arrivez pas à vous connecter, notamment s'il s'agit du problème que vous essayez de résoudre, vous n'avez vraiment pas de chance.

- Si vous avez une connexion téléphonique, vous devez rester connecté à partir du moment où vous avez créé l'invitation, envoyé l'invitation et que votre ami vous a répondu jusqu'au moment où la session de l'Assistance à distance se termine. Vous ne pouvez pas vous connecter à Internet, envoyer l'invitation, fermer la connexion à Internet, puis vous reconnecter une heure plus tard pour ouvrir la session de l'Assistance à distance.
- Vous devez tous les deux être sur une machine tournant sur Windows XP ou sur un autre système d'exploitation qui supporte l'Assistance à distance.
- L'une des conditions suivantes doit être remplie pour que vous puissiez envoyer une invitation et pour que votre ami puisse utiliser cette invitation afin de se connecter à votre PC :
  - Vous devez tous les deux ouvrir une session sur Windows Messenger.
  - Vous devez pouvoir envoyer et votre ami recevoir un courrier électronique avec une pièce jointe qui inclut le lien actif.
  - Vous devez pouvoir envoyer un fichier à votre ami – si possible sur un réseau ou simplement en lui donnant une disquette.
- Si un pare-feu se trouve entre vous deux et Internet, il peut interférer avec l'Assistance à distance.

Vous qui allez donner le contrôle de votre PC, devez initialiser la session Assistance à distance. Votre ami ne peut pas vous taper l'épaule, électroniquement, et vous dire quelque chose comme, avec les excuses de Dire Strait "You an'me, babe, how'bout it ?"

Lorsque vous êtes prêt à configurer la connexion Assistance à distance, vous devez :

1. **Vérifier que votre ami est prêt.**

   Appelez-le ou envoyez-lui un message électronique pour vérifier qu'il a bien allumé son PC, s'est bien connecté à Internet et a bien lancé Windows XP. Vérifiez également qu'il s'est bien connecté à Windows Messenger, qu'il consultera régulièrement sa boîte de réception, qu'il attend que vous lui donniez un fichier ou que vous en créiez un sur le réseau.

Vérifiez que vous pouvez contacter votre ami en utilisant la méthode choisie : si vous utilisez Windows Messenger, vérifiez que vous pouvez envoyer et recevoir des messages. Si vous utilisez votre adresse électronique, vérifiez que vous avez bien son adresse électronique dans votre carnet d'adresses et envoyez-lui un message test afin de vous assurer que c'est la bonne adresse. Si vous lui envoyez une disquette par pigeon voyageur, vérifiez que le pigeon connaît bien le chemin et a fait son plein de sommeil.

2. **Lorsque vous contactez votre ami, créez-lui un mot de passe que vous lui donnerez.**

   Ne vous donnez pas la peine de créer un mot de passe compliqué, une lettre ou un numéro est amplement suffisant. De toute façon, vous n'utiliserez ce mot de passe qu'une seule fois, le temps de la session de l'Assistance à distance.

3. **Accédez à la machine qui va être "zombifiée" (c'est un terme technique que je viens d'inventer pour désigner votre ordinateur, celui dont votre ami va prendre le contrôle) et vérifiez qu'elle est bien connectée à Internet.**

4. **Sélectionnez Démarrer/Aide et support pour faire apparaître le Centre d'aide et de support (voir Figure 3.1).**

5. **En dessous de la liste Demandez de l'assistance, cliquez sur Invitez mon très cher ami à fouiller dans le plus profond de mon âme... attendez une seconde... je me trompe de commande...En fait, cliquez sur Invitez un ami à se connecter à votre ordinateur avec l'Assistance à distance.**

6. **Dans le panneau Assistance à distance, cliquez sur Inviter quelqu'un pour vous aider.**

7. **Vous avez le choix entre trois options pour notifier votre assistant, comme à la Figure 3.2.**

   A. Si votre assistant a lancé Windows Messenger et que vous avez décidé d'un commun accord de vous contacter par ce biais, inscrivez-vous à Windows Messenger. Vous devez sélectionner l'adresse électronique de votre ami, puis cliquez sur Invitez cette personne.

B. Si votre assistant attend un message électronique de votre part, saisissez son adresse électronique dans l'espace prévu à cet effet et cliquez sur Invitez cette personne.

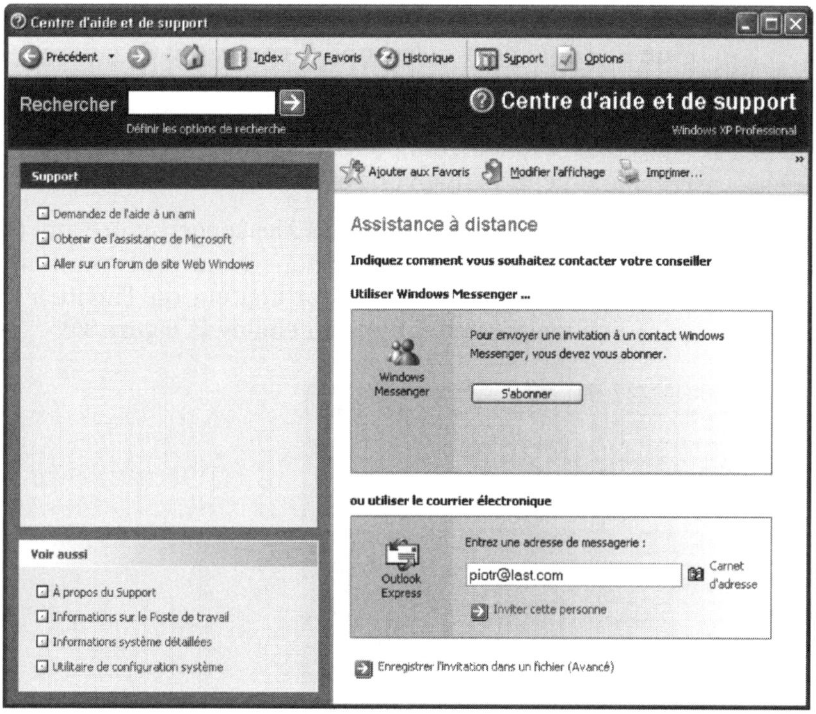

Figure 3.2 : Les trois méthodes pour envoyer une invitation d'Assistance à distance.

TRUC

Il est important que vous envoyiez l'invitation d'assistance à distance à la bonne personne. Vous ne voulez pas inviter n'importe qui à prendre le contrôle de votre PC ? Comme le risque d'un problème de sécurité est si grand, je vous conseille ardemment d'ajouter votre assistant dans votre carnet d'adresses et d'envoyer au moins une fois un message test à son adresse avant de vous aventurer plus loin. Puis utilisez le carnet d'adresses pour envoyer votre invitation.

C. Si votre assistant attend que vous lui envoyiez un fichier (et cette option n'est pas meilleure que les deux autres, quoiqu'en dise la boîte de dialogue), cliquez sur Enregistrer l'invitation sous un fichier (Avancé).

8. **Le programme d'Assistance à distance vous demande de saisir votre nom, de paramétrer une durée de l'invitation afin qu'elle n'expire pas (conseillée : une heure), et de saisir un mot de passe (sans limite de taille ni de format). Si vous communiquez via courrier électronique, vous êtes également autorisé à entrer un message pour votre ami. Il vous suffit de suivre les étapes.**

   Lorsque le programme d'Assistance à distance a terminé, l'un de ces trois événements peut se produire, en fonction du type de communication que vous avez choisi avec votre ami.

   A. Si vous utilisez Windows Messenger, votre ami (qui est identifié comme *Expert* dans Windows) reçoit un message instantané généré par l'ordinateur qui l'invite à vous aider, un message identique à celui de la Figure 3.3.

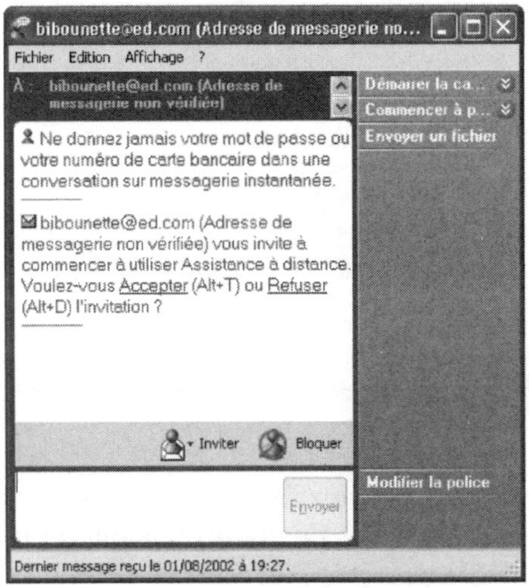

Figure 3.3 : Invitation depuis Windows Messenger pour l'Assistance à distance.

   B. Si vous utilisez le courrier électronique, le programme Assistance à distance génère un message électronique destiné à votre ami. Vous récupérez un message d'avertissement vous signalant qu'un programme renégat (comme Windows) essaie d'envoyer un message électronique à votre nom. Cliquez sur Envoyer.

   Si vous créez une invitation Assistance à distance qui passe via le courrier électronique, en utilisant la procédure B, votre programme de messagerie peut *ne pas* envoyer automatiquement l'invitation. Dès que vous avez cliqué sur Envoyer, ouvrez immédiatement votre messagerie pour vérifier que votre message n'est pas mis en attente dans votre Boîte d'envoi.

C Si vous travaillez avec un fichier, vous devez indiquer à Windows où mettre le fichier appelé RAInvitation.msrincident. Vous pouvez très bien mettre ce fichier sur une disquette ou l'enregistrer sur un lecteur en réseau. C'est ce fichier que vous allez envoyer à votre ami.

9. **Votre ami, l'Expert, doit initialiser la session Assistance à distance. Les méthodes de lancement de session varient en fonction du type de l'invitation :**

   A. Si vous utilisez Windows Messenger, votre ami peut commencer à vous aider en cliquant sur J'accepte (voir Figure 3.3).

   B. Si vous utilisez le courrier électronique, votre ami recevra un message. Pour initialiser la session d'Assistance à distance, il devra ouvrir le document attaché et répondre Oui à la requête d'Assistance à distance.

   C. Si votre ami ouvre le fichier RAInvitation.msrincident, il en verra le message. La réponse Oui initialise la session Assistance à distance.

   Si votre ami essaie d'ouvrir le fichier RAInvitation.msrincident et qu'il récupère un message d'erreur lui indiquant qu'il doit choisir un programme pour ouvrir le fichier, il n'utilise pas Windows XP. Seul Windows XP, lors de la rédaction de ce livre, peut initialiser une session d'Assistance à distance. Dans un futur proche, Microsoft intégrera l'Assistance à distance dans d'autres systèmes d'exploitation. Pour obtenir des informations plus récentes, sélectionnez Démarrer/Aide et support, puis saisissez **Assistance à distance** dans la boîte Rechercher.

10. **Une fois que votre ami, l'Expert, a initialisé la session d'Assistance à distance, vous devez lui permettre d'entrer dans votre machine.**

    Une fois qu'il a effectué sa part de travail (en cliquant sur J'accepte dans un Message instantané ou sur Oui dans la requête d'Assistance à distance), vous verrez apparaître le message de la Figure 3.4.

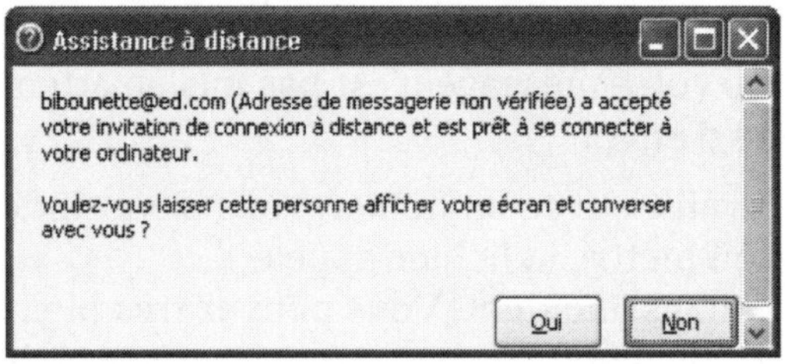

Figure 3.4 : Vous avez finalement le pouvoir d'accepter ou de rejeter la session d'Assistance à distance.

11. **Cliquez sur Oui, ce qui produit deux choses simultanées.**

    Premièrement, votre ordinateur affiche une boîte de dialogue Assistance à distance, comme celle de la Figure 3.5.

Figure 3.5 : La boîte de dialogue de contrôle de l'Assistance à distance apparaît sur votre machine.

Deuxièmement, l'ordinateur de votre ami – que l'on pourrait appeler l'ordinateur de "l'Expert" – reçoit une boîte de dialogue un tantinet semblable à la vôtre, mais qui comprend également une boîte d'affichage affichant tout ce qu'il y a sur votre écran. (Voir Figure 3.6.)

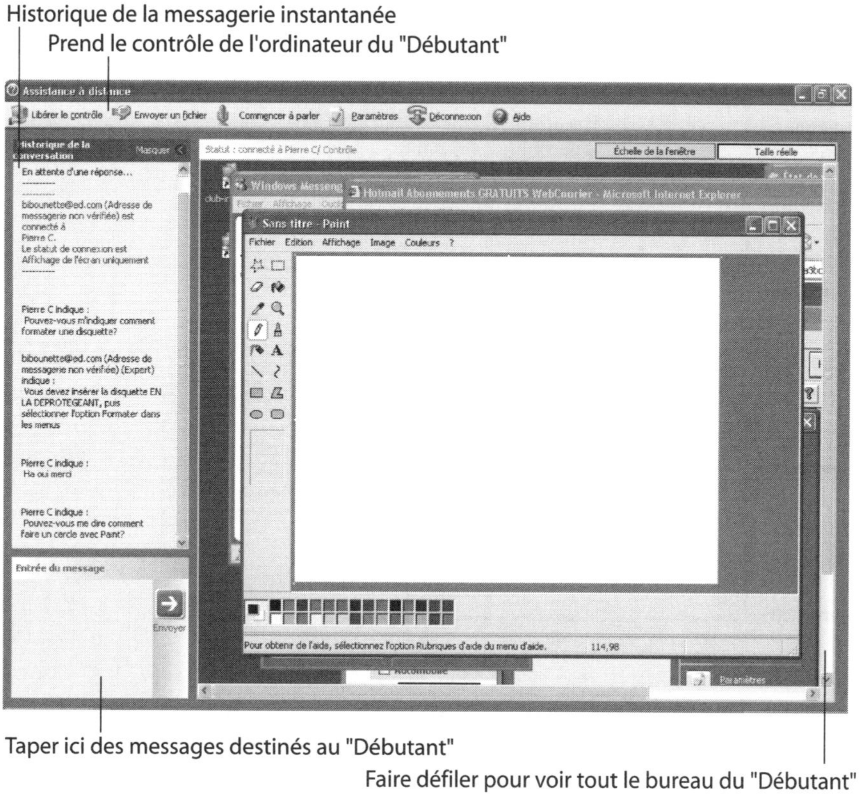

Figure 3.6 : La boîte de dialogue de contrôle de l'Assistance à distance qui apparaît sur la machine de votre ami comprend une fenêtre affichant tout ce qu'il y a sur votre Bureau.

12. **Si votre ami veut prendre le contrôle de votre PC, il doit cliquer sur l'icône Prendre le contrôle dans le coin supérieur gauche de la fenêtre Assistance à distance.**

    S'il clique, votre machine vous avertit que "l'Expert" essaie de prendre le contrôle, en affichant la boîte de dialogue de la Figure 3.7.

13. **Lorsque vous (le "Débutant") avez donné votre bénédiction, votre ami ("l'Expert") voit apparaître sur son écran le message de la Figure 3.8.**

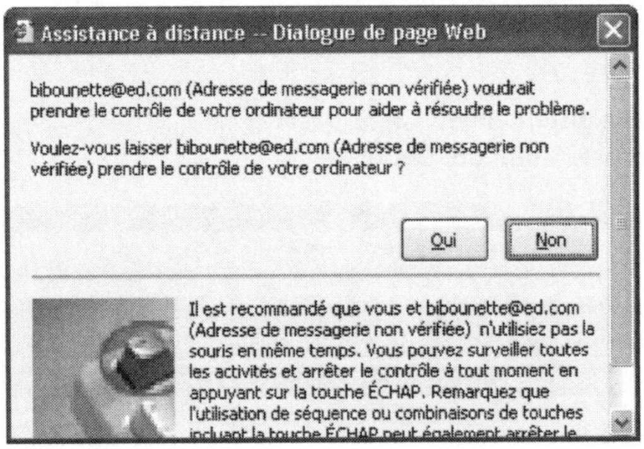

Figure 3.7 : Vous devez explicitement donner votre permission avant que votre ami puisse prendre le contrôle de votre ordinateur.

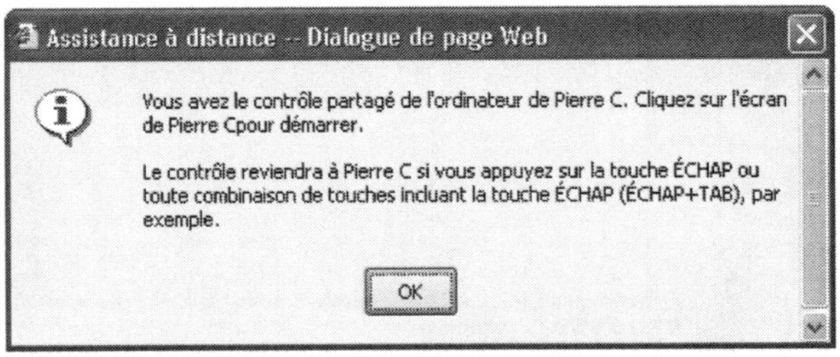

Figure 3.8 : Votre ami a pris le volant !

Une fois que la session d'Assistance à distance est en marche et que vous avez confié le contrôle à votre ami, votre ami peut faire tout ce que vous pouvez faire sur votre PC. Vous avez tous les deux un contrôle simultané du pointeur de la souris. Si l'un d'entre vous ou tous les deux tapent sur le clavier, les lettres apparaissent à l'écran. Vous pouvez arrêter le contrôle de votre ami sur votre ordinateur en appuyant sur la touche Echap.

Votre ami peut être sûr qu'il s'agit d'une connexion unidirectionnelle. Il peut prendre le contrôle de votre machine, mais vous ne pouvez pas utiliser son ordinateur. Il peut voir tout ce que vous avez sur votre Bureau, mais vous n'êtes pas autorisé à examiner son Bureau.

Comme toutes les bonnes choses ont une fin, c'est ce que j'ai entendu dire, la session d'Assistance à distance se termine lorsque l'un des deux participants clique sur l'icône Déconnecter, ferme la boîte de dialogue Assistance à distance (en cliquant par exemple sur le X dans le coin supérieur droit) ou lorsque la connexion à Internet est terminée.

Lancer une recherche effective

L'Aide de Windows est conçue pour vous permettre de trouver une réponse à un problème, de le résoudre, puis de vous remettre au travail.

Hélas, la vie est rarement aussi simple. Et l'Aide de Windows n'échappe pas à la règle. Vous allez sans doute parcourir l'aide pour finalement avoir le sentiment d'être perdu. Et une fois que vous êtes perdu, comme le dit le vieil adage : "C'est foutu !"

L'Aide de Windows comporte quelques outils qui vous permettent de rester organisé.

Comprendre les limites de la recherche

Si vous recherchez des fonctionnalités de recherche sophistiquées, l'Aide de Windows ne va pas vous impressionner. Il n'a pas les fonctionnalités du langage naturel et donc ne peut pas répondre à des questions du genre "Comment puis-je installer un appareil photo numérique ?" Toutes les recherches se font par mot-clé. Les mots que vous saisissez sont les mots qu'utilise Windows.

Toutefois, l'Aide de Windows a une certaine flexibilité et a intégré un certain savoir-faire, comme l'indique le Tableau 3.1.

Tableau 3.1 : Les combinaisons de recherche de l'Aide de Windows.

Si vous recherchez l'aide	Retourne
Souris clavier	Toutes les entrées faisant référence à la *souris* ou au *clavier*
Souris et clavier	Toutes les entrées faisant référence à la *souris* et au *clavier*
Souris et non clavier	Les entrées faisant seulement référence à la *souris* et pas au *clavier*

Définir les options de recherche

Le Centre d'aide et de support Windows XP met à votre disposition quelques options pour contrôler la destinée de vos recherches.

Bien que le choix soit assez restreint, deux modifications de Rechercher prennent sens pour les Nuls :

1. **Sélectionnez Démarrer/Aide et support.**
2. **Cliquez sur l'icône Options dans le coin supérieur droit de l'écran.**
3. **Dans la boîte Options, cliquez sur Définir les options de recherche.**

   Vous verrez apparaître la boîte de dialogue Définir les options de recherche, comme à la Figure 3.9.

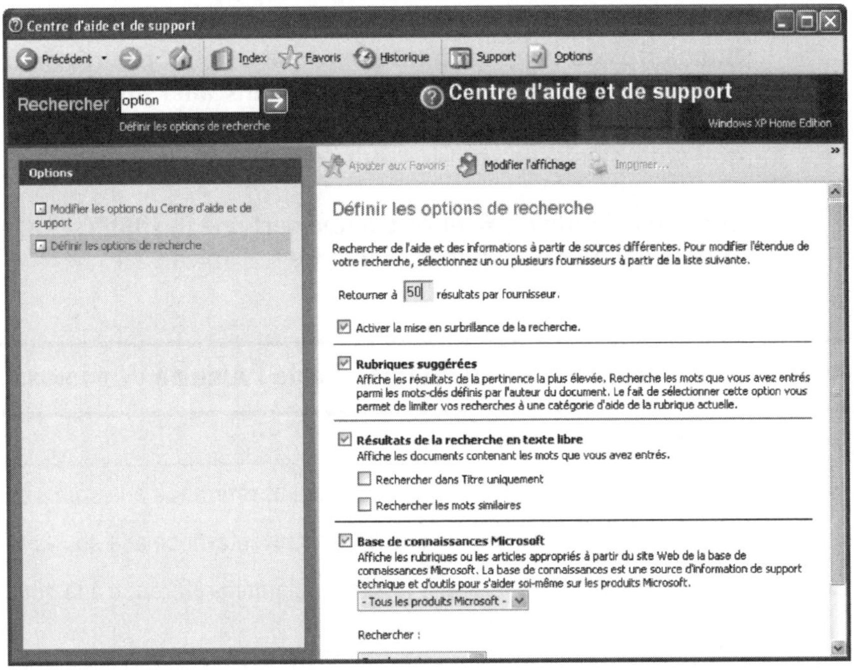

Figure 3.9 : Réduire le nombre de résultats dans les Options de recherche.

4. **Si vous souhaitez que l'Aide de Windows affiche plus de 15 résultats, une option qui ralentit les recherches, mais augmente vos chances de trouver la réponse dont vous avez besoin, tenez compte du paramètre Retourner à X résultats par fournisseur (jusqu'à 50).**

5. **Si vous n'aimez pas la manière dont l'Aide Windows XP surligne tous les mots "correspondants" lorsqu'elle affiche les résultats de la recherche, décochez la case Activer la mise en surbrillance de la recherche.**

Réduire l'affichage

Une fois que vous avez trouvé ce que vous recherchez, vous voulez généralement garder sous la main le texte de l'Aide, sans vous préoccuper du panneau de recherche, de l'index ou de toutes autres icônes.

Si vous cliquez sur l'icône Modifier l'affichage, l'Aide de Windows retire tous les éléments superflus, laissant un écran dépouillé. Comparez les Figures 3.9 et 3.10.

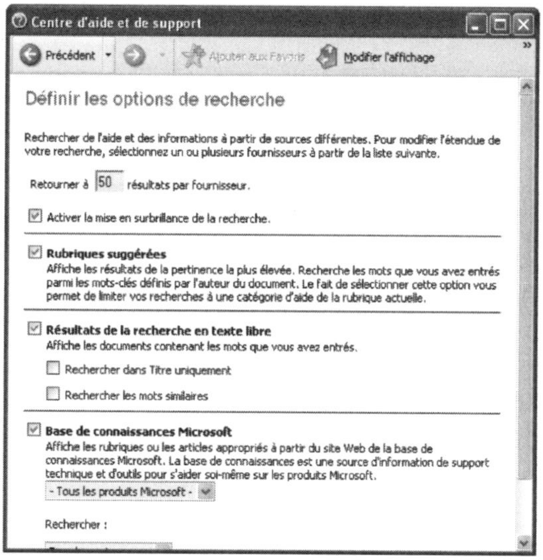

Figure 3.10 : Cliquez sur l'icône Modifier l'affichage, l'Aide de Windows retire toutes les annexes superflues.

Pour revenir à la boîte Rechercher, il vous suffit de recliquer sur l'icône Modifier l'affichage et l'Aide de Windows reprend sa configuration normale.

Garder vos Favoris

L'Aide de Windows, comparée à Internet Explorer, maintient une liste de Favoris peu sophistiquée. Vous pouvez utiliser la liste des Favoris de deux manières :

- Lorsque vous trouvez un sujet que vous souhaitez reconsulter, cliquez sur l'icône Ajouter aux Favoris (à gauche de l'icône Modifier affichage dans la Figure 3.11).

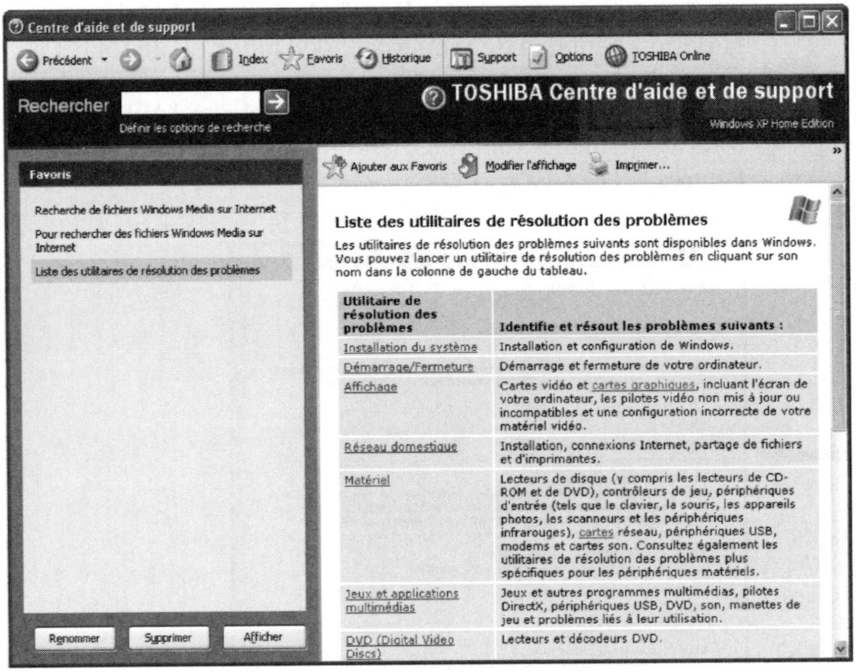

Figure 3.11 : La liste des Favoris peu sophistiquée de l'Aide de Windows.

- Pour faire apparaître votre liste de Favoris, cliquez sur l'icône Favoris en haut de la fenêtre Aide.

TRUC

Lorsque vous lancez un Dépannage qui arrête Windows, un message du Dépannage vous avertit qu'un redémarrage est imminent. Ajoutez le Dépannage dans votre liste des Favoris avant l'arrêt de Windows, au cas où l'Aide de Windows aurait des difficultés à revenir à la page précédente.

Accéder au sommaire

L'Aide de Windows XP comprend une fonctionnalité méconnue : la possibilité de passer directement de la rubrique d'Aide à son emplacement dans le sommaire.

Comment ? Vous n'avez jamais consulté le sommaire ? Ciel ! C'est pour cela que vous ne connaissez pas cette fonctionnalité. Microsoft a mis un soin particulier à le cacher dans Windows XP. Dans les précédentes versions de Windows, il était très facile de feuilleter le sommaire : il existait un petit onglet Contenu, affiché dans le panneau Aide. Rien de tel dans Windows XP.

Si vous voulez consulter le sommaire de Windows XP, vous devez commencer par rechercher un sujet en utilisant les techniques susmentionnées dans cette section ou rechercher un sujet dans l'index (reportez-vous à la section "Travailler avec l'index") *avant* d'accéder au sommaire. Ce que revient à sortir un livre dans son rayon de bibliothèque avant de pouvoir examiner le fichier de la bibliothèque, mais il arrive quelquefois que Windows fonctionne de manière bien mystérieuse.

Lorsque vous avez trouvé le sujet qui vous intéresse, cliquez sur le bouton en forme de doubles flèches orientées à droite dans la barre des tâches en haut à gauche afin d'activer Rechercher dans le sommaire. Vous pourrez ensuite parcourir tous les sujets correspondants.

ATTENTION !

Si vous utilisez l'Aide de Windows XP pour trouver de l'aide... dans l'Aide de Windows XP, vous allez vous amuser ! L'Aide de Windows part dans des longues et passionnantes explications sur comment utiliser l'onglet Contenu dans Aide. Mais, Windows XP n'a pas d'onglet Contenu dans Aide ! Sidérant, non ?

Travailler avec l'index

Tout comme ce livre, le Centre d'aide et de support de Windows comporte un index. Pour trouver l'index, cliquez sur l'icône Index. L'index apparaît, comme à la Figure 3.12.

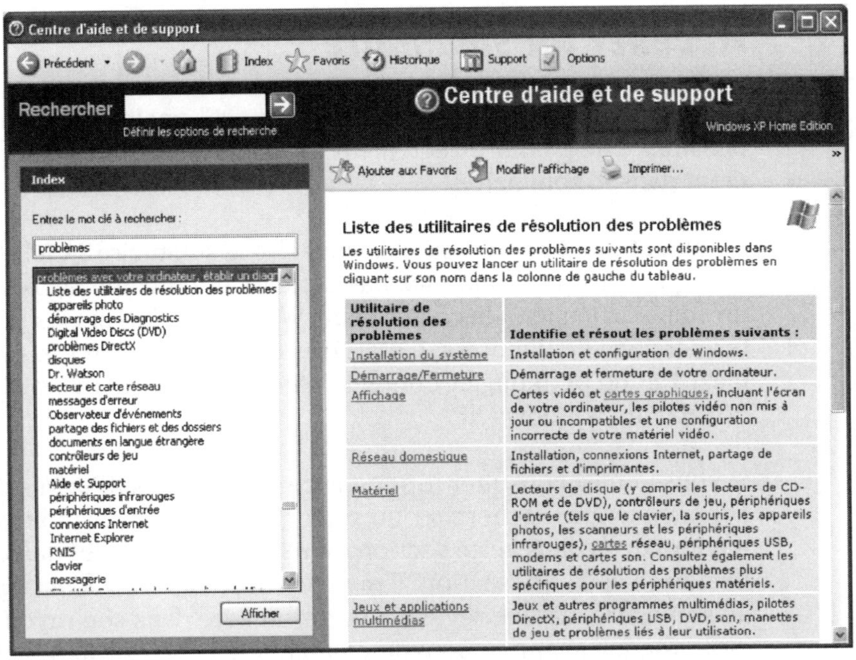

Figure 3.12 : L'index de l'Aide.

L'index de l'Aide de Windows est assez approfondi, comme n'importe quel index, et s'appuie sur les termes utilisés dans les articles de l'Aide. Ce qui vous mène à un cercle vicieux : vous trouvez facilement la réponse à votre question si vous connaissez la réponse. Ou si vous connaissez les termes techniques qu'elle implique (ce qui revient au même).

En règle générale, Rechercher est la meilleure solution, mais l'index peut s'avérer être utile de temps à autre. Alors, n'hésitez pas à l'utiliser.

Trouver de l'aide sur le Web

Evidemment, la plus importante source d'informations sur Windows XP est la plus importante source d'information sur *tout* : le Web. Le Centre d'aide et de support de Windows vous relie au Web de différentes manières.

Si vous utilisez le Centre d'aide et de support de Windows pour trouver une réponse à une question, il est vital que vous soyez relié au Web. Microsoft publie les réponses des questions les plus fréquemment posées. Des milliers de logiciels sont réquisitionnés pour garder des réponses aussi précises que factuelles.

Voici les meilleures ressources que j'ai trouvées sur l'Aide de Windows :

- **Base de connaissance de Microsoft :** C'est la principale source d'informations de toutes les personnes qui utilisent le support technique de Microsoft. http ://search.support.microsoft.com/kb/c.asp.
- **Les groupes de discussion Windows :** Représentent une importante source d'informations, mais rappelez-vous que certaines personnes ne connaissent pas vraiment ce dont elles parlent. Pour y accéder, sélectionnez Démarrer/Aide et support. Dans Demandez de l'assistance, cliquez sur Obtenir de l'aide ou rechercher des informations dans des groupes de discussion Windows XP. Puis dans la rubrique Support, cliquez sur Aller sur un forum de site Web Windows.
- **Le site Windows Upgrade :** Vous pouvez accéder à ce site en sélectionnant Démarrer/Aide et support et dans la liste Choisissez une tâche, cliquez sur Maintenez votre ordinateur à jour avec Windows Upgrade.
- **Options des produits :** Si vous êtes intéressé par le support technique de Microsoft, ce que vous devez faire pour devenir technicien et combien cela va vous coûter, allez sur www.microsoft.com et recherchez les Options de support des produits.

- **Woody's Windows Watch :** Ma newsletter gratuite et hebdomadaire est dédiée aux résolutions des problèmes que rencontrent les utilisateurs de Windows.
- **Les sites Web des utilisateurs :** De nombreux sites Web d'assistance entre utilisateurs sont consacrés aux problèmes de Windows (et donnent quelques solutions !). Mon site, WOPR Lounge (www.wopr.com/lounge) accueille des milliers de personnes chaque jour !

Chapitre 4 : Effectuer des recherches sur votre machine et ailleurs

Dans ce chapitre :

- **Les secrets pour faire des recherches efficaces sur votre ordinateur.**
- **Le service d'indexation automatique.**
- **La stratégie de l'Assistant de recherche : lancez un bâton à Patachon.**
- **Les meilleures adresses de recherche du Web.**

Les ordinateurs stockent des quantités de choses. Tant que vous créez des données, la vie vous paraît simple. Mais tôt ou tard, vous devez retrouver certaines données, des données importantes ; c'est là que les problèmes commencent.

Windows XP comporte une puissante fonctionnalité de recherche qui porte un joli nom : Patachon, la mascotte, le clone qui prend la forme d'un chien de l'Assistant de recherche.

Ce chapitre vous explique comment dresser Patachon, le mettre debout, lui faire aller chercher, et lui faire jouer... le mort.

Si vous voulez savoir comment Windows XP effectue des recherches, faites afficher les extensions de nom de fichier – la partie (généralement de trois lettres) du nom de fichier précédée d'un point qui identifie le type de fichier, telle que .doc ou .jpg. Windows XP n'affiche pas les extensions de nom de fichier à moins que vous le lui spécifiiez. Pour bien comprendre ce chapitre, demandez à Windows de vous afficher les extensions de nom de fichier en suivant les étapes mentionnées au Chapitre 2 du Livret I.

Explorer avec l'Assistant de recherche

Si vous sélectionnez Démarrer/Rechercher, vous faites apparaître l'Assistant de recherche, avec Patachon (voir Figure 4.1) qui attend patiemment en bas du panneau, en remuant la queue, prêt à aller chercher quelque chose.

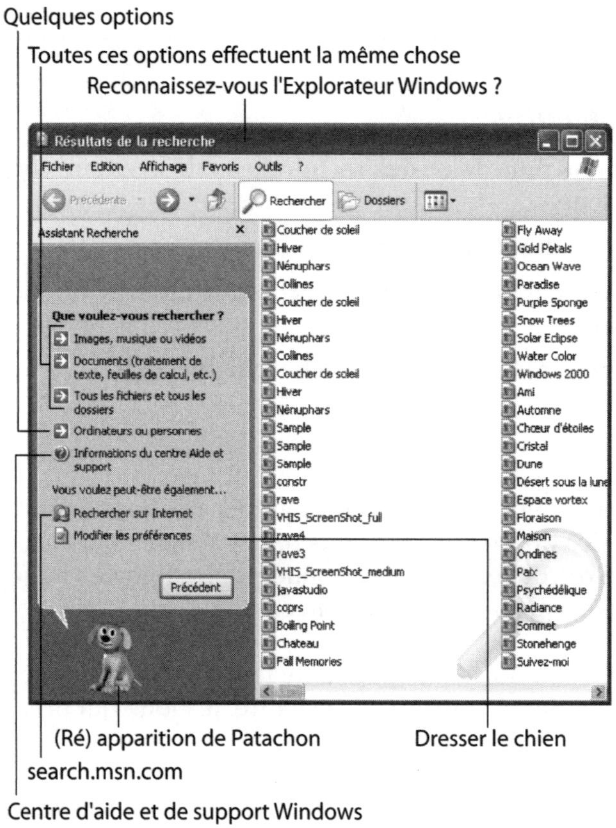

Figure 4.1 : L'Assistant de recherche, alias Patachon. Oh comme il est mignon !

Le rôle de Patachon consiste seulement à vous réconforter : un gentil petit chien en peluche vous donne l'assurance que Windows est simple d'emploi. Patachon est prêt à vous aider dans la recherche de quelque chose, comme un compagnon. Bon chien.

Evidemment, Microsoft sait très bien que si vous êtes à la recherche de quelque chose, vous êtes sans doute un peu paniqué : un fichier n'est pas là où vous l'avez mis, vous en avez besoin tout de suite et vous êtes prêt à faire n'importe quoi pour le retrouver, même à détruire cette stupide machine ou à commettre quelques actes insensés.

NOTE TECHNIQUE

Quoi de neuf Bob ?

Patachon vous rappelle-t-il quelque chose ? Vous l'avez sans doute rencontré dans une démo commerciale au milieu des années 90. Patachon était un "ami de Bob" dans l'infortuné et méprisé système d'exploitation Bob (né en 1995, mort en 1996, vendu à 58 000 exemplaires). Microsoft Bob apporta une nouvelle pierre à l'édifice de la stupidité et du ridicule dans le monde de l'informatique et engendra des horreurs telles que les assistants de Office 97 et Office 2000, Trombine, un trombone qui a dû se battre pour survivre dans les turbulentes années 90 sans aucun moyen visible de support. Bob a une fascinante histoire. D'après la légende, Bill G. a vu la première version bêta de Bob, déguisé en clown. Bill joua avec cette nouvelle technologie et au bout d'un certain temps, à la fin de la session de test, a déclaré qu'il voulait "tuer cette espèce de... clown". Le 1er janvier 1994, Melinda French, l'une des directrices du marketing, devint une certaine Madame Gates. Bob fut l'un des plus grands échecs que Microsoft n'ait jamais connus : des tonnes de Microsoft Bob se languissaient dans des entrepôts avant d'être brutalement retirés du marché. Cinq ans plus tard, le compagnon d'écran de Bob a trouvé un nouveau travail en qualité d'Assistant de recherche de Windows XP. (Les développeurs de Microsoft ont dû utiliser leurs propres outils alors qu'ils le testaient, ils l'ont appelé "manger son propre chien". Y-a-t-il un rapport ?) Dans la grande réforme de marketing de Microsoft, le descendant de Bob, Trombine, a été retiré de Office XP, les utilisateurs de Office n'ont pas eu longtemps à se débattre avec ce trombone et des millions de dollars ont été dépensés pour l'enterrement de ce personnage. Consultez www.officeclippy.com.

Si vous n'arrivez pas à trouver un fichier ou un dossier, faites appel à l'Assistant de recherche. Vous pouvez compter sur lui. L'Assistant de recherche se targue de trouver des ordinateurs, des utilisateurs et des adresses sur Internet. C'est vrai. Mais au petit bonheur la chance.

Vous ne savez peut-être pas que l'Assistant de recherche peut être relié au site de recherche propriétaire de Microsoft, search.msn.com, un moteur qui effectue des recherches sur Internet plus vite et plus efficacement. Reportez-vous à la section "Rechercher sur Internet" plus loin dans ce chapitre.

NOTE TECHNIQUE

L'écran de l'Assistant de recherche de la Figure 4.1 ne doit pas vous être étranger. En fait, l'Assistant de recherche est un panneau de l'Explorateur Windows. Vous noterez d'étranges similitudes à la Figure 4.2.

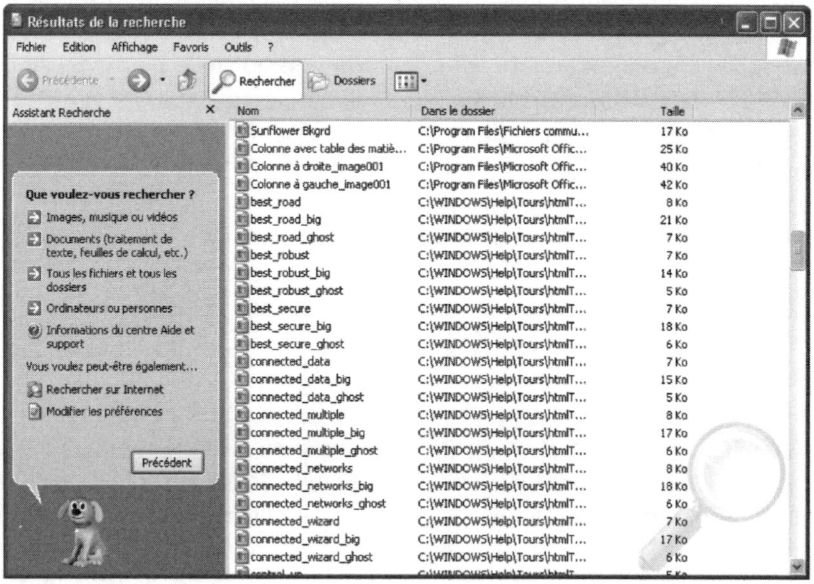

Figure 4.2 : Cliquez sur l'icône Rechercher dans l'Explorateur Windows pour faire apparaître l'Assistant de recherche.

Ce que vous pouvez trouver

TRUC

Si vous n'avez pas encore demandé à Windows XP d'afficher les extensions de nom de fichier, les trois lettres après le point, faites-le maintenant avant d'entamer toute recherche. Vous n'avez pas la moindre chance de comprendre les recherches sans l'affichage des extensions de nom de fichier. Le Centre d'aide et de support Windows XP fait souvent référence aux extensions de nom de fichier sans vous expliquer ce que c'est, ni pourquoi vous en avez besoin. Vous pouvez être un Nul, mais ne soyez pas stupide. Lisez le Chapitre 2 du Livret I sur les extensions de nom de fichier, puis accédez à l'Explorateur Windows pour les faire apparaître.

Une fois que vous avez fait apparaître l'Assistant de recherche en sélectionnant Démarrer/Rechercher (voir Figure 4.1) ou en cliquant sur l'icône Rechercher dans la fenêtre de l'Explorateur Windows (voir Figure 4.2), Patachon vous propose de rechercher ce qui suit :

✦ **Images, musique ou vidéo :** Avec cette option, Patachon vous demande (voir Figure 4.3) si vous voulez limiter votre recherche à des images, des photos, de la musique ou de la vidéo. Vous pouvez cocher autant de cases que vous voulez. Si vous n'en cochez aucune, Windows suppose que vous voulez toutes les vérifier. Windows lance ensuite une recherche complète (décrite à la section suivante "Rechercher des fichiers et des dossiers"), mais réduit la recherche aux fichiers qui ont des extensions de nom spécifiques, comme indiquées au Tableau 4.1.

  Remarquez que le contenu des fichiers importe peu : Windows XP ne vérifie pas si le fichier contient une image JPEG par exemple. L'Assistant de recherche ne s'intéresse qu'aux extensions de nom de fichier.

✦ **Documents (traitements de texte, feuilles de calcul, etc.) :** Tout comme l'option Images, musique ou vidéo, l'option Documents équivaut à une recherche complète, limitée aux extensions de nom de fichier spécifiques indiquées dans le Tableau 4.1.

✦ **Tous les fichiers et tous les dossiers :** Cette option revient à effectuer une recherche complète décrite à la section suivante "Rechercher des fichiers et des dossiers".

✦ **Ordinateurs ou personnes** : L'option Ordinateurs (en supposant que vous laissez vide la boîte Nom de l'ordinateur) est identique à la sélection Démarrer/Favoris réseau et à cliquer sur Voir les ordinateurs du groupe de travail.

  L'option Personnes vous conduit à votre carnet d'adresses Outlook Express (et non Outlook). Vous pouvez également utiliser l'interface de Outlook Express pour rechercher dans les répertoires Bigfoot, VeriSign ou WhoWhere.

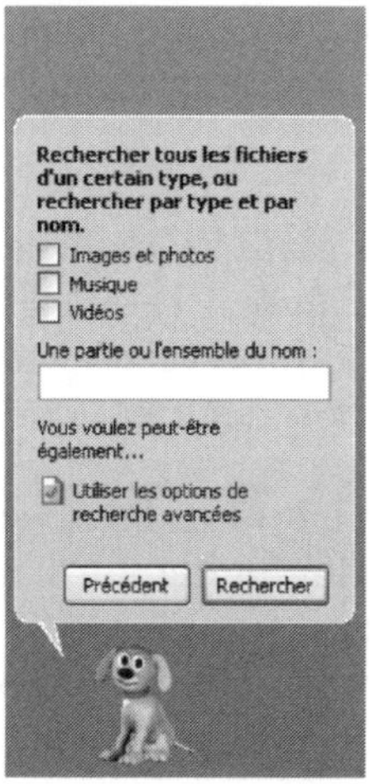

Figure 4.3 : Réduire la recherche aux extensions de nom de fichier.

Pas la peine d'utiliser Démarrer/Rechercher pour trouver des personnes sur Internet. A la rédaction de cet ouvrage, deux des trois options proposées ne fonctionnent pas très bien : le répertoire VeriSign est très petit et le répertoire Bigfoot vous redirige automatiquement vers le moteur de recherche AnyWho d'AT&T. Si vous voulez vraiment trouver des personnes sur Internet, utilisez un de ces moteurs de recherche standards : www.anyone.com, people.yahoo.com et www.whowhere.lycos.com.

- **Informations du Centre Aide et support :** Cette option ouvre le Centre d'aide et de support, exactement comme si vous aviez sélectionné Démarrer/Centre Aide et support. Reportez-vous au chapitre précédent pour de plus amples informations.

Tableau 4.1 : Extensions de nom de fichier dans Rechercher.

Choisissez ce type de fichier	Et Windows limite la recherche aux fichiers qui ont en commun ces extensions de nom de fichier*
Images et photos	ANI, ART, BIT, BMP, CDR, CGM, CMP, DIB, EPS, GIF, JPG, TIF, PCX, PNG, PS, WMF
Musique	AIF, AIFF, ASF, CDA, FAR, MID, MP3, RAM, RMI, WAV, WMA
Vidéo	ASF, ASX, AVI, MMM, MPG

Choisissez ce type de fichier	Et Windows limite la recherche aux fichiers qui ont en commun ces extensions de nom de fichier*
Documents	ASC, ASP, AW, CHI, CHT, DBF, DOC, DOT, HTM, HTML, MDB, MSG, OBD, PDD, POT, PPS, PPT, PUB, RTF, SAM, TIF, TXT, WRI, XLA, XLL, XLS, XLT

*Cette liste est loin d'être exhaustive. Oui TIF apparaît deux fois.

L'Assistant de recherche vous permet d'effectuer des recherches sur Internet. Je parle de cette option dans la section "Rechercher sur Internet", plus loin dans ce chapitre.

Ce que vous ne pouvez pas trouver

Etonnamment, l'Assistant de recherche Windows XP n'effectue pas de recherche dans les messageries électroniques de Outlook ou Outlook Express, à moins que vous n'activiez le service d'indexation (présenté dans la section "Service d'indexation"). Si vous recherchez un texte dans un message, voire même le Sujet des messages, Windows XP ne peut pas le faire.

Office XP, en particulier Word 2002, peut effectuer des recherches dans les messageries électroniques Outlook du type Texte, Sujets, Expéditeurs, Destinataires, etc. Word supporte également les arguments de recherche AND/OR, limitant les recherches à des dossiers spécifiques de Outlook. Si vous avez Office XP, utilisez ce vaste et très puissant outil de recherche :

1. **Lancez Word 2002.**
2. **Si le volet Office n'est pas affiché dans le côté droit de l'écran, faites-le apparaître en sélectionnant Affichage/Volet Office.**
3. **Cliquez sur la flèche orientée vers le bas à droite du titre du volet et sélectionnez Rechercher.**
4. **Si Recherche de base apparaît dans le titre, cliquez sur Options de recherche en bas du volet.**

   Le volet Recherche avancée de Word apparaît. (Voir la Figure 4.4.)

Figure 4.4 : Si vous devez effectuer des recherches dans votre messagerie Outlook, vous ne pouvez le faire que dans le volet Rechercher de Office XP/ Word 2002.

5. **Pour limiter la recherche à des dossiers spécifiques de Outlook, cliquez sur Rechercher dans et sélectionnez un dossier.**

6. **Cliquez sur Résultats devraient être et cliquez sur Eléments Outlook/.**

7. **Saisissez vos critères de recherche dans la partie supérieure du volet Office et cliquez sur Rechercher.**

NOTE TECHNIQUE

Office XP peut utiliser le service d'indexation de Windows XP pour obtenir de meilleurs résultats. Reportez-vous à la section "Le service d'indexation" plus loin dans ce chapitre.

Rédiger une requête de recherche

Vous disposez de deux approches mutuellement exclusives pour interroger un ordinateur :

- **La recherche par mot-clé :** Recherche les mots que vous avez spécifiés. Dans la plupart des cas, les recherches par mots-clés peuvent être affinées par des *qualificateurs* LIKE, AND et NOT. Vous pouvez ainsi demander à l'Assistant de recherche de trouver des fichiers avec les mots **bleu ou dauphin**, vous obtiendrez une liste de fichiers dont les noms contiennent soit **bleu** soit **dauphin** soit les deux mots.

- **La recherche par langage naturel :** Cette approche vous demande de poser une question (avec les compliments de Alex Trebek). Par conséquent, vous pouvez demander à votre ordinateur **De quelle couleur sont les dauphins ?** et il vous retourne une liste de sites Web traitant de la couleur des dauphins.

L'Assistant de recherche de Windows XP combine les deux approches, mais de manière très spécifique. Si vous recherchez des sites Web, vous devez poser une question, c'est-à-dire que Windows utilise l'approche de la recherche par langage naturel pour rechercher sur Internet. Pour toute autre recherche, vous devez taper uniquement des mots-clés.

Cette étrange dichotomie peut vous sembler irritante, voire confuse, ou les deux.

Rechercher des fichiers et des dossiers

Vous devez absolument retrouver vos notes sur le séminaire consacré aux tergiversations porcines. Vous vous souvenez que vous avez une recette à base d'estragon, mais vous ne vous rappelez plus où vous l'avez mise. Vous avez par mégarde déplacé ou supprimé toutes vos photos de votre voyage à Cancun ou encore le Lecteur Windows Media ne trouve plus les pistes MP3 de la tournée de Grateful Dead 1974.

Cette section va vous aider à les retrouver.

En règle générale, les personnes recherchent des fichiers et des dossiers sur leurs ordinateurs pour l'une de ces deux raisons. Elles se rappellent vaguement qu'elles ont utilisé leur ordinateur pour faire quelque tâche : une lettre au Père Noël, la description d'un produit ou une super blague, et elles ne se rappellent plus où elles l'ont mise. Ou encore elles utilisent l'Explorateur Windows et pensent mettre à un emplacement spécifique ce qu'elles ont fait et ne le trouvent plus.

Dans l'un ou l'autre cas, la solution est de demander à Windows XP de retrouver vos fichiers ou dossiers perdus.

Si vous sélectionnez Démarrer/Rechercher, l'Assistant de recherche Patachon (voir Figure 4.1) vous offre l'opportunité de limiter votre recherche, en sélectionnant Images, musique ou vidéo ou encore Documents. Si vous savez d'avance quel type de fichier vous recherchez, ces choix correspondent à des types spécifiques de fichier (voir Tableau 4.1). Si vous ne savez pas exactement ce que vous recherchez, effectuez directement une recherche complète, l'option Tous les fichiers et tous les dossiers.

Patachon, l'agent de recherche

Vous pouvez vous débarrasser du chien. Le renvoyer à la niche ! Remplacez-le par un modèle plus récent ou par un autre. Il vous suffit d'effectuer les étapes suivantes :

1. **Faites apparaître le petit chien en sélectionnant Démarrer/ Rechercher (voir Figure 4.1).**

2. **Cliquez sur Modifier les préférences en bas de l'écran.**

   Vous verrez apparaître la question "Que voulez-vous rechercher ?" (Voir la Figure 4.5.)

3. **Pour vraiment vous débarrasser du personnage, cliquez sur Sans personnage animé à l'écran.**

4. **Si vous pensez que vous allez trouver un personnage qui vous plaise davantage, cliquez sur Avec un autre personnage, et lisez attentivement la galerie de portraits qui s'ensuit. Si vous en trouvez un qui vous plaît, cliquez sur OK.**

Vous voulez vraiment animer un personnage ? Voici comment faire. Cliquez du bouton droit sur Patachon (ou tout autre personnage que vous avez choisi comme Assistant de recherche), puis cliquez sur Animer. Et oui, j'ai osé le faire !

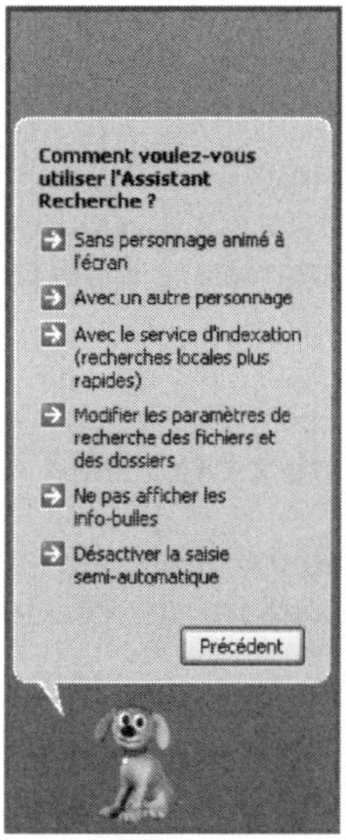

Figure 4.5 : Débarrassez-vous du chien !

Ces petits personnages Assistant de recherche, appelés *Agents*, sont stockés dans des fichiers ACS. Si vous recherchez des fichiers *.acs (voir "Utiliser des jokers", plus loin dans ce chapitre), vous en trouverez une multitude éparpillés à divers endroits de votre disque dur. Si vous parcourez les autres fichiers ASC – Office XP en a des tonnes – et mettez ces fichiers dans le dossier `\Windows\srchasst\chars`, vous pourrez choisir un autre personnage que Patachon.

Effectuer des recherches simples

Vous rappelez-vous ce que contenait le fichier que vous recherchez ? Du moins vous souvenez-vous de son extension ? Neuf fois sur dix, c'est tout ce dont vous avez besoin.

TRUC

Au risque de me répéter, n'oubliez pas que vous devez absolument indiquer à Windows XP d'afficher les extensions de nom de fichier : les caractères qui suivent le point à la fin du nom du fichier, tels que .exe, ou .bat. Relisez le Chapitre 2 du Livret I sur les extensions de nom de fichier et vous saurez pourquoi leur affichage est si important. Puis suivez les étapes afin que Windows affiche les extensions de nom de fichier.

La meilleure approche pour effectuer une simple recherche repose sur le fait que vous êtes absolument sûr et certain de connaître le type de fichier que vous recherchez. Voici comment faire dans le meilleur des mondes :

Rechercher des images, de la musique ou de la vidéo

Voici ce que vous devez faire si vous êtes absolument sûr et certain que le fichier que vous recherchez est une image, une photo, un fichier musique et/ou de la vidéo :

1. **Sélectionnez Démarrer/Rechercher.**

   Vous verrez apparaître Patachon (voir Figure 4.1) ou un tout autre personnage (ou si vous avez de la chance, rien du tout).

2. **Cliquez sur Images, musique ou vidéo.**

   Vous verrez apparaître le panneau Rechercher (voir Figure 4.3).

3. **Sélectionnez le type de fichier que vous recherchez.**

   Si vous savez quoi que ce soit sur le fichier, saisissez-le dans la boîte Une partie ou l'ensemble du nom de fichier. Windows est un tout petit plus intelligent que vous le croyez. Si vous recherchez par exemple des fichiers Musique et que vous entrez Ludwig, Windows trouvera la 9e symphonie de Beethoven, même si Ludwig n'est pas mentionné dans le nom du fichier. Essayez. Vous verrez.

TRUC

Toutes les options de recherches avancées décrites dans la section "Affiner vos critères avec les recherches avancées" sont accessibles via Utiliser les options de recherches avancées.

4. **Si vous ne trouvez pas le fichier que vous recherchez, ouvrez le Lecteur Windows Media pour vérifier s'il ne se trouve pas dedans. Je parle du Lecteur Windows Media au Chapitre 1 du Livret VIII.**

Rechercher un document

Voici ce que vous devez faire, si vous êtes absolument sûr et certain que le fichier que vous recherchez est un document, c'est-à-dire un fichier texte (avec une extension de nom de fichier .txt), un document Word (.doc), un tableur Excel (.xls), une présentation PowerPoint (.ppt ou .pps) ou tout autre document mentionné dans le Tableau 4.1 :

1. **Sélectionnez Démarrer/Rechercher.**

2. **Cliquez sur Documents (traitements de texte, feuille de calcul, etc.)**

   Vous verrez apparaître la boîte de dialogue représentée à la Figure 4.6.

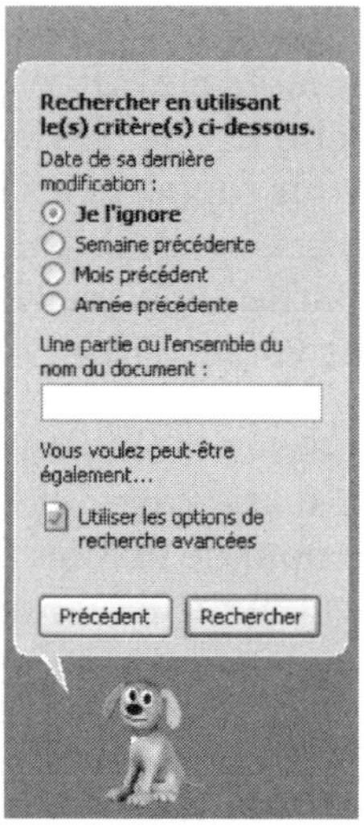

Figure 4.6 : Dites à Patachon d'aller chercher des documents.

3. **Indiquez à Patachon comment il doit limiter la recherche.**

   Si vous vous rappelez la dernière fois où le document a été modifié, pas créé ni ouvert, mais changé, cliquez sur le bouton adéquat. Il n'y a pas de mystère. Si vous cochez la case Semaine précédente et que vous avez modifié le fichier huit jours auparavant, il n'apparaîtra pas dans la recherche.

Si vous vous souvenez d'une partie du nom du fichier, tapez-la dans la boîte. L'Assistant de recherche fait correspondre tous les fichiers dont le nom comporte les caractères que vous avez saisis. (Voir le Tableau 4.2.)

Tableau 4.2 : Correspondance des noms de fichiers.

Tapez ceci	Ce qui correspond à	Et non à
a	a.xls	b.xls
bug	bed bug.txt	abu ghanim.txt
add	madden.ppt	dad.ppt
wood	woody.doc	woo.doc

L'Assistant de recherche reconnaît les mots-clés OR et AND. Si vous tapez **nouveau or récent** dans la boîte Une partie ou l'ensemble du nom du fichier, Patachon vous rapporte les fichiers tels que `nouvelles images.jpg` et `récentes chansons.mp3`. Si vous tapez deux mots-clés dans Une partie ou l'ensemble du nom du fichier, Patachon suppose que vous voulez dire AND.

ATTENTION !

La recherche des noms de fichier est assez littérale et les extensions de nom de fichier sont incluses si vous avez indiqué à Windows d'afficher les extensions de nom de fichier. Donc, si vous faites afficher les extensions de nom de fichier et que vous recherchez les caractères **txt**, vous verrez apparaître tous les fichiers texte .txt.

Toutes les options de recherches avancées décrites dans la section "Affiner vos critères avec les recherches avancées" sont accessibles via Utiliser les options de recherches avancées.

4. **Si vous ne trouvez pas le fichier que vous recherchez, essayez l'option Modifier le nom du fichier ou mot-clé (voir Figure 4.7).**

Cette option vous permet de basculer facilement pour rechercher le contenu du document (voir Figure 4.8).

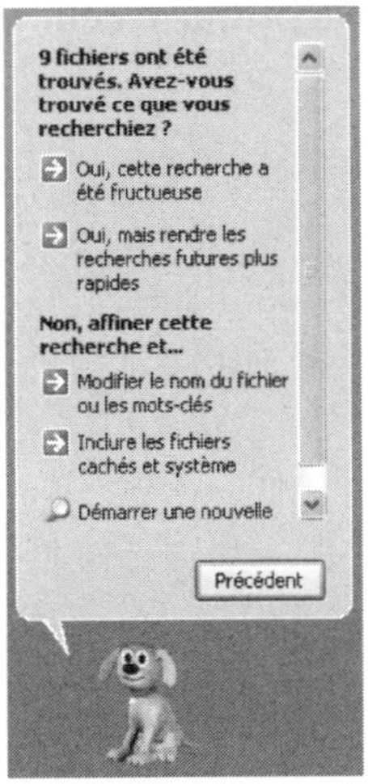

Figure 4.7 : Les utilisateurs oublient souvent les noms des fichiers, mais pensent aux mots-clés du document.

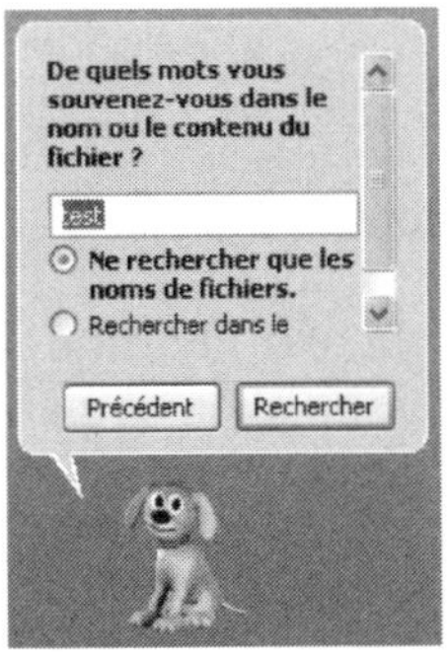

Figure 4.8 : Tapez un mot-clé qui est unique à ce fichier, si vous en avez un.

Rechercher tous les fichiers et tous les dossiers

Si vous n'êtes pas absolument sûr et certain que le fichier que vous recherchez est une image, une photo, un fichier musique, de la vidéo ou un document, il vaut mieux envoyer Patachon chercher des correspondances à vos critères et faire ensuite votre propre sélection. Voici comment procéder :

1. **Sélectionnez Démarrer/Rechercher.**

2. **Cliquez sur Tous les fichiers et tous les dossiers pour effectuer une recherche complète.**

   Vous obtenez une boîte de dialogue identique à celle de la Figure 4.9.

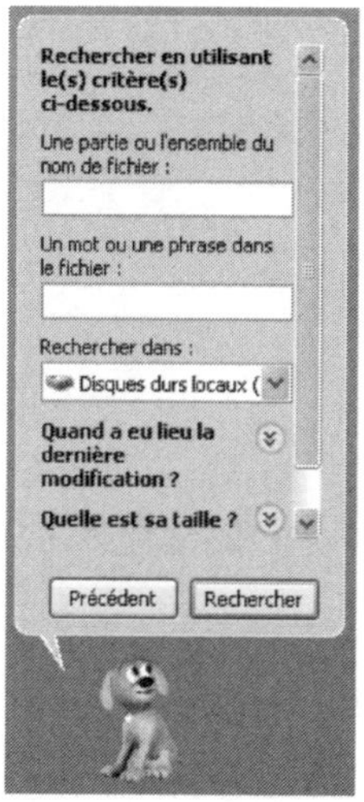

Figure 4.9 : Une recherche complète.

3. **Aidez Patachon à trouver votre fichier.**

   La partie nom du fichier de la recherche est identique à celle dont j'ai parlé dans le Tableau 4.2. Si vous avez demandé l'affichage des extensions de nom de fichier et que vous avez saisi par exemple **.doc** dans la boîte, vous obtiendrez la liste de tous les fichiers .doc.

   La case Un mot ou une phrase dans le fichier effectue une tâche intéressante. Si vous tapez un seul mot, l'Assistant de recherche recherche bien sûr ce mot. Si vous saisissez une phrase comme **reviens dans une minute**, l'Assistant de recherche recherche précisément cette phrase, avec les espaces et la ponctuation exactement comme vous l'avez tapé.

   TRUC

   L'Assistant de recherche recherche également les informations en rapport avec ce fichier, informations que vous ne pouvez pas voir si vous avez ouvert le fichier. Ces informations sont appelées des métadonnées. Je vous ai donné un exemple de recherche par métadonnées lorsque je vous ai dit que Rechercher avait trouvé la 9e symphonie de Beethoven si vous recherchiez Ludwig. Les fichiers Media ont généralement des métadonnées rattachées à leur contenu. Les documents Microsoft Office ont toujours des métadonnées rattachées. Vous pouvez voir les métadonnées en faisant apparaître l'application Office (comme Word, Excel ou PowerPoint) et en sélectionnant Fichier/Propriétés. Les métadonnées des fichiers apparaissent dans les onglets Résumé et Personnalisation.

La boîte Rechercher dans vous permet de choisir le point de départ de la recherche. Si vous voulez effectuer une recherche dans tout le réseau (une procédure qui peut prendre des heures !), cliquez sur la flèche orientée vers le bas et sélectionnez Parcourir/Favoris réseau/Connexions réseau.

ATTENTION !

Windows XP vous conseille de ne pas partager tout un disque dur (reportez-vous au Chapitre 2 du Livret I) pour une seule raison, à savoir : effectuer des recherches sur toutes les parties du disque dur en réseau revient à lancer l'Assistant de recherche pour sélectionner Rechercher dans/Connexions réseau. Et vous pouvez effectuer des recherches sur tout.

4. **Cliquez sur Rechercher, l'Assistant vous retourne les noms de tous les fichiers qui correspondent à vos critères.**

   Si vous demandez à Patachon d'afficher les fichiers ayant **woody** dans Une partie ou l'ensemble du nom de fichier, avec la phrase **refaites-le** dans le fichier, l'Assistant de recherche retourne alors les fichiers dont les noms correspondent ET qui contiennent la citation de la phrase. Donc, un fichier nommé **woodrow.doc** contenant la phrase **refaites-le** ne sera pas pris en compte. De même, un fichier nommé **woody.txt** contenant le texte **faites-le**.

Ces recherches sont très simples. Mais de plus puissantes vous attendent dans les prochaines sections de ce chapitre.

Utiliser des jokers

L'Assistant de recherche de Windows XP vous permet d'utiliser des jokers, des symboles qui se substituent aux lettres. Définir le plus simplement du monde un joker revient à utiliser un exemple : ? est un simple caractère joker. Si vous demandez à Patachon de rechercher des fichiers **d ?g.txt**, le charmant petit chien va récupérer illico presto dog.txt et dug.txt (si vous avez des fichiers portant ces noms), mais il ne récupérera pas drag.txt ou ding.txt. Le ? correspond à un seul et unique caractère du nom de fichier.

L'Assistant de recherche reconnaît deux jokers. ? correspond à un seul caractère et * à plusieurs (zéro ou plus) caractères. (Voir le Tableau 4.3.)

Tableau 4.3 : Les jokers des noms de fichiers.

Ceci correspond	A cela	Et non à cela
d ?g.txt	dog.txt, dug.txt	drag.txt, ding.txt
ne*w.mp3	new.mp3, neosow.mp3	ne.mp3, new.doc

ATTENTION !

Les jokers fonctionnent seulement avec les noms de fichier et de dossier. La case à cocher Un mot ou une phrase dans le fichier (reportez-vous à la Figure 4.9) ne reconnaît pas les jokers.

Affiner vos critères avec les options avancées

La boîte de dialogue Recherche complète (voir Figure 4.9) comporte trois boutons : Quand a eu lieu la dernière modification ? Quelle est sa taille ? et Options avancées.

Si vous cliquez sur le bouton (mal nommé) Quand a eu lieu la dernière modification ?, vous pouvez spécifier avec de la chance la date de la dernière modification du fichier que vous recherchez (dans le jargon informatique, *modification* signifie changement). Comme vous pouvez le constater à la Figure 4.10, la recherche n'est pas limitée à la date de la modification. En réalité, l'Assistant de recherche recherche les fichiers en fonction de la date de leur création ou de leur dernière ouverture ("accès" dans le jargon informatique).

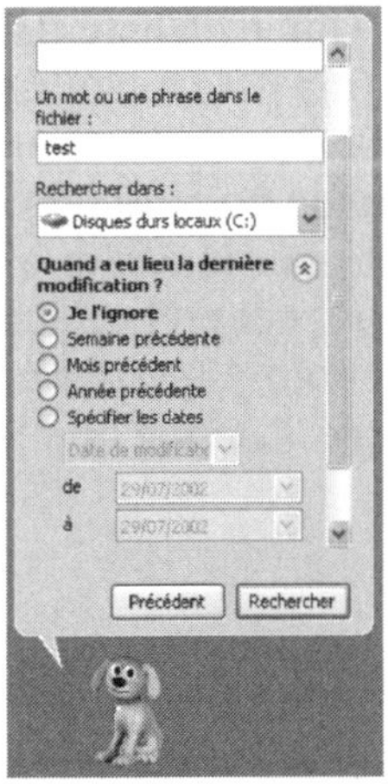

Figure 4.10 : Limitez votre recherche en fonction de la date de la dernière modification, de la création ou de la dernière ouverture d'un fichier.

Si vous cliquez sur le bouton Quelle est sa taille ?, l'Assistant de recherche vous permet de choisir la taille du fichier (voir Figure 4.11). D'après mon expérience, les utilisateurs sont stupéfaits par la taille importante de leurs fichiers, aussi si vous utilisez cette option, respirez un grand coup !

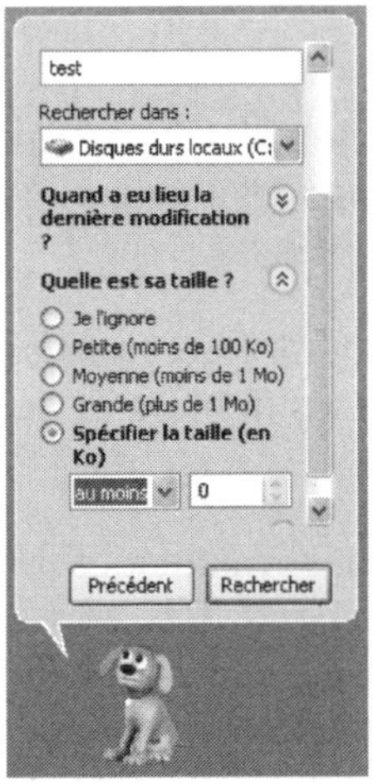

Figure 4.11 : Rechercher en fonction de la taille du fichier.

Enfin, Options avancées (voir Figure 4.12) offre six possibilités :

- Type de fichiers liste toutes les extensions de nom de fichier que votre ordinateur connaît, même si vous ne pouvez pas voir ces fameuses extensions de nom de fichier. Vous devez faire avec ! Si vous avez installé Microsoft Office, la liste des Types commence toujours par "Microsoft" (ma liste inclut un type appelé Microsoft FrontPage Dont Publish, un classique du genre). Si vous connaissez l'extension de nom du fichier que vous recherchez, c'est le pire endroit pour indiquer à l'Assistant de recherche quel type de fichier vous recherchez. Saisissez l'extension du nom de fichier dans la boîte Une partie ou l'ensemble du nom du fichier (par exemple, ***.mpeg** ou ***.ani**).

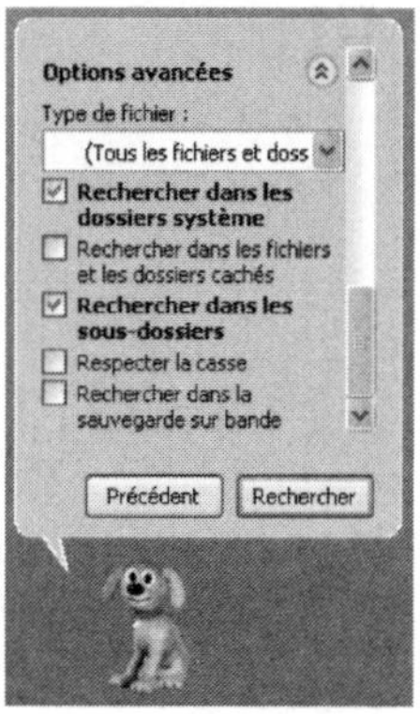

Figure 4.12 : Un méli-mélo de critères de recherche supplémentaires.

- Cochez la case Rechercher dans les dossiers système, l'Assistant de recherche recherche alors dans les dossiers Windows, Documents et paramètres, Program Files.
- Cochez la case Rechercher dans les fichiers et dossiers cachés, l'Assistant recherche ainsi dans tous les fichiers et dossiers qui sont cachés.

NOTE TECHNIQUE

Les fichiers et dossiers *cachés* ne sont pas vraiment cachés. Ils sont seulement marqués d'une certaine manière de telle sorte que l'Explorateur Windows ne les affiche pas, à moins que vous indiquiez à l'Explorateur Windows d'afficher les fichiers et dossiers cachés. Pour cacher un fichier ou un dossier, sélectionnez Démarrer/Mes documents afin de lancer l'Explorateur Windows. Cliquez du bouton droit sur le fichier ou le dossier et cliquez sur Propriétés. En bas de la boîte de dialogue, dans la zone Attributs, cochez la case Masquer. Votre fichier ou dossier est désormais caché à l'affichage. Pour faire afficher les dossiers ou fichiers cachés par l'Explorateur Windows, suivez les étapes décrites au Chapitre 2 du Livret I.

- La case à cocher Rechercher dans les sous-dossiers indique à l'Assistant de recherche que vous voulez rechercher dans le dossier spécifié dans Rechercher dans, ainsi que dans tous les dossiers à l'intérieur de Rechercher dans. Vous pouvez toujours cocher cette case.

  Quoi qu'en disent les autres livres sur Windows XP, l'option Respecter la casse n'a rien à voir avec les noms de fichier. Si vous cochez cette case, l'Assistant de recherche fait correspondre le texte que vous saisissez à l'option Un mot ou une phrase dans ce fichier. Si par exemple, vous tapez **bleu Orange** dans la boîte et que vous cochez cette case, l'Assistant recherche le texte **bleu Orange** dans les fichiers, et non **Bleu orange** ou **BLEU orange**.

  Les noms de fichier ne sont jamais sensibles à la casse. Jamais. Mes documents et mes documents se réfèrent toujours au même dossier.

- Rechercher dans la sauvegarde sur bande s'applique uniquement si vous utilisez la fonctionnalité Sauvegarde de Windows XP.

Si vous êtes arrivé à ce stade de la lecture, vous devez être sérieusement intéressé par les fonctionnalités de recherche. Si vous voulez que l'Assistant de recherche parte en chasse et arrête de vous ennuyer avec les écrans "d'aide" qui vous distraient lorsque vous recherchez des types de fichiers spécifiques, faites ce qui suit :

1. **Sélectionnez Démarrer/Rechercher et faites apparaître Patachon et l'Assistant de recherche (voir Figure 4.1).**

2. **Cliquez sur Modifier les préférences.**

3. **Cliquez sur Modifier les paramètres de recherche des fichiers et des dossiers.**

4. **Cliquez sur Recherche avancée – inclus des options pour entrer manuellement un critère de recherche. Recommandée aux utilisateurs expérimentés uniquement (Figure 4.13).**

Une fois que vous avez cliqué sur Recherche avancée, l'Assistant de recherche se lance, toujours prêt à effectuer une recherche complète (voir Figure 4.9).

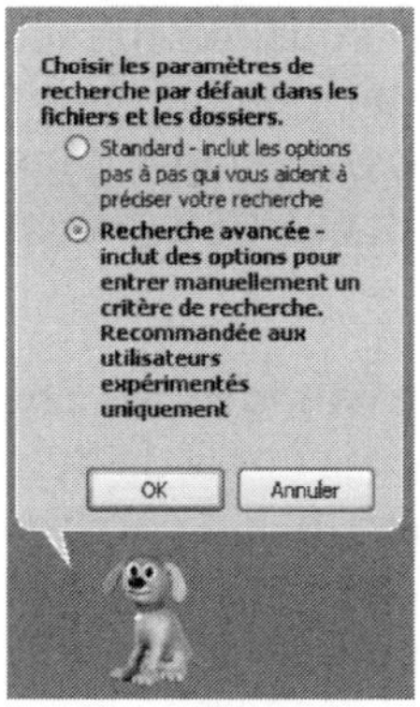

Figure 4.13 : Si vous avez atteint cette partie, vous êtes un utilisateur avancé.

Enregistrer une recherche

Faites-vous encore et encore les mêmes recherches ? Peut-être devez-vous consulter votre dossier Téléchargements pour vérifier si ces fameux fichiers MP3 sont enfin arrivés. Ou vous voulez examiner la liste des factures de votre client numéro un. Seul un vrai nul effectuera encore et encore la même chose tant que l'ordinateur pourra le faire. Un Nul des *Pour les Nuls* sait en revanche qu'il peut enregistrer et réutiliser des recherches.

S'il lit évidemment ce livre !

Voici comment enregistrer et réutiliser une recherche :

1. **Sélectionnez Démarrer/Rechercher pour faire apparaître l'Assistant de recherche.**

2. **Configurez votre recherche.**

   A la Figure 4.14, j'ai demandé à Patachon d'aller chercher tous les fichiers MP3 dans mon dossier Ma musique qui datent de moins d'une semaine.

3. **Cliquez sur Rechercher et lancez la recherche.**

   Peu importe si vous voulez ou non lancer la recherche. Vous devez le faire pour pouvoir enregistrer la recherche et l'utiliser ultérieurement.

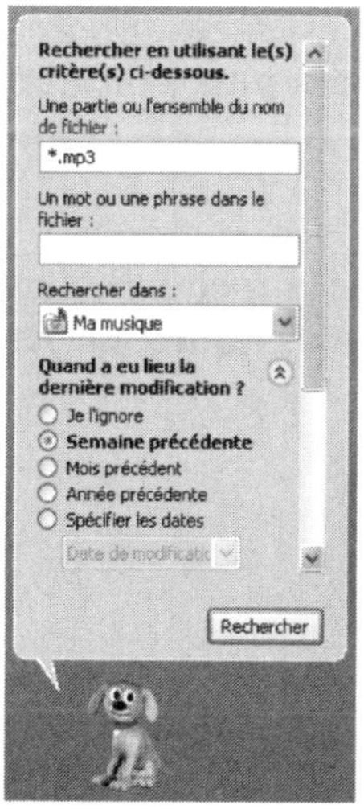

Figure 4.14 : Pour enregistrer et réutiliser une recherche, configurez la recherche que vous voulez faire, puis lancez-la.

4. **Sélectionnez Fichier/Enregistrer la recherche.**

   Windows XP vous propose d'enregistrer un fichier appelé Fichiernommé@.mp3.fnd ou quelque chose d'équivalent (Figure 4.15).

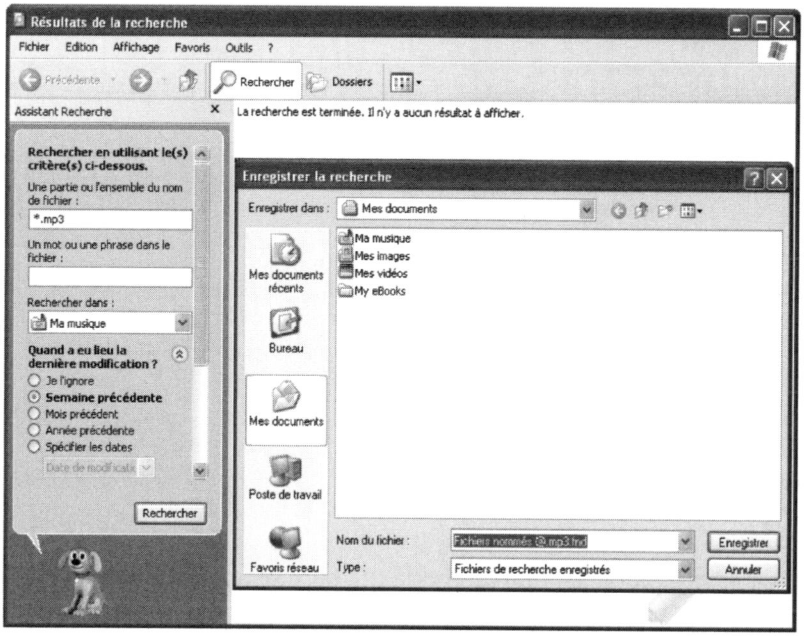

Figure 4.15 : La recherche enregistrée porte un drôle de nom de fichier qui se termine par .FND.

5. **Parcourez pour trouver le bon emplacement (mettez votre recherche sur le Bureau, c'est toujours plus pratique) ; donnez un nom plus descriptif à votre recherche, puis cliquez sur Enregistrer.**

6. **Chaque fois que vous voudrez lancer la recherche enregistrée, double-cliquez sur le fichier .FND, puis cliquez sur Rechercher. Voilà !**

Service d'indexation

Si vous sélectionnez Modifier les préférences dans la boîte de dialogue de l'Assistant de recherche, vous verrez une option appelée Avec le service d'indexation (recherches locales, plus rapides). Cliquez sur le lien, vous verrez apparaître une boîte de dialogue (voir Figure 4.16) vous permettant d'activer une fonctionnalité appelée Service d'indexation.

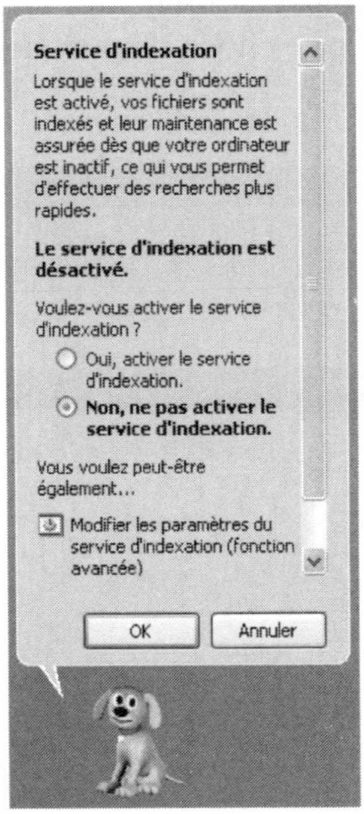

Figure 4.16 : Configurer simplement le service d'indexation de Windows XP.

L'indexation est une méthode qui permet aux ordinateurs de scanner facilement des documents, créer et stocker des index, puis de récupérer les documents basés dans les index en réponse à vos recherches. Cela vous paraît difficile ? En théorie, c'est simple : l'ordinateur ne fait rien tant que vous ne faites rien, puis il commence à examiner, méthodiquement, chaque fichier sur votre (vos) disque(s) dur(s). Supposons que l'ordinateur examine un fichier nommé Woody Pour les nuls.doc. Dans le fichier, l'ordinateur trouve les mots "sauter cette page". Il crée une entrée d'index qui indique entre autres que "le mot sauter est dans Woody Pour les nuls.doc". Puis, il fait une autre entrée qui indique que "le mot page" est dans Woody Pour les nuls.doc". Et ainsi de suite. Lorsque vous lui demandez de trouver tous les fichiers contenant le mot "page", le service d'indexation sait immédiatement que ce Woody Pour les nuls.doc peut être inclus dans la liste.

NOTE TECHNIQUE

Dans la pratique, l'indexation est plus difficile qu'elle n'y paraît. Le plus gros problème qui s'est posé à Microsoft pendant des années était l'indiscrétion de cet index : vous tapiez du texte, faisiez une pause de quelques secondes et BANG ! Ce programme de fous prenait le contrôle de votre machine ! Bref, vous tapiez du texte et deviez attendre une éternité pour reprendre le contrôle de votre PC. Sachez que sous Windows XP (et seulement sous Windows XP), l'indexation fonctionne enfin bien !

Si vous activez le service d'indexation de Windows XP, il se relie à Microsoft Office XP. Si vous effectuez une recherche dans Office XP, les résultats que vous obtiendrez seront donnés par Windows XP.

TRUC

Vous pouvez récupérer bien des choses avec des recherches complexes, via le service d'indexation. Par exemple, à la Figure 4.17, j'utilise l'opérateur NEAR pour demander au service d'indexation de retourner une liste de tous les fichiers dans lesquels le mot *Lire* apparaît dans 50 mots près du mot *Ecrire*.

Pour en savoir plus sur le langage d'interrogation du service d'indexation et pour lancer une requête, suivez ces étapes :

1. **Pour ouvrir la console Gestion de l'ordinateur, sélectionnez Démarrer/Panneau de configuration, cliquez sur Performance et maintenance, puis sur Outils d'administration, enfin double-cliquez sur Gestion de l'ordinateur.**

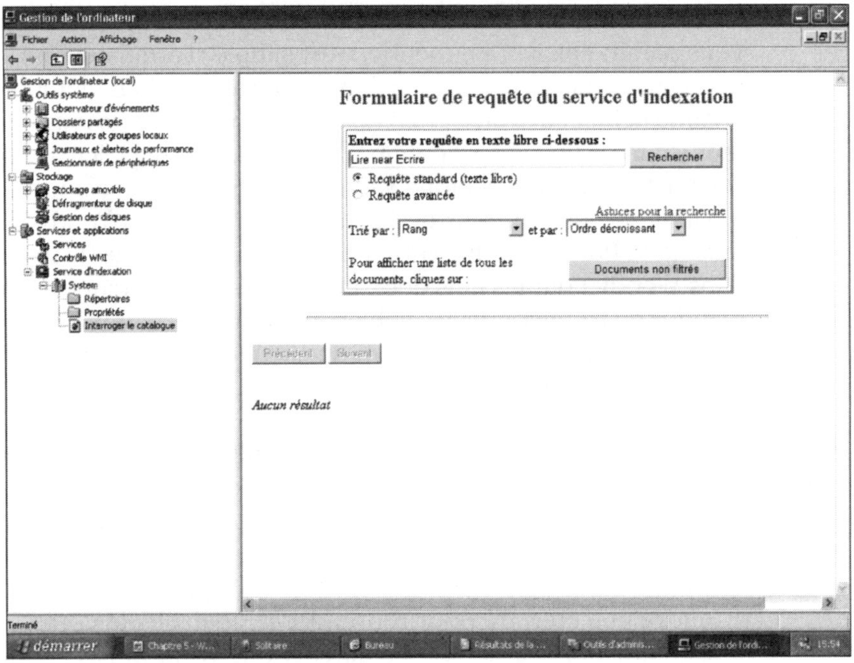

Figure 4.17 : Vous pouvez effectuer des recherches très complexes avec le formulaire de requête du service d'indexation.

2. **Dans la console Gestion de l'ordinateur, dans le panneau gauche, double-cliquez sur Services et applications. Puis cliquez sur Service d'indexation pour le dérouler, ensuite sur System, et enfin sur Interroger le catalogue.**

3. **Vous pouvez maintenant lancer la recherche ou obtenir de l'aide en sélectionnant Action/Aide, et en cliquant ensuite sur Service d'indexation dans le système Aide.**

Chapitre 5 : Effectuer des tâches élémentaires

Dans ce chapitre :

- **Comment tricher aux jeux Windows (c'est ce que vous cherchez à faire, non !).**
- **Gravez vos CD sans vous brûler les doigts.**
- **Prendre le contrôle de votre PC lorsqu'un programme tombe en panne.**
- **... et pleins d'autres choses terriblement ennuyeuses que vous devez savoir.**

Vous avez acheté un ordinateur pour effectuer des tâches. Mais tout dépend de ce que vous entendez par "tâches". Vous savez sans doute écrire une lettre même si vous n'avez jamais installé Microsoft Office. Ainsi que dessiner. Vous voulez utiliser la calculatrice Windows, même si la pensée d'avoir recours à un outil de 2 000 euros pour résoudre un problème de 2 euros vous déprime.

D'un niveau moins terre à terre, ce chapitre contient également la collection la plus complète des "tricheries" de jeux Windows jamais publiée, que ce soit dans les livres, les magazines ou sur le Web. C'est une grande première.

Ce chapitre vous explique également comment utiliser le support Windows XP pour graver des CD.

Tricher aux jeux Windows

Avez-vous vraiment acheté ce livre car vous avez entendu dire qu'il vous expliquait comment tricher aux jeux Windows ? Et oui, vous ne l'apprendrez nulle part ailleurs !

Comment ? Votre patron n'aime pas que vous jouiez aux jeux installés sur votre PC ? Rappelez-lui que les jeux Windows sont la meilleure façon d'apprendre à maîtriser les mouvements de souris, que cela vous permet de faire une courte pause.

Windows XP comporte sept bons jeux.

Le Solitaire

Vénérable antiquité, le Solitaire est le plus ancien jeu intégré dans Windows (voir Figure 5.1), et ce depuis l'époque préhistorique de Windows 3.0 dont les droits réservés remontent à 1981. Pour l'ouvrir, sélectionnez Démarrer/Tous les programmes/Jeux/Solitaire. Mais vous l'avez sans doute déjà fait des centaines fois.

Si vous ne connaissez pas les règles du Solitaire, demandez la prochaine fois que vous prendrez l'avion au passager assis à côté de vous. Dans la version Windows du Solitaire :

- Vous ne pouvez pas tirer une carte de la pile.
- Vous ne pouvez annuler que votre dernier déplacement. Si vous retournez une carte qui est déjà dévoilée sur l'une des piles, vous ne pouvez pas annuler le coup.
- Vous devez commencer la pile par le roi.

Le score du jeu le Solitaire fait du cricket un jeu d'enfant. Pour obtenir de plus amples informations sur les scores Standard et Vegas, sélectionnez Aide/Sommaire, puis Solitaire/Système de score.

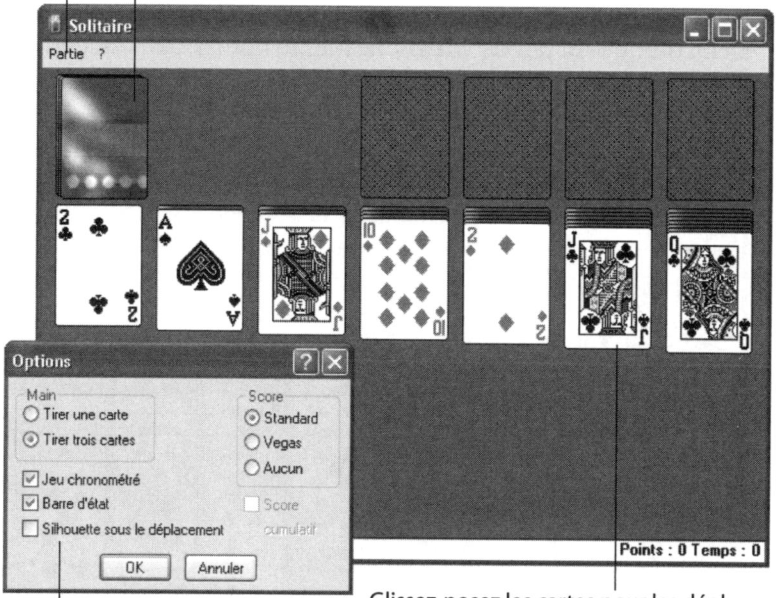

Figure 5.1 : Le Solitaire, la mère de tous les jeux Windows.

TRUC

Il existe un petit truc qui vous permet de paramétrer l'option Tirer trois cartes en même temps du jeu le Solitaire. Pour que cette option ne tire qu'une seule carte, appuyez sur les touches **Ctrl+Alt+Shift** puis cliquez sur le jeu de cartes. Cette astuce s'applique parfaitement bien au score Vegas. Les règles de Vegas vous permettent de tirer trois cartes en même temps, si vous avez activé l'option Tirer trois cartes, mais vous pouvez tout aussi bien tirer une seule carte si vous avez activé l'option Tirer une carte à la fois. Si vous utilisez le raccourci Ctrl+Alt+Shift et que vous avez activé l'option Tirer une carte, vous pouvez tirer trois fois une carte du talon : un gros bonus pour les tenants du score !

Freecell

Freecell, première variation du Solitaire de Microsoft, est la version électronique du jeu de cartes du même nom. Pour y accéder, sélectionnez Démarrer/Tous les programmes/Jeux/FreeCell (voir Figure 5.2).

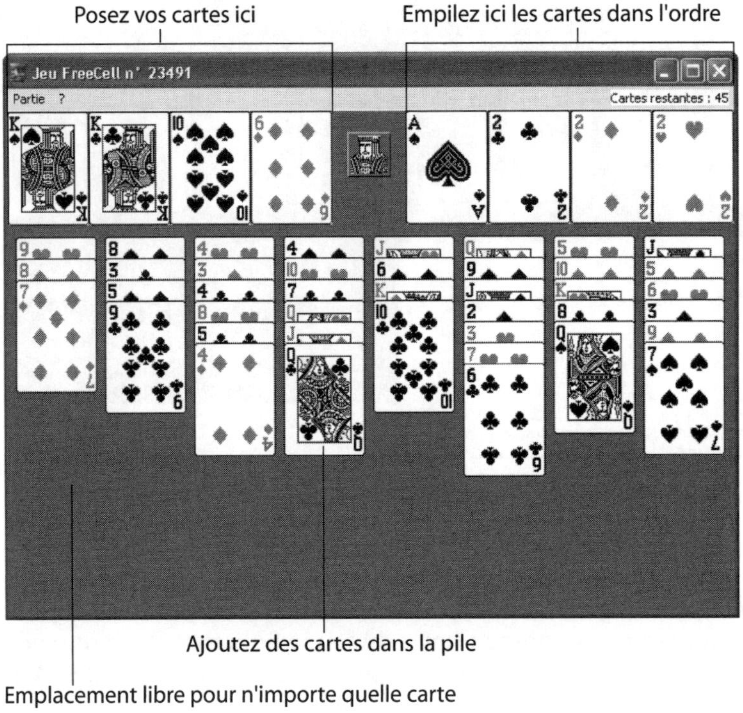

Figure 5.2 : FreeCell vous oblige à utiliser vos cellules grises.

La première page du fichier d'aide du jeu FreeCell vous avertit que : "On part du principe que chaque partie peut être gagnée."

Ce qui est plutôt encourageant !

FreeCell vous permet de rejouer les mêmes coups, encore et encore, en attribuant des numéros aux combinaisons de cartes de départ. Si vous voulez jouer la partie numéro 50 000, sélectionnez Partie/Choisir une partie, puis tapez **50 000** et cliquez sur OK. Ce qui est commode si vous voulez jouer le même coup à la maison, puis au bureau, ou si vous défiez un ami en duel sur une autre machine.

Toutes les parties numérotées de 1 à 32 000 peuvent être gagnées, à l'exception de la partie 11 982. Et oui, il y a des hurluberlus qui étudient ce genre de truc. Consultez l'adresse http ://members.aol.com/ wgreview/fcfaq.html.

TRUC

Au cours d'une partie, appuyez sur les touches **Ctrl+Shift+F10**. Vous verrez apparaître l'une des boîtes de dialogue les plus irrésistiblement drôles de Windows (voir Figure 5.3). Si vous cliquez sur Abandonner, puis sur n'importe quelle carte, vous gagnez aussitôt. Les cartes sont mises au bon endroit, mais pas dans le bon ordre. Votre score est mis à jour pour enregistrer le gain.

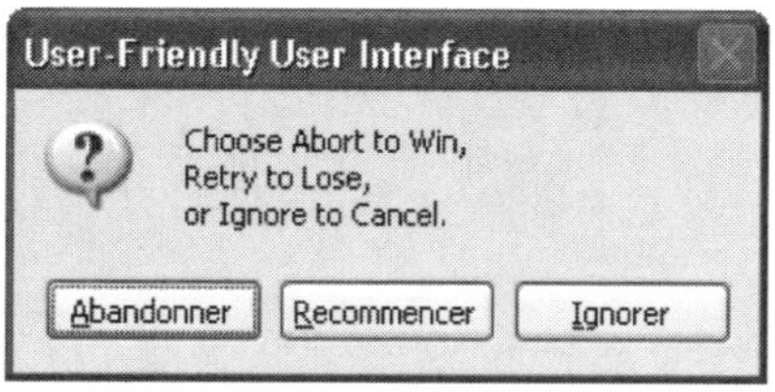

Figure 5.3 : Cliquez sur Abandonner pour gagner à tous les coups à FreeCell.

TRUC

FreeCell comporte deux coups symétriques que vous pouvez vérifier. Sélectionnez Partie/Choisir une partie, puis tapez **–1** ou **–2**. La première option –1 génère deux suites, l'une allant de haut en bas de l'as, 3, 5, 7, 9, valet, roi ; l'autre de reine, 10, 8, 6, 4, 2. La seconde option, –2, génère aussi deux suites, mais cette fois as, roi, reine, valet, 10, 9, 8 et 7, 6, 5, 4, 3, 2.

ATTENTION !

Oh, j'ai oublié de signaler un petit détail avant que vous n'ayez envie de jeter ce livre par la fenêtre : ces deux parties –1 et –2 ne peuvent pas être jouées.

FreeCell sauvegarde le nombre de coups que vous avez gagné et perdu ainsi que la tendance actuelle si vous allez gagner (ou perdre). Pour visualiser le résultat, sélectionnez Partie/Statistiques. Vous verrez une liste semblable à celle de la Figure 5.4.

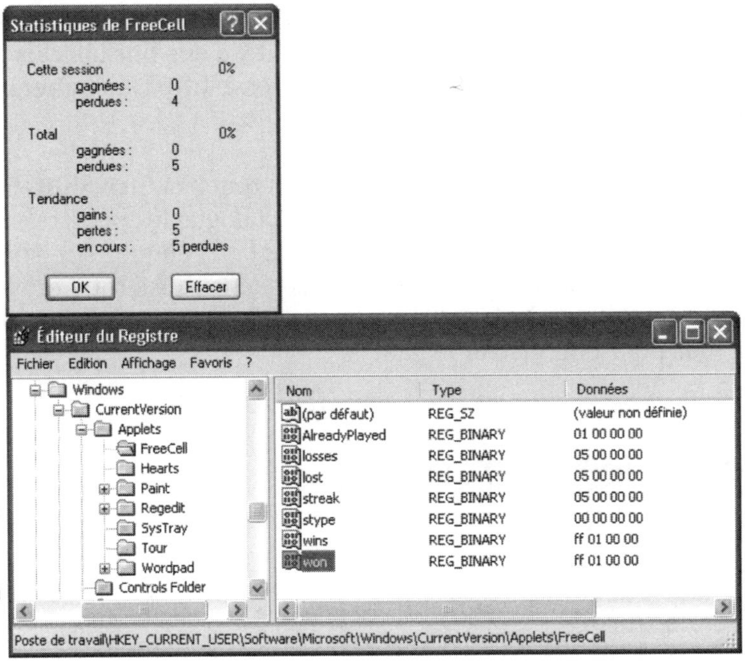

Figure 5.4 : Les meilleurs scores dans FreeCell ne sont dus qu'à du piratage.

TRUC

Il existe un autre truc dans FreeCell... j'espère que vous ne le connaissez pas. Si vous n'avez pas peur de vous salir les mains, vous pouvez falsifier vos propres statistiques. Epatez votre famille et vos amis. Faites croire à votre patron que vous avez un QI supérieur à 150.

FreeCell stocke ses scores dans le Registre de Windows. En modifiant quelques chiffres dans le Registre, vous pouvez faire croire que vous avez perdu des centaines de coups ou, l'inverse, que vous avez très peu perdu (et même jamais !). Que pensez-vous de la tendance des gains de 511 coups de la Figure 5.4 ?

Pour paramétrer vos propres scores dans FreeCell, vous devez accéder au Registre de Windows. Nul doute que l'on vous a appris quand vous étiez petit que le Registre est une zone dangereuse et effrayante. Balivernes ! En réalité, 99 % des piratages du Registre qui sont publiés dans les magazines et les livres ne concernent pas Windows XP. Ils n'en valent pas la peine. C'est pourquoi vous ne verrez pas d'astuces de piratage dans ce livre. A l'exception des trucs pour les jeux. Qui eux marchent très bien.

Vous pouvez paramétrer les quatre différents scores de FreeCell : Total gagnées, Total perdues, Tendance gains, Tendance pertes, à n'importe quel nombre compris entre 0 et 4 294 967 295. Vous pouvez également indiquer à FreeCell si votre Tendance est de gagner ou de perdre. Suivez simplement ces étapes :

1. **Sélectionnez Démarrer/Exécuter.**

2. **Tapez** `regedit` **dans la boîte Ouvrir, puis cliquez sur OK.**

   Vous verrez apparaître le Grand Prêtre Windows XP, l'Editeur du Registre. Je vois des perles de sueur couler sur votre front. Non, ce n'est pas une zone dangereuse. Du moins, ce n'est pas *ça* qui est dangereux. Soyez extrêmement vigilant lorsque vous pénétrez dans cette zone. Suivez bien à la lettre mes instructions. Et surtout ne changez rien de ce que je vous ai dit. OK ?

3. **Sélectionnez Editer/Rechercher.**

   La boîte de dialogue Rechercher apparaît.

4. **Dans la boîte Rechercher, tapez** `FreeCell` **(sans espace ; les majuscules ne sont pas prises en compte), puis appuyez sur la touche Entrée.**

   L'Editeur du Registre se déplace à l'emplacement qui ressemble à celui de la Figure 5.4. C'est là que résident les paramètres de FreeCell.

5. **Pour voir comment fonctionnent les entrées du Registre, passez le nombre de Total gagnées à 511. Dans le panneau droit de l'écran, double-cliquez sur la ligne marquée** `won`**.**

   La boîte de dialogue Modification de la valeur binaire apparaît.

6. **Appuyez quatre fois sur la touche Suppr de votre clavier.**

   Ce qui efface la valeur actuellement paramétrée dans la boîte Données de la valeur. (Voir Figure 5.5.)

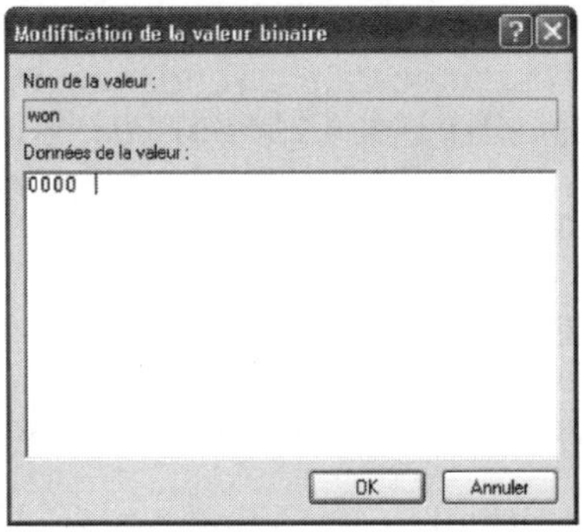

Figure 5.5 : Utilisez (avec précaution !) cette boîte de dialogue pour modifier les valeurs du Registre.

7. **Tapez `ff010000` puis appuyez sur Entrée.**

   `ff010000` est la valeur de 511, écrite d'une étrange manière. Le Tableau 5.1 vous présente un ensemble de valeurs courantes et leurs équivalences dans la notation de FreeCell. L'Editeur du Registre affiche que vous avez fait passer la valeur de `won` à 511, pardon, à `ff010000`.

   L'étrange notation utilisée par FreeCell est appelée *hexadécimal inversé*. Vous pouvez ajouter d'autres valeurs dans le Tableau 5.1. Convertissez l'hexadécimal de 8 chiffres (en utilisant par exemple la Calculatrice de Windows, présentée dans la section "Calculer"). Prenez les deux derniers chiffres de l'hexadécimal et convertissez-les dans les deux premiers chiffres de la valeur FreeCell. Prenez ensuite les deux avant-derniers chiffres de l'hexadécimal et convertissez-les dans la deuxième paire de chiffres de la valeur FreeCell, et ainsi de suite. Par exemple : 511 en décimal est `000001ff` en hexadécimal, donc la valeur FreeCell de 511 est `ff010000`.

8. **Sélectionnez Démarrer/Tous les programmes/Jeux/FreeCell pour faire apparaître FreeCell. Sélectionnez ensuite Partie/Statistiques pour afficher la boîte Statistiques et vérifiez que FreeCell est persuadé que vous avez vraiment gagné 511 coups !**

9. **Retournez dans l'Editeur du Registre et changez les valeurs Total perdues (la clé du Registre `lost`), Tendance gains (la clé `wins`) et Tendance pertes (la clé `losses`). Reportez-vous au Tableau 5.1 pour choisir quelques valeurs courantes.**

10. **Indiquez à FreeCell que votre tendance actuelle est de gagner.**

    Pour cela, double-cliquez sur stype (Type de tendance), appuyez quatre fois sur la touche Suppr, saisissez **010000000**, et appuyez sur la touche Entrée. (Si vous voulez que FreeCell pense que votre Tendance est de perdre, saisissez **000000000**.)

11. **Sélectionnez Fichier/Quitter pour sortir de l'Editeur du Registre.**

Tableau 5.11 : Les valeurs pour truquer le Registre de FreeCell.

Nombre	Ce que vous saisissez	Nombre	Ce que vous saisissez
0	000000000	255	ff000000
1	01000000	256	00010000
2	0200000	257	01010000
3	03000000	511	ff010000
10	0a000000	512	ff010000
11	0b000000	1000	e8030000
15	0f000000	1001	e9030000
16	10000000	10 000	10270000
17	11000000	100 000	a0860100
100	64000000	1 000 000	40420f00
101	6500000	1 000 000 000	00ca9a3b
254	fe000000	4 294 967 295	ffffffff

Spider Solitaire

Spider Solitaire hérite des deux plus anciennes versions du Solitaire de Windows. Pour l'ouvrir, sélectionnez Démarrer/Tous les programme/Jeux/Spider Solitaire.

La manière la plus facile d'apprendre à jouer au Spider Solitaire est de commencer par une seule suite : Spider vous propose cette option pour débuter. A la base, vous devez déplacer le plus de cartes possibles dans un ordre décroissant (voir Figure 5.6). Vous pouvez combiner et faire correspondre les suites. Si vous avez une suite décroissante (du roi à l'as) dans une seule suite, toute cette suite est supprimée. Lorsque vous avez une suite, cliquez sur le jeu de cartes spider et Spider Solitaire vous propose une autre série de cartes.

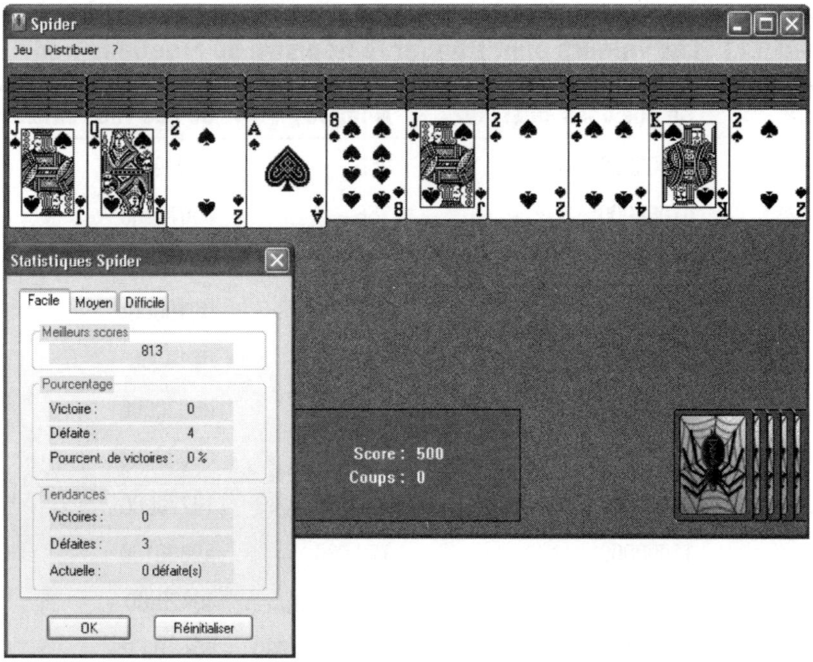

Figure 5.6 : Spider Solitaire vous permet de combiner des suites dans des étapes intermédiaires, mais dans le seul but de vous les faire correspondre pour gagner.

NOTE TECHNIQUE

A l'instar de FreeCell, Spider Solitaire stocke ses scores dans le Registre de Windows. Vous pouvez recourir à une technique similaire à celle décrite dans la section précédente pour truquer le Registre et changer vos scores, ce qui est quasi identique à la méthode de trucage du Démineur. Recherchez les valeurs du Registre sous HKEY_CURRENT_USER\Software\Microsoft\Spider. Attention : Spider Solitaire ne doit pas être ouvert lorsque vous êtes dans le Registre. Spider a la fâcheuse habitude de reparamétrer les valeurs du Registre une fois qu'il a terminé sa session, sans tenir compte de ce que vous voulez.

TRUC

Spider Solitaire comporte un bouton "Alerte patron" : pressez la touche Echap lorsque votre patron arrive et Spider se réduit rapidement tout seul.

Le Démineur

Le Démineur est le jeu le plus passionnant jamais créé ; il eut longtemps les faveurs d'un certain Bill G. à l'époque de Windows 3.1.

Le principe est très simple : cliquez sur un carré et un nombre apparaît, indiquant le nombre de carrés adjacents qui contiennent des mines (voir Figure 5.7). Cliquez sur une mine et vous perdez.

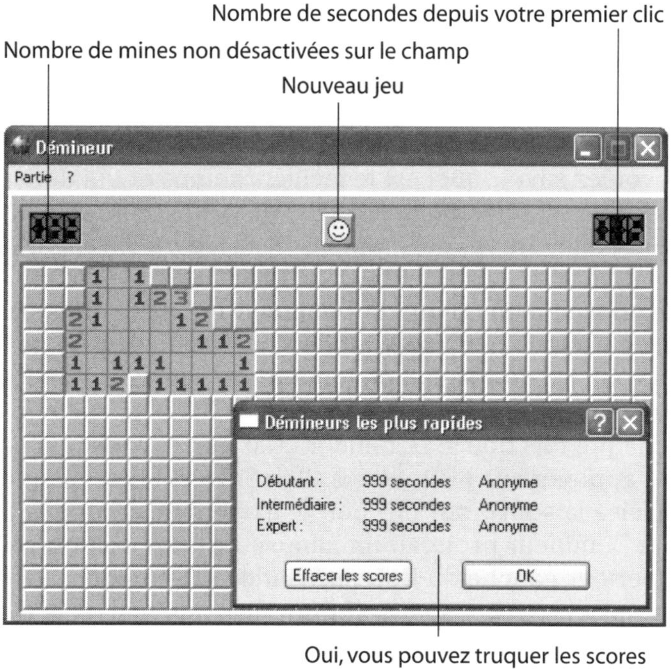

Figure 5.7 : Le champ d'un démineur Expert.

Si vous n'avez jamais joué au Démineur, vous allez bien vous amuser, même les irréductibles qui détestent les jeux sur PC n'y sont pas insensibles.

Le Démineur comporte des tas d'options :

- ✦ Cliquez sur Partie et choisissez entre Débutant (un champ de 9 x 9 avec 10 mines), Intermédiaire (un champ de 16 x 16 avec 40 mines) et Expert (16 x 30 avec 99 mines). Le Démineur garde automatiquement le score le plus élevé.
- ✦ Vous pouvez sinon sélectionner Partie/Personnaliser et indiquer le nombre de carrés que vous voulez ainsi que le nombre de mines éparpillées dans le champ.
- ✦ Si vous pensez qu'un carré contient une mine et que vous voulez... le reminer, cliquez du bouton droit sur le carré. Un drapeau apparaît, vous signalant que vous pensez qu'il y a une mine ici. Cliquez du bouton droit une deuxième fois sur le même carré, un point d'interrogation apparaît, sans doute pour vous rappeler que vous avez pensé qu'il y avait une mine dissimulée ici, et que vous devriez peut-être cliquer dessus pour vérifier. Cliquez du bouton droit une troisième fois et le carré revient à la normale.

Si vous voulez savoir quel est le meilleur temps et qui détient les meilleurs scores, sélectionnez Partie/Meilleurs temps. La boîte de dialogue Démineurs les plus rapides de la Figure 5.7 apparaît.

TRUC

Il existe un truc bien connu du Démineur qui a été utilisé dans les versions plus anciennes de Windows, mais qui n'existe pas dans Windows XP. Du moins, qui ne fonctionne pas dans Windows XP. Peut-être serez-vous plus chanceux. Dans les plus anciennes versions, chaque fois que le Démineur était lancé, vous pouviez tapé **xyzzy** et appuyer sur les touches Ctrl+Entrée. Puis, chaque fois que vous placiez la souris sur un "bon" carré qui ne contenait pas de mines, le Démineur projetait un minuscule petit point blanc dans le coin supérieur gauche du Bureau Windows. De même, chaque fois que vous placiez votre souris sur un "mauvais" carré, le Démineur lançait un minuscule petit point noir dans le coin supérieur gauche du Bureau Windows. Vous deviez changer votre arrière-fond ou papier-peint pour le voir. Si vous cliquiez sur le point blanc, vous gagniez chaque fois.

Les précédentes versions du Démineur avait un truc pour "arrêter le chronomètre" : lancez le chronomètre en cliquant sur un carré, puis maintenez enfoncés les boutons de la souris et appuyez sur la touche Echap en même temps, ce qui arrêtait le chronomètre. Hélas, ce truc ne marche pas sous Windows XP. Du moins, je n'ai pas réussi à le faire fonctionner.

Et oui, vous pouvez truquer le Registre de Windows pour paramétrer les noms et les temps de la boîte de dialogue Démineurs les plus rapides de la Figure 5.7. Tant que j'y suis, sachez que c'est la première fois que ce truc est publié.

1. **Vérifiez que le Démineur *n'est pas* ouvert.**

2. **Sélectionnez Démarrer/Exécuter.**

3. **Saisissez** `regedit` **dans la boîte Ouvrir et cliquez sur OK.**

   Ce qui fait apparaître l'Editeur du Registre, et comme je vous l'ai signalé dans la section sur FreeCell, soyez particulièrement vigilant. Suivez à la lettre mes instructions et ne faites aucune modification non mentionnée.

4. **Dans le panneau gauche de l'écran, cliquez sur les cases + et parcourez jusqu'à ce que vous trouviez HKEY_CURRENT_USER/Software/Microsoft/winmine.**

5. **Dans le panneau droit de l'écran, double-cliquez sur la ligne** `Name1`**.**

   Vous verrez apparaître une boîte de dialogue appelée Modification de la chaîne, comme à la Figure 5.8.

6. **Saisissez un nouveau nom dans la case Données de la valeur.**

   Le nouveau nom apparaît dans la boîte Statistiques comme étant le démineur le plus rapide dans la catégorie Débutant.

7. **Double-cliquez sur la ligne Time1, cliquez sur Décimale, entrez le temps (en seconde) du gagnant de la catégorie Débutant, puis cliquez sur OK.**

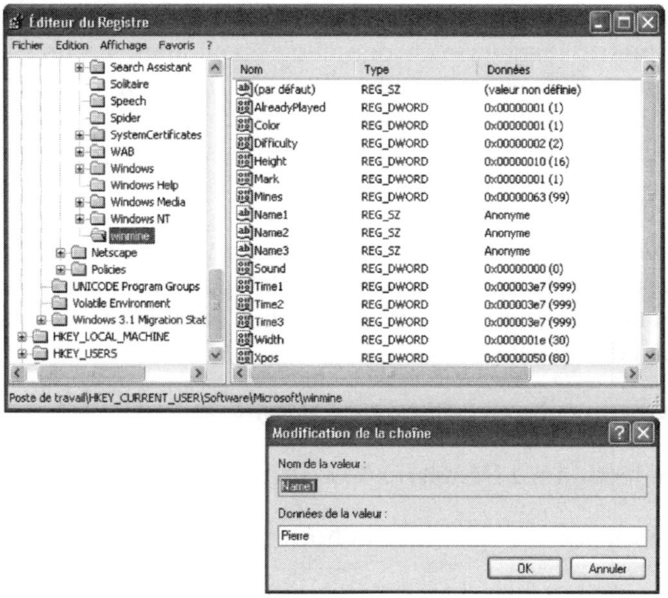

Figure 5.8 : Le nom du démineur le plus rapide de la catégorie Débutant est stocké en tant que Name1.

8. **Répétez la procédure pour** `Name2` **et** `Time2` **(pour le gagnant Intermédiaire) ainsi que pour** `Name3` **et** `Time3` **(gagnant Expert).**

9. **Sélectionnez Démarrer/Tous les programmes/Jeux/Démineur pour ouvrir le Démineur, cliquez sur Partie/Meilleurs temps pour faire apparaître la boîte Statistiques.**

10. **Quittez l'Editeur du Registre en sélectionnant Fichier/Quitter.**

    Vous ne devez laisser ouvert l'Editeur du Registre plus que nécessaire.

La Dame de pique

Si vous savez jouer à la Dame de pique, la version "un joueur" de Windows vous donnera la chair de poule ! Toutefois, la Dame de pique de Windows est assez moyenne. Sélectionnez Démarrer/Tous les programmes/Jeux/Dame de pique pour l'ouvrir.

N'OUBLIEZ PAS

Les personnes qui ont fait le programme de la Dame de pique insistent sur le fait que l'ordinateur ne voit pas vos cartes ou celles de tout autre joueur lorsqu'il choisit son jeu.

TRUC

Croyez-le ou non, mais vous pouvez truquer la Dame de pique et faire afficher par Windows tout le jeu de vos adversaires (voir Figure 5.9). Suivez ces étapes :

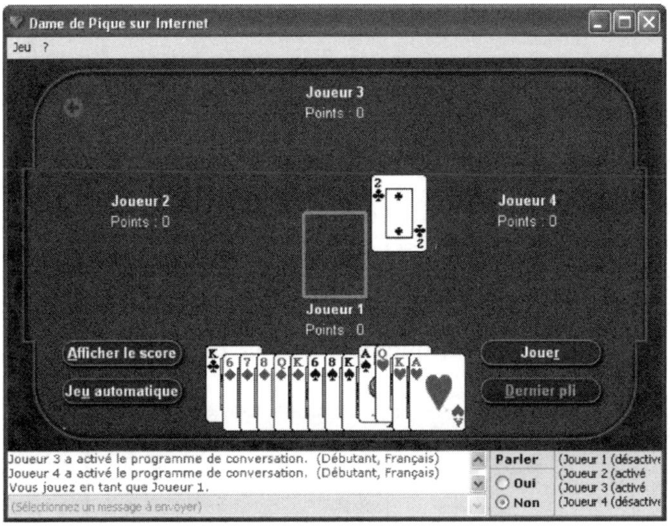

Figure 5.9 : En truquant le jeu la Dame de pique vous faites afficher tous les jeux de vos adversaires.

1. **Vous devez au moins avoir ouvert une fois la Dame de pique afin de pouvoir effectuer les modifications nécessaires pour tricher. Si vous n'avez jamais ouvert la Dame de pique, sélectionnez Démarrer/Tous les programmes/Jeux/Dame de pique, entrez votre nom et cliquez sur OK.**

2. **Sélectionnez Démarrer/Exécuter.**

3. **Saisissez** `regedit` **dans la boîte Ouvrir, puis cliquez sur OK.**

   Ce qui fait apparaître l'Editeur du Registre de Windows, et comme je vous l'ai déjà dit dans la section sur FreeCell, soyez ici particulièrement vigilant. Suivez mes instructions à la lettre. Ne modifiez rien d'autre.

4. **Dans le panneau gauche de l'écran cliquez sur les cases + et parcourez jusqu'à ce que vous trouviez HKEY_CURRENT_USER/Software/Microsoft/Windows/CurrentVersion/Applets/Hearts.**

5. **Sélectionnez Editer/Nouveau/Valeur de chaînes.**

   Le Registre de Windows crée une nouvelle valeur appelée `New Value 1` et la met en surbrillance pour que vous puissiez changer son nom.

6. **Tapez** `ZB` **et appuyez deux fois sur la touche Entrée.**

7. **Dans la boîte Données de la valeur, tapez** `42` **et appuyez sur la touche Entrée.**

   Votre Registre devrait avoir une nouvelle valeur de chaînes appelée ZB, dont la valeur est 42 comme à la Figure 5.10. (Les fans de Douglas Adams peuvent faire ici une pause pour se demander si Zaphod Beeblerox et l'ultime question sur la Vie, l'Univers et le Tout ont un quelconque poids sur ce paramètre.)

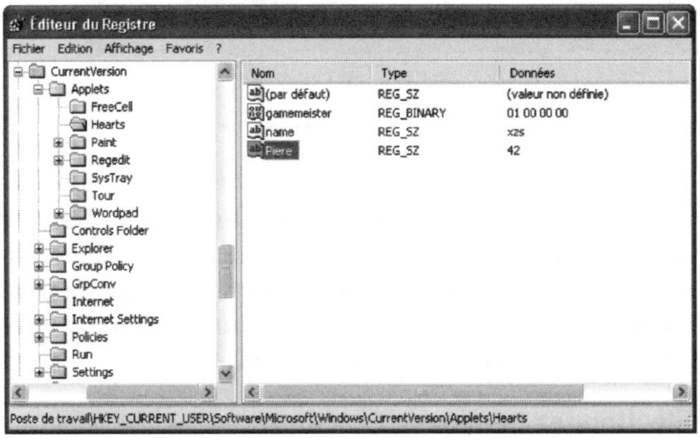

Figure 5.10 : Voici ce que vous devez faire pour voir toutes les cartes de vos adversaires.

8. **Revenez à la Dame de pique (ou lancez le jeu s'il n'est pas ouvert avec Démarrer/Tous les programmes/Jeux/Dame de pique). Appuyez sur les touches** `Ctrl+Alt+Shift+F12` **en même temps.**

   Les cartes de vos adversaires sont maintenant visibles. Pour les cacher, réappuyez sur les touches **Ctrl+Alt+Shift+F12**.

9. **Sélectionnez Fichier/Quitter pour fermer l'Editeur du Registre.**

   Vous ne devez pas laisser ouvert l'Editeur du Registre plus que nécessaire.

TRUC

La Dame de pique a un bouton "Alerte patron" : appuyez sur la touche Echap lorsque votre patron arrive et la Dame de pique se réduit aussitôt.

Pinball

Même s'il n'égalisera jamais le vrai jeu, le Pinball 3D Cadet de l'Espace (c'est son nom officiel) a un beau graphique, des effets sonores corrects et des fonctionnalités "coup de coude" cool.

Le jeu en lui-même est bien plus complexe qu'il n'y paraît de prime abord. Vous devez passer du Cadet de l'Espace à la Flotte amirale en effectuant des missions. Vous trouverez toutes les règles détaillées dans le fichier Aide de Pinball, que vous pouvez consulter en sélectionnant Aide/Rubriques d'aide.

Lorsque vous lancez pour la première fois Pinball, vous devez maintenir enfoncée la barre d'espace de votre clavier afin de lancer la balle, ce qui n'est pas évident. Mais une fois que vous avez pris le pli, le jeu est très facile : le flipper de gauche est la touche Z et le flipper de droite est la touche /.

De nombreux sites Internet se targuent d'avoir des fichiers *trainers* de Cadet de l'Espace. Un trainer modifie le programme lui-même afin de vous offrir des fonctionnalités supplémentaires. Tous les fichiers trainers se vantent de vous donner plus de trois balles : la principale condition du jeu.

NOTE TECHNIQUE

Vous pouvez truquer le Registre de Windows pour changer les scores et les noms de gagnants, mais la technique est substantiellement plus compliquée que celle pour FreeCell, Spider Solitaire ou le Démineur. Recherchez la clé du Registre HKEY_CURRENT_USER/Software/Microsoft/Plus !/Pinball/Space Cadet. Un grand truc : la clé appelée Verification est supposée contenir la somme de tous les meilleurs scores ainsi que la somme des valeurs ASCII de chaque caractère dans tous les noms. (Qu'est-ce qu'une valeur ASCII ? Si vous vous posez la question, sachez que vous ne voudrez pas connaître la réponse !)

Pinball a lui aussi un bouton "Alerte patron" : appuyez sur la touche Echap lorsque votre patron arrive et en une fraction de seconde Pinball se réduit et éteint le son.

Les jeux sur Internet

Les cinq jeux offerts gratuitement dans Windows XP, Backgammon, A tout pique, Dame de pique, Reversi et Jeu de dames, se connectent tous à zone.com, un site de jeux sur le Web. Et vous ne serez sans doute pas surpris d'apprendre que zone.com est en réalité zone.msn.com, qui est (surprise !) une filiale de Microsoft.

Les pare-feu Internet de nombreuses entreprises bloquent l'accès à zone.com. Pourquoi, à votre avis ?

Les jeux sur Internet ont trois principaux avantages : ils sont gratuits, ils vous relient automatiquement et sans encombre à d'autres joueurs du monde entier, et sont des versions correctes (fastidieuses) des jeux commercialisés.

Les jeux sur Internet ont un inconvénient majeur : ce ne sont que des publicités. Microsoft espère vous voir jouer à ces jeux et ainsi, être tenté de vous inscrire comme membre à zone.com. Si vous devenez membre (ce qui est gratuit), Microsoft va alors essayer de vous faire acheter des jeux plus sophistiqués. Zone.com n'est en soi pas mauvais, pensez-vous, mais vous avez le choix entre plusieurs autres jeux en ligne. Si vous êtes intéressé, commencez par le site de jeux en ligne multijoueurs, www.mpogd.com, ou effectuez une recherche via un moteur de recherche en tapant "jeux en ligne".

Graver des CD

Windows XP inclut un support en un clic (ou deux ou trois) de création de CD. Vous avez bien sûr besoin d'un graveur de CD pour faire vos propres CD, mais si vous avez un graveur relativement récent qui se relie à votre PC via un câble USB, votre tâche la plus difficile consistera à le sortir de son emballage en polystyrène.

Comprendre la différence entre CD-R et CD-RW

Avant de graver un CD, vous devez comprendre les principales différences entre le CD-R et le CD-RW, les deux technologies les plus connues. La plupart des lecteurs de CD actuels peuvent graver les deux disques CD-R et CD-RW. Vous devez choisir celui qui correspond le mieux à vos besoins :

- **Les CD réenregistrables (CD-R) :** Peuvent être lus dans des lecteurs CD audio. Ne peuvent pas être effacés. Vous pouvez enregistrer plus d'une fois un CD-R (ce qui dépasse ses capacités), si vous utilisez une multisession. Reportez-vous à www.roxio.com/en/support/dcr/multisession.html pour obtenir de plus amples informations.

- **Les CD réinscriptibles (CD-RW) :** Ne fonctionnent pas dans la plupart des lecteurs de CD audio. Peuvent être effacés. Les zones effacées sont réinscriptibles. Reportez-vous à www.roxio.com/en/support/dcr/multisession.html pour obtenir de plus amples informations.

N'OUBLIEZ PAS

Les deux types de disques CD-R et CD-RW peuvent contenir des données et de la musique. Ils peuvent être enregistrés en plusieurs fois, tant qu'ils ont de l'espace de stockage. Tous les deux peuvent contenir 74 minutes de musique ou 650 Mo de données. Certains disques CD-R peuvent contenir jusqu'à 80 minutes de musique ou 700 Mo de données. (Certes d'autres CD-R sont censés pouvoir contenir bien plus, mais je doute quant à leur capacité.)

ATTENTION !

Le DVD n'est pas la même chose que le CD-R ou CD-RW. En général, à moins que les fabricants précisent clairement le contraire, vous ne pouvez pas créer de disques DVD dans des lecteurs de CD-R ou de CD-RW.

Je vous explique au Chapitre 4 du Livret VII comment installer un lecteur de CD-RW avec des câbles USB.

TRUC

Il existe des lecteurs qui lisent les DVD/CD/CD-R/CD-RW et écrivent des CD-R et CD-RW, mais pas des DVD. Des graveurs de DVD sont disponibles sur le marché, mais il existe une pléthore de formats ; reportez-vous à www.dvddemystified.com/dvdfaq.html#4.3 pour obtenir de plus amples informations.

Graver avec Windows

TRUC

La première fois que vous allez graver un CD avec un nouveau graveur, faites-le avec des fichiers de données à la place de fichiers d'image ou de musique. Commencez par le scénario le plus facile (de simples fichiers de données) avant de vous attaquer à des procédures plus complexes (CD audio). Vous augmenterez vos chances de trouver et résoudre des problèmes.

Si vous avez un lecteur de CD-R ou CD-RW installé et fonctionnel, le transfert des fichiers vers le CD ne peut pas être plus simple. Suivez ces étapes :

1. **Si vous voulez copier des fichiers musique, ne suivez pas ces instructions. Utilisez le Lecteur Windows Media.**

   Je vous explique comment utiliser le Lecteur Windows Media au Chapitre 1 du Livret VIII. Le Lecteur Windows Media comporte toutes sortes d'accessoires qui sont spécifiques à la musique et grave avec précision les CD de musique avec toutes sortes d'informations sur les artistes, les titres, etc.

2. **Pour tout autre type de fichier (image, données, programme, etc.), effectuez l'une des séquences suivantes Démarrer/Mes documents, Démarrer/Mes images, Démarrer/Poste de travail ou encore Démarrer/Favoris réseau afin de parcourir les fichiers que vous voulez copier.**

   Et oui, vous pouvez récupérer des fichiers sur votre réseau !

3. **Sélectionnez les fichiers que vous voulez mettre sur le CD.**

   Toutes ces méthodes standards de sélection fonctionnent :

   - Cliquez une fois sur le fichier pour le sélectionner ou Ctrl+clic pour sélectionner plusieurs fichiers.
   - Cliquez sur un fichier, maintenez enfoncée la touche Shift, puis cliquez sur un autre fichier pour sélectionner tous les fichiers qui se trouvent entre ces deux fichiers.
   - Enlacez un ensemble de fichiers/ou dossiers en cliquant et glissant une boîte autour d'eux.
   - Utilisez Ctrl+A pour sélectionner tous les fichiers ou dossiers qui se trouvent dans un dossier.

TRUC

Vous pouvez basculer d'un affichage à un autre afin de pouvoir visualiser plusieurs fichiers à la fois tout en les sélectionnant. Sélectionnez Affichage/Liste pour voir le plus grand nombre de fichiers en même temps.

4. **Une fois que vous avez sélectionné les fichiers que vous voulez transférer sur votre CD, vous devez indiquer à Windows où vous voulez qu'il les mette :**

   - Si la commande Copier vers le CD est activée dans le panneau des tâches à gauche – elle est activée si vous êtes dans un fichier qui contient des images (comme à la Figure 5.11) –, cliquez sur Copier sur.

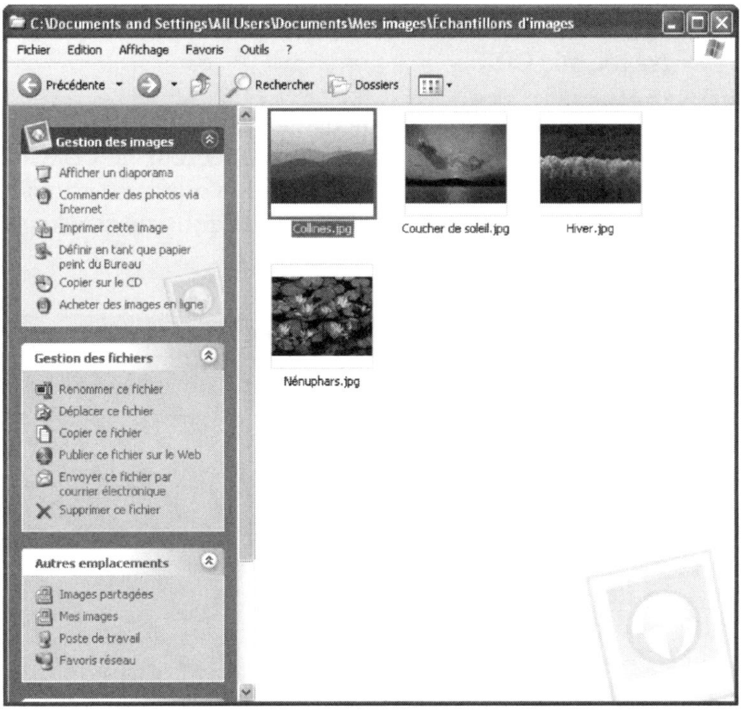

Figure 5.11 : Sélectionnez tous les fichiers que vous voulez copier et cliquez sur Copier vers le CD, si la commande est activée.

   - Si la commande Copier vers le CD n'est pas activée, ce qui signifie que ce dossier comporte des documents et des fichiers de données, cliquez sur Copier ce fichier ou Copier les éléments sélectionnés, puis choisissez le lecteur de CD-R comme destination.

Chaque fois que vous cliquez sur Copier vers le CD, Windows copie le fichier que vous avez sélectionné dans une zone de stockage temporaire, en attendant de transférer les fichiers *en masse* vers le CD. Lorsque les fichiers sont copiés, Windows affiche une icône CD-R dans la zone de notification, à côté de l'horloge dans le coin inférieur gauche de l'écran, avec une info-bulle qui précise : `"Vous avez des fichiers en attente d'écriture vers un CD. Pour voir les fichiers maintenant, cliquez ici."`

5. **Poursuivez votre sélection de fichiers jusqu'à ce que vous disposiez de tous les fichiers que vous voulez copier.**

6. **Une fois que vous avez rassemblé tous les fichiers, cliquez sur l'info-bulle dans le coin inférieur gauche de l'écran pour faire afficher la collection de fichiers de Windows qui attend d'être gravée sur CD.**

   Vous pouvez tout aussi bien sélectionner Démarrer/Poste de travail et parcourir la liste jusqu'au lecteur de CD-R. Vous verrez affichés en gris tous les fichiers que vous avez choisis, pour indiquer qu'ils se trouvent dans une zone de stockage temporaire (voir Figure 5.12).

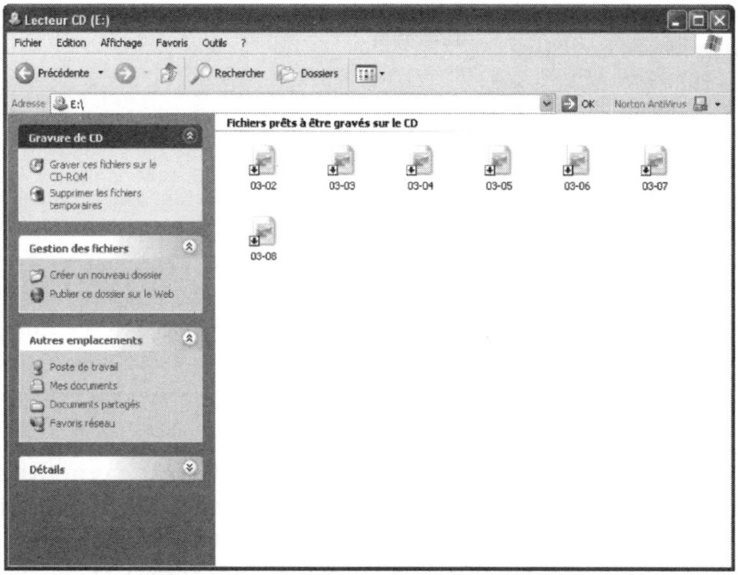

Figure 5.12 : Les fichiers sont dans une zone de stockage temporaire avant d'être copié vers le CD.

7. **Vérifiez bien que vous voulez graver tous les fichiers sélectionnés. Si vous changez d'avis, cliquez sur le fichier ou sur le dossier que vous ne voulez plus copier et appuyez sur la touche Suppr.**

   Vous pouvez déplacer des fichiers vers différents dossiers même s'ils sont dans la zone de stockage temporaire, et les renommer. Si vous devez configurer la manière dont vous voulez qu'ils soient copiés, cliquez sur Graver ces fichiers sur le CD dans le panneau de Gravure de CD. Windows lance l'Assistant de gravure de CD (voir Figure 5.13).

Figure 5.13 : Une fois que vous avez sélectionné les fichiers, l'Assistant Graver un CD vous guide tout au long de la procédure.

8. **Suivez les instructions données par l'assistant, en insérant un CD lorsqu'il vous le demande (voir Figure 5.14).**

   Lorsque l'Assistant de gravure de CD a effectué sa tâche, vos fichiers ont été transférés vers le CD. Sûrement. Du moins, en théorie.

TRUC

Dès que vous avez gravé le CD, sortez-le du graveur et essayez de le lire sur une autre machine. (Si vous n'avez pas d'autre machine, retirez-le du lecteur et essayez de le lire sur la même machine.) Si vous le faites immédiatement et que le CD est bloqué, vous pouvez heureusement vous rappeler quels sont les fichiers qui sont supposés être dans le CD, et vous disposez alors d'un certain temps pour reconstruire facilement le CD.

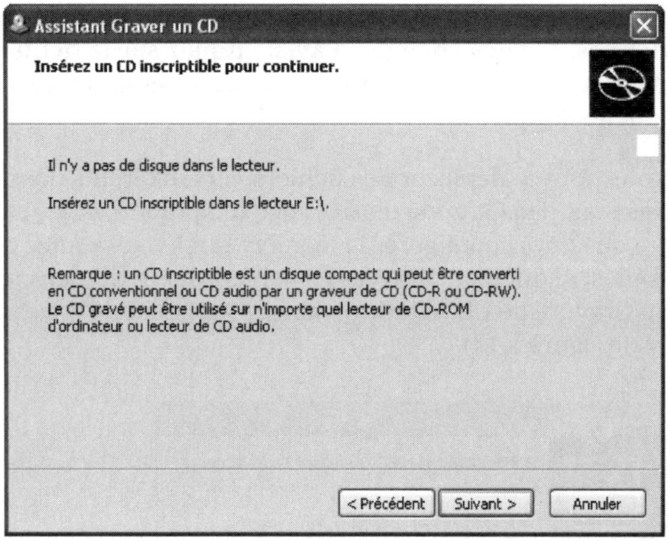

Figure 5.14 : Insérez un fichier dès qu'on le demande.

Utiliser les traitements de texte gratuits intégrés à Windows XP

Si vous êtes un habitué du traitement de texte, nul doute que vous avez déjà installé Microsoft Office. Office est un bon programme, cela fait bien 10 ans que je l'utilise ; mes quatre premiers livres lui étaient consacrés.

En revanche, si vous utilisez occasionnellement le traitement de texte pour écrire une lettre à votre mère ou rédiger un article dans le journal local, les fonctionnalités de traitement de texte intégrées dans Windows XP vous seront d'un grand secours. Dans la mesure où vous ne vous faites pas d'illusion.

Lancer le Bloc-notes

En remontant dans les temps anciens et reculés de WinD'Oz, le Bloc-notes a été conçu et développé par des programmeurs et pour des programmeurs, et il le montre bien. Bien qu'il ait été largement amélioré depuis des années, il reste très limité. Si vous avez besoin d'un éditeur de texte rapide (personne n'aura la témérité de le qualifier de traitement de texte), le Bloc-notes est une option satisfaisante.

Le Bloc-notes ne comprend que le plein texte, simple et non formaté : bref, ce que vous voyez sur votre clavier. Il ne comprendra pas de caractères **gras** ou d'image attachée, même si vous lui tapez l'épaule et priez qu'il vous aide car vous voulez qu'il vous retourne des liens vers des pages Web.

D'un autre côté, le Bloc-notes a des défauts de tout genre. Le Bloc-notes vous affiche exactement ce qu'il y a dans un fichier : les caractères sont des caractères, de vieux garçons et aucune frivolité ne vient perturber ce formatage. Le Bloc-notes n'enregistre que du plein texte, simple et non formaté. Si vous avez besoin d'un document plein texte, simple et non formaté, le Bloc-notes est un outil de choix. En outre, il est rapide et fiable. De tous les programmes Windows que je connais, le Bloc-notes est le seul dont je pense qu'il ne se plantera jamais.

Pour lancer le Bloc-notes, sélectionnez Démarrer/Tous les programmes/Accessoires/Bloc-notes ou double-cliquez sur n'importe quel fichier Text (.txt) dans l'Explorateur de Windows. Vous verrez apparaître un fichier similaire à celui de la Figure 5.15.

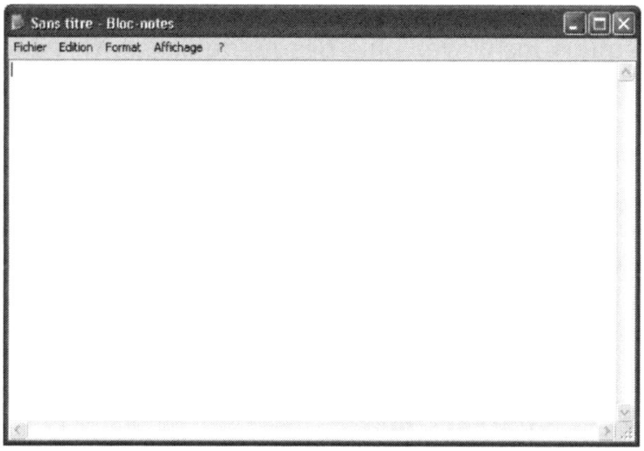

Figure 5.15 : Le Bloc-notes dans sa forme initiale.

Le Bloc-notes peut traiter des fichiers de 48 Mo maximum. (Certes, ce n'est pas l'Encyclopédie Universalis.) Si vous essayez d'ouvrir un fichier plus grand, une boîte de dialogue vous suggérera d'ouvrir ce fichier avec un autre éditeur.

Lorsque vous ouvrez le Bloc-notes pour la première fois, vous constatez que le contenu du fichier est dans la police Lucida Console en 10 points. Cette police a été choisie par les concepteurs du Bloc-notes car elle est relativement facile à voir sur la plupart des moniteurs.

Ce n'est pas parce que le texte que vous voyez dans le Bloc-notes est dans une police spécifique que les données du fichier lui-même sont formatées. Ce n'est pas le cas. La police que vous voyez à l'écran est simplement celle qu'utilise le Bloc-notes pour afficher les données. Ce qui est dans le fichier est du texte non formaté.

Si vous voulez changer la police qui est affichée à l'écran, sélectionnez Format/Police et faites votre choix dans la liste proposée. Vous n'avez pas besoin de sélectionner du texte avant de choisir la police, car la police que vous allez choisir est appliquée à tout le texte affiché à l'écran, mais cela n'affectera en rien le contenu du fichier.

Si vous examinez la Figure 5.15, vous constaterez que le texte s'étend à la droite de l'écran. C'est intentionnel. Le Bloc-notes saute une ligne seulement s'il rencontre un saut de ligne, généralement un retour chariot (ou la "touche Entrée"), ce qui se produit d'ordinaire en fin de chaque paragraphe.

Le Bloc-notes vous permet d'insérer un retour automatique à la ligne de telle sorte que vous n'ayez plus besoin de passer de gauche à droite pour lire un simple paragraphe. Afin d'insérer un retour automatique à la ligne pour afficher le texte dans l'écran, sélectionnez Format/Retour automatique à la ligne.

Le Bloc-notes a une petite astuce que vous pouvez trouver amusante, voire utile. Si vous tapez .LOG au début du fichier, le Bloc-notes affiche la date et l'heure à la fin du fichier chaque fois que vous l'ouvrez.

Ecrire avec WordPad

Si vous voulez vraiment et avez besoin de formater, ce qui revient à acheter Microsoft Word, WordPad de Windows XP fera l'affaire. Si vous avez été verrouillé par l'Assistant Activation de Office XP de Microsoft et donc ne pouvez plus utiliser Word 2002, nul doute que vous allez vous replier vers WordPad, le temps que Microsoft vous réactive.

Si vous lisez cette section, car Office XP est passé "en mode de fonctionnalité réduite" (que j'aime cette phrase !), sachez que si vous ne faites pas attention, vous pouvez vraiment détruire vos fichiers Word en les enregistrant avec WordPad. Si vous devez éditer un document Word 97, 2000 ou 2002 avec WordPad, effectuez toujours les étapes suivantes :

1 **Faites une copie du document Word et ouvrez sa copie dans WordPad.**

   N'éditez pas de document original dans WordPad. Vous pouvez les détruire dès que vous les enregistrez. N'ouvrez pas de document Word dans WordPad, en pensant que vous pouvez l'enregistrer sous et lui donner un autre nom. Oubliez !

2. **Lorsque vous revenez à Word 2002, ouvrez le document original, sélectionnez Outils/Comparaison et fusion de documents. Choisissez la version WordPad du document, puis cliquez sur Fusionner.**

   Le document fusionné obtenu est dans le désordre, ce n'est qu'un début.

3. **Utilisez la barre d'outils Révision (qui s'affiche) pour parcourir votre document original et appliquer les modifications que vous avez faites dans WordPad.**

   C'est le seul moyen fiable que je connais pour s'assurer que WordPad ne détruira pas accidentellement votre formatage.

WordPad fonctionne comme n'importe quel traitement de texte, dans une moindre mesure. L'ensemble de ses fonctionnalités est à l'image de son prix : ne demandez pas trop à un traitement de texte gratuit. Cela dit, WordPad n'est pas encombré de nombreux gadgets qui rendent si difficile la première utilisation, et ce peut être aussi une première approche convenable de simple traitement de texte.

Pour ouvrir WordPad, sélectionnez Démarrer/Tous les programmes/Accessoires/WordPad (voir Figure 5.16).

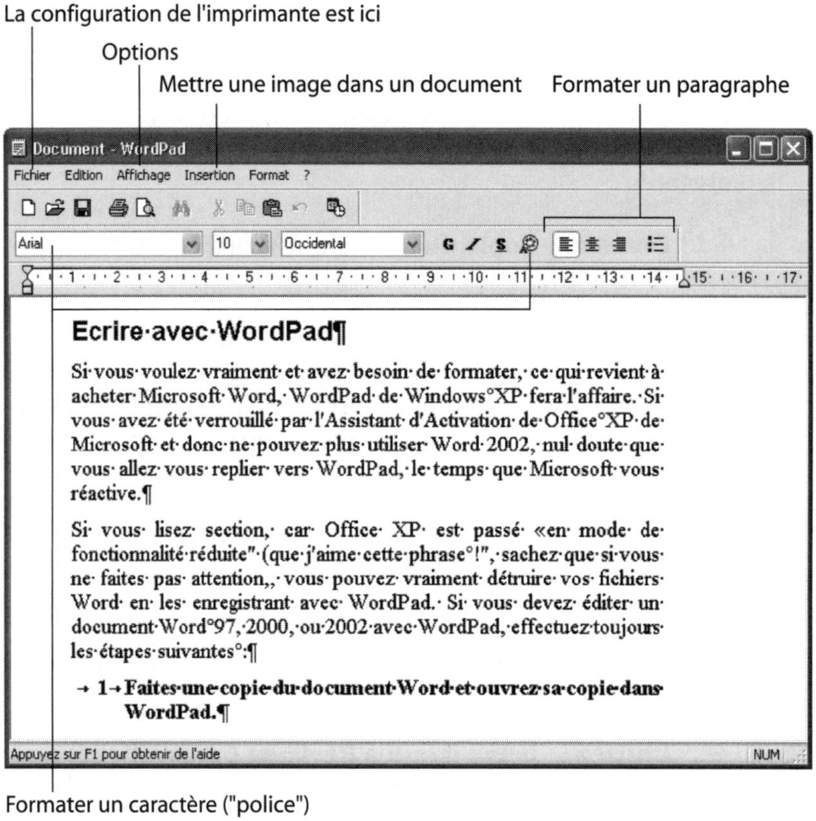

Figure 5.16 : WordPad dans un document Word 2000.

Comme un document Word ou un fichier Text, RFF (Rich Text Format) est un autre type de fichier. Les documents RTF peuvent avoir un formatage simple, mais pas aussi complexe qu'un document Word 97. De nombreux programmes de traitement de texte des différentes marques peuvent lire et écrire les fichiers RTF, par conséquent RTF est une bonne solution si vous devez créer un fichier qui va être passer entre plusieurs machines.

Si vous débutez dans l'utilisation de traitement de texte, n'oubliez pas que :

- Pour formater le texte, sélectionnez le texte que vous voulez formater, puis choissiez le formatage dans la barre d'outils ou sélectionnez Format/Police.

- Pour formater un paragraphe, cliquez une fois dans le paragraphe et sélectionnez le format dans la barre d'outils ou Format/Paragraphe. Sinon, vous pouvez sélectionner tout le texte dans le paragraphe ou dans plusieurs paragraphes avant d'appliquer un format.

- La mise en page générale (comme les marges, l'impression horizontale ou verticale de la page) s'effectue avec les paramètres de la boîte de dialogue Mise en page. Pour accéder à la boîte de dialogue Mise en page, sélectionnez Fichier/Mise en page.

- Les tabulations sont compliquées. Chaque paragraphe commence par la position d'arrêt du tabulateur. Vous pouvez paramétrer des positions d'arrêt du tabulateur supplémentaires via la boîte de dialogue Format/Tabulation, mais les positions d'arrêt du tabulateur que vous paramétrez ne s'appliquent qu'à des paragraphes individuels : sélectionnez un paragraphe et paramétrez la position d'arrêt du tabulateur qui ne s'appliquera qu'à ce paragraphe ; sélectionnez trois paragraphes, paramétrez la position d'arrêt du tabulateur qui ne s'appliquera qu'à ces trois paragraphes.

WordPad traite les tabulations comme n'importe quel caractère : une tabulation peut être copiée, déplacée et/ou supprimée, quelquefois avec des résultats inattendus. Soyez particulièrement attentif lorsque vous utilisez les tabulations et les positions d'arrêt du tabulateur. Si quelque chose semble mal fonctionner, accédez immédiatement à Editer/Annuler et recommencez.

WordPad est dépourvu de nombreuses fonctionnalités que vous êtes en droit de demander dans d'autres traitements de texte. Vous ne pouvez pas insérer de saut de page, encore moins un tableau. Si vous passez du temps à écrire directement une grande part des documents, vous allez rapidement maîtriser WordPad.

Se familiariser avec la Table de caractères

Windows XP inclut un utilitaire appelé Table de caractères qui peut vous sauver la vie si vous avez besoin de caractères qui ne figurent pas sur votre clavier. L'utilisation de la Table de caractères vous permet de trouver d'étranges caractères, les copier et les coller dans n'importe quel traitement de texte (dont WordPad).

Windows intègre de nombreuses polices, collections de caractères, et plusieurs de ces polices comprennent de nombreux caractères intéressants que vous utiliserez peut-être. Pour faire apparaître la Table de caractères, sélectionnez Démarrer/Tous les programmes/Outils système/Table de caractères. Votre écran devrait ressembler à la Figure 5.17.

Figure 5.17 : La Table de caractères de Windows vous permet de trouver toute sorte d'étranges caractères.

TRUC

Vous pouvez utiliser de nombreux caractères sous forme d'image : flèches, case à cocher, boîtes, etc., dans les diverses polices Wingding (voir Figure 5.18). Copiez-les dans vos documents et augmentez la taille de la police si nécessaire.

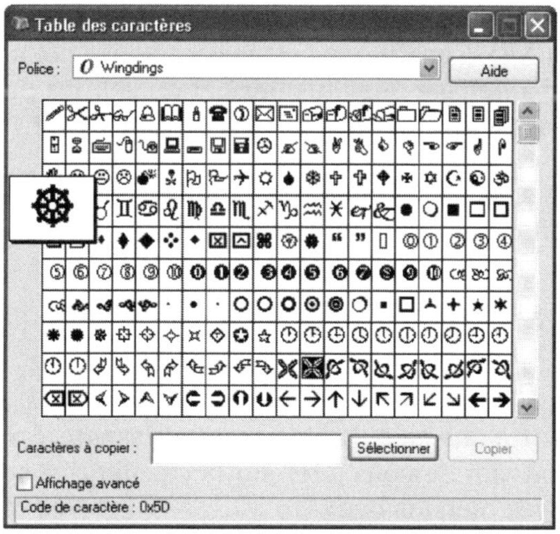

Figure 5.18 : Wingding contient de nombreuses images peu communes et utiles déguisées en polices.

Télécharger des visionneuses de documents

Bien qu'il ne rembourse pas une copie verrouillée de Office XP, Microsoft met à votre disposition un certain nombre de visionneuses gratuites et de convertisseurs de format. Vous ne pouvez pas utiliser une visionneuse pour éditer un document, ni l'imprimer, mais vous pouvez voir son contenu.

N'OUBLIEZ PAS

La visionneuse de Word 97/2000, un programme appelé wd97vwr32.exe, vous permet de visualiser n'importe quel document Word 97, Word 2000 ou Word 2002 (Word "XP"). En outre, la visionneuse est très précise : ce que vous voyez à l'écran est exactement ce qu'a créé l'auteur. Vous n'avez rien à débourser : la visionneuse est gratuite.

Lors de la rédaction de ce livre, Microsoft distribuait des visionneuses de documents gratuits pour les fichiers suivants :

- Des documents Word 97, 2000 et 2002 ("Word XP").
- Des tableurs Excel 97, 2000 et 2002 ("Excel XP").

- Des présentations PowerPoint 97, 2000 et 2002 ("PowerPoint XP). Considérez cette visionneuse comme un programme d'affichage qui vous permet de voir les présentations sans avoir à installer une copie de PowerPoint.

Pour savoir quelles sont les visionneuses à télécharger, accédez à www.microsoft.com/office/000/viewers.htm.

Calculer

Windows XP comporte une calculatrice assez puissante. En fait, il a deux calculatrices. Avant de vous jeter sur la calculatrice scientifique, vérifiez que vous avez bien les deux !

Pour ouvrir la calculatrice, sélectionnez Démarrer/Tous les programmes/Accessoires/Calculatrice. Vous verrez sans doute apparaître le modèle Standard de la calculatrice comme à la Figure 5.19.

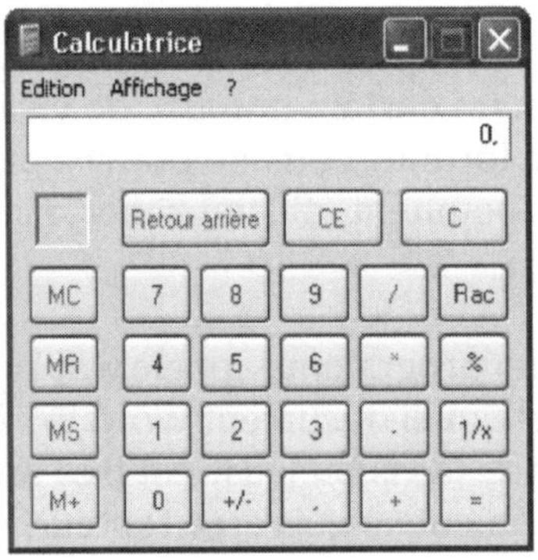

Figure 5.19 : Le modèle Standard de la calculatrice que vous utilisez tous les jours.

Pour utiliser la calculatrice, il vous suffit de taper sur votre clavier et d'appuyer sur la touche Entrée afin de lancer le calcul. Par exemple, pour calculer 123 fois 456, tapez **123 * 456** et appuyez sur la touche Entrée.

Voici quelques trucs pour utiliser la calculatrice :

- Vous pouvez vous servir de votre souris pour appuyer sur les touches de la calculatrice, ce qui est un peu plus long et peut vous faire faire des erreurs.

- Le X de votre clavier ne se convertit pas en signe multiplier. Je ne sais pas pourquoi. Si vous voulez "multiplier", appuyez sur la touche étoile de votre clavier : la touche * ou Shif+8.

- Vous pouvez utiliser le pavé numérique, si vous en avez un sur votre clavier, ou tout simplement activer la touche "Verr Num". Essayez de taper quelques chiffres sur votre pavé numérique. Si la calculatrice semble ne pas comprendre que vous saisissez des chiffres, appuyez sur la touche Verr Num. La calculatrice fonctionnera.

De toutes les applications Windows, vous pouvez penser que la calculatrice vous permet de sélectionner un nombre dans la fenêtre de lecture pour pouvoir le copier/coller, en recourant à toutes les méthodes standards de Windows. Pas vraiment. La calculatrice ne vous permet pas de copier tout le contenu de la fenêtre de lecture (avec Editer/Copier ou Ctrl+C) ni de réécrire (avec Editer/Coller ou Ctrl+V). La calculatrice n'a même pas de menu Fichier usuel, par conséquent vous ne pouvez pas enregistrer, imprimer (comme un audit) ni même effectuer une séquence Fichier/Quitter.

Si vous devez effectuer un calcul plus pointu, sélectionnez Affichage/Scientifique pour faire apparaître la version Scientifique de la calculatrice Windows, comme à la Figure 5.20.

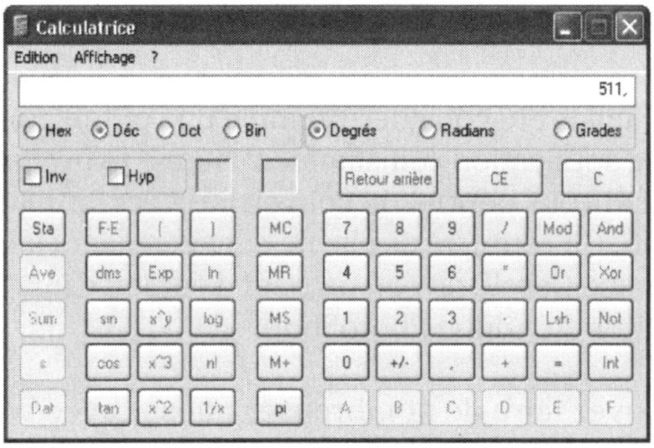

Figure 5.20 : La calculatrice Scientifique pleinement fonctionnelle.

La calculatrice Scientifique coupe les légumes en cubes et prépare aussi le dîner. Pour de plus amples informations sur toutes les options, sélectionnez Aide/Rubriques d'aide.

Si vous voulez truquer les jeux Windows, notamment FreeCell, en utilisant la méthode que je vous ai présentée dans la section "FreeCell" de ce chapitre, vous devez savoir utiliser la calculatrice Scientifique pour convertir des décimaux en hexadécimaux. Voici comment procéder :

1. **Cliquez sur Dec afin que la calculatrice Scientifique sache que vous saisissez un nombre décimal.**

2. **Saisissez le nombre.**

3. **Cliquez sur Hex.**

C'est tout !

Je suppose que vous pouvez toujours baisser les bras, et vous écrier haut et fort ô combien est difficile la conversion de ces stupides nombres et grincer des dents dès que vous cliquez. Cela doit certainement impressionner votre patron. Vos voisins. Le grincement de vos dents vous suivra pour couvrir le bruit de cette mixture d'hexadécimal !

Et je parie que vous avez toujours pensé que la Science de l'informatique était un sujet très difficile.

Dessiner

Windows Paint n'a jamais été considéré comme un véritable programme graphique. C'est une application suffisamment bonne pour manipuler des images existantes, qui vous permet de convertir divers formats de fichiers d'image (JPEG, GIF, etc.), mais elle ne concurrencera jamais des outils de dessin comme CorelDraw ou un outil d'édition d'image comme Microsoft Photo Editor ou Adobe PhotoShop.

Toutefois, vous pouvez faire de nombreuses choses avec Windows Paint. Pour l'ouvrir, sélectionnez Démarrer/Tous les programmes/Accessoires/Paint. Vous verrez apparaître un écran semblable à celui de la Figure 5.21.

Figure 5.21 : Ne vous laissez pas impressionner par Windows Paint.

Ouvrir, enregistrer et fermer des images dans Paint est un jeu d'enfant : il fonctionne comme n'importe quel autre programme Windows. Vous pourrez être embarrassé lorsque vous aborderez le dessin en forme libre (qui est peut-être inscrutable), si vous ne savez pas que :

- ✦ Pour sélectionner une couleur de ligne (utilisée par tous les outils de dessin comme leur couleur primaire), il faut double-cliquer sur la couleur dans la palette (en bas de la fenêtre).
- ✦ Pour sélectionner une couleur de remplissage (afin de pouvoir remplir des formes comme le rectangle ou l'ovale), il faut cliquer du bouton droit sur la couleur.

- La plupart des outils de dessin vous permettent de sélectionner l'épaisseur des lignes ; dans le cas de l'aérographe, vous pouvez sélectionner l'épaisseur du trait dans la boîte qui apparaît une fois que vous avez sélectionné un outil.

Les règles d'édition sont quasiment les mêmes que celles des autres programmes de Windows : sélectionner, copier, coller, supprimer, etc. La seule procédure étrange que j'ai découverte est dans l'outil de sélection Forme libre. Si vous cliquez sur cet outil et faites afficher une zone dans l'image, Paint vous répond en sélectionnant un minuscule rectangle qui renferme toute la ligne que vous venez de dessiner. Ce qui est un tant soit peu différent.

Vous pouvez spécifier la taille exacte de votre photo en sélectionnant Affichage/Zoom.

Faire fonctionner les vieux programmes

La compatibilité des programmes est un véritable cauchemar dans Windows XP. Il existe tant de programmes pour les PC que Windows XP ne peut absolument pas tous les traiter.

Les concepteurs de Windows XP savaient qu'ils ne pouvaient pas tenir compte de tout ce qui existait sur le marché, aussi ils ont construit un petit filet de sécurité très malin dans XP. Windows XP peut se comporter remarquablement bien comme n'importe quelle précédente version de Windows. Donc, si vous avez un programme qui marchait sous Windows 95 par exemple et qui ne marche pas sous Windows XP, vous pouvez dire à Windows XP de se comporter comme Windows 95 et vous verrez si le programme récalcitrant peut être dupé.

L'Assistant Compatibilité de programme ne fonctionne pas toujours très bien, mais suffisamment pour que vous vous donniez la peine de l'utiliser. Il fait agir Windows XP comme Windows 95, 98, ME, NT4 ou 2000. Suivez ces étapes pour employer l'Assistant de compatibilité de programme :

1. **Sélectionnez Démarrer/Tous les programmes/Accessoires/ Assistant de compatibilité de programme.**

L'assistant vous accueille comme à la Figure 5.22.

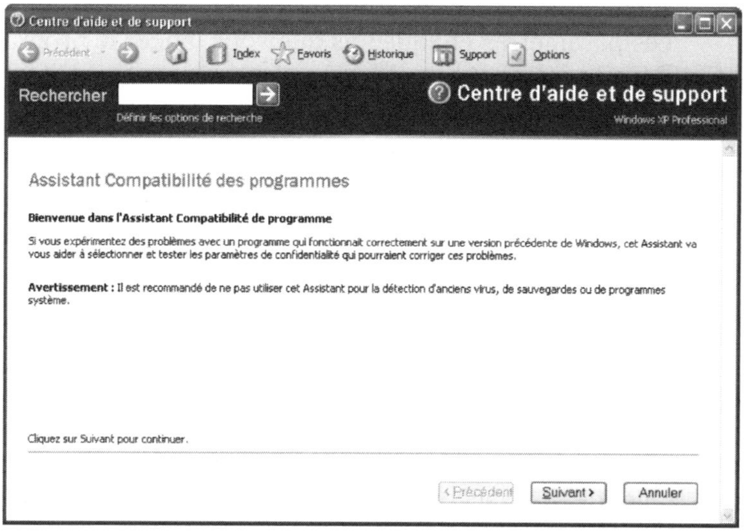

Figure 5.22 : L'Assistant de compatibilité de programme vous donne une chance de duper des anciens programmes en coopérant avec Windows XP.

2. **L'assistant recherche les programmes installés sur votre disque dur (ou depuis le CD) et vous demande de sélectionner les programmes qui vous posent problème.**

3. **L'assistant vous demande ensuite quelle est la version de Windows requise pour ce programme.**

   Ce qui peut être un cercle vicieux. Dans ma Corbeille, j'ai plein de programmes qui n'ont jamais été lancés sous aucune version de Windows. Si vous avez toujours eu des programmes qui se lançaient sur une des précédentes versions de Windows, commencez par cette version.

4. **L'assistant vous demande si le programme a été conçu pour des paramètres spécifiques de couleurs (256 couleurs) ou de résolution d'écran (640 x 480 ou 800 x 600).**

   Il vous permet également de désactiver les thèmes Windows XP : le graphisme qu'utilise Windows XP pour se différencier des anciennes versions de Windows. D'après mon eXPérience, ce n'est pas si mal que de débarrasser de ces thèmes qui apparaissent avec Windows XP.

5. **Essayez de lancer le programme.**

   S'il fonctionne, l'assistant vous permet de récupérer facilement ces paramètres chaque fois que vous lancez le programme. Dans le cas contraire, l'assistant vous propose de tester d'autres paramètres.

S'il ne marche pas, vous êtes sûrement au bord de la crise de nerfs, à moins que vous contactiez le fabricant du programme pour le convaincre d'ajouter "LA nouvelle fonctionnalité" à ce produit, à savoir la compatibilité avec Windows XP.

Utiliser les raccourcis clavier

Windows XP comporte deux raccourcis clavier, que devrait connaître tout le monde. Ces raccourcis clavier ne marchent pas si votre machine est malheureusement gelée, mais dans la plupart des cas ils sont très utiles, en particulier si un programme ne fonctionne pas comme il le devrait.

Faire apparaître le Gestionnaire des tâches

Windows XP a un poste de commande secret que vous pouvez récupérer si vous avez une bonne poignée de mains. Non, si vous connaissez le raccourci clavier. Le raccourci clavier fonctionne tout le temps, à moins que Windows soit sérieusement endommagé, dans la mesure où vous êtes l'Administrateur. Si vous utilisez Windows XP/Edition familiale, vous êtes sans doute un Administrateur. Si vous utilisez Windows XP/Pro, vous ne l'êtes pas. (Pour obtenir de plus amples informations sur les Administrateurs, reportez-vous à la section consacrée à l'utilisation des types de compte au Chapitre 2 du Livret I.)

Pour faire apparaître le Gestionnaire des tâches, maintenez enfoncées simultanément les touches **Ctrl**, **Alt** et **Suppr**. Le Gestionnaire des tâches apparaît avec la liste de toutes les applications qui sont actuellement ouvertes (voir Figure 5.23).

Figure 5.23 : Le Gestionnaire des tâches vous donne le contrôle absolu sur toutes les applications qui sont en cours d'utilisation.

Avec le Gestionnaire des tâches, vous pouvez :

- Cliquer sur une application, puis cliquer sur Fin de tâche pour initialiser la fermeture de l'application. Windows essaie de fermer l'application sans détruire les données. S'il réussit, l'application disparaît de la liste. S'il ne réussit pas, il vous propose d'exécuter sommairement l'application (option appelée Terminer maintenant, ce qui est moins évocateur) ou simplement de l'ignorer et de la laisser vivre sa vie.
- Cliquer sur une application, puis sur Basculer vers, Windows fait apparaître l'autre application vers laquelle vous avez basculé. Ce qui est assez pratique si vous êtes coincé quelque part, dans un jeu par exemple qui ne fonctionne pas comme il devrait le faire et qui prend le contrôle de votre système, et que vous voulez passer à une autre application.
- Cliquer sur Arrêter dans le menu. Vous pouvez de là basculer vers les utilisateurs, fermer une session, mettre en veille prolongée, redémarrer ou arrêter l'ordinateur.

Note technique : Ce qui revient à arrêter complètement l'ordinateur. Par conséquent, si une application fonctionne tellement mal qu'elle ne peut pas se fermer, vous devez indiquer à Windows XP de Terminer maintenant, mais vous risquez de perdre toutes les données non enregistrées dans l'application.

Basculer

Windows inclut une méthode simple et rapide pour basculer entre des applications qui tournent sans avoir à utiliser votre souris. Il vous suffit de cliquer sur la barre des tâches Windows. Cette fonctionnalité fonctionne sur n'importe quel ordinateur, à tout moment, sans que Windows soit totalement arrêté.

Ce qui arrive quelquefois.

Pour utiliser cette fonctionnalité, maintenez enfoncée la touche Alt, puis appuyez sur Tabulation. Vous verrez apparaître un écran semblable à la Figure 5.24.

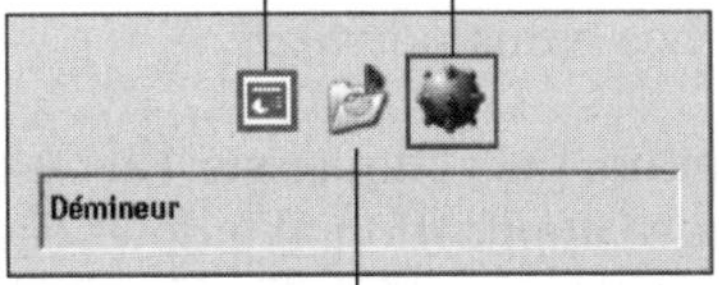

Figure 5.24 : La fonctionnalité de bascule de Windows XP.

Tant que vous appuyez sur Tabulation, encore et encore, Windows fait le tour des programmes ouverts. Lorsque vous arrivez au programme que vous voulez lancer, il vous suffit de relâcher la touche Alt et le programme sélectionné apparaît.

Cool, non ?

Chapitre 6 : Maintenir votre système Windows XP

Dans ce chapitre :

- **Récupérer la version la plus récente de XP.**
- **Garder des traces de tous les programmes installés sur votre PC.**
- **Travailler avec les disques.**
- **Planifier les tâches ennuyeuses pour que votre ordinateur le fasse automatiquement.**
- **Stocker plus et dépenser moins avec Zip.**

Plus de la moitié d'un million de personnes ont testé Windows XP. Des personnes réelles, et non les "testeurs" internes de Microsoft. C'est pour cette raison que Windows XP a la réputation bien établie de fonctionner sur quasiment tous les types d'ordinateurs.

Toutefois, XP est un programme informatique, et non un cadeau bonus trouvé dans une pochette surprise ; il peut donc poser des problèmes. En fait, l'astuce consiste à vous assurer que vous n'avez pas, vous aussi, des problèmes.

Ce chapitre vous présente tous les outils mis à votre disposition pour que XP fasse ce dont vous avez besoin, évite les problèmes et résout les problèmes qui peuvent (inévitablement) survenir.

Mettre à jour

Lorsque vous démarrez les premières fois Windows XP, vous verrez apparaître une petite info-bulle dans la zone de notification (la boîte dans le coin inférieur droit de l'écran, où réside l'horloge) vous invitant à rester informé des dernières mises à jour : "Cliquez ici pour savoir comment Windows Update peut vous aider à maintenir automatiquement à jour votre ordinateur."

Comprendre Windows Update

Windows XP a plusieurs raisons légitimes d'insister sur sa mise à jour. Windows Update vous permet d'effectuer ce qui suit :

- Eviter les verrouillages et autres pannes dus aux autres programmes Windows en récupérant et installant la version la plus récente des divers programmes Windows, notamment les pilotes.

  Les *pilotes* sont des programmes informatiques qui font fonctionner des parties spécifiques de votre ordinateur. Vous disposez d'un pilote pour votre clavier, votre souris, votre modem, votre imprimante, le port USB, l'appareil photo, etc. Les pilotes sont notoirement connus pour ce problème : si Windows XP est verrouillé, vous avez au moins une chance sur deux pour que le pilote en soit la cause.

- Mettre à jour avec les patches de sécurité les plus récents. Windows 98/ME avait son lot de problèmes de sécurité partagée, mais Windows XP a inauguré un nouveau genre de virus, ver informatique, et méthodes d'attaque que les petits gars au chapeau noir commencent seulement à exploiter. Reportez-vous au Chapitre 3 du Livret IX.

- Trouver plus d'aide. Microsoft affine constamment (et souvent améliore) son système Aide. Windows Update vous garantit que vous avez installé les fichiers d'Aide les plus récents, prêts à l'emploi dès que vous pénétrerez dans le Centre d'aide et de support.

Tous ces avantages n'ont pas de prix : vous n'avez rien à payer (excepté la connexion à Internet). Vous n'avez pas besoin d'enregistrer votre copie de Windows XP pour bénéficier de Windows Update. Et aucune information sur votre machine n'est envoyée à Microsoft lorsque vous l'utilisez, en dehors évidemment du catalogue des composants Windows nécessaires à Update.

Configurer des mises à jour automatiques

Voici comment effectuer une mise à jour automatique :

1. **Si vous voulez modifier les paramètres de Windows Update, vous devez être un Administrateur.**

   Si vous utilisez XP/Edition familiale (et que vous ne vous servez que du compte Invité), vous avez de forte chance d'être déjà l'Administrateur et donc vous n'avez pas à vous en soucier. Si vous utilisez XP/Pro, vous n'êtes probablement pas l'Administrateur, à moins que vous n'ayez réussi à convaincre les administrateurs réseau de votre entreprise à entrer dans ce club très fermé. Reportez-vous à la section sur les types de compte utilisateur au Chapitre 2 du Livret I.

2. **Lancez Windows Update en cliquant sur l'info-bulle "Cliquez ici pour savoir comment Windows Update peut vous aider à maintenir automatiquement à jour votre ordinateur."**

   Vous verrez apparaître un écran semblable à celui de la Figure 6.1.

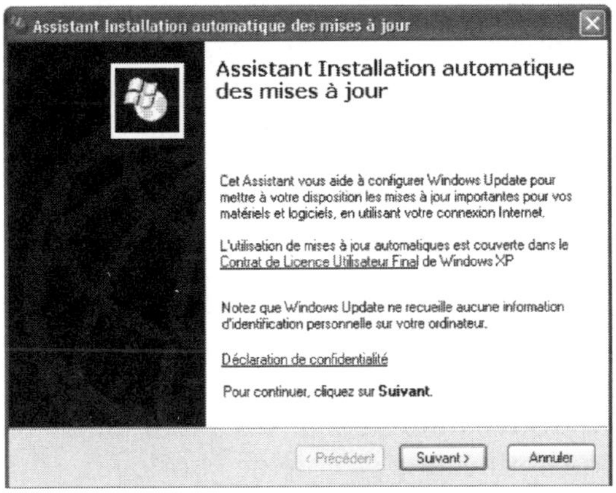

Figure 6.1 : L'Assistant Windows Update.

3. **Indiquez à Windows si vous voulez que les mises à jour soient appliquées automatiquement ou si vous voulez parcourir les mises à jour proposées avant (et après !) qu'elles soient appliquées à votre machine, comme à la Figure 6.2.**

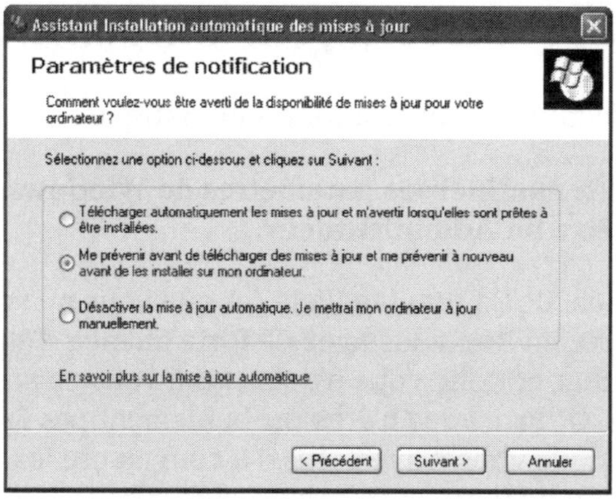

Figure 6.2 : Limitez les paramètres de ce que peut faire Windows Update sur votre machine sans votre permission.

ATTENTION !

Je vous conseille fortement d'indiquer à Windows que vous voulez voir les modifications qui vont être effectuées sur votre machine avant qu'elles ne soient appliquées (voir Figure 6.2). Pourquoi ? Parce que Microsoft a un lourd passif en matière de mises à jour qui ne fonctionnent pas vraiment bien. A de rares exceptions près, je ne télécharge pas ni n'installe tout de suite une mise à jour, sauf si un virus ou un ver informatique a déjà fait son trou sur Internet et que ma machine est sur son passage. Dans la plupart des cas, patientez une semaine ou deux avant de changer les principaux composants de votre machine pour avoir le temps de vous informer auprès des autres utilisateurs (via des sources comme ma newsletter Woody's Windows Watch, www.windowswatch.com).

4. **Cliquez sur Terminer.**

   Windows se connecte à Internet, en suivant les instructions que vous lui avez données pour rechercher les mises à jour les plus récentes. S'il a trouvé toutes les mises à jour, une icône apparaît dans la zone de notification (à côté de l'horloge).

NOTE TECHNIQUE

Sélectionnez Démarrer/Panneau de configuration/Performance et maintenance/Système, et examinez l'onglet Mises à jour automatiques pour changer de type de mise à jour à tout moment.

Effectuer une mise à jour

A moins que vous désactiviez complètement Windows Update, chaque fois que vous vous connectez à Internet, Windows vérifie s'il n'y a pas de nouvelles versions de fichiers Windows, de pilotes, de fichiers Aide, et toute sorte de nouveautés conçues pour votre ordinateur. Si de nouvelles versions sont disponibles et que vous avez indiqué à Windows de vous en avertir, vous verrez apparaître une icône dans la zone de notification (à côté de l'horloge) avec une info-bulle vous signalant que de nouvelles mises à jour sont disponibles dans Windows Update. Cliquez sur Revoir et installer les mises à jour sélectionnées.

Pendant la procédure de mise à jour automatique, on vous demandera (à plusieurs reprises) si vous autorisez Windows à télécharger et installer quelques composants Windows qui gèrent la mise à jour elle-même. C'est un classique du serpent qui se mord la queue : vous avez besoin de ces composants pour effectuer la mise à jour, mais Windows ne peut pas les télécharger automatiquement sans votre consentement. Cliquez sur OK lorsque l'on vous demandera d'installer ces composants, si vous voulez que la mise à jour automatique fonctionne... automatiquement.

Voici comment se déroule une mise à jour automatique, si vous avez choisi de revoir les mises à jour :

1. **Sélectionnez Démarrer/Aide et support, sous Choisissez une tâche, cliquez sur Maintenir votre ordinateur à jour avec Windows Update.**

   Vous verrez apparaître l'écran Windows Update, représenté à la Figure 6.3.

2. **Cliquez sur Rechercher des mises à jour.**

   Windows compare sa base de données de mises à jour disponibles aux composants installés sur votre machine, et vous indique ce qui est disponible (voir Figure 6.4).

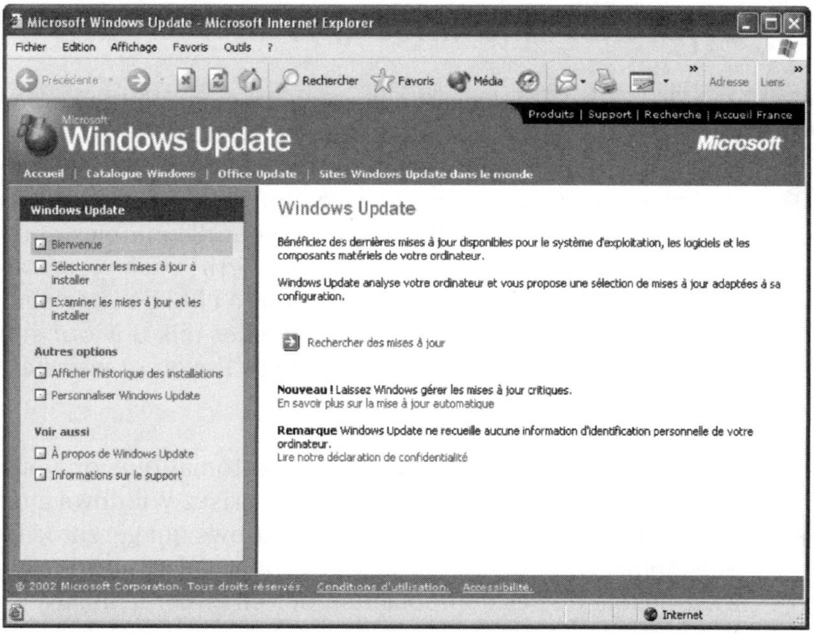

Figure 6.3 : Windows scanne votre machine et trouve des mises à jour spécifiques à votre PC.

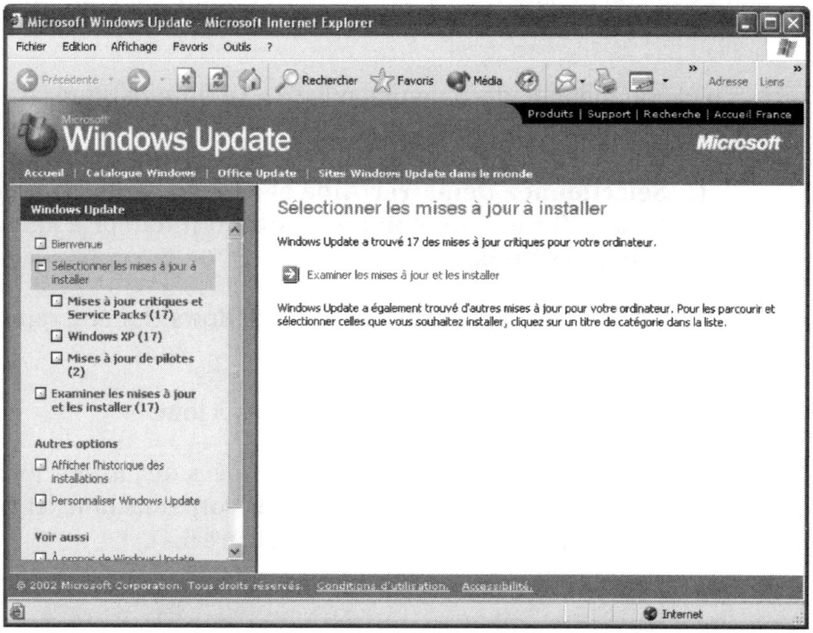

Figure 6.4 : Si vous avez indiqué à Windows XP que vous voulez voir les modifications avant leur application, vous avez une chance de pouvoir contrôler les mises à jour.

NOTE TECHNIQUE

Vous pouvez éviter les étapes 1 et 2 en accédant directement au site Web Windows Update, www.windowsupdate.Microsoft.com. Si vous cliquez sur l'info-bulle dans la zone de notification signalant que de nouvelles mises à jour sont disponibles dans Windows Update, vous passez à l'étape 3. Le résultat est le même.

3. **Cliquez sur Revoir et installer les mises à jour.**

Vous verrez une liste des mises à jour disponibles. Si vous ne voulez pas en installer une, cliquez sur Supprimer. Si vous voulez en installer une en plus, cliquez sur Ajouter (voir Figure 6.5).

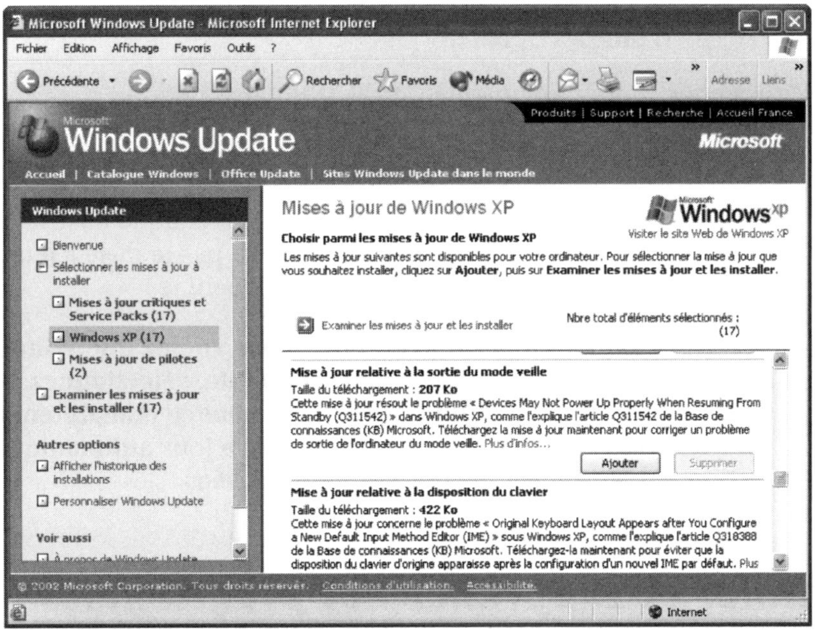

Figure 6.5 : Windows Update vous permet d'installer des composants Windows non critiques que vous jugerez peut-être utiles.

TRUC

Pas de problème ! Les mises à jour Windows XP que vous avez placées dans Supprimer vous seront ultérieurement proposées !

4. **Windows télécharge et installe les logiciels que vous avez sélectionnés.**

Vous devrez peut-être cliquer sur J'accepte pour obtenir une licence. On vous demandera sans doute de redémarrer votre machine. Mais au bout du compte, les mises à jour fonctionnent presque toujours bien.

Installer de vieilles mises à jour

Windows XP peut vous embêter avec les vieilles mises à jour que vous avez refusées : ces vieilles mises à jour apparaissent dans Me rappeler plus tard.

Suivez ces étapes pour supprimer certaines mises à jour, afin qu'elles ne sonnent plus jamais à votre porte :

1. **Faites apparaître l'écran de Windows Update. (Sélectionnez Démarrer/Aide et support, puis sous le titre Choisissez une tâche, cliquez sur Maintenir votre ordinateur à jour avec Windows Update.)**

2. **Cliquez sur Personnaliser Windows Update.**

3. **Cochez la case Masquer les mises à jour.**

   Une case à cocher apparaît à côté de chaque mise à jour proposée, ce qui n'affichera effectivement pas la mise à jour dans les recherches ultérieures sur votre machine.

4. **Si vous changez d'avis et que vous voulez que Windows affiche toutes les mises à jour en attente, sélectionnez Démarrer/ Panneau de configuration/Performance et maintenance/ Système. Puis, dans l'onglet Mises à jour automatiques, cliquez sur Restaurer les mises à jour refusées.**

Installer et supprimer des programmes

Windows XP comprend une fonctionnalité afin d'ajouter et supprimer des programmes. Pour y accéder, sélectionnez Démarrer/Panneau de configuration/Ajouter ou supprimer des programmes. Vous verrez apparaître la boîte de dialogue Ajouter ou supprimer des programmes, comme à la Figure 6.6.

Quand Windows parle de changer des programmes, il ne parle pas de bidouillage : ce n'est pas que vous pouvez indiquer à Microsoft Word d'arrêter d'afficher les Règles. Ajouter ou supprimer est conçu pour activer ou désactiver des morceaux de programme : greffer un nouveau bras ou couper un en-tête (lesquels sont particulièrement nombreux dans Office). Si vous examinez la Figure 6.7, vous constaterez l'ampleur de cette fonctionnalité : dans Ajouter ou supprimer les programmes, vous pouvez indiquer à Excel que vous voulez utiliser son Pack financier pour faire des analyses boursières. De même, vous pouvez employer Ajouter ou supprimer des programmes pour effacer complètement les fonctions de reconnaissance vocale de Office.

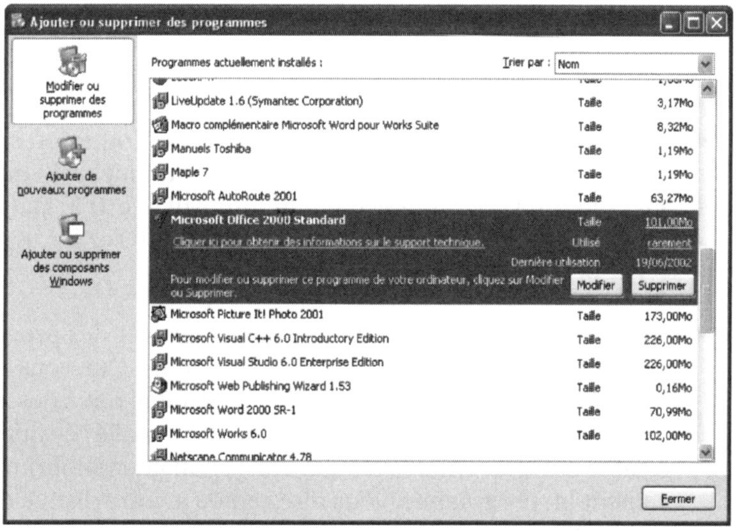

Figure 6.6 : Ajouter ou supprimer des programmes.

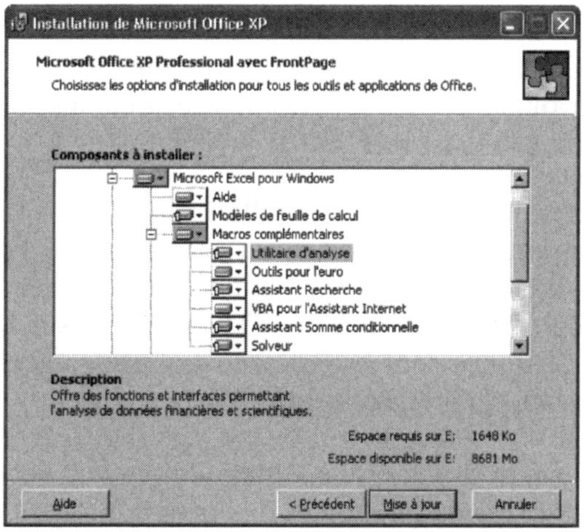

Figure 6.7 : La boîte de dialogue Installation de Office XP vue dans Ajouter ou supprimer des programmes.

Windows XP ne fait pas plus dans Ajouter ou supprimer des programmes. La principale fonction de Windows est d'être un point de rassemblement : les programmes installés sont censés placer leur utilitaire de désinstallation dans Ajouter ou supprimer des programmes. Vous disposez ainsi d'un point central à consulter lorsque vous voulez vous débarrasser d'un programme. Microsoft n'écrit pas l'utilitaire de désinstallation qu'exécute Ajouter ou supprimer des programmes. Si vous avez un problème avec un utilitaire de désinstallation, vous devez contacter la société qui a fait le programme.

Notez cependant que :

- Dans la pratique, vous n'utiliserez jamais Ajouter ou supprimer des programmes pour ajouter des programmes. Si vous voulez installer un programme, comme tout Nul averti le sait, vous insérerez le CD dans le lecteur de CD et suivrez les instructions. C'est la méthode la plus facile.

- Vous utiliserez rarement Ajouter ou supprimer des programmes pour supprimer des parties d'un programme. Que vous essayiez d'ajouter des fonctionnalités à un programme que vous avez oublié d'inclure lorsque vous l'avez initialement installé (ce qui est souvent le cas avec Office), ou que vous souhaitiez supprimer complètement un programme, vous direz adieu à votre disque dur !

  Lorsque vous installez un programme, installez-le entièrement. Même Office XP, dans toute sa misérable gloire, n'occupe que 500 Mo si vous installez tous les filtres et autres modèles. Avec des disques durs si bon marché, vous ne perdrez rien au change de supprimer plus tard des fonctionnalités déjà installées pour gagner quelques mégaoctets.

- De nombreux utilitaires de désinstallation, pour des raisons que seuls les programmeurs des marques connaissent – non je ne cite en aucun cas Adobe –, vous demandent d'insérer le CD du programme dans votre lecteur de CD avant de désinstaller le programme. Ce qui revient à vérifier le carnet de vaccination de votre chien avant qu'il vous morde !

Lorsque vous lancez un utilitaire de désinstallation, vous êtes à la merci de l'utilitaire de désinstallation et des programmeurs qui l'ont écrit. Windows n'entre absolument pas en compte.

Installer et supprimer des parties de Windows

Nombre de personnes n'utilisent jamais Windows XP dans son intégralité. Certaines parties sont en effet conçues avec des fonctionnalités si spécifiques que, à deux exceptions près, l'utilisateur lambda aura rarement l'occasion de les utiliser.

Deux exceptions ? Le support fax et la sauvegarde automatique de Windows. Vous ne les installerez pas à moins que vous vous en donniez la peine. Le fax est relativement simple d'emploi et sans danger. Je vais en parler dans cette section. La sauvegarde a ses défauts, j'en parle dans la section intitulée "Sauvegarder/Restaurer", plus loin dans ce chapitre.

ATTENTION !

Le support fax de Windows n'a jamais vraiment bien fonctionné. Bien qu'il soit théoriquement possible de faire fonctionner cette application, elle a un talon d'Achille : si vous avez un modem qui est connecté à Internet, vous ne pouvez pas envoyer ou recevoir de fax ! Etrange que Microsoft oublie de mentionner ce détail !

TRUC

Les Nuls les plus intelligents que je connais n'essaieront même pas d'utiliser le support fax de Windows ! A la place, ils ont recours à une machine fax autonome (branchée à leur prise de téléphone) ou bien un service de fax comme J2 Messenger (www.j2.com). Le logiciel J2 vous permet d'envoyer aussi facilement des fax que d'imprimer : sélectionnez Fichier/Imprimer/Envoyer avec J2 Messenger, le programme transforme votre fax en courrier électronique. Lorsque vous envoyez votre courrier électronique au siège social de J2, parmi tous vos autres courriers électroniques, ce dernier est routé vers un emplacement proche du destinataire, converti en fax, puis effectivement faxé de votre part, généralement en une fraction de seconde au prix d'une communication longue distance. J2 vous permet également de recevoir des fax : votre correspondant envoie un fax à un numéro de téléphone spécifique, le fax est converti en courrier électronique, puis vous est envoyé, le tout en quelques secondes.

Si vous n'êtes pas découragé après la lecture du précédent paragraphe, voici comment installer le logiciel de fax de Windows. Vous pouvez utiliser la même procédure dans ces grandes lignes pour installer d'autres obscures parties de Windows :

1. **Sélectionnez Démarrer/Panneau de configuration/Ajouter ou supprimer des programmes pour faire apparaître la fenêtre Ajouter ou supprimer des programmes.**

2. **Cliquez sur Ajouter/Supprimer des composants Windows pour faire apparaître l'Assistant des composants Windows (voir Figure 6.8).**

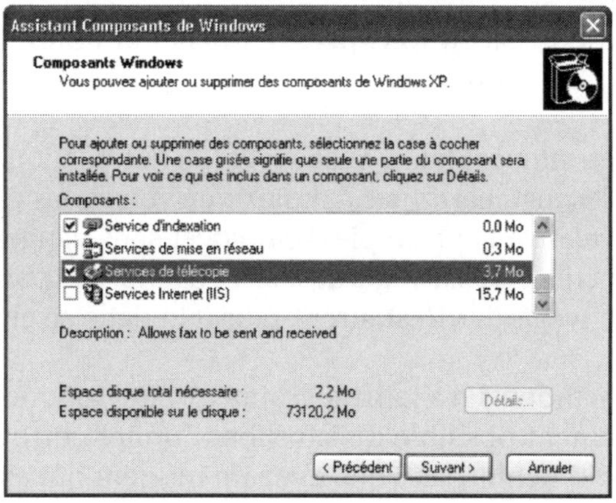

Figure 6.8 : Installez des composants Windows peu ordinaires dans Ajouter ou supprimer des programmes.

3. **Recherchez le composant que vous voulez ajouter.**

   Dans cet exemple, comme je m'évertue à ajouter le support fax, cochez la case Services fax. En règle générale, cliquez sur un composant, puis sur Détails pour savoir quels sont les sous-composants disponibles.

4. **Insérez le CD de Windows pour que Windows puisse extraire le composant du CD et l'installer sur votre PC.**

   Vous devrez peut-être redémarrer Windows. Dans tous les cas, une fois que l'assistant a terminé sa tâche, le nouveau composant est prêt à l'emploi.

Si vous avez effectué une installation typique de XP/Edition familiale, la liste suivante comprend tous les composants disponibles que vous avez installés :

- ✦ Tous les Accessoires et utilitaires sont installés.
- ✦ Les services de fax ne sont pas installés. Suivez les instructions susmentionnées pour installer le fax Windows, tout en tenant compte de ses limites.
- ✦ Le service d'indexation est installé.

- Les outils de Gestion et d'analyse sont disponibles uniquement pour la gestion standard d'un obscur réseau Internet appelé SNMP (Simple Network Management Protocol). Vous pouvez rechercher SNMP dans le Centre d'aide et de support de Windows, mais si vous le recherchez, c'est que vous n'en avez pas vraiment besoin.

- Internet Explorer et MSN Explorer sont installés. Vous pouvez vous en débarrasser, si vous le voulez.

TRUC

Si vous lisez entre les lignes, vous remarquerez que vous ne pouvez pas vraiment supprimer Internet Explorer dans Ajouter/Supprimer des composants Windows. Cette option est appelée "Ajouter ou supprimer l'accès à Internet Explorer dans le menu Démarrer ou sur le Bureau." Autrement dit, vous pouvez vous débarrasser de IE dans le menu Démarrer (Windows XP, tel qu'il est intégré dans des systèmes standards, n'a pas de raccourci vers IE sur le Bureau) en utilisant cette option. Mais ce n'est pas exactement ce que vous vouliez faire ?

- Sous Services réseau, vous pouvez ajouter trois sous-composants : Ecouteur RIP, qui utilise la version NetWare du protocole d'information de routage, Services TCP/IP simplifiés, un obscur groupe qui inclut la Citation du jour, et le support Plug and Play universel, qui ne vous concerne que si vous avez installé des périphériques UpnP (UpnP n'a aucun rapport avec Plug'n Play, le standard industriel d'identification du matériel).

- Autres services de fichier réseau et d'imprimante inclut le support pour imprimer avec des ordinateurs UNIX (et Linux) connectés à votre PC.

- Le logiciel de certificat de racine de mises à jour automatiques (les certificats de sécurité numériques des produits Microsoft) est installé et fonctionne.

Maintenir les disques

"E pur, si muove !"

"Et pourtant elle tourne !"

Galilée, à son inquisiteur, 30 avril 1633.

Les disques semblent causer plus de problèmes d'informatique que toutes les autres parties d'un PC réunies. Pourquoi ? Ils tournent ! Et contrairement aux autres parties des ordinateurs qui sont conçues pour se déplacer, les rouleaux des imprimantes, les ressorts du clavier et la boule de la souris par exemple, ils tournent vite et avec une précision hors pair, de jour en jour.

J'aborde en détail les divers types de disques et leurs avantages et inconvénients dans la section sur la gestion des disques au Chapitre 1 du Livret I. Si vous ne connaissez pas leur travail interne, commencez par lire cette section.

Comme tout autre mouvement mécanique, mieux vaut prévenir que guérir. Et contrairement à tout autre mouvement mécanique, une bonne décharge de 40 volts ne résoudra pas le problème !

Formater : NTFS versus FAT32

Si vous pardonnez cette médiocre analogie, la surface d'une disquette ou d'un disque dur est comme une cassette audio vierge. Vous savez, le truc que vous pouvez acheter 29 centimes dans un Plus pour moins. La surface d'une disquette est recouverte d'une sorte de plastique magnétique qui par magie stocke des impulsions électriques, les contient, puis les efface si vous le voulez.

Les disques essaient de rassembler un maximum de données dans un minimum d'espace, c'est pourquoi ils doivent être calibrés. D'où le *formatage*.

Lorsque vous formatez un disque dur, vous le calibrez : vous le marquez avec des bornes qui indiquent au PC où sont stockées les données et comment les récupérer. Toutes les disquettes et tous les disques durs doivent être formatés avant d'être utilisés. Le fabricant de vos disques les a sans doute formatés avant que vous ne les utilisiez. Ce qui est plus pratique, car chaque fois qu'un disque est formaté, *tout* ce que contient le disque est effacé, complètement et irrémédiablement.

Si vous pensez devoir faire un grand ménage de printemps dans votre disque dur, vous pouvez le reformater de l'une de ces deux manières :

✦ Sélectionnez Démarrer/Poste de travail pour faire apparaître l'Explorateur Windows, cliquez du bouton droit sur le disque que vous voulez reformater, cliquez sur Format, puis sur Démarrer. Tant que vous êtes Administrateur (reportez-vous à la section sur l'utilisation des types de compte utilisateur au Chapitre 2 du Livret I), vous recevrez la boîte de dialogue et le message d'avertissement de la Figure 6.9.

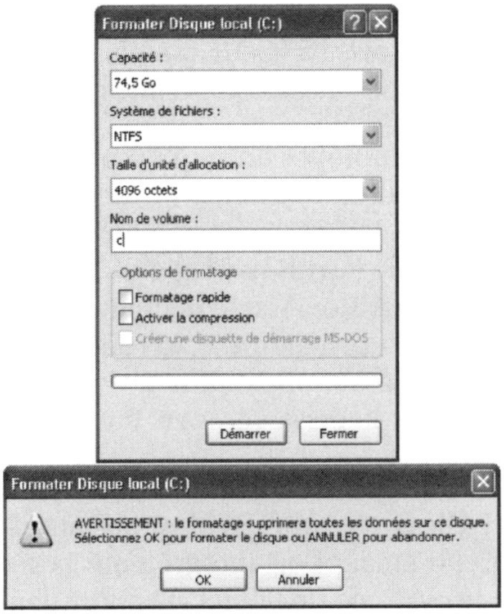

Figure 6.9 : L'approche tête brûlée pour effacer complètement toutes les données sur un disque et repartir de zéro.

✦ Reformatez votre disque dur comme faisant partie d'une complète (ré)installation de Windows XP. Reportez-vous pour de plus amples informations à la section sur l'installation propre au Chapitre 1 du Livret I.

Reformater un disque dur efface réellement tout. Vous perdez non seulement vos documents, images, programmes, messages électroniques, mais aussi vos paramètres, mots de passe et tout ce que vous avez fait pour personnaliser Windows. C'est une étape violente.

La première décision que vous devez prendre pour formater ou reformater un disque dur, ou encore acheter un disque dur préformaté, revient à déterminer lequel de ces deux types de systèmes de fichiers vous allez utiliser :

✦ **FAT32 :** 32 bits File Allocation Table ne signifie pas grand-chose à un honnête homme. FAT32 est l'ancienne méthode de stockage des données de DOS/Windows 98/ME. Choisissez FAT32 si vous avez des utilitaires de disque que vous tenez absolument à utiliser et qui nécessitent FAT32 (vérifiez-le sur le site du fabricant). Vous pouvez sélectionner FAT32 si vous avez l'intention de lancer deux versions différentes de Windows sur la même machine (procédure appelée *multiamorçage*, ce qui grâce à Dieu dépasse le cadre de cet ouvrage !) ou si vous utilisez occasionnellement une ancienne disquette d'amorçage d'urgence Windows 95/98/ME pour faire revivre un ancien système d'exploitation : ils ne comprennent que FAT32.

Si vous voulez vraiment employer un seul PC pour lancer plusieurs systèmes d'exploitation différents (Windows 95/98/ME/NT 3.51/NT 4/2000/Linux), je vous conseille fortement d'investir dans un programme appelé Partition Magic de PowerQuest, www.powerquest.com. Partition Magic décompose les systèmes multiamorçage, simplifie la procédure et la rend plus facilement contrôlable. Configurer un système multiamorçage demande un véritable savoir-faire et de la persévérance. Partition Magic la rend moins déroutante.

✦ **NTFS :** Windows NT File System. NTFS n'est pas aussi vieux que FAT32. NTFS comprend un support intégré pour la sécurité et la compression. C'est le système de fichier de choix dans presque toutes les circonstances.

Tant que vous êtes Administrateur (reportez-vous à la section sur les types de compte au Chapitre 2 du Livret I), formater un disque NTFS revient à simplement sélectionner NTFS dans la liste déroulante Système de fichier de la boîte de dialogue Format (voir Figure 6.9). Vous pouvez également convertir un disque ou une partition (une partie du disque) FAT32 existant en NTFS à l'aide d'une commande mystérieusement appelée `convert`. Pour obtenir de plus amples informations, recherchez dans le Centre d'aide et de support "convert ntfs". Windows n'a pas de commande analogue pour convertir des disques (ou partitions) NTFS en FAT32.

Si vous installez Windows XP sur un PC qui tourne sur Windows 98 ou ME, Windows vous propose de convertir tous les disques (ou partitions) FAT32 en NTFS. A moins que vous n'ayez vraiment de bonnes raisons de rester avec FAT32, acceptez la conversion du système de fichiers.

Si votre disque dur est très grand, vous devez choisir NTFS. Windows XP ne peut pas formater un disque dur supérieur à 32 Go en FAT32. Windows a de très bonnes raisons, mais la principale est que les disques très grands doivent être formatés en NTFS.

Effectuer des maintenances régulières

Les disques meurent toujours au pire moment. Un disque qui commence à agoniser présente toutes sortes d'étranges symptômes : tout devient lent, très lent, lorsque vous vous évertuez à ouvrir un fichier dans Windows et que d'inexplicables plantages et autres erreurs se produisent.

Windows XP intègre un ensemble d'utilitaires conçus pour vous aider à garder en pleine forme votre disque dur. L'un de ces utilitaires se lance automatiquement chaque fois que votre système s'arrête de manière inattendue : lorsque vous relancez votre système, Windows scanne votre disque dur pour vérifier que tout est bien en place.

Vous pouvez passer un temps considérable à prendre soin de votre disque dur, mais les trois utilitaires que je vais vous présenter sont à mon humble avis suffisants. Vous devez être un Administrateur (reportez-vous à la section sur les types de compte au Chapitre 2 du Livret I) pour pouvoir les utiliser :

Exécuter une vérification du disque

Si un disque commence à agir bizarrement, par exemple vous récupérez des messages d'erreur, lorsque vous essayez d'ouvrir un fichier ou encore Windows se plante sans explication, exécutez les routines de vérification du disque de Windows :

Si vous êtes un vieil habitué de Windows, voire un très vieil habitué de DOS, vous avez sans doute reconnu la vénérable routine `CHKDSK`.

1. **Sélectionnez Démarrer/Poste de travail.**

2. **Cliquez du bouton droit sur le disque défectueux et cliquez sur Propriétés.**

3. **Dans l'onglet Outils, cliquez sur Vérifier maintenant.**

   La boîte de dialogue Vérification du disque apparaît (voir Figure 6.10).

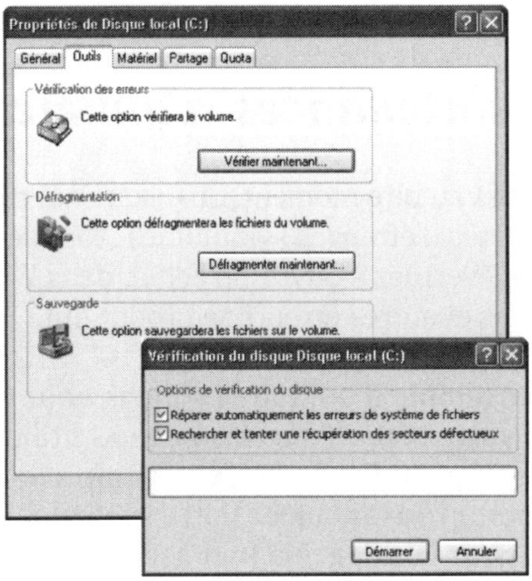

Figure 6.10 : Vérification du disque scanne entièrement le disque.

4. **Dans la plupart des cas, vous cocherez également Rechercher et tenter une récupération des secteurs défectueux et cliquerez donc sur Démarrer.**

   Si vous ne voulez pas rester assis à attendre, attendre (et attendre) que Windows termine, vous avez sans doute aussi coché la case Réparer automatiquement les erreurs de système de fichier.

Tant que vous n'utilisez pas de fichier sur le disque que Windows scanne, Windows le scanne et vous rapporte ce qu'il a trouvé. Toutefois, si vous utilisez des fichiers sur ce disque, Windows vous demande si vous voulez planifier un scanne pour le lancer au prochain redémarrage de votre machine. Si vous cliquez sur Oui, vous devez éteindre votre ordinateur, puis le rallumer. Windows lancera alors le scanne. (Remarquez qu'une simple fermeture de session n'est pas suffisante.)

Planifier des nettoyages du disque

En plus de lancer de temps à autre une vérification du disque, j'utilise les Tâches planifiées de Windows pour régulièrement accéder et supprimer les fichiers temporaires dont je n'ai plus besoin. Je choisis donc l'utilitaire appelé Nettoyage. Je vous explique comment faire dans la section "Planifier des tâches planifiées", plus loin dans ce chapitre.

Défragmenter un disque

Toutes les semaines (ou si j'y pense), je lance le Défragmenteur de disque de Windows sur tous mes disques durs. Cette fonctionnalité est légèrement différente de la routine Vérification du disque (voir la Figure 6.10), qui se concentre sur la surface des disques durs et vérifie s'ils ont été corrompus. Les fichiers sont fragmentés, éparpillés à différents endroits sur tout un disque dur, lorsque Windows crée et supprime dynamiquement des fichiers. Avoir de nombreux fichiers fragmentés sur un disque dur tend à ralentir le système d'exploitation, car Windows doit passer tout un disque pour rassembler un fichier lorsque vous lui demandez. Le Défragmenteur de disque de Windows se charge de rassembler tous les éléments des fichiers, dans un emplacement contigu ; ainsi Windows n'a pas à parcourir tout le disque pour lire un fichier. Pour lancer le Défragmenteur, suivez ces étapes :

1. **Sélectionnez Démarrer/Tous les programmes/Accessoires/Outils système/Défragmenteur.**

   Vous pouvez également parcourir le disque en question, cliquez dessus du bouton droit, cliquez sur Propriétés, puis sur Outils, et enfin sur Défragmenter maintenant (voir Figure 6.10).

2. **Cliquez sur le disque sur lequel vous voulez travailler, puis cliquez sur Analyser.**

   Windows XP vérifie que les fichiers sont correctement rassemblés, puis il vous indique si une défragmentation est nécessaire ou pas (voir Figure 6.11).

3. **Pour lancer le Défragmenteur, cliquez sur Défragmenter.**

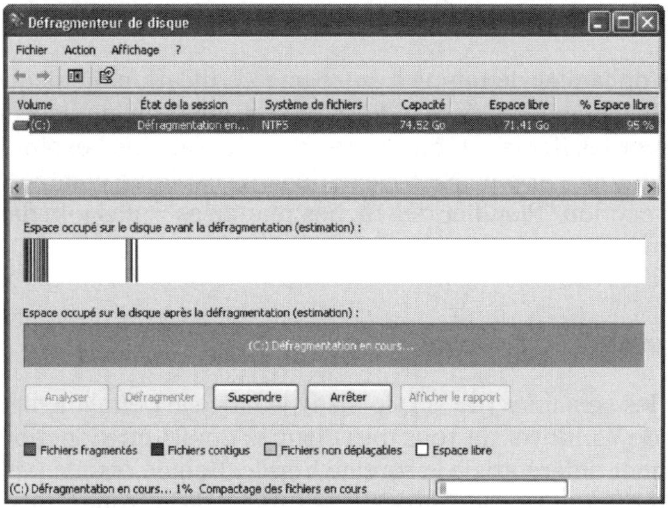

Figure 6.11 : La phase Analyser du Défragmenteur.

4. **Munissez-vous du roman que vous avez toujours voulu lire. Cela peut prendre beaucoup, beaucoup de temps.**

   Pendant qu'il défragmente, Windows peut vous envoyer en bas de la boîte de dialogue Défragmenteur de disque des messages sur son avancée (voir Figure 6.12), mais ne soyez pas trop surpris de voir la figure du "pourcentage complet" se geler un certain temps, puis recommencer de manière inexpliquée.

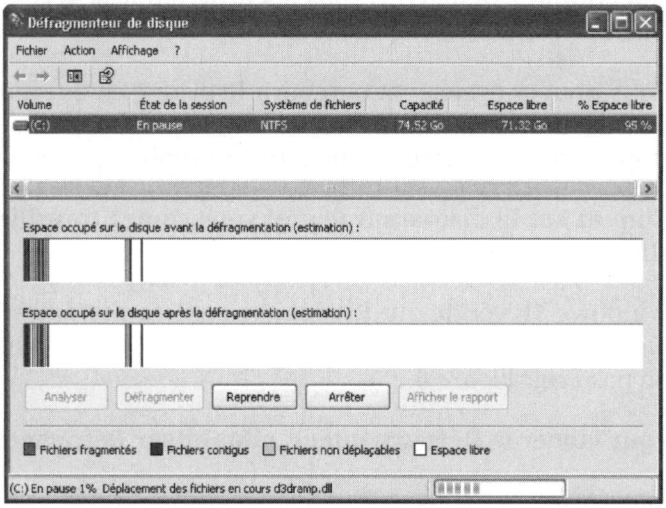

Figure 6.12 : Suivez l'avancée du Défragmenteur en bas de la boîte de dialogue.

Utilisez régulièrement ces trois outils : Chkdsk, Nettoyage et Défragmenteur de disque, vos disques vous seront éternellement reconnaissants !

Sauvegarder/Restaurer

Windows XP intègre une fonctionnalité très approfondie (et très complexe) de sauvegarde et de restauration appelée Récupération automatique du système (ASR). La partie sauvegarde de ASR fonctionne via un assistant. La partie Restauration s'affiche, sous vos ordres, lorsque vous redémarrez l'ordinateur, même si votre système est sérieusement endommagé et que vous devez remplacer le disque dur.

Si vous croyez qu'il vous suffit de deux clics et que vous récupérerez automatiquement des sauvegardes de Windows XP, vous faites erreur. Alors que travailler avec ASR n'est pas si compliqué que cela, par exemple pour configurer et maintenir un réseau client/serveur d'une grande entreprise, maîtriser ASR vous demandera du temps, au moins une journée en supposant que vous avez un doctorat en science de l'informatique. Consultez la rubrique ASR du Centre d'aide et de support de Windows XP et vous comprendrez pourquoi.

ATTENTION !

Les précédentes versions de Windows vous permettaient de charger votre PC avec une disquette spéciale appelée Disquette de réparation d'urgence (ou disquette d'amorçage d'urgence dans les plus anciennes versions). Windows XP n'en a pas. Toutes les fonctionnalités de l'ancienne Réparation d'urgence ont été incluses dans la Récupération automatique du système (ASR). Autrement dit, vous ne pouvez plus amorcer directement Windows XP depuis une disquette.

Si vous utilisez XP/Pro, que vous avez besoin d'effectuer des sauvegardes automatiquement via le réseau de votre entreprise (ce que devez sans doute faire !) et que votre réseau n'est pas encore configuré pour traiter les sauvegardes, la seule option réaliste que vous avez est de faire appel à une tierce personne qui connaît la Récupération automatique du système et qu'elle la configure à votre place. Généralement, la personne qui vous sera d'une aide précieuse est votre Administrateur réseau préféré. ASR passe de main en main dans le chœur du réseau Grande entreprise.

Quelques semaines avant la sortie de Windows XP, Microsoft avait annoncé qu'il intégrerait ASR et son sous-système de sauvegarde avec XP/Pro, mais il n'inclurait pas de sauvegarde automatique dans la version XP/Edition familiale. Ce qui a soulevé un tollé général : les utilisateurs de XP/Edition familiale ont tout autant besoin de sauvegarde que les utilisateurs de XP/Pro ; et Windows a toujours intégré une routine de sauvegarde, même si personne ne l'utilisait. Ces deux revendications ont été prises en compte.

Microsoft a bien intégré la sauvegarde ASR dans XP/Edition familiale, si vous savez où la trouver. Mais il n'y a pas de restauration ASR qui l'accompagne. Ce qui rend la sauvegarde de XP/Edition familiale aussi utile qu'une voiture de course sans les roues. Ou sans transmission, moteur, sièges et freins.

Si vous tenez absolument à installer la sauvegarde ASR (mieux connue sous le nom de NTBackup) dans XP/Edition familiale, même s'il est dépourvu de restauration, placez le CD XP/Edition familiale dans le lecteur et attendez l'apparition de l'écran de Bienvenue de Windows XP. Sélectionnez ensuite Parcourir ce CD/Valueadd/MSFT/NTBACKUP. Vérifiez que vous pouvez lire (et comprendre !) l'avertissement du fichier `readme.txt` avant de commencer l'installation.

Planifier des tâches planifiées

Windows XP comporte une fonctionnalité Tâches planifiées qui exécute n'importe quel programme en fonction de la planification que vous avez spécifiée : tous les jours, toutes les semaines, tous les mois, à minuit ou à la pleine lune.

Les tâches planifiées sont très pratiques dans deux cas différents :

- Si vous voulez effectuer une tâche toujours à la même heure. Par exemple, vous vous connectez à Internet tous les matins à 8 h 15, de telle sorte que votre machine soit déjà connectée lorsque vous vous mettez au travail. Ou encore si vous voulez lancer une présentation PowerPoint tous les matins à 9 h 30, de telle sorte que votre patron entende la musique du logiciel dès qu'il passe dans le couloir. (Qui a dit que les Nuls n'étaient pas malins ?)

✦ Si vous voulez être sûr que votre ordinateur effectue une quelconque tâche de maintenance qui n'interfère pas avec vos heures de travail. Par conséquent, vous allez planifier des nettoyages du disque tous les jours de la semaine à 13 h, car vous savez que c'est votre heure de déjeuner.

TRUC

Les Tâches planifiées soulèvent toujours de la même question récurrente : "Puis-je laisser mon ordinateur tourner toute la nuit ou dois-je l'éteindre ?" En fait, cette question reste sans réponse. Vous pouvez avoir une tonne d'arguments pour ou contre. Pour trancher, sachez que vous pouvez très bien laisser votre ordinateur allumé (ou en veille) pour exécuter une tâche planifiée et donc le laisser tourner au moins une nuit par semaine (ou par mois) afin que la maintenance soit assurée.

ATTENTION !

Vous n'avez absolument aucune idée sur la question "Puis-je laisser mon ordinateur allumer ?" Une personne de votre connaissance vous a affirmé que lancer un scanne sur toute la surface du disque dur tous les jours est une très mauvaise idée. (Notamment Chkdsk, reportez-vous à la section "Effectuer des maintenances régulières.) Un scanne complet est une douloureuse épreuve pour votre disque dur. C'est un peu comme si vous vous forciez à faire un saut à l'élastique tous les jours pour garder la forme !

L'une des utilisations les plus importantes des Tâches planifiées réside dans un programme de nettoyage de fichier Windows, appelé Nettoyage. Je vous l'ai présenté dans la section "Maintenir les disques" de ce chapitre. Voici comment planifier le Nettoyage et utiliser de manière générale les Tâches planifiées :

1. **Sélectionnez Démarrer/Tous les programmes/Accessoires/Outils système/Tâches planifiées pour accéder aux tâches planifiées.**

   Vous verrez apparaître la fenêtre de l'Explorateur Windows comme à la Figure 6.13.

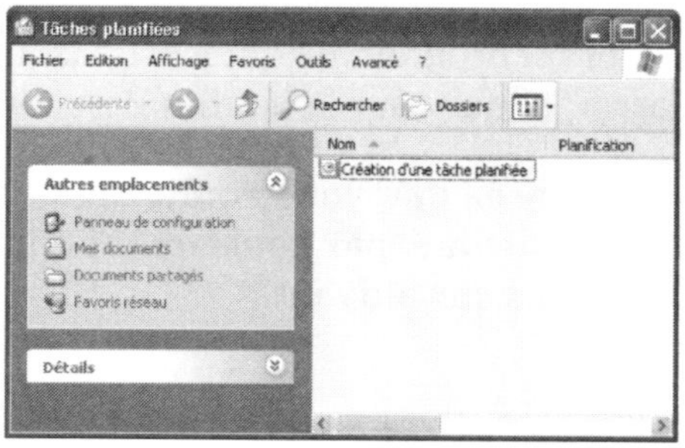

Figure 6.13 : Tâches planifiées.

Oui, vous avez raison si la Figure 6.13 vous rappelle quelque chose. Toutes les Tâches planifiées de Windows XP sont dans un dossier appelé Tâches planifiées. Les tâches elles-mêmes sont de simples fichiers, et l'icône Ajouter des tâches planifiées dans la Figure 6.13 est un simple assistant. Si vous n'avez jamais vu de Tâches planifiées sur un PC connecté à votre réseau, recherchez le dossier Tâches planifiées.

2. **Double-cliquez sur l'icône Ajouter des tâches planifiées.**

   L'Assistant des tâches planifiées apparaît dans un écran d'introduction.

3. **Cliquez sur Suivant.**

   Vous verrez la liste des programmes disponibles, comme à la Figure 6.14.

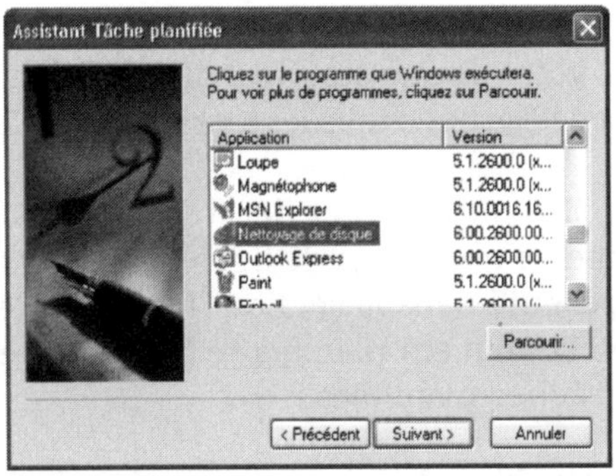

Figure 6.14 : Pour planifier l'exécution régulière du Nettoyage du disque, sélectionnez Nettoyage du disque.

La liste de la Figure 6.14 est un bien étrange assortiment de programmes. L'Assistant des tâches planifiées prend tous les programmes listés dans le menu Démarrer, les classe par ordre alphabétique, puis les rassemble dans cette liste. Littéralement. Si vous voulez planifier un programme qui n'est pas mentionné dans le menu Démarrer, cliquez sur le bouton Parcourir.

4. **Dans cet exemple, supposez que vous vouliez planifier l'exécution du Nettoyage du disque, par conséquent cliquez sur Nettoyage du disque, puis sur Suivant.**

Vous devez indiquer à Windows la fréquence de l'exécution du Nettoyage du disque (voir Figure 6.15).

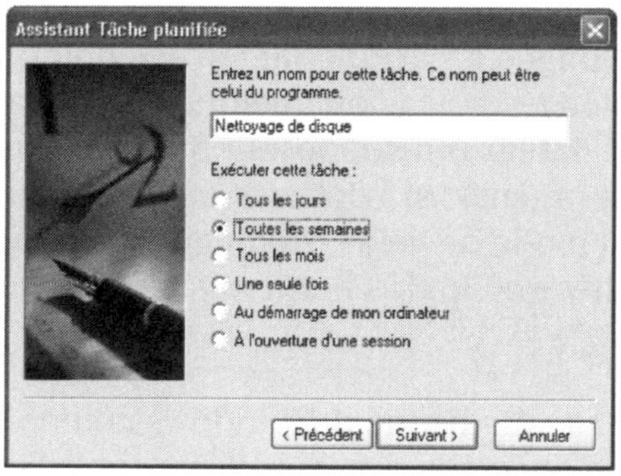

Figure 6.15 : Commencez par définir la fréquence, puis l'heure, le jour de la semaine, etc.

5. **Cliquez sur Suivant, puis paramétrez la tâche exacte : le jour, l'heure.**

6. **Cliquez sur Suivant, l'Assistant des tâches planifiées vous demande de lui donner des informations relatives à la sécurité (voir Figure 6.16).**

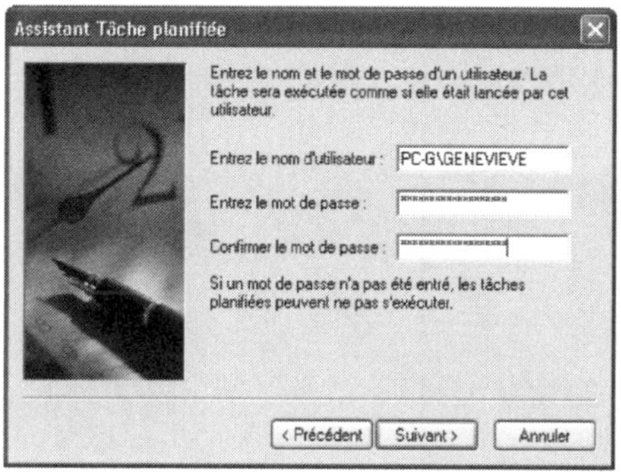

Figure 6.16 : Un programme de tâches planifiées ne s'exécute que si vous avez l'autorité compétente pour l'exécuter manuellement.

Cet écran est très important, car il souligne le fait que vous n'avez aucun privilège particulier même si vous planifiez une tâche. Le programme ne s'exécute que si vous êtes autorisé à l'exécuter. (Reportez-vous à la section sur les types de compte au Chapitre 2 du Livret I.)

7. **A la dernière étape, vous pouvez paramétrer les "Propriétés avancées" de la tâche planifiée.**

   Les propriétés avancées indiquent à Windows ce qu'il doit faire : si la tâche est très longue à s'accomplir ; si elle doit passer en mode de veille prolongée au cas où quelque chose d'autre se produirait sur l'ordinateur (en supposant que vous finissez tôt le matin un rapport urgent) ; si Windows doit réveiller l'ordinateur (c'est le cas en mode de veille prolongée) ou exécuter la tâche dans l'hypothèse où le PC chargerait ses batteries en même temps.

TRUC

Le programme de Nettoyage du disque de Windows comporte des paramètres très pratiques que vous pouvez utiliser (voir Figure 6.17). Le Planificateur des tâches ne vous permet pas de sélectionner des options d'un programme planifié. La solution ? Lancez manuellement une fois le Nettoyage du disque (sélectionnez Démarrer/Tous les programmes/Accessoires/Outils système/Nettoyage du disque). Le Nettoyage du disque se rappelle des paramètres que vous avez appliqués lorsque vous l'avez lancé manuellement et utilise ces paramètres chaque fois qu'il est lancé par les Tâches planifiées. D'autres programmes Windows fonctionnent de la même manière.

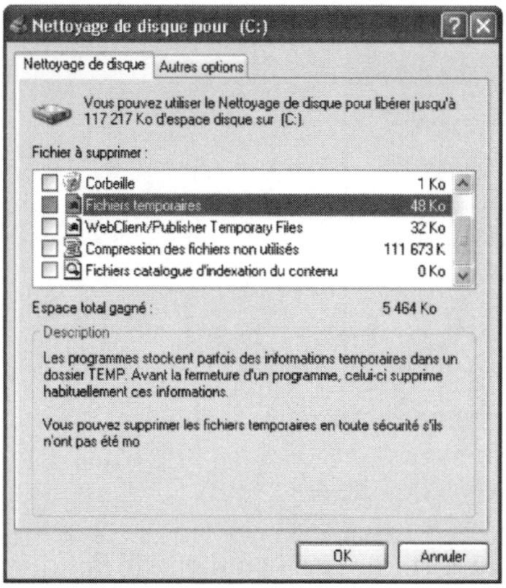

Figure 6.17 : Le Nettoyage du disque vous permet de sélectionner le type de fichier que vous voulez supprimer.

Zipper et compresser

Windows XP supporte deux types de fichier de *compression*. La distinction peut prêter à confusion, mais est importante.

La compression d'un fichier réduit la taille d'un fichier en ôtant de manière pertinente les parties du contenu du fichier qui ne sont pas nécessaires et en stockant le minimum d'informations indispensables à la reconstitution du fichier. Une certaine quantité de surdébit doit être prise en compte, car l'ordinateur doit prendre le temps de compresser un fichier avant de le stocker, puis il prend encore plus de temps à restaurer ce fichier à son état initial. Mais la compression peut considérablement réduire la taille d'un fichier. Un fichier compressé peut occuper jusqu'à la moitié de son espace original, voire moins dans certains cas.

Comment fonctionne la compression ? Tout dépend de la méthode de compression que vous utilisez. Dans un type de compression, connu sous le nom d'encodage Huffman, les lettres qui apparaissent le plus fréquemment dans un fichier (par exemple, la lettre *e* dans un document de traitement de texte) sont compressées de telle sorte qu'elles n'occupent qu'un petit espace du fichier alors que les lettres moins utilisées (par exemple le *x*) sont autorisées à occuper plus d'espace. A la place de l'allocation de huit 1 et 0 pour chaque lettre d'un document, certaines lettres ne prendront que deux 1 et 0 alors que d'autres en prendront 15. Il en résulte une réduction importante de la taille du fichier. C'est compliqué et demande des connaissances en mathématiques.

Les deux techniques de compression de fichier de Windows XP sont :

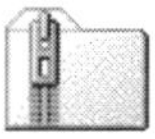

- Les fichiers peuvent être compressés et placés dans le "Dossier compressé (zippé)", avec une icône correspondante.
- Des fichiers, des dossiers, voire même des lecteurs entiers peuvent être compressés en utilisant les fonctionnalités de compression intégrées de NTFS.

Pour une définition de NTFS, reportez-vous à la section "Formater : NTFS versus FAT32" dans ce chapitre.

Voici que les choses se compliquent.

La compression NTFS est intégrée dans le système de fichier : vous ne pouvez utiliser que des lecteurs NTFS et la compression ne marche pas si vous déplacez (ou copiez) le fichier en dehors du lecteur. Considérez la compression NTFS comme une fonctionnalité inhérente au lecteur de disque lui-même. Ce n'est pas vraiment le cas : dans la pratique, Windows XP est très habile, mais la théorie vous permettra de vous souvenir des limites et des étrangetés de la compression NTFS.

Même si Microsoft veut vous faire croire que la compression "Dossier compressé (zippé)" se base sur les dossiers, ce n'est pas vrai. Un "Dossier compressé (zippé)" est effectivement un fichier *et non* un dossier, mais c'est un type de fichier particulier appelé fichier Zip. Si vous avez déjà rencontré des fichiers Zip sur Internet (ces fichiers ont une extension de nom .ZIP et sont souvent manipulés avec des programmes comme WinZip, www.winzip.com), vous voyez bien de quoi je parle. Les fichiers Zip contiennent un ou plusieurs fichiers compressés et utilisent la technique de compression la plus répandue sur Internet. Considérez les "Dossiers compressés (zippés)" comme étant des fichiers Zip et si vous ne connaissez absolument rien sur les fichiers ZIP, vous comprendrez très bien les limites et les étrangetés des "Dossiers compressés (zippés)". Microsoft parle de "Dossiers", car il pense que c'est plus facile à comprendre pour les utilisateurs. A vous de juger.

TRUC

Si vous avez fait afficher par Windows les extensions de nom de fichier, reportez-vous à mes revendications enflammées de la section sur les extensions de nom de fichier au Chapitre 2 du Livret I. Vous avez sans doute compris qu'en réalité les "Dossiers compressés (zippés)" sont de simples fichiers Zip.

Le Tableau 6.1 est une brève comparaison des deux types de compression : NTFS et Zip.

ATTENTION !

Si vous voulez compresser le lecteur qui contient votre dossier Windows, vous ne pourrez pas compresser les fichiers qui sont en cours d'utilisation par Windows.

Tableau 6.1 : Compression NTFS versus compression "Dossiers compressés (zippés)".

NTFS	ZIP
La compression NTFS est une fonctionnalité du disque dur.	La technologie ZIP fonctionne sur n'importe quel fichier, quel que soit son emplacement de stockage.
Du moment où vous déplacez un fichier NTFS compressé en dehors du lecteur NTFS, pour envoyer par exemple une pièce jointe via le courrier électronique, le fichier est automatiquement décompressé et vous ne pouvez rien y faire : vous venez d'envoyer un énorme fichier décompressé.	Vous pouvez déplacer un "Dossier compressé (zippé)" (en fait un fichier Zip, avec une extension de nom .ZIP) n'importe où, il reste compressé. Si vous envoyez un fichier Zip en pièce jointe dans un courrier électronique, il sera reçu comme un fichier compressé. Le destinataire peut directement visualiser le fichier dans Windows XP ou utiliser un produit comme WinZip pour le lire.
La compression NTFS induit un surdébit : Windows doit compresser et décompresser ces fichiers à la volée, ce qui consomme de la puissance du processeur.	Les fichiers Zip induisent très peu de surdébit. De nombreux programmes (par exemple les programmes antivirus) lisent directement les fichiers Zip.
La compression NTFS est recommandée si vous n'avez pas beaucoup d'espace sur un lecteur NTFS formaté.	Les "Dossiers compressés (zippés)" (bref les fichiers Zip) sont le format le plus utilisé.
Vous devez avoir les privilèges d'un Administrateur pour pouvoir utiliser la compression NTFS.	Vous pouvez créer, copier, déplacer des fichiers Zip comme n'importe quel autre type de fichier, avec les mêmes règles de sécurité.
Vous pouvez utiliser la compression NTFS sur tout un lecteur, des dossiers ou de simples fichiers. Ils ne sont pas protégés par des mots de passe.	Vous pouvez Zipper des fichiers et des dossiers et les protéger par des mots de passe.

Pour utiliser la compression NTFS sur tout un lecteur, suivez ces étapes :

1. **Vérifiez que vous avez pleinement les droits d'un Administrateur (reportez-vous au Chapitre 2 du Livret I).**

2. **Sélectionnez Démarrer/Poste de travail, puis cliquez du bouton droit sur le lecteur que vous voulez compresser. Cliquez sur Propriétés, puis sur l'onglet Général (voir Figure 6.18).**

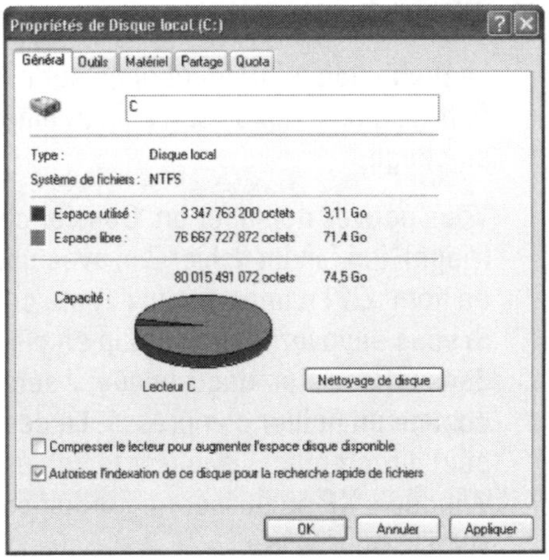

Figure 6.18 : La compression NTFS ne peut se faire que sur les lecteurs formatés NTFS.

3. **Si le lecteur est formaté NTFS (voir la section "Formater : NTFS versus FAT32" dans ce chapitre), cochez la case Compresser le lecteur pour augmenter l'espace disque disponible.**

4. **Cliquez sur OK.**

   Windows vous demande de confirmer la compression de tout le lecteur. Il va prendre un certain temps pour le compresser ; dans certains cas, cela peut prendre des jours. Bon courage !

Pour utiliser la compression NTFS sur un dossier ou un simple fichier, suivez ces étapes :

1. **Vérifiez que vous avez pleinement les droits d'un Administrateur (reportez-vous au Chapitre 2 du Livret I).**

2. **Parcourez pour trouver le dossier ou le fichier que vous voulez compresser (par exemple, sélectionnez Démarrer/Mes documents). Cliquez du bouton droit sur le fichier ou le dossier que vous voulez compresser. Cliquez sur Propriétés, puis sur le bouton Avancées dans l'onglet Général.**

   La boîte de dialogue Attributs avancés apparaît (voir Figure 6.19).

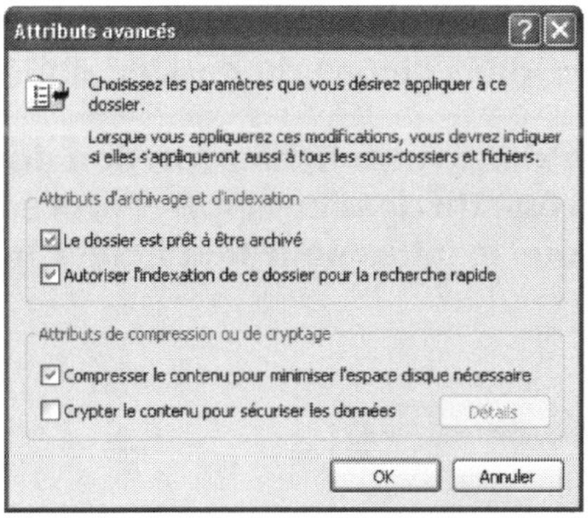

Figure 6.19 : La compression NTFS de fichier ou de dossier ne se fait que sur des lecteurs NTFS.

3. **Cochez la case Compresser le contenu pour minimiser l'espace disque nécessaire et cliquez sur OK.**

   Pour décompresser un fichier ou un dossier, retournez dans la boîte de dialogue Attributs avancés (cliquez du bouton droit sur le fichier ou le dossier, cliquez sur Propriétés, puis sur Avancées) et décochez la case Compresser le contenu pour minimiser l'espace disque nécessaire.

Pour utiliser la compression Zip, enfin les "Dossiers compressés (zippés)", vous devez commencer par créer un fichier Zip, pardon, un "Dossier compressé (zippé)" :

1. **Sélectionnez Démarrer/Mes documents afin de trouver le dossier que vous voulez mettre dans votre nouveau fichier Zip.**

2. **Cliquez du bouton droit sur n'importe quel emplacement vide dans la fenêtre et sélectionnez Nouveau/Dossier compressé (zippé).**

   Windows crée un nouveau fichier Zip, avec une extension de nom de fichier `.ZIP` et le place dans le dossier courant.

   Le nouveau fichier est comme n'importe quel autre fichier : vous pouvez le renommer, le copier, le déplacer, le supprimer, l'envoyer en pièce jointe dans un message électronique, l'enregistrer sur Internet ou faire tout autre chose que vous pouvez faire avec un fichier. (Parce que c'est un *fichier* !)

3. **Pour ajouter un fichier dans "Dossier compressé (zippé)", il vous suffit de le glisser dans l'icône du dossier zippé.**

4. **Pour copier un fichier dans votre fichier (pardon dossier) Zip, double-cliquez sur l'icône du dossier zippé et procédez de la même manière que vous le faites pour tout fichier "normal" (voir Figure 6.20).**

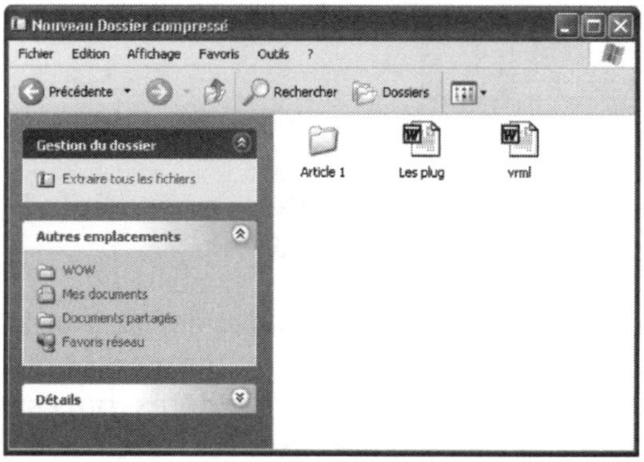

Figure 6.20 : Les fichiers zippés peuvent, à certaines conditions, être traités comme n'importe quel autre fichier.

5. **Pour copier tous les fichiers de votre fichier (dossier) Zip, cliquez sur Extraire tout dans le panneau Gestion des fichiers.**

   Vous verrez apparaître l'Assistant Extraction de dossiers compressés (zippés) de Windows XP (voir Figure 6.21), qui va vous guider pas à pas.

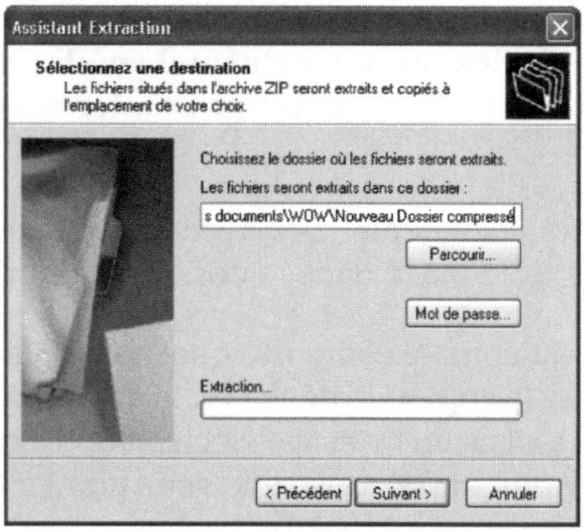

Figure 6.21 : Pour copier tous les fichiers du fichier Zip, "extrayez-les" en utilisant cet assistant.

L'Assistant Extraction de dossiers compressés (zippés) met tous les fichiers copiés dans un nouveau dossier portant le même nom que le fichier Zip, ce qui peut prêter à confusion. A moins que vous donniez un autre nom au dossier extrait de Dossier compressé (zippé), vous finirez avec deux dossiers ayant exactement le même nom sur votre Bureau. Donnez un autre nom au dossier lorsque vous extrayez les fichiers.

WinZip de Nico Mak a des fonctionnalités similaires aux fonctionnalités intégrées de "Dossiers compressés (zippés)" de Windows XP. Consultez www.winzip.com pour de plus amples informations.

Créer des points de restauration et une Restauration système

Est-ce que tout va bien ?

Attendez un peu, pensez-vous vraiment que quelque chose cloche, *car* tout va bien ?

Vous venez de comprendre le concept global de la Restauration système. Si vous faites une capture d'écran de votre PC de temps en temps, lorsque tout va bien, vous retrouverez assez facilement le "bon fonctionnement de votre machine" si quelque chose semble marcher de travers.

Windows XP effectue automatiquement des captures Restauration système, appelées des points de restauration, qui peuvent vous signaler que vous êtes en train d'essayer de faire quelque chose de compliqué, comme installer une nouvelle carte réseau. Malheureusement, Windows ne peut toujours pas vous signaler que vous êtes en train de faire quelque chose de dangereux : puisque vous venez de vous offrir un nouveau lecteur CD, les instructions d'installation vous demandent d'éteindre votre PC, puis d'installer le lecteur *avant de* lancer le programme d'installation. Par conséquent, exécuter des points de restauration de temps en temps ne fait pas de mal.

Voici comment générer un point de restauration système :

1. **Attendez que votre PC tourne à sa vitesse de croisière.**

   Créer un point de restauration qui vous propulse à la vitesse de la lumière n'a absolument aucun intérêt.

2. **Vérifiez que vous êtes bien un Administrateur (voir Chapitre 2 du Livret I).**

3. **Sélectionnez Démarrer/Tous les programmes/Accessoires/ Outils système/Restauration système.**

   Vous avez le choix entre configurer un point de restauration et restaurer un précédent point de restauration.

4. **Choisissez Créer un point de restauration (voir Figure 6.22), puis cliquez sur Suivant.**

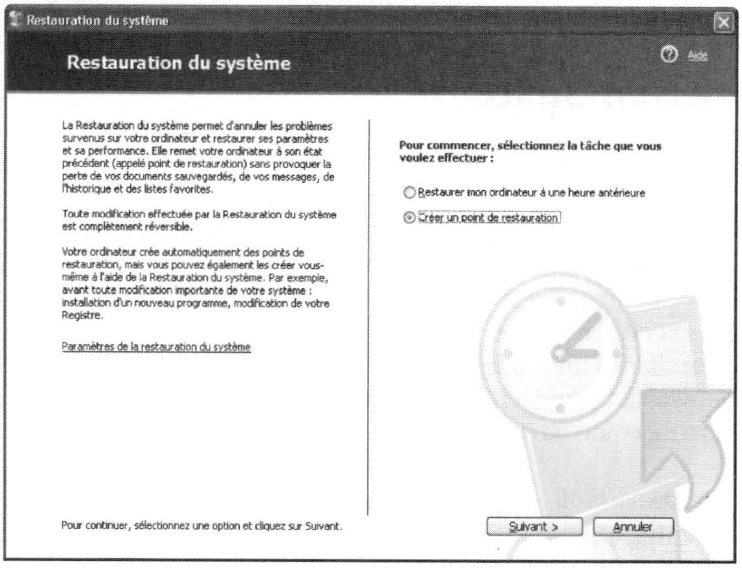

Figure 6.22 : Windows XP crée des points de restauration à la demande.

5. **Tapez le nom du point de restauration (par exemple : Que tout marche enfin bien) et cliquez sur OK.**

   Windows notifie automatiquement le point de restauration avec la date et l'heure courantes.

6. **Windows crée un point de restauration et vous quitte pour des jours meilleurs.**

Si vous n'avez jamais restauré votre ordinateur, suivez ces étapes :

1. **Fermez tous les programmes en cours d'exécution et enregistrez votre travail.**

   La Restauration système ne s'occupe pas des fichiers de données, des documents, des images ou tout autre chose. Elle ne fonctionne que sur les fichiers système. Vos données sont sauves !

2. **Sélectionnez Démarrer/Tous les programmes/Accessoires/Outils système/Restauration système.**

3. **Choisissez Restaurer mon ordinateur à une heure antérieure, puis cliquez sur Suivant.**

4. **Sélectionnez la date et le point de restauration que vous voulez pour restaurer (voir Figure 6.23).**

5. **Windows s'arrête, redémarre et restaure lui-même au point que vous avez sélectionné.**

La Restauration système fonctionne très bien.

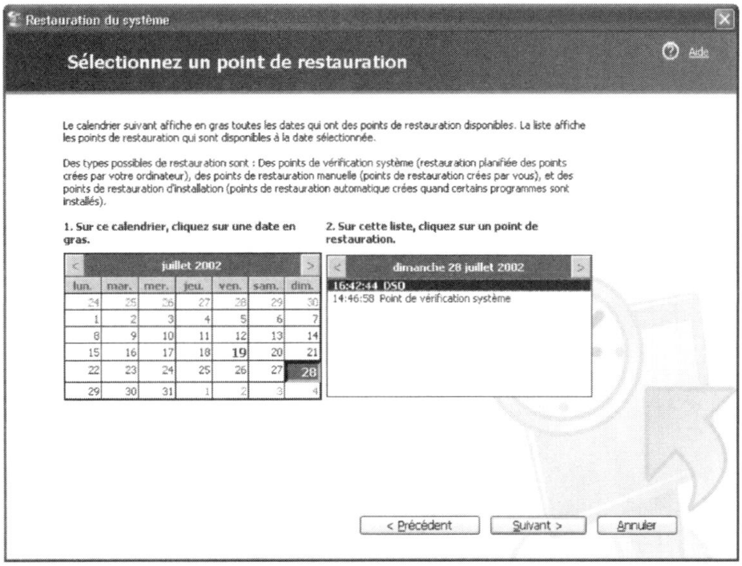

Figure 6.23 : Sélectionnez le point de restauration dont vous avez besoin.

Chapitre 7 : Windows XP/Professionnel

Dans ce chapitre :

- **Avez-vous besoin de Windows XP ?**
- **Que faire si vous avez la version professionnelle de XP et que vous voulez l'édition familiale ?**
- **Que faire si vous avez l'édition familiale de XP et que vous voulez la version professionnelle ?**
- **Bénéficier des fonctionnalités de Windows XP/Pro.**

A quelques exceptions près (comme la présentation des réseaux client/serveur du Chapitre 1 du Livret I), *Windows XP pour les Nuls 9 en 1* est entièrement consacré à Windows XP/Edition familiale.

Pourquoi ?

A quelques exceptions près, Windows XP/Pro, l'autre version de Windows XP, ne propose rien de plus qui puisse intéresser les Nuls.

Ce chapitre vous présente ces exceptions : pour quelle raison Windows XP coûte plus cher ; ce que vous pouvez faire avec XP/Pro si vous l'avez que ce soit chez vous ou dans votre entreprise.

Les différences entre XP/Pro et XP/Edition familiale

De prime abord, Windows XP/Edition familiale et Windows XP/Pro sont très différents. Dès le début, les installateurs font diverses hypothèses sur le type de réseau que vous voulez faire. XP/Edition familiale vous présente un sympathique écran de Bienvenue "pointer et cliquer", tandis que XP/Pro vous demande d'ouvrir une session, ce qui signifie que vous devez connaître votre ID d'utilisateur et votre mot de passe avant même de pouvoir commencer. Dans XP/Edition familiale, vous pouvez facilement basculer d'un utilisateur à l'autre sur la même machine. Dans XP/Pro, basculer d'un utilisateur à l'autre est aussi facile que de se promener dans les bureaux de la CIA.

Mais dans le fond, ces deux produits sont remarquablement identiques. La quasi-totalité des fonctionnalités de Windows XP/Pro se retrouvent dans l'Edition familiale. Vous pouvez utiliser presque toutes les fonctionnalités de la même manière. Même les CD de XP/Edition familiale et XP/Pro sont très proches à une petite poignée de fichiers près. Les utilisateurs de XP/Pro peuvent indiquer à Windows d'utiliser l'écran de Bienvenue et la Bascule rapide vers d'autres utilisateurs, dans la mesure où le PC n'est pas connecté à un réseau Grande entreprise.

Ce n'est pas un hasard. Microsoft a conçu de cette manière cette version de Windows. Les directeurs des produits de Redmond nous ont promis que la future version de Windows sera dotée de plus de "fonctionnalités" pour les acheteurs de XP/Pro que ceux de l'Edition familiale. Pour l'instant, la différence reste mince.

Avantages de Windows XP/Edition familiale

Le principal avantage de Windows XP/Edition familiale est plus dans ce qu'il n'a pas que dans ce qu'il a. Vous comprenez ce que je veux dire ?

XP/Edition familiale suppose que vous ne voulez pas ou n'avez pas besoin d'une foule de fonctionnalités sur la sécurité. Il ne se relie pas à un système de sécurité d'entreprise sophistiqué. Il ne reconnaît pas le système de sécurité intégré dans Windows NT Server ou Windows 2000 Server (ou Windows .Net Server).

NOTE TECHNIQUE

Dans Windows 2000 Advanced Server, la sécurité prend la forme de Active Directory, un outil intelligent qui permet de gérer les ordinateurs sur un réseau client/serveur ainsi que les utilisateurs, les ressources système (comme les imprimantes et les connexions à

Internet) et les interactions entre tous ces éléments. Active Directory est un monde dans une ville, avec tant de recoins techniques qu'il faudrait créer une toute nouvelle génération d'administrateurs réseau, chargée spécifiquement de soigner et nourrir la bête Active Directory.

D'un autre côté, les utilisateurs dans des petites entreprises ne veulent pas ou n'ont pas les moyens d'assumer un lourd système de sécurité : les administrateurs réseau coûtent cher et administrer eux-mêmes le réseau satisfait leurs obligations. Quant aux utilisateurs domestiques, ils ne veulent absolument pas se débattre avec ces fonctionnalités supplémentaires.

Les besoins moindres en matière de sécurité de l'Edition familiale de Windows XP présentent quelques avantages. Vous trouverez les fonctionnalités suivantes dans l'Edition familiale qui ne sont pas dans la version professionnelle :

- Une simple ouverture de session via l'écran de Bienvenue "pointer et cliquer".
- Pas besoin de retenir un nom d'utilisateur ou un mot de passe, à moins que vous vouliez absolument utiliser un mot de passe (voir Chapitre 2 du Livret I).
- La bascule rapide vers d'autres utilisateurs vous permet de laisser surfer le petit Bill sur Internet très vite tandis que vous voulez vérifier ce que fabrique votre chat dans la cuisine. Bill peut accéder à ses propres favoris, historique et paramètres. Lorsque Bill vous rend votre place, vous pouvez reprendre votre travail, là où vous l'avez laissé.

TRUC

Si votre système XP/Pro n'est pas connecté à un réseau client/serveur (c'est-à-dire un réseau Grande entreprise ou "domaine" dans le jargon de Microsoft), vous pouvez indiquer à XP/Pro de traiter les utilisateurs comme dans XP/Edition familiale. Sélectionnez Démarrer/Panneau de configuration/Comptes d'utilisateurs/Modifier la manière dont les utilisateurs ouvrent et ferment une session. En utilisant les paramètres de la boîte de dialogue Comptes d'utilisateurs, vous pouvez indiquer à Windows d'utiliser l'écran de Bienvenue de Windows XP/Edition familiale, et/ou activer une bascule rapide vers d'autres utilisateurs.

NOTE TECHNIQUE

Toutes les fonctionnalités supplémentaires de sécurité de Windows XP/Pro concernent des réseaux client/serveur, ce que Microsoft appelle un *domaine*. Pour de plus amples informations sur le client/serveur et les domaines, reportez-vous au Chapitre 1 du Livret I.

Bien sûr, l'autre principal avantage de l'Edition familiale est son prix. Si vous achetez le logiciel Windows, XP/Edition familiale coûte environ cent euros de moins que la version professionnelle. Si vous achetez un nouvel ordinateur, il est fort à parier que XP/Edition familiale est gratuit, alors que la version professionnelle dans la mesure où elle est incluse dans l'ordinateur, coûte quelques billets supplémentaires.

Avantages de Windows XP/Pro

Si vous avez besoin de XP/Pro, vous le savez déjà, sinon une personne dans votre entreprise vous a conseillé de vous le procurer car il conviendrait mieux à votre système.

C'est pour cette raison que le personnel du service des NTIC peut insister sur le fait que vous devez installer Windows XP/Pro. Ces personnes sont concernées par la sécurité, et ce pour de bonnes raisons. Si vous lancez XP/Edition familiale sur votre PC et que vous vous reliez au réseau de l'entreprise, vous savez qu'il s'exécute sur le serveur Grande entreprise ; aussi votre PC et vous-même représentez une faille significative en matière de sécurité.

Voici un scénario catastrophe (les spécialistes de la sécurité informatique aiment employer le mot "scénario", je les imite !) :

1. **Vous installez Windows XP/Edition familiale sur votre ordinateur portable à la maison, puis vous emmenez ce portable au bureau et le connectez au réseau Grande entreprise.**

2. **Vous êtes connecté au réseau Grande entreprise en utilisant la technique décrite dans la section "Convertir XP/Edition familiale en XP/Pro", plus loin dans ce chapitre.**

3. **Vous utilisez le minuscule modem de votre portable pour vous connecter au grand Internet sans avoir recours au pare-feu de Windows XP. ET hop, vous venez d'ouvrir une brèche dans le réseau Grande entreprise.**

Ce type de brèche dans la sécurité est unique à Windows XP/Edition familiale : les capacités étendues de Windows XP/Edition familiale et la configuration simple du réseau en font une cible idéale. Les spécialistes de la sécurité, ce qui est tout à fait compréhensible, n'aiment pas avoir des machines sur "leur" réseau qui peuvent ouvrir une brèche dans leur plan de protection.

La sécurité dépasse le cadre du simple modem. Windows XP/Pro affiche toutes sortes de fonctionnalités de sécurité qui n'existent pas dans l'Edition familiale :

- **Intégration complète avec Active Directory :** Ce qui signifie que, avec XP/Pro, vous pouvez utiliser Active Directory sur le réseau Grande entreprise pour contrôler qui utilise votre PC et ce que peuvent faire les autres utilisateurs de votre PC (et sur tout le réseau). Les Administrateurs réseau officiels sont chargés de toute la gestion.

- **Les domaines :** Même si votre entreprise n'utilise pas Active Directory, XP/Pro tire pleinement parti des fonctionnalités que Microsoft a intégré dans tous ses réseaux client/serveur (*domaines*). De nombreuses fonctionnalités sont associées aux domaines, dont la possibilité de prédéfinir les droits d'accès des groupes d'utilisateurs et d'attribuer un utilisateur à un groupe spécifique.

TRUC

Dans Windows XP/Pro, avec la bénédiction de l'Administrateur réseau, vous pouvez contrôler l'accès à des fichiers individuels. Dans XP/Edition familiale, le contrôle de plus bas niveau s'effectue sur tous les dossiers.

- **Dossiers hors connexion :** XP/Pro peut stocker des fichiers et dossiers partagés en réseau sur le disque dur de votre portable, si bien que vous pouvez consulter ces fichiers sans être connecté au réseau. Lorsque vous reconnectez votre PC au réseau, XP/Pro effectue les tâches de synchronisation de tous les fichiers (toutefois de manière très rudimentaire : si un autre utilisateur et vous-même avez tous deux modifié le même fichier, vous pouvez enregistré une ou les deux copies, mais ne vous attendez pas à pouvoir combiner les modifications).

- **Cryptage :** Windows XP/Pro vous permet de crypter des fichiers et dossiers individuels en utilisant les routines d'encodage intégrées au système de fichier NTFS (reportez-vous à la présentation de NTFS au Chapitre 2 du Livret I). Windows XP/Edition familiale vous permet de marquer des dossiers Privés, ce qui empêche les autres utilisateurs d'y accéder, mais ici le cryptage consiste à brouiller le contenu des données. L'encodage NTFS est très difficile à pirater.

  TRUC

  La capacité d'encoder des fichiers de Windows XP/Pro est une roue de secours pour tous les utilisateurs de portable qui ont perdu leur machine et dont toutes les données sont à portée de main de n'importe qui, surtout du petit malin qui l'a volée. Si vous avez des données sensibles, mais que vous ne voulez pas crypter des fichiers individuels (en utilisant par exemple les routines d'encodage de Microsoft Office), choisissez XP/Pro à cause de cette seule fonctionnalité.

XP/Pro comporte également deux fonctionnalités (n'existant pas dans l'Edition familiale) qui facilitent son utilisation dans un environnement d'entreprise (c'est-à-dire client/serveur) :

- **IntelliMirror :** Cette fonctionnalité permet aux Administrateurs réseau de facilement (dans la mesure du *possible*) pousser (*push*) les installations du système d'exploitation, forcer les ordinateurs en réseau à installer des éléments spécifiques d'un logiciel. IntelliMirror autorise le pousser des installations de tous les systèmes d'exploitation, des composants, de certaines applications et leurs mises à jour dans tous les PC connectés au réseau de l'entreprise.

  ATTENTION !

  Si vous arrivez un matin au bureau et que vous constatez avec horreur que Word ne fonctionne pas bien, il y a de fortes chances qu'une personne du service de l'informatique a mis à jour toutes les machines. Les patches de Microsoft sont notoirement connus pour ne pas bien fonctionner la première fois.

- **Profil itinérant :** Windows configure vos préférences, quel que soit l'ordinateur que vous utilisez sur le réseau.

Enfin, Windows XP a une foule de fonctionnalités supplémentaires susceptibles d'intéresser certains utilisateurs :

- **Bureau à distance :** Cette fonctionnalité vous permet de prendre le contrôle de l'ordinateur de votre bureau lorsque vous êtes en déplacement. L'ordinateur de votre bureau doit tourner sur Windows XP/Pro, l'Edition familiale n'a pas cette fonctionnalité. L'ordinateur que vous emmenez dans vos déplacements peut tourner sur n'importe quelle version de Windows (à partir de Windows 98).

  TRUC

  Si la fonctionnalité Bureau à distance vous intéresse (recherchez la rubrique "Bureau à distance" dans le Centre d'aide et de support de Windows), consultez la fonctionnalité Assistance à distance (voir Chapitre 3 du Livret I). Bien qu'elles soient fondamentalement différentes, vous pouvez par exemple initialiser une session Assistance à distance depuis un ordinateur "zombie" ; elles effectuent exactement la même chose. L'Assistance à distance est bien plus facile à installer et à utiliser. Elle est aussi bien plus sécurisée. Le Bureau à distance nécessite que l'ordinateur "zombie" ait XP/Pro installé et n'importe quelle version de Windows peut résider sur le "contrôleur". L'Assistance à distance nécessite que les deux ordinateurs aient XP (Pro ou Edition familiale).

- **Assistant Publication de sites Web :** Cette fonctionnalité vous permet de construire un site Web sur votre machine XP/Pro. (Il s'agit en fait de la version 5.1 des services d'information Internet.) Toute personne qui a accès à vos fichiers sur votre machine peut visualiser vos pages Web personnelles en utilisant un navigateur comme si elles étaient publiées sur Internet.

- **Support biprocesseur :** Si votre ordinateur a deux processeurs, vous devez lancer XP/Pro pour pouvoir tirer parti des deux. XP/Edition familiale n'utilise qu'un seul processeur, peu importe le nombre de processeurs installés sur votre machine.

- **Interface utilisateur plurilinguiste :** Seul XP/Pro peut changer de langue à la volée, vous pouvez donc voir des boîtes de dialogue dans différentes langues.

Si vous mettez à jour votre système Windows 2000 vers Windows XP, c'est-à-dire que vous installez Windows XP sur Windows 2000 et que vous voulez garder tous vos paramètres et applications, achetez Windows XP/ Pro. XP/Edition familiale ne s'installe pas sur Windows 2000, bien qu'il puisse s'installer sur Windows 98 ou ME. Je l'explique en détail dans le Chapitre 1 du Livret I.

Quelle version acheter ?

Quelle version de Windows XP allez-vous acheter ?

Voici quelques recommandations pour l'achat de XP/Pro/Edition familiale destinées aux Nuls :

- Si vous installez XP sur un ordinateur qui sera connecté au réseau de votre entreprise, il y a de fortes chances que l'Administrateur réseau insiste pour que vous utilisiez Windows XP/ Pro. Suivez ses conseils.

- Si vous comptez configurer votre propre réseau Grande entreprise, avec toutes les mesures de sécurité que cela implique, n'achetez pas pour l'instant Windows XP/Pro ou Edition familiale. Faites appel à un Administrateur réseau expert en Active Directory qui a une longue liste de clients satisfaits pour qu'il analyse votre situation avant de prendre une décision.

  Si vous envisagez sérieusement d'entamer une carrière d'Administrateur réseau, armez-vous de patience, travaillez dur et soyez un peu fou.

- Si vous installez XP sur un portable, que vous le prêtez à une personne et êtes inquiet pour vos données, choisissez Windows XP/Pro et encodez tout de suite vos dossiers sensibles. (Vous devez utiliser le système de fichier NTFS pour crypter un disque. Reportez-vous au Chapitre 2 du Livret I.)

  Pour crypter le dossier Mes documents avec XP/Pro, sélectionnez Démarrer/Mes documents. Cliquez sur l'icône Dossier parent dans la barre d'outils. Cliquez du bouton sur Mes documents, puis cliquez sur Propriétés. Dans l'onglet Général, cliquez sur Avancé. Puis cochez la case Crypter le contenu pour sécuriser les données.

- Si vous avez besoin d'être connecté à l'ordinateur de votre bureau lorsque vous êtes en déplacement et que personne n'a le double des clés pour entrer dans votre bureau (pour récupérer l'Assistance à distance), allez de ce pas acheter XP/Pro.
- Si votre PC est pourvu de Windows 2000 ou NT 4 et que vous vous voulez mettre XP, vous avez besoin de XP/Pro, car XP/ Edition familiale n'a pas la mise à jour. Soyez particulièrement prudent, car les mises à jour sont notoirement connues pour être fragiles.
- Examinez attentivement les fonctionnalités de XP/Pro dans la section intitulée "Avantages de Windows XP/Pro". Si vous trouvez une fonctionnalité sans laquelle vous ne pouvez absolument pas vivre, achetez XP/Pro. A moins que vous soyez tombé complètement amoureux fou d'une fonctionnalité de Windows XP, achetez XP/Edition familiale.

Dans la plupart des cas, si vous êtes connecté à un réseau Grande entreprise, vous devez avoir XP/Pro ou alors vous serez comme un poisson dans l'eau avec XP/Edition familiale.

Changer d'avis

Comment ? Vous avez choisi la mauvaise version de XP ?

Pas de problème. Cela arrive tout le temps.

Convertir XP/Edition familiale en XP/Pro

Vous venez d'acheter Windows XP/Edition familiale, et vous vous rendez compte que vous auriez dû acheter Windows XP/Pro.

Si vous avez besoin de tout le contenu de Windows XP/Pro, Microsoft vous vendra un kit de mise à jour, accompagné d'un CD qui comble ce qui vous manque. Consultez www.cheaperwindows.com pour trouver le meilleur prix.

Mais souvent, ce dont vous avez besoin est une machine tournant sur l'Edition familiale et pouvant récupérer tout ce qui est sur un réseau Grande entreprise. Dans ce cas, il n'y a pas de problème. Je vais vous donner un truc. Il vous suffit d'avoir un ID d'ouverture de session et un mot de passe pour accéder au réseau Grande entreprise.

Supposons que vous ayez un portable avec Windows XP/Edition familiale et que vous vouliez doubler son rendement. Chez vous, vous l'utilisez tous les jours sur l'ancien réseau XP/Edition familiale. Mais lorsque vous le branchez à l'ordinateur de votre bureau, vous utilisez ce portable pour accéder au réseau Grande entreprise.

Pas de problème. Voici comment faire :

1. **Avertissez l'Administrateur du réseau que vous allez relier une machine XP/Edition familiale au réseau Grande entreprise.**

2. **Faites fonctionner le PC sur un réseau poste à poste domestique (ce que Microsoft appelle Groupe de travail).**

   Vous devez installer Windows XP/Edition familiale ou le personnaliser. Suivez les étapes pour installer un réseau au Chapitre 2 du Livret IX.

3. **Lorsque le PC travaille avec le réseau domestique, faites-le apparaître dans le Bureau principal et activez-le.**

4. **Reliez le PC au réseau Grande entreprise.**

   Vous allez sans doute brancher un câble, une carte ou les deux.

5. **Sélectionnez Démarrer/Favoris réseau.**

6. **Cliquez sur Voir les ordinateurs du groupe de travail.**

7. **Dans le panneau Autres emplacements, cliquez sur Réseau Microsoft Windows.**

8. **Sélectionnez le réseau Grande entreprise.**

   A la Figure 7.1, j'ai choisi le réseau client/serveur appelé SABAI. L'autre, MSHOME, est le réseau poste à poste par défaut de Windows XP/Edition familiale.

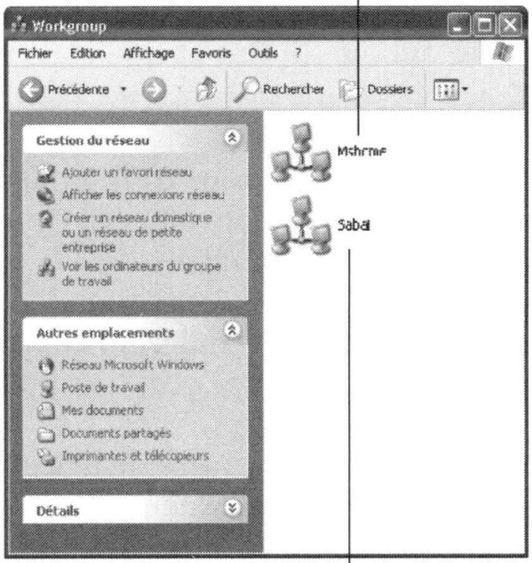

Figure 7.1 : Accéder au réseau Grande entreprise depuis un PC XP/Edition familiale.

9. **Windows vous demande d'entrer un ID valide et un mot de passe pour accéder au réseau Grande entreprise. Saisissez-le, cliquez sur OK, et vous y êtes (voir Figure 7.2).**

Dans certains cas, cette petite astuce suffit pour accéder à votre réseau Grande entreprise.

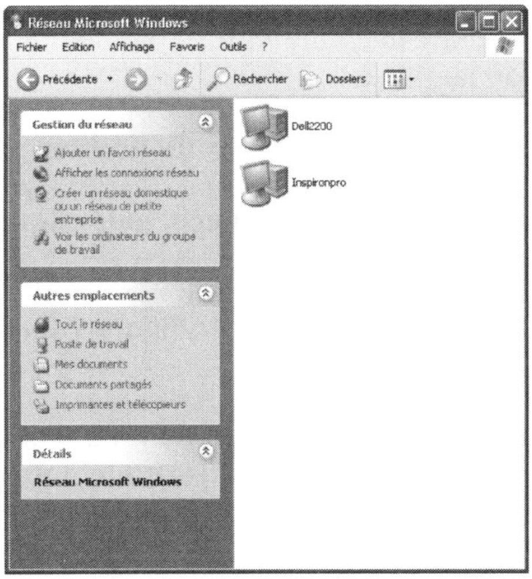

Figure 7.2 : Les ordinateurs sur un le réseau client/serveur SABAI, visualisé sur un PC Windows XP/ Edition familiale.

Convertir XP/Pro en XP/Edition familiale

Que faire si vous avez acheté XP/Pro et que vous vouliez en fait XP/ Edition familiale ?

C'est également très simple. Mais vous n'allez pas vous faire rembourser la différence. Il vous suffit de convaincre la machine XP/Pro d'agir comme une machine XP/Edition familiale.

Vous pouvez changer deux aspects différents entre XP/Edition familiale et XP/Pro :

- ✦ XP/Edition familiale affiche la barre de lancement rapide ; XP/Pro ne le fait pas. (La barre de lancement rapide est un ensemble de petites icônes à côté du bouton Démarrer.) Pour afficher la barre de lancement rapide, reportez-vous au Chapitre 2 du Livret I.
- ✦ XP/Pro a un élément appelé Mes documents récents dans le menu Démarrer ; XP/Edition familiale n'en a pas. Reportez-vous au Chapitre 2 du Livret II si vous voulez le désactiver.

Si vous installez à l'aveuglette Windows XP/Pro ou avez acheté un nouveau PC avec XP/Pro installé, votre machine pense qu'elle appartient au réseau appelé WORKGROUP. A moins que vous ne changiez les paramètres, les ordinateurs XP/Edition familiale considèrent qu'ils appartiennent à un réseau appelé MSHOME.

Voici comment convaincre une machine XP/Pro par défaut à rechercher un réseau XP/Edition familiale :

1. **Sélectionnez Démarrer/Panneau de configuration.**
2. **Cliquez sur Performance et maintenance, puis cliquez sur Système.**
3. **Dans l'onglet Nom de l'ordinateur (voir Figure 7.3), cliquez sur Modifier.**
4. **Dans la boîte de dialogue Modification du nom d'ordinateur, cochez la case Groupe de travail et saisissez le nom du réseau XP/Edition familiale (groupe de travail poste à poste).**

A moins que vous le changiez, son nom est MSHOME (voir Figure 7.4).

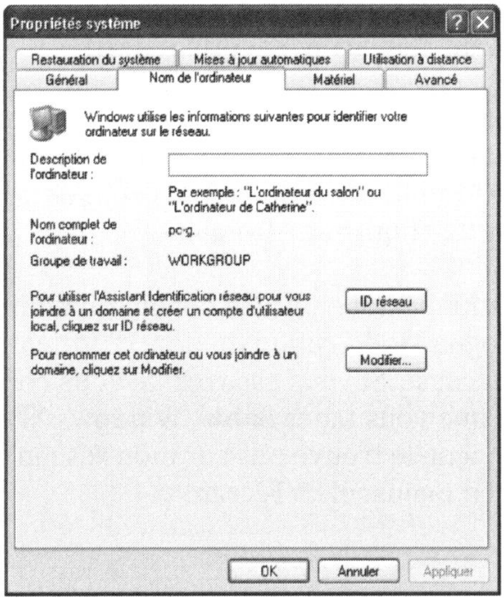

Figure 7.3 : Indiquez à XP/ Pro de relier le PC à un autre réseau dans l'onglet Nom de l'ordinateur.

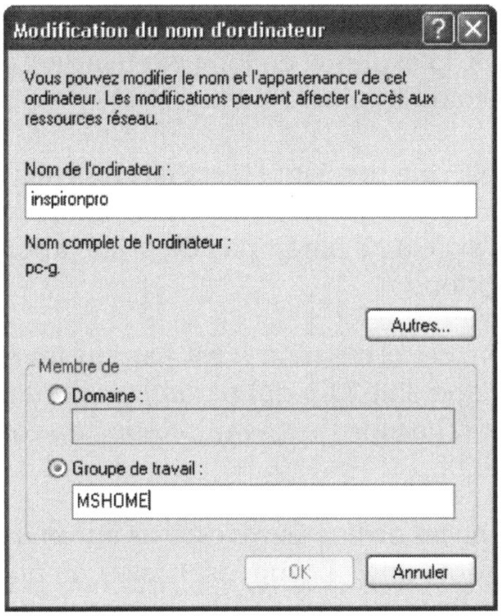

Figure 7.4 : Même si votre machine XP/ Pro appartenait à un Domaine (un réseau client/ serveur), vous pouvez facilement le passer à un Groupe de travail (un réseau poste à poste).

5. **Cliquez deux fois sur OK.**

   Le PC met quelques minutes à se relier. Mais si votre réseau poste à poste tourne, vérifiez que les modifications ont bien été faites en sélectionnant Démarrer/Favoris réseau.

Vous pouvez utiliser la même technique pour rebasculer en machine XP/Pro reliée à un réseau Grande entreprise. Lorsque vous revenez dans la boîte de dialogue Modification du nom d'ordinateur comme à la Figure 7.4, il vous suffit de cliquer sur Domaine.

Bien que cela ne soit mentionné nulle part, le champ du nom de l'ordinateur de la boîte de dialogue Modification du nom d'ordinateur de la Figure 7.4 est sensible à la casse. Si vous essayez de vous connecter au domaine appelé SABAI et que vous tapez **Sabai**, Windows XP ne le trouvera pas (en tout cas, il ne le trouve pas sur mon réseau). C'est vrai, même si le nom apparaît en majuscule à l'écran.

Installer XP/Pro

L'installation de XP/Pro est quasi identique à celle de l'Edition familiale, à une différence près. (J'explique en long et en large comment installer l'Edition familiale au Chapitre 1 du Livret I.)

La principale différence est que pendant l'installation, vous rencontrez une boîte de dialogue qui vous demande si votre ordinateur est membre d'un domaine. Même si cela ne paraît pas de prime abord évident, vous disposez de trois options :

- ✦ Cochez la case "Non, cet ordinateur n'est pas sur un réseau ou sur un réseau sans domaine." Ce qui paramètre l'ordinateur à un réseau poste à poste (groupe de travail). Reportez-vous au Chapitre 2 du Livret IX.
- ✦ Cochez la case "Non, cet ordinateur n'est pas sur un réseau ou sur un réseau sans domaine." Ensuite, saisissez un nom dans la zone Faire de cet ordinateur un membre du groupe de travail suivant. Cette option configure votre ordinateur à un réseau poste à poste sur le réseau que vous avez choisi. Si vous voulez

que votre machine XP/Pro ait un réseau XP/Edition familiale, saisissez **MSHOME** dans cette boîte.

- Cochez la case "Oui, cet ordinateur est membre du domaine suivant." Ensuite, saisissez un nom de domaine dans la zone indiquée.

Si vous choisissez l'option de faire appartenir votre ordinateur à un domaine et que le domaine est configuré et en cours d'exécution, XP/Pro vous demande un ID d'administrateur et un mot de passe pour accéder au domaine. Si vous le faites, Windows XP/Pro atteint le serveur et effectue toutes les modifications nécessaires pour vous ajouter au réseau, pardon, domaine.

Index

A

B

C

Livret II

Personnaliser votre eXPérience sous Windows

"Jacques, je viens de découvrir que les "Thèmes du Bureau" contrôle l'aspect des choses qui sont affichées à l'ECRAN de mon ordinateur."

Sommaire

Chapitre 1 : Personnaliser votre Bureau

Dans ce chapitre :

- **Découvrir la vérité sur la manière de mettre Windows sur votre Bureau.**
- **Prendre le contrôle de tous les niveaux du Bureau.**
- **Savoir pourquoi il vaut parfois mieux ne pas utiliser certaines options fantaisistes.**
- **Créer un raccourci clavier "Alerte patron" : c'est-à-dire une combinaison de touches permettant de lancer immédiatement l'écran de veille.**
- **Savoir rendre vos dossiers irrésistibles.**

Votre Bureau sera ce que vous en ferez.

Je ne vais pas m'aventurer dans une description exhaustive du fonctionnement du Bureau de Windows. N'imaginez pas qu'il soit simple pour l'ordinateur d'afficher des fenêtres à l'écran. En fait, Windows XP utilise 7 couches distinctes pour y parvenir. Je vais vous expliquer dans ce chapitre comment prendre le contrôle de chacune de ces couches.

Je traite également des thèmes de Bureau, de l'arrière-plan de l'Explorateur Windows ainsi que de la manière de personnaliser des dossiers avec des images. Dernier point particulièrement sympathique puisqu'il permet d'afficher la couverture d'un CD sur le dossier Ma musique.

Plus important, je vous explique comment utiliser la combinaison de touches "Grand patron" dans la section appelée "Sélectionner d'un écran de veille". Ainsi, lorsque vous effectuerez cette combinaison – telle que Alt+F10 –, un écran de veille se mettra immédiatement en marche. Si vous avez déjà été surpris par votre patron à jouer au Démineur, au Solitaire ou à vérifier les cours de la Bourse pendant vos heures de travail, vous saurez apprécier.

Comprendre les niveaux du Bureau

Le Bureau de Windows XP, c'est-à-dire tout ce que vous voyez sur l'écran de votre ordinateur est organisé en sept couches (voir la Figure 1.1).

Figure 1.1 : Le Bureau de Windows XP.

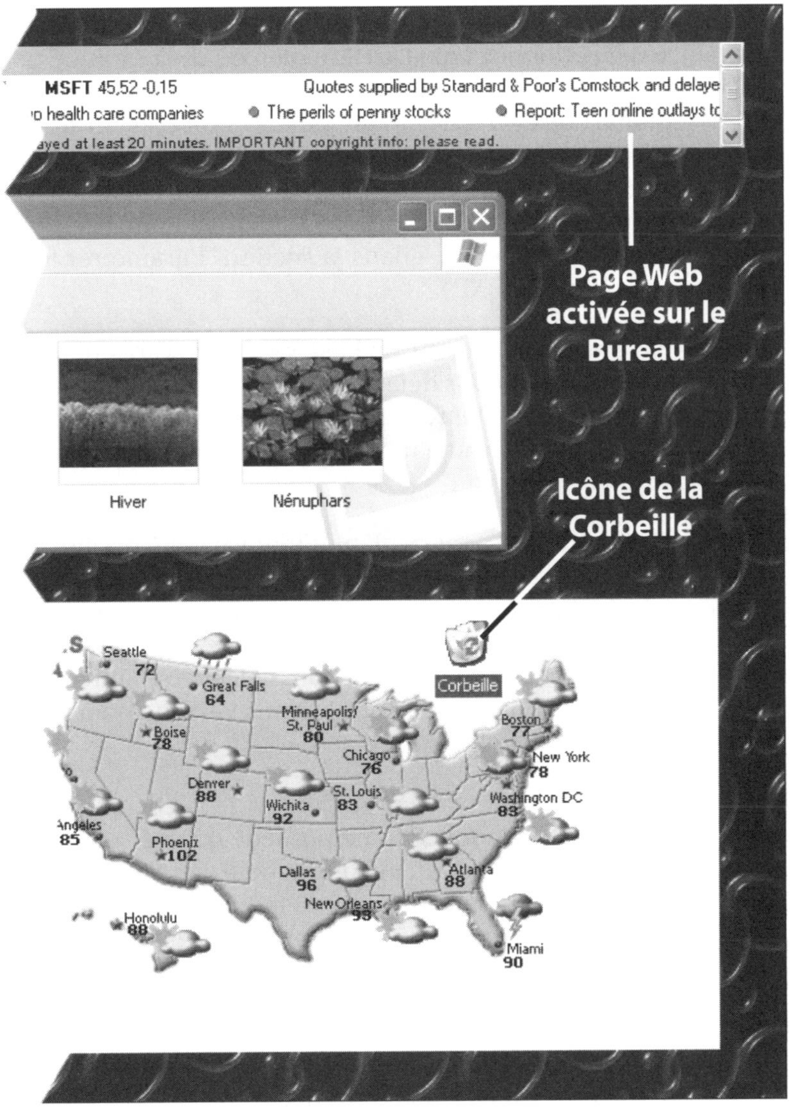
MSFT 45,52 -0,15
Quotes supplied by Standard & Poor's Comstock and delaye
The perils of penny stocks
Report: Teen online outlays tc
ayed at least 20 minutes. IMPORTANT copyright info: please read.
Page Web activée sur le Bureau
Hiver
Nénuphars
Icône de la Corbeille
Corbeille
Seattle 72
Great Falls 64
Minneapolis/ St. Paul 80
Boston 77
Boise 78
Chicago 76
New York 78
Denver 88
St. Louis 83
Washington DC 83
Wichita 92
Angeles 85
Phoenix 102
Dallas 96
Atlanta 88
New Orleans 93
Honolulu 88
Miami 90

Les thèmes de Bureau modifient d'un seul coup les sept couches du Bureau. J'aborde les thèmes dans la section "Utiliser les thèmes de Bureau" de ce chapitre.

Les sept paramètres contrôlant l'apparence de votre Bureau sont :

- A son niveau le plus bas, le Bureau Windows possède une couleur de base. Vous verrez cette couleur uniquement si vous ne sélectionnez pas d'arrière-plan ou avez indiqué que l'arrière-plan ne doit pas couvrir la totalité de la surface du Bureau. La plupart des gens ne voient jamais cette couleur de base, car l'arrière-plan recouvre en général tout le Bureau. Nous verrons comment modifier cette couleur de base ainsi que toutes les autres couleurs de Windows – pour les boîtes de dialogues, les barres de tâches... – dans la section "Paramétrer les couleurs sous Windows XP"

- Par-dessus la couleur de base se trouve l'arrière-plan. Microsoft en propose un par défaut, mais il peut être remplacé par celui de votre revendeur. Nous verrons comment remplacer un arrière-plan par une image de votre choix dans la section "Choisir un arrière-plan".

- Au-dessus de l'arrière-plan, Windows vous permet de déposer des images, des pages Web et quasiment tout ce que vous pouvez imaginer. Microsoft propose même quelques exemples que vous pouvez télécharger (comme une carte météo). Cette couche est connue sous le nom de Fenêtre active et, grosso modo, c'est une catastrophe. Nous verrons pourquoi dans la section "Eviter la Fenêtre active".

- Les icônes sont placées au-dessus de la couche Fenêtre active. Par défaut, Windows XP ne possède qu'une seule icône : la Corbeille. Cependant, si vous achetez un PC avec Windows XP préinstallé, votre vendeur a dû ajouter un certain nombre d'icônes supplémentaires. Vous pourrez aisément vous en débarrasser en suivant les instructions de la section "Contrôler les icônes".

- Le niveau supérieur contient le programme Windows actif tel que Word, Excel, le Lecteur Media...

✦ La souris utilise la couche au-dessus de celle du programme actif. Vous trouverez une présentation complète du pointeur de souris standard – la manière dont il fonctionne et ce qu'il fait – au Chapitre 2 du Livret I. Si vous souhaitez modifier l'apparence du pointeur de la souris, reportez-vous à la section "Modifier les pointeurs de la souris" de ce chapitre.

✦ Au sommet du Bureau se trouve l'écran de veille. L'écran de veille ne se mettra à fonctionner que si vous avez configuré Windows. En indiquant par exemple la durée de non-utilisation de l'ordinateur. J'aborde ce point plus en détail dans la section "Sélectionner un écran de veille".

✦ Si votre PC est utilisé par plusieurs personnes, chacune d'entre elles peut configurer à sa guise toutes les couches de l'affichage. Ainsi, lorsqu'un utilisateur se connectera, Windows XP affichera le Bureau en fonction des préférences de ce dernier.

Régler les couleurs sous Windows XP

Windows XP est fourni avec un jeu de trois couleurs : Bleu (que vous utilisez probablement), Vert olive (aussi laid que vous pouvez l'imaginer) et Argent (Ambiance Techno-futuro-bof). Pour changer de couleur :

1. **Cliquez avec le bouton droit de la souris dans un emplacement vide du Bureau et sélectionnez Propriétés.**

   La boîte de dialogue Propriétés de l'Affichage apparaît.

2. **Cliquez sur l'onglet Apparence (voir Figure 1.2).**

3. **Dans la liste déroulante, choisissez défaut (Bleu), Vert olive ou Argent, puis cliquez sur OK.**

   Windows change alors la couleur de base – la couleur du Bureau Windows lorsqu'il n'y a pas d'arrière-plan ou lorsque l'arrière-plan ne recouvre pas toute la surface du Bureau (voir la section "Choisir un arrière-plan") – ainsi que la couleur de la barre de titre de toutes les fenêtres et boîtes de dialogue, la couleur de la barre des tâches, des menus, etc.

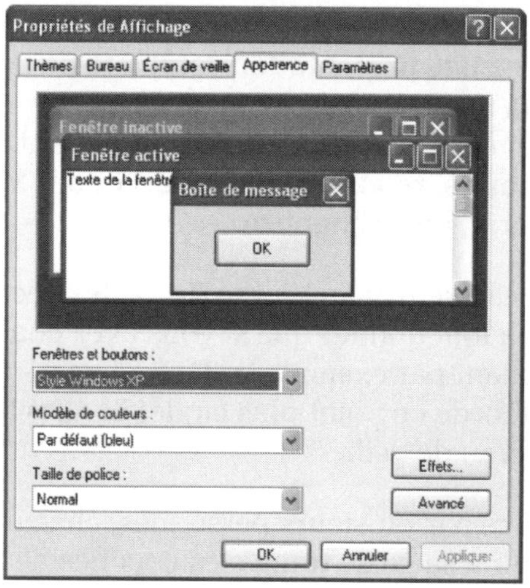

Figure 1.2 : Les trois couleurs principales de Windows XP sont accessibles ici.

Vous n'êtes pas obligé de vous contenter des trois couleurs proposées par Microsoft. En fait, vous pouvez choisir parmi toutes les couleurs offertes par Windows ; notez cependant que certaines d'entre elles n'apparaîtront que si vous optez pour le Style Windows Classique – le bon vieux style de Windows avec ces coins de fenêtre carrés et ces bons gros boutons.

Si vous êtes un nostalgique des vielles fenêtres de Windows, choisissez le Style Windows Classique dans la liste déroulante Fenêtres et boutons de la Figure 1.2.

Pour paraméter la couleur de base du Bureau en blanc, effectuez les étapes suivantes :

1. **Cliquez du bouton droit sur un emplacement vide du Bureau Windows et sélectionnez l'option Propriétés.**

   La boîte de dialogue Propriétés de l'Affichage apparaît.

2. **Cliquez sur l'onglet Apparence (voir Figure 1.2).**

3. **Cliquez sur Avancé.**

   La boîte de dialogue Apparence avancée apparaît alors comme à la Figure 1.3.

Figure 1.3 : La boîte de dialogue Apparence avancée permet de régler la couleur de chaque type d'élément affiché à l'écran.

4. **Vérifiez que le Bureau figure bien dans la liste déroulante ; puis cliquez sur la flèche orientée vers le bas en dessous de Couleur 1, et sur la couleur blanche située dans le coin supérieur gauche de la palette de couleur.**

5. **Cliquez deux fois sur OK.**

   La couleur de base de votre Bureau est à présent réglée sur la couleur blanche.

La boîte de dialogue Apparence avancée (voir la Figure 1.3) semble indiquer que vous devez utiliser la fenêtre et les boutons Style Windows Classique pour voir les modifications effectuées dans la boîte de dialogue Apparence avancée. Du moins, c'est ce que je pense avoir compris. Il arrive que ce terrible ordinateur m'embrouille. Quoi qu'il en soit, si vous pensez que vous devez rebasculer vers la fenêtre et les boutons Style Windows Classique pour pouvoir modifier la couleur de base, ce n'est pas grave. Suivez les étapes susmentionnées. Et tout ira bien. Faites-moi confiance.

Choisir un arrière-plan

Il est très probable que vous trouverez rapidement le calme et la sérénité des collines verdoyantes de l'arrière-plan standard de Windows XP d'un ennui profond.

Ou, si vous avez acheté un PC avec Windows XP préinstallé, il y a de grande chance que votre revendeur ait opté pour un arrière-plan de son cru comme son logo ou une publicité pour un produit quelconque. En fait, les revendeurs peuvent inclure n'importe quelle image en guise d'arrière-plan, mais vous n'avez aucune raison de subir leurs choix.

Il n'y a aucun mystère autour de l'arrière-plan de Windows. Windows XP peut en effet afficher n'importe qu'elle image sur votre Bureau, des grandes, des petites, des images de bon ton ou de très mauvais goût, voire même des images capturées sur le Web. Voici comment procéder :

1. **Cliquez du bouton droit sur un emplacement vide du Bureau Windows et sélectionnez Propriétés.**

   La boîte de dialogue Propriétés de l'Affichage apparaît.

2. **Cliquez sur l'onglet Bureau (voir la Figure 1.4).**

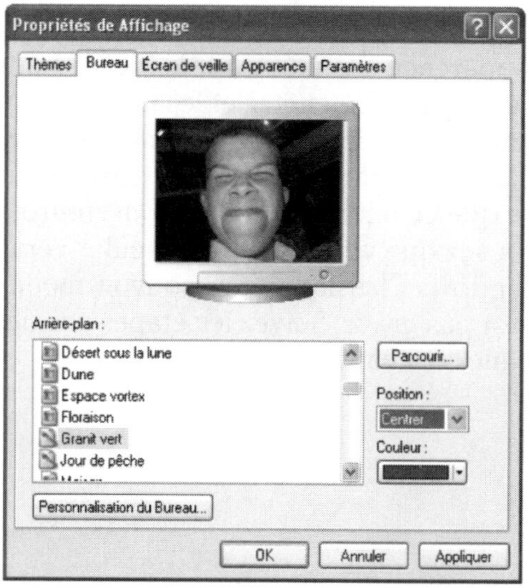

Figure 1.4 : Sélectionnez l'image de votre choix depuis l'onglet Bureau.

Dans la boîte Arrière-plan, Windows XP vous propose de choisir parmi toutes les images contenues dans les dossiers Windows et Mes images (ainsi que les pages Web – les fichiers dont l'extension est HTM ou HTML – contenues dans ces deux dossiers). Windows comporte un grand nombre d'images situées dans le dossier Windows.

3. **Faites défiler le contenu de la boîte Arrière-plan et choisissez l'image qui vous convient.**

   Si vous ne trouvez par votre bonheur, cliquez sur le bouton Parcourir pour rechercher sur vos disques l'image que vous souhaitez inclure. Une miniature de l'image que vous sélectionnerez sera affichée dans un coin de la boîte de dialogue.

4. **Si cette image est trop grande pour tenir en entier sur votre écran, vous devrez indiquer à Windows de quelle manière l'afficher. De même si l'image est trop grande, il faudra indiquer à Windows de faire de la place. Vous pouvez effectuer ces deux opérations dans la boîte Position comme indiqué au Tableau 1.1.**

Tableau 1.1 : Comment Windows adapte la taille d'une image à celle de votre écran.

Position	Si l'image est trop grande	Si l'image est trop petite
Centrer	Windows centre l'image à l'écran en tronquant la surface excédant celle de l'écran.	Windows affiche l'image au centre de l'écran et remplit les parties de l'écran non recouvertes par cette dernière avec la couleur de base*.
Mosaïque	Windows, en partant du coin haut gauche, découpe dans l'image une surface adaptée à celle de l'écran.	Windows commence par afficher une première image en partant du coin supérieur gauche de l'écran puis répète cette image jusqu'à en recouvrir la totalité.
Etirer	Windows étire l'image afin que sa taille corresponde à celle de l'écran.	Windows réduit l'image afin que sa taille corresponde à celle de l'écran.

**Reportez-vous à la section sur la couleur de base "Régler les couleurs sous Windows XP".*

Choisir (Aucun) dans la liste Arrière-plan signifie que vous ne souhaitez pas que Windows XP utilise d'arrière-plan : seule la couleur de base sera affichée.

5. **Si vous indiquez à Windows d'afficher une petite image au centre de l'écran, vous pouvez utiliser la boîte Couleur pour sélectionner rapidement une couleur de base.**

6. **Cliquez sur Appliquer.**

   Windows modifie l'arrière-plan en fonction de vos indications tout en laissant la boîte de dialogue Propriétés de l'Affichage ouverte afin de vous donner la possibilité de changer d'avis.

7. **Cliquez sur OK.**

   La boîte de dialogue Propriétés de l'Affichage est refermée.

De nombreuses personnes sont embarrassées par la présence de la boîte Couleur dans la boîte de dialogue Propriétés de l'Affichage, car elle leur semble inutile. En fait, la couleur n'intervient que lorsque vous choisissez de centrer une image plus petite que l'écran.

La modification de la couleur de base dans la boîte de dialogue Apparence avancée (voir la Figure 1.3) modifie également la couleur dans l'onglet Bureau (et vice versa).

Windows XP vous permet de cliquer du bouton droit sur une image, un fichier Gif ou Jpeg dans l'Explorateur Windows ou Internet Explorer, et d'utiliser l'option Utiliser comme arrière-plan du Bureau. L'image apparaît alors à l'arrière-plan, avec la Position paramétrée à Etirer (si l'image est trop grande) ou Mosaïque (si l'image n'est pas assez grande).

Eviter l'utilisation de Fenêtre active

Vous pouvez parcourir tous les fichiers d'Aide disponibles sur Windows XP sans rencontrer une seule mention de Fenêtre active alors que cette fonctionnalité était très présente sur Windows 98, ME et 2000.

En fait, Fenêtre active introduit avec la version 4 d'Internet Explorer, soupçonné de consommer une grande partie de la puissance de calcul des processeurs et de faire planter inexplicablement le système, acquit très rapidement une réputation abominable. Sous Windows XP, la terminologie a disparu mais la technologie demeure et, si vous l'utilisez à bon escient, vous découvrirez qu'elle n'est pas aussi mauvaise.

Son concept est des plus simple : Windows XP vous permet d'inclure des images et des pages Web (et même de très petites pages Web appelées *contenus dynamiques*) dans l'arrière-plan de votre Bureau, et ce sans en masquer les icônes. En pratique, tant que vous vous contentez d'ajouter des éléments statiques – tels que des images, un calendrier ou n'importe quel autre élément non modifiable –, cela ne pose aucun problème. En revanche, vous allez au devant des ennuis si vous tentez d'ajouter des éléments dynamiques (comme le cours de la Bourse).

ATTENTION !

Les éléments statiques situés à l'arrière-plan de votre Bureau ne sont pas très exigeants en ressource processeur. En revanche, les éléments dynamiques peuvent miner votre PC, votre connexion Internet et vous-même. Si vous souhaitez obtenir une information au contenu dynamique – des informations, la météo, le cours du sucre ou les prises de vue d'une Webcam pour savoir si l'on peut surfer aujourd'hui à Biarritz –, mieux vaut utiliser votre navigateur.

Pour ajouter des éléments à votre arrière-plan sans masquer les icônes :

1. **Cliquez du bouton droit sur un emplacement vide du Bureau et choisissez Propriétés.**

2. **Dans la boîte de dialogue Propriétés de l'Affichage, cliquez sur l'onglet Bureau (voir la Figure 1.4) et sur Personnalisation.**

   La boîte de dialogue Eléments du Bureau apparaît.

3. **Cliquez sur l'onglet Web (voir Figure 1.5).**

   Bien que cet onglet soit intitulé Pages Web, vous pouvez ajouter des images aussi bien que des pages Web (dont tous les fichiers HTML contenus sur le Web ou sur votre disque dur) à la couche Fenêtre active. La manière pour y parvenir reste cependant un peu déroutante.

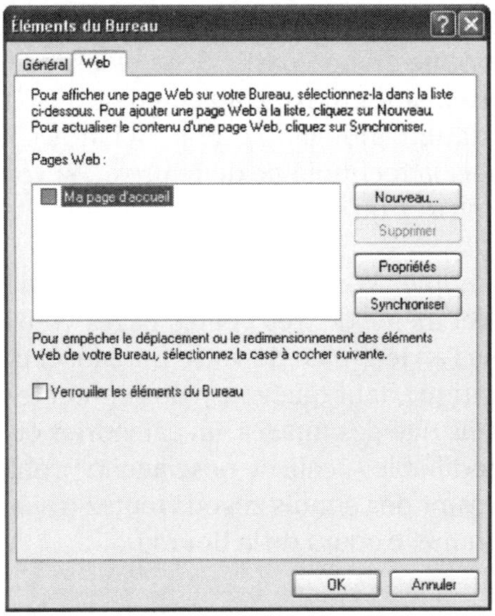

Figure 1.5 : Choisissez un élément Fenêtre active en cochant la case située à côté de ce dernier.

4. **Ajoutez une image ou une page Web dans la liste Pages Web puis cochez la case à côté de cette dernière, Windows l'ajoute dans la Fenêtre active.**

   Par exemple Ma Page d'accueil apparaît dans la liste des pages Web. Elle n'est cependant pas affichée au-dessus de l'arrière-plan du Bureau car la case de la Figure 1.5 n'est pas cochée. Vous êtes un peu perdu ? C'est normal, ce n'est vraiment pas clair.

5. **Ajoutez de nouvelles images ou pages Web en cliquant sur Nouveau.**

   Comme à la Figure 1.6, la boîte de dialogue Nouvel élément du Bureau apparaît.

   Vous pouvez suivre les conseils de la boîte de dialogue Nouvel élément du Bureau et cliquez sur Visiter Microsoft Desktop Gallery, mais sachez que l'offre de Microsoft en minipages Web reste très limitée.

6. **Cliquez sur Parcourir et choisissez les images que vous voulez mettre à l'arrière-plan. (Les images sont des éléments parfaits, elles sont statiques et n'interagissent pas avec d'autres programmes.)**

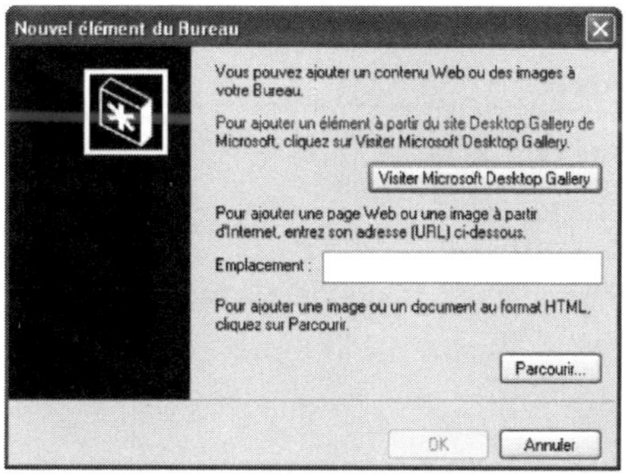

Figure 1.6 : Choisissez un élément Fenêtre active et incluez-le en utilisant cette boîte de dialogue.

7. **Lorsque votre collecte est terminée, revenez à la boîte de dialogue Eléments du Bureau (voir la Figure 1.5), puis cochez les cases situées devant les images que vous souhaitez voir apparaître sur votre Bureau. Puis cliquez deux fois sur OK.**

   En revenant sur le Bureau, vous apercevrez une étrange fenêtre contenant votre image. L'aspect de cette fenêtre est assez différent de celui des autres fenêtres que vous rencontrerez sur Windows (voir Figure 1.7). Faite passer le pointeur de la souris en haut de cette dernière pour faire apparaître la barre de contrôle.

8. **Si vous vous lassez de cette image, cliquez sur le X situé dans le coin supérieur droit de la fenêtre, comme à la Figure 1.7, ou retournez dans la liste des Pages Web (étape 5 de cette section) et décochez la case devant le nom de l'image.**

Attention !

Si vous supprimez une image Fenêtre active en cliquant sur le X de la fenêtre, vous n'aurez pas d'autre alternative pour réafficher cette image que de cocher à nouveau sa case dans la liste Pages Web de la boîte de dialogue Eléments du Bureau.

Truc

Si vous cochez la case intitulée Verrouiller les éléments du Bureau dans la boîte de dialogue Eléments du Bureau (voir Figure 1.5), Windows n'affichera pas la barre de contrôle de la fenêtre, rendant donc impossible tout redimentionnement, déplacement ou suppression de l'image depuis le Bureau.

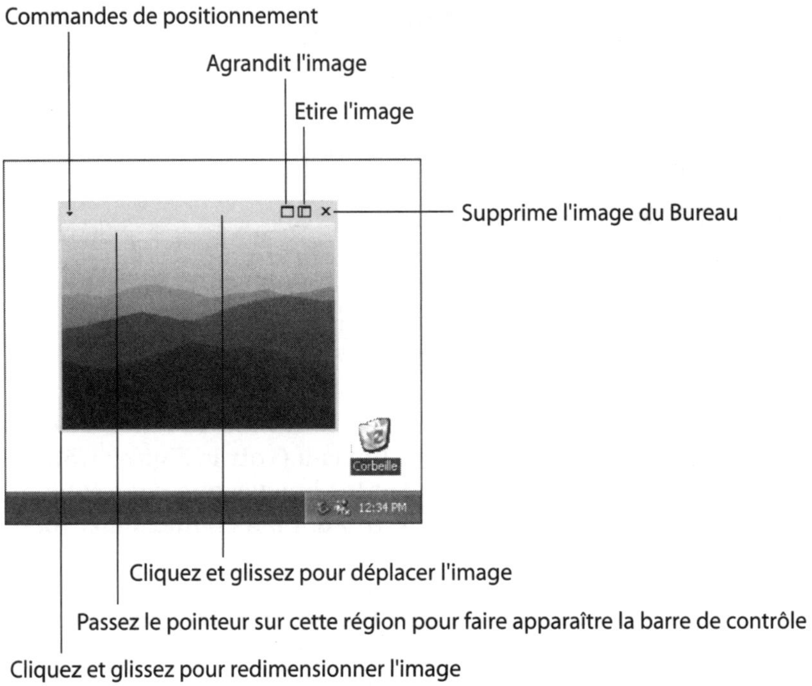

Figure 1.7 : L'image que vous avez sélectionnée apparaît dans une étrange Fenêtre active.

Contrôler les icônes

Windows XP place les icônes au-dessus des éléments Fenêtre active (voir la section précédente "Eviter l'utilisation de Fenêtre active") et en dessous des fenêtres actives que vous utilisez dans vos tâches quotidiennes.

Windows XP ne comporte qu'une seule icône sur le Bureau lors de son premier démarrage : la Corbeille. Microsoft estime que la plupart des utilisateurs aiment avoir un Bureau dépouillé et dépourvu d'icônes, mais considère également que masquer la Corbeille projetterait ces mêmes utilisateurs dans une profonde angoisse. Microsoft a donc opté pour un compromis : pas d'icône à l'exception de la Corbeille !

Si vous avez acheté un PC avec Windows XP préinstallé, votre Bureau contient sans doute un tas d'icônes dont vous n'avez que faire (démo, publicité...). Rassurez-vous, vous avez parfaitement le droit de toutes les détruire, et ce sans le moindre sentiment de culpabilité. Le pire qui pourrait vous arriver serait de détruire un raccourci vers un service de support technique, mais qui est de toute façon également accessible via le menu Démarrer.

Windows XP vous propose quelques outils très simples pour organiser les icônes sur votre Bureau. Cliquez sur un emplacement vide du Bureau et sélectionnez Réorganiser les icônes par ; les options suivantes sont à votre disposition :

- Trier les icônes par nom, taille, type (dossier, document, raccourci, etc.) ou en fonction de la date de modification.
- *Réorganisation automatique* laisse à Windows le soin d'organiser les icônes en classant la première dans le coin supérieur gauche, la deuxième en dessous de la première, etc.
- Si vous ne voulez pas que les icônes soient classées automatiquement, choisissez Aligner sur une grille qui vous permettra de voir toutes les icônes sans que celles-ci apparaissent les unes au-dessous des autres.

TRUC

Vous pouvez en général supprimer les icônes du Bureau en cliquant dessus du bouton droit, puis en choisissant Supprimer ou en cliquant une fois dessus et en pressant la touche Suppr. Malheureusement, certains fabricants de PC désactivent cette fonction.

Certaines icônes sont figées, c'est-à-dire qu'il n'est pas possible de les modifier. Des documents peuvent hériter en effet de l'icône de l'application qui leur est associée. C'est le cas par exemple des documents Word, Excel ou des fichiers audio.

Les icônes des raccourcis sont toujours modifiables (je parle des raccourcis au Chapitre 2 du Livret I) de la manière suivante :

1. **Cliquez du bouton droit sur le raccourci.**
2. **Cliquez sur Propriétés.**
3. **Dans la boîte de dialogue Propriétés, cliquez sur Changer d'icône.**

4. **Sélectionnez une icône dans la liste proposée ou naviguez sur votre disque à la recherche d'autres icônes. Windows propose des icônes à foison ; reportez-vous au Tableau 1.2 pour connaître leur emplacement.**

5. **Cliquez deux fois sur OK et l'icône est modifiée.**

Tableau 1.2 : Où trouver des icônes.

Contenu	Fichier
Généraliste	C :\windows\system32\shell.dll
Ordinateur	C :\windows\explorer.exe
Communication	C :\windows\system32\hticons.dll
Domestique	C :\windows\system32\pifmgr.dll
Dossier	C :\windows\system32\syncui.dll
Anciens logiciels	C :\windows\system32\moreicons.dll

Des myriades d'icônes sont disponibles sur Internet ; utilisez votre moteur de recherche favori.

Windows XP accorde un traitement particulier à cinq icônes : la Corbeille (qui ne peut être supprimée du Bureau à moins de tailler la base de registre de Windows à la hache), Mes documents, Poste de travail, Favoris réseau et Internet Explorer. Pour contrôler l'apparence de ces icônes :

1. **Cliquez du bouton droit sur un emplacement vide du Bureau et sélectionnez Propriétés.**

2. **Dans la boîte de dialogue Propriétés d'Affichage, cliquez sur l'onglet Bureau (voir Figure 1.4) puis cliquez sur Personnalisation du Bureau.**

3. **Dans la boîte de dialogue Eléments du Bureau, cliquez sur l'onglet Général (voir Figure 1.8).**

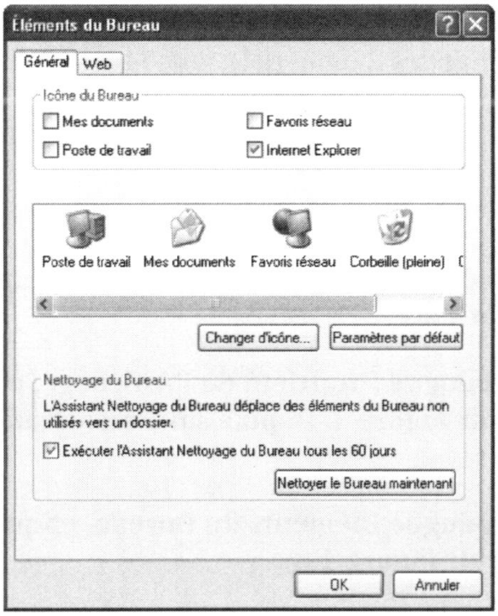

Figure 1.8 : Contrôler les icônes du Bureau via la boîte de dialogue Eléments du Bureau.

4. **Cochez ou décochez les quatre cases une à une – Mes documents, Poste de travail, Favoris réseau, Internet Explorer – selon que vous souhaitiez ou non qu'ils apparaissent sur votre Bureau.**

5. **Pour modifier l'aspect d'une icône, cliquez sur une icône puis sur le bouton Changer d'icône.**

   Vous apercevez à présent le contenu des fichiers décrits au Tableau 1.2.

   ATTENTION !

   Notez que l'une des icônes de la Figure 1.8 est intitulée Corbeille (pleine). En fait, il n'existe pas d'icône correspondant à cet événement. Si la Corbeille vient à déborder, Windows pris d'apoplexie vous affiche une boîte de dialogue vous demandant s'il peut vider la Corbeille. En fait, cette icône n'apparaît que lorsque la Corbeille est totalement vide.

6. **Cliquez deux fois sur OK quand vous avez terminé.**

Vider la corbeille de manière politiquement correcte consiste à en faire la demande à l'Assistant Nettoyage du Bureau.

L'Assistant Nettoyage du Bureau ne supprime que les raccourcis (je parle des raccourcis au Chapitre 2 du livre I), il ne touche jamais aux fichiers contenant des données, aux dossiers ou à n'importe quoi d'autre. Pas plus qu'il n'affecte le contenu des dossiers Mes documents, Poste de travail, Favoris réseau ou Internet Explorer qui doivent être supprimés individuellement en suivant les instructions ci-dessous :

1. **Cliquez du bouton droit sur un emplacement vide du Bureau et cliquez sur Propriétés.**

2. **Dans la boîte de dialogue Propriété de l'Affichage, cliquez sur l'onglet Bureau (voir Figure 1.4), puis sur Personnalisation du Bureau.**

3. **Dans la boîte de dialogue Eléments du Bureau, cliquez sur l'onglet Général (voir Figure 1.8).**

4. **Vérifiez que la case Exécuter l'Assistant Nettoyage du Bureau tous les 60 jours est cochée.**

   Vous ne voulez sans doute pas que Windows vous le rappelle tous les 36 du mois.

5. **Cliquez sur Nettoyer le Bureau maintenant.**

   L'Assistant Nettoyage du Bureau affiche l'écran de Bienvenu.

6. **Cliquez sur Suivant.**

   L'assistant vous propose une liste de raccourcis suivis de la date de leur dernière utilisation (voir la Figure 1.9).

   L'Assistant Nettoyage du Bureau ne peut pas supprimer tous les raccourcis du Bureau.

7. **Cochez les cases à côté des raccourcis que vous voulez supprimer de votre Bureau, puis cliquez sur Suivant.**

   S'il n'existe pas déjà, Windows créera un nouveau dossier nommé Raccourcis Bureau inutilisés et déplacera les raccourcis cochés vers ce dossier.

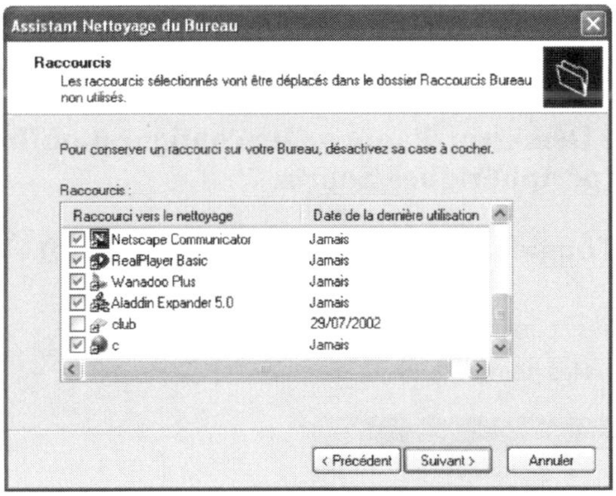

Figure 1.9 : Sélectionnez les raccourcis les moins utilisés dans la fenêtre de l'Assistant Nettoyage du Bureau.

Modifier les pointeurs de la souris

Croyez-le ou non, des milliers d'heures de travail ont été effectuées pour mettre au point l'apparence de pointeur de souris de Windows. Le pointeur proposé par l'installation standard de Windows XP est censé vous offrir un confort et une efficacité maximale. Je traite en détail les pointeurs standards de Windows XP au Chapitre 2 du Livret I.

Malgré toutes leurs grandes qualités, vous pouvez trouver à la longue ces pointeurs un peu ennuyeux.

Vous pouvez y remédier de trois manières différentes :

- En sélectionnant un nouveau thème de Bureau, lequel remplacera vos vieux pointeurs en même temps que votre arrière-plan, votre écran de veille et à peu près tout ce qui peut être modifié dans l'habillage de Windows XP. Je parle des thèmes de Bureau dans la section intitulée "Utiliser les thèmes de Bureau".
- En sélectionnant et changeant les pointeurs un par un.
- En changeant tout le jeu de pointeur pour un autre jeu prédéfini par Microsoft.

Afin de modifier un seul pointeur ou opter pour un nouveau jeu de pointeur prédéfini, suivez les étapes ci-dessous :

1. **Sélectionnez Démarrer/Panneau de configuration/Imprimantes et autres périphériques/Souris.**

2. **Cliquez sur l'onglet Pointeurs (voir la Figure 1.10).**

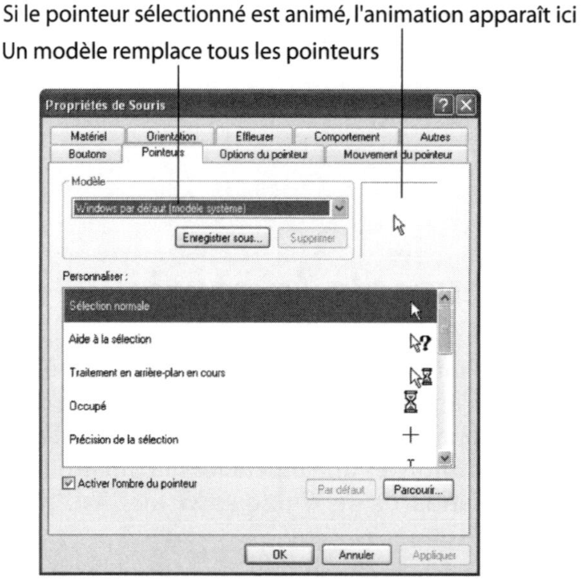

Figure 1.10 : Vous pouvez changer tous les pointeurs de souris.

3. **Pour modifier tous les pointeurs d'un seul coup, sélectionnez un nouveau jeu de pointeurs dans la liste déroulante Modèle.**

   Vous pouvez choisir des pointeurs purement fonctionnels (comme des pointeurs extra-larges à utiliser pour des exposés) ou plus fantaisistes (comme Chef d'orchestre, Dinosaure ou Mains).

4. **Si vous voulez revenir au modèle standard, sélectionnez le modèle Windows par défaut (modèle système).**

5. **Pour modifier un seul pointeur, cliquez sur le pointeur dans la boîte Personnaliser, puis sur Parcourir.**

   Windows vous propose alors tous les pointeurs disponibles, choisissez celui qui vous convient puis cliquez sur Ouvrir.

6. **Si vous voulez qu'un pointeur reprenne sa forme originale, en fonction du modèle choisi, cliquez sur le pointeur dans la boîte Personnaliser puis sélectionnez Windows par défaut (modèle système).**

7. **Lorsque vous avez fait toutes vos sélections, cliquez sur Enregistrer sous et nommé votre nouveau modèle afin de pouvoir le retrouver plus tard.**

8. **Cliquez sur OK.**

   Windows utilise à présent les pointeurs que vous avez choisis.

Choisir un écran de veille

Les écrans de veille sur Windows sont là uniquement pour vous distraire ! Il y a dix ans, les écrans de veille étaient encore réellement utiles, ils permettaient en effet d'éviter que le phosphore ne brûle les parties de l'écran les plus utilisées. De nos jours, les moniteurs n'ont plus ce problème.

Ils restent cependant divertissants et peuvent même avoir une fonction très importante en servant de raccourci clavier "Alerte patron" : une combinaison de touche qui permet de lancer immédiatement l'écran de veille lorsque votre patron vous fait une visite inopportune.

Pour sélectionner un écran de veille :

1. **Cliquez du bouton droit sur un emplacement vide du Bureau et cliquez sur Propriétés.**

2. **Cliquez sur l'onglet Ecran de veille.**

   La boîte de dialogue de la Figure 1.11 apparaît.

   Les paramètres de cette boîte de dialogue parlent d'eux-mêmes à l'exception de "A la reprise, afficher l'écran d'accueil" qui est un peu confus. En fait, cette boîte contrôle le "réveil" de l'ordinateur une fois l'écran de veille lancé.

   - Si A la reprise, afficher l'écran d'accueil est cochée, l'ordinateur affichera à son réveil l'écran d'ouverture de session de

Windows. Si un utilisateur a ouvert une session nécessitant un mot de passe, il doit le rentrer de nouveau (j'aborde les mots de passe dans la section sur la modification des paramètres utilisateur au Chapitre 2 du Livret I).

- Si A la reprise, afficher l'écran d'accueil n'est pas cochée, l'ordinateur reviendra dans l'état où il était lors du lancement de l'écran de veille.

3. **Cliquez sur OK lorsque les paramètres de l'écran de veille vous satisfont.**

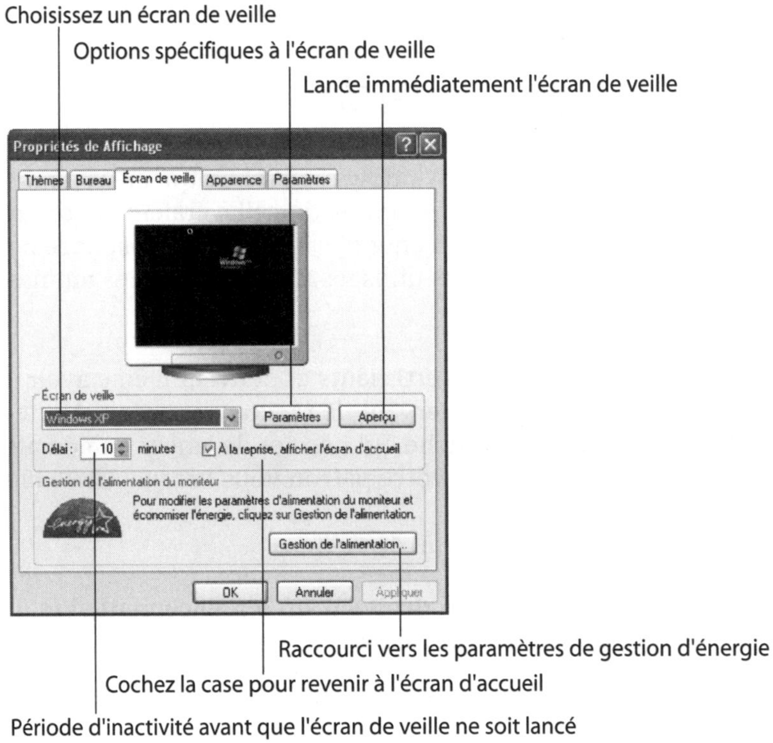

Figure 1.11 : Modifier les attributs de l'écran de veille.

ATTENTION ! S'il était relativement simple dans les versions précédentes de Windows de tromper le système de protection de l'écran de veille, ce n'est plus le cas sous XP. Si l'option A la reprise, afficher l'écran d'accueil est cochée, la tâche ne sera pas simple pour des crackers potentiels.

TRUC

Si vous en avez assez de ces "écrans d'écran", cliquez sur un emplacement vide du Bureau du bouton droit, puis sur Propriétés et ne sélectionnez aucun écran de veille dans la liste.

Nous y voila, la raison pour laquelle vous avez commencé à lire ce chapitre : la fameuse "Alerte patron" va enfin vous être dévoilée. Avec une simple combinaison de touches telle que Alt+F10, vous pouvez lancer instantanément un écran de veille. Cette opération est totalement indépendante de la gestion des écrans de veille installés sur votre système et elle n'affecte en rien leurs paramètres. Voici comment créer ce raccourci clavier :

1. **Assurez-vous que Windows affiche bien les extensions de fichier.**

   Je vous ai longuement expliqué comment afficher ces extensions au Chapitre 2 du Livret I, ces informations nous seront utiles pour retrouver les programmes correspondant aux écrans de veille.

2. **Ouvrez l'Assistant de recherche en sélectionnant Démarrer/Rechercher, puis cliquez sur Tous les fichiers et tous les dossiers.**

3. **Lancez la recherche pour tous les fichiers .scr – ce sont eux qui correspondent aux écrans de veille.**

   Pour ce faire, tapez `*.scr` dans Une partie ou l'ensemble du nom de fichier, puis cliquer sur Rechercher. Vous devriez obtenir une douzaine (ou peut-être plus) de fichiers .scr dont les noms correspondent à ceux listés dans la boîte de dialogue Propriétés de l'Affichage (voir la Figure 1.12).

Figure 1.12 : Les écrans de veille de la boîte Propriétés de l'Affichage correspondent aux fichiers *.scr.

4. **Choisissez l'écran de veille qui vous plaît et retrouvez le programme qui lui est associé dans le Tableau 1.3.**

Tableau 1.3 : Les écrans de veille et leur fichier programme.

Ecran de veille	Fichier
Boîte florissante 3D	ssflwbox.scr
Objets volants 3D	ss3dfo.scr
Canalisations 3D	sspipes.scr
Texte 3D	sstext3d.scr
Beziers	ssbezier.scr
Vierge	scrnsave.scr
Ballet de lignes	ssmarque.scr
Mon album photo	ssmypics.scr
Texte défilant	ssmyst.scr
Etoiles	ssstars.scr
Windows XP	logon.scr

5. **Dans la fenêtre affichant le résultat de la recherche, cliquez du bouton droit sur le nom du programme et sélectionnez Créer un raccourci.**

   Windows affiche le message suivant : `Impossible de créer un raccourci ici. Souhaitez-vous placer le raccourci vers le Bureau ?`

6. **Cliquez sur Oui.**

7. **Retournez vers le Bureau et cliquez du bouton droit sur le nouveau raccourci, puis sélectionnez Propriétés (voir la Figure 1.13).**

Figure 1.13 : Les propriétés de votre raccourci vers un écran de veille situé sur votre Bureau.

8. **Cliquez dans la boîte Touche de raccourci, puis tapez sur le clavier la combinaison de touches de votre choix.**

   Dans l'exemple de la Figure 1.13, j'ai choisi **Alt+F10** (pour cela il faut maintenir enfoncée la touche Alt et appuyez sur F10).

9. **Cliquez sur OK et "Alerte patron" est fin prête.**

ATTENTION !

Certains programmes "détournent" certaines vielles combinaisons de touches. Si un tel programme est en cours d'exécution, il est possible que Windows ne réagisse pas à votre propre raccourci clavier. Il existe peu de programmes qui, à ma connaissance, détournent la combinaison Alt+F10 mais le risque est toujours possible. Mieux vaut donc tester votre combinaison "Alerte patron" dans toutes les situations qui exigent une certaine discrétion avant de l'utiliser au bureau ! Si votre raccourci ne fonctionne pas avec des programmes importants (des jeux par exemple), vous pouvez opter pour n'importe quelle autre combinaison de touches, mais encore une fois testez-la avant de l'utiliser.

TRUC

Si vous voulez modifier les paramètres de l'écran de veille associé à votre combinaison "Alerte patron", cliquez du bouton droit sur le raccourci, puis sur Configurer.

Visualiser le texte à l'écran

Si les caractères affichés sur votre écran vous semblent difficilement lisibles, Windows XP vous permet d'améliorer leurs lisibilités de cinq manières différentes :

- Activer ClearType, permet de rendre certains textes plus lisibles, et ce particulièrement sur les ordinateurs portables ou sur les PC équipés d'un écran plat.
- Elargir les polices affichées par Windows, en augmentant la taille des polices pour les textes associés aux icônes, aux barres de titre, de l'Explorateur et aux menus.
- Le paramètre "dpi" est une méthode de zoom assez peu documentée et qu'il vaut mieux éviter car le zoom est appliqué à toutes les personnes qui utilisent l'ordinateur.

ATTENTION !

Même si vous pouvez trouver des références sur les modifications des paramètres dpi dans l'Aide de Windows XP, il n'y a que trois personnes chez Microsoft qui comprennent réellement leurs utilités et malheureusement deux d'entre elles sont en congé sabbatique. Donc, ouvrez la boîte de dialogue Propriétés de l'Affichage/Avancé/Général et ne modifiez pas les paramètres dpi à moins que vous ne connaissiez quelqu'un qui soit prêt à vous aider lorsque vous aurez craqué.

- La loupe vous permet d'agrandir considérablement des parties entières de l'écran.
- Contraste élevé permet à Windows d'employer une méthode qui diminue les détails, mais offre une meilleure lisibilité.

ATTENTION !

Windows ne contrôle pas tous les paramètres des polices de chaque programme. Par exemple, si vous voulez agrandir les polices du Centre d'aide et de support, vous devez accéder au Centre d'aide et de support, cliquer sur Options, puis ajuster le paramètre Taille police utilisée pour le contenu.

Activer Clear Type

La technologie ClearType de Microsoft utilise une méthode d'ombrage assez étrange – inventée il y a quelque année – qui permet d'améliorer l'affichage des polices sur certains types d'écran. Si vous souhaitez que Windows utilise ClearType, ce dernier emploiera cette technologie pour tous les textes à afficher, sur le Bureau, dans un traitement de texte, un tableur et même dans Internet Explorer. Cette technologie fonctionne relativement bien sur les ordinateurs portables et les PC équipés d'écran plat.

ATTENTION !

Notre CSEN (Centre du savoir empirique des Nuls) nous informe que ClearType est relativement utile pour les étiquettes d'icônes et les textes relativement brefs qui apparaissent sur l'écran. Vos yeux risquent cependant de quitter leurs orbites si vous l'utilisez un peu trop longtemps avec un traitement de texte. Bref, ClearType fonctionne bien sur les portables et les écrans plats, mais je n'y ai pas recours.

Voici comment activer ClearType :

1. **Cliquez du bouton droit sur un emplacement vide du Bureau, puis sur Propriétés.**

2. **Cliquez sur l'onglet Apparence, puis sur Effets.**

3. **Cliquez sur la boîte Utiliser la méthode suivante pour lisser les bords des polices écran, et choisissez ClearType (voir la Figure 1.14).**

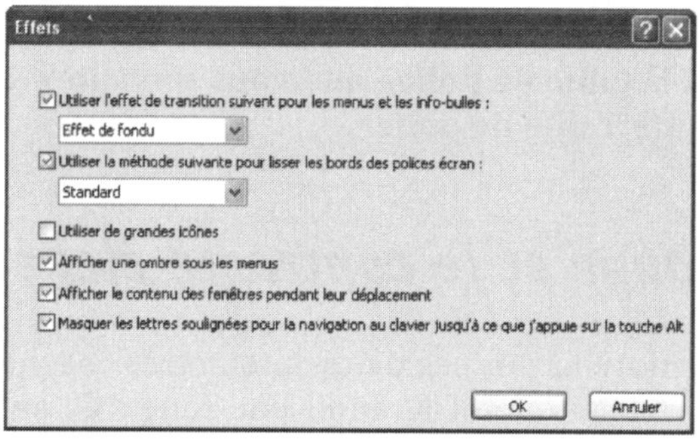

Figure 1.14 : Activer ClearType depuis la boîte de dialogue Effets.

4. **Cliquez sur OK et lancez votre traitement de texte. Travaillez quelques minutes, si la migraine vous gagne, retournez dans la boîte de dialogue Effets pour désactiver ClearType.**

Afficher de grosses polices de caractère

Si vous utilisez le thème de Bureau par défaut de Windows XP, vous avez à votre disposition un moyen simple pour modifier la taille des polices. Mais il y a au préalable quelques limitations que vous devez connaître :

- La taille de la police ne s'applique qu'aux barres de titres de Windows, aux étiquettes d'icônes du Bureau, à l'Explorateur Windows et aux menus.
- Lorsque vous appliquez un nouveau thème de Bureau (voir la section "Utiliser les thèmes de Bureau" de ce chapitre), vos paramètres de police ne sont pas pris en compte.
- Les thèmes de Bureau ne supportent pas tous différentes tailles de polices, et le seul moyen de savoir si cela marche pour un thème donné est de modifier la taille de la police et vérifier si ça fonctionne.

Pour élargir les polices :

1. **Cliquez du bouton droit sur un emplacement vide du Bureau, puis cliquez sur Propriétés.**
2. **Cliquez sur l'onglet Apparence.**
3. **Sélectionnez la taille de police que vous souhaitez dans la liste déroulante Taille de police.**

Utiliser la loupe et le contraste élevé

Je ne vais pas m'étendre ici sur ces deux paramètres ; sachez simplement que la loupe vous permet d'agrandir une zone d'écran centrée sur le pointeur de la souris et que le contraste élevé permet d'améliorer la lisibilité du texte en utilisant un jeu de couleurs particulier.

Pour sélectionner la loupe ou le contraste élevé :

1. **Cliquez sur Démarrer/Panneau de Configuration/Options d'accessibilité.**

2. **Pour jouer sur le contraste, choisissez l'option Ajuster le contraste pour le texte et les couleurs affichés à l'écran.**

3. **Pour lancer la loupe, sélectionnez Loupe dans la section Paramètres du panneau des tâches.**

Utiliser les thèmes de Bureau

Les thèmes de Windows XP permettent de modifier d'un seul coup un très grand nombre de paramètres d'affichage. Un thème modifié comporte six des sept couches du Bureau que je vous ai présentées précédemment : la couleur de base du Bureau, l'arrière-plan, le paramétrage des polices et des couleurs des fenêtres, les images des icônes spécifiques de Windows (Corbeille, Mes documents, etc.), un jeu de pointeurs souris et un écran de veille. Un thème inclut également un jeu d'effets sonores associé aux événements Windows. A ma connaissance, il n'existe pas de thème incluant des éléments Fenêtre active.

Pour afficher un nouveau thème :

1. **Cliquez du bouton droit sur un emplacement vide du Bureau, puis cliquez sur Propriétés.**

2. **Cliquez sur l'onglet Thème.**

3. **Choisissez un thème dans la boîte Thèmes.**

N'OUBLIEZ PAS

Lorsque vous installez un nouveau thème, ce dernier remplace toutes les couches du Bureau, ainsi que le jeu d'effets sonores. Il remplace votre vieux arrière-plan, les images des icônes, vos pointeurs souris, etc. Bien qu'aucune donnée ne soit détruite, vous devrez tout personnaliser de nouveau.

Microsoft vend des thèmes supplémentaires. Sachez cependant qu'il existe une multitude de thèmes gratuits disponibles sur le Web ; lancez votre moteur de recherche avec les mots-clés Thème de Bureau Windows ou faites un tour sur le site www.themeworld.com.

Personnaliser vos dossiers

Dans certains cas, l'explorateur Windows vous permet de modifier l'habillage de vos dossiers en y accolant une image. Vous avez peut-être déjà un dossier ainsi modifié si vous utilisez le Lecteur Windows Media pour copier vos CD.

Pour modifier l'image accolée à un dossier :

1. **Lancez l'Explorateur Windows en sélectionnant Démarrer/Mes documents ou Démarrer/ Mes images ou Démarrer/Ma musique ou Démarrer/Poste de travail ou Favoris réseau. Ou encore en lançant une recherche via Démarrer/Rechercher.**

2. **Parcourez jusqu'à ce que vous trouviez le dossier que vous allez modifier.**

3. **Vérifiez que vous êtes bien en Affichage miniatures en sélectionnant Affichage/Miniatures.**

   Les images accolées n'apparaissent que dans ce type d'affichage.

4. **Cliquez du bouton droit sur le dossier.**

5. **Si vous souhaitez que Windows analyse toutes les images contenues dans le dossier (ce qui inclut les pochettes de disque dans les dossiers de musique) et place les quatre images les plus récemment modifiées en surimpression sur le dossier, choisissez Rafraîchir les miniatures.**

6. **Si vous souhaitez accoler vos propres images sur des dossiers, sélectionnez Propriétés et cliquez sur l'onglet Personnaliser.**

   La boîte de dialogue Propriétés apparaît à la Figure 1.15.

   ATTENTION ! Windows ne permet pas de modifier les images des raccourcis de dossier.

7. **Cliquez sur Choisir une image et sélectionnez l'image que vous voulez.**

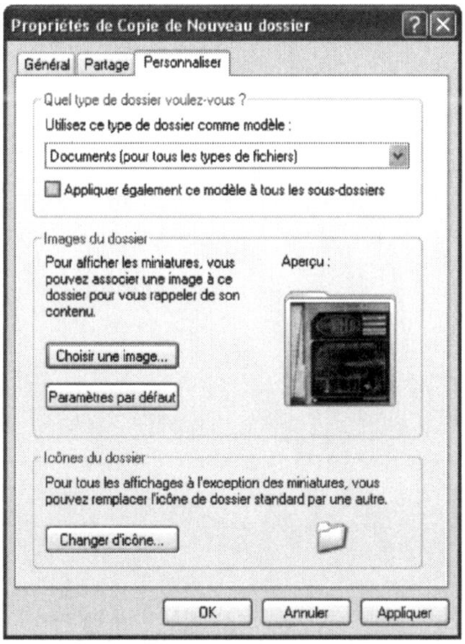

Figure 1.15 : Choisissez les images à accoler aux dossiers dans cette boîte de dialogue.

8. Cliquez sur OK et l'image apparaît sur le dossier.

N'OUBLIEZ PAS

Bien que Windows affiche jusqu'à quatre images sur un dossier, vous ne pouvez en accoler qu'une seule.

Chapitre 2 : Organiser votre Interface Windows XP

Dans ce chapitre :

- **Maîtriser la puissance du menu Démarrer de Windows.**
- **Accédez rapidement aux documents les plus récemment utilisés.**
- **Lancez vos programmes favoris d'un clic.**
- **Lancer automatiquement des utilitaires.**

Windows XP inclut un nombre considérable d'outils qui vous permettront d'être plus efficace dans vos travaux (et vos loisirs). Vous allez découvrir peu à peu, en devenant plus à l'aise avec l'environnement de Windows XP, bon nombre de simplifications et de raccourcis qui font une réelle différence.

Personnaliser le menu Démarrer

Nous avons survolé brièvement le menu Démarrer au Chapitre 2 du Livret I. Dans ce chapitre, nous allons explorer plus en détail ses fonctionnalités.

ATTENTION !

L'aspect de votre écran peut ne pas être exactement semblable à celui de la Figure 2.1. Si vous avez acheté un PC avec une version de Windows XP préinstallé, il y a de forte chance pour que votre constructeur ait ajouté dans le menu Démarrer des programmes qui ne sont pas livrés avec la version originale de Microsoft. Ce chapitre vous indiquera comment reprendre le contrôle du menu Démarrer et comment ajouter ou supprimer les éléments de votre choix.

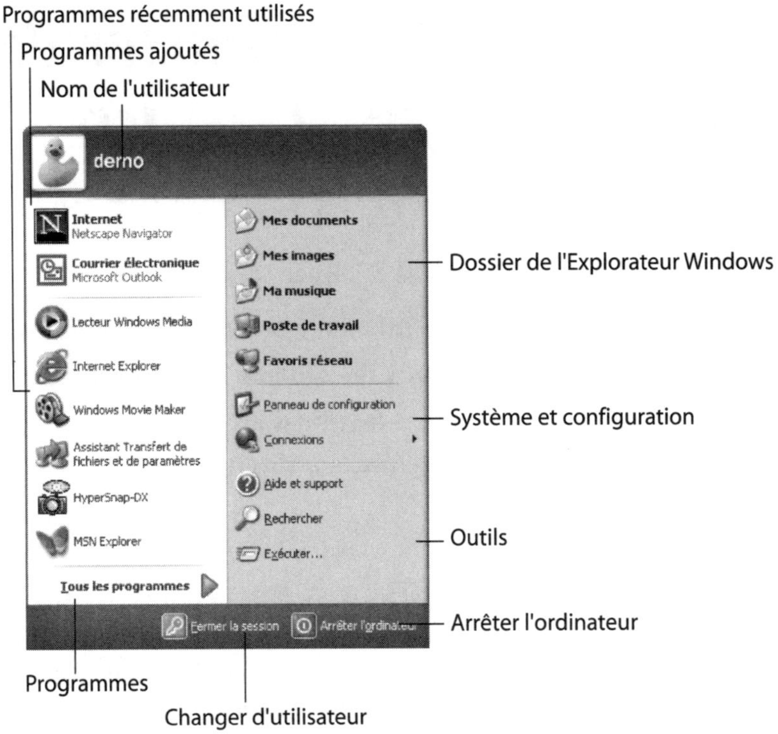

Figure 2.1 : Un exemple de menu Démarrer.

Pour modifier le contenu du menu Démarrer de tous les utilisateurs, vous devez être un Administrateur. Pour en savoir plus sur la manière de devenir Administrateur, reportez-vous à la section traitant des comptes utilisateur au Chapitre 2 du Livret I.

Genèse du menu Démarrer

Bien que le menu Démarrer semble être monolithique et sorti tout droit des esprits tortueux des créateurs de Windows, sachez qu'en fait Windows XP crée la partie gauche de ce menu à la volée chaque fois que vous cliquez sur le bouton Démarrer. C'est pourquoi il s'écoule un petit instant entre le moment où vous cliquez sur Démarrer et celui ou vous voyez apparaître le contenu du menu. Voici un récapitulatif en allant du haut vers le bas des éléments qui le composent.

- Le nom et l'image en haut du menu proviennent de l'écran d'ouverture de session. Vous pouvez les modifier en suivant la procédure décrite à la section Changer les paramètres utilisateur au Chapitre 2 du Livret I.

- Vous pouvez ajouter des programmes dans le coin supérieur gauche du menu Démarrer. Ces programmes resteront à cet emplacement jusqu'à ce que vous les supprimiez explicitement. Il est malheureusement impossible d'ajouter ici des fichiers. Cette fonctionnalité est étudiée en détail à la section "Ajouter des programmes au menu Démarrer".

- En dessous, la partie gauche du menu contient *les programmes les plus récemment utilisés*. Bien que vous ayez un léger contrôle sur cette liste, Windows la remplit avec ses programmes favoris que vous les utilisiez ou non. Vous laisserez sans doute Windows gérer seul cette liste. Je vous explique comment Windows la maintient dans la section "Demander les programmes récemment utilisés".

- Tout en bas de la partie gauche, *Tous les programmes* vous connectent au contenu de deux dossiers situés sur votre disque dur. C'est la partie la plus simple à modifier, vous pouvez y ajouter des menus flottants ou encore modifier ou supprimer son contenu. Je traite de ces fonctionnalités dans la partie "Changer tous les programmes".

Vous ne pourrez apporter que de petites modifications dans la partie droite du menu (voir "Faire de petites modifications dans le menu Démarrer"), telles qu'ajouter la liste des documents récemment utilisés ; certains apprécient cette fonctionnalité, d'autres non, reportez-vous à "Afficher les documents les plus récents" et jugez par vous-même.

Ajouter des programmes au menu Démarrer

Vous n'utilisez la plupart du temps qu'un ou deux programmes ? Vous pouvez simplement avec Windows XP mettre un lien vers ces programmes en haut du menu Démarrer.

Voici comment ajouter Word 2002 (la version de Word livrée avec Office XP) dans votre menu Démarrer. La procédure est identique pour n'importe quel autre programme.

1. **Word 2002 ou Outlook 2002 sont tous les deux situés dans le menu Tous les programmes, il est donc très facile de les ajouter dans le coin supérieur gauche du menu Démarrer. Sélectionnez Démarrer/Tous les programmes, cliquez du bouton droit sur le programme de votre choix, puis sur Ajouter au menu Démarrer. A la Figure 2.2, j'ai ajouté Microsoft Outlook.**

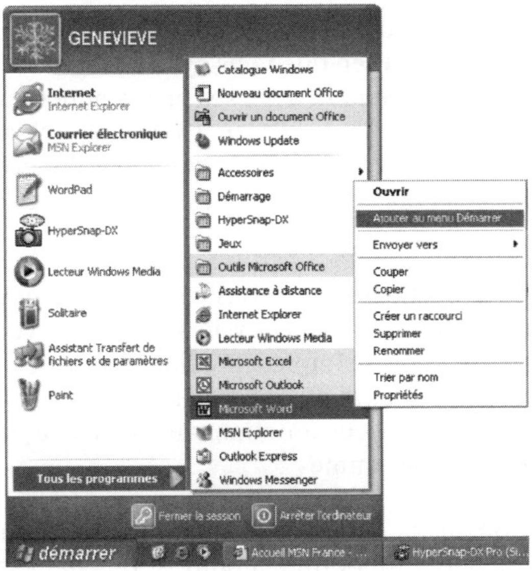

Figure 2.2 : Cliquez du bouton droit sur n'importe quel programme du menu Démarrer puis ajouter-le dans le coin supérieur gauche afin qu'il rejoigne les applications que vous utilisez le plus souvent.

Si le programme que vous souhaitez ajouter n'est pas dans le menu Démarrer, vous pouvez utiliser l'Explorateur Windows ou les outils de recherche pour le trouver. Ce n'est cependant pas aussi simple qu'il n'y paraît, car le nom de fichier d'un programme ne ressemble pas toujours à celui de son application. Par exemple, s'il est simple de trouver le programme outlook.exe qui correspond à Outlook, il est moins évident de trouver celui de Word (winword.exe). Vous trouverez cependant la plupart des programmes en les recherchant sur votre disque dur dans le dossier Program Files en sélectionnant Démarrer/Poste de travail/Program Files. Quand vous aurez trouvé le programme que vous recherchez, cliquez dessus du bouton droit et choisissez Ajouter au menu Démarrer.

Lorsque vous ajoutez un programme au menu Démarrer en cliquant du bouton droit et en choisissant Ajouter au menu Démarrer, Windows crée une seconde entrée dans le menu Démarrer correspondant au programme ajouté. Le programme original, celui sur lequel vous avez cliqué du bouton droit reste à sa place.

Vous pouvez également glisser-déplacer un programme vers le menu Démarrer.

Lorsqu'un programme est ajouté, il apparaît en bas de la liste ; vous pouvez réorganiser l'ordre des programmes de cette liste en les cliquant et glissant du bouton gauche de la souris.

2. **Cliquez du bouton droit et renommez le programme à votre convenance. La Figure 2.3 contient l'icône Outlook nommée Courrier électronique.**

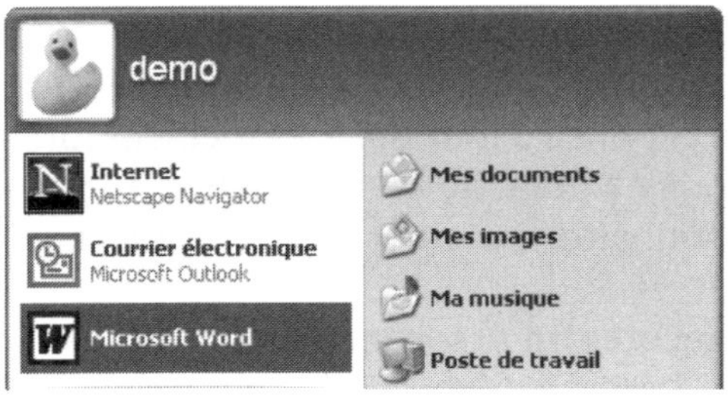

Figure 2.3 : Outlook apparaît dans la liste des programmes ajoutés.

Si vous ajoutez un programme situé dans le menu Démarrer en cliquant du bouton droit et en choisissant Ajouter au menu Démarrer, les deux entrées seront liées l'une à l'autre. Ainsi, si vous changez le nom d'une d'entre elle (clic droit et clic sur Renommer), la seconde sera aussi modifiée.

Vous pouvez supprimer n'importe quel programme de la liste des programmes ajoutés au menu Démarrer. Pour cela, cliquez du bouton droit sur le programme à supprimer, puis sur Supprimer.

Supprimer un programme de la liste supprime uniquement son lien dans la liste des programmes ajoutés. Le programme lui-même reste à sa place d'origine. Vous pouvez donc manipuler cette liste autant qu'il vous plaira, vous n'avez rien à craindre.

Vous pouvez changer les programmes Internet et de messagerie électronique en haut de la liste des programmes ajoutés, si vous avez plusieurs navigateurs ou lecteur de courrier électronique (ce qui est probablement le cas, car Windows XP installe MNS Explorer et Outlook Express par défaut). Pour cela, effectuez les étapes suivantes :

1. **Cliquez du bouton droit sur Démarrer, puis sur Propriétés.**
2. **Vérifiez que la case Menu Démarrer est bien cochée dans l'onglet Menu Démarrer, puis cliquez sur Personnaliser.**
3. **Tout en bas sélectionnez dans les listes déroulantes votre navigateur Web et/ou votre courrier électronique favori.**
4. **Cliquez deux fois sur OK.**

Demander les programmes récemment utilisés

Dans le coin en bas à gauche, juste au-dessus du bouton Démarrer se trouve la liste des programmes les plus récemment utilisés. Cette liste vraiment très pratique est mise à jour dynamiquement lorsque vous utilisez un programme, il y a donc de bonne chance pour que le programme que vous souhaitez exécuter se trouve dans cette liste.

NOTE TECHNIQUE

Note : Lorsque vous exécutez un programme ajouté dans la liste en haut à gauche du menu Démarrer (voir la section précédente), ce programme n'est pas pris en compte dans la mise à jour de la liste des programmes les plus récemment utilisés.

En fait, ce n'est pas tout à fait exact. En effet, à moins que votre fabricant de matériel n'ait légèrement trafiqué la base de registre, la première fois que vous démarrez Windows XP, vous devriez voir les programmes suivants dans la liste des programmes les plus récemment utilisés :

- Lecteur Windows Media.
- MSN Explorer.
- Windows Movie Maker.
- Visite guidée de Windows XP.
- Assistant de transfert de fichiers et de paramètres.

La présence de ces programmes peut paraître assez étrange de prime abord. Cependant, en y réfléchissant un peu, le Lecteur Media permet d'acheter des nouveautés chez Microsoft ; en vous enregistrant sur MSN vous rapporterez quelque argent aux habitants de Redmond et la prise en main de Windows ainsi que l'Assistant Transfert de fichiers et de paramètres réduit fortement les appels au centre de support technique de Microsoft. Finalement, leur présence n'est pas si étrange que cela.

Le compteur qui contrôle les éléments affichés dans la liste des programmes les plus récemment utilisés privilégie les programmes situés en haut de la liste et les affiche plus longtemps que les autres. Ainsi, le Lecteur Windows Media et MSN Explorer ont tendance à rester plus longtemps en haut de la liste que l'Assistant Transfert de fichiers et de paramètres. Par exemple, j'ai lancé une bonne dizaine de fois un programme avant de déloger le Lecteur Media du haut de la liste.

Il n'y a cependant aucune raison pour que vous subissiez les publicités dans votre menu Démarrer, qu'elles viennent de Microsoft ou de quelque autre revendeur. Heureusement, vous pouvez facilement contrôler la liste des programmes les plus récemment utilisés.

1. **Cliquez du bouton droit sur le bouton Démarrer, puis sur Propriétés.**
2. **Dans l'onglet Menu Démarrer, vérifiez que la case Menu Démarrer est coché, puis cliquez sur Personnaliser.**
3. **Dans l'onglet Général, cliquez sur le bouton Effacer la liste situé au milieu de la boîte de dialogue Personnaliser le menu Démarrer.**
4. **Tant que vous y êtes, jetez un œil sur l'option de sélection de la taille des icônes des programmes. La sélection de Petites icônes vous permettra d'ajouter plus de programmes, mais il vous sera plus difficile de cliquer dessus.**

   Le chiffre par défaut dans la case Nombre de programmes dans le menu Démarrer correspond en fait au nombre de programmes contenus dans la liste des programmes les plus récemment utilisés.

5. **Cliquez deux fois sur OK, et la liste des programmes les plus récemment utilisés est prête à afficher... la liste des programmes les plus récemment utilisés ! (Figure 2.4.)**

ATTENTION !

Vous ne pouvez pas glisser-poser un programme vers la liste des programmes les plus récemment utilisés. Vous pouvez cependant supprimer un programme de cette liste en cliquant dessus du bouton droit et en choisissant Supprimer.

Figure 2.4 : Vous pouvez contrôler la liste des programmes les plus récemment utilisés depuis cette boîte de dialogue.

Changer tous les programmes

Lorsque vous sélectionnez Démarrer/Tous les programmes, Windows crée la liste de tous les programmes en combinant le contenu de deux dossiers distincts de votre disque dur : le dossier Menu Démarrer\Programme de votre utilisateur et le dossier Menu Démarrer\Programme de tous les utilisateurs.

TRUC

Les programmes qui apparaissent au-dessus de la ligne horizontale du menu Tous les programmes sont situés dans le dossier Menu Démarrer, les programmes en dessous de cette ligne proviennent du dossier Menu Démarrer\Programmes.

Vous remarquerez en examinant la Figure 2.5 la manière dont les contenus des deux dossiers sont associés dans le menu Tous les programmes. Le dossier Menu Démarrer correspondant à tous les utilisateurs est affiché au-dessus du Menu Démarrer de l'utilisateur de la session courante. Les dossiers contenus dans le dossier Menu Démarrer sont affichés sous forme de menu flottant alors que les fichiers contenus dans ce même dossier sont directement ajoutés à la liste.

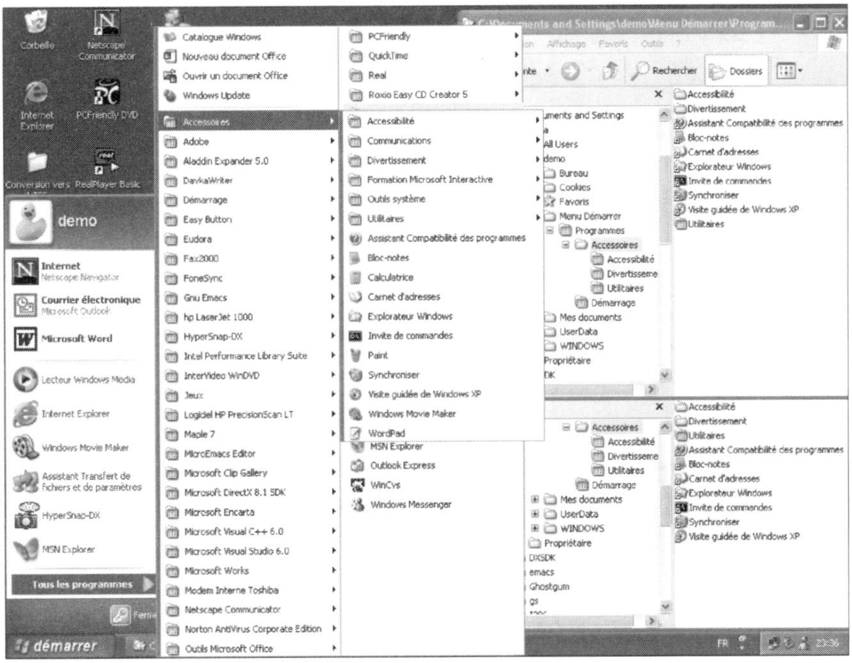

Figure 2.5 : Le menu "Tous les programmes" est constitué à partir du dossier Menu Démarrer de l'utilisateur en cours de session et du dossier Menu Démarrer de tous les utilisateurs.

Comme le contenu de Tous les programmes ne provient que de deux dossiers, vous pouvez aisément en modifier l'organisation et ainsi, par exemple, mettre fin à la multiplication des icônes d'Office dans ce menu.

Prenons l'exemple des logiciels de scanner PrecisionScan de HP. Pour exécuter le programme du scanner, il suffit d'ouvrir Démarrer/Tous les programmes/HP PrecisionScan et de cliquer sur ce dernier. Ici, tout est parfait, les programmes sont regroupés ensemble, ils sont faciles à retrouver et ne prennent pas de place.

Ce n'est pas le cas d'Office.

En effet, si vous avez installé Office sur votre PC et que vous ouvrez Démarrer/Tous les programmes, vous voyez immédiatement apparaître tous les programmes Office, et ce même si vous n'utilisez les logiciels de Microsoft que tous les 100 ans. Ils prennent toute la place que vous auriez sans doute préféré réservée, par exemple, à Quake III (voir la Figure 2.6).

Figure 2.6 : Microsoft Office nous énerve un peu en ne regroupant pas ces programmes dans un seul dossier.

Il est temps de passer à l'action :

1. **Rendez-vous dans le dossier c :\Documents and Settings \AllUsers.WINXP\Menu Démarrer\.**

   Pour cela, sélectionnez Démarrer/Poste de travail et parcourez la liste des dossiers. Ou, plus rapidement, cliquez du bouton droit sur le bouton Démarrer, sélectionnez Explorer tous les utilisateurs, puis double-cliquez sur Programmes (voir la Figure 2.7).

   Créez à présent un menu que vous appellerez en toute logique Office.

2. **Dans la partie de droite, cliquez du bouton droit sur un emplacement vide et sélectionnez Nouveau/Dossier. Tapez Office, appuyez sur Entrée.**

Vous venez de créer un nouveau dossier vide nommé Office (voir la Figure 2.8).

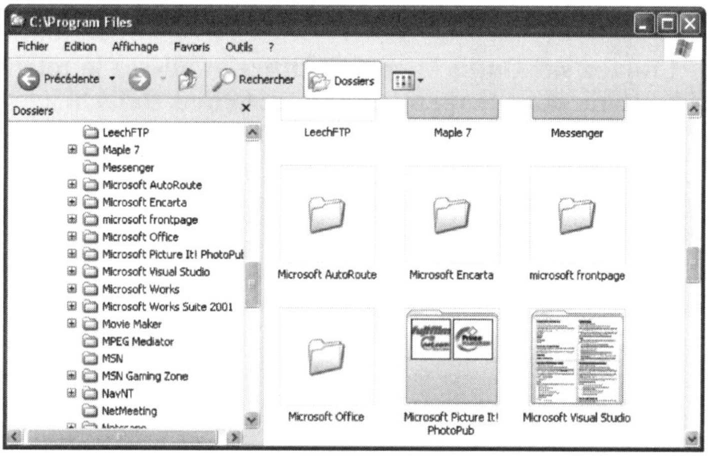

Figure 2.7 : Le contenu de Tous les programmes.

Figure 2.8 : Un nouveau menu nommé Office apparaît sous forme de menu déroulant dans la liste de Tous les programmes.

3. Cliquez sur la ligne du menu Microsoft Access et glissez-la dans le menu Office, relâchez le bouton de la souris, Microsoft Access fait maintenant parti du menu Office.

4. **Répétez l'opération pour chaque programme d'Office.**

   N'oubliez pas les entrées Nouveau document Office et Ouvrir un document Office en haut de la liste.

5. **Cliquez sur Outils Microsoft Office et glissez la totalité de son contenu dans le menu déroulant Office. Relâchez le bouton de la souris, Office est maintenant à sa place (voir la Figure 2.9).**

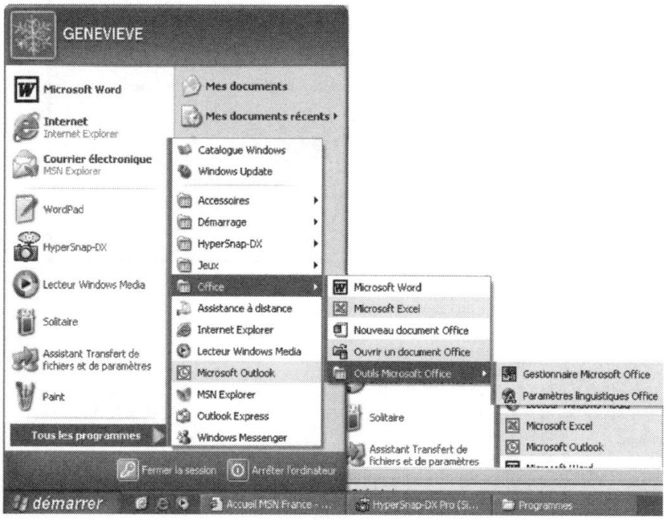

Figure 2.9 : Les programmes d'Office sont à présent bien rangés dans leur propre menu déroulant.

Afficher les documents les plus récents

La plupart des utilisateurs n'appréciaient pas la présence du menu déroulant Documents récents dans le menu Démarrer. C'est pourquoi Microsoft a retiré ce menu de la configuration par défaut de Windows XP.

Windows est cependant toujours capable d'afficher la liste des derniers documents ouverts et permet en cliquant sur ces derniers d'ouvrir automatiquement les applications qui leur sont associées sans avoir à passer par le menu Tous les programmes (Figure 2.10).

Pour activer cette fonctionnalité :

1. **Cliquez du bouton droit sur Démarrer, puis sur Propriétés.**

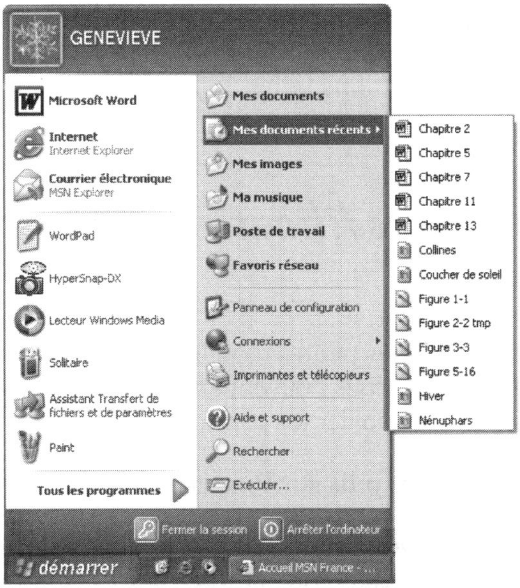

Figure 2.10 : Le menu flottant de Mes documents récents.

2. **Vérifiez que la case Menu Démarrer est cochée et cliquez sur Personnaliser.**

3. **Cochez la case Afficher les documents ouverts récemment (voir Figure 2.11) dans l'onglet Avancé.**

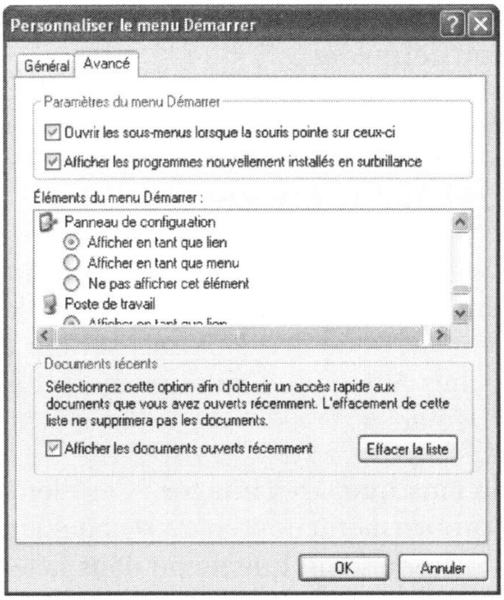

Figure 2.11 : Activer Mes documents récents dans la boîte de dialogue Personnaliser le menu Démarrer.

Notez que vous pouvez revenir à cet emplacement pour vider la liste. Cependant, vider la liste ici ne videra pas les listes équivalentes dans vos applications telles que Word ou Internet Explorer. Pour cela, référerez-vous aux applications elles-mêmes.

Faire de petites modifications dans le menu Démarrer

Vous pouvez apporter quelques petites modifications au contenu du menu Démarrer. Ces modifications peuvent être assez utiles, et ce particulièrement si vous aimez bidouiller les paramètres de votre machine.

1. **Cliquez sur Démarrer, puis sur Propriétés.**
2. **Dans l'onglet Menu Démarrer, vérifiez que la case Menu Démarrer est bien cochée, puis cliquez sur Personnaliser.**
3. **Cliquez sur l'onglet Avancé et cochez les éléments que vous souhaitez activer. Puis, cliquez deux fois sur OK.**

Les six éléments suivants peuvent être ajoutés au contenu du menu Démarrer :

- **Panneau de Configuration :** Cet élément affiche tous les applets classiques (c'est-à-dire : les applications du Panneau de Configuration) dans un menu déroulant.
- **Favoris :** Cet élément crée un menu contenant vos emplacements favoris (principalement d'Internet Explorer). Pour activer cet élément, cochez Favori dans la liste.
- **Poste de travail :** Cet élément peut contenir ses propres menus déroulants contenant vos disques durs, le Panneau de Configuration, Mes documents et Documents partagés. Pour activer ce menu déroulant, cochez Afficher en tant que menu dans la liste Eléments du menu Démarrer.
- **Mes documents, Ma musique, Mes images :** Ces éléments peuvent avoir leur propre menu contenant des fichiers ou des dossiers. Cochez Afficher en tant que menu dans la liste Eléments du menu Démarrer correspondante.

Si vous êtes un bidouilleur invétéré, cochez la case Outils administration système/Afficher sur le menu Tous les programmes dans la liste Eléments du menu Démarrer. Ces programmes devraient vous occuper pendant quelques années.

Installez-vous régulièrement de nouveaux programmes ? Vous en avez assez des petites boîtes jaunes affichées par Windows vous informant que vous avez installé un nouveau programme alors que c'est juste ce que vous venez de faire. Voici comment y mettre un terme :

1. **Cliquez du bouton droit sur Démarrer, puis sur Propriétés.**
2. **Vérifiez que la case Menu Démarrer est bien cochée dans l'onglet Menu Démarrer, puis cliquez sur Personnaliser.**
3. **Cliquez sur l'onglet Avancé et décochez la case "Afficher les programmes nouvellement installés en surbrillance". Cliquez ensuite deux fois sur OK.**

La barre de lancement rapide

Windows XP/Pro masque automatiquement la barre de lancement rapide. Si vous utilisez XP/Pro, vous pouvez sauter cette section et passer directement à la section Personnaliser.

Activer

La barre de lancement rapide de Windows XP est composée d'un groupe d'icônes à côté du bouton Démarrer. Vous pouvez y ajouter des raccourcis vers vos programmes favoris (voir Figure 2.12). C'est une des fonctionnalités les plus pratiques de Windows, mais vous pouvez fort bien ignorer son existence si vous utilisez Windows XP/Edition familiale.

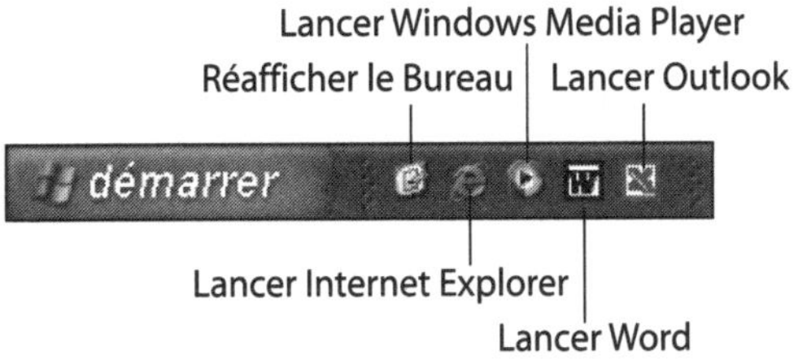

Figure 2.12 : La barre de lancement rapide.

Pour activer la barre de lancement rapide, cliquez du bouton droit sur un emplacement vide de la barre des tâches Windows et sélectionnez Barre d'outils/Lancement rapide. Dans son état initial, la barre de lancement rapide inclut un raccourci vers Internet Explorer, le Bureau et le Lecteur Windows Media.

Personnaliser

Il est très simple d'ajouter des icônes dans la barre de lancement rapide. Vous allez cependant être rapidement confronté à la question suivante : comment ajouter plusieurs icônes dans un si petit emplacement ? Voici comment faire :

1 **Vérifiez que la barre de lancement rapide est bien visible (cliquez sur un emplacement vide de la barre des tâches et sélectionnez Barre d'outils/Lancement rapide).**

2. **Déverrouillez la barre des tâches, vous pouvez ainsi augmenter la taille de la barre de lancement rapide.**

   Pour ce faire, cliquez sur un emplacement vide de la barre des tâches Windows puis décochez la case Verrouiller la barre des tâches.

3. **Poussez légèrement la glissière vers la droite.**

4. **Sélectionnez le programme que vous souhaitez ajouter dans la barre de lancement rapide.**

   Par exemple, si vous avez installé Microsoft Office et que vous souhaitez ajouter Word, sélectionnez Démarrer/Tous les programmes et rechercher Microsoft Word.

5. **Cliquez du bouton droit sur le programme et glissez-le dans la barre de lancement rapide.**

   Un curseur en forme de I vous indique l'emplacement de la future icône. Quand vous relâchez l'icône, sélectionnez Copier.

Lorsque vous faites glisser une icône vers la barre de lancement rapide, cliquez du bouton droit et sélectionnez Copier pour ne pas toucher au raccourci original. En effet, si vous utilisez le bouton gauche (ou le bouton droit et Déplacer) le raccourci ne sera pas copié mais déplacé.

6. **Faites glisser autant d'icônes qu'il vous plaira vers la barre de lancement rapide. Lorsque vous avez terminé de déplacer la glissière vers la droite de manière à voir l'icône la plus à droite, cliquez du bouton droit sur la barre des tâches Windows et sélectionnez Verrouiller la barre des tâches.**

Personnaliser le démarrage

Lancez-vous un programme à chaque démarrage de Windows ? Vous souhaitez peut-être exécuter le Lecteur Media à chaque redémarrage ?

Vous pouvez aisément indiquer à Windows d'exécuter un programme à chacun de ses lancements. Il suffit pour cela de placer le programme dans le dossier \Démarrage.

Supposez que vous vouliez exécuter la Calculatrice Windows chaque fois qu'un utilisateur ouvre une session de travail. Vous devez pour cela placer un raccourci dans Tous les utilisateurs\Démarrage de la manière suivante :

1. **Cliquez du bouton droit sur le bouton Démarrer et sélectionnez Explorer tous les utilisateurs.**

2. **Recherchez le dossier c :\Documents and Settings\AllUsers.WINXP \Menu Démarrer\.**

3. **Revenez sur le bouton Démarrer, et sélectionnez Démarrer/Tous les programmes/Accessoires.**

4. **Cliquez du bouton droit sur la calculatrice et glissez-la dans le dossier \Démarrage. Relâchez la calculatrice et cliquez sur Copier.**

   Le raccourci vers la calculatrice est ajouté au dossier \Démarrage (voir la Figure 2.13).

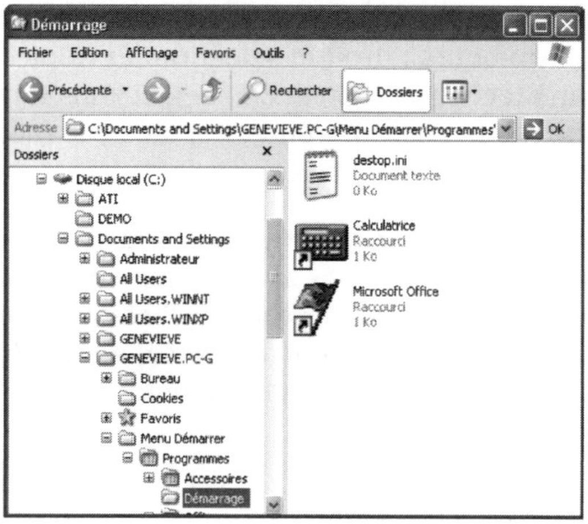

Figure 2.13 : L'ajout d'un raccourci vers la calculatrice dans le menu \Démarrage lancera cette dernière à chaque démarrage de Windows.

La calculatrice apparaîtra dès qu'une session sera ouverte par un utilisateur.

TRUC

Si vous souhaitez que la calculatrice ne soit lancée que pour un seul utilisateur, vous devez copier le raccourci de la calculatrice dans le dossier \Démarrage de l'utilisateur voulu.

Index

Livret III

Windows XP et Internet

"Il a vu votre portable et demande s'il peut consulter son compte hotmail."

Sommaire

Chapitre 1 : Elargissez vos horizons via Internet

Dans ce chapitre :

- **Introduction à Internet.**
- **Pourquoi vous devez apprendre à l'utiliser.**
- **A propos des rumeurs sur l'Internet.**
- **Un rapide aperçu sur la manière de se connecter.**

L'Internet fut. Et le Web fut. Aujourd'hui le courrier électronique. Les shampoings demain (du moins le courrier indésirable sur les produits capillaires).

Windows XP permet de se connecter très facilement à l'Internet. Ce qui signifie que vous pouvez rédiger à la hâte un petit message à votre fille, envoyer une carte d'anniversaire à votre mère, vérifier les meilleurs scores de base-ball et les gros titres de l'actualité, glaner dans les magasins en ligne, rechercher les horaires des spectacles et réserver votre place dans des dizaines de théâtres, comparer les fonctionnalités et les prix des tout derniers téléphones mobiles, et voir la météo de Phuket en Thaïlande, le tout en quelques minutes, si votre connexion Internent est suffisamment rapide.

D'un autre côté, vous devez savoir que l'Internet est plein de virus, qu'il n'est pas sécurisé pour payer avec votre carte de crédit dans le but de commander quelque chose, que des pornographes s'y cachent et que tout ce que vous y faites est surveillé.

C'est ce que le jeune homme accoudé sur son comptoir dans la boutique d'informatique vous a dit, non ?

Qu'est-ce que l'Internet ?

On vous a déjà raconté ces histoires de petits génies qui ont eu une superbe idée, l'ont développée dans leur garage ou dans leur chambre, ont réalisé un produit grand public – qui a changé le monde – et sont maintenant des millionnaires ?

Mais ce ne sont pas eux qui ont créé l'Internet !

A l'origine, dans le milieu des années 60, Internet était un exercice universitaire, entre la RAND Corporation, MIT, et le National Physical Laboratory en Angleterre. Il évolua rapidement en un projet militaire conçu par l'Advanced Research Project Agency du ministère de la Défense américain qui consistait à relier les groupes de recherche sur les projets ARPA.

A la fin des années 60, ARPA reliait quatre ordinateurs : un à UCLA, un à SRI (Stanford), un à UC Santa Barbara, et un à l'université de l'Utah, en utilisant des systèmes développés par Bolt Beranek et Newman, Inc. A la sortie de Windows XP en octobre 2001, quelque 100 000 000 ordinateurs étaient enregistrés de manière permanente sur Internet et environ 500 millions de personnes pouvaient se connecter à Internet avec leurs ordinateurs depuis chez eux.

NOTE TECHNIQUE

Il n'existe pas d'audimat pour l'Internet. Et ce pour deux bonnes raisons : définir les limites de l'Internet est particulièrement difficile de nos jours (que signifie pour vous de dire que tant d'ordinateurs sont connectés à Internet ?) ; et l'Internet est en constante croissance, si bien que les chiffres publiés un jour sont obsolètes le lendemain.

A l'intérieur de l'Internet

Certains observateurs affirment que l'Internet fonctionne si bien car il a été conçu pour survivre à une attaque nucléaire. Ce n'est pas vraiment le cas. Les fondateurs d'Internet précisent qu'ils étaient tout autant concernés par les lancements de bombe atomique que par le fait d'établir des communications fiables et sécurisées entre chercheurs, même s'ils détestaient le téléphone.

L'Internet fonctionne bien car les ingénieurs qui en ont conçu les grandes lignes étaient de grands génies. Leurs idées originales d'il y a 30 ans ont certes évolué, mais elles restent quasi intactes. Voici ce qu'ils ont décidé :

- **Pas un seul ordinateur ne doit être responsable :** Tous les gros ordinateurs directement connectés à Internet sont égaux (certes certains sont plus égaux que d'autres). En résumé, les ordinateurs sur Internet déplacent des données comme les enfants jouent au ballon : ils l'attrapent, regardent où ils peuvent le lancer et le lancent rapidement. Ils n'ont pas besoin de se concerter avec d'autres ordinateurs : ils attrapent, analysent et lancent.
- **Décomposer les données en paquets de taille fixe :** Peu importe le nombre de données que vous transmettez, un message électronique qui dit "Salut" ou une photographie en couleurs de la galaxie d'Andromède, ces données seront décomposées en paquets. Chaque paquet sera routé vers l'ordinateur approprié. L'ordinateur destinataire rassemble tous les paquets et notifie à l'ordinateur expéditeur que tout va bien.
- **Délivrer rapidement chaque paquet :** Si vous voulez envoyer des données de l'ordinateur A à l'ordinateur B, les données sont décomposées en paquets, chaque paquet est routé vers l'ordinateur B en utilisant la connexion la plus rapide, même si cela signifie que certains paquets passent par Bangor et d'autres par Bangkok.

Ensemble, ces trois règles assurent que tout dysfonctionnement via l'Internet est notifié. Si un écureuil mange une ligne téléphonique, le gros ordinateur qui utilise la ligne rongée peut rerouter les paquets vers une autre ligne de téléphone. Si la société Cumbersome Computer de Cupertino, en Californie, perd de la puissance, les ordinateurs qui envoient les paquets via Cumbersome peuvent basculer vers d'autres ordinateurs connectés. Tout se passe vite et bien, même si les techniques utilisées en interne par les ordinateurs peuvent être risquées.

Utiliser l'Internet

Les gros ordinateurs sont reliés par des lignes de communication à haut débit : les *backboness* Internet. Si vous voulez utiliser Internet au bureau ou chez vous, vous devez d'abord vous connecter à l'un de ces gros ordinateurs. Les sociétés qui possèdent ces gros ordinateurs (les fournisseurs d'accès à Internet, ou FAI) se chargent de vous faire accéder à Internet via leurs ordinateurs.

Si vous avez un modem, voici comment fonctionne votre connexion à Internet :

1. **Vous payez.**

   Vous pouvez trouver un fournisseur d'accès à Internet en utilisant l'une des options d'inscription de Windows XP. Vous pouvez recevoir un compte prépayé d'accès à Internet avec AOL, MSN ou toute autre enseigne lorsque vous achetez un PC. Demandez au jeune homme accoudé au comptoir de votre magasin d'informatique s'il n'a pas des promotions du type "les trois premiers mois gratuits". Dans tous les cas, vous devez sortir votre carte de crédit et payer.

2. **Votre fournisseur d'accès à Internet vous fournit un logiciel, avec des instructions.**

   Du moins, votre FAI vous fournit un ID, un mot de passe et un numéro de téléphone. Suivez les instructions du FAI, en utilisant le logiciel qu'il vous a donné pour vous connecter. (La boîte de dialogue de la connexion standard de Windows XP est représentée à la Figure 1.1.)

3. **Lorsque vous êtes connecté, votre ordinateur compose le numéro de téléphone de votre FAI.**

   Le "pingpingping" que vous avez sans doute déjà entendu est le son que fait votre ordinateur quand il essaie de communiquer avec votre FAI via votre modem. (Voir l'encadré "Qu'est-ce qu'un modem ?")

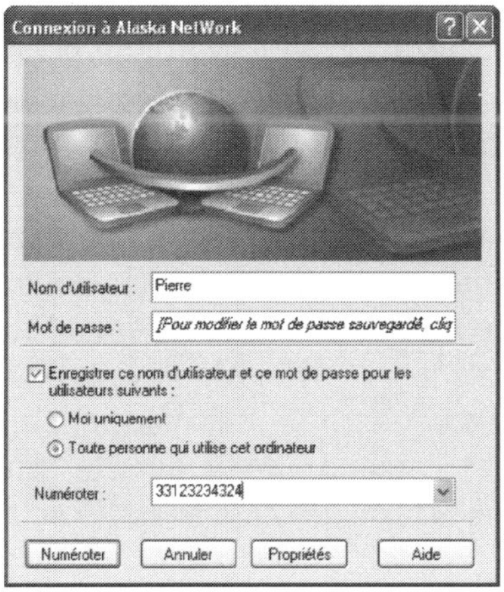

Figure 1.1 : Si vous vous connectez directement à Internet, vous utiliserez une boîte de dialogue comme celle-ci.

NOTE TECHNIQUE

Qu'est-ce qu'un modem ?

Votre ordinateur peut vraiment communiquer avec les autres ordinateurs. Si vous branchez votre ordinateur à un autre via un petit câble, ils peuvent numériquement communiquer, en envoyant des 1 et 0 via le câble. Sympa. Mais si votre ordinateur doit communiquer via une ligne téléphonique, c'est une tout autre histoire.

Revenons aux premiers jours du téléphone, toutes les connexions étaient identiques : vous parliez dans l'embouchure du combiné qui envoyait une grande quantité d'électricité pour traverser la ligne téléphonique. L'embouchure de l'écouteur de l'autre côté de la ligne téléphonique sélectionnait les ondulations électriques et convertissait les impulsions électriques en son. Ces téléphones étaient un peu comme deux cordes avec au bout de chaque extrémité un gobelet en carton ; les pulsions de son de l'une des extrémités faisait vibrer la corde, et l'autre gobelet à l'autre extrémité de la corde convertissait les vibrations en son.

De nos jours, les systèmes de téléphonie sont tous numériques, enfin presque tous.

Les ordinateurs sont des créatures numériques : ils parlent en 1 et 0. Les téléphones sont des créatures analogiques : ils ont besoin de diverses impulsions électriques. Les modems font le pont. Ils convertissent les signes numériques en impulsions électriques et vice versa. Pensez de la manière suivante : votre ordinateur a une chaîne de 1 et de 0 qu'il veut envoyer à l'ordinateur de votre amie Marie pour lui dire : 11001. Marie et vous-même, étant des Nuls, décidez de jouer au modem.

Vous appelez Marie et faites quelques plaisanteries. Puis lorsque vous êtes tous les deux prêts, vous en informez vos ordinateurs respectifs. Votre ordinateur affiche alors les 1 et 0 qu'il veut envoyer à l'ordinateur de Marie. Vous voyez un 1 sur l'écran de votre ordinateur et vous criez dans le téléphone "UN" ! Marie vous entend crier "un" et tape 1. Vous criez "UN" et Marie tape un autre "1". Puis vous criez "ZERO" et Marie tape 0. Puis un "UN", et Marie tape un 1. Lorsque l'ordinateur a terminé, il vous affiche un message à l'écran. Vous hurlez "j'ai terminé Marie, l'as-tu reçu ?" Marie crie à son "Oui, je l'ai !"

Voilà ce que fait un modem. Lorsqu'il envoie des données, il prend les 1 et 0 que l'ordinateur veut envoyer et crie dans le téléphone "UN" ou "ZERO". Lorsqu'il reçoit des données, il écoute les "UN" et "ZERO" et met le chiffre approprié dans l'ordinateur. Plaisanteries mises à part et quelques autres tâches comme vérifier si les données sont toutes bien arrivées, le modem crie et écoute alternativement.

Ironie du sort, bien que le système téléphonique utilisé ait été analogique, il est maintenant numérique. La seule partie analogique sont les appels de courte distance, appelés *ligne locale*, d'une maison au commutateur téléphonique le plus proche. De nos jours, lorsque vous parlez au téléphone, une grande quantité d'électricité (un signal analogique) est envoyée sur la ligne téléphonique qui va jusqu'au commutateur, en fait quelques mètres. Lorsque votre voix atteint le commutateur, elle est numérisée et envoyée vers le commutateur récepteur qui la reconvertit en analogique pour traverser les quelques mètres qui la conduisent à la maison de Marie. Au fond, votre modem aussi lent qu'un escargot existe seulement pour faire le voyage de votre maison au local du commutateur téléphonique le plus proche. Tout le reste voyage à la vitesse de l'éclair.

La technologie DSL, l'accès à haut débit d'Internet que vous pouvez avoir en payant, se contente de sauter ces quelques mètres. Au lieu de convertir les 1 et 0 numériques de votre PC en UN et ZERO analogiques, les boîtiers DSL s'assurent que les données numériques que votre PC génère sont directement transmises dans un réseau déjà numérique.

4. **Dès que les modems entrent en communication, votre ordinateur envoie vos ID et mot de passe.**

   L'ordinateur du FAI vérifie que votre compte est valide (c'est-à-dire que vous avez payé).

5. **Si l'ordinateur du FAI vous donne son accord, la connexion est ouverte, vous pouvez utiliser votre logiciel, Internet Explorer, AOL, Outlook Express, etc.**

6. **Une fois que vous avez terminé, dites au modem de raccrocher.**

TRUC

J'ai établi une longue liste des options d'inscription des FAI et vous présente les mille et une manière de dépenser les euros de votre FAI au Chapitre 1 du Livret IV.

D'autres types de connexion, dont DSL, le câble, et le satellite, ne fonctionnent pas de la même manière. Dans le cas de DSL et du câble, votre connexion est probablement "toujours activée". L'ordinateur du FAI vérifie que vous avez un compte valide à chaque pleine lune et s'arrête si ce n'est pas le cas.

Qu'est-ce que le World Wide Web ?

La plupart des personnes ont tendance à confondre le World Wide Web avec Internet. C'est un peu comme confondre le dessert avec le fromage. Je suis le premier à admettre que le dessert est très important. La vie est dure, et en vérité, je vous le dis : ce n'est pas du tout la même chose.

Pour avoir un dessert, vous devez manger le fromage. Pour vous connecter au Web, vous devez être sur Internet.

Vous comprenez ?

Le World Wide Web doit son existence à Tim Berners-Lee et à quelques conspirateurs de l'Institut de recherche du CERN à Genève, en Suisse. En 1990, Berners-Lee a démontré une méthode pour stocker et relier des informations sur Internet : il suffisait de cliquer pour passer d'un emplacement, une page Web, à un autre. A la sortie de Windows XP en octobre 2001, quelque 2 000 000 000 pages étaient publiées sur le Web.

Tout comme Internet, le Web doit son succès à l'intelligence des personnes qui lui ont donné naissance. Voici les règles de base :

✦ Les pages Web, stockées sur Internet, sont identifiées par une adresse comme www.lesnuls.com. Vous devez sans doute être habitué à voir des adresses qui commencent par www et qui finissent par com, org ou edu ; toutefois, d'autres adresses ne sont pas ainsi.

✦ Les pages Web sont écrites dans un sympathique type de langage appelé HTML, qui est une sorte de langage de programmation, de formatage, sorte de cire pour le parquet, tout en un. De nombreux produits se vantent de pouvoir facilement créer pour les débutants de puissantes et efficaces pages HTML. Mais aucun ne le fait vraiment.

✦ Pour lire une page Web, vous devez utiliser ce qu'on appelle un navigateur Web, le programme qui s'exécute sur votre ordinateur. Le navigateur est chargé de convertir le HTML en quelque chose que vous pouvez lire et utiliser. Nombre de personnes qui visualisent des pages Web utilisent comme navigateur Internet Explorer. A moins que vous viviez sur un rocher dans le désert de Gobi, vous savez que Internet Explorer est une partie de Windows XP.

NOTE TECHNIQUE

Une règle non mentionnée sur le World Wide Web est que tous les acronymes Web doivent être tout à fait incompréhensibles : par exemple, une adresse Web est appelée une URL, Uniform Resource Locator. HTML est l'abréviation de HyperText Markup Language.

Le plus grand avantage du Web est à la fois la facilité avec laquelle vous pouvez passer d'un endroit à l'autre et la facilité avec laquelle vous pouvez créer des pages Web avec des liens orientant le visiteur là où le veut l'auteur de la page. C'est pour cette raison que le Web a été créé il y a tant d'années.

Qui paie tout ça ?

C'est la question à 100 euros !

L'Internet est l'une des grandes affaires du XXIe siècle. Lorsque vous êtes en ligne, – vous avez dû payer au préalable un forfait à AOL, à MSN, au câble ou à tout autre fournisseur d'accès à Internet –, l'Internet est gratuit.

Les sites Web

La plupart des sites Web sont gratuits. Ils se payent eux-mêmes de différentes manières :

- **En réduisant les coûts d'exploitation d'une entreprise :** Les banques ou les sociétés de courtage ont des sites Web qui traitent les requêtes des clients en réduisant les coûts des interactions H2H (homme à homme).
- **En augmentant la visibilité d'une entreprise :** Ce qui signifie que les sites Web vous donnent une bonne excuse pour acheter plus cher des produits d'une entreprise. C'est pour cette raison que les cabinets d'architecte affichent des photos de leur construction.
- **En publiant des publicités :** Des sites très connus comme www.newyorktimes.com vendent des espaces publicitaires.
- **En utilisant des bannières publicitaires :** De petits sites lancent des bannières, généralement sélectionnées dans une agence de publicité. Les annonceurs payent toutes les personnes qui cliquent sur la bannière et visualisent le contenu de leur site.
- **En faisant des programmes de partenariat :** De petits sites peuvent également participer au programme de partenariat d'un grand fournisseur. Si un client clique sur un lien, parcourt et passe une commande depuis le site qui est à l'origine de la transaction, le petit site touche un pourcentage sur la commande passée. Amazon.com est connu pour son programme de partenariat, mais il en existe bien d'autres.

De nombreux sites sont gratuits uniquement à l'entrée. Par exemple, si vous voulez utiliser le Oxford English Dictionnary sur le Web (voir Figure 1.2), vous devez payer la substantielle somme de 550 euros par an. J'espère qu'à ce prix-là vous pouvez consulter les 20 volumes.

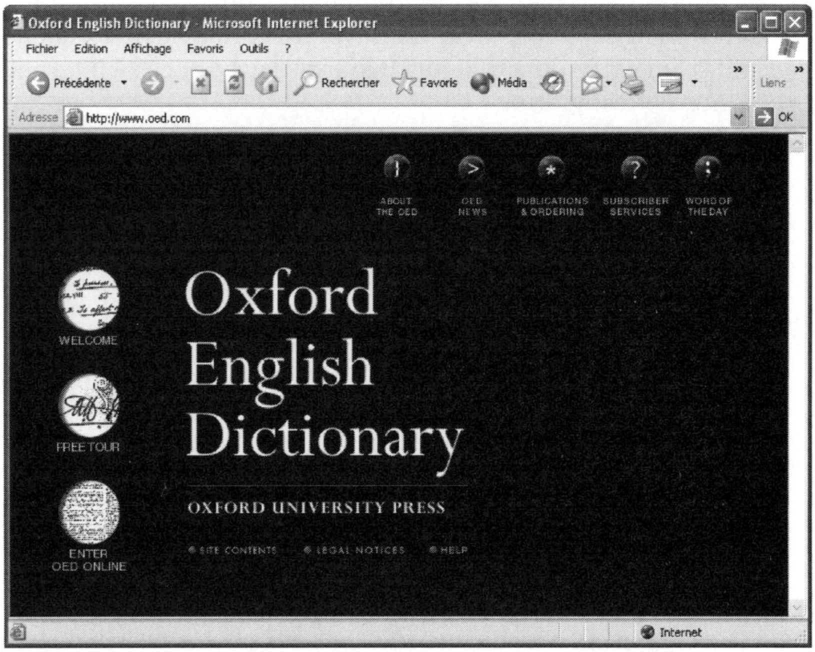

Figure 1.2 : Oxford English Dictionnary : le précieux site Web de la vénérable ressource.

Adresse électronique

Les adresses électroniques sont généralement gratuites et incluses dans le forfait de votre FAI. N'oubliez pas que :

- La plupart des FAI limitent le nombre de messages que vous pouvez stocker gratuitement.
- La plupart des FAI limitent la taille de chaque message électronique, entrant et sortant, vous ne pouvez pas envoyer et recevoir de trop gros fichiers.
- Si vos amis ont votre ID, il est difficile de changer de FAI.

- Il existe une foule de services de courrier électronique sur Internet. www.hotmail.com et mail.yahoo.com sont les plus connus, mais vous pouvez en trouver des centaines d'autres sur www.emailaddresses.com.

Autres produits Internet

Les newsletters électroniques sont gratuites. Généralement, le coût de la création et de la diffusion d'une newsletter n'est pas très élevé : de nombreuses newsletters s'appuient sur le bénévolat. De plus, les auteurs de newsletter récupèrent un peu d'argent par les bannières publicitaires. L'auteur d'une newsletter peut publier des bannières sur les produits et services des sites Web marchands.

Les groupes de discussion sont toujours gratuits, ce qui permet à votre fournisseur d'accès à Internet de vous offrir un nouveau service. Les groupes de discussion Usenet, type de groupe de discussion qui n'est pas contrôlé par des êtres humains, se lancent eux-mêmes. Des groupes de discussion modérés ont des volontaires qui surveillent ce qui est envoyé aux membres de ces groupes, et suppriment les propos outrageants.

Florilège des idées reçues sur Internet

L'Internet est un monde merveilleux, doux et sauvage, et c'est aussi un monde non réglementé, un peu comme le Far West. Je dirais même plus : Internet n'est pas "réglementable". Bien qu'il existe quelques centres de contrôle qui relèvent plus de questions de coordination – comment les ordinateurs communiquent entre eux, qui alloue les noms de domaine comme lesnuls.com, ce que doit faire un navigateur Web lorsqu'il rencontre tel élément HTML –, il n'y a pas d'autorité centrale, ni de police du Web.

Bien sûr, chacun sur l'Internet n'est pas absout des règlements d'un particulier ou d'une entreprise. Une entreprise américaine doit respecter les lois américaines. Une entreprise américaine faisant du commerce en Allemagne doit respecter les lois allemandes. Les particuliers peuvent contourner des règles ici alors qu'ils se conforment aux lois là-bas. C'est très confus.

Mais la plupart des rumeurs que vous avez entendues sur Internet ne tiennent pas la route. Je vais vous le prouver, si bien que vous pourrez attraper votre frère par les oreilles et lui criez armé de ce livre "Je te l'ai toujours dit !"

Les virus

"Tout le monde" sait que Internet est infesté de virus. "Tout le monde" sait que les virus néfastes peuvent vider votre compte en banque, détruire votre disque dur et donner mauvaise haleine à votre terminal : il suffit d'ouvrir un message électronique ayant comme objet de message "Bonjour".

En fait, les virus (j'emploie lâchement ce terme) peuvent vous faire très mal, et les canulars ainsi que les conseils en tout genre abondent. Tout utilisateur de Windows XP devrait appliquer ces cinq règles :

1. **Acheter, installer, mettre à jour et utiliser religieusement l'un des principaux packages de logiciel antivirus.**

2. **Ne jamais, jamais, jamais ouvrir un fichier attaché à un message électronique tant que vous n'avez pas :**

   - Contacté la personne qui vous a envoyé le fichier et vous être assuré qu'elle vous l'a bien envoyé intentionnellement. Les attaques les plus virulentes et destructives de ces derniers temps prennent la forme de fichiers attachés à un message électronique qui sont automatiquement envoyés par un système infecté.
   - Une fois que vous avez contacté la personne qui vous a envoyé le fichier, ne l'ouvrez pas directement. Enregistrez-le sur le disque et lancez votre logiciel antivirus avant de l'ouvrir.

3. **Suivi les instructions décrites au Chapitre 2 du Livret I pour obliger Windows XP à afficher le nom complet de tous les fichiers qui sont sur votre ordinateur.**

4. **Si vous récupérez un message d'avertissement sur un virus, prenez-le avec des pincettes.**

   Consultez les pages Virus Myths de Rob Rosenberger, www.vmyths.com, pour vérifier s'il s'agit d'un canular connu. Le plus important est de vérifier si le virus tueur est en vadrouille et attend de se charger sur Internet, et alors de le supprimer ; la seule manière d'avertir votre famille et vos amis est de leur envoyer le message !

5. **Passez directement à la fin de *Windows XP 9 en 1*, au Chapitre 3 du Livret IX, afin d'obtenir de plus amples informations pour vous protéger contre les attaques de virus.**

Vous devez être particulièrement prudent. Mais l'ex-futur petit copain de la coiffeuse de la belle-sœur de votre oncle, qui est vraiment doué en informatique, peut vous donner de très bons conseils.

TRUC

Nous parlons régulièrement des virus et autres attaques logicielles dans Woody's Windows Watch et Woody's Office Watch. Abonnez-vous à la newsletter gratuite sur www.woodyswatch.com.

Les fraudes à la carte de crédit

Nombre de personnes qui utilisent le World Wide Web refusent de passer des commandes, car elles ont peur qu'on leur vole leur numéro de carte de crédit et qu'elles auront des dettes à rembourser. Ou encore que les produits n'arriveront jamais à destination et qu'elles ne pourront pas récupérer leur argent.

Si vous avez eu un problème de carte de crédit aux Etats-Unis et que vous passez une commande dans une société américaine :

✦ Le Fair Credit Billing Act vous protège en vous faisant rembourser par la société un article que vous n'avez pas reçu. Cette loi est la même pour la vente par correspondance téléphonique ou électronique. Un fournisseur dispose généralement de 30 jours pour vous envoyer la marchandise ou vous donne un contrat, sur lequel vous pouvez annuler votre commande. Pour de plus amples informations, consultez le site Web de la Federal Trade Commission, www.fyc.gov/bcp/conline/pubs/buying/mail.htm.

- Votre franchise sur les dépenses frauduleuses par carte de crédit est de 50 $ par carte de crédit. Dès que vous avez signalé à votre banque qu'une autre personne utilise votre carte de crédit, vous n'êtes plus responsable. Si vous avez des questions, contactez la Federal Trade Commission. Voir www.ftc.gov/conline/pubs/credit/cards.htm.

Certains magasins en ligne, comme Amazon.com, vous garantissent les paiements sécurisés. Le Fair Credit Billing Act vous protège des achats frauduleux dépassant 50 $. Amazon assure qu'il rembourse tout achat frauduleux en dessous de 50 $ s'il est effectué sur son site Web. Pour de plus amples informations, consultez www.amazon.com.

Cela dit, vous pouvez toujours prendre quelques précautions pour ne pas divulguer des informations sur votre carte de crédit :

- Lorsque vous passez une commande en ligne, vérifiez bien que vous traitez avec une entreprise connue.

- Ne saisissez le numéro de votre carte de crédit que si vous êtes sur une page Web sécurisée. Pour savoir si vous êtes sur une page Web sécurisée, regardez l'adresse et recherchez l'icône "verrou" en bas d'Internet Explorer (voir Figure 1.3). Les sites Web sécurisés brouillent les données, si bien que tout ce que vous saisissez sur la page Web est cryptée avant d'être envoyé à l'ordinateur du fournisseur.

- N'envoyez pas votre numéro de carte de crédit par simple courrier électronique. Le courrier électronique peut facilement être intercepté. Et, par pitié, ne donnez aucune information personnelle dans un chat en ligne.

- Si vous recevez un message électronique vous demandant des informations qui peuvent venir de votre banque, de la société de votre carte de crédit, de votre fournisseur d'accès à Internet ou de votre chère tante Marthe, n'envoyez aucune information sensible via le courrier électronique. Passez toujours par un site Web sécurisé.

- Vous serez peut-être tenté de mettre des informations sur votre carte de crédit dans une énorme base de données comme Microsoft Passeport. Soyez conscient des conséquences de vos actes avant de saisir le numéro de votre carte de crédit. Reportez-vous au Chapitre 3 du Livret IX.

L'adresse passe de http :// à https ://

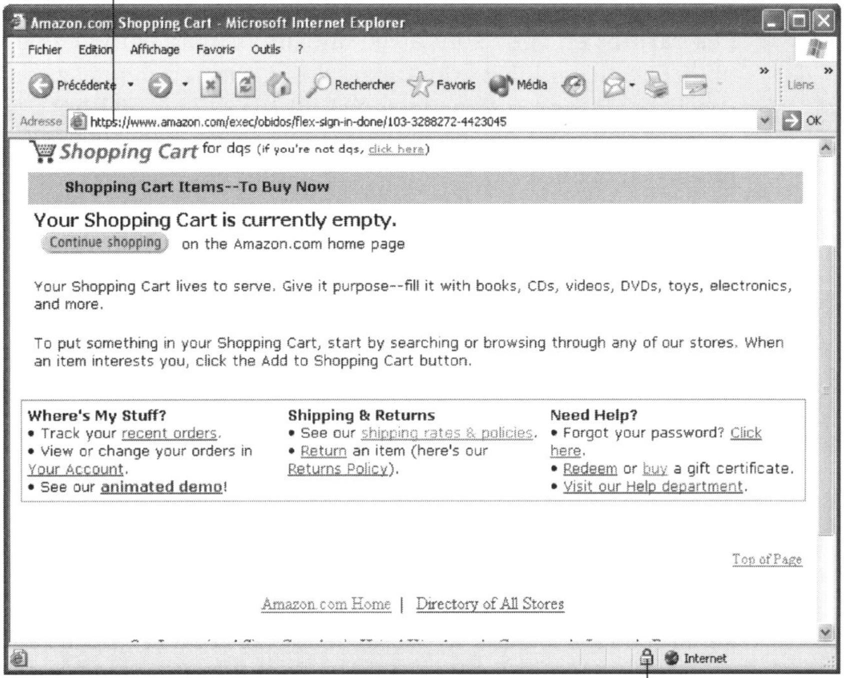

L'icône "verrou" signifie que cette page est sécurisée

Figure 1.3 : Un site sécurisé.

Les règles sont différentes si vous ne traitez pas avec une société américaine, avec une carte de crédit américaine. Par exemple, si vous achetez quelque chose vendu par un particulier dans une vente aux enchères en ligne, vous n'avez pas le même niveau de protection. Vérifiez que vous connaissez bien les règles avant de donner des informations sur votre carte de crédit.

Identifier les vols reste un problème dans le monde entier. L'énorme quantité d'informations personnelles qui circule en ligne n'est que de l'huile sur le feu. Si vous pensez qu'une personne utilise vos données personnelles, fait par exemple un emprunt à votre nom, consultez le site Web du Gouvernement américain au www.consumer.gov/idthef.

Une simple loi suffit

La pornographie en ligne représente une importante activité commerciale, des millions de dollars par an. C'est l'un des grands succès de l'Internet.

Les casinos en ligne sont aussi une importante activité commerciale, chiffrée à des millions de dollars. Le *Business 2.0 magazine* (www.business2.com/articles/web/0,1653,12222,00.html) rapporte qu'en 2001 les internautes ont perdu environ 3 000 000 000 dollars en jouant en ligne.

S'il existe un vice qui peut faire gagner beaucoup d'argent, vous pouvez être sûr que quelqu'un sur l'Internet est en train de l'exploiter.

Si le Parlement américain votait seulement une loi, nous pourrions évincer tous ces pornographes (ces bookmakers, trafiquants, insérez ici votre bouc émissaire) pour toujours.

Bien.

Voici comment fonctionne l'Internet. Supposons que le Gouvernement de Moronovia décide d'interdire l'affichage des photos et images de Minnie (la copine de Mickey) sur les sites Internet. C'est un tollé général au Parlement, le projet de loi est voté, et tous les sites affichant des pauvres petites Minnies sont interdits, leurs webmasters condamnés à 20 ans de travaux forcés.

A la frontière, au Entreprzistan, un concepteur de pages Web parcourt les gros titres et découvre que tous les sites Web moronovaniens qui affichaient des Minnies sont fermés. Il bricole un site Web pendant un ou deux jours, recueille quelques reproductions de notre petite souris subversive, ouvre un site Web (www.minniemouse.ezn) et devient aussitôt très riche.

C'est ainsi que ça marche.

TRUC

Si vous voulez contrôler et surveiller ce que peuvent ou ne pas voir vos enfants, utilisez AOL. J'ai été moi-même assez satisfait de Net Nanny (www.netnanny.com) et de Cyber Patrol (www.surfcontrol.com). Le problème est que ces logiciels ne bloquent pas certains sites qui devraient l'être et en bloquent d'autres qui sont… éducatifs.

Certes, certaines choses peuvent et doivent être faites pour freiner les excès de l'Internet. Généralement, la loi peut peser son poids. Mais c'est aussi une simple question d'air du temps.

La question de la législation est à double tranchant. L'Internet est aussi un lieu d'asile pour tous les groupes contestataires d'un régime autoritaire dans de nombreux pays. Enfin, la possibilité d'accès à Internet reste la meilleure influence démocratique de notre génération. Regardez ce qui se passe en Chine, en Birmanie, au Myanmar.

Big Brother is watching you

A chaque copie de ce message électronique que vous transférez à un ami, Bill Gates fera un don de 100 $ à la National Furshlinger Society. Intel enverra 5 $ à un pauvre chien mourrant de faim pour qu'il soit dressé. Et Dilbert fera don d'une partie indicible de son anatomie. (Désolé, Scott je n'ai pas pu résister !)

Vous ne le savez pas ? Le Congrès américain est en train de créer une nouvelle taxe de cinq centimes sur chaque message électronique que vous lirez. La Californie va sans doute taxer de 10 centimes la minute pour les appels téléphoniques vers les fournisseurs d'accès à Internet.

Vous pouvez facilement être contaminé par l'hystérie Big Brother. Après tout, le Net a pris une telle ampleur qu'il est facile de devenir paranoïaque avec une chose aussi importante. Mais, gardez votre bon sens !

Quand la réalité dépasse la fiction. Le programme Carnivore du FBI en est un bon exemple. Ce programme surveille les courriers électroniques. Même s'il a été rebaptisé DCS1000 il y a plus d'un an, il n'en reste pas moins que le FBI est tout à fait capable de surveiller méthodiquement les courriers électroniques.

N'oubliez pas que :

- Un particulier ou une entreprise n'a pas les moyens de surveiller qui reçoit les copies d'un message électronique (même si une méthode appelée Web Bugs peut être employée dans certaines circonstances pour surveiller la destination de messages électroniques formatés, voir www.privacyfoundation.org/resources/webbug.asp).

- Une entreprise ou le Gouvernement n'a pas les moyens de savoir quels sont vos appels téléphoniques depuis le modem de votre ordinateur.
- Personne ne peut savoir combien de messages électroniques vous recevez ou envoyez.
- Si vous utilisez un programme comme Outlook ou Outlook Express, personne ne peut savoir si vous avez lu ou simplement supprimé un message.
- Si des agences de bases de données accumulent des informations personnelles sur vous, votre pire ennemi est… vous-même. Ne donnez aucune information qui peut vous mettre dans des situations inconfortables.

L'Internet est chaotique et anarchique. Surveillez vos arrières.

Chapitre 2 : Outlook Express : votre outil de gestion de messagerie électronique et de groupes de discussion

Dans ce chapitre :

- **Utiliser le programme de messagerie électronique gratuit : Outlook Express.**
- **Rédiger des courriers électroniques en un minimum d'effort.**
- **Garder votre Carnet d'adresses sous la main.**
- **Utiliser le seul lecteur de groupe de discussion de Microsoft : Outlook Express.**

Qui a dit que les meilleures choses n'avaient pas de prix ? Cette personne pensait-elle à Outlook Express en particulier ? (Je ne peux pas bien sûr dire que c'est gratuit, si vous tenez compte du fait qu'il est inclus dans le prix que vous avez payé pour acheter Windows XP.) Outlook Express est un surprenant programme de messagerie électronique qui vous permet d'envoyer des messages dans n'importe quel format, de recevoir des messages de plusieurs comptes, et même de travailler dans des groupes de discussion pour trouver un tas de choses sur les sujets qui vous passionnent.

N'OUBLIEZ PAS

Outlook Express a des assonances qui ressemblent à Outlook, une partie de Microsoft Office, mais ils n'ont que cela en commun. Outlook est un programme de gestion d'informations personnelles avec le courrier électronique, un gestionnaire des tâches, un calendrier, un agenda, etc. Outlook Express est consacré aux courriers électroniques et aux groupes de discussion, les deux principales fonctionnalités que vous êtes en droit de demander dans un programme de messagerie électronique.

Débuter avec Outlook Express

Outlook Express est un super petit programme si vous n'avez jamais eu d'adresse électronique. Mais si vous utilisez les messageries AOL ou MSN, ou que vous êtes déjà relié à Outlook de Microsoft Office, sautez ce chapitre.

Même si vous utilisez déjà le "gros" Outlook de Microsoft Office, vous avez besoin de Outlook Express pour accéder aux groupes de discussion sur Internet. Ne me demandez pas pourquoi Microsoft n'a pas encore mis de support vers des groupes de discussion dans Outlook.

Tout ce dont vous avez besoin pour démarrer Outlook Express est d'une connexion à Internet. Lorsque vous êtes en ligne, il vous suffit de cliquer sur l'icône Outlook Express dans la barre des tâches Windows en bas de l'écran. La fenêtre Outlook Express apparaît, comme à la Figure 2.1.

La fenêtre Outlook Express est très facile à utiliser. En haut de la fenêtre, vous retrouvez les barres de titres et menus que vous connaissez, et juste en dessous, la barre d'outils de Outlook Express. Le Tableau 2.1 vous présente un aperçu des outils de Outlook Express. L'écran est divisé en quatre panneaux :

- Le panneau Dossiers affiche tous les dossiers que vous avez créés dans Outlook Express et ceux que vous n'avez pas besoin de créer : Boîte de réception, Boîte d'envoi, Eléments envoyés, Eléments supprimés, Brouillons sont créés automatiquement.

- Le panneau Contacts affiche les contacts dans le Carnet d'adresses sélectionné. Ce panneau liste également tous vos contacts Windows Messenger que vous avez ajoutés dans MSN.

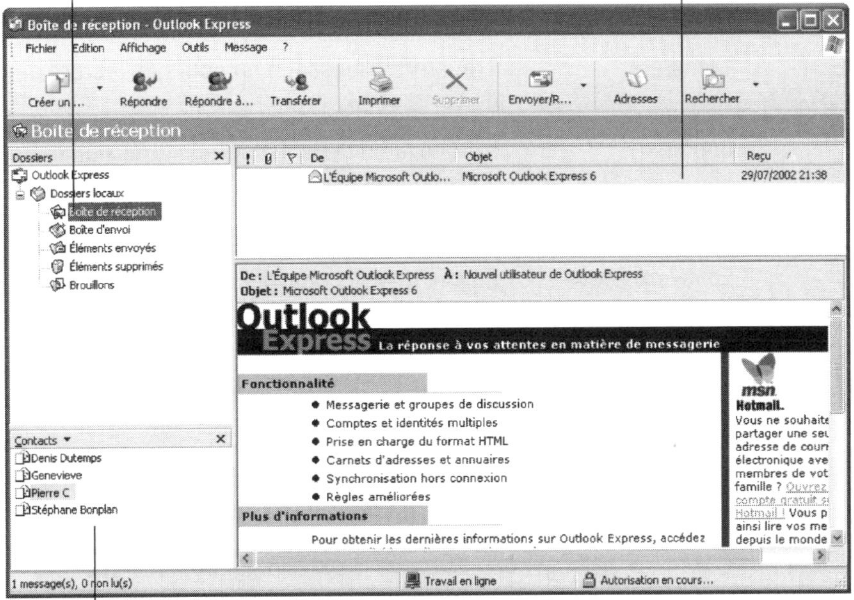

Figure 2.1 : Ouvrez la fenêtre Outlook Express.

- ✦ La liste des messages dans le panneau droit affiche tous les messages du dossier sélectionné.
- ✦ Le panneau des messages individuels affiche le contenu du message surligné dans la liste des messages.

Tableau 2.1 : Les outils de Outlook Express.

Bouton	Nom	Description
	Créer un message	Affiche la fenêtre Nouveau message dans laquelle vous rédigez votre message.
	Répondre	Vous permet de répondre au message en cours de lecture.
	Répondre à tous	Vous permet de répondre à tous les destinataires du message en cours de lecture.

Tableau 2.1 : Les outils de Outlook Express (suite).

Bouton	Nom	Description
	Transférer	Transfert le message en cours de lecture au destinataire de votre choix.
	Imprimer	Affiche la boîte de dialogue Impression dans laquelle vous pouvez imprimer le message en cours de lecture.
	Supprimer	Supprimer le message courant.
	Envoyer/recevoir	Envoie tous les courriers que vous avez écrits et vérifie auprès du serveur mail si vous en avez reçu d'autres.
	Adresses	Affiche le Carnet d'adresses de Outlook Express dans lequel vous pouvez ajouter, éditer ou supprimer des contacts.
	Rechercher	Vous permet de rechercher un message que vous avez envoyé ou reçu, des personnes sur le Web ou encore des phrases spécifiques dans un texte.

Converser via le courrier électronique

Une fois vous avez brillamment réussi l'épreuve de la "connexion à Internet" lors de l'installation de Windows XP, on vous demande des informations sur votre fournisseur d'accès à Internet et sur votre compte d'adresse électronique. Ces informations sont automatiquement intégrées dans Outlook Express, si bien que la première fois que vous l'ouvrez, il vérifie votre compte de messagerie électronique sans aucune intervention de votre part.

La configuration des comptes de messagerie électronique – vous pouvez en configurer une dizaine – est très simple. Libre à vous de créer, envoyer et recevoir des messages.

Configurer un compte de messagerie électronique

Combien de compte de messagerie électronique vous faut-il ? De nombreuses personnes en ont plus d'un : un au bureau, un à l'école, une pour les affaires. Sans oublier ceux des enfants.

Si vous voulez ajouter d'autres comptes de messagerie électronique ou modifier un compte existant, suivez ces étapes :

1. **Ouvrez Outlook Express.**
2. **Sélectionnez Outils/Comptes.**

   La boîte de dialogue Comptes Internet apparaît comme à la Figure 2.2.

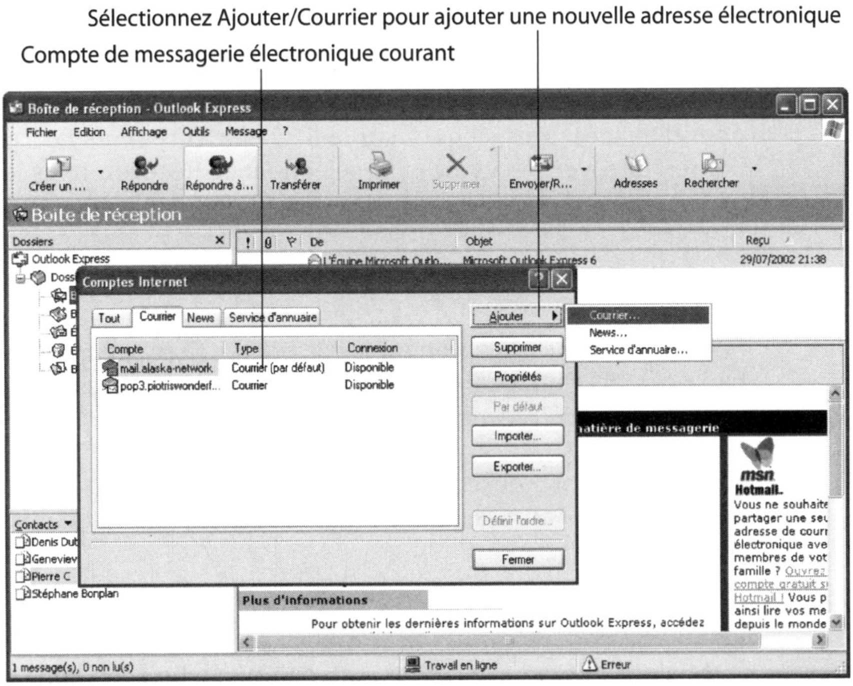

Figure 2.2 : Ajouter un compte.

3. **Cliquez sur Ajouter, puis sélectionnez Courrier.**

   L'Assistant Connexion Internet (vous vous rappelez ?) apparaît et vous guide étape par étape afin de spécifier des informations sur votre connexion et votre adresse électronique. Les entrées POP et serveur SMTP sont directement établies par votre fournisseur d'accès à Internet.

TRUC

Plus loin dans ce chapitre, vous apprendrez à travailler avec des groupes de discussion. Lorsque vous ajoutez un groupe de discussion dans Outlook Express, vous utiliserez cette même procédure pour ajouter les groupes de discussion.

Récupérer et lire des messages

C'est aussi simple qu'il y paraît. Lorsque vous consultez votre adresse électronique, cliquez sur Envoyer/Recevoir dans la barre d'outils Outlook Express. Une boîte de dialogue s'ouvre, vous indiquant l'état de la réception de nouveaux messages dans chaque compte de messagerie électronique que vous utilisez. Si vous voulez seulement recevoir de nouveaux messages, cliquez sur la flèche orientée vers la droite du bouton Envoyer/Recevoir, puis sélectionnez Recevoir dans le menu.

Créer un message

Pour créer un message, cliquez sur le bouton Créer un message dans la barre d'outils Outlook Express. La fenêtre Nouveau message apparaît, vous pouvez créer le message que vous voulez envoyer (voir Figure 2.3).

Vous allez commencer par indiquer à qui s'adresse le message. Vous pouvez entrer l'adresse électronique du destinataire de différentes manières :

- ✦ Vous saisissez l'adresse électronique dans la ligne A.
- ✦ Vous cliquez sur l'icône Adresse à gauche de la ligne A et sélectionnez le destinataire dans votre Carnet d'adresses. (Pour sélectionner un destinataire, cliquez sur le contact dans la liste, cliquez sur A, puis sur OK.)

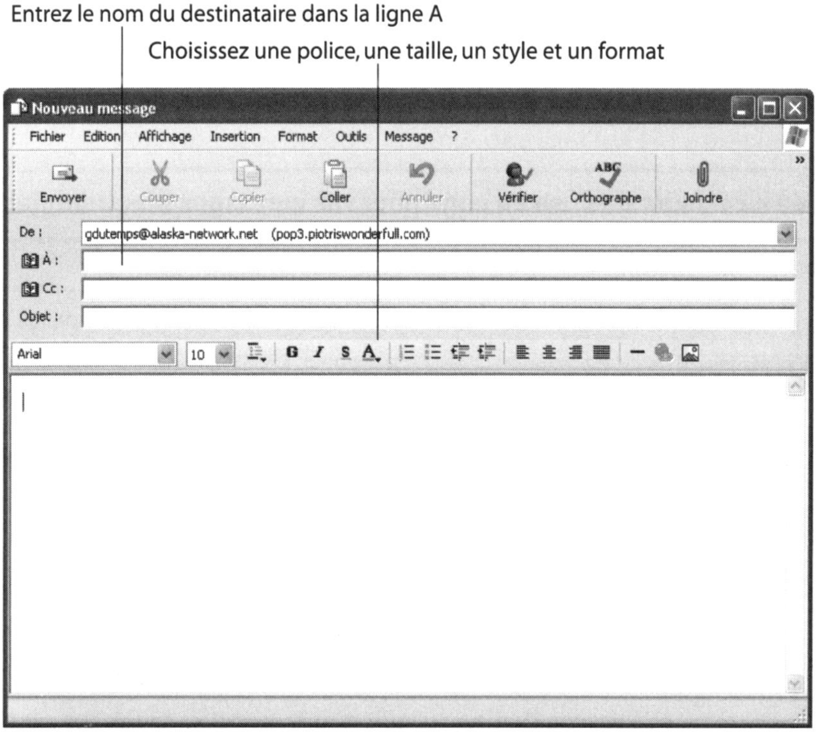

Figure 2.3 : Ecrire un nouveau message.

Outlook Express ajoute ensuite le nom du contact ou l'adresse électronique dans la ligne A.

Vous allez ensuite entrer l'objet de votre message. Faites en sorte qu'il soit court et descriptif.

Enfin, tapez le corps de votre message. Vous disposez d'un large espace ouvert prévu à cet effet. Vous pouvez taper les mots comme bon vous semble sans aucune mise en page ou en donnant un style particulier à la mise en page en sélectionnant une police et une taille différentes, en modifiant les couleurs, en indentant le texte, etc.

Mettre en page le texte

Si vous avez déjà utilisé un traitement de texte, vous n'aurez aucune difficulté avec les outils de formatage de Outlook Express. Juste au-dessus de la zone texte de la fenêtre Nouveau message, vous verrez la barre d'outils de mise en page avec tous les outils dont vous avez besoin. Le Tableau 2.2 liste les divers outils de mise en page et leurs fonctions.

Tableau 2.2 : Outils de mise en page pour vos messages électroniques.

Bouton	Nom	Description
	Police	Vous permet de choisir la police de caractères du message.
	Taille	Définit la taille de la police utilisée.
	Style de paragraphe	Vous permet d'attribuer un style au texte sélectionné.
	Gras	Le texte sélectionné est en gras.
	Italique	Le texte sélectionné est en italique.
	Souligné	Le texte sélectionné est souligné.
	Couleur de fond	Vous permet de choisir une autre couleur de fond.
	Numéros de mise en page	Créer une liste numérotée.
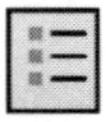	Puces de mise en page	Crée une liste à puces.
	Réduire le retrait	Réduit l'espace de la marge de gauche.
	Augmenter le retrait	Augmente l'espace de la marge de gauche.
	Aligner à gauche	Aligne le texte sélectionné à gauche.
	Centrer	Centre le texte sélectionné.
	Aligner à droite	Aligne le texte sélectionné à droite.
	Justifier	Justifie le texte sélectionné.
	Insérer une ligne horizontale	Ajoute une ligne horizontale à la position du pointeur.

Bouton	Nom	Description
	Créer un lien hypertexte	Vous permet d'ajouter un lien hypertexte dans votre message.
	Insérer une image	Vous permet d'ajouter une image à la position du pointeur.

Ajouter une signature automatique

De nombreuses personnes terminent leurs messages par une formule de politesse ou par des expressions électroniques ou autres smileys. Vous pouvez ajouter ce type de signature dans vos messages et paramétrer Outlook Express pour qu'il le fasse automatiquement. Pour ajouter une signature automatique, effectuez ces étapes :

1. **Sélectionnez Outils/Options.**
2. **Cliquez sur l'onglet Signatures, puis sur Nouveau.**
3. **Tapez votre signature dans la ligne Modifier la signature ou ajouter le fichier que vous voulez joindre en cochant Fichier et en sélectionnant le fichier que vous allez utiliser (voir Figure 2.4).**

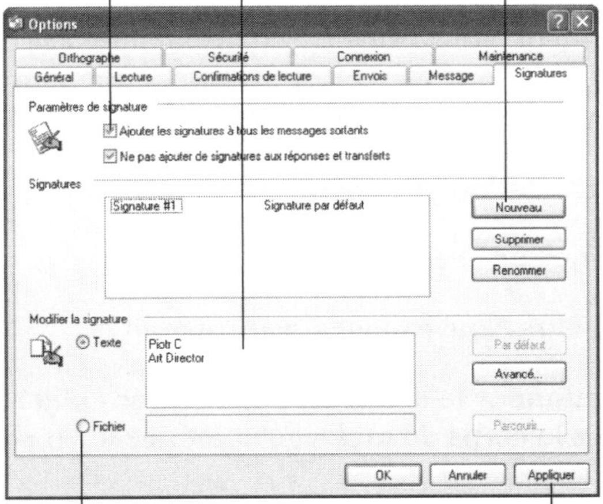

Figure 2.4 : Ajouter une signature au message sortant.

4. **Cochez la case Ajouter les signatures à tous les messages sortants pour appliquer la signature à tous les messages sortants.**

Vérifier l'orthographe

Avez-vous déjà écrit à la hâte un courrier électronique et découvert une fois qu'il était envoyé qu'un mot très important était mal orthographié ? Vous pouvez éviter ce type de situations embarrassantes en lançant le vérificateur d'orthographe avant d'envoyer vos messages. Pour vérifier l'orthographe, il vous suffit de rédiger complètement le message, puis de cliquer sur Orthographe (au centre de la barre d'outils de Outlook Express) avant de cliquer sur Envoyer. Si le programme trouve une faute d'orthographe, la boîte de dialogue Orthographe apparaît. Vous pouvez alors choisir l'orthographe que vous voulez ou en entrez une nouvelle. Cliquez sur Annuler pour fermer la boîte de dialogue.

Outlook Express n'a pas de dictionnaire intégré. Il détourne le dictionnaire utilisé par Microsoft Office. Vous pouvez lancer le vérificateur d'orthographe seulement si vous avez installé Word, Excel ou PowerPoint.

Joindre des fichiers

Une opération courante dans la messagerie électronique consiste à envoyer des fichiers. Si vous avez besoin de récupérer un rapport de votre bureau à Vancouver, il sera joint dans le courrier électronique que l'on vous enverra. Si vous devez envoyer un chapitre au bureau de votre éditeur, vous l'enverrez dans un message électronique.

Pour envoyer un fichier joint, il suffit de :

1. **Ouvrir Outlook Express.**
2. **Cliquer sur Créer un message.**

   La fenêtre Nouveau message apparaît.

3. **Sélectionner le destinataire et entrer l'objet du message. Tapez le corps de message et mettez-le en page si nécessaire.**
4. **Cliquer sur Joindre dans la barre d'outils de Outlook Express.**

La boîte de dialogue Insérer une pièce jointe apparaît, comme à la Figure 2.5.

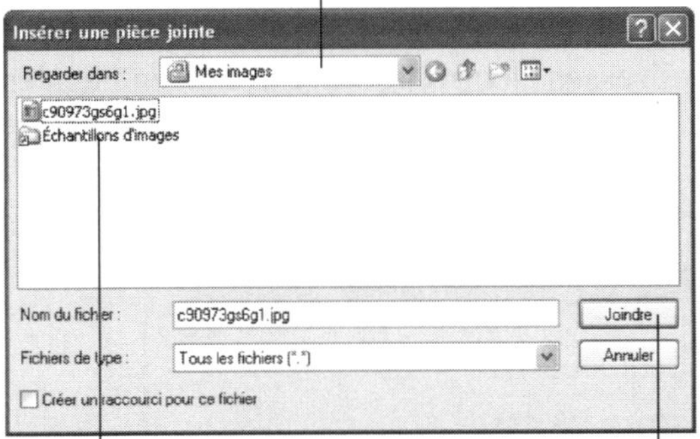

Figure 2.5 : Joindre un fichier dans votre message.

5. **Parcourir jusqu'au dossier où se trouve le fichier.**

6. **Cliquer sur le fichier que vous voulez joindre.**

7. **Cliquer sur Joindre pour joindre le fichier.**

Vous pouvez facilement ajouter plus d'un fichier dans votre message électronique. Si vous sélectionnez plusieurs fichiers du même dossier, appuyez et maintenez enfoncée la touche Ctrl tout en cliquant avec le souris.

Envoyer un message

Il suffit de cliquer sur le bouton Envoyer dans la fenêtre Outlook Express. Si vous voulez enregistrer le message que vous avez créé et l'envoyer plus tard, sélectionnez Fichier/Envoyer plus tard. Outlook Express vous indique que le message est enregistré dans votre dossier Boîte d'envoi et que vous pouvez l'envoyer quand vous le voulez.

Si vous voulez enregistrer un message et travailler dessus avant de l'envoyer, utilisez Fichier/Enregistrer. Le message est placé dans le dossier Brouillons. Si vous voulez travailler dessus, il vous suffira d'ouvrir le dossier Brouillons et de double-cliquer sur le message.

Gardez le contact

Vous devez sans doute connaître le Carnet d'adresses de Windows. C'est cet endroit magique où vous pouvez stocker toutes les informations sur vos contacts électroniques. Le Carnet d'adresses ne se contente pas de stocker toutes les adresses électroniques, il comprend également les adresses postales, les numéros de téléphone, etc. (voir Figure 2.6).

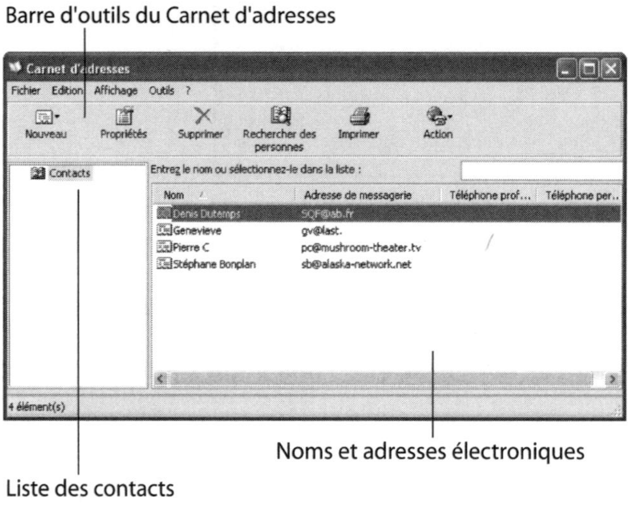

Figure 2.6 : Le Carnet d'adresses.

Ajouter un contact

Si vous êtes une personne très sociale, vous devez avoir la chance de pouvoir ajouter un nouveau contact. La procédure est simple :

1. **Ouvrez Outlook Express. Cliquez sur l'icône Adresses pour faire apparaître le Carnet d'adresses.**

2. **Cliquez sur Nouveau.**

3. **Choisissez votre option** :

   Nouveau contact : Une personne ou une entreprise.

Nouveau groupe : Une série de contacts, regroupés généralement ensemble afin d'envoyer facilement un message à l'ensemble du groupe.

Nouveau dossier : Apparaît dans la liste des dossiers.

4. **Cliquez sur Nouveau contact.**

   La boîte de dialogue Propriétés apparaît (voir Figure 2.7).

Figure 2.7 : Entrer un nouveau contact.

Importer une liste de contacts

L'une des fonctionnalités les plus faciles de Outlook Express est l'importation des listes de contacts que vous avez utilisées dans d'autres applications et programmes. Autrement dit, si vous avez une énorme liste de contacts sur un autre ordinateur, vous pouvez maintenant utiliser cette même liste de contacts dans Outlook Express. Pour importer une liste de contacts, effectuez les étapes suivantes :

1. **Ouvrez Outlook Express. Cliquez sur l'icône Adresses pour faire apparaître le Carnet d'adresses.**

2. **Sélectionnez Fichier/Importer et choisissez l'une de ces options :**

   Carnet d'adresses (WAB).

   Carte de visite.

   Autre Carnet d'adresses.

3. **Sélectionnez le fichier Carnet d'adresses pour importer depuis, puis cliquez sur Ouvrir.**

   Si vous choisissez Autre Carnet d'adresses, la boîte de dialogue Outil d'importation du Carnet d'adresses apparaît. Sélectionnez le programme ou le fichier que vous avez utilisé pour créer la liste des contacts, puis cliquez sur Importer. Outlook Express importe alors vos contacts.

Rechercher des contacts

Vous pouvez rechercher des personnes que ce soit dans votre Carnet d'adresses ou quelque part sur Internet.

Pour rechercher des contacts, effectuez les étapes suivantes :

1. **Ouvrez Outlook Express. Cliquez sur l'icône Adresses pour faire apparaître le Carnet d'adresses.**

2. **Dans la fenêtre Carnet d'adresses, cliquez sur Rechercher des personnes.**

   La boîte de dialogue Rechercher des personnes apparaît (Figure 2.8).

3. **Si vous voulez trouver un utilisateur dans votre Carnet d'adresses, laissez telle quelle la sélection de la boîte Regarder dans. Si vous recherchez une personne sur le Web, cliquez sur la flèche orientée vers le bas de Regarder dans, puis sélectionnez le moteur de recherche pour trouver une personne.**

4. **Entrez des informations sur la personne que vous recherchez dans les champs Nom, Courrier électronique, Adresse, Téléphone, Autre.**

5. **Cliquez sur Rechercher maintenant pour lancer la recherche.**

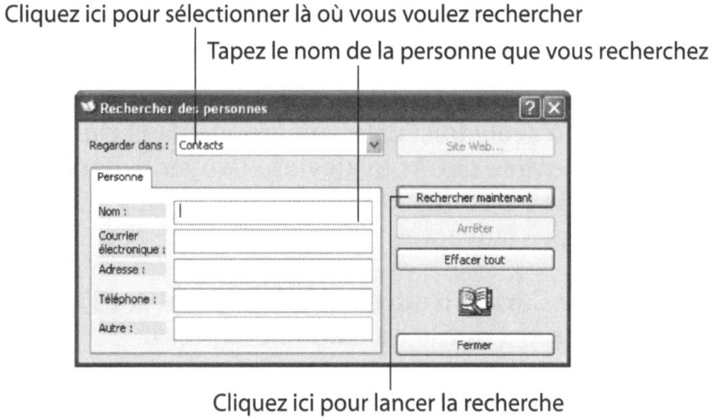

Figure 2.8 : Rechercher des personnes.

Connaître les chasseurs de prime

Outlook Express met à votre disposition un certain nombre de services utiles pour rechercher des personnes en ligne. Si vous cliquez sur la flèche orientée vers le bas de Regarder dans, vous verrez les services suivants :

- ✦ Active Directory.
- ✦ Carnet d'adresses.
- ✦ Service d'annuaire Bigfoot.
- ✦ Services d'annuaire VeriSign.
- ✦ Service d'annuaire WhoWhere.

Vous pouvez afficher d'autres services dans la liste de votre machine. Mais ces services effectuent tous la même chose : ils essaient de trouver les personnes que vous recherchez et affichent celles qu'ils ont trouvées dans la fenêtre des résultats.

Créer des groupes

Si vous voulez envoyer un message électronique à un groupe de personnes en une seule fois, créez un groupe dans Outlook Express. Supposez par exemple que vous deviez envoyer la dernière caricature de Plantu à tout le personnel du service des ventes internationales. Effectuez les étapes suivantes :

1. **Affichez le Carnet d'adresses en cliquant sur l'icône Adresses dans la barre d'outils de Outlook Express.**

2. **Cliquez sur le bouton Nouveau.**

   Un sous-menu apparaît.

3. **Cliquez sur l'option Nouveau groupe.**

   La boîte de dialogue Propriétés s'ouvre avec l'onglet Groupe affiché (voir Figure 2.9).

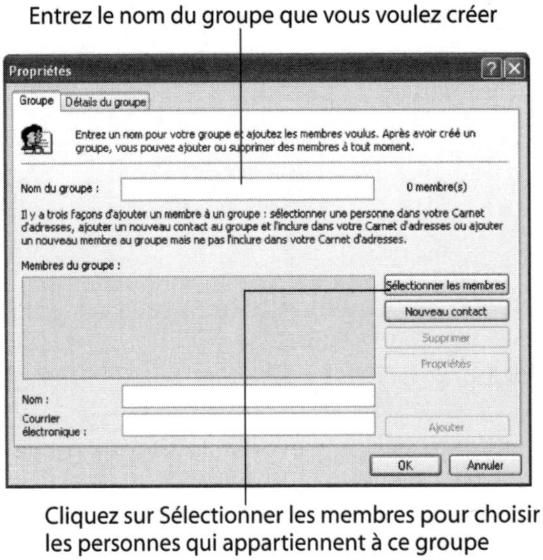

Figure 2.9 : Vous pouvez facilement créer un groupe pour gérer des masses électroniques.

4. **Entrez le nom du groupe que vous voulez créer.**

5. **Cliquez sur Sélectionner les membres pour choisir les personnes qui appartiennent à ce groupe.**

   La boîte de dialogue Sélectionner les membres du groupe apparaît.

6 **Sélectionnez les noms en cliquant dessus dans la fenêtre de gauche, puis cliquez sur le bouton Sélectionner pour ajouter des noms dans la liste des membres à droite.**

   TRUC

   Si vous sélectionnez plusieurs noms, maintenez enfoncée la touche Ctrl tout en cliquant sur d'autres noms. Si vous cliquez sur Sélectionner, tous les noms surlignés sont copiés dans la liste de droite.

7. **Cliquez deux fois sur OK quand vous avez terminé.**

Débattre dans des groupes de discussion

Outlook Express est également un lecteur de groupes de discussion, ce qui signifie que vous pouvez vous abonner et participer à des groupes de discussion sur Internet sans quitter votre programme de messagerie électronique. Un groupe de discussion est comme une liste de journaux de bord, numérotés en fonction des différents sujets qu'ils traitent. Les groupes de discussion sont peu exigeants, ce qui signifie que n'importe qui peut parler de n'importe quoi (ce qui est souvent le cas).

ATTENTION !

Ne croyez qu'à moitié ce que vous lisez dans les groupes de discussion. Et ne croyez pas tout ce que vous lisez dans un groupe de discussion tant que vous n'avez pas pu vérifier au moins 10 fois l'information.

Toutefois, vous pouvez trouver des informations passionnantes dans ces groupes. Vous pouvez même trouver des sujets intéressants sur un plan professionnel ou personnel. Cette section vous présente différentes manières de configurer et travailler avec les groupes de discussion dans Outlook Express.

Configurer les groupes de discussion dans Outlook Express

Si vous commencez juste à utiliser Outlook Express, le lecteur de groupe de discussion n'est pas encore installé. Vous devez alors indiquer à Windows XP que vous voulez avoir recours au lecteur. Voici comment l'installer :

1. **Ouvrez Outlook Express.**
2. **Sélectionnez Outils/Comptes.**

   La boîte de dialogue Comptes Internet apparaît.
3. **Cliquez sur l'onglet News.**
4. **Cliquez sur le bouton Ajouter, puis sélectionnez News.**

   L'Assistant Connexion Internet apparaît.
5. **A l'invite, entrez le nom du serveur du groupe de discussion (que vous aura donné votre fournisseur d'accès à Internet), puis cliquez sur Terminer.**

   Le serveur du groupe de discussion est ajouté dans l'onglet News de la boîte de dialogue Comptes Internet.

   TRUC : Pour connaître les nouveautés de Windows et les autres produits de Microsoft, vérifiez que vous avez bien la liste "officielle" des groupes de discussion Microsoft. Si votre FAI ne vous l'a pas fournie, ajoutez le serveur de groupe de discussion appelé msnews.microsoft.com.
6. **Cliquez sur Fermer pour terminer la procédure d'installation.**

   Un message apparaît vous demandant si vous voulez télécharger les groupes de discussion dans les comptes News que vous venez d'ajouter. Si vous le voulez, cliquez sur OK, sinon cliquez sur Non.

Le téléchargement de tous les groupes de discussion s'effectue en quelques minutes. Mais je vous conseille d'attendre, car vous récupérez ainsi la liste qu'utilise Outlook Express pour vous montrer ce qui est disponible. Vous la téléchargerez tôt ou tard si vous voulez vous abonner aux groupes de discussion.

S'abonner aux groupes de discussion

Une fois que vous avez configuré Outlook Express pour travailler avec des groupes de discussion, le nom du serveur de news apparaît en bas de la liste Outlook Express dans le panneau Dossiers. Pour vous abonner aux groupes de discussion, cliquez sur le nom du serveur de news.

Outlook Express affiche un message vous indiquant que votre compte n'est pas encore abonné à un groupe de discussion. Si vous voulez consulter la liste des groupes de discussion, cliquez sur Oui. La boîte de dialogue Abonnements aux groupes de discussion apparaît (voir Figure 2.10).

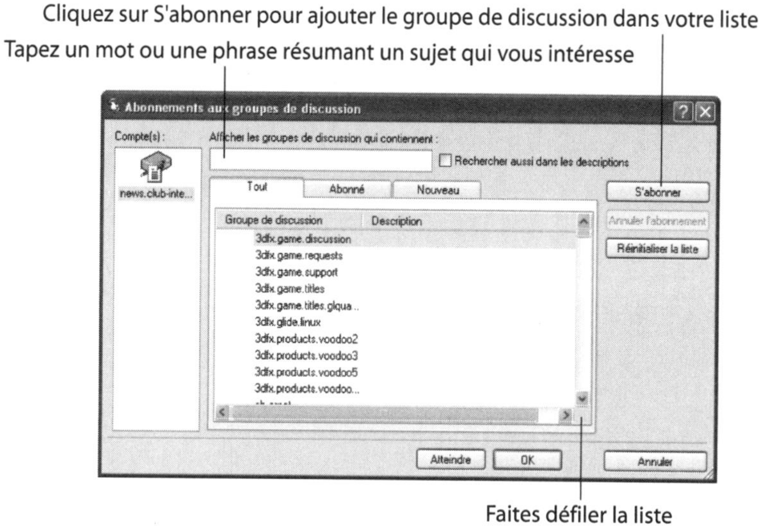

Figure 2.10 : Vous pouvez faire défiler la liste des groupes de discussion et trouver quelque chose susceptible de vous intéresser.

Vous pouvez utiliser deux différentes manières pour trouver le groupe de discussion qui vous intéresse :

✦ Tapez un mot ou une phrase dans la boîte de texte en haut de la boîte de dialogue.

- Faites défiler la liste et espérez trouver quelque chose qui vous tape à l'œil.

Une fois que vous avez trouvé un groupe auquel vous voulez vous joindre, cliquez sur S'abonner. Vous pouvez répéter la procédure pour autant de groupes de discussion qui vous intéressent. Une fois que vous terminé de vous abonner aux groupes de discussion, cliquez sur OK pour fermer la boîte de dialogue.

Consulter des publications

Vous avez configuré le lecteur de news et vous êtes abonné à des groupes de discussion. Vous pouvez maintenant lire les publications. Les groupes de discussion sont listés dans le panneau Dossiers de Outlook Express (Figure 2.11).

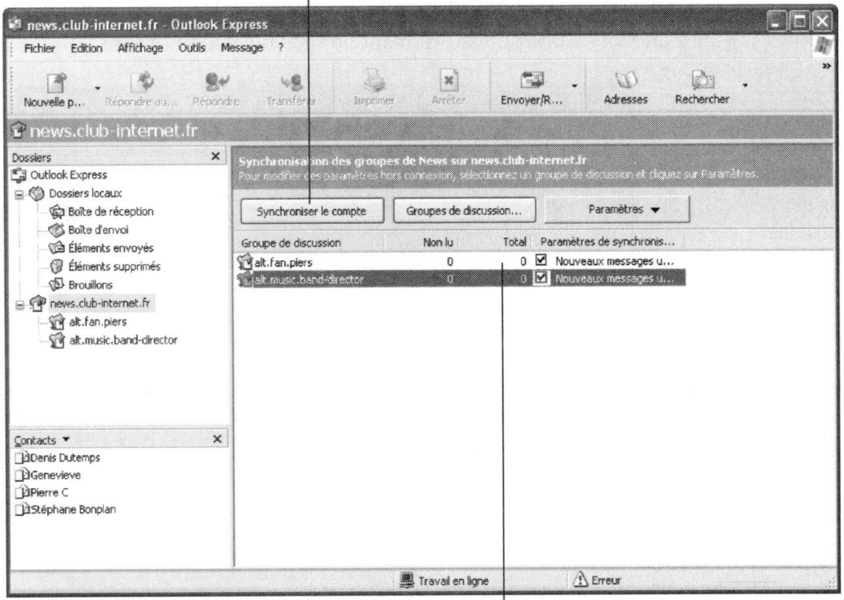

Figure 2.11 : Travaillez avec les groupes de discussion auxquels vous venez de vous abonner.

Pour consulter de nouvelles publications dans les groupes de discussion auxquels vous êtes abonné, cliquez sur Synchroniser le compte. Le lecteur recherche les nouvelles publications des groupes de discussion et affiche celles qui ne sont pas lues.

Pour trouver des publications sur des sujets spécifiques, consultez la gigantesque base de données de Google à groups.google.com.

Pour choisir un groupe de discussion, double-cliquez sur le nom du groupe de discussion. Les publications apparaissent dans le panneau en haut à droite de la fenêtre du groupe de discussion.

Les us et coutumes des groupes de discussion

Certains groupes de discussion sont exigeants (c'est-à-dire que les publications envoyées sont lues et contrôlées par des personnes avant d'être publiées), mais la plupart ne le sont pas. Il en résulte que les groupes de discussion sont grossiers, tapageurs et moyens. Si vous voulez participer utilement et poliment aux groupes de discussion, suivez ces simples règles :

- **Ne flambez pas** : Une flamme est une publication injustement enflammée contre une personne précise. Allez faire un tour, faites quelques pompes, mais ne flambez pas !
- **NE CRIEZ PAS** ! En minuscule, ne criez pas ! veut dire la même chose dans le monde en ligne.
- **N'envoyez pas de messages à caractère ordurier** : Si votre groupe a un onglet Corbeille, évitez même de faire des commentaires sarcastiques. Moins on en fait, mieux c'est.
- **Ne soyez pas fantaisiste** : Personne ne veut voir des polices excentriques, des arrière-plans colorés ou des messages HTML dans une publication de groupe de discussion. Pourquoi ? Parce qu'elles sont lentes à télécharger. Pour rester dans les faveurs de vos congénères, rédigez vos messages dans du simple plein texte.

Pour visualiser une publication dans un groupe de discussion, double-cliquez dessus. La publication s'ouvre dans la fenêtre des messages. Vous pouvez ensuite répondre au groupe, à un particulier, transférer la publication à une autre personne ou afficher votre Carnet d'adresses.

Envoyer vos propres publications

Après avoir bien observé comment fonctionne un groupe de discussion, vous pouvez sauter le pas et envoyer à votre tour des publications. Quand vous envoyez une publication dans un groupe de discussion, toutes les personnes connectées peuvent la lire. Pour créer une publication dans un groupe de discussion, effectuez les étapes suivantes :

1. **Ouvrez le lecteur de news en cliquant sur le nom du lecteur dans le panneau Dossiers de Outlook Express.**

2. **Sélectionnez le groupe de discussion auquel vous voulez participer.**

   Vous pouvez cliquer sur Synchroniser le compte pour vérifier si vous avez bien téléchargé les dernières publications.

3. **Cliquez sur Envoyer/Recevoir dans la barre d'outils de Outlook Express.**

   Une fenêtre identique à celle de la création d'un simple message électronique s'ouvre avec le nom du groupe de discussion affiché en haut.

4. **Entrez l'objet de la publication, puis tapez le corps du message.**

5. **Cliquez sur Envoyer pour envoyer votre publication au groupe de discussion.**

Index

Livret IV

Aventures avec Internet Explorer

"Etonnant ! Tu peux arrêter de chercher Derek. D'après une recherche que je viens de faire sur MSN, il se cache dans le sous-sol, derrière le sèche-linge."

Sommaire

Chapitre 1 : Se connecter à l'Internet

Dans ce chapitre :

- **Avant de vous connecter.**
- **Trouver le modem.**
- **Ajouter des connexions.**
- **Opérer une connexion.**
- **Des problèmes ? Quels problèmes ?**

Ce chapitre va vous expliquer comment vous connecter à l'Internet à l'aide de Internet Explorer (ou IE). C'est bien sûr (surprise, surprise) le navigateur qui est livré avec votre système Windows XP – du moins tant qu'un juge fédéral américain n'a pas dit le contraire.

Heureusement, se connecter avec Internet Explorer est un travail plutôt facile à faire. Il est peu probable que vous rencontriez ce faisant de nombreux obstacles, en tout cas rien qui ne réclame des compétences suprahumaines. Peut-être un modem non reconnu ou un mot de passe mal tapé. Rien d'insurmontable donc. Vous allez apprendre tranquillement ce qu'il faut savoir pour se connecter avec Internet Explorer et quels sont les problèmes possibles.

N'OUBLIEZ PAS

Vous êtes peut-être déjà un vieux loup de mer des connexions Internet (surtout si vous avez déjà lu le Livret III). Dans ce cas, mettez les voiles et passez directement au chapitre qui suit.

Avant de vous connecter

La simple idée que quelqu'un, dans cette ère où l'Internet est roi, puisse acheter un ordinateur sans modem est proprement impensable. Mais pas impossible. Si votre machine date un peu (ou si elle provient de la boutique du coin, Escrotique), vous avez quand même intérêt à vérifier que votre système contient tout ce qu'il faut pour vous connecter sous Windows XP. Commençons donc par apprendre à trouver le modem et à voir si tout est paré pour le grand saut.

Il n'y a pas qu'une sorte de modem

Vu mon âge, je peux encore me souvenir des espèces de petites tasses sur lesquelles on plaçait les écouteurs du téléphone (quand celui-ci possédait encore un écouteur et un micro tout ronds). De nos jours, les différents types de modems sont profilés, petits et parfois même invisibles (autrement dit, à l'intérieur de l'ordinateur). Si les modems vous fascinent et que vous voulez en savoir plus sur leur compte, apprenez qu'il en existe différentes races :

- Les **modems internes** se branchent sur la carte mère de votre machine. Du coup, il y a une prise en plus à l'arrière de votre ordinateur de bureau ou de votre portable. Vous branchez un câble de téléphone dans cette prise, et c'est parti.

- Les **modems externes** sont reliés à votre ordinateur par le biais d'un port série, parallèle ou USB (généralement situé derrière l'ordinateur, sinon sur le côté, et parfois même en façade). Vous branchez le modem sur ce port (en cas de doute, regardez dans le manuel de l'ordinateur), puis vous insérez le câble du téléphone dans le modem lui-même.

- Le **modem câble** peut être interne ou externe. Quoi qu'il en soit, il permet à la nouvelle industrie télévisuelle câblée de vous proposer des connexions normalement plus rapides et plus fiables (on dit aussi large bande) qu'avec une ligne téléphonique classique.

- Les modems **DSL** (pour Digital Subscriber Line) fournissent des connexions haut de gamme (plus de vitesse de pointe, plus de données à la fois). En France, on connaît maintenant bien sa variante **ADSL**, même si trop peu de personnes encore peuvent réellement en profiter. Ces modems peuvent être internes ou externes. Dans le second cas, un adaptateur réseau est nécessaire.

- **RNIS** (ou plus familièrement **Numéris**) est un autre système numérique rapide adapté aux lignes existantes. Ce type de modem est installé uniquement par l'opérateur de téléphonie dit "historique".

Trouver le modem

Si vous voulez savoir ce que pense Windows XP de votre modem préféré, frappez à la porte du Panneau de configuration :

1. **Choisissez Démarrer/Panneau de configuration/Imprimantes et autres périphériques/Options de modem et téléphonie.**
2. **Cliquez sur l'onglet Modems.**

Est-ce que la fenêtre affiche un modem ? Eurêka ! Vous êtes prêt à démarrer.

Pour ajouter un pilote de modem, vous pouvez cliquer, dans la boîte de dialogue Options de modems et téléphonie, sur l'onglet Modems, puis sur le bouton Ajouter. Il vous suffit d'insérer la disquette ou le CD-ROM qui se trouve dans la boîte de votre modem (à moins que vous ne sachiez à l'avance où ce pilote se trouve sur votre disque dur). Windows XP va vous demander quelques renseignements, et le pilote devrait s'installer comme par magie.

Mais que veut dire "large bande" ? Si vous commencez seulement à vous intéresser à l'envoi d'images, de mots et de sons via votre ligne de téléphone, il est probable que tout cela vous paraisse lointain et trop difficile à comprendre. Pour simplifier, la largeur de bande correspond à la taille du canal par lequel vos données peuvent transiter. Plus ce canal est large, et plus la quantité de données capables de circuler en même temps est élevée. Lorsque vous entendez des personnes parler "d'accroissement de la largeur de bande" et employer des mots comme "connexion large bande", "ADSL", "RNIS" ou encore "lignes T1", comprenez qu'ils veulent simplement envoyer et recevoir plus rapidement de plus grandes quantités de données.

Avez-vous un FAI ?

Un FAI, ou fournisseur d'accès Internet, est le lien mystérieux qui vous relie au monde d'Internet. Cette sympathique et mature personne – enfin, c'est plutôt un gros et lourd ordinateur bardé de câbles – est la présence qui accepte les appels en provenance de votre machine et transfère les données nécessaires à la visite des sites Web comme à votre courrier électronique.

Avant de commencer à explorer l'Internet, vous devez disposer d'un accès via un FAI. Celui-ci devrait vous fournir au minimum les informations suivantes :

- Un numéro de téléphone à appeler pour vous connecter à ses ordinateurs.
- Un nom d'utilisateur qui vous permet de vous identifier personnellement.
- Un mot de passe vous assurant que d'autres personnes ne se serviront pas de votre nom d'utilisateur.

Si votre FAI gère également les e-mails (le contraire serait étonnant), il vous donnera également :

- Votre adresse de messagerie (comme `jules@monfai.fr` ou encore `billg@microsoft.com`).
- Les noms des ordinateurs qui traitent le courrier à envoyer et recevoir (on les appelle des serveurs POP3 et SMTP). Disons, à titre d'exemple, `pop3.email.msn.com` ou `secure.smtp.email.msn.com`).
- Des noms d'utilisateurs, mots de passe et toute autre information nécessaire à la connexion aux ordinateurs qui font office de bureau de poste.

Le plus souvent, les FAI communiquent également d'autres renseignements, surtout destinés aux adeptes du Macintosh ou à ceux qui n'ont qu'une ancienne version de Windows (ils ne vous serviront donc probablement à rien) :

- Les adresses IP numériques servent à se connecter au serveur de votre ISP.
- Le nom de domaine et l'adresse DNS.
- Un CD contenant du logiciel spécifique au FAI.

Certains CD pratiquent l'art du remplissage inutile. Non, vous n'avez pas besoin d'une version d'Eudora âgée de six ans ! Par contre, d'autres CD sont conçus de façon à vous aider dans la configuration des options de Windows. Nous allons y revenir dans la section suivante. Ceux-là sont peuvent être réellement pratiques.

De nombreux FAI vous donnent également une certaine quantité d'espace sur leur disque dur, dans le cas où vous voudriez créer votre propre page Web.

Si vous ne possédez pas encore de compte auprès d'un FAI, Windows vous permet aussi d'en créer un (mais c'est plutôt une démarche commerciale qu'un réel service de Windows XP). Nous allons y revenir dans la prochaine section.

Pour trouver un bon FAI, rien ne vaut la prospection personnelle. Demandez à vos amis, vos collègues ou votre famille qui est leur fournisseur. Evitez ceux dont tout le monde se plaint. Ne vous laissez pas abuser par les tarifs "tout compris" ou les accès "gratuits". Rappelez-vous : une journée sans accès Internet est aussi une journée sans soleil.

Ajouter des connexions

Ah, si seulement Windows était assez malin pour appliquer les technologies du Plug and Play à nos lignes de téléphone ! Nous n'aurions pas à nous poser de questions au moment d'ajouter un nouveau compte Internet ! Il nous suffirait de brancher le cordon sur la ligne et de laisser Windows se charger du reste.

Windows XP ne nous offre pas ce niveau de simplicité, mais il propose tout de même un Assistant Nouvelle connexion qui se charge d'une bonne partie du travail. Il vous suffit de suivre les messages affichés à l'écran, de répondre à quelques questions, de cliquer sur quelques boutons, et vous vous retrouvez en ligne. Voici comment se présente ce processus :

1. **Cliquez sur Démarrer/Favoris réseau.**

2. **Dans la liste intitulée Gestion du réseau, choisissez l'option Afficher les connexions réseau.**

   La fenêtre Connexions réseau va apparaître. Elle montre en particulier les icônes des accès Internet déjà configurés, ce qu'illustre la Figure 1.1.

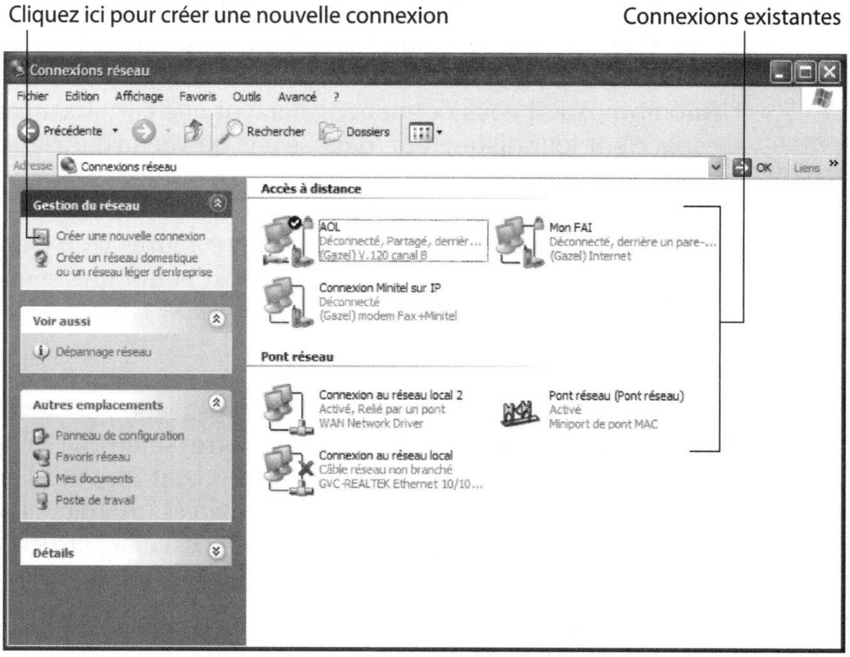

Figure 1.1 : L'Assistant Nouvelle connexion est accessible depuis la fenêtre Connexions réseau.

3. **Cliquez sur Créer une nouvelle connexion.**

   L'Assistant Nouvelle connexion va se lancer.

ATTENTION !

A première vue, vous pourriez croire que le bon choix à faire dans la fenêtre Favoris réseau est l'option Ajouter un favori réseau. Ne vous laissez pas abuser : cet assistant vous propose uniquement de vous abonner à un service qui vous offre de l'espace de stockage en ligne. Rien à voir avec une porte d'entrée vers le monde Internet.

Le premier écran vous informe que l'assistant va vous aider à établir une connexion Internet ou vers un réseau privé, ou encore à configurer un petit réseau (domestique ou d'entreprise). Cliquez sur le bouton Suivant pour passer à la prochaine étape.

La page qui suit montre quatre chemins possibles. Ici, c'est le premier qui vous intéresse : Etablir une connexion à Internet. Si vous cliquez sur cette case, puis sur le bouton Suivant, vous obtenez la fenêtre illustrée sur la Figure 1.2.

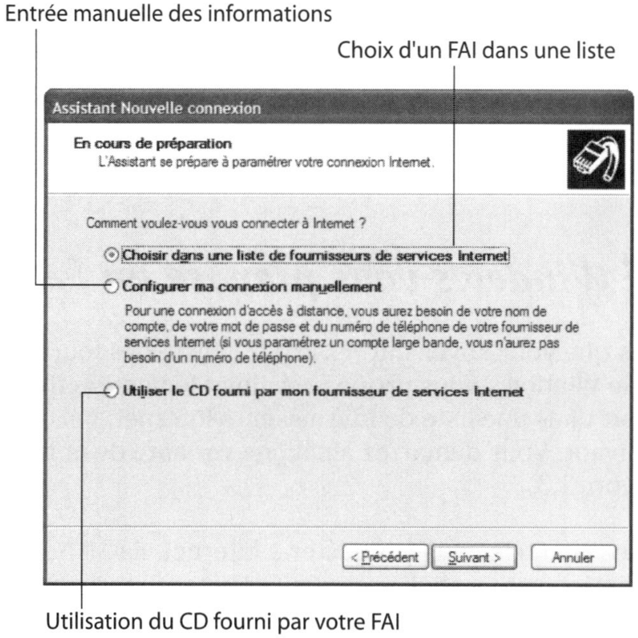

Figure 1.2 : Comment voulez-vous configurer votre connexion ?

Il est essentiel de prendre la bonne décision, car chaque option vous engage dans une voie différente. Voyons cela de plus près :

- **Choisir dans une liste de fournisseurs Internet :** Soit vous vous attachez pieds et poings liés à MSN Explorer (mais c'est votre choix), soit vous demandez à voir une liste prédéfinie de fournisseurs (à condition que ceux-ci aient passé un accord avec Microsoft – ne vous attendez pas à y trouver votre petit FAI local).

✦ **Configurer ma connexion manuellement :** Affiche un écran qui vous permet de créer une connexion d'accès réseau à distance (avec un modem standard). Vous pouvez également décider d'utiliser une connexion large bande (avec accès par nom d'utilisateur et mot de passe, ou qui reste active en permanence). Nous y reviendrons un peu plus loin.

✦ **Utiliser le CD fourni par mon fournisseur de services Internet :** Vous n'avez plus à insérer le fameux CD, puis à cliquer sur Suivant et sur Terminer. Un programme de configuration va se lancer et prendre le relais. Même votre chat serait capable de le faire. Aucune explication supplémentaire n'est donc nécessaire.

N'OUBLIEZ PAS

Selon la configuration particulière de votre système, il est possible que toutes ces options n'apparaissent pas. Pas de panique ! Dans ce cas, l'assistant passera directement à l'étape suivante.

Quand Windows vous propose un FAI

Supposons que vous soyez intéressé par la liste des fournisseurs d'accès que Windows vous propose si aimablement. Activez alors la case Choisir dans une liste de fournisseurs Internet, puis cliquez sur le bouton Suivant. Vous démarrez ainsi une variante de notre assistant (voir la Figure 1.3).

Si vous avez envie de vous connecter à Internet via MSN, laissez la première option active et cliquez sur Terminer. L'assistant va vous demander si vous voulez réellement utiliser MSN Explorer pour accéder à l'Internet. Répondez Oui et établissez votre compte.

Si vous voulez voir la liste des autres fournisseurs d'accès disponibles, cliquez sur la case suivante : Sélectionner à partir d'une liste d'autres fournisseurs. Cliquez maintenant sur Terminer. Un dossier va s'afficher. Il propose en particulier un raccourci demandant d'indiquer davantage de FAI. Ce raccourci va rechercher en ligne la liste des partenaires actuels de Microsoft.

Si vous disposez déjà d'un compte Internet configuré sur un autre PC, vous pouvez cliquer sur le lien Assistant Transfert des paramètres et des fichiers. Cet assistant va vous guider dans les étapes permettant d'effectuer ce transfert. Avant de commencer, vérifiez que les deux PC sont bien connectés et refermez toutes les applications ouvertes.

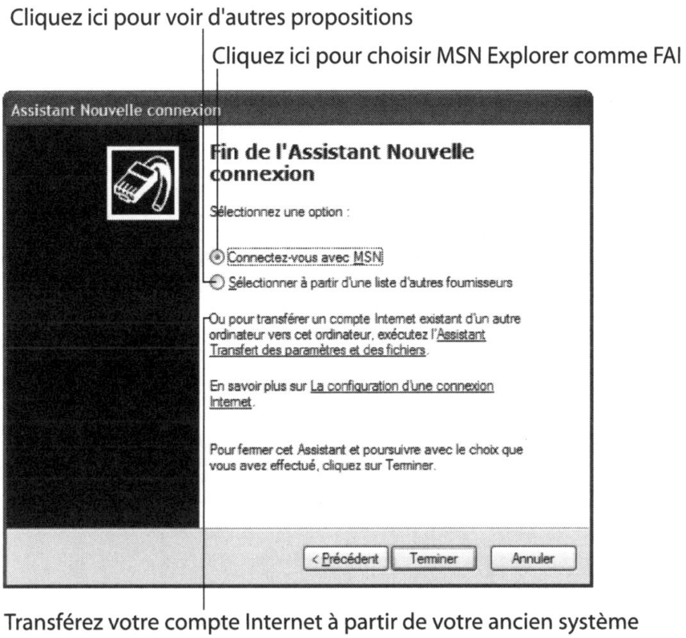

Figure 1.3 : Quel FAI choisir ?

Configurer son accès à distance

Si vous disposez déjà d'un accès Internet via un modem standard et que vous voulez utiliser cette configuration sur votre ordinateur Windows XP, vous pouvez tout simplement entrer manuellement les informations voulues. Rien de bien méchant là-dedans. La preuve :

Lors de l'étape intitulée En cours de préparation (dans l'Assistant Nouvelle connexion), cliquez sur la case Configurer ma connexion manuellement. Cliquez sur le bouton Suivant.

1. **Lorsque la fenêtre Connexion Internet apparaît, choisissez la nature de votre accès : modem d'accès à distance, ou encore connexion large bande (toujours active ou non). Quand c'est fait, cliquez sur le bouton Suivant.**

2. **Si c'est possible, sélectionnez le modem ou le canal qui sera utilisé pour la connexion. Cliquez sur Suivant.**

3. **Indiquez le nom que vous voulez donner à cette connexion.**

4. **Si vous vous servez d'un modem, saisissez le numéro de téléphone à appeler pour se connecter à ce FAI particulier. Quand c'est fait, cliquez sur Suivant.**

5. **L'assistant vous demande d'entrer les informations qui définissent votre compte personnel (voir la Figure 1.4). Indiquez votre nom d'utilisateur et votre mot de passe (ce dernier doit être tapé deux fois pour confirmation).**

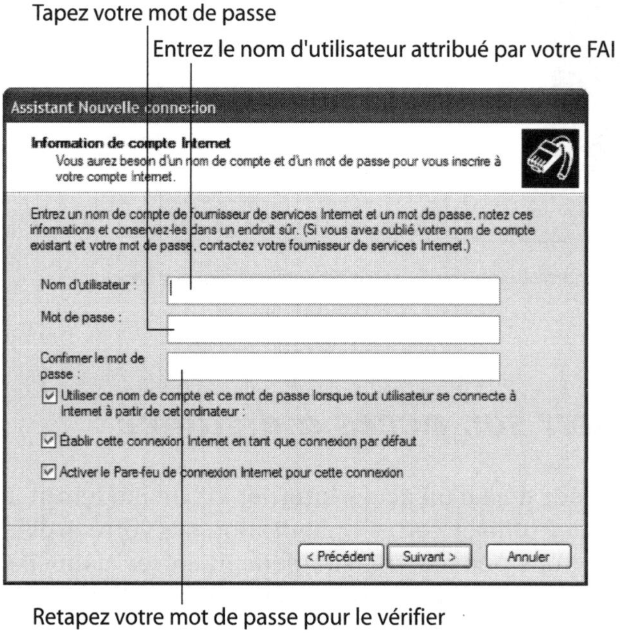

Figure 1.4 : Entrez ici les renseignements communiqués par votre FAI (nom d'utilisateur et mot de passe).

TRUC

Vers le bas de la fenêtre, vous voyez trois options qui sont cochées par défaut. Elles peuvent se révéler plus ennuyeuses que pratiques si plusieurs personnes doivent se servir de votre système ou que vous voulez avoir le choix entre différents FAI. Si vous les conservez, le même nom et le même mot de passe seront automatiquement employés pour tous les utilisateurs de votre ordinateur, la connexion courante sera tout aussi automatiquement lancée lors de chaque accès, et le pare-feu de Windows XP sera activé pour ce compte.

Cliquez sur suivant pour accéder au dernier écran de l'assistant. Avant de cliquer sur Terminer, il vous reste à décider si vous voulez placer un raccourci vers le compte sur votre Bureau en cochant la case correspondante.

Le travail de l'assistant est maintenant fini. Windows XP n'a plus qu'à tenter d'établir la connexion d'accès à distance.

Opérer une connexion

La partie technique est terminée. Si vous n'avez pas fait d'erreur, il ne reste plus qu'à vous laisser glisser. Une fois l'Assistant Nouvelle connexion refermé, Windows XP affiche automatiquement la fenêtre Connexion à (le titre étant suivi du nom du fournisseur). Vous n'avez plus qu'à entrer les informations liées à ce compte (voir la Figure 1.5).

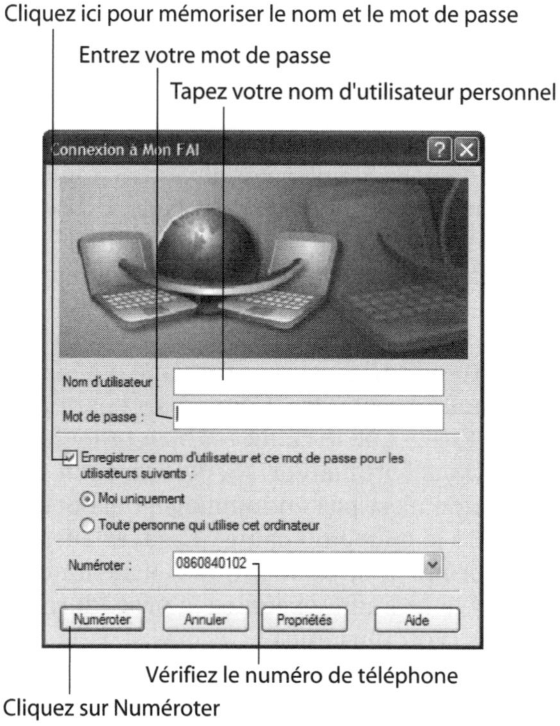

Figure 1.5 : Il vous suffit d'entrer les informations et de cliquer sur Numéroter.

Entrez le nom d'utilisateur et le mot de passe qui vous ont été communiqués par votre FAI. Si vous voulez mémoriser ces renseignements afin de ne pas avoir à les saisir lors de chaque accès, activez la case Enregistrer ce nom d'utilisateur et ce mot de passe. Deux autres options deviennent alors disponibles. Elles vous permettent d'indiquer si cette sauvegarde ne concerne que vous ou si elle s'applique à toutes les personnes qui se servent de votre ordinateur.

Vérifiez qu'il n'y a pas d'erreur dans le numéro de téléphone de votre FAI. La flèche de liste qui suit ce champ permet éventuellement de sélectionner un autre numéro d'appel.

Quand tout est prêt, cliquez sur le bouton Numéroter. Votre modem appelle le numéro de téléphone indiqué et votre connexion est établie. La fête commence ! Dérouillez vos jambes, ouvrez une bonne bouteille, poussez un bon cri... et revenez vite : le plaisir ne fait que commencer !

Des problèmes ? Quels problèmes ?

Même avec le meilleur plan du monde, il finit toujours par y avoir du grincement dans les rouages. Si votre connexion ne fonctionne pas parfaitement du premier coup, ne désespérez pas. Un peu de pratique par essais/erreurs, et vous devriez arriver à résoudre le problème en quelques instants. Enfilez votre tenue de détective et menez votre enquête :

- **"Je n'ai pas de tonalité."** C'est un problème qui fait peur, mais généralement facile à résoudre. Commencez par contrôler vos branchements. Est-ce que le câble est bien branché sur la prise de téléphone ? Dans l'ordinateur ? Si cela ne suffit pas, assurez-vous que le cordon n'est pas endommagé. Cela peut arriver (le plus souvent vers le milieu du câble). Essayez aussi de brancher un téléphone normal pour vérifier que la ligne fonctionne bien. Si rien de tout cela ne suffit, exécutez la procédure de diagnostics de Windows (voir plus loin).

- **"Mon FAI ne répond pas."** Regardez l'heure. Il a des périodes où le trafic est particulièrement intense (le plus souvent, en début de matinée et en fin de soirée). Il est possible que l'accès soit simplement saturé. Faites une coupure de quelques minutes, et réessayez un peu plus tard. Si le problème persiste, n'hésitez pas à appeler le support technique du fournisseur. Il peut y avoir un problème de serveur et les techniciens sont en train de réparer le système. Le scénario catastrophe, c'est celui où votre propre modem est déficient et n'arrive plus à transmettre le signal qu'attend le serveur pour établir la connexion.

- **"Je ne peux pas me connecter."** Vérifiez d'abord qu'il n'y a pas d'erreur dans votre nom d'utilisateur et dans votre mot de passe. Situation classique : le verrouillage des majuscules est activé au moment de saisir le mot de passe. Contrôlez une nouvelle fois le numéro de téléphone appelé. Si votre FAI a insisté pour que vous tapiez manuellement son adresse IP ou DNS, vérifiez soigneusement ces informations. Et si cela ne suffit pas, appelez le support technique du FAI en demandant que quelqu'un vous guide dans les étapes de la connexion. Après tout, c'est bien pour cela que ce support existe !

- **"Je crois que mon modem ne marche pas correctement."** Si vous n'avez pas de tonalité et que votre modem de donne aucun signe de vie, vous pouvez faire appel aux diagnostics de Windows XP pour contrôler son état de santé. Pour tester votre modem, cliquez sur Démarrer/Panneau de configuration/Imprimantes et autres périphériques. Choisissez ensuite Options de modems et téléphonie. Dans la fenêtre de propriétés qui s'affiche, activez l'onglet Modems. Vous voyez ici la liste des modems installés (ou des configurations matérielles disponibles pour votre modem). Faites un double clic sur le nom voulu pour lancer la procédure de diagnostics. Les résultats sont indiqués dans le cadre Etat du périphérique de la fenêtre Propriétés, sous l'onglet Général (voir la Figure 1.6). Le bouton Résoudre les problèmes vous permet de demander à Windows de vous guider dans la recherche de solutions.

En résumé :

1. **Sélectionnez l'onglet Modems.**

2. **Faites un double clic sur le nom du modem pour exécuter les diagnostics.**

3. **Windows XP affiche les résultats du test.**

4. **Cliquez sur le bouton Résoudre les problèmes pour demander d'autres suggestions.**

   "Ma connexion se coupe brutalement." Si vous perdez souvent votre connexion, le problème peut se situer entre votre modem et votre FAI. Allez voir sur le site Internet du constructeur du modem. Vous y trouverez peut-être une mise à jour logicielle qui améliore la fiabilité de la connexion.

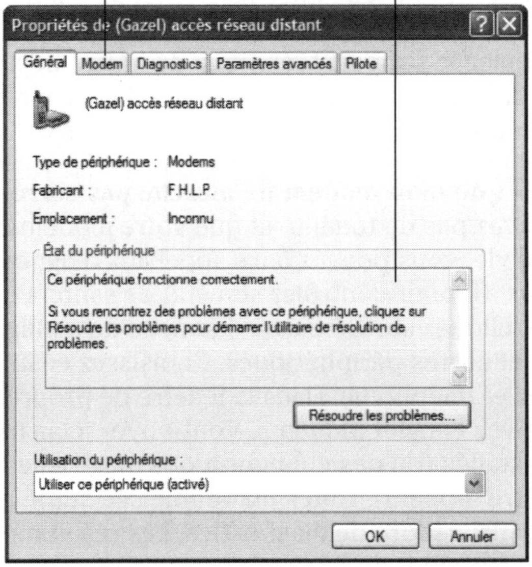

Figure 1.6 : Pour savoir si votre modem fonctionne normalement, exécutez les diagnostics.

Chapitre 2 : Permis de conduire avec Internet Explorer

Dans ce chapitre :

- **A vos marques, prêt, naviguez !**
- **La fenêtre d'Internet Explorer.**
- **Trouver sa route sur le Web.**
- **Que faire avec les pages Web ?**
- **Internet Explorer : cacher/montrer.**

Ce chapitre vous explique comment trouver votre route sur le Web en utilisant Internet Explorer (IE). Le dernier chapitre s'est terminé par le moment délectable où vous entendez les sifflements caractéristiques produits lorsque votre modem s'accorde avec l'ordinateur de votre FAI. Une fois la liaison établie, la fenêtre de connexion disparaît (ce qui veut dire que vous êtes en ligne !). Vous êtes maintenant prêt à *faire* quelque chose avec votre ordinateur. Si ce "quelque chose" concerne la navigation sur le Web, la prochaine étape va consister à charger Internet Explorer.

Avant de vous diriger vers des mondes inconnus, prenez quelques instants pour comprendre ce que vous avez fait. En quelques clics et avec une simple ligne de téléphone, vous avez rejoint l'Internet (un monde virtuel où vous pouvez trouver tout ce dont vous avez envie – mais aussi ce qui ne vous intéresse pas). Quantité d'aventures sont à votre portée. Mais, avant de décoller, vous avez deux choses importantes à faire : sauvegarder tous les fichiers qui ont une importance primordiale à vos yeux ; et installer un programme d'antivirus capable de rejeter tous les insectes malfaisants qui se promènent sur les voies du Net. Pour plus d'informations sur la protection de votre système contre les attaques de virus, reportez-vous au Chapitre 3 du Livret IX.

A vos marques, prêt, naviguez !

Dès que la connexion est établie avec votre ISP, la navigation peut commencer. Votre premier vaisseau s'appelle Internet Explorer. Vous pouvez le lancer de deux façons différentes :

- **Cliquez sur l'icône d'Internet Explorer (un *e* entouré d'un anneau) dans la barre des tâches.**
- **Ouvrez le menu Démarrer, puis cliquez sur l'icône Internet (voir la Figure 2.1). Internet Explorer démarre et sa fenêtre remplit votre plan de travail.**

Choisissez l'icône Internet dans votre menu Démarrer

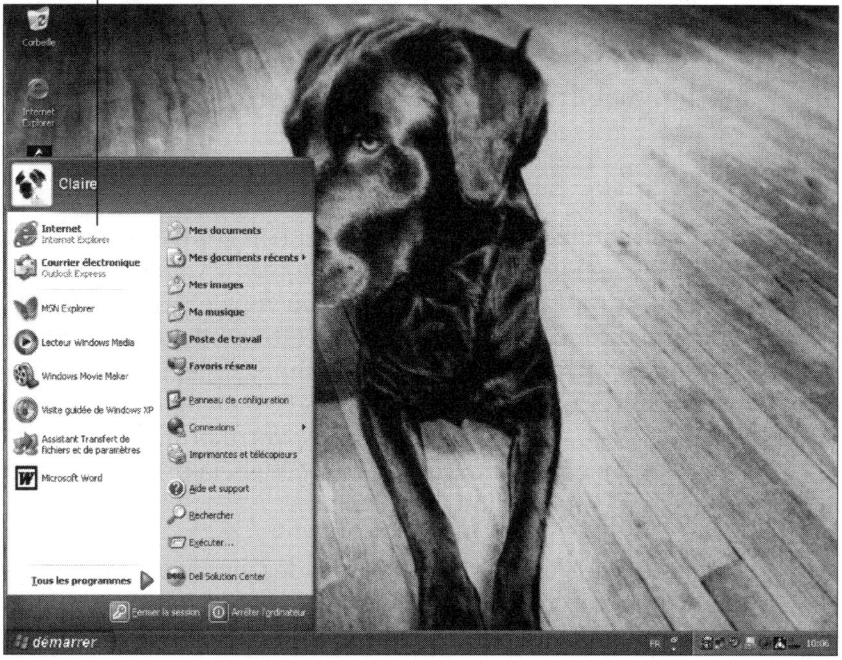

Figure 2.1 : Internet Explorer se lance depuis la barre des tâches ou le menu Démarrer.

Au bout d'un temps plus ou moins bref (selon la vitesse de votre PC et de votre connexion), une page Web va apparaître. Ce qui vous est proposé dépend de la configuration de votre propre système et de l'occurrence de la *page d'accueil* définie dans les propriétés d'Internet Explorer (en général, les constructeurs s'arrangent pour afficher leur site personnel).

Mais ne vous faites aucun souci : vous êtes pratiquement paré à naviguer sur le Web et à visiter les sites qui vous intéressent. Nous verrons un peu plus loin comment définir une page d'accueil à votre convenance.

La fenêtre d'Internet Explorer

Ce qui est bien, avec Internet Explorer, c'est que même si vous êtes totalement débutant, il vous suffit de connaître deux ou trois astuces pour circuler sur le Web comme un vrai professionnel. La Figure 2.2 vous montre comment est disposée la fenêtre d'Internet Explorer. Comme vous pouvez le voir, IE vous offre de nombreuses fonctions dans un petit espace. Intéressons-nous plus particulièrement aux éléments que vous allez utiliser le plus souvent :

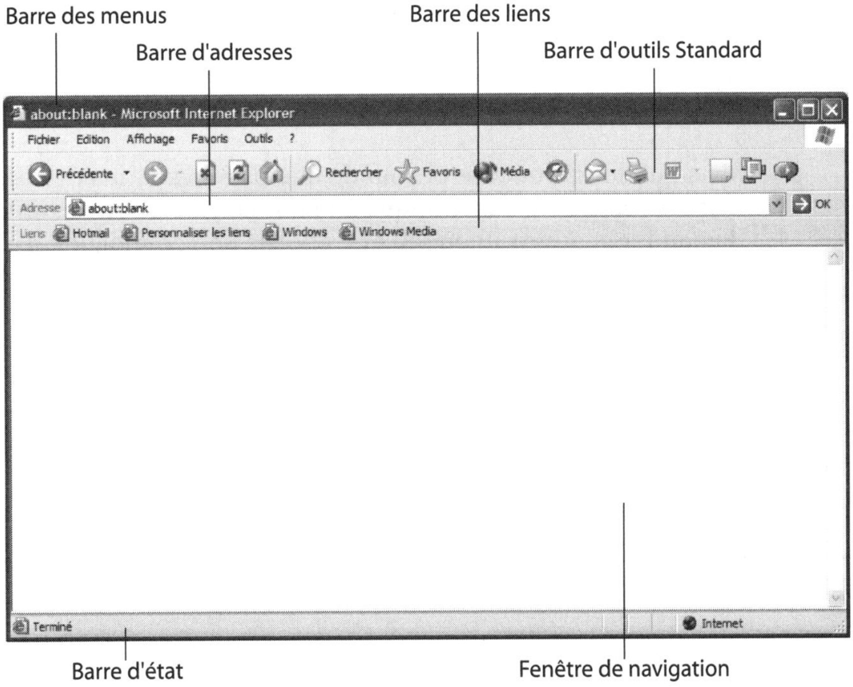

Figure 2.2 : La fenêtre d'Internet Explorer propose tout ce dont vous avez besoin pour naviguer sur le Web.

✦ **Barre des menus :** Elle contient six menus : Fichier, Edition Affichage, Favoris, Outils et Aide. Chaque menu contient diverses commandes servant à travailler avec les sites Web (voir ci-dessous le Tableau 2.1).

- **Barre d'outils Standard :** Elle propose des outils qui vous servent à circuler sur le Web et à travailler avec les pages que vous trouvez. Les principales icônes de cette barre sont décrites dans le Tableau 2.2.
- **Barre d'adresse :** Elle vous permet d'entrer l'adresse d'une page Web à laquelle vous souhaitez accéder directement.
- **Barre des liens :** Elle est personnalisable (autrement dit, vous pouvez y ajouter vos liens personnels favoris) et vous donne un accès instantané à des sites que vous fréquentez souvent.
- **Fenêtre de navigation :** C'est la partie d'IE affichant le contenu des pages Web que vous consultez.
- **Barre d'état :** Elle affiche des informations sur les pages Web, les liens ou les actions possibles lorsque vous visitez un site.

IE et ses menus

Mais qui donc a encore besoin de menus ? Avec tous ces boutons, ces liens et ces objets sur lesquels on peut cliquer à l'envie, on peut se demander si ouvrir un menu et y choisir une commande n'est pas une perte de temps. Même si la plupart des tâches courantes peuvent se lancer directement dans la fenêtre d'Internet Explorer (par exemple, imprimer, ajouter des pages Web aux favoris, rechercher des informations, se déplacer vers une nouvelle page, et ainsi de suite), certaines opérations ne sont accessibles que dans les menus du programme. Ceux-ci sont présentés dans le Tableau 2.1. Juste pour savoir à quoi ils servent, et quand il faut les ouvrir.

Tableau 2.1 : Les menus d'Internet Explorer en bref.

Menu	Description
Fichier	Contient des commandes qui vous permettent notamment d'ouvrir, éditer, sauvegarder, imprimer, envoyer et importer ou exporter des favoris et des cookies entre navigateurs.
Edition	Sert à sélectionner, copier, couper, coller et rechercher du texte dans la page Web courante.

Menu	Description
Affichage	Contrôle la présentation de la fenêtre d'Internet Explorer. Vous pouvez montrer ou masquer les barres d'outils, modifier la taille du texte, afficher la fenêtre sur tout l'écran, vous déplacer vers une autre page ou encore rafraîchir la page actuelle.
Favoris	Contient des dossiers prédéfinis dans lesquels vous pouvez mémoriser les noms et adresses des pages que vous visitez. Ce menu vous permet aussi d'organiser les favoris à votre convenance, et bien sûr d'accéder directement à ces pages.
Outils	Comprend des commandes servant à traiter votre courrier, synchroniser vos données, effectuer des mises à jour de Windows, montrer des liens, rechercher d'autres pages, et ainsi de suite.
Aide	C'est là que vous vous rendez pour répondre à une question ou résoudre un problème. L'aide peut être affichée de façon classique, sous la forme d'astuces du jour, ou être recherchée en ligne.

TRUC

Les menus, c'est toujours pareil. Vous pointez le curseur sur le nom du menu que vous voulez ouvrir, et vous cliquez. Si vous préférez le clavier, appuyez sur la touche Alt, puis sur la lettre qui est soulignée dans le nom du menu (ainsi, Alt et F ouvrent le menu Fichier).

La barre d'outils Standard

Cette barre s'étend sur toute la largeur de la fenêtre d'Internet Explorer (juste sous les menus). Ce n'est pas seulement une collection de jolies icônes. Tous ces boutons sont autant d'outils qui vous servent à faire des choses sur le Web. Quoi ? Voyez le Tableau 2.2 !

Tableau 2.2 : De bons outils pour un bon travail.

Outil	Nom	Description
	Précédente	Affiche la page Web précédente.
	Suivante	Affiche ce qui suit la page courante dans la séquence que vous avez sélectionnée.

Tableau 2.2 : De bons outils pour un bon travail (suite).

Outil	Nom	Description
	Arrêter	Stoppe le chargement de la page courante.
	Actualiser	Rafraîchit l'affichage de la page actuelle.
	Démarrage	Affiche la page d'accueil définie sur votre système.
	Rechercher	Affiche l'outil de recherche sur le Web.
	Favoris	Ouvre un panneau qui vous permet de choisir, compléter ou organiser vos sites Web préférés.
	Média	Affiche le panneau de lecteur multimédia, ce qui vous permet d'accéder à de la musique, de la vidéo, des radios en ligne, etc.
	Historique	Ouvre le panneau Historique qui propose des pages Web visitées précédemment.
	Courrier	Vous permet d'envoyer et recevoir du courrier, ou encore d'envoyer des pages Web et des liens.
	Imprimer	Imprime la page Web courante.
	Modifier	Charge un éditeur (comme le Bloc-notes ou Microsoft Word).
	Plein écran	Affiche la page courante sur tout l'écran en masquant menus et barres d'outils.

N'OUBLIEZ PAS

Pour l'instant, vous vous contentez d'apprendre. Plus tard, vous verrez comment personnaliser la barre d'outils. Vous pouvez créer des boutons personnalisés et réorganiser les barres à votre convenance. Rendez-vous au Chapitre 4 du Livret IV !

Afficher l'astuce du jour

Si vous êtes totalement néophyte dans la navigation sur Internet et que vous voulez un peu d'aide, pensez à activer les astuces du jour d'Internet Explorer. Ces conseils apparaissent en bas de la fenêtre. Ils prennent bien entendu un peu de place dans la fenêtre, mais ils fournissent des suggestions simples que vous pourrez essayer afin de progresser plus vite.

Voici comment afficher ces astuces :

1. **Ouvrez le menu d'aide.**

2. **Cliquez sur l'option Astuce du jour. Un nouveau panneau s'affiche au-dessus de la barre d'état (voir la Figure 2.3).**

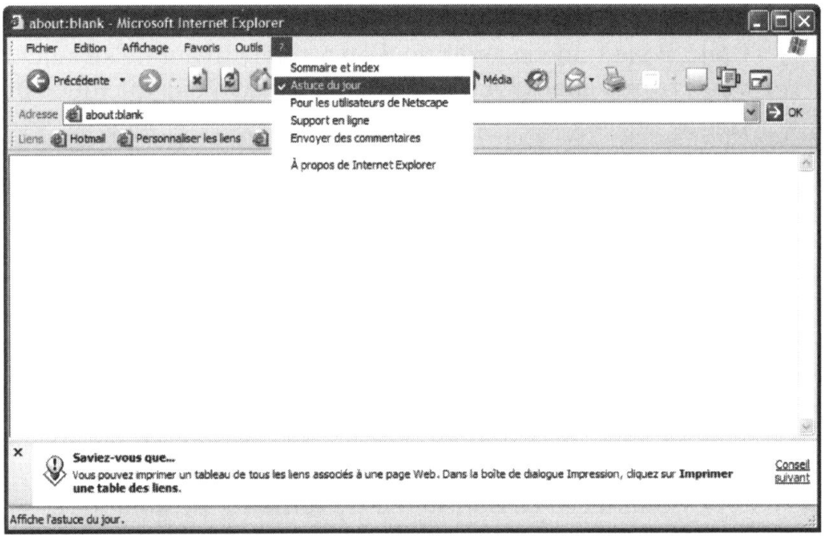

Figure 2.3 : Les astuces du jour vous aident à apprendre plus vite comment utiliser au mieux Internet Explorer.

3. **Lisez l'astuce proposée. Pour en afficher une autre, cliquez à droite sur Conseil suivant.**

Pour retirer ce panneau, cliquez simplement sur la case de fermeture, à gauche de la fenêtre.

Trouver sa route sur le Web

Tout le monde veut être sur le Web. Et il y a des chances, à moins que vous ne viviez dans un coin totalement perdu de la Terre, pour que vous ayez déjà un minimum d'expérience dans la navigation virtuelle. On trouve aujourd'hui des adresses de pages Web (que l'on appelle URL, qui veut dire Uniform Resource Locator) à peu près partout, sur tout, et parfois n'importe où. Et il en va de même sur une grande partie de la planète. Les sites Web nous offrent l'opportunité d'en apprendre plus sur une société, un produit, une personne, un endroit, et ainsi de suite. Nous pouvons nous informer sur des questions de santé, lire des histoires, réserver des voyages, etc. Croyez-moi : si vous ne partez pas avec un projet précis en tête, vous vous retrouvez très vite en état d'apesanteur, flottant au milieu de cette déferlante d'informations, du moins jusqu'à ce que le chien, les enfants ou le réveil matin vous ramène à la réalité.

Donc, il vaut mieux avoir un plan à suivre avant de se lancer. Où voulez-vous aller ? Que recherchez-vous ? Voici quelques pistes (parmi des myriades d'autres) :

- **Accéder à un site spécifique :** Vous voulez en savoir plus sur la présence en ligne du jeune diplômé dont le CV est posé devant vous ? Ou tout bêtement participer au concours pour gagner le voyage offert par un marchand en ligne ?

- **Rechercher des informations :** Il existe de nombreux moteurs de recherche dans lesquels vous entrez un mot ou une phrase, et qui vous retournent les adresses de dizaines – parfois de milliers – de sites Web qui contiennent l'information demandée.

- **Ecouter la radio tout en travaillant :** De nombreux sites – y compris de stations très connues – se servent maintenant de la technologie d'Internet pour diffuser des programmes radio en ligne.

- **Préparer un voyage :** La plupart des grandes compagnies de transport permettent de réserver des places en ligne. C'est aussi un bon moyen pour trouver des voyages au meilleur prix.

- **Vérifier l'évolution de votre paquet d'actions :** De nombreux courtiers (petits ou gros) se sont installés sur le Web. Il est même possible de charger des outils qui affichent l'évolution des cours de la Bourse pendant que vous travaillez (en supposant, bien sûr, que *vous* travaillez...).

- **Tenir une conférence à distance :** Plus rien n'est impossible ! Vous pouvez rencontrer d'autres personnes dans une salle de conférences virtuelle, échanger des idées, projeter des présentations, et même avoir des conversations privées à l'abri des autres membres du groupe.

- **Regarder la bande annonce d'un nouveau film :** Vous voulez savoir si le film vaut vraiment le prix du ticket d'entrée au cinéma ? Il existe des sites qui vous permettent de visualiser la bande annonce, ou encore le making off des dernières sorties en salle.

- **Voir ce que font vos concurrents :** Ne soyez pas hypocrite. C'est le genre de site que vous recherchez en premier. Vrai ? Mais comment font-ils pour casser les prix à ce point ?

- **Trouver de nouvelles activités mathématiques pour vos enfants :** Vous pouvez facilement charger des jeux éducatifs ou consulter des sites qui offrent une aide au travail scolaire. Vos enfants seront le plus souvent ravis – et ils apprendront peut-être quelque chose.

Pages Web : les bases

Selon les sites que vous visitez, vous pouvez être accueilli par des objets variés : des images, du texte, des publicités, des animations, etc. Bien souvent, ces éléments permettent d'interagir avec le site de diverses manières. Certaines pages sont conçues pour votre plaisir, d'autres essaient de vous dire quelque chose, d'autres encore vous proposent des jeux ou des conversations en direct, et certains vous renvoient à des informations ou des services supplémentaires.

La Figure 2.4 montre le type d'écran qui apparaît par défaut sur mon ordinateur lorsque je charge Internet Explorer (merci, Bill !). Comme vous pouvez le constater, cette page donne accès à plein d'expériences différentes.

Figure 2.4 : Par défaut, Internet Explorer affiche la page de MSN.

Comprendre les liens

Lorsque vous cliquez sur un des éléments illustrés sur la Figure 2.4, une action se produit. Ces éléments sont des *liens*, autrement dit des connexions qui vous font dévier vers une autre page ou encore qui déclenchent un événement programmé (comme lancer votre programme de messagerie). Même si les liens semblent se présenter sous des formes variées selon les sites que vous visitez, il en existe pour l'essentiel deux catégories : texte ou graphique.

- ✦ Un lien de type texte peut être un mot, une phrase, une légende ou encore un élément de menu.
- ✦ Un lien graphique peut être une image, un bouton, une carte, une photo, un dessin, un symbole, etc.

Comment faire la différence entre texte normal et liens textuels ? Généralement, ces derniers s'affichent dans une couleur différente. Dans de nombreux cas, ils sont aussi soulignés. Vous voulez savoir si un morceau de phrase ou une image est en réalité un lien ? Placez le pointeur de la souris au-dessus de l'élément qui attire votre attention. Si ce pointeur prend la forme d'une main avec l'index levé, vous avez gagné. Amusez-vous à déplacer la souris sur une page comme celle qui est illustrée sur la Figure 2.5 : vous y trouverez rapidement de nombreux liens intéressants.

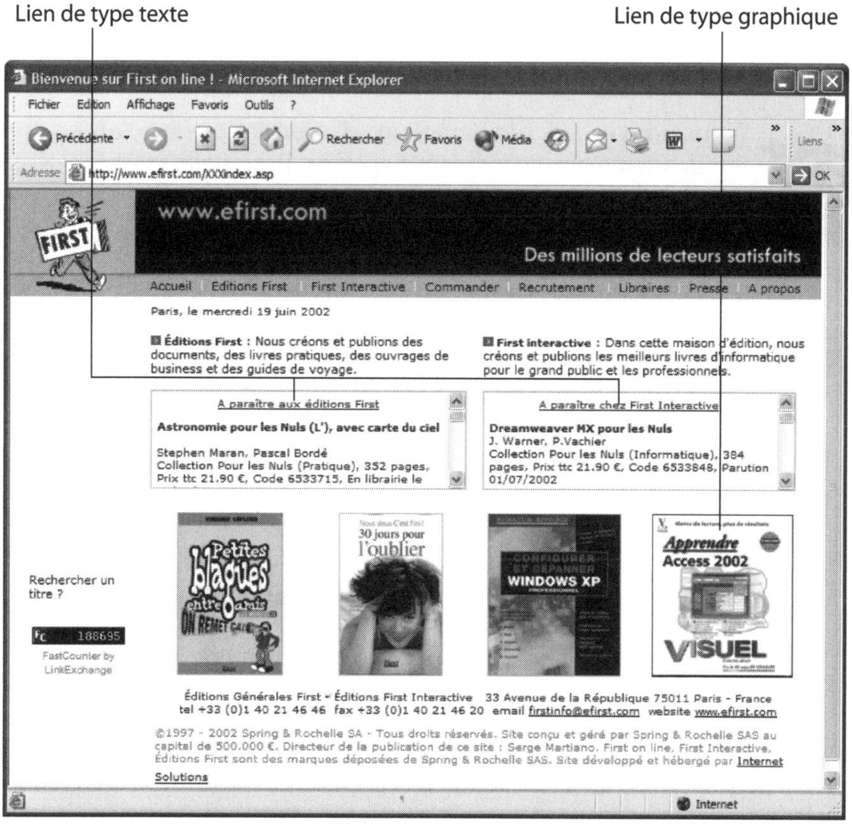

Figure 2.5 : Rechercher des liens.

Déroulez pour découvrir le paysage

Si vous utilisez des ordinateurs depuis un certain temps, vous savez que tout ne tient pas en même temps sur l'écran. Si vous écrivez une lettre, vous devez faire défiler la page pour apposer votre signature. Si vous travaillez avec un tableur, vous faites défiler la feuille de calcul pour ajouter un graphique. Et ainsi de suite.

Et bien, c'est pareil avec les sites Web : la plupart du temps, il vous faut faire défiler la page pour voir ce qui se trouve tout en bas de la fenêtre. Vous disposez pour cela de deux méthodes :

- Appuyer sur la touche Page Bas.
- Faire glisser la barre d'ascenseur qui se trouve sur le bord droit de la fenêtre d'Internet Explorer.

Même principe dans l'autre sens (touche Page Haut ou barre de défilement). De nombreuses souris disposent aussi d'une mollette centrale qui permet de faire défiler l'affichage en douceur.

TRUC

Vous pouvez afficher davantage d'informations à la fois en activant le mode Plein écran d'Internet Explorer. Pour cela, choisissez la commande Affichage/Plein écran (ou appuyez simplement sur F11). La plupart des éléments de la fenêtre disparaissent, à l'exception de la barre d'outils Standard. Pour en savoir plus sur ce mode d'affichage, reportez-vous au Chapitre 4 du Livret IV.

Aller vers une autre page

Lorsque vous avez fini de lire une page et que vous voulez vous déplacer vers un autre site, vous disposez de plusieurs façons de procéder :

- Cliquez dans le champ de texte Adresse et tapez l'adresse d'une page Web. Cliquez ensuite sur le bouton OK.
- Cliquez sur un lien de la page courante pour accéder au contenu correspondant.
- S'ils sont actifs, cliquez sur l'un des boutons Précédente, Suivante ou Démarrage afin de vous déplacer à partir de votre position actuelle.

Ce n'était pas la bonne page ? En cas d'erreur, cliquez sur le bouton Arrêter de la barre d'outils Standard pour stopper l'opération en cours. Internet Explorer cesse le chargement du texte et des graphiques vers votre ordinateur. Vous pouvez tout de suite ressaisir l'adresse de la page Web que vous voulez voir.

Revenir à la page précédente

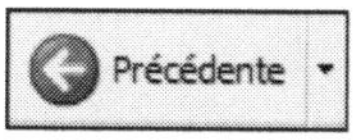

Quand vous vous déplacez de page en page, Internet Explorer mémorise votre trajectoire. Vous n'avez donc pas besoin de noter sur un papier les endroits du Web que vous venez de visiter. Lorsque vous voulez revenir à la page que vous venez de consulter, il vous suffit de cliquer sur le bouton Précédente de la barre d'outils Standard.

Si vous désirez remonter un peu plus le temps, il vous suffit de procéder de la façon suivante :

- **Cliquez sur la flèche qui se trouve à droite du bouton Précédente. Cela fait apparaître une liste de sites.**
- **Cliquez sur le nom du site à revisiter. La page va apparaître dans la fenêtre du navigateur.**

Si vous avez envie de revoir un site visité il y a plusieurs jours, voire plusieurs semaines, vous disposez d'une méthode toute simple. Cliquez sur le bouton Historique de la barre d'outils Standard. Un dossier va s'insérer dans la fenêtre d'Internet Explorer. Il vous proposera les adresses mémorisées depuis quelques semaines. Pour plus de détails sur les dossiers d'historique, reportez-vous au Chapitre 3 du Livret IV.

De retour à la maison

En cliquant sur le bouton Démarrage de la barre d'outils Standard, vous revenez directement au site que vous avez défini en tant que page d'accueil. Autrement dit, celle qui apparaît lorsque vous lancez Internet Explorer. Vous ne saviez même pas que vous aviez *défini* une page d'accueil ? Vous utilisez certainement la configuration par défaut de votre système. Comment changer cela ? Rien de bien compliqué :

1. **La fenêtre d'Internet Explorer étant toujours active, ouvrez le menu Outils.**

2. **Dans ce menu, activez la commande Options Internet.**

   La fenêtre des propriétés Internet va s'afficher (voir la Figure 2.6).

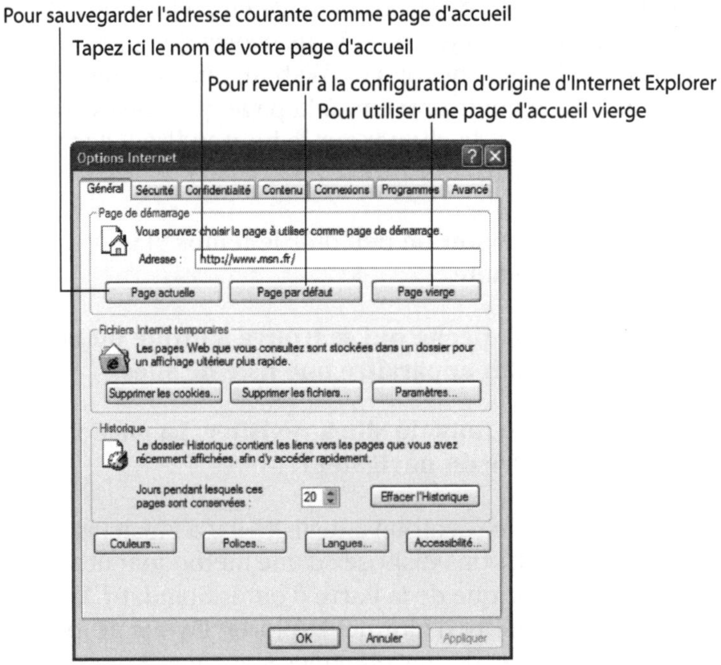

Figure 2.6 : N'importe quel site Web peut devenir une page d'accueil.

3. **Si nécessaire, activez l'onglet Général.**

   Vous constatez la présence de trois options en haut de la fenêtre :

- **Page actuelle** transforme l'adresse courante en page d'accueil.
- **Page par défaut** rétablit la page d'accueil définie par le constructeur de votre ordinateur.
- **Page vierge** se contente d'afficher une page blanche dans la fenêtre d'Internet Explorer.

4. **Cliquez sur le bouton Appliquer pour confirmer le changement.**

5. **Cliquez sur OK pour refermer la boîte de dialogue et revenir au Web.**

Pourquoi charger une page vierge ? A première vue, il semble difficile de comprendre pourquoi on peut avoir envie d'afficher un écran blanc lorsque l'on se connecte à l'Internet. Certains utilisateurs préfèrent cette méthode, car le programme se lance alors plus vite, ce qui permet de ne pas perdre de temps dans la navigation.

Que faire avec les pages Web ?

Vous commencez à trouver les pages que vous voulez explorer. Vous avez maintenant besoin de savoir quoi faire une fois qu'elles sont affichées. Si vous avez trouvé exactement ce qu'il vous fallait – la véritable recette de la potée auvergnate dont rêvait votre tante Marie –, vous pouvez éventuellement ne plus toucher à rien jusqu'à la prochaine visite de Marie. Mais il y a mieux à envisager.

Vous pouvez :

- Envoyer la page à une autre personne par e-mail.
- Sauvegarder la page sur le disque dur pour la relire tranquillement plus tard.
- L'imprimer pour la faxer ou l'archiver.

Mettre une page au courrier

Et oui. La barre d'outils d'Internet Explorer vous permet d'envoyer directement du courrier électronique. Lorsque vous trouvez une page qui vous intéresse particulièrement, vous pouvez la transmettre à une autre personne. Il vous suffit de cliquer sur la flèche du bouton Courrier, puis de choisir dans le menu qui s'affiche l'option Envoyer la page. Cette action va lancer votre utilitaire de messagerie par défaut (probablement Outlook Express ou Outlook). Il ne vous reste plus qu'à cliquer dans le champ du destinataire (*A:*), à saisir son adresse, puis à cliquer sur le bouton Envoyer.

Et ce n'est pas tout. Le bouton Courrier de la barre d'outils Standard vous propose différentes options : Lire le courrier, Nouveau message, Envoyer un lien, Envoyer la page et Lire les News. Pour plus d'informations sur l'utilisation de votre programme de messagerie sous Windows XP, consultez le Chapitre 1 du Livret III.

Enregistrer des pages Web

Si vous tombez sur un article qui balaie définitivement tous les arguments que vous opposaient vos amis sur un sujet aussi brûlant que l'achat de bonnes lunettes de ski, il n'y a pas un instant à perdre : sauvegardez ! Si vous rencontrez enfin cette icône superbe que votre collègue de travail refuse de vous passer, capturez-la et enregistrez-la dans un fichier ! Tout cela est si facile à faire qu'il serait stupide de s'en priver.

Sauvegarder une page dans un fichier

Enregistrer une page Web n'offre aucun mystère. Au fond, c'est exactement comme sauvegarder une lettre dans votre traitement de textes. Prêt ? Allons-y :

1. **Affichez la page que vous voulez sauvegarder.**
2. **Ouvrez le menu Fichier. Cliquez sur l'option Enregistrer sous.**

   La boîte de dialogue Enregistrer la page Web va apparaître (voir la Figure 2.7).

3. **Naviguez vers le dossier dans lequel vous voulez enregistrer la page.**
4. **Entrez éventuellement un nouveau nom pour le document.**
5. **Cliquez sur le bouton Enregistrer.**

   Internet Explorer va sauvegarder le fichier dans le dossier que vous avez activé.

Naviguez vers le dossier dans lequel vous voulez enregistrer le fichier

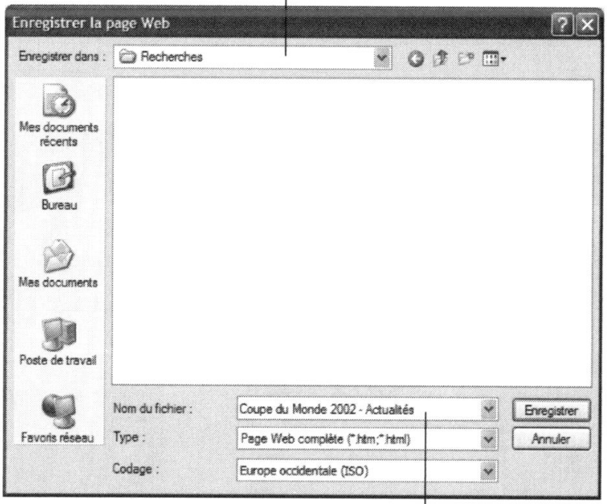

Tapez si vous le souhaitez un nouveau nom pour le fichier

Figure 2.7 : Sauvegardez sur votre disque dur les pages les plus intéressantes à conserver.

Sauvegarder une image

Sur la page courante, vous voyez brusquement une image qui vous plaît particulièrement, ou l'icône à avoir, ou encore un bandeau amusant. Voici comment sauvegarder cette image sur votre disque dur :

1. **Cliquez sur l'image voulue avec le bouton droit de la souris.**

   Un menu contextuel va apparaître (voir la Figure 2.8).

2. **Cliquez sur l'option Enregistrer l'image sous.**

   La boîte de dialogue Enregistrer l'image va s'afficher.

3. **Naviguez vers le dossier dans lequel vous voulez enregistrer la page.**

4. **Entrez éventuellement un nouveau nom pour le document.**

5. **Cliquez sur le bouton Enregistrer.**

Figure 2.8 : Enregistrer une image à partir d'un site.

Un mot en passant sur les droits d'auteur. Ce que vous ne créez pas vous-même ne vous appartient pas. Utiliser des images trouvées sur le Web ne pose pas de problème tant qu'il s'agit de votre usage personnel (admettons même qu'elles soient envoyées à votre tante Marie pour décorer une recette). Mais, si vous vous servez d'images, de textes, d'idées, de pages, de diagrammes, de musique ou quoi que ce soit à des fins professionnelles ou pour en tirer profit, vous violez les droits des auteurs. Ce qui est passible des tribunaux. En cas de doute, abstenez-vous.

Imprimer des pages Web

Rien de compliqué non plus là-dedans. Lorsque vous affichez une page dont vous souhaitez imprimer une copie, cliquez simplement sur le bouton correspondant de la barre d'outils Standard. Si aucune imprimante n'est installée ou connectée, le programme se contente de placer le document dans la file d'attente, bien au chaud, jusqu'à ce que vous connectiez l'imprimante.

TRUC

Si vous voulez imprimer uniquement le cadre actif de la page Web qui est actuellement affichée, cliquez sur ce cadre avec le bouton droit de la souris. Dans le menu contextuel qui apparaît, choisissez la commande Imprimer. Sélectionnez les options voulues, puis validez. C'est tout.

Internet Explorer : cacher/montrer

Une chose intéressante, que vous soyez hors ligne ou en ligne, est la possibilité de basculer entre plusieurs applications. Pour minimiser Internet Explorer afin d'effectuer une autre tâche, cliquez sur le bouton de réduction qui se trouve en haut et à droite de la fenêtre. Internet Explorer se transforme en icône sur la barre des tâches.

Pour restaurer la fenêtre, cliquez sur l'icône d'Internet Explorer dans la barre des tâches. Si plusieurs pages Web sont ouvertes en même temps, un menu des fenêtres disponibles va s'afficher (voir la Figure 2.9). Cliquez sur le nom de la page à ouvrir. La fenêtre correspondante réapparaît à l'écran.

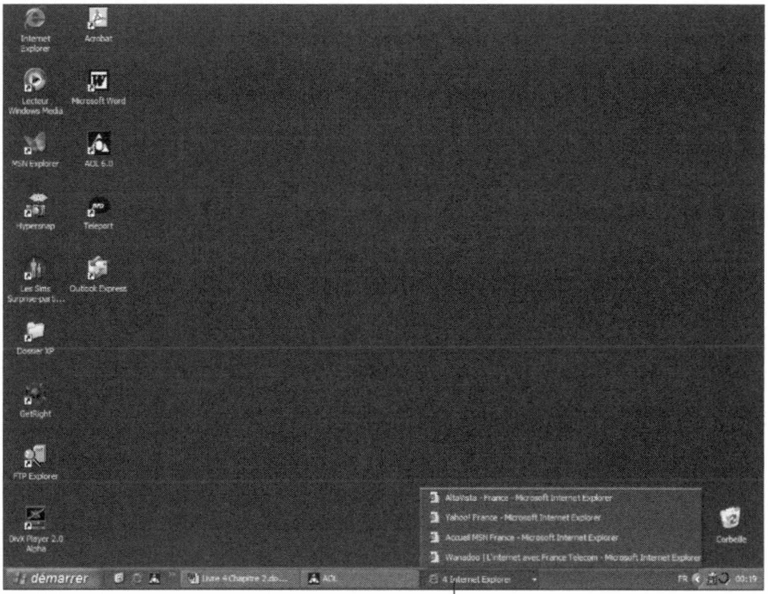

Cliquez sur l'icône d'Internet Explorer dans la barre des tâches

Figure 2.9 : Choisissez une page déjà ouverte en cliquant sur l'icône d'Internet Explorer.

Chapitre 3 : Navigation et recherche avancées avec Internet Explorer

Dans ce chapitre :

- **Retour vers le passé.**
- **Enregistrer des sites pour le futur.**
- **Collectionnez vos favoris.**
- **Vous n'êtes jamais seul à chercher.**

Ce chapitre vous explique comment étendre votre horizon Web en capturant et organisant les sites que vous trouvez lorsque vous naviguez et que vous voulez conserver. Vous apprendrez également à remonter le temps pour retrouver des sites déjà visités, et préparer votre prochain bond en avant. Les outils Historique, Favoris et Rechercher sont au centre de ce voyage. Préparez-vous à faire un pas en arrière, puis deux pas en avant pour mieux forger vos muscles Web.

Retour vers le passé

Windows sait beaucoup de choses sur vous. Il sait même où vous avez voyagé sur le Web. La nouvelle peut être bonne ou mauvaise (pour vous, votre femme ou vos enfants...) selon les sites que vous visitez. Dans ses dossiers d'historique, Internet Explorer garde la trace des pages sur lesquelles vous avez atterri. Si cela attise votre curiosité – ou votre anxiété –, vérifiez vous-même les traces de votre passage sur Internet :

1. **Connectez-vous sur Internet.**

N'OUBLIEZ PAS

Vous ne savez plus comment vous connecter ? Relisez le Chapitre 1 du Livret IV.

2. **Cliquez sur l'icône d'Internet Explorer dans la barre des tâches (ou sur votre Bureau) pour lancer IE.**

3. **Lorsque la fenêtre d'Internet Explorer est ouverte, cliquez sur le bouton Historique de la barre d'outils Standard.**

   Le panneau Historique va s'insérer sur le côté gauche de la fenêtre (voir la Figure 3.1).

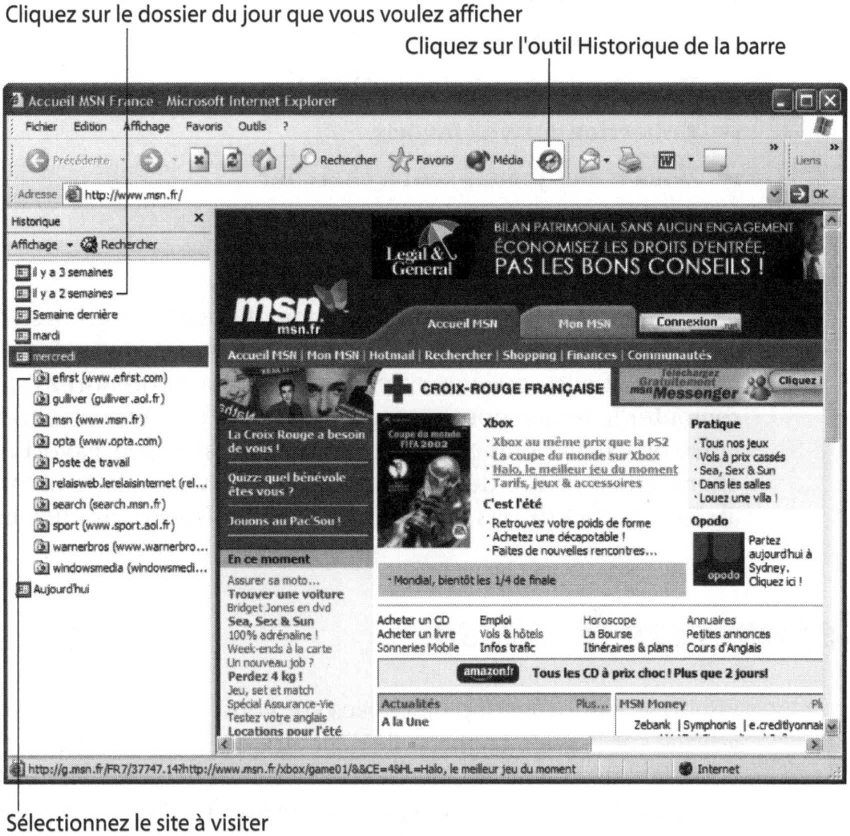

Figure 3.1 : Le bouton Historique affiche les sites déjà visités.

4. **Sélectionnez l'élément que vous voulez revoir.**

Si, par exemple, vous avez envie de voir les sites visités il y a huit jours, cliquez sur la ligne Semaine dernière. Une liste d'adresses va apparaître.

5. **Cliquez sur la ligne associée au site à revisiter.**

   La liste des pages mémorisées pour ce site est déroulée.

6. **Cliquez enfin sur le nom de la page à laquelle vous voulez accéder.**

La page choisie va être chargée dans la fenêtre d'Internet Explorer.

TRUC

Si vous espérez retrouver un site visité il y a plus de trois semaines, l'historique risque de ne pas vous aider beaucoup. Mais vous pouvez toujours faire appel aux fonctions de recherche d'IE pour le retrouver. Nous y reviendrons un peu plus loin, en abordant les secrets de la recherche Web.

Apprenez à maîtriser votre histoire

Certains parents (bon, disons aussi certaines épouses) se servent des dossiers de l'historique pour vérifier si d'autres membres de la famille s'égarent dans des régions interdites. Vous voyez ce que je veux dire. Il y a aussi des chances pour que votre employeur fasse la même chose (avec probablement en plus un petit logiciel chargé de traquer les infractions au règlement).

Que vos tentations soient humoristiques, sportives ou charmantes, n'oubliez pas qu'un mouchard surveille en permanence vos actes. La morale de l'histoire ? Big Brother est installé chez vous ! Vous pouvez bien sûr vous comporter comme si votre maman était derrière votre dos, prête à vous gronder si vous faites une bêtise. Mais les tentations peuvent parfois être trop grandes (et après tout, plutôt saines). Autant alors savoir éliminer certaines traces…

Changer le point de vue

Par défaut, Internet Explorer vous propose la liste des sites visités sous la forme d'un agenda de poche, mais vous pouvez modifier cette organisation. IE vous propose quatre méthodes différentes :

- **Par date :** Les pages sont arrangées dans un ordre chronologique. C'est la disposition que vous devez voir sur votre écran (à moins que vous n'ayez sauté le début du chapitre).
- **Par site :** Les noms des sites sont disposés selon un ordre strictement alphabétique (ce qui est plus ou moins pratique, si l'on considère que tous les sites ne peuvent pas être réduits à un mot unique qui suffirait à le définir).
- **Par fréquence de visite :** Les sites sont classés en ordre décroissant selon le nombre d'accès effectués. Vous visitez plus souvent la page d'accueil d'un célèbre mannequin que le site de votre entreprise ? La liste peut le prouver (pas d'inquiétude – je n'en parlerai à personne).
- **Par ordre de visite du jour :** Affiche les sites visités aujourd'hui, en commençant par le plus récent.

Vous pouvez également cliquer sur la ligne Poste de travail, dans le panneau Historique, pour visualiser les documents auxquels vous avez accédé sur votre ordinateur.

Pour modifier le style de présentation de l'historique, cliquez sur le bouton Affichage, puis choisissez dans le menu l'option voulue. Internet Explorer présente alors les pages selon cette sélection. Cliquez ensuite sur le nom du site que vous voulez déployer, puis sur celui de la page à recharger. Son contenu est affiché dans la fenêtre d'Internet Explorer. La suite vous appartient.

Lorsque vous n'avez plus besoin de l'historique, il vous suffit de cliquer sur la case de fermeture du panneau (la croix qui se trouve dans son coin supérieur droit). L'affichage de la page en cours reprend sa place dans la fenêtre.

Changement de page : l'accès direct

Vous vous demandez certainement s'il n'y a pas un moyen plus rapide pour accéder à une certaine page, sans avoir à passer par tous ces dossiers et ces sites. Après tout, nous sommes depuis quelques temps tellement habitués à nos portables dont les mémoires d'appel et les répertoires nous évitent d'avoir à apprendre par cœur les numéros de téléphone de nos relations… Si vous souhaitez un procédé plus rapide, plus facile, pour revenir à un site dont vous avez déjà entré l'adresse (pour être précis, récemment entré l'adresse), la réponse se trouve sous votre souris :

1. **Vérifiez que vous êtes bien connecté à l'Internet.**
2. **Cliquez sur la flèche qui suit le champ Adresse.**

   Surprise ! Une liste de sites déjà visités apparaît, comme l'illustre la Figure 3.2.

3. **Cliquez sur le site que vous recherchez. Et vous voilà rendu !**

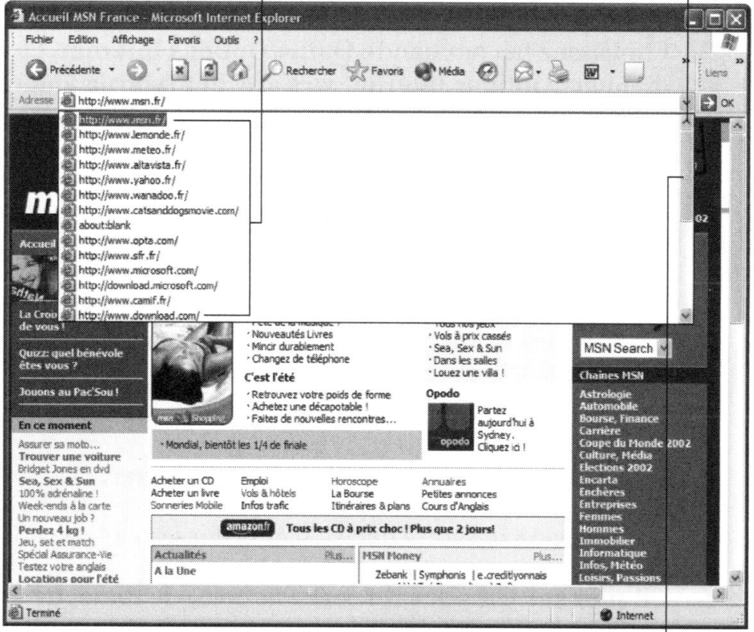

Figure 3.2 : Cliquez sur la flèche du champ Adresse pour voir une liste des pages visitées récemment.

Cette liste ne vous renseigne en rien sur la date de votre dernière visite ou sur l'intérêt que vous pouvez porter à tel ou tel site. En fait, vous ne savez peut-être même pas *qui* a accédé à ce site, puisqu'il est possible que d'autres personnes se servent du même ordinateur, que ce soit à la maison ou au travail. Et comme vous n'avez pas encore appris à vous servir des nouvelles fonctions de Windows XP qui vous permettent de créer différents comptes utilisateur… Mais si la vitesse est votre premier souci, cette méthode est sans doute la plus efficace.

Augmenter la mémoire de l'historique

Pendant combien de temps Internet Explorer conserve-t-il la trace de vos navigations successives ? Par défaut, il se limite aux vingt derniers jours. Pas de quoi donc remonter jusqu'au déluge. Si votre sens de la conservation est plus développé, vous avez la possibilité d'accroître votre maîtrise sur le passé. La limite infranchissable est de 99 jours. Et si, à l'inverse, vous aimer cultiver l'art du secret, sachez que l'historique peut être réduit à zéro. Voyons comment contrôler cette fonction :

1. **Si nécessaire, établissez une connexion et lancez Internet Explorer.**

2. **Choisissez la commande Outils/Options Internet. La boîte de dialogue Options Internet va s'afficher (voir la Figure 3.3). Si nécessaire, activez l'onglet Général.**

3. **Dans la section Historique, définissez le nombre de jours souhaités. Vous disposez de trois méthodes :**

   Cliquez sur la petite flèche qui monte pour augmenter la durée.

   Cliquez sur la petite flèche qui descend pour la diminuer.

   Cliquez dans le champ de texte et entrez directement un nombre entre 0 et 99.

4. **Cliquez maintenant sur le bouton Appliquer.**

   IE va mémoriser votre décision et pister les sites en conséquence.

5. **Cliquez sur OK pour refermer la boîte de dialogue et revenir au Web.**

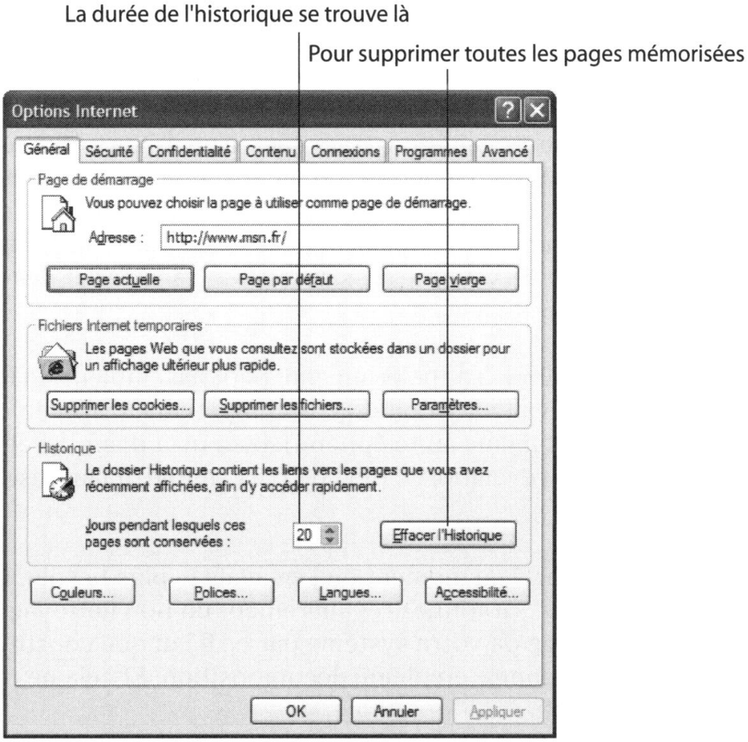

Figure 3.3 : Vous pouvez changer le nombre de jours pendant lesquels IE conserve les pages Web dans les dossiers de l'historique.

NOTE TECHNIQUE

C'est vrai, le meilleur moyen pour ne pas reproduire les erreurs du passé, c'est d'apprendre l'histoire… Mais augmenter de façon exorbitante le nombre de jours pendant lesquels vos pages Web sont conservées (disons, au-delà de 20 ou 30 jours) risque de saturer les neurones de votre disque dur ! Vous savez peut-être (sinon, vous l'apprendrez rapidement) que les pages Web pleines de graphiques sont la hantise de votre mémoire, et qu'elles s'empressent de remplir un espace dont vous avez certainement besoin pour d'autres choses – des feuilles de calcul importantes, des rapports professionnels, des jeux, des conversations en ligne, etc.

Faire le ménage dans l'historique

La première fois que j'ai appris à vider les dossiers de mon historique (il y a quelques années de cela), j'étais en pleine crise. Je travaillais sur un projet qui nécessitait de multiples recherches, et qui évidemment devait être rendu le lendemain matin à la première heure. J'avais vraiment besoin à cet instant que mon ordinateur fonctionne aussi vite qu'on peut le lire dans les magasines. Mais celui-ci n'était pas du tout coopératif. On aurait même cru que quelqu'un s'était amusé à remplir de mélasse les fils du téléphone. J'en étais réduit à attendre impatiemment que les pages et les graphiques se chargent. Le stress total. Pire encore : les erreurs se multipliaient, et les pages se chargeaient si lentement que le serveur me laissait tomber. Sans parler des plantages à répétition du système...

Je me décidais alors à appeler un ami, petit assembleur de PC (à cette époque, on trouvait encore des gens compétents, disponibles, et qui répondaient eux-même au téléphone). Bien qu'à peine réveillé, sa réponse fut une révélation : "Rien de plus simple. Il faut juste effacer votre mémoire."

L'oracle avait parlé au moment où j'en avais le plus besoin. Il en va de même pour vous : pratiquez régulièrement un bon nettoyage pour éviter l'entartrage de votre système par ce fléau que constituent des pages Web anciennes, en pleine décomposition. Et cela ne prend que quelques instants :

1. **Lancez Internet Explorer comme vous en avez pris l'habitude.**

   Pour cette procédure, il n'est pas nécessaire d'être connecté à l'Internet.

2. **Ouvrez le menu Outils, puis choisissez Options Internet. La boîte de dialogue des options Internet va apparaître.**

3. **Dans la section Historique, cliquez sur le bouton Effacer l'Historique.**

4. **Evidemment, un message étonné vous demande si vous voulez vraiment continuer. Cliquez sur Oui.**

   ATTENTION !

   Selon la quantité de fichiers en stock et la durée de l'historique, le nettoyage peut prendre jusqu'à quelques minutes. Mais quand le ménage est fait, la maison est propre.

5. **Cliquez sur OK pour refermer la boîte de dialogue, et reprenez votre route en sifflotant.**

Effacer l'Historique tient de la lobotomie. Vous n'avez aucune branche à laquelle vous rattraper si vous avez effectué le grand saut par erreur. Une fois les pages parties, plus moyen de les retrouver. Avant de cliquer sur Oui, il vaut donc mieux y réfléchir à deux ou trois fois.

Jouer avec les favoris

Plus vous surferez sur l'Internet, et plus vous commencerez à trouver des pages à conserver, autrement dit des sites qui proposent des informations dont vous pensez qu'elles vous resserviront plus tard. Internet Explorer vous permet de collecter et organiser facilement ces sites grâce à une fonction appelée Favoris.

Les premiers favoris : ceux de Windows

Lorsque vous chargez Internet Explorer pour la première fois, le menu Favoris peut contenir un nombre plus ou moins grand de dossiers prédéfinis (voir la Figure 3.4). La taille de cette liste dépend du constructeur, de la présence ou non d'un accès Internet préinstallé, d'accords secrets entre Microsoft et ses "partenaires", et ainsi de suite. Quels que soient le contenu et la longueur de la liste qui s'affiche lorsque vous ouvrez ce menu, les étapes suivantes (afficher, sélectionner, ajouter, enlever, renommer et organiser) seront les mêmes.

Pour découvrir les favoris gentiment (?) disposés à votre intention, suivez ces étapes :

1. **Connectez-vous à l'Internet, si nécessaire, et ouvrez Internet Explorer.**

2. **Ouvrez le menu Favoris (ou cliquez sur le bouton correspondant dans la barre d'outils). Une liste de dossiers va s'afficher.**

3. **Cliquez sur le nom du dossier à ouvrir. Une liste de sites va s'afficher.**

Figure 3.4 : IE propose des favoris prédéfinis, prêts à être explorés.

4. **Sélectionnez le site que vous voulez visiter.**

La page d'accueil du site choisi va se charger dans la fenêtre d'Internet Explorer.

Ajouter vos propres favoris

Lorsque vous trouvez un site que vous voulez mémoriser pour y revenir plus tard, il vous suffit de l'ajouter à un dossier personnel dans les Favoris. Vous avez le choix entre utiliser les dossiers prédéfinis d'Internet Explorer ou adapter la structure à vos propres besoins. Voici comment procéder :

1. **Ouvrez le menu Favoris (ou cliquez sur le bouton Favoris dans la barre d'outils afin d'afficher les dossiers dans un panneau).**

2. **Cliquez sur Ajouter aux Favoris. La boîte de dialogue Ajout de Favoris va s'afficher.**

3. **Cliquez sur le bouton Créer dans. La boîte de dialogue s'étend pour montrer la liste des dossiers actuels (voir la Figure 3.5).**

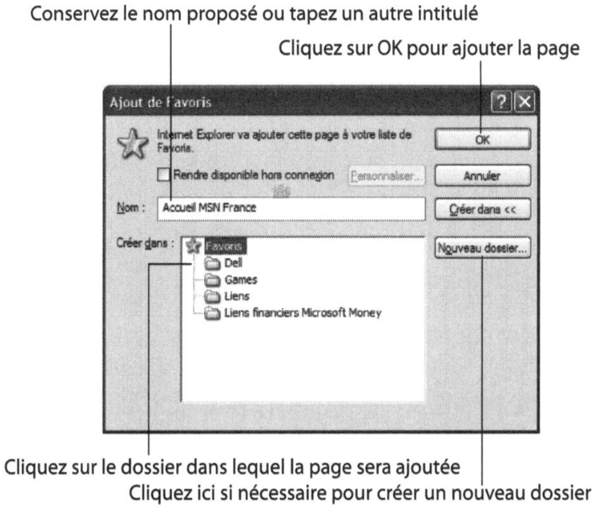

Figure 3.5 : IE vous permet d'ajouter des favoris et de créer vos propres dossiers.

4. **Cliquez sur le nom du dossier dans lequel vous voulez enregistrer le site.**

5. **Cliquez sur OK pour sauvegarder la page et refermer la boîte de dialogue.**

TRUC

Pour définir un dossier personnel, cliquez dans la boîte de dialogue Ajout de Favoris sur le bouton Nouveau dossier. Une nouvelle boîte de dialogue vous est proposée. Tapez un nom pour ce dossier (les espaces et les caractères de ponctuation sont permis). Validez. IE ajoute le dossier dans la liste Créer dans. Vous pouvez maintenant le sélectionner pour y enregistrer votre favori.

Un problème avec les favoris de Microsoft ?

Ne confondons pas... Je ne suis pas un militant anti-Microsoft. Je ne fais pas partie de ces gens qui croient que Bill G. suit un plan secret destiné à prendre le contrôle de tous les PC du monde pour nous revendre ensuite nos propres données, et peut-être même à devenir empereur. Mais nous avons aujourd'hui tendance à voir Microsoft avec un regard soupçonneux (on n'oublie pas le comportement d'IBM dans les années 70). Trop de puissance, une expansion de chaque instant, une volonté affichée d'infiltrer tous les domaines, cela inquiète (à moins que cette course ne soit un jour freinée par des questions juridiques). Bien sûr, nous utilisons des produits Microsoft et nous les apprécions. Après tout, certains gagnent même leur vie en écrivant des livres sur Windows... Mais avons-nous réellement besoin que ce géant nous dise quels sites de groupes bancaires ou de diffuseurs de médias nous devons visiter ? Tout cela n'est-il pas uniquement affaire d'alliances au sommet entre grands groupes ?

Le mieux à faire est de prendre ces liens comme de simples suggestions, et de choisir soi-même le monde que l'on a envie de visiter. Faites preuve de discernement. Décidez par et pour vous-même. Faites quelques recherches, et choisissez qui de X ou Y vous convient le mieux. Créez vos dossiers à vous, et placez-y les sites qui vous intéressent réellement. Point à la ligne.

La puissance d'Internet ne réside pas dans celle des entreprises qui s'y trouvent. Elle est dans votre capacité à trouver, collecter, organiser et utiliser les informations dont vous avez besoin et qui vous intéressent. En cet âge de l'information, souplesse et contrôle personnel sont les vrais mots-clés. Ce sont vos favoris ! Tout le reste n'est que du marketing.

Rendre un site disponible hors connexion

Il arrive que vous trouviez des sites que vous voudriez pouvoir consulter par la suite tranquillement. Vous pouvez rendre un site disponible *hors connexion* – autrement dit, l'enregistrer sur votre disque dur pour y revenir plus tard sans avoir besoin d'être en ligne. L'Assistant Favoris hors connexion vous aide à définir le volume d'informations qui peut être stocké sur votre système. Voici comment :

1. **Commencez par vérifier que le site à ajouter est bien affiché dans la fenêtre d'Internet Explorer (vous devez donc être connecté à Internet).**

2. **Choisissez dans le menu Favoris la commande Ajouter aux Favoris. La boîte de dialogue Ajout de Favoris s'affiche.**

3. **Définissez comme d'habitude le nom de la page et son emplacement.**

4. **Cliquez sur la case à cocher Rendre disponible hors connexion. Le bouton Personnaliser devient accessible.**

5. **Cliquez sur Personnaliser. L'Assistant Favoris hors connexion se lance.**

6. **Cliquez sur le bouton Suivant.**

La première question demande si vous voulez également enregistrer les pages vers lesquelles pointent des liens dans le site courant. Si vous répondez Oui, il vous faut ensuite définir le nombre de niveaux de liens à suivre (voir la Figure 3.6).

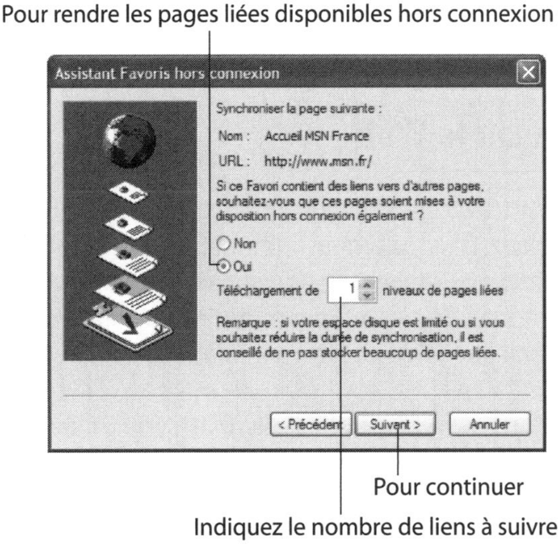

Figure 3.6 : L'Assistant Favoris hors connexion vous permet d'enregistrer vos pages Web préférées.

ATTENTION !

Les pages téléchargées, et en particulier celles qui contiennent des photographies, des animations et des sons, peuvent rapidement occuper un volume considérable sur le disque dur. Pour éviter toute surcharge, ne chargez que les pages qui vous intéressent réellement.

7. **Choisissez ensuite le moment où les pages que vous ajoutez doivent être synchronisées, puis cliquez sur suivant.**

   Vous pouvez demander une synchronisation manuelle (à partir du menu Outils) ou automatique (avec une périodicité régulière, par exemple tous les jours à 22 heures).

8. **Si le site à ajouter nécessite un mot de passe, cliquez sur Oui dans la fenêtre qui suit. Entrez alors le nom d'utilisateur et le mot de passe (comme toujours, ce dernier doit être tapé deux fois pour confirmation).**

9. **Cliquez sur Terminer pour refermer l'assistant et revenir à la boîte de dialogue principale.**

10. **Cliquez sur OK pour quitter la boîte de dialogue et continuer à surfer.**

Vous pourrez travailler avec la page ainsi sauvegardée même lorsque vous serez hors connexion.

Natation synchronisée sur le Web

L'un des problèmes posés par le travail hors connexion est qu'une page Web peut être modifiée sans que vous le sachiez. C'est pourquoi Internet Explorer vous propose une fonction de synchronisation vous assurant que vous disposez bien de la version la plus récente du site. L'une des étapes de l'Assistant Favoris hors connexion vous demande de choisir le mode de synchronisation : manuel ou automatique.

Si vous choisissez l'option manuelle, il vous suffit d'ouvrir le menu Outils et de cliquer sur la commande Synchroniser. Vérifiez d'abord que vous êtes connecté à l'Internet. La boîte de dialogue Eléments à synchroniser va s'afficher. Il vous suffit alors de cliquer sur la page voulue, puis sur le bouton Synchroniser.

En mode automatique, vous définissez une planification qui se charge du travail sans intervention de votre part. Vous pouvez vous servir pour cela de l'Assistant Favoris hors connexion (en cochant l'option Créer une nouvelle planification dans la troisième fenêtre). Spécifiez alors le nombre de jours entre deux synchronisations, puis l'heure de lancement. Donnez également un nom à cette tâche (par défaut, Windows propose Ma mise à jour planifiée). Enfin, cochez la case qui suit pour forcer Internet Explorer à se connecter automatiquement si vous n'êtes pas en ligne à l'heure de la synchronisation.

Organiser vos favoris

Il arrive bien souvent que naviguer sur Internet vous entraîne dans des mondes si excitants que vous sauvegardez les liens ou les pages sans prendre le temps de réfléchir, et donc de les classer dans des dossiers adaptés. Ce qui finit par créer un fatras de pages dans votre menu Favoris, et dérouler celui-ci pour retrouver tel ou tel site devient ingérable.

Pour vous simplifier l'existence et mieux organiser vos favoris, procédez de la façon suivante :

1. **Cliquez sur le bouton Favoris dans la barre d'outils d'Internet Explorer. Le panneau Favoris s'affiche à gauche de la fenêtre.**
2. **Cliquez sur le bouton Organiser. La boîte de dialogue Organiser les Favoris s'affiche (voir la Figure 3.7).**
3. **Dans la liste des dossiers, sélectionnez celui qui contient la ou les pages que vous voulez utiliser.**
4. **Sélectionnez la page à réorganiser, puis cliquez sur l'un des boutons de commande suivants :**

   Créer un dossier : Permet de placer la page dans un nouveau dossier. Saisissez le nom que vous voulez donner à ce dossier, puis appuyez sur la touche Entrée.

Déplacer vers : Vous permet de choisir un nouvel emplacement pour la page. Dans la boîte de dialogue Rechercher un dossier, sélectionnez l'emplacement vers lequel vous voulez déplacer la page (voir la Figure 3.8).

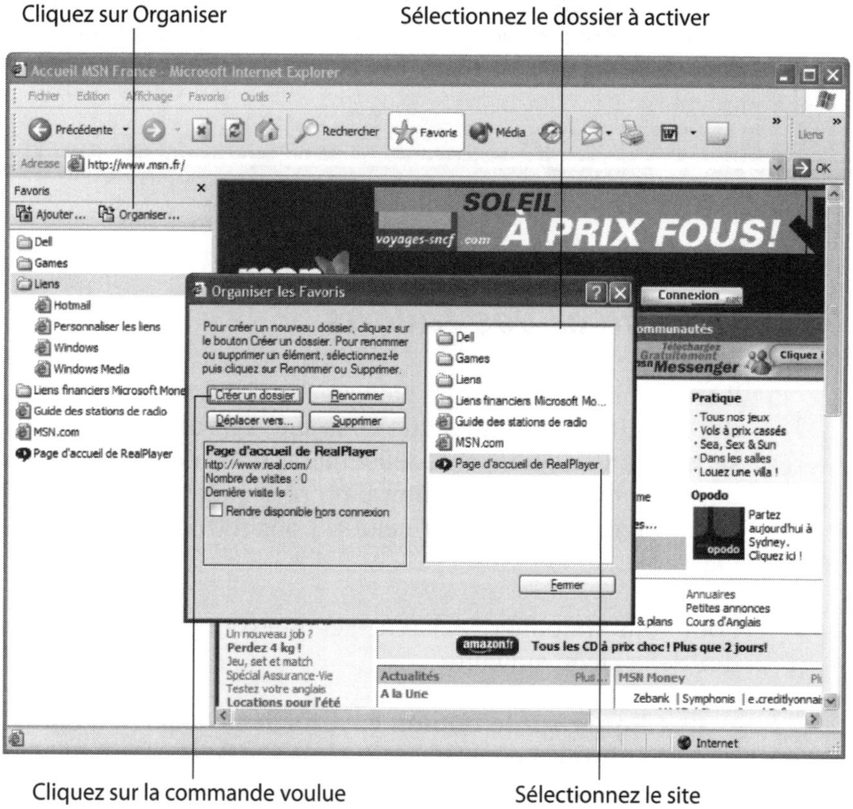

Figure 3.7 : Comment organiser les favoris.

Renommer : Vous permet d'entrer un nouveau nom pour la page (ou pour le dossier). Tapez simplement un nouveau nom, puis appuyez sur Entrée.

Supprimer : Détruit la page (ou le dossier). Dans la boîte de dialogue Confirmation de la suppression du fichier (ou dossier), validez votre décision (bouton Oui) ou annulez l'opération (bouton Non).

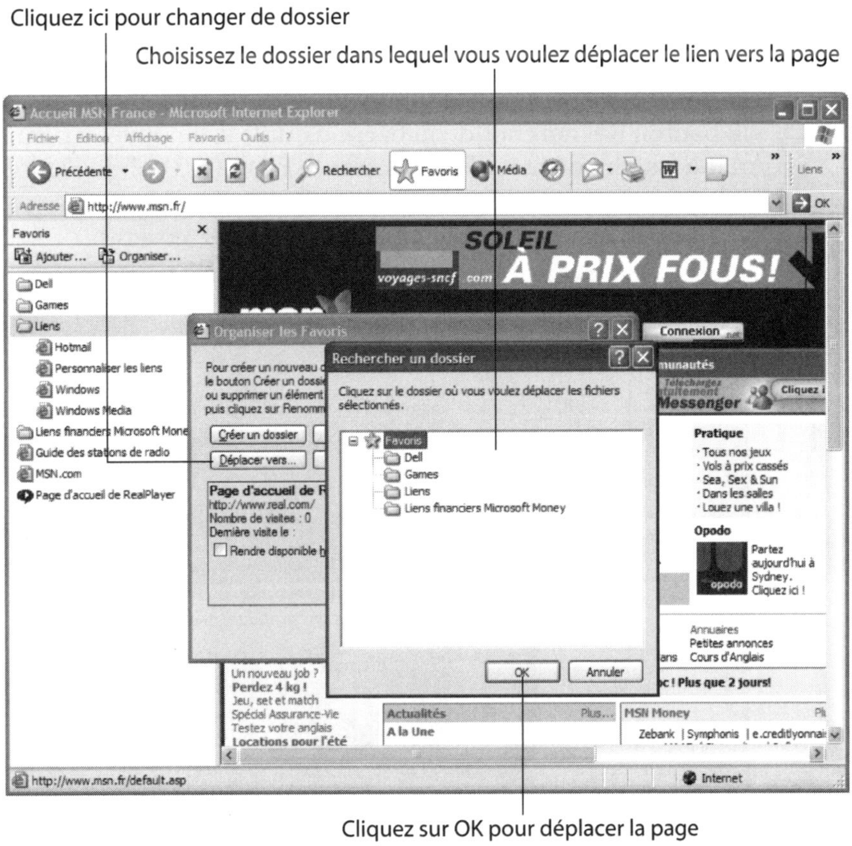

Figure 3.8 : Comment déplacer un lien vers un nouvel emplacement.

Vous n'êtes jamais seul à chercher

Rechercher quelque chose sur Internet est souvent une tâche ingrate et solitaire. Vous êtes bien sur l'Internet, face à des bandeaux publicitaires et à des liens pas toujours évidents à décrypter. Comment faire pour trouver des informations sur un sujet donné sans trop savoir par où commencer ? Heureusement, Internet Explorer vous propose un système d'aide à la recherche pour guider vos premiers pas.

Utiliser le système de recherche

Vous voulez parcourir le Web pour trouver des informations sur un certain domaine, une personne, un endroit, une chose, etc. Cliquez sur le bouton Rechercher de la barre d'outils. Un nouveau panneau apparaît à gauche de la fenêtre d'Internet Explorer (voir la Figure 3.9).

Tapez une phrase qui indique à IE ce que vous voulez rechercher

Cliquez sur le bouton Rechercher pour lancer la procédure

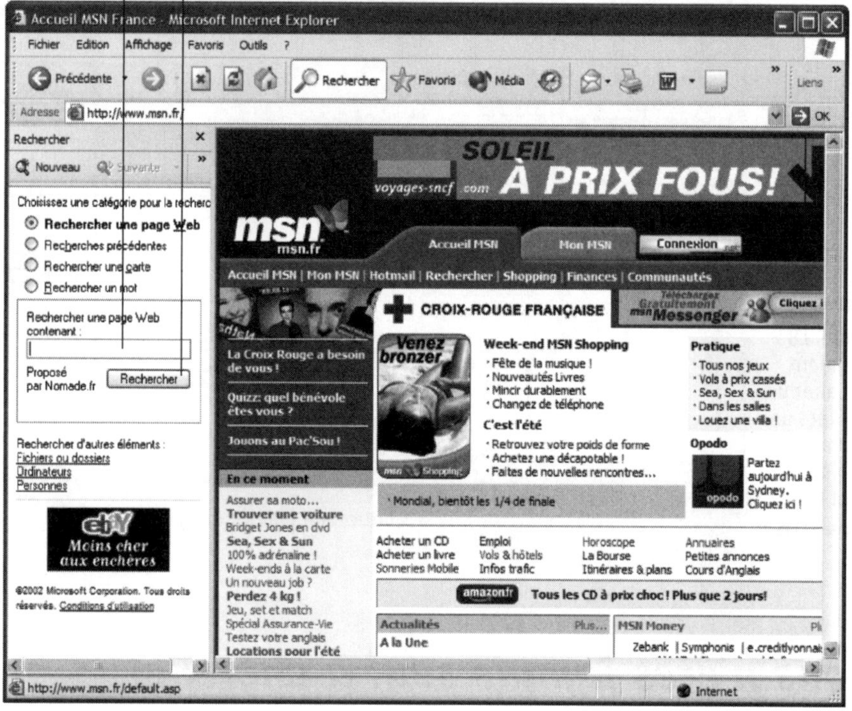

Figure 3.9 : Dites ce que vous voulez trouver, et l'Assistant Rechercher vous aidera.

Pour lancer une recherche, tapez un texte décrivant ce que vous voulez trouver. Vous pouvez saisir une phrase entière, mais un ou plusieurs mots-clés feront l'affaire. Voici quelques exemples :

- Location de vacances en Thaïlande.
- La musique de Emerson, Lake and Palmer.

- Envie d'une soirée avec Julia Roberts.
- Prix bas sur platines DVD.

Tapez votre demande, puis cliquez sur Rechercher ou appuyez sur Entrée. Après quelques secondes, les résultats sont affichés dans le panneau Rechercher (avec plus ou moins de bonheur). Il vous suffit de cliquer sur un des liens proposés pour afficher la page correspondante.

D'accord, l'outil de recherche n'est pas à mettre entre toutes les mains. Si vous voulez mieux contrôler vos requêtes ainsi que les options dont vous pouvez disposer, reportez-vous au Chapitre 2 du Livret III pour plus de détails. En particulier, les options de recherche de fichiers, d'ordinateurs ou de personnes sont identiques à ce que vous propose l'Explorateur de Windows XP.

L'option Personnaliser, cachée sous la flèche double qui se trouve à droite du panneau Rechercher, permet essentiellement de valider ou invalider les moteurs de recherche sur le Web qui sont mis à contribution par Internet Explorer. Autant laisser la situation en l'état.

Chapitre 4 : Personnaliser Internet Explorer

Dans ce chapitre

- **Changer l'apparence d'Internet Explorer.**
- **Arranger outils et barres.**
- **Mettez le turbo pour surfer.**
- **Cachez ces sites que je ne saurais voir.**

Ce chapitre explique comment personnaliser Internet Explorer (d'un point de vue aussi bien esthétique que fonctionnel) pour surfer perso. Si vous êtes l'un de ces nouveaux seniors internautes et que votre vue n'est plus aussi perçante que par le passé, vous pouvez afficher le texte et les boutons de la barre d'outils en GRAND . Si vous êtes un fou de vitesse et que vous voulez obtenir les meilleures performances possibles, ce chapitre vous propose quelques idées pour améliorer la rapidité des chargements et simplifier votre navigation sur Internet. Si vous prenez votre responsabilité de parent très au sérieux, vous apprendrez ici à bloquer les sites dont le contenu pourrait choquer vos chères têtes blondes. Finalement, si vous avez modifié plein de choses et que le résultat ne vous satisfait pas, Internet Explorer vous permet de revenir aux réglages d'origine. Nous nous occuperons de cela à la fin du chapitre.

Changer l'apparence d'Internet Explorer

Le personnel de chez Microsoft le sait bien : tous les utilisateurs ne viennent pas du même moule. Certains désirent un système totalement personnalisable, d'autres veulent que tout soit livré clefs en main. Si vous faites partie de ces gens qui aiment jouer avec les programmes jusqu'à ce qu'ils soient adaptés à leurs goûts, vous apprécierez certainement la souplesse que vous apporte Internet Explorer dans ce domaine.

Reposez vos yeux !

Selon la taille de votre moniteur et la qualité de l'affichage, le contenu de certaines pages Web peut être réellement difficile à lire. Il existe des créateurs de sites Web qui essaient de fourrer le plus possible d'informations sur une même page, croyant sans doute que l'intérêt du lecteur augmente avec le nombre de paragraphes au centimètre carré. Vous pouvez plus ou moins faciliter votre lecture en augmentant la taille des caractères. Voyons comment procéder :

1. **Ouvrez le menu Affichage, puis choisissez l'option Taille du texte.**

2. **Dans la liste qui apparaît, sélectionnez une nouvelle taille pour le texte (voir la Figure 4.1).**

Figure 4.1 : Cinq tailles de texte vous sont proposées.

L'affichage change immédiatement (avec plus ou moins d'efficacité). Le résultat ne vous convient pas ? Modifiez à nouveau la taille du texte.

Si les caractères deviennent trop grands, la fenêtre montre moins d'informations, et vous devez donc faire défiler souvent le contenu de la page pour consulter ce qui vous intéresse. On ne peut pas tout avoir à la fois !

Colorier Internet Explorer

Pour mieux adapter Internet Explorer à vos goûts, vous pouvez également modifier les couleurs affichées dans la fenêtre de navigation. Si ces couleurs ne sont pas directement codées dans la page, il est possible de changer l'affichage du texte, du fond de la fenêtre ou encore des liens.

A propos des couleurs

Il faut bien reconnaître que tous les créateurs de pages Web ne maîtrisent pas leur sujet. Il y ceux qui ont un don pour l'affichage en ligne. Ils savent comment équilibrer les textes, les images, les encadrements, les couleurs et les animations pour proposer des pages agréables à lire, et dans lesquelles les informations utiles apparaissent clairement. Mais, trop souvent, on dirait que le seul but de l'auteur est de nous choquer. Nous sommes alors submergés d'effets tournoyants, de caractères entrechoqués, de textes animés, de boutons clignotants, et ainsi de suite.

Vous pouvez accepter cette cacophonie visuelle ou passer à autre chose. Mais si vous voulez simplement créer un affichage facile (ou du moins, pas impossible) à lire, voici quelques conseils simples :

- Un contraste plus élevé améliore la lisibilité. Le contraste entre les couleurs du texte et du fond est important pour aider le lecteur à lire ce qui est affiché. Si c'est possible, préférez des caractères foncés sur un arrière-plan clair (certains préfèrent le contraire).

- Evitez les couleurs susceptibles d'écraser le texte (par exemple un rouge vif sur le fond de l'écran).
- Utilisez des teintes foncées pour du texte en caractères maigres. Si la police de la page est petite et mince, les lettres peuvent pratiquement disparaître (surtout pour les quadras et plus). Si l'arrière-plan est clair, affichez de préférence les textes en noir, en bleu foncé, en vert ou en marron.
- N'oubliez que ce sont vos préférences à vous. Si d'autres personnes se servent du même ordinateur, il vaut mieux s'entendre avec elles avant de changer tous les fonds d'écran en vert cru et tous les textes en couleur abricot. Des goûts et des couleurs !

1. **Choisissez dans le menu Outils la commande Options Internet. La boîte de dialogue Options Internet s'affiche.**
2. **Sous l'onglet Général, cliquez sur le bouton Couleurs.**

   La boîte de dialogue Couleurs apparaît (voir la Figure 4.2). Vous pouvez y définir deux types de contrôles :

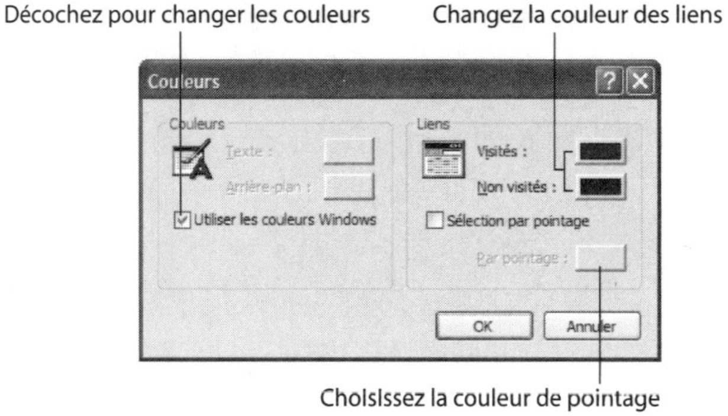

Figure 4.2 : Redéfinissez les couleurs des pages Web à l'aide des options Internet.

Dans la rubrique Couleurs, à gauche de la boîte de dialogue, choisissez si vous vous contentez des couleurs standards de Windows (ce qui est la proposition par défaut) ou si vous voulez définir des teintes personnelles pour le texte et l'arrière-plan. Dans ce cas, commencez par cliquer sur la case Utiliser les couleurs Windows. Les options Texte et Arrière-plan deviennent actives. Cliquez sur le bouton correspondant, et sélectionnez une nuance dans la palette qui s'affiche.

Dans la section Liens, indiquez la couleur employée pour les liens déjà visités, pour ceux que vous n'avez pas encore suivis, ainsi que pour les liens survolés avec le pointeur de la souris. Il vous suffit de cliquer sur l'un des boutons de droite et de sélectionner une teinte dans la palette qui s'affiche.

3. **Dans la palette Couleurs, cliquez sur l'une des cases afin de l'activer.**

   Il est aussi possible de spécifier une autre nuance à partir du bouton Définir les couleurs personnalisées.

4. **Cliquez sur OK pour refermer la palette, puis de nouveau sur OK pour valider la boîte de dialogue Couleurs. Les modifications s'appliquent immédiatement.**

TRUC

Si vous êtes persuadé que votre modèle de couleurs est bien meilleur que le style imposé par les créateurs de pages Web, vous pouvez leur forcer la main en cliquant sur le bouton Accessibilité de la boîte de dialogue Options Internet. Dans la nouvelle boîte de dialogue qui apparaît, cochez l'option Ignorer les couleurs spécifiées sur les pages Web. Validez. Revenez ensuite à l'option Couleurs et choisissez des teintes à votre convenance.

TRUC

Si vous trouvez que le changement de la taille des caractères manque d'efficacité, vous pouvez cocher la case Ignorer les tailles de police spécifiées sur les pages Web (toujours dans la boîte de dialogue Accessibilité).

Ecran total

Lorsque vous vous sentirez plus à l'aise sur le Web (et que vous saurez mieux ce qui vous convient ou non), vous aurez certainement envie de dégager de votre passage certaines barres d'outils afin de libérer un maximum de place pour les pages. En particulier, la recherche et la lecture d'articles se font plus facilement si vous n'avez pas besoin de faire défiler sans cesse ce qui est affiché dans la fenêtre.

Pour afficher Internet Explorer sur la totalité de votre Bureau, il vous suffit de cliquer sur le bouton Plein écran dans la barre d'outils Standard, ou plus simplement encore d'appuyer sur la touche F11. Seuls les outils servant à la navigation vont rester disponibles, ce qu'illustre la Figure 4.3.

Figure 4.3 : Le mode Plein écran vous permet d'afficher un maximum de contenu.

Vous voulez naviguer vers une nouvelle page ? Pas de panique ! Il vous suffit de rétablir l'affichage habituel en appuyant de nouveau sur F11.

Pour pouvoir changer de page en mode Plein écran (afin de naviguer sans perdre de place), appuyez sur la combinaison de touches Alt+A. Le menu Affichage va apparaître. Choisissez alors l'option Barres d'outils, puis Barre d'adresses dans le sous-menu qui s'affiche. La barre d'adresses vient se placer à droite des outils de navigation, comme ci-dessous :

Le Tableau 4.1 indique les principales combinaisons de touches utiles à connaître en mode Plein écran.

Tableau 4.1 : Touches d'accès rapide pour navigation plein écran.

Appuyez sur	Pour
Alt+F	Ouvrir le menu Fichier
Alt+E	Ouvrir le menu Edition
Alt+A	Ouvrir le menu Affichage
Alt+V	Ouvrir le menu Favoris
Alt+O	Ouvrir le menu Outils
Alt+Maj+ ?	Ouvrir le menu Aide
Ctrl+F	Afficher la boîte de dialogue Rechercher
Ctrl+P	Ouvrir la boîte de dialogue Imprimer

Jongleries avec barres d'outils !

Que vous préfériez le mode plein écran ou un affichage plus traditionnel, vous avez la possibilité de laisser les outils en l'état ou de les organiser à votre convenance. Chaque barre peut ou non être affichée, et il est même permis de personnaliser les outils standards.

Masquer ou afficher, tel est le dilemme

Cacher une barre d'outils est vraiment simple. Prêt ? Cliquez sur la barre que vous voulez masquer avec le bouton droit de la souris. Un menu va apparaître. Cliquez simplement sur le nom voulu. La marque qui se trouve à sa gauche disparaît, et la barre fait de même.

Pour réaliser l'opération contraire, cliquez sur une autre barre, toujours avec le bouton droit de la souris. Le même menu va s'afficher. Vous remarquez que les barres masquées ne sont pas cochées. Cliquez sur le nom voulu pour faire réapparaître votre barre.

Personnaliser la barre d'outils

Allons plus loin. Au fur et à mesure que votre expérience va s'affirmer, vous remarquerez que vous avez très souvent besoin de certains outils, tandis que d'autres servent rarement. Aucun problème. Internet Explorer vous propose une option Personnaliser grâce à laquelle vous pouvez adapter la barre d'outils à vos besoins.

Cliquez sur la barre d'outils Standard avec le bouton droit de la souris. Dans le menu, choisissez l'option Personnaliser. La boîte de dialogue Personnalisation de la barre d'outils apparaît (voir la Figure 4.4). Vous voyez à gauche une liste présentant tous les boutons disponibles, et à droite ceux qui sont actuellement présents sur la barre. Vous constatez de plus, en regardant en bas de la fenêtre, qu'il est aussi possible d'ajuster le style des boutons.

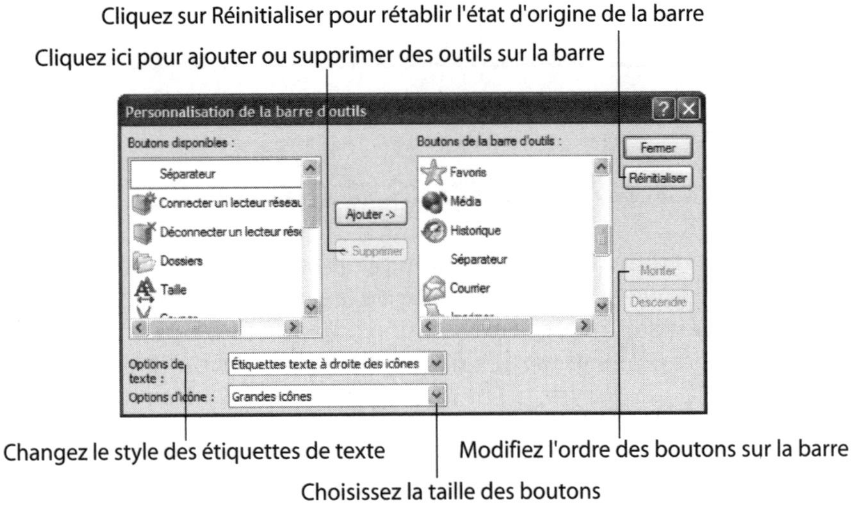

Figure 4.4 : Soyez créatif avec la boîte de dialogue Personnalisation de la barre d'outils.

Pour insérer un élément dans la barre d'outils, sélectionnez-le dans la liste des boutons disponibles, puis cliquez sur Ajouter. L'objet vient se placer dans la liste Boutons de la barre d'outils.

Pour déplacer un bouton sur la barre, sélectionnez-le dans la liste de droite, puis cliquez sur Monter ou sur Descendre jusqu'à ce que l'objet soit au bon endroit.

Lorsque vous avez terminé, cliquez sur Fermer pour valider vos modifications et revenir à la fenêtre d'Internet Explorer.

TRUC

Vous avez certainement remarqué que les boutons Démarrage et Rechercher sont séparés par un trait vertical. Ce trait est appelé un *séparateur*. Il sert simplement à faciliter le repérage des différentes catégories d'outils. Vous aussi, vous pouvez ajouter des séparateurs afin de répartir au mieux vos boutons. Cliquez sur la ligne correspondante (en haut de la liste Boutons disponibles), puis sur Ajouter. Servez-vous alors des boutons Monter et Descendre pour ajuster la position du séparateur.

A quoi sert l'étiquette ?

Trouvez-vous important d'associer une légende aux boutons de la barre d'outils ? La réponse diffère d'un utilisateur à un autre. C'est pourquoi Internet Explorer vous permet aussi de personnaliser cet affichage. Voici comment :

1. **Cliquez avec le bouton droit de la souris sur la barre d'outils. Choisissez dans le menu l'option Personnaliser.**

2. **Dans la boîte de dialogue Personnalisation, cliquez sur la flèche qui suit le champ Options de texte.**

   Trois choix vous sont proposés : étiquette sous les boutons, à leur droite, ou pas de légende du tout.

3. **Faites votre marché dans la liste, puis cliquez sur Fermer pour confirmer la nouvelle disposition.**

TRUC

Vous avez modifié trop de choses ? Vous êtes perdu face à votre barre d'outils ? Vous avez fait une erreur de jugement ? Revenez au style d'origine en cliquant sur le bouton Réinitialiser dans la boîte de dialogue Personnalisation.

Changer la taille des boutons

La boîte de dialogue Personnalisation vous permet enfin d'ajuster la taille des boutons (ou des icônes si vous préférez). Il vous suffit pour cela d'ouvrir la liste Options d'icône et de sélectionner une taille à votre convenance.

Si vous réduisez la taille des icônes, vous pourrez placer plus de boutons sur la barre d'outils sans gaspiller de place sur l'écran. C'est particulièrement intéressant si vous travaillez en mode Plein écran, puisque cette méthode permet de disposer d'un maximum d'outils à la fois.

Mettez le turbo pour surfer

Même si l'accumulation de fichiers et de cookies (gage de ralentissement de votre système) se fait progressivement, vous aurez tôt ou tard besoin de faire du nettoyage dans vos fichiers Internet temporaires. Un ménage régulier permet à vos pages de se charger plus vite. Vous pouvez également désactiver l'affichage des images afin de voir plus rapidement le contenu des sites que vous visitez. Bien sûr, les graphismes sont souvent superbes sur Internet, mais ils constituent aussi un sérieux facteur de ralentissement. Cela vaut parfois la peine de s'en passer. En résumé, voyons comment mettre le turbo pour surfer.

Désactiver les graphiques

Vivre sans les graphismes n'est pas plus difficile que l'inverse : quelques clics et la situation est rétablie. Lorsque le chargement des images est désactivé, leur emplacement est matérialisé par un simple cadre vide. Voyons comment se passer des graphismes :

1. **Choisissez dans le menu Outils l'option Outils Internet. La boîte de dialogue Options Internet s'affiche.**

2. **Activez l'onglet Avancé, faites défiler la liste jusqu'à la section Multimédia, puis cliquez devant la ligne Afficher les images afin de retirer la marque (voir la Figure 4.5).**

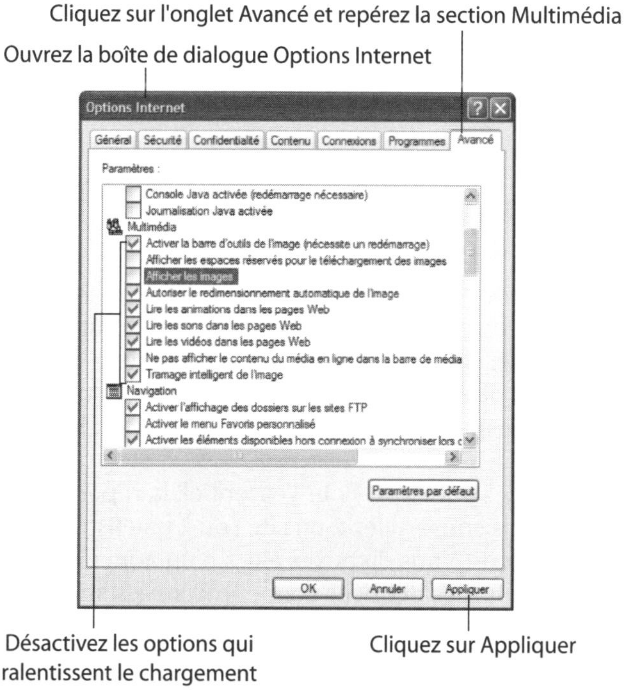

Figure 4.5 : Désactivez les images et les éléments multimédias pour accélérer le chargement du texte.

3. **Cliquez sur le bouton Appliquer.**

4. **Cliquez sur OK pour refermer la boîte de dialogue.**

TRUC

La vérité, rien que la vérité ! Si seules les informations vous intéressent, vous pouvez encore réduire la durée des chargements en désactivant les options Lire les animations, Lire les sons et Lire les vidéos dans les pages Web. Le contenu des pages sera réduit à sa plus simple expression. C'est peut-être moins amusant, mais la navigation en est accélérée.

Une fois l'affichage des images désactivé, il reste toujours possible de visualiser un graphisme. Dans la page active, cliquez sur un cadre vide avec le bouton droit de la souris (il s'agit normalement d'un rectangle comportant une icône dans le coin supérieur gauche). Dans le menu contextuel qui apparaît, choisissez l'option Afficher l'image. Et le tour est joué !

Quand vous rétablissez l'affichage des images, le contenu graphique n'apparaît pas. Rien de bien grave ! Appuyez sur la touche F5, et Internet Explorer va rafraîchir la page, autrement dit la recharger avec tous ses graphismes.

Balayer les miettes de cookies

C'est quoi les cookies ? Ce sont de petits fichiers de texte que les responsables des sites Web enregistrent dans votre ordinateur et qui servent souvent à mémoriser des informations sur vos choix et sur vos préférences. Même si ces cookies sont de petite taille, ils peuvent rapidement s'accumuler dans l'espace réservé aux fichiers Internet temporaires.

Avez-vous besoin des cookies ? Pour l'essentiel, la réponse est non. Supposons que vous souscriviez à un site (ou à une liste de diffusion) qui personnalise les accès. Vous disposez alors d'un nom d'utilisateur et d'un mot de passe. Parfois, ces données sont enregistrées sur votre machine dans un cookie. Lorsque vous visitez le site à nouveau, le serveur lit le contenu de ce cookie, ce qui vous permet de vous connecter sans devoir entrer chaque fois le nom et le mot de passe. Pour autant, nombre de cookies ne servent qu'à faciliter votre navigation sur le site (voire à pister votre comportement pour personnaliser les bandeaux publicitaires...). Ces cookies peuvent être supprimés sans remords.

Comment supprimer les cookies

Vous pouvez effacer les cookies individuellement ou globalement. Pour détruire d'un coup tous ces fichiers, choisissez dans le menu Outils la commande Options Internet. Dans la section Fichiers Internet temporaires de l'onglet Général, cliquez sur Supprimer les cookies. Internet Explorer vous demande de confirmer votre décision. Cliquez sur OK, et c'est parti !

Si vous voulez vous débarrasser des cookies au cas par cas, la procédure est un peu plus compliquée :

1. **Ouvrez comme d'habitude la boîte de dialogue Options Internet.**

2. **Dans la rubrique Fichiers Internet temporaires, cliquez sur le bouton Paramètres.**

3. **Dans la boîte de dialogue Paramètres, cliquez sur le bouton Afficher les fichiers. Le contenu du dossier des fichiers Internet temporaires va apparaître. Les cookies sont clairement signalés dans cette liste (voir la Figure 4.6).**

Sélectionnez le cookie et appuyez sur la touche Suppr

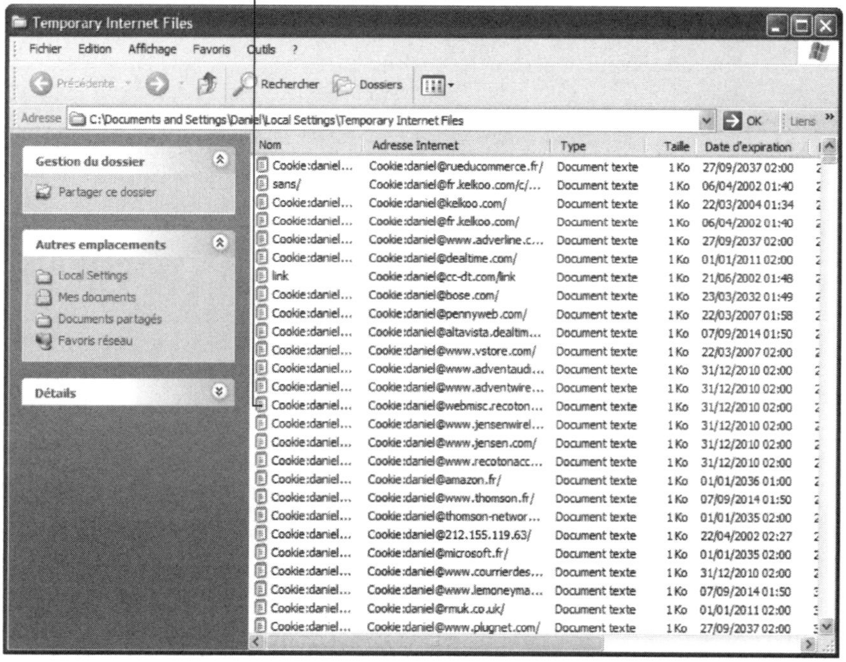

Figure 4.6 : Supprimer les cookies un par un.

4. **Sélectionnez le cookie que vous voulez détruire, puis appuyez sur la touche Suppr. Recommencez l'opération autant de fois qu'il est nécessaire. Refermez ensuite la fenêtre du dossier pour retrouver la boîte de dialogue Paramètres.**

5. **Cliquez deux fois sur OK pour revenir à la fenêtre d'Internet Explorer.**

TRUC

Le dossier des fichiers Internet temporaires ne contient pas que des cookies. De loin. Vous pouvez vider son contenu en cliquant sur le bouton Supprimer les fichiers, sous l'onglet Général de la boîte de dialogue Options Internet.

Contrôler les cookies

Vous pouvez intercepter les tirs de cookies lorsque le site appuie sur la gâchette. Par défaut, Internet Explorer vous prévient lorsqu'une page Web tente de placer un cookie sur votre système (voir la Figure 4.7). Le lien En savoir plus sur les cookies affiche une aide sur le sujet. Le bouton Paramètres permet de contrôler d'autres options.

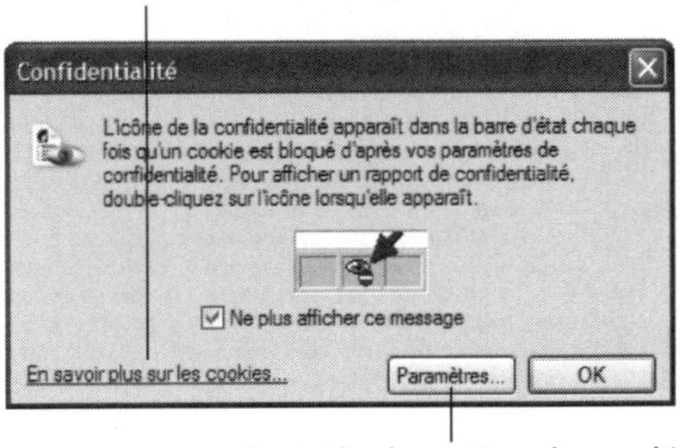

Figure 4.7 : Ce message indique qu'un site essaie de placer un cookie sur votre disque dur.

Si vous voulez préserver davantage votre vie privée (ou au contraire laissez faire les choses), procédez de la façon suivante :

1. **Ouvrez la boîte de dialogue Options Internet.**

2. **Cliquez sur l'onglet Confidentialité.**

   La section Paramètres affiche (éventuellement après avoir cliqué sur le bouton Par défaut) une glissière qui vous permet d'appliquer des restrictions plus ou moins dures aux cookies. La valeur par défaut indique Moyenne. Mais le curseur peut aller de Bloquer tous les cookies, jusqu'à Accepter tous les cookies. Chaque position possible est accompagnée d'une description précise sur la droite de la rubrique.

3. **Faites glisser le curseur vers la valeur voulue, puis cliquez sur Appliquer.**

4. **Cliquez deux fois sur OK pour revenir à la fenêtre principale d'IE.**

Ne soyez pas laxiste avec les cookies !

Certains sites sans scrupules lâchent toutes sortes de cookies sur votre disque dur, et il n'y aucune raison de vous laisser envahir. D'autres sites ont un comportement beaucoup plus amical, et vous pouvez sans problème leur faire confiance. Vous pouvez décider quels sites seront autorisés, et lesquels seront rejetés, à partir de la boîte de dialogue Actions de personnalisation par site.

Pour afficher cette boîte de dialogue, choisissez la commande Options Internet dans le menu Outils. Activez ensuite l'onglet Confidentialité. Cliquez en bas de la page sur le bouton Modifier. Vous arrivez alors dans la boîte de dialogue Actions de personnalisation par site. Entrez l'adresse URL d'un site, puis cliquer sur le bouton Refuser (pour le bloquer) ou Autoriser. L'adresse apparaît alors dans la liste Sites Web gérés. Si vous voulez par la suite retirer l'adresse, cliquez sur son nom puis sur le bouton Supprimer. Une fois vos définitions saisies, cliquez sur OK pour refermer la boîte de dialogue.

TRUC

Si vous essayez un nouveau réglage et que vous changez d'avis par la suite, revenez à la page Confidentialité et cliquez sur le bouton Par défaut.

Plus d'espace pour les pages Web

Si vous êtes un surfeur acharné, vous pouvez soulager votre système en attribuant davantage de place pour les fichiers Internet temporaires. Pour cela, choisissez dans le menu Outils la commande Options Internet (décidément, on y trouve de tout). Affichez l'onglet Général, puis cliquez sur Paramètres.

Dans la rubrique Dossier Temporary Internet files (et oui, c'est en anglais), faites glisser le curseur vers la droite pour réserver plus d'espace aux fichiers Internet. Evidemment, vous pouvez déplacer le curseur vers la gauche pour effectuer l'opération inverse. Il est aussi possible de cliquer dans le champ de saisie et d'entrer directement un nombre de mégaoctets.

N'OUBLIEZ PAS

Si vous avez un très gros disque dur et plein d'espace libre, réserver plus d'espace pour les fichiers Internet n'est pas un problème. Mais, le jour où vous commencez à vous inquiéter pour la place qui reste, il vaut mieux définir un espace limité pour les fichiers temporaires, et bloquer un pourcentage plus élevé de cookies.

Créer des liens

L'une des choses que je préfère, s'agissant toujours de personnaliser Internet Explorer, ne concerne ni la vitesse ni l'esthétique, mais la commodité. Vous pouvez en effet placer les sites que vous visitez, ou les pages affichées, à un petit clic de souris. Il vous suffit pour cela de faire appel à la barre des liens.

Internet Explorer possède quelques liens prédéfinis. Ils se trouvent dans la barre adéquate, normalement affichée juste sous l'adresse du site courant. Vous pouvez facilement y ajouter vos propres liens, ce qui vous permet d'y accéder directement, sans passer par un menu ou un dossier. La procédure est simple :

- Pour insérer une nouvelle page, faites glisser le contenu du champ Adresse vers la barre des Liens (le plus simple est de cliquer sur l'icône qui se trouve à gauche du champ).
- Pour réorganiser les liens, faites-les glisser vers un autre emplacement de la barre.
- Pour supprimer un lien de la barre, cliquez dessus avec le bouton droit de la souris et choisissez l'option Supprimer.
- Pour changer le nom d'un lien, procédez comme ci-dessus, mais choisissez cette fois l'option Renommer.

TRUC

Plus le nom des liens est court, et plus vous pouvez en ajouter sur la barre.

Cachez ces sites que je ne saurais voir

La dernière question que nous allons traiter ici concerne les types de sites que vous refusez de visiter (disons auxquels vous ne voulez pas que vos enfants puissent accéder). Le débat sur le filtrage des sites est aussi ancien que l'Internet, et les deux enflent en parallèle. Qui a le droit de voir certains sites ? Comment protéger nos enfants face à des contenus obscènes, menaçants, effrayants ou injurieux ? Et qui décide de ce qui est considéré comme "obscène" ou "effrayant" ?

Nombreuses sont les écoles, les médiathèques ou les bureaux qui ont développé leur propre stratégie en ce domaine. Mais, en ce qui concerne votre vie privée, c'est à vous de décider. Pour vous aider dans cette délicate démarche, Internet Explorer vous propose un Gestionnaire d'accès dont l'utilisation peut être aussi complexe que le sujet abordé.

Voici comment devenir à votre tour superviseur de sites Internet :

1. **Ouvrez une nouvelle fois la boîte de dialogue Options Internet.**
2. **Cliquez sur l'onglet Contenu. Dans la rubrique Gestionnaire d'accès, cliquez sur Activer.**

   La boîte de dialogue Gestionnaire d'accès s'affiche (voir la Figure 4.8).
3. **Choisissez une catégorie à contrôler (Langue, Nudité, Sexe ou Violence).**
4. **Déplacez le curseur vers le niveau de contrôle souhaité.**
5. **Répétez les étapes 3 et 4 pour chacune des catégories que vous voulez définir.**
6. **Cliquez sur Appliquer pour mémoriser votre configuration.**

   La boîte de dialogue Création d'un mot de passe de superviseur s'affiche. Entrez un mot de passe que vous devrez confirmer. A quoi servirait un contrôle d'accès que tout un chacun pourrait facilement modifier ?

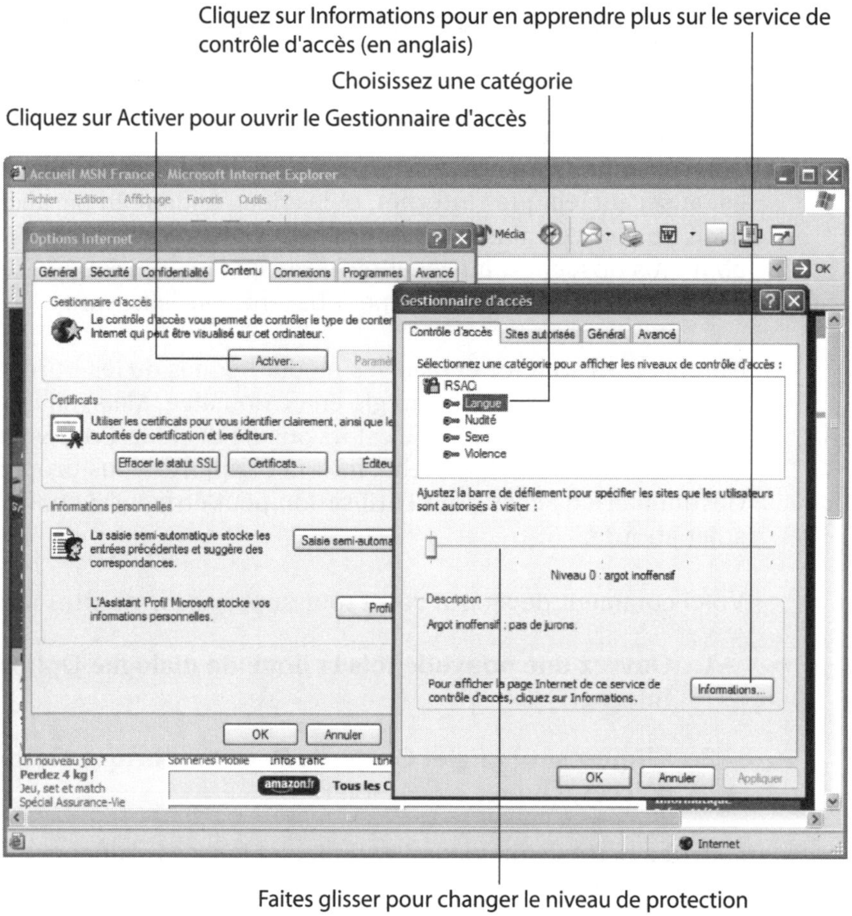

Figure 4.8 : Le Gestionnaire d'accès espionne les contenus pour vous.

7. **Lorsque le mot de passe est défini (plus éventuellement un message de conseil personnel), cliquez sur OK pour continuer. Une fenêtre va vous indiquer que le Gestionnaire d'accès a été activé.**

8. **Cliquez deux fois sur OK pour revenir à la fenêtre de navigation.**

NOTE TECHNIQUE

Mais qui a défini les critères du Gestionnaire d'accèNR? Pour le savoir, cliquez sur le bouton Informations de la page Contrôle d'accès. Mais attention : le site auquel vous accédez (celui de ICRA) n'est pas disponible en français ! Et par voie d'extension, il est clair que ces critères, définis par des américains, ne sont pas nécessairement adaptés à notre propre culture…

ATTENTION !

Lorsque le Gestionnaire d'accès est activé, il a souvent tendance à se prendre trop au sérieux et à interdire des choses qui ne devraient pas le regarder. Par exemple, le message de la Figure 4.9 m'est apparu en essayant d'accéder à un moteur de recherche connu après avoir choisi les réglages par défaut. Surprenant, non ?

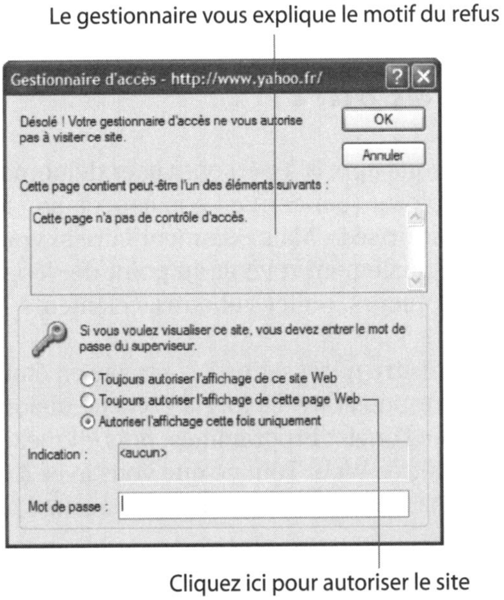

Figure 4.9 : Lorsque le Gestionnaire d'accès n'aime pas le site, il vous interrompt.

Les options de la boîte de dialogue Gestionnaire d'accès vous permettent de toujours autoriser le site Web (ou la page Web demandée). Dans ce cas, IE ajoute cette adresse dans la liste des Sites autorisés. Autrement, vous pourrez visiter par la suite cette page sans remarque particulière (ce qui vaut également pour un autre utilisateur de cette session).

TRUC

Pour voir la liste des sites permis, ouvrez la boîte de dialogue Options Internet et activez l'onglet Contenu. Cliquez alors sur le bouton Paramètres, entrez le mot de passe du superviseur, puis sélectionnez l'onglet Sites autorisés.

Si vous voulez visiter le site seulement cette fois, cliquez sur la dernière option proposée. Entrez alors le mot de passe que vous avez affecté au superviseur lors de l'initialisation du contrôle d'accès. Validez pour afficher le contenu du site.

TRUC

Si, toujours pleine de bonnes intentions, la censure du Gestionnaire d'accès s'exerce trop strictement, modifiez vos réglages en revenant à la boîte de dialogue Options Internet, onglet Confidentialité.

Revenir au point de départ

Dans ce chapitre, nous avons appris à personnaliser de nombreux paramètres d'Internet Explorer (concernant son aspect, son fonctionnement, et même les sites autorisés). Mais comment faire si vous changez d'avis et que vous voulez finalement revenir au point de départ, avant que vous ne dénaturiez couleurs, polices et autres éléments ?

Plusieurs étapes risquent d'être nécessaires à la remise en état complète d'IE. Commencez par ouvrir une nouvelle fois la boîte de dialogue Options Internet. Activez alors l'onglet Programmes, puis cliquez sur le bouton Rétablir les paramètres Web. Tout ce que vous avez à faire est de répondre Oui. Vous pouvez même revenir à la page d'accueil par défaut.

Si vous avez joué sur des options plus savantes, activez l'onglet Avancé et cliquez sur Paramètres par défaut.

Encore un peu de travail… Sous l'onglet Général, cliquez sur Couleurs. Revenez aux couleurs Windows et aux liens standards. Rétablissez enfin la taille de caractères Moyenne à partir du menu Affichage.

TRUC

Le retour à une interface plus classique ne change rien au comportement du Gestionnaire d'accès. Pour le placer en léthargie, ouvrez la boîte de dialogue Options Internet, et activez l'onglet Contenu. Dans la rubrique Gestionnaire d'accès, cliquez sur Désactiver. IE vous demande votre mot de passe. Entrez-le et validez. Internet Explorer vous indique que le gestionnaire est désactivé. Cliquez deux fois sur OK pour revenir à la fenêtre de navigation.

Index

Livret V

Voyage au pays d'AOL

"Regarde ! Je viens de trouver un disque d'évaluation d'AOL."

Sommaire

Chapitre 1 : Débuter avec AOL

Dans ce chapitre :

- **Découvrons AOL.**
- **Que pouvez-vous attendre d'AOL ?**
- **De l'installation au grand départ.**
- **Changez de nom à volonté.**
- **Si je te le dis, c'est comme ça (le contrôle parental) !**

Ce chapitre vous explique comment décider si AOL (c'est-à-dire American On Line, le plus grand FAI du monde Internet) est le choix qui vous convient. Qu'est-ce qu'AOL peut vous apporter, et à quel prix ? Comment le trouver et l'installer (puis le supprimer éventuellement plus tard) ? Nous allons éviter ici les grands débats théoriques et nous rendre directement à l'essentiel, c'est-à-dire à ce qu'AOL fait et ne fait pas, tout en apprenant à l'installer et à le configurer sur votre système.

Utiliser AOL est un choix. J'ai décidé de le prendre en exemple parce qu'il est très répandu et que, de surcroît, il s'appuie sur une interface maison, alors que la plupart des FAI fournissent à la base un numéro d'appel pour la connexion, la suite des événements se déroulant dans la fenêtre du navigateur Internet. Si votre option est différente, il vous suffit tout simplement de passer au livret suivant.

AOL, c'est quoi ?

AOL est bien plus qu'un simple FAI. C'est un service en ligne qui vous offre en premier lieu un accès Internet. Vous payez AOL pour les services qu'il vous apporte, qu'il s'agisse de votre connexion, de la gestion de votre courrier électronique, du stockage de vos pages Web personnelles, des informations que vous pouvez y trouver, et bien d'autres choses encore. Vous payez aussi pour l'aide qu'il vous fournit – et pour vous permettre de rester en ligne. A savoir : AOL n'est pas Microsoft, mais Time Warner (et Vivendi/Cegetel en France). That's all, Folks !

Si vous avez acheté un PC avec Windows XP préinstallé, il y a de grosses chances pour qu'une icône de découverte d'AOL soit présente sur votre Bureau. Evitez toute naïveté. Ce n'est pas parce que le constructeur est sincèrement persuadé qu'AOL est le meilleur choix qu'il puisse vous proposer que cette icône se trouve là. Soyez certain que, si vous vous abonnez en cliquant sur cette icône, le fabricant touchera sa commission ! Business is business !

AOL et ses mots-clés

L'un des points forts d'AOL est son système de mots-clés qui permettent d'accéder rapidement et directement à des pages d'informations, de services ou encore de personnalisation. Bien sûr, vous n'avez pas envie d'apprendre par cœur la liste de tous les mots-clés. Pour la retrouver, rien de plus simple. Entrez "mot clé" dans le champ d'adresse et validez. Il ne vous reste plus qu'à choisir parmi les nouveautés, les thèmes ou le banal ordre alphabétique (voir la Figure 1.1).

Cela ne veut en aucun cas dire que vous *devez* utiliser AOL. En fait, vous n'avez qu'à cliquer une fois sur cette icône puis à appuyer sur la touche Suppr pour la faire disparaître. Direction la Corbeille ! Le raccourci est effacé de votre Bureau, mais vous pouvez toujours installer le service plus tard (si vous changez d'avis). Il vous suffira d'ouvrir l'Explorateur Windows, puis de repérer le dossier dans lequel se trouve l'utilitaire d'installation d'AOL, et enfin de lancer ce dernier (allez voir du côté de \Program Files\Online Services, ou plus simplement de \Program Files\Aol *nnn*, où *nnn* représente un numéro de version).

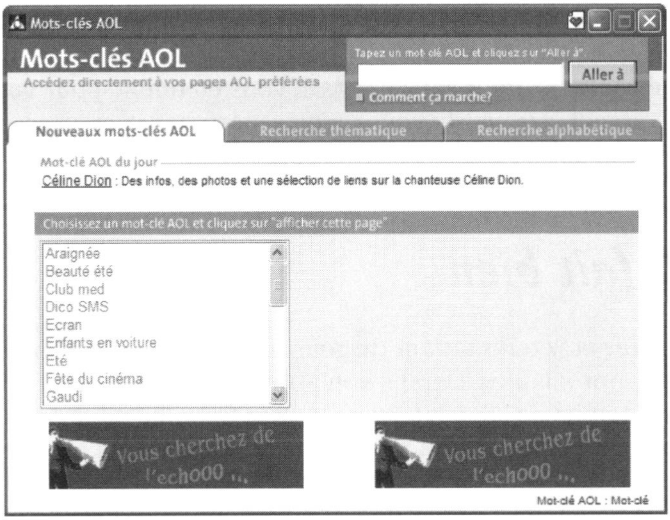

Figure 1.1 : AOL et ses mots-clés.

A l'inverse, il n'y a aucune raison non plus de chercher à *éviter* AOL ! Des millions de gens s'en servent, et ils sont en général plutôt satisfaits. Les types de la maison d'en face font une drôle de tête quand on leur parle d'AOL. C'est leur problème. Cela n'empêche pas que la plupart des abonnés à AOL apprécient ses services et son côté pratique, et comme cela ne coûte pas forcément plus cher qu'un service classique... D'ailleurs, ma mère est sur AOL. C'est tout dire.

A la base, AOL est un fournisseur de services Internet qui a une vocation tentaculaire : tout pour tous. Vous voulez suivre en direct la chute du cours de vos actions ? C'est sur AOL ! Vous voulez organiser une réunion de famille ? AOL peut vous y aider. Vous êtes en quête d'amour ? AOL est une véritable agence matrimoniale à lui tout seul ! Rechercher des informations, réserver des billets pour un voyage ou un spectacle, acheter une nouvelle paire de chaussures, jouer... AOL vous apporte tout cela et bien plus encore sans que vous ayez à quitter le confort et l'intimité de votre petit nid.

AOL est à la fois aimé (il suffit de voir le nombre d'abonnés qui lui sont fidèles) et haï (si l'on en juge au contenu de certaines messageries). L'amour peut se comprendre. AOL est un peu la nourrisse (ou l'auto-école) des nouveaux utilisateurs d'Internet du fait de son interface simple et directe. La haine est prévisible. Devant un service titanesque, dont l'audience s'accroît sans cesse, et qui développe dans le même temps de multiples partenariats dans tous les domaines, les jaloux et les envieux ne sauraient rester silencieux... N'écoutez ni les supporters ni les détracteurs. Pour savoir si AOL vous en donne pour votre temps et votre argent, essayez-le vous-même (ou regardez au-dessus de l'épaule d'un ami pendant qu'il surfe sur AOL).

Ce qu'AOL fait bien

Pour attirer et retenir autant de gens, il faut bien qu'AOL rende des services appréciables. Depuis son apparition (qui remonte déjà aux premiers temps de l'âge Internet), AOL a travaillé pour proposer des fonctionnalités qui lui sont spécifiques (de celles qui ont assis sa réputation, qui ont pour but de fournir à l'utilisateur ce qu'il veut, et qui incitent celui-ci à rester fidèle).

Mais au fait, que veut le client ? Pour le savoir, passons en revue quelques points clés d'AOL :

- **Souplesse et mobilité :** Vous pouvez accéder à votre compte AOL n'importe où. Sur le Web, bien entendu (via `http://www.aol.fr`), mais aussi sur un assistant personnel, sur un pager (messager de poche), votre téléphone portable, et même – sous certaines conditions – sur un écran de télévision !

- **Un contact immédiat et amical :** AOL Messager, également connu sous le nom d'AIM (et sa version portable) est un outil de messagerie instantanée (le fameux *chat*) qui vous permet de discuter en direct avec votre famille, vos amis ou vos collègues de travail via Internet. Avec cette petite fenêtre de dialogue, vous pouvez savoir quelles sont vos relations actuellement en ligne, et leur envoyer des messages ou des photos. Instantanément (ou presque).

- **Un accès facile à l'information :** Les mots-clés d'AOL vous permettent de retrouver rapidement des informations. Ces mots-clés sont des raccourcis qui vous donnent accès à des types variés de renseignements. Il peut s'agir de pages Web, de newsgroups, d'articles, de thèmes ou encore de choix personnels. Cette fonctionnalité est conçue pour rester intuitive. Autrement dit, même en entrant un terme qui n'est pas prédéfini, il existe une bonne probabilité pour que vous trouviez quelque chose qui se rapproche de ce que vous cherchez.

- **Le sens du dialogue :** Les salons d'AOL regroupent des personnes qui partagent les mêmes centres d'intérêts, et qui souhaitent discuter en ligne de sujets qui les rapprochent. Et si aucun salon ne vous convient, vous pouvez toujours créer le vôtre !
- **Assurer facilement votre présence sur le Web :** AOL transforme la création d'une page Web personnelle en une promenade de santé. Avec 123 PagePerso, quelques étapes suffisent pour réaliser la maquette d'une page d'accueil.
- **La sécurité avant tout :** Le contrôle parental vous permet de maîtriser la navigation de vos enfants sur AOL. Vous pouvez non seulement choisir un niveau de contrôle qui détermine les contenus autorisés (Enfant, Adolescent ou Adulte), mais aussi limiter le temps pendant lequel votre chérubin peut se promener en ligne.

101 utilisations pour les CD d'AOL

Vous ne l'aviez pas remarqué ? AOL est le roi du marketing direct. Si vous n'avez pas encore été inondé de ses petits disques argentés (que ce soit dans votre boîte à lettre, dans des revues, et il paraît même dans des paquets de lessive), c'est sans doute que vous vivez dans un ermitage.

Vraisemblablement, un type de chez AOL a dû recevoir l'ordre de "mettre le produit dans les mains du client". Il a acheté votre nom et votre adresse dans une officine secrète. Puis il s'est mis à vous bombarder de disques. Cette méthode de persuasion a, c'est vrai, tendance à irriter les personnels de la Poste, les associations de protection de l'environnement, et même nombre de puristes de l'Internet. Si vous ne savez plus quoi faire de vos CD de promotion AOL, allez jeter un coup d'œil sur le site `www.earthplaza.com/aoldisks`. Vous y trouverez 101 idées pour les recycler (voir la Figure 1.2).

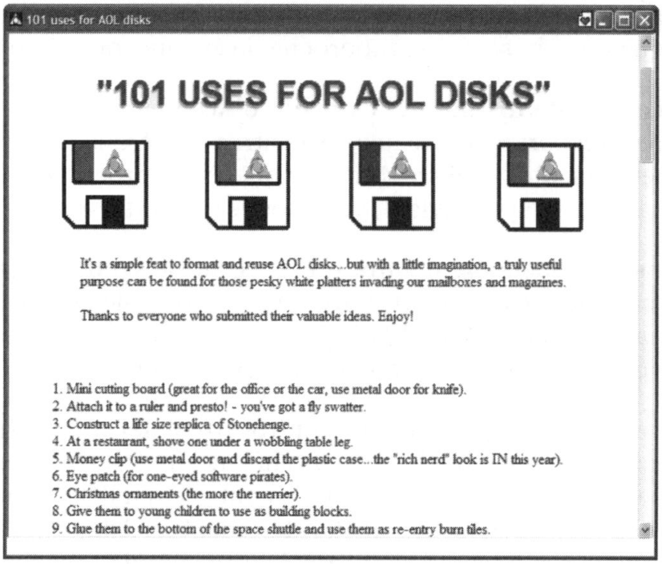

Figure 1.2 : 101 idées pour recycler les CD d'AOL.

AOL, un choix parmi d'autres

Toute histoire possède plusieurs facettes. Même si les gens d'AOL font tout pour vous convaincre qu'ils ont le meilleur service en ligne, c'est à vous d'étudier tous les aspects de l'affaire avant de prendre votre décision. On le sait depuis longtemps : la force a son côté obscur. AOL a donc lui aussi connu son lot de problèmes :

- A plusieurs reprises, un afflux de nouveaux abonnés a provoqué une saturation des lignes d'accès se traduisant par l'impossibilité d'ouvrir une session ou par des décrochages intempestifs. Il est difficile de dire si cette situation est plus désagréable, ou plus grave, que le "syndrome de la ligne occupée" dont souffrent certains FAI. Avant de vous abonner, vous devriez demander autour de vous ce qu'en pensent d'autres utilisateurs.

- Les pirates (les fameux hackers) aiment haïr AOL : soit parce que ses barrières de sécurité sont faciles à contourner ; soit que les meilleurs pirates éprouvent une jouissance particulière à s'attaquer à ce géant – il faut reconnaître qu'AOL a été régulièrement la cible de programmeurs talentueux, et même parfois particulièrement mal intentionnés. Il paraît même que l'un de ces hackers se vante publiquement d'avoir piraté AOL depuis l'âge de 11 ans. Mais d'un autre côté, il faut aussi reconnaître que ce service est l'un des mieux placés face aux attaques de virus, notamment ceux qui s'infiltrent par la messagerie.

- Comme de nombreux autres pionniers formés à l'école du "faites-le et ils viendront", AOL se demande en permanence comment gagner de l'argent avec les hordes d'abonnés qu'il s'efforce de drainer. Les variations régulières apportées aux formules d'abonnement déplaisent à de nombreux utilisateurs, qui ont l'impression de se faire avoir lorsque AOL se met à faire payer des services que l'on peut trouver gratuitement n'importe où sur le Web.

TRUC

Si vous lisez couramment l'anglais et que vous voulez trouver des informations indépendantes (et, reconnaissons-le plutôt critiques, voire cyniques) sur AOL, essayez le site `http://www.aolwatch.org`. Vous y trouverez également des messages postés par des abonnés à AOL. Leur point de vue pourra peut-être vous aider.

Combien ce petit chien dans la vitrine ?

Avant de se marier avec un fournisseur de services Internet (tout en sachant que le divorce risque d'intervenir tôt ou tard), il convient de regarder de près ce que vous coûtera la cérémonie nuptiale. Pour le savoir, le mieux est de pouvoir disposer d'un accès quelconque, puis d'aller jeter un coup d'œil sur le site `www.aol.fr`. Cliquez alors sur l'un des liens ou des boutons qui affiche fièrement : *Essayer.*

Sans entrer dans les détails (les propositions d'abonnement variant régulièrement au gré de l'évolution du marché et des stratégies marketing), vous constaterez immédiatement que la plupart des formules affichent, comme dans un restaurant bon marché, l'obligatoire complément : *Tout compris.* Autrement dit, l'abonnement comprend non seulement l'accès lui-même, mais aussi le prix des communications téléphoniques (voir la Figure 1.3). Revers de la médaille : les meilleures propositions s'accompagnent d'un engagement d'au moins 24 mois (mais, après tout, vous retrouvez le même type de stratégie dans bien des domaines, en particulier chez les opérateurs de téléphonie mobile).

Figure 1.3 : Formules d'abonnement à AOL.

Pour les plus chanceux d'entre nous, AOL propose des formules d'abonnement sur le câble ou en mode ADSL qui ne sont pas à négliger. Enfin, sachez que les conditions sont identiques à celle d'un abonnement normal si vous possédez une ligne Numéris.

Comment se procurer et installer AOL ?

Nous l'avons noté plus haut : si vous achetez un nouveau PC sur lequel Windows XP est déjà installé, il est vraisemblable qu'une icône vous proposant d'essayer AOL se trouve déjà sur votre Bureau. Un double clic sur cette icône lance l'installation d'AOL. Il ne vous reste plus (si votre modem est correctement installé et allumé) qu'à suivre les indications données sur l'écran.

N'OUBLIEZ PAS

Si l'icône d'AOL ne se trouve pas sur votre Bureau, ne criez pas au scandale. Tout simplement, AOL n'a pas passé d'accord avec ce constructeur-là. Lisez simplement la section qui suit.

Vous n'avez pas reçu le CD d'AOL par la poste ?

Si vous voulez essayer AOL et que vous faites partie du petit groupe de personnes qui n'ont ni icône sur le Bureau, ni CD publicitaire dans la boîte aux lettres (on pourrait connaître l'adresse de votre retraite ?), rien n'est encore perdu, à condition de pouvoir disposer d'un accès quelconque à Internet.

1. **Connectez-vous sur Internet.**

   Comment faire ? Relisez le Chapitre 1 du Livret IV. Ne passez pas par la case Départ, ne recevez pas 3 000 €...

2. **Lancez Internet Explorer.**

   D'accord. Il peut sembler curieux de se servir d'IE pour trouver AOL, mais c'est la distance la plus courte entre deux points.

3. **Dans la barre d'adresses, tapez** `www.aol.fr`**. Validez.**

   La page Web d'AOL apparaît (voir la Figure 1.4).

4. **Cliquez, en haut de la page, sur le lien qui vous incité à découvrir les offres d'AOL, puis sur celui qui vous propose de recevoir gratuitement le CD de connexion.**

   Il ne vous reste plus qu'à entrer vos coordonnées, puis à attendre quelques jours la visite du facteur.

Si vous êtes pressé, vous pouvez toujours passer par l'un des liens concernant les points d'entrée AOL dans d'autres pays. Certains d'entre eux proposent le téléchargement direct de la mise à jour vers la dernière version en date. Mais il n'est pas sûr que ce soit une méthode à recommander (pour des raisons de compatibilité entre versions locales).

Peut-être êtes-vous déjà sur AOL ? Si vous voulez simplement effectuer une mise à jour de l'interface, entrez le mot-clé AOL et validez. Vous pourrez alors commander très facilement votre CD en ligne (voir la Figure 1.5).

Figure 1.4 : La page d'accueil d'AOL France.

Figure 1.5 : Découvrez la nouvelle version d'AOL.

Installer AOL

Que vous utilisiez la version d'essai placée sur votre Bureau Windows XP ou que vous disposiez du CD adéquat, la procédure d'installation est simple.

- ✦ Dans le premier cas, faites un double clic sur l'icône.
- ✦ Dans le second cas, insérez le CD dans votre lecteur. Le démarrage s'effectue automatiquement.

L'utilitaire d'installation vous prend par la main pour réaliser les différentes étapes de l'installation et de la connexion à AOL. Il vous faut simplement avoir à portée de main les informations voulues (nom d'abonné, code personnel, etc.). Le programme se charge de trouver le numéro d'accès adapté à votre situation.

Lisez les instructions affichées sur l'écran, et cliquez sur le bouton Suivant après chaque étape. Il est toujours un peu pénible de répondre à des questions apparemment triviales, mais après tout on ne le fait qu'une seule fois. Autant y aller maintenant.

Un tout petit effort, et vous voilà en ligne sur AOL.

En ligne avec AOL

Une fois la connexion établie, la fenêtre d'AOL va apparaître. Si vous voulez tout de suite faire plus ample connaissance avec cette interface, entrez dans la barre du haut le mot-clé "**AOL en 5 minutes**" (ou plus simplement **BUA**). Cliquez ensuite sur le bouton Aller à. Vous pourrez alors découvrir les points forts du programme (voir la Figure 1.6). Evidemment, AOL ne vous dira rien sur ses points faibles !

Se désabonner

Il est plus facile d'entrer dans le monde d'AOL que d'en sortir. Surtout si vous avez souscrit un abonnement, certes avantageux quant au tarif, mais qui vous contraint à une fidélité sans faille pendant au moins 24 mois.

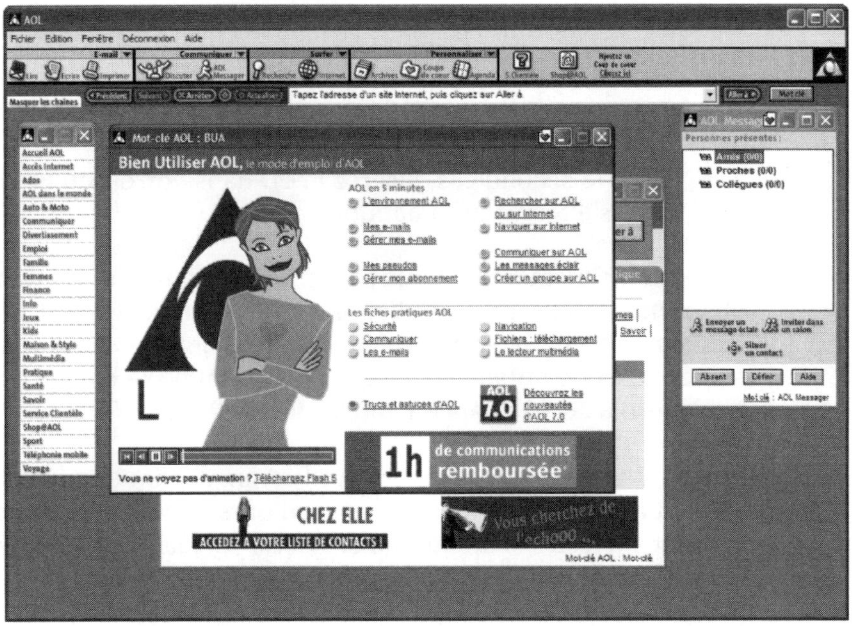

Figure 1.6 : Découvrir AOL en 5 minutes.

Comme rien ne vous indique dans l'interface d'AOL ce qu'il faut faire pour annuler son abonnement, il vaut mieux conserver à portée de main toutes les informations sur votre contrat, et appeler le service clientèle directement. En tout état de cause, une lettre de résiliation en bonne et due forme (ce qui veut aussi dire envoyée en recommandé) devrait être suivie d'effet sous 72 heures. Mais il vaut mieux surveiller de près ses relevés de carte bancaire pendant quelques temps. On ne sait jamais. Et AOL n'a pas la réputation de lâcher facilement ses abonnés...

Lancer AOL

Prêt ? Alors il est temps de s'y mettre. Comme il se doit, AOL rend le lancement du programme très facile. A partir du menu, il vous suffit de choisir Démarrer, puis Tous les programmes, AOL, et enfin AOL 6.0

(ou AOL 7.0 selon votre version). Vous pouvez tout aussi bien faire un double clic sur l'icône qui se trouve sur votre Bureau, ou sur celle qui est présente dans la barre des tâches, près de l'horloge.

Au bout de quelques instants, l'écran d'ouverture d'AOL s'affiche, suivi de la fenêtre de connexion. Il vous suffit de choisir votre nom d'utilisateur (appelé ici pseudonyme), puis de saisir votre mot de passe. Cliquez sur le bouton de connexion. AOL va composer le numéro d'accès. Quelques petites secondes plus tard, vous êtes en ligne.

TRUC

Il peut arriver que vous ayez besoin d'une autre numéro d'appel pour vous connecter à AOL (la ligne peut être saturée, à moins que vous ne soyez en déplacement). Dans la fenêtre de connexion, cliquez sur le bouton Configuration. Choisissez ensuite l'option Ajouter un numéro d'accès (ou bien Modifier un numéro d'accès). Puis laissez simplement le programme se débrouiller.

Un bon pseudonyme est difficile à trouver

Lorsque vous installez AOL, le programme vous demande un pseudonyme pour votre compte. Ce nom d'utilisateur ne peut être supprimé tant que votre abonnement est actif, mais il reste possible de le modifier.

Ce pseudonyme est le nom qui vous caractérise, celui qui vous sert à vous connecter au service, voire à participer à des salons, des groupes de discussion, etc. AOL vous permet de définir jusqu'à sept pseudonymes pour un même compte. Vous pouvez donc en avoir un pour le travail, un pour vos loisirs, un pour la famille, un pour les discussions en direct, et ainsi de suite.

Chaque membre de la famille peut parfaitement disposer de son propre pseudonyme. De surcroît, vous avez la possibilité de définir des contrôles personnalisés pour chaque pseudo, par exemple pour interdire certaines zones à vos enfants.

Pour gérer vos noms d'utilisateur, il vous suffit de saisir le mot-clé **pseudonyme**, puis de cliquer sur le bouton Aller à (ou d'appuyer sur la touche Entrée). La fenêtre Pseudonymes AOL est illustrée sur la Figure 1.7.

Le Web, la sécurité et les enfants

Nous savons bien que l'Internet représente une source de dangers potentiels. En particulier, les parents de jeunes enfants se sentent concernés par ce média anonyme qui permet à n'importe qui de contacter pratiquement n'importe quelle autre personne sous des formes variées. Voici quelques règles pratiques et utiles concernant le choix d'un pseudonyme pour vos enfants et les contrôles que vous pouvez effectuer :

- Evitez les diminutifs familiers, comme nico au lieu de Nicolas, de même que tout ce qui peut rappeler un nom de famille répandu.
- Evitez de même de faire connaître la localité où vous habitez.
- Insistez auprès de vos enfants pour qu'ils ne communiquent aucun renseignement d'ordre personnel (nom, adresse, numéro de téléphone, etc.) à une personne étrangère, même si elle leur paraît sympathique.
- Discutez avec vos enfants de ce qui peut se passer sur le Web. En général, les jeunes croient qu'ils dialoguent avec des gens de leur âge, et que les adultes restent entre eux. L'un des grands problèmes d'Internet, c'est qu'il est relativement facile de garder les enfants à l'écart de zones réservées aux adultes, mais qu'il n'existe aucun moyen simple d'interdire aux adultes les zones destinées aux enfants. Vos enfants ne doivent pas hésiter à vous parler de ce qui leur paraît curieux (par exemple, s'ils soupçonnent une personne adulte de se faire passer pour un jeune dans un forum de discussion qui leur est destiné).
- Pensez à utiliser le contrôle parental d'AOL. Celui-ci vous permet de définir des limites, des interdits, sans pour autant paraître trop restrictif. Nous y reviendrons un peu plus loin.
- Vous devez savoir ce que font vos enfants. Soyez présent, posez des questions, intéressez-vous à ce qu'ils font. A qui parlent-ils ? Quels sont les sites qu'ils visitent ? Pas question d'inquisition. Restez simplement au courant.
- Ne laissez pas passer des situations qui vous inquiètent. Si vous voyez ou entendez des choses anormales ou choquantes, commencez par vérifier. Si le doute persiste, n'hésitez pas à contacter directement AOL ou à envoyer un message d'alerte à l'adresse TOSGeneral@aol.com.

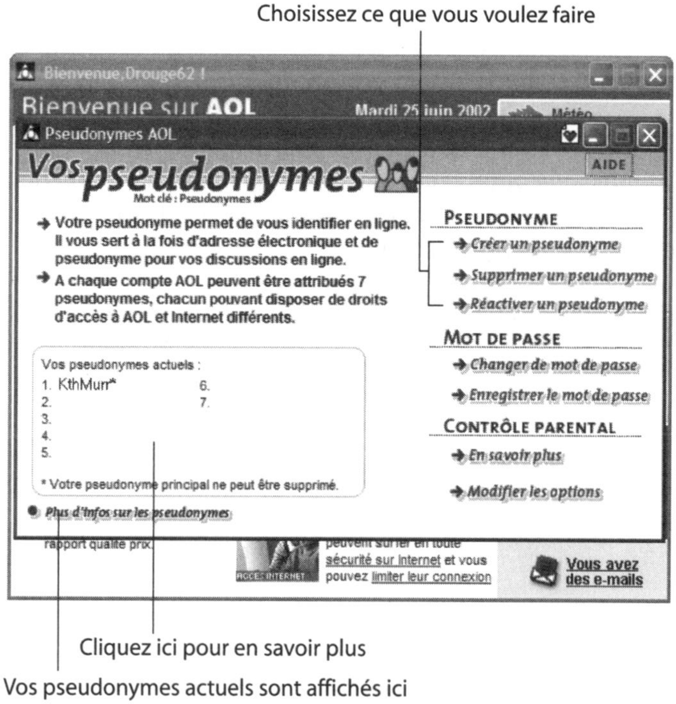

Figure 1.7 : Cette fenêtre vous permet de gérer vos pseudonymes.

Ajouter un pseudonyme

Ajouter un pseudo n'a rien de difficile. Cliquez sur le lien Créer un pseudonyme. La procédure à suivre comporte quatre temps :

1. Commencez par entrer le nouveau pseudonyme à ajouter.
2. Définissez ensuite le mot de passe qui lui est associé. Retapez-le pour confirmer.
3. Choisissez le niveau de protection associé au pseudonyme (Enfant, Adolescent ou Adulte).
4. Il ne vous reste plus qu'à confirmer tout cela.

Comme les pseudonymes sont individuels, la procédure peut être un peu plus compliquée. En premier lieu, il convient de respecter une certaine syntaxe. Un nom doit comporter de 3 à 16 caractères. Les lettres, les chiffres et les espaces sont autorisés. La première lettre doit être en majuscule. Les signes spéciaux sont interdits (trait de soulignement, point d'interrogation, @, etc.).

Si le pseudonyme que vous entrez est déjà affecté à un autre abonné AOL, un message vous en prévient. Le programme vous demande alors d'en essayer un autre, tout en vous proposant une variante disponible (voir la Figure 1.8).

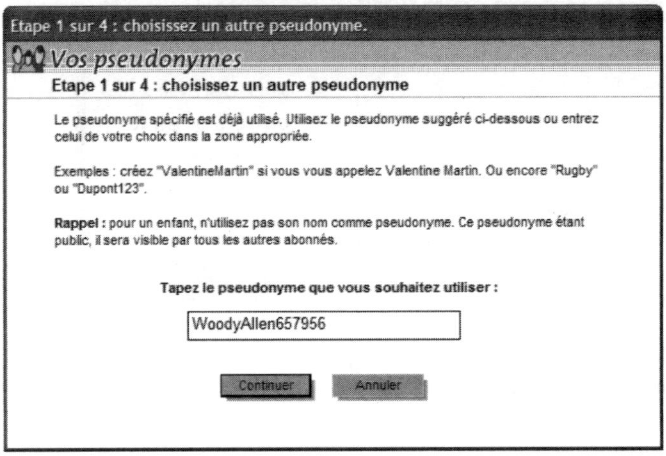

Figure 1.8 : Pas de chance, refaites une tentative !

Aidez vos correspondants ! Pour cela, bannissez l'usage du l minuscule (trop facile à confondre avec le chiffre 1). La même remarque vaut pour le zéro (0), souvent pris pour un O. Il existe bien sûr des exceptions, mais sachez éviter toute frustration parmi vos relations en choisissant avec soin votre pseudonyme.

Tôt ou tard, vous trouverez un pseudonyme qui vous convient et qui est encore libre. Il ne vous reste plus alors qu'à sélectionner tout aussi soigneusement un bon mot de passe.

Supprimer un pseudonyme

Après avoir déployé tant d'efforts, pourquoi voudriez-vous supprimer un pseudonyme ? Il se peut que vous ayez trouvé une meilleure idée, ou encore que le nom semble attirer comme un aimant du courrier indésirable. Quels que soient vos motifs, voici comment procéder :

1. Lancez AOL, puis connectez-vous.
2. Dans la fenêtre principale, entrez le mot-clé **pseudonyme**, puis cliquez sur Aller à.
3. Dans la fenêtre qui s'affiche, cliquez sur l'option Supprimer un pseudonyme.
4. Un message vous demande de confirmer votre décision, tout en vous prévenant que celle-ci est irréversible. Cliquez sur Continuer pour confirmer.
5. Dans la fenêtre Suppression d'un pseudonyme, choisissez le nom à effacer dans la liste, puis cliquez sur le bouton Supprimer. Et c'est tout !

Choisir, modifier et utiliser des mots de passe

Lorsque vous créez un pseudonyme, vous devez lui associer un mot de passe. Celui-ci peut parfaitement être modifié par la suite.

Ce mot de passe est défini lors de l'étape 2 de la création du pseudonyme (voir la Figure 1.9). Saisissez le mot de passe voulu, puis retapez-le pour le confirmer. Si tout va bien, vous pourrez passer à l'étape 3. Mais AOL ayant décidé de ne pas vous aider à sombrer dans la facilité, il est très possible que le programme refuse votre entrée. Recommencez en choisissant mieux le mot de passe.

Modifier un mot de passe

Si vous voulez plus tard changer un mot de passe (vous craignez par exemple qu'il ne soit découvert), procédez de la façon suivante :

1. Lancez AOL comme à l'habitude.
2. Une fois connecté, tapez le mot-clé `pseudonyme`. Validez.
3. Dans la fenêtre Pseudonymes AOL, cliquez sur Changer de mot de passe.

4. Cliquez maintenant sur Changement de mot de passe.
5. Dans la fenêtre qui s'affiche, commencez par redonner l'ancien mot de passe (trop de prudence ne saurait nuire). Entrez ensuite le nouveau (voir la Figure 1.10).

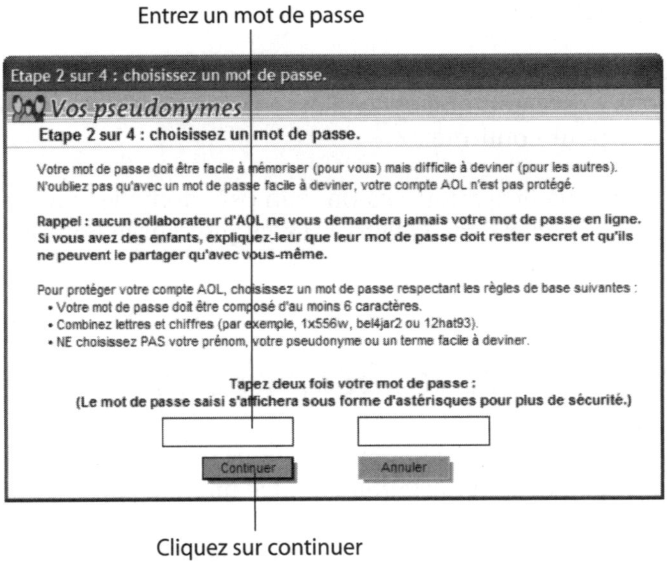

Figure 1.9 : Vous croyez que c'est trop simple ? Réfléchissez-y à deux fois !

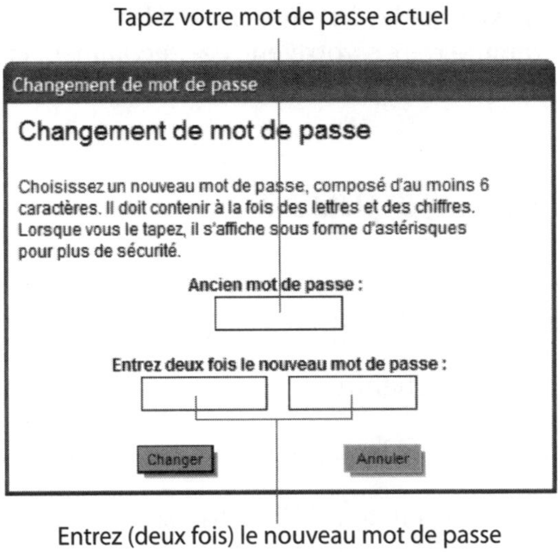

Figure 1.10 : Le mot de passe, encore, encore et encore.

Bien entendu, qu'il s'agisse de créer un mot de passe ou d'en changer, les règles et les restrictions sont les mêmes. Lorsque vous avez trouvé une bonne idée, n'en changez plus !

Même si votre PC peut vous proposer d'enregistrer votre mot de passe pour l'entrer automatiquement à votre place lorsque vous vous connectez à AOL, il vaut mieux refuser l'offre. Sinon, n'importe quelle personne ayant accès à votre ordinateur pourra voyager sur AOL sous votre identité. N'oubliez jamais que, si quelqu'un de mal intentionné se procure votre mot de passe (et votre ex-épouse peut faire partie de la bande), tout ce que vous faites sur AOL est compromis (courrier, transactions sécurisées, et ainsi de suite).

ATTENTION !

Quoi ? Vous croyez naïvement que votre mot de passe est en sécurité parce qu'il est enregistré sur votre disque dur ? Réfléchissez-y à deux fois. C'est vrai, le mot de passe est affiché sous la forme d'astérisques lorsque Windows remplit le champ automatiquement. Mais derrière ces étoiles se cache le mot de passe lui-même. Et, croyez-moi, il n'y a rien de plus facile que de les décoder pour un bon pirate. Mais je ne vous dirais pas comment.

ATTENTION !

Evitez la tentation d'écrire votre mot de passe, même dans un endroit à priori tout à fait distinct de votre PC. Disons dans votre agenda ou votre répertoire téléphonique. Quant à la bonne vieille technique qui consiste à cacher un mot de passe dans une phrase anodine, elle fait sourire tout le monde. Rien ne vaut un mot de passe facile à mémoriser dans un coin de son cerveau.

TRUC

Je viens de faire le compte. J'utilise 47 mots de passe qui me demandent des exercices mnémotechniques réguliers – pour AOL, MSN, Windows XP, des sites Web financiers, des lettres de diffusion, etc. Un de mes amis utilise un site Web hautement sécurisé pour enregistrer ses mots de passe, ce qui lui permet de s'en servir lorsqu'il est en ligne. Pour mon compte, je me sert d'un simple document Word protégé par mot de passe (qui peut être défini dans la fenêtre Enregistrer sous, ou depuis la commande Options du menu Outils). Le système de protection de Word est tout à fait efficace. De cette façon, je peux me déplacer avec une copie de ce fichier, ou encore me l'envoyer par e-mail si je suis en déplacement. Par provocation, j'ai appelé ce document Notes de voyage.doc.

Conseils pour mots de passe

Il n'est pas facile de passer au travers des mailles du processus de définition des mots de passe sous AOL. Celui-ci est tellement concentré sur la sécurité, qu'il pose (et parfois impose) des règles strictes :

- Un mot de passe doit comporter au moins six caractères. Plus il est long, et mieux cela vaut.
- Evitez tout ce qui est trop simple, voire évident, à deviner. Ne cherchez pas à faire preuve de subtilité : cela ne marche pas. Le mot de passe le plus répandu au monde est du genre *motdepasse*, ou encore *monmotdepasse*, suivi de près par les dates des anniversaires familiaux ou encore celles d'événements importants.
- N'utilisez ni votre nom ni votre prénom.
- Ne songez même pas à placer votre pseudonyme dans un mot de passe.
- Choisissez quelque chose dont vous puissiez facilement vous rappeler, mais qui n'a aucun sens pour une autre personne. L'un des jeux favoris des pirates consiste à essayer, mot après mot, un dictionnaire d'expressions courantes, jusqu'à ce qu'un terme fonctionne. Cette technique est pratiquement une sous-culture du Web à elle seule.

Voici une bonne méthode pour créer un mot de passe très difficile à trouver, et dont vous puissiez vous souvenir sans grandes difficultés. Choisissez deux mots courts et séparez-les par un signe de ponctuation ou un chiffre. Même si un puriste affirme qu'il est plus difficile de "craquer" une série de chiffres tirés au hasard, une expression comme midi4lapin, qui ne conduit à rien de précis, est tout de même plus évidente à mémoriser.

Enregistrer votre mot de passe

Lorsque vous changez votre mot de passe, AOL vous propose de l'enregistrer si vous avez activé la procédure de connexion automatique (qui entre à votre place ce mot de passe en même temps que votre pseudonyme).

Cliquez sur Enregistrer le mot de passe. La boîte de dialogue Enregistrement du mot de passe s'affiche. Saisissez alors le mot de passe dans le champ correspondant. Si vous voulez disposer d'un accès automatique, cochez la case Connexion. Pour protéger votre espace personnel en ligne (celui dans lequel sont mémorisés vos choix, votre courrier, etc.), cliquez dans la case à cocher Archives. Validez pour terminer le processus.

TRUC

Vous pouvez modifier votre mot de passe lorsque vous êtes en ligne. Pour cela, entrez le mot-clé **mot de passe**, ou encore **MDP**. Validez.

Mais qui est là ?

Même si les personnes bien intentionnées sont infiniment plus nombreuses sur le Web que les pédophiles, tout laxisme est à bannir. Votre devoir est de vous préoccuper des problèmes potentiels posés par la présence de vos enfants sur Internet, et de définir l'espace que vous voulez autoriser. Le contrôle parental d'AOL vous permet d'intervenir sur plusieurs points, en particulier :

- La durée de la connexion.
- Les types de sites que vos enfants peuvent visiter.
- Les personnes avec lesquelles ils peuvent échanger du courrier.
- Les personnes avec lesquelles ils peuvent dialoguer via AOL Messager.

Lorsque vous créez un pseudonyme, l'étape 3 du processus vous demande de choisir un niveau de contrôle parental (voir la Figure 1.11). Il vous suffit de sélectionner le mode voulu, puis de cliquer sur Continuer.

Cliquez sur le type d'accès

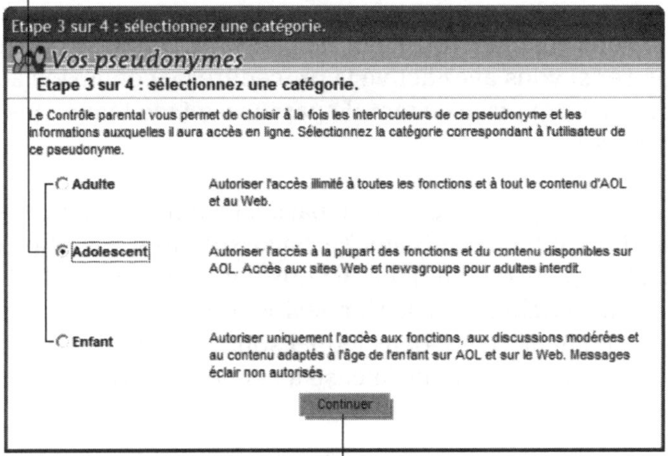

Cliquez sur Continuer lorsque vous avez terminé

Figure 1.11 : Définir un niveau de contrôle parental.

Limiter la durée de l'accès

Si vous ne supportez pas les pleurs de vos enfants ("S'il te plaît, Papa, encore un peu !") et que vous voulez vous décharger sur AOL du rôle de père Fouettard ("D'abord les devoirs, et ensuite Internet !"), faites appel au contrôle du temps de connexion en ligne. Ce contrôle peut s'établir pour une certaine journée ou pour chaque jour. Il s'applique au pseudonyme courant, et donc éventuellement à vous-même.

Pour limiter le temps de connexion, procédez de la façon suivante :

1. **Lancez AOL de la façon habituelle.**
2. **Entrez le mot-clé** `contrôle`**. La fenêtre Pseudonymes AOL va s'afficher.**
3. **Choisissez Contrôle parental, puis Modifier les options.**
4. **Cliquez sur l'option Contrôle du temps de connexion en ligne.**

La fenêtre Contrôle du temps de connexion apparaît. Elle affiche les valeurs actuellement définies (voir la Figure 1.12).

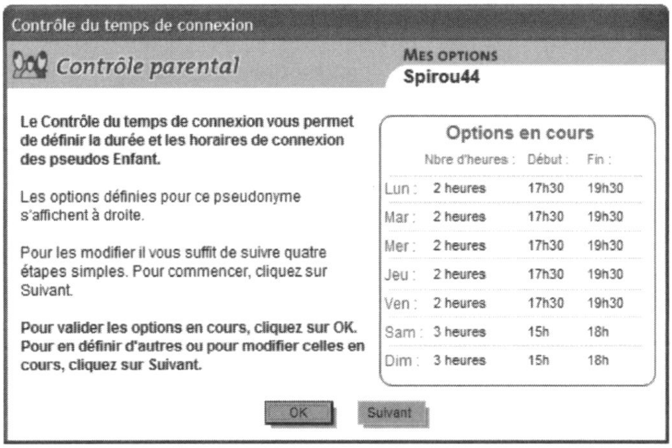

Figure 1.12 : Vous pouvez définir un contrôle de temps au jour le jour.

5. **Pour modifier les définitions, cliquez sur le bouton Suivant. Choisissez les jours et heures où l'accès est autorisé. Validez. AOL sauvegarde les informations. Vous revenez ensuite à la fenêtre du contrôle parental.**

6. **Cliquez une fois sur la case de fermeture pour quitter la fenêtre du contrôle parental, puis une seconde fois pour celle des pseudonymes.**

Pour en savoir plus sur le contrôle parental

Afin d'en apprendre plus sur le contrôle parental d'AOL, vous pouvez entrer comme mot-clé **contrôle** ou encore **contrôle parental**. Cliquez ensuite sur l'option En savoir plus. AOL vous propose alors une série de rubriques qui vous aideront à mieux utiliser cette fonctionnalité (voir la Figure 1.13).

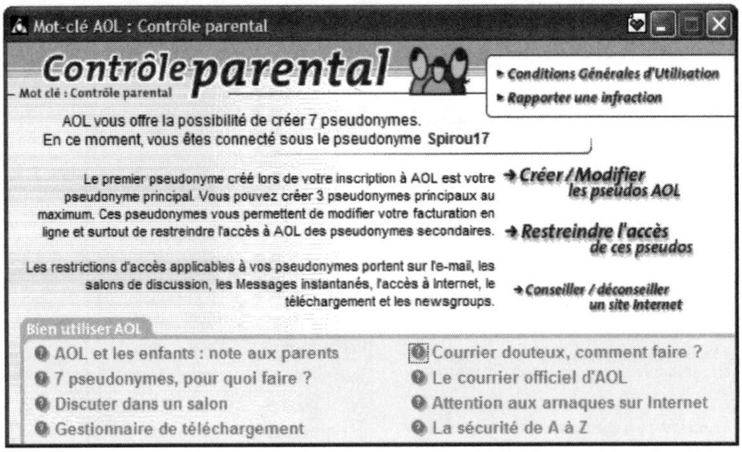

Figure 1.13 : En savoir plus sur le contrôle parental.

Editer les contrôles parentaux

Vous pouvez éditer vos options à partir de la fenêtre des pseudonymes AOL en choisissant Contrôle parental, puis Modifier les options. Vous disposez de huit rubriques, dont notamment :

- ✦ Contrôle du temps de connexion.
- ✦ Contrôle parental de l'accès au Web.
- ✦ Contrôle parental des messages instantanés.
- ✦ Contrôle des e-mails.

Dans la fenêtre Contrôle parental, présentée sur la Figure 1.14, vous pouvez revoir les réglages courants. Si vous voulez changer quelque chose, cliquez simplement sur la catégorie voulue. Une nouvelle fenêtre vous présente les valeurs actuelles pour le contrôle sélectionné. Effectuez les modifications souhaitées, puis cliquez sur Enregistrer. Refermez ensuite la fenêtre du contrôle parental. Les options prennent effet immédiatement.

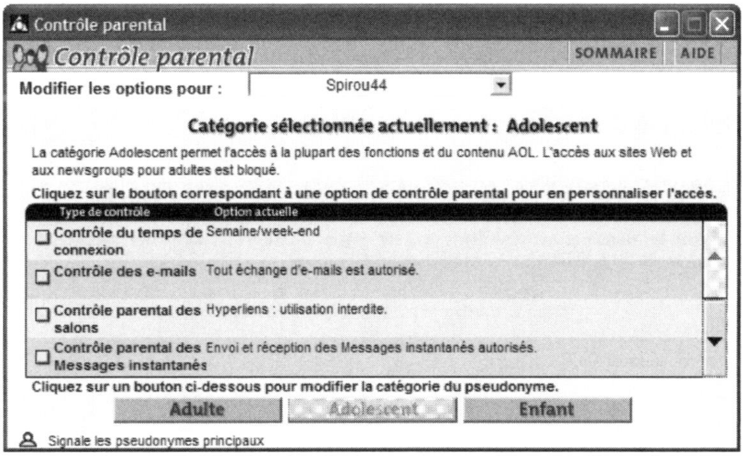

Figure 1.14 : Editer les contrôles parentaux.

Créer une carte de visite

Votre carte de visite contient les informations que vous voulez communiquer au monde entier (votre nom, des renseignements personnels, et ainsi de suite). Pour créer une carte de visite, procédez de la façon suivante :

1. **Lancez AOL comme d'habitude.**
2. **Dans le champ d'adresse, tapez le mot-clé** `profil`**, puis cliquez sur Aller à.**

   La fenêtre Annuaire des abonnés s'affiche. Elle vous permet de rechercher le profil d'un autre abonné ou de cliquer sur le bouton Ma carte de visite pour accéder aux informations qui vous concernent.
3. **Cliquez sur le bouton Ma carte de visite (voir la Figure 1.15).**

TRUC

Votre carte de visite est le point central où les questions de sécurité et de vie privée rencontrent votre existence et votre environnement personnel. Ne donnez pas trop d'informations, même si vous êtes fier de votre carrière ou de vos talents, ou encore si vous pensez avoir un message essentiel à délivrer au monde. Les membres d'AOL peuvent lire les cartes de visite des autres abonnés, notamment dans le but de trouver une communauté d'intérêts. En choisissant judicieusement les mots que vous employez, il se peut que vous fassiez des rencontres intéressantes en ligne. Enfin, peut-être.

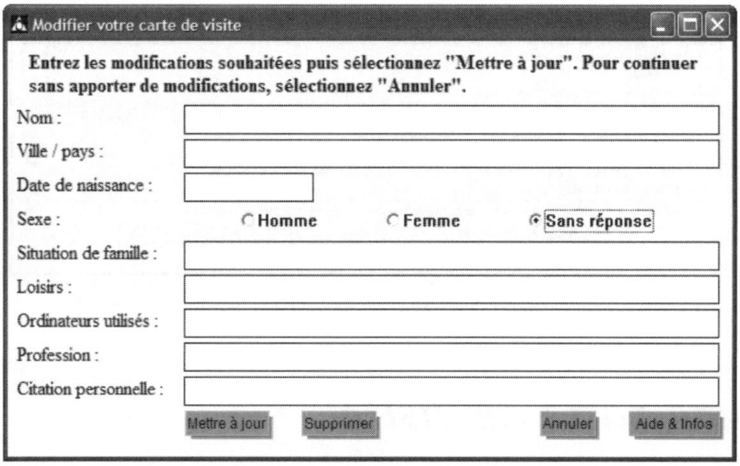

Figure 1.15 : Votre carte de visite peut être lue par tous : soyez discret !

Entrez les renseignements voulus en cliquant sur les champs que vous voulez remplir. Saisissez alors le contenu souhaité. Aucun champ n'est obligatoire. Il vous suffit donc de laisser vide ceux que vous ne voulez pas renseigner. De toute façon, votre carte de visite peut être modifiée à tout moment. Autant être un peu prudent pour commencer. Dites par exemple que vous êtes un jeune diplômé au chômage, dont le beau-frère est un avocat puissant qui vous aide à faire des procès à toutes les sociétés expédiant des publicités intempestives par e-mail. Si cela ne marche pas, il vous suffira de réécrire votre petite histoire.

Quelles sont vos préférences ?

Tant qu'à créer une carte de visite, autant en profiter aussi pour configurer AOL selon vos désirs. Cliquez, en haut de la fenêtre du programme, sur Personnaliser. Dans le menu qui s'affiche, choisissez l'option Mon AOL (vous pouvez aussi saisir cette expression comme mot-clé). La fenêtre Personnaliser s'affiche (voir la Figure 1.16).

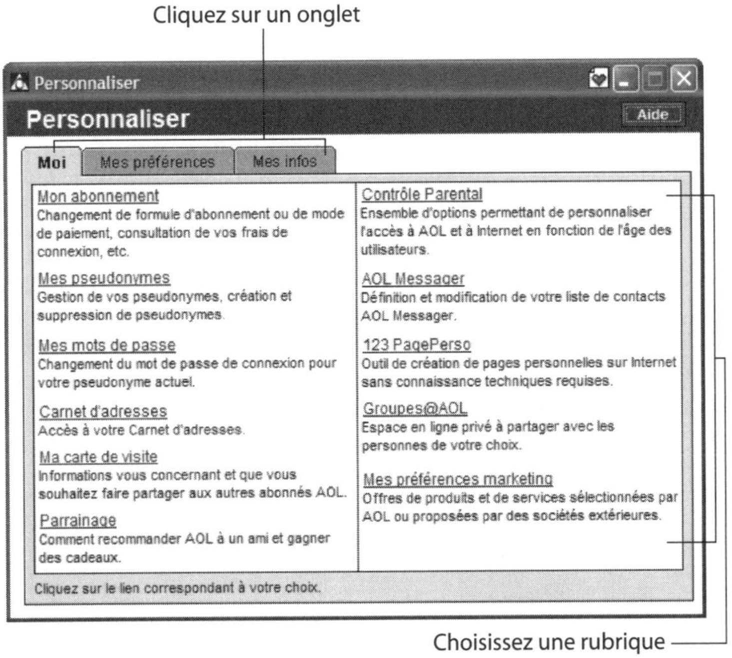

Figure 1.16 : Personnaliser AOL.

Cliquez simplement sur un onglet, puis sur la rubrique que vous voulez configurer. Suivez les instructions données à l'écran. AOL vous guide dans le choix des options à activer ou désactiver dans chaque catégorie. Lorsque vous avez terminé, cliquez sur la case de fermeture de la fenêtre.

Découvrons l'interface d'AOL

La fenêtre d'AOL est conçue pour rester simple à utiliser. Vous n'y trouverez rien de sophistiqué (sauf si vous trouvez que les gros boutons *sont* sophistiqués). Lorsque vous passez l'écran de connexion et que l'accès est établi, vous voyez une fenêtre comme celle de la Figure 1.17.

Même si c'est la première fois que vous travaillez avec ce programme, vous constaterez que les objets de cette fenêtre sont familiers. Les noms des menus sont à leur place dans la barre de menus. Le menu Fichier contient des commandes classiques, celles qui servent à créer, ouvrir, enregistrer ou imprimer des fichiers. Le menu Edition permet de couper, copier, coller, sélectionner ou éditer des informations. Le menu Fenêtre gère la disposition et la sélection des fenêtres ouvertes. Déconnexion sert, comme son nom l'indique, à se déconnecter, mais aussi à choisir un autre pseudonyme. Enfin, le menu Aide est à la disposition de ceux qui n'ont pas tout compris du premier coup. Rien ici qui dérange, donc.

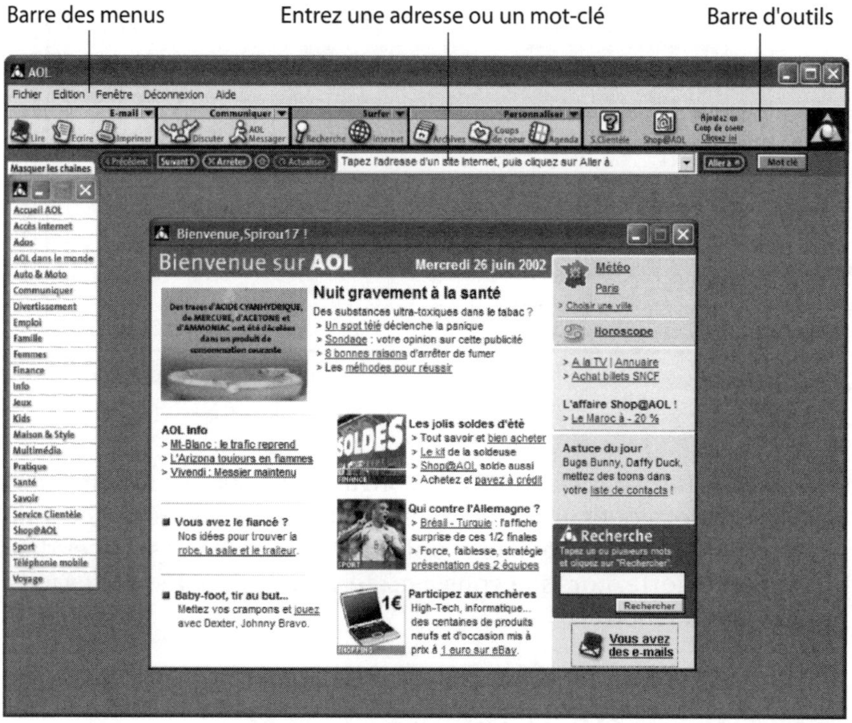

Figure 1.17 : L'interface d'AOL est presque trop simple.

La barre d'outils d'AOL, même si elle est graphiquement un peu différente de ce que l'on trouve habituellement sous Windows, joue son rôle habituel. Chaque bouton possède une légende (bien utile pour éviter de se poser des questions douloureuses), et certains d'entre eux sont suivis d'une flèche descendante, ce qui nous indique qu'ils sont associés à un menu dans lequel on peut cliquer sur une option. Le Tableau 1.1 résume les principaux objets présents dans la fenêtre d'AOL.

Tableau 1.1 : Les boutons d'AOL.

Bouton	Nom	Description
	Lire	Ouvre la messagerie pour lire le courrier arrivé.
	Ecrire	Vous permet de rédiger et envoyer un e-mail.
	Imprimer	Imprimer l'élément actuellement sélectionné.
	Discuter	Vous permet de trouver d'autres personnes, de rejoindre un salon, ou encore d'accéder aux pages personnelles d'autres abonnés.
	AOL Messager	Donne accès à la messagerie instantanée.
	Recherche	Vous permet de trouver des informations sur Internet grâce au moteur de recherche d'AOL.
	Internet	C'est le point d'accès au Web.
	Archives	Ouvre la porte de vos archives personnelles, qu'il s'agisse de messages sauvegardés, de fichiers ou images téléchargés, etc.
	Coups de cœur	Vous permet d'accéder aux adresses de vos sites favoris.
	Agenda	AOL met à votre disposition un véritable agenda électronique en ligne, accessible même si vous êtes en déplacement.
	Service clientèle	Un problème ? Une question ? Cliquez ici pour obtenir le service en ligne.
	Shop@AOL	Vous donne accès à la boutique en ligne d'AOL ou, du moins, aux partenaires commerciaux de celui-ci.

La barre d'outils propose également quatre menus : E-mail (pour gérer votre courrier électronique), Communiquer (pour toutes les discussions en direct), Surfer (sur Internet, évidemment) et Personnaliser (pour configurer votre AOL).

N'OUBLIEZ PAS

Pour en savoir plus sur la navigation Internet sous AOL, reportez-vous au Chapitre 3 de ce livret.

Chapitre 2 : Vous avez des e-mails

Dans ce chapitre :

- **Ecris-moi un petit message.**
- **A vos marques, écrivez, envoyez !**
- **Un carnet d'adresses bien ordonné.**
- **Pas de courrier indésirable !**
- **Les Sessions Express.**

Ce chapitre vous explique comment ouvrir, lire, écrire, envoyer et jeter des messages sous AOL. Qu'il s'agisse de relations personnelles ou professionnelles, le courrier électronique vous permet de rester en contact avec ceux que vous aimez (et aussi ceux que vous appréciez, ou avec qui vous ne communiqueriez pas par un autre moyen). Vous verrez ici comment envoyer des messages simples et des documents complexes. Vous découvrirez comment vous débarrasser du courrier indésirable et vous servir des Sessions Express pour automatiser vos séances postales, en ligne et hors ligne.

Si vous vous sentez un peu effrayé par cette histoire de courrier électronique, cessez de paniquer. Mon père a résisté plusieurs années, car il était convaincu que c'était un truc trop compliqué, sans grand intérêt. Aujourd'hui, il envoie de e-mails à ses enfants et à ses petits-enfants pratiquement tous les jours. Lorsque vous avez compris le truc, les e-mails deviennent bien plus faciles que le téléphone – et ils coûtent beaucoup moins cher, ce qui n'est pas à négliger.

Mon père ayant insisté pour que je fournisse un argumentaire simple à tous les Nuls qui tentent de convaincre leurs parents, épouses, collègues ou copains de café, de l'avantage des e-mails ; il faut bien se lancer.

N'OUBLIEZ PAS

Si vous avez AOL, le courrier électronique est plus facile à utiliser qu'une télécommande de TV. Vous tapez une lettre (ici, on dit un message), et vous dites à AOL à qui elle est destinée. Vous entrez pour cela l'adresse de la personne (c'est quelque chose comme *papy@cherpapy.com*). Et hop ! Le message est expédié vers son destinataire en une fraction de seconde, même à l'autre bout de la Terre. Lorsque AOL s'aperçoit qu'un message vous est destiné, une jolie voix vous dit "Vous avez un e-mail". Vous cliquez sur le bouton, AOL expédie le message sur votre PC, et vous pouvez le lire. Ce n'est- pas plus compliqué que cela.

Merci, papa. Je n'aurais pas dit mieux.

Bienvenue ! Vous avez des e-mails !

Si des messages vous attendent lorsque vous vous connectez, la voix de la factrice d'AOL attire votre attention en vous l'annonçant. Et, au cas où vous manqueriez l'avertissement sonore, l'icône qui se trouve dans le coin en bas et à droite de la page d'accueil vous l'indique en se teintant de rouge.

NOTE TECHNIQUE

Dans l'avenir, j'aimerais bien qu'AOL nous permette de choisir la voix, l'intonation et même la langue de l'annonce. "Bon sang, vous avez encore un message !", "Gagné !" ou encore "D'OH" avec la voix d'Homer Simpson... Ce serait plus amusant, non ?

Ouvrir le courrier

Pour recevoir votre courrier, cliquez simplement sur le bouton qui se trouve en bas et à droite de la fenêtre principale d'AOL. Votre boîte à lettres va s'ouvrir. Vous voyez alors la liste des messages qui vous attendent (voir la Figure 2.1).

Pour consulter un message, sélectionnez-le puis cliquez sur le bouton Lire (vous pouvez aussi faire un double clic sur une ligne). La lettre s'ouvre dans une nouvelle fenêtre (voir la Figure 2.2). Il ne vous reste plus qu'à consulter ce qu'elle vous dit (servez-vous si nécessaire de l'ascenseur de droite pour faire défiler le contenu). Vous avez ensuite le choix entre plusieurs possibilités :

- **Fermer le message.** Cliquez sur la case de fermeture de la fenêtre. Le courrier est alors sauvegardé dans votre boîte à lettres, sous l'onglet E-mails lus.

- **Le supprimer.** Sans intérêt ? Cliquez simplement sur le bouton Supprimer !

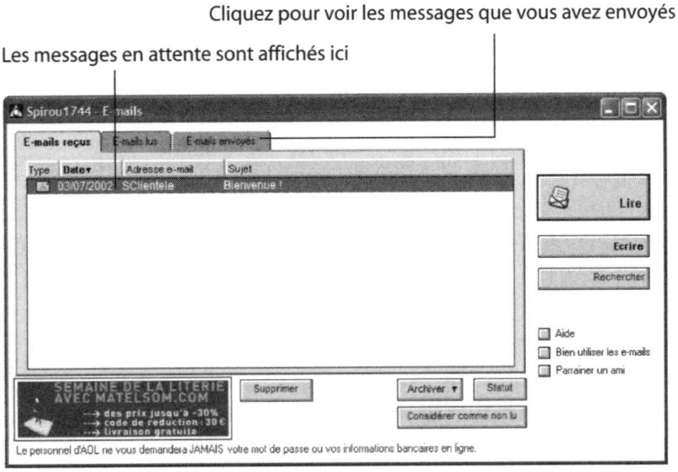

Figure 2.1 : Lire son courrier avec AOL.

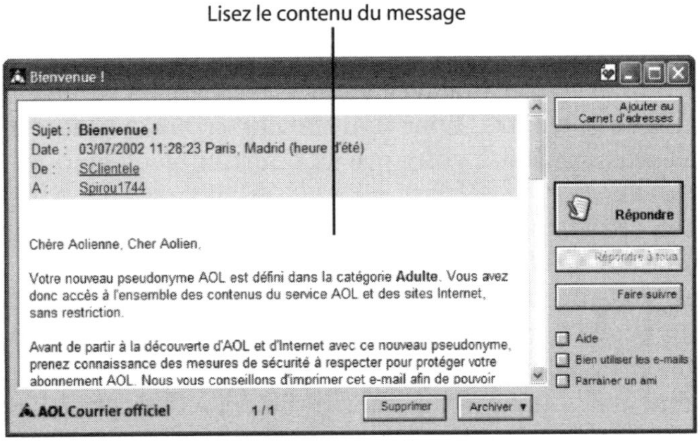

Figure 2.2 : Lire un message.

- **Répondre.** Cliquez sur le bouton Répondre pour renvoyer un courrier à la personne qui vous a expédié ce message. Dans la fenêtre de composition, l'adresse est automatiquement remplie.

Vous n'avez donc même pas à compléter vous-même le champ Destinataires. Rédigez votre texte, puis cliquez sur Envoyer maintenant ou sur Envoyer plus tard (voir plus loin la section "Envoyer des messages").

- **Transmettre à quelqu'un d'autre.** Si vous recevez un message qui contient un truc super, enfin quelque chose que vous *devez* vraiment faire partager (et oui, cela arrive parfois), vous pouvez le renvoyer à vos meilleurs amis. Cliquez sur le bouton Faire suivre. Entrez alors les adresses de messagerie des destinataires. Cliquez enfin sur Envoyer (maintenant ou plus tard).

- **Répondre à tous.** Si le message a été envoyé à plusieurs personnes, le bouton Répondre à tous devient disponible. Il active la fenêtre de rédaction du courrier, mais cette fois toutes les adresses des personnes qui ont reçu le même e-mail que vous s'affichent dans le champ Destinataires. Vous n'avez plus qu'à taper votre texte, puis à l'envoyer.

- **Ajouter l'expéditeur à votre carnet d'adresses.** Pour mémoriser les coordonnées de l'expéditeur, cliquez simplement sur le bouton Ajouter au carnet d'adresses.

TRUC

Si cette histoire de courrier électronique vous chiffonne encore, vous n'avez qu'à cliquer sur le bouton Aide.

Lorsque vous en avez fini avec le courrier, cliquez sur la case de fermeture de la fenêtre. Vous pouvez alors vous consacrer à d'autres activités, puis revenir à votre gré au courrier électronique.

NOTE TECHNIQUE

AOL vous offre la possibilité d'automatiser la gestion de votre courrier en définissant des heures fixes pour lecture et l'expédition des messages. Cela vous permet de travailler hors ligne – autrement dit, sans être connecté à Internet – pour rédiger et lire vos messages. Lorsque vous êtes prêt, vous n'avez plus qu'à lancer une nouvelle session. Inconvénients ? Aucun, à ma connaissance. Avantages ? Vous vous organisez mieux, et vous réduisez votre temps de connexion (et donc votre facture de téléphone).

Créer des messages

La messagerie électronique existe maintenant depuis tellement de temps qu'il faudrait que vous soyez la Belle au bois dormant, reposant dans son château entouré de ronces sauvages et protégé par des dragons crachant le feu, pour être passé à côté. Avec ou sans prince charmant, il y a donc de fortes chances pour que vous ayez utilisé, ou au moins vu, des e-mails sur différents systèmes informatiques, en différents lieux.

Comme toujours sous AOL, écrire un e-mail est incroyablement simple. Rien de mystérieux ici. Vous cliquez sur Ecrire, et la fenêtre de même nom apparaît. Il vous suffit alors de composer votre lettre et de l'envoyer (voir la Figure 2.3).

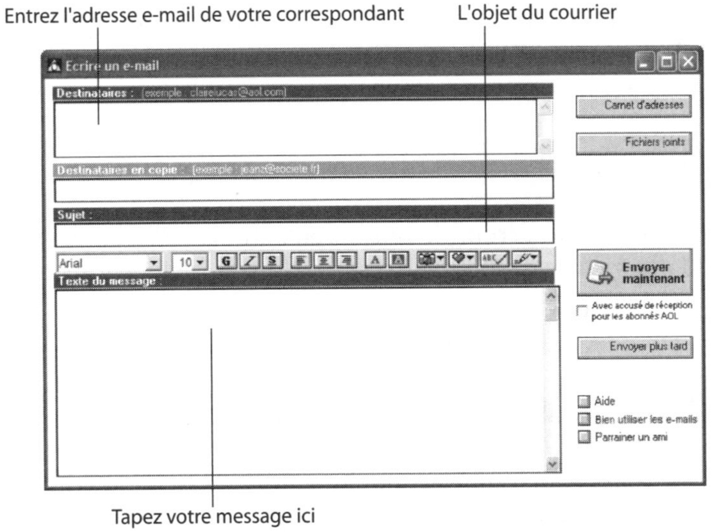

Figure 2.3 : Rien de plus facile que le courrier électronique avec AOL.

NOTE TECHNIQUE Des problèmes avec le bruit ? Vous pouvez désactiver tous les sons d'AOL (y compris la charmante voix qui vous indique que des messages sont arrivés). Entrez le mot-clé **Préférences** ou choisissez l'option Mes préférences dans le menu Personnaliser. Cliquez alors sur l'onglet Mes préférences. Choisissez la rubrique Barre d'outils. Dans la section Sons, décochez la case Activer les avertissements sonores.

Adresser votre message

Dans la fenêtre Ecrire un e-mail, vous commencez par entrer l'adresse de la personne à qui vous voulez expédier le message. Cliquez simplement dans le champ Destinataires, puis tapez l'adresse.

Une adresse e-mail comporte trois parties :

```
pseudo@serveur.suffixe
```

Ici, *pseudo* désigne le nom d'utilisateur ou le pseudonyme de votre correspondant. Le caractère @ sépare cette partie du nom du serveur vers lequel l'e-mail sera expédié. Ce *serveur* correspond généralement à un service en ligne (le FAI de votre correspondant). Enfin, le *suffixe* désigne un code de pays ou encore une catégorie de serveur (comme *fr* pour la France, ou *com* pour tout ce qui relève du domaine commercial). Dans le cas d'AOL, les adresses des abonnés se présentent comme ceci :

```
Gerard23@aol.com
```

TRUC

Pour éviter toute erreur, il vaut mieux chercher le correspondant voulu dans votre carnet d'adresses. Nous y reviendrons un peu plus loin.

Choisir le sujet du message

La ligne Sujet représente en quelque sorte le titre de votre message. Il permet au destinataire de voir d'un coup d'œil ce dont il est question.

Pour entrer le sujet d'un message, cliquez dans ce champ et tapez une phrase. N'oubliez pas que le sujet doit être bref et précis (certains programmes de messagerie n'affichent que 20 ou 30 caractères dans cette zone). Si vous êtes trop vague ou trop long, la personne qui reçoit la lettre pourra ne rien comprendre à l'objet du courrier, et jeter celui-ci dans la Corbeille sans prendre le temps de le lire.

Composer le texte du message

Vous pouvez maintenant entrer votre message dans la fenêtre de texte. Si le contenu vous importe plus que le style, ne vous souciez pas trop des options de formatage mises à votre disposition. Sinon, prenez une ou deux minutes de plus, et donnez aux mots un aspect qui renforcera votre propos et, accessoirement, améliorera l'esthétique de votre prose. Le Tableau 2.1 décrit les outils de mise en forme disponibles dans la barre d'outils de la fenêtre.

Tableau 2.1 : Outils pour composer un e-mail.

Outil	Nom	Description
Arial	Police	Permet de choisir la police de caractères du texte sélectionné.
10	Taille	Sert à définir la taille du texte.
G	Gras	Met en gras le texte sélectionné, ou ce qui suit la position du curseur (ou à l'inverse désactive ce mode).
I	Italique	Même chose, pour l'italique.
S	Souligné	Même chose, pour le soulignement.
	Gauche	Aligne le texte sur la marge gauche.
	Centré	Centre la position du texte.
	Droite	Aligne le texte sur la marge de droite.
A	Couleur	Permet de choisir la couleur du texte.
A	Couleur de fond	Sert à attribuer une couleur au fond du message.
	Image	Ouvrir une fenêtre permettant de choisir une image à insérer dans le message.
	Coup de cœur	Ajoute un lien vers l'un de vos favoris AOL.
ABC	Orthographe	Vérifie l'orthographe du message.
	Signature	Insère le contenu d'un fichier de signature dans le message.

Envoyer le message

Votre message est prêt ? Il ne vous reste plus qu'à l'expédier. AOL vous propose deux options d'envoi : maintenant ou plus tard. Avec le premier bouton, AOL transmet immédiatement le message, puis il affiche une petite fenêtre vous indiquant que le travail est terminé. Cliquez sur OK pour revenir à la fenêtre principale.

Vous avez d'autres lettres à écrire ? Vous n'êtes pas encore en ligne ? Cliquez sur le bouton Envoyer plus tard. AOL vous indique que le message a été sauvegardé dans le dossier "Courriers à envoyer" de vos Archives.

NOTE TECHNIQUE

Nous verrons à la fin du chapitre comment planifier l'envoi et la réception des e-mails à l'aide d'une Session Express.

Si vous voulez voir les messages que vous avez sauvegardés, procédez de la façon suivante :

- **Cliquez sur le bouton Archives, dans la barre d'outils.**

La fenêtre Archives s'ouvre (voir la Figure 2.4). Les messages archivés se trouvent dans un dossier appelé Courrier à envoyer. Si vous voulez revoir un message, faites un double clic sur la ligne correspondante.

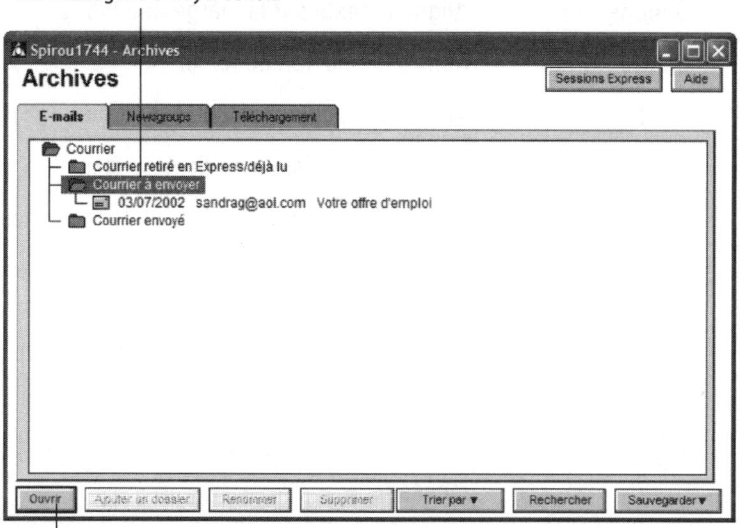

Figure 2.4 : Pour envoyer tous vos messages d'un coup, sauvegardez-les dans vos Archives.

Pas de paranoïa avec les virus !

Chaque fois qu'un nouveau virus apparaît, des millions et des millions de personnes, se sentant sans doute investi d'une mission sacrée, envoient un message d'avertissement à toutes leurs connaissances. Plusieurs cas récents ont montré que les ravages provoqués par tous ces gens bien intentionnés dépassaient en réalité les dommages causés par le virus lui-même, tellement l'afflux de messages provoquait d'engorgements sur le réseau !

Qui plus est, certains de ces avertissements sont pleins d'informations totalement fausses. Exemple type : des messages enjoignant de détruire des fichiers (pourtant totalement sains) sous prétexte qu'ils seraient contaminés. Un ami le dit à dix autres, qui eux-mêmes en font part à dix de leurs amis... Et voici soudain des hordes de personnes qui s'infligent des dégâts bien pires que ce qu'aucun virus n'est capable de faire ! Imaginez un peu ce qui se passerait si vous commenciez une chaîne de messages recommandant de remplir de chewing-gum le lecteur de CD pour éviter toute contamination par disque...

Si vous devez vraiment avertir vos amis qu'un virus gravissime est en marche, la dernière chose à faire est précisément de leur envoyer un e-mail. Prenez le téléphone (ou le métro), et prévenez-les de vive voix. Conseillez-leur également de visiter un site spécialisé pour trouver des informations à jour (celui d'un éditeur réputé d'antivirus ou encore www.cnet.com).

Et si un de vos amis vous envoie un message d'alerte, rendez service à tout le monde. Envoyez-lui le texte de cet encadré, en lui conseillant de l'imprimer, de le placarder sur son bureau, et de le relire la prochaine fois que cette envie lui prend.

Merci d'avance.

Envoyer et recevoir des fichiers

Le courrier électronique ne sert pas qu'à envoyer des messages. Heureusement (en particulier pour ceux d'entre nous qui travaillent à distance, parfois à l'autre bout du monde), il est aussi possible d'envoyer et recevoir des fichiers par le même biais. Cela signifie que le rapport tant attendu peut être au bureau à l'heure prévue, même si votre avion a pris deux heures de retard. Ou encore que vous pouvez emmener les enfants en week-end chez leur grand-mère de province, et en profiter pour préparer votre travail du lundi.

Attacher des fichiers

Pour envoyer un fichier avec un message, la procédure est pratiquement la même, avec une étape supplémentaire. Créez votre message comme d'habitude (avec l'adresse, le sujet et le texte, éventuellement mis en forme). Suivez ensuite ces étapes :

1. **Cliquez sur le bouton Fichiers joints.**
2. **Dans la fenêtre qui apparaît, cliquez sur Ajouter. Choisissez alors le dossier dans lequel se trouve le document à attacher.**
3. **Sélectionnez le fichier voulu, puis cliquez sur Ouvrir. Le nom du fichier s'affiche dans la fenêtre des pièces jointes.**
4. **Validez pour refermer la fenêtre. Vous pouvez remarquer que le nom du fichier apparaît à droite du message.**
5. **Lorsque vous avez terminé, cliquez sur l'un des deux boutons d'envoi (maintenant ou plus tard).**

TRUC

Vous voulez vous assurer qu'un document important a bien atteint son destinataire ? Cochez la case Avec accusé de réception pour les abonnés AOL.

Recevoir des fichiers

Ce qui se fait dans un sens peut aussi se faire dans l'autre. Si vous recevez des messages auquel un ou plusieurs fichiers sont attachés, rien de plus facile que de les ouvrir (et de les sauvegarder pour la postérité) :

1. **Connectez-vous à AOL. Vous avez des e-mails !**
2. **Cliquez sur le bouton Lire de la barre d'outils. La fenêtre qui contient vos messages en attente s'affiche.**

3. **Faites un double clic sur un message comportant une pièce jointe.**

   Dans ce cas, l'en-tête du message contient une zone Fichier indiquant le nom, la taille et la durée estimée du transfert.

4. **Cliquez sur le bouton Télécharger. Il ouvre un petit menu qui vous propose d'effectuer l'opération maintenant ou plus tard.**

5. **Dans la fenêtre du Gestionnaire de téléchargement, naviguez vers le dossier dans lequel vous voulez sauvegarder le fichier. Cliquez alors sur Enregistrer.**

Lorsque vous demandez le téléchargement immédiat du fichier, un message d'avertissement vous rappelle en substance qu'en cas de doute sur la provenance du message, il est préférable de s'abstenir. Si vous connaissez l'expéditeur, cliquez sur Oui pour procéder au chargement.

La fenêtre de transfert de fichier vous montre l'avancement de l'opération. Elle vous propose également de finir plus tard, d'annuler la procédure ou encore de vous déconnecter après le transfert. Une fois le travail terminé, la voix vous annonce "Fichier téléchargé !" Un message vous demande alors si vous voulez retrouver son emplacement. Cliquez sur Oui ou sur Non selon ce que vous voulez faire.

ATTENTION !

Vous avez peut-être entendu parler de ces virus (comme ILOVEYOU, Anna Kournikova, Sircam et leurs cousins) qui circulent sous la forme de pièces attachées envoyées par des personnes que vous connaissez. Ce sont des attaques sournoises : ces virus analysent les carnets d'adresses pour faire croire que c'est la personne infectée qui vous envoie un fichier, alors qu'en réalité c'est bien le virus qui agit dans l'ombre. AOL fait très bien son travail pour repérer ce type d'attaque, mais il ne peut pas tout intercepter. Vous ne devriez jamais, jamais ouvrir un fichier lié à un message à moins d'être totalement certain de sa provenance. Si vous avez le moindre doute, envoyez un petit mot à l'expéditeur et demandez-lui s'il vous a réellement fait parvenir le fichier en question. Si la réponse est non, sa machine est très probablement infectée.

Un carnet d'adresses bien ordonné

Le carnet d'adresses d'AOL mémorise les noms et les adresses e-mail des personnes avec qui vous échangez des messages. Lorsque vous lisez le courrier reçu, vous pouvez cliquer sur le bouton Ajouter au carnet d'adresses. L'adresse de l'expéditeur est alors automatiquement insérée dans le carnet. Mais vous avez aussi la possibilité d'entrer ces informations manuellement, les éditer, supprimer des noms ou encore définir des groupes. Lorsque vous créez ensuite des messages, il est facile de choisir les destinataires dans le carnet d'adresses sans avoir à taper leur adresse en entier.

Découvrir le carnet d'adresses

Pour ouvrir votre carnet d'adresses, choisissez cette option dans le menu Ecrire de la barre d'outils d'AOL. La fenêtre Carnet d'adresses apparaît (voir la Figure 2.5).

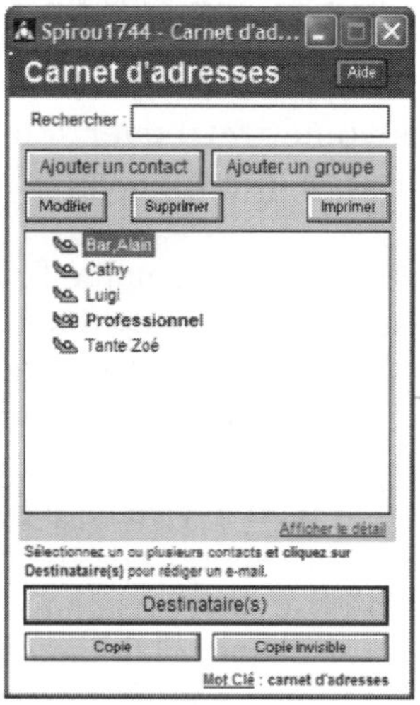

Figure 2.5 : Le carnet d'adresses d'AOL.

La fenêtre est partagée en trois zones :

- Au milieu, vous voyez les noms de toutes les personnes enregistrées dans le carnet.

- Les boutons du haut servent à créer de nouvelles entrées ou à gérer celles qui sont déjà présentes.

- Les boutons du bas vous permettent de choisir un mode de destination.

Ajouter des noms

Plus vous échangerez de messages, et plus vous découvrirez de personnes dont vous souhaiterez ajouter l'adresse à votre carnet. Vous pouvez le faire lorsque vous lisez votre nouveau courrier en cliquant sur le bouton Ajouter au carnet d'adresses. Cette action insère automatiquement les coordonnées de votre correspondant sans autre action de votre part (si ce n'est de cliquer sur Enregistrer).

Mais, dans certains cas, vous avez besoin de saisir ce type d'information sans avoir reçu de message au préalable. Il vous suffit alors d'ouvrir le carnet, puis de cliquer sur le bouton Ajouter un contact. La fenêtre illustrée sur la Figure 2.6 apparaît alors.

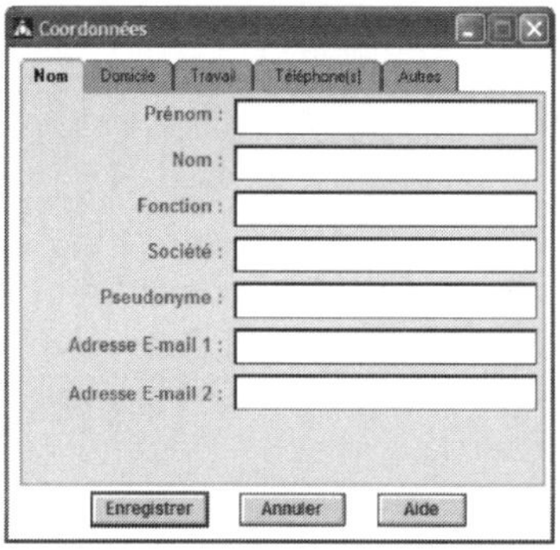

Figure 2.6 : Saisir les coordonnées d'un nouveau contact.

Ce type de fenêtre rappelle vraiment un carnet classique. Vous disposez de plusieurs onglets, chacun offrant une série de champs classiques. Pour entrer un renseignement, cliquez simplement dans le champ voulu, saisissez son contenu, puis appuyez sur la touche de tabulation pour passer à la suite. Cliquez sur le bouton Enregistrer lorsque vous avez terminé. Si aucune des zones n'est obligatoire, il est évident que deux informations au moins sont indispensables : le nom et une adresse e-mail. A défaut, votre carnet ne vous serait pas d'un grand secours !

Les groupes vous permettent d'envoyer un message à plusieurs personnes en même temps. Vous pouvez créer une liste d'adresses centrées sur un même pôle d'intérêt. Supposons par exemple que vous rédigiez une lettre informatique hebdomadaire destinée aux autres professeurs de votre lycée. Il vous suffit alors de cliquer dans le carnet d'adresses sur le bouton Ajouter un groupe. Donnez-lui un nom, puis ajoutez toutes les adresses e-mail que vous voulez inclure. Vous pourrez ensuite expédier votre missive à tous les professeurs en sélectionnant dans la fenêtre du carnet le nom du groupe, puis en cliquant sur le bouton Destinataire(s).

Le courrier électronique offre une certitude : les adresses changent avec le temps. Lorsque vous avez besoin d'actualiser les coordonnées d'une personne enregistrée dans votre carnet, sélectionnez son nom puis cliquez sur Modifier. Effectuez les changements appropriés dans la fenêtre Coordonnées, puis enregistrez-les.

Autre certitude : le correspondant d'aujourd'hui n'est pas forcément celui de demain. Que vous vous soyez fâché ou seulement perdu de vue, vous pouvez facilement supprimer un contact en choisissant son nom dans la liste, puis en cliquant sur le bouton Supprimer. Adieu !

Utiliser le carnet d'adresses

Lorsque vous voulez envoyer un message à une personne inscrite dans votre carnet d'adresses, il vous suffit d'ouvrir celui-ci à partir de la fenêtre de composition (à l'aide du bouton qui se trouve en haut et à droite). Sélectionnez alors la ligne voulue, puis cliquez sur l'un de ces boutons :

Destinataire(s) : Insère le nom du contact dans le champ d'adresse du nouveau message.

Copie : Ajoute le nom au champ Destinataires en copie. Ce qui permet de faire parvenir une copie du courrier à une ou plusieurs personnes, en plus du destinataire principal.

Copie invisible : Insère le nom dans le même champ que ci-dessus, mais cette fois entre parenthèses. Les destinataires d'une copie invisible reçoivent un double du message, mais sans que les autres correspondants n'en soient prévenus.

Dans le carnet d'adresses, le lien intitulé Afficher le détail permet de voir des informations plus poussées sur la personne dont le nom est sélectionné dans la fenêtre. Inversement, vous pouvez réduire la quantité de renseignements affichés en cliquant sur Masquer le détail.

Gagnez 19 € en parrainant un ami ! Comment ? Pour le savoir, cliquez sur le bouton correspondant de la fenêtre de message, ou entrez le mot-clé **amis**.

Contrôler le courrier indésirable

Débarrassez-vous du courrier indésirable (ou non sollicité), également appelé *spam*. Ces messages, généralement à caractère publicitaire (pour ne pas dire aux limites de l'escroquerie pure et simple), engorgent les veines du réseau d'AOL, ralentissent la livraison du courrier et vous font perdre inutilement votre temps. La fonction de contrôle des e-mails proposée par AOL vous permet de contrôler le courrier que vous acceptez en bloquant tout ce dont vous ne voulez pas (qu'il s'agisse de certains pseudonymes, d'adresses Internet, de messages liés à des fichiers ou des images, et ainsi de suite).

Naïfs ou pervers ?

Oui, c'est vrai. Bill Gates vous enverra 10 $ pour chaque copie de ce message transmise à un ami. Je le sais, j'ai demandé à Bill ce matin en déjeunant avec lui. Vous pouvez aider un pauvre enfant malade à recevoir une opération très coûteuse car Intel versera 2 centimes à ses parents pour chaque copie de ce message que vous transmettrez. Je le sais, j'en ai parlé avec Mr. Intel au petit déjeuner ce matin. Un gang de pirates va s'attaquer à AOL la semaine prochaine et il s'en prendra à vous si vous n'envoyez pas ce message très vite à dix de vos amis. Je le sais, c'est l'un de ces pirates qui me l'a dit ce matin devant une tasse de café. Le Gouvernement s'apprête à vous faire payer une taxe sur chaque message électronique envoyé. Je le sais, c'est le Premier ministre lui-même qui me l'a appris ce matin au petit déjeuner. Votre ordinateur va exploser si vous ouvrez n'importe quel message dont le sujet contient le mot Dieu. Je le sais. Dieu lui-même me l'a dit ce matin. Pendant le petit déjeuner. Au fait, il apprécie les croissants au beurre et il met un peu de lait dans son café.

Arrêtons de fantasmer. Les mythes concernant les virus polluent l'air ambiant. Si vous envoyez ce type de message, vous ne faites que contribuer au problème. Ni Bill Gates ni le Premier ministre n'ont les moyens de compter le nombre de messages que vous lisez. Laissez tomber les trop fameuses "chaînes du cœur", même si elles proviennent de personnes que vous connaissez et respectez par ailleurs.

N'ajoutez pas votre voix au déluge d'âneries qui déferle sur les autoroutes de l'information. Gardez les pieds sur terre et évitez de sombrer dans les paranoïas modernes. Si l'anglais ne vous fait pas peur, allez faire un tour sur le site de Rob Rosenberger. Rob démonte les principaux mythes qui circulent sur Internet. Il ne vend rien, ni antivirus ni scanner contre le courrier indésirable. C'est seulement une voix rafraîchissante et saine dans ce monde réellement bizarre.

Pour contrôler votre courrier, procédez de la façon suivante :

1. **Connectez-vous à AOL.**
2. **Cliquez sur le bouton E-mail de la barre d'outils. Dans le menu qui s'affiche, choisissez l'option Contrôle des e-mails.**
3. **Dans la fenêtre du contrôle parental, choisissez un pseudonyme, puis cliquez sur l'option Contrôle des e-mails.**
4. **Dans la fenêtre de contrôle du courrier, sélectionnez ce que vous voulez bloquer ou recevoir (voir la Figure 2.7). Dans le champ Liste de filtrage, entrez éventuellement le pseudonyme ou l'adresse d'une personne désignée comme étant indésirable (il est même possible de bloquer un domaine entier). Cliquez sur Ajouter. Vous pouvez ajouter toute une série de noms ou d'adresses.**
5. **Lorsque vous avez fini, cliquez sur Enregistrer. Refermez les fenêtres de contrôle.**

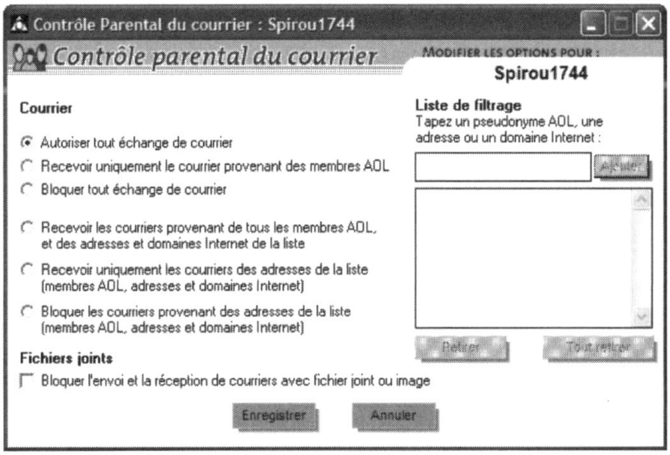

Figure 2.7 : AOL vous aide à éviter les courriers indésirables grâce à son contrôle parental.

Sessions Express

Selon le type de votre abonnement, le temps que vous passez en ligne peut ou non avoir de l'importance. Avec certaines formules, vous pouvez rester 24 heures sur 24 connecté sans dépenser plus (bien que votre femme et vos enfants puissent y trouver à redire). Par contre, si vous payez les communications à la minute, il est normal que vous cherchiez à réduire la facture de téléphone, sans pour autant rogner sur la quantité de travail que vous avez à faire (ou de plaisir à prendre).

Rendons grâce à AOL, qui a incorporé dans son programme une fonction d'automatisation vous permettant de planifier l'envoi et la réception du courrier. Cela vous évite de rester planté toute la journée devant l'écran, à attendre les quelques nouveaux messages qui vous sont destinés. Inutile de lancer AOL 14 fois de suite, rien que pour entendre une voix suave vous dire que vous avez de nouveaux messages ! Votre ordinateur peut faire le sale travail à votre place. Vous n'avez plus qu'à rédiger vos messages, cliquer sur Envoyer plus tard, et espérer que tout se passera bien lorsque l'heure de la connexion automatique sera venue.

Les Sessions Express vous permettent non seulement de recevoir et envoyer des messages, mais aussi de lire et poster des contributions à des newsgroups, ou encore de transférer des fichiers placés dans le Gestionnaire de téléchargement.

L'automatisation des tâches comporte deux parties : définir le fonctionnement d'une Session Express, puis laisser celle-ci se débrouiller. Et vous n'avez même pas besoin d'être en ligne pour la première étape :

1. **Si nécessaire, lancez AOL.**

2. **Cliquez sur le bouton E-mail de la barre d'outils.**

3. **Sélectionnez l'option Configurer les Sessions Express.**

4. **La fenêtre Sessions Express AOL s'affiche (voir la Figure 2.8). Choisissez les actions à réaliser en cochant les cases voulues.**

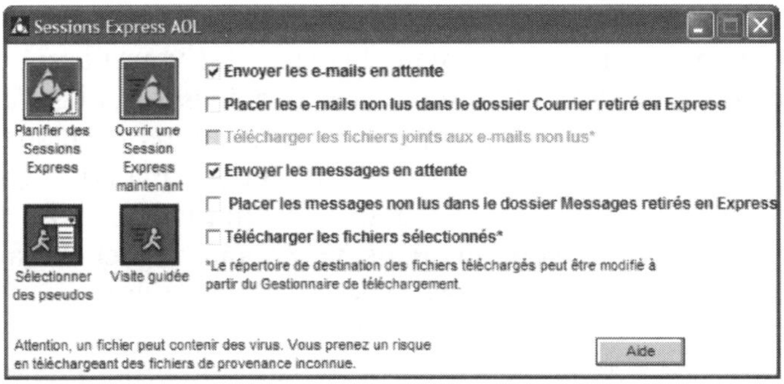

Figure 2.8 : Définir une Session Express.

5. **Cliquez sur le bouton Sélectionner des pseudos. Choisissez un nom et entrez éventuellement le mot de passe associé. Quand vous avez terminé, cliquez sur OK.**

6. **Servez-vous ensuite du bouton Planifier des Sessions Express. Choisissez les jours où la session doit être active. Entrez ensuite l'heure de démarrage, ainsi que la fréquence d'activation (voir la Figure 2.9).**

7. **Il ne vous reste plus qu'à cocher la case Activer le planning, puis à cliquer sur OK et sur la case de fermeture de la fenêtre Sessions Express AOL. Et c'est parti !**

Figure 2.9 : Planifier une Session Express.

La prochaine fois que l'horloge de l'ordinateur atteindra l'une des heures planifiées, AOL (dont la fenêtre doit être ouverte pour que la procédure fonctionne) se connectera automatiquement et effectuera les tâches demandées.

Si vous êtes trop impatient pour attendre l'heure du rendez-vous, il vous suffit de forcer le processus en ouvrant le menu E-mail, puis en choisissant l'option Ouvrir une Session Express. Lorsque la fenêtre de la Session Express s'affiche, cochez éventuellement la case Rester connecté après la session (si vous voulez rester en ligne une fois la session terminée). Cliquez sur le bouton Ouvrir. Et c'est tout.

Chapitre 3 : Plus loin avec AOL

Dans ce chapitre :

- **Surfer sur le Web, façon AOL.**
- **Faire sa revue de presse.**
- **AOL et les newsgroups.**
- **On se fait un petit chat ?**
- **Ne tirez pas sur le Messager d'AOL.**

Ce chapitre vous explique comment faire plus de choses avec AOL – autrement dit, aller plus loin que la messagerie ou les chaînes programmées. Vous allez commencer par un petit voyage sur le Web et par apprendre à effectuer des recherches grâce à l'interface si facile à utiliser du programme. Vous verrez ensuite comment créer votre propre revue de presse de façon que seules les nouvelles qui vous intéressent arrivent dans votre boîte aux lettres (ce qui n'est pas négligeable dans ce monde envahi par des flots d'informations). Après quoi, vous rejoindrez un salon de discussion pour discuter de ce que vous savez, ou tout bonnement pour "espionner" un groupe afin de voir ce que d'autres personnes ont à dire sur des sujets qui vous intéressent. Finalement, vous jetterez un coup d'œil du côté d'AOL Messager (très en vogue ces derniers temps) afin de savoir si c'est réellement un outil qui peut vous être utile ou si c'est un autre gadget juste bon à vous faire perdre votre temps.

TRUC

Les contrôles parentaux d'AOL s'appliquent à toutes ces activités. Si vos enfants sont du genre surfeurs ou causeurs, commencez par revoir votre filtrage pour bien définir ce que vous les autorisez à faire. Il vous suffit pour cela d'entrer le mot-clé **contrôle parental**, puis de cliquer sur le bouton Aller à.

Sur le Web avec AOL

Si vous avez déjà utilisé un autre navigateur, vous verrez qu'il est facile de surfer sur le Web avec AOL. Dès lors que vous savez entrer une adresse et que vous connaissez les méthodes de base de la navigation, le reste suit.

Voyons donc comment se lancer sur le Web :

1. **Connectez-vous sur AOL comme à votre habitude. L'écran d'accueil va apparaître (voir la Figure 3.1).**

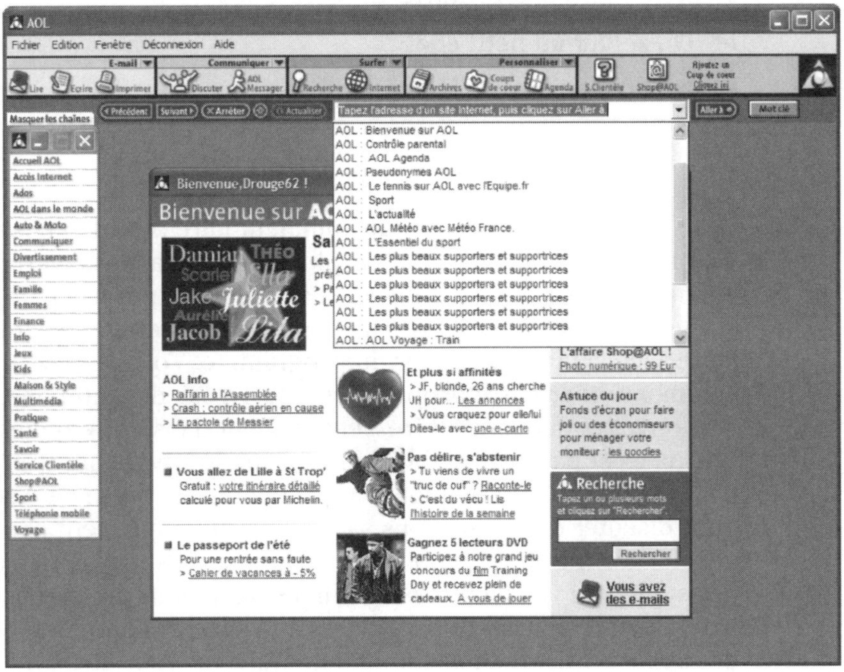

Figure 3.1 : En route vers le Web.

2. **Cliquez dans le champ d'adresse. Vous pouvez alors entrer :**

   Un ou plusieurs mots à rechercher. Il vous suffit d'entrer par exemple **Bonaparte** pour trouver des sites consacrés au petit caporal. C'est direct, aucun besoin d'outils particuliers.

   Un mot-clé. Si vous entrez un mot-clé répertorié par AOL, comme **famille**, la fenêtre ou la chaîne correspondante s'affiche immédiatement.

Une adresse Web. Si vous connaissez l'adresse du site que vous voulez visiter, saisissez-la directement. Par exemple, `www.aol.fr` vous amène directement à la page d'accueil du site Internet d'AOL France.

Appuyez sur Entrée ou cliquez sur le bouton Aller à de la barre d'outils. C'est tout : vous surfez !

Explorateur du Web

Lorsque la page Web que vous avez demandée s'affiche, vous n'avez même pas besoin de passer votre permis bateau pour retrouver votre route. Le tableau de bord comporte cinq boutons de navigation :

Cliquez sur Précédent pour revenir à la dernière page affichée.

Cliquez sur Suivant pour vous déplacer vers la page suivante.

Cliquez sur Arrêter pour stopper le chargement en cours.

Cliquez sur Accueil pour afficher la page d'accueil définie par défaut.

Cliquez sur Actualiser pour rafraîchir l'affichage de la page courante.

ATTENTION !

Les boutons Précédent et Suivant ne peuvent servir que si vous avez déjà affiché plusieurs pages Web. Si vous venez simplement de commencer votre session, il n'y pour l'instant rien avant, et rien après !

Lorsque vous avez localisé la page voulue, y repérer ce qui vous intéresse n'a rien de sorcier. Comme vous pouvez vous y attendre, les liens qui renvoient à des informations supplémentaires (ou à d'autres sites) se présentent dans la page sous la forme de boutons ou de textes soulignés (voir la Figure 3.2). Une fenêtre Web se manipule comme toutes les autres. Vous disposez donc en particulier de boutons dans la barre de titre pour minimiser, agrandir ou refermer la fenêtre.

Figure 3.2 : Explorer le Web, méthode AOL.

Un mot sur les chaînes

AOL vous propose toute une liste de communautés que vous pouvez rejoindre pour partager vos centres d'intérêt. Que vos motivations soient d'ordre personnel ou professionnel, vous pouvez trouver toutes sortes d'informations, que ce soit sous la forme de salons de discussion, d'articles en ligne, de bulletins spécialisés, etc. En particulier, AOL vous propose un ensemble de chaînes thématiques, disponibles dans une barre d'outils spéciale ou en tapant leur nom sous forme de mot-clé. La Figure 3.3 rappelle la liste des chaînes actuellement en service.

Figure 3.3 : Les chaînes d'AOL.

Pêcher dans le vivier (rechercher sur AOL)

Si vous ne savez pas exactement où diriger vos pas, vous pouvez faire appel au moteur de recherche d'AOL pour vous guider. Pour cela, vous disposez de deux possibilités :

- Tapez un mot ou une phrase dans le champ d'adresse et appuyez sur Entrée.
- Cliquez sur le bouton Recherche de la barre d'outils, ce qui affiche la fenêtre illustrée sur la Figure 3.4. Entrez alors le sujet ou la phrase dans le champ situé en haut de la page. Cliquez ensuite sur le bouton Rechercher.

Dans les deux cas, AOL va afficher un écran qui propose des liens ayant un rapport avec ce que vous avez demandé. Il vous suffit donc de cliquer sur un de ces liens pour accéder au site correspondant.

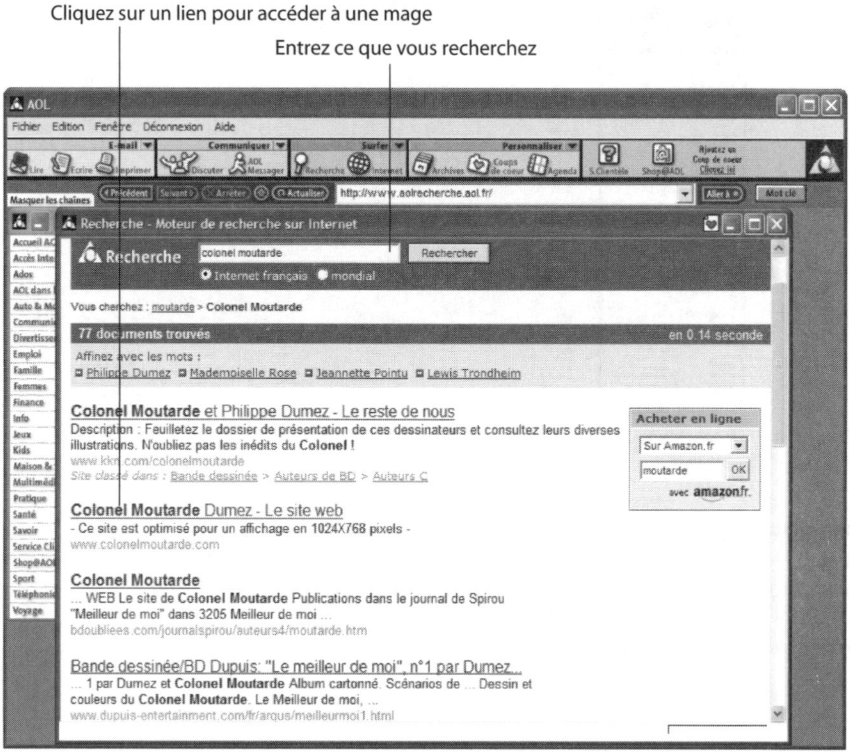

Figure 3.4 : Rechercher avec AOL.

Si vous voulez effectuer une recherche sur le Web mondial, évitez les caractères accentués, typiquement francophones. Et pensez aussi à rédiger votre question en anglais, langue impérialiste du Web.

Avant d'entrer un critère de recherche, réfléchissez à ce que vous voulez trouver. Un seul mot, et vous obtiendrez à coup sûr un volume de pages inexploitable. Un sujet trop long, et vous passerez peut-être à côté de l'essentiel.

Revue de presse personnelle

Vous êtes de ceux qui ne peuvent pas commencer la journée sans lire les dernières nouvelles politiques ou sportives ? AOL peut vous servir sur un plateau votre dose d'informations quotidiennes (triées bien entendu à partir d'une liste prédéfinie de sources) pendant que vous sirotez votre premier café. Il vous suffit pour cela de créer un profil personnel, de l'activer, et vous recevrez les nouvelles directement dans votre messagerie. Suivez les étapes décrites ci-dessous :

1. **Dans la barre d'outils, ouvrez le menu Personnaliser, puis cliquez sur l'option Ma revue de presse. Ce qui vous donne accès au Service de presse d'AOL.**

2. **Un assistant va vous aider à créer votre journal personnalisé en quelques minutes. Commencez par cliquer sur l'option Créer une revue de presse.**

3. **L'étape 1 vous demande de donner un nom à cette sélection (vous pouvez créer si vous le souhaitez différentes revues de presse selon différents centres d'intérêt). Vous devez également indiquer le nombre maximum d'articles que vous voulez recevoir (50 au maximum). Lorsque vous avez fini, cliquez sur Suite.**

4. **L'étape 2 vous propose de définir les thèmes à retenir. Pour cela, il vous suffit de saisir un ou plusieurs mots-clés séparés chaque fois une virgule. Si vous voulez entrer une expression composée, placez-la entre apostrophes simples (autrement dit, n'utilisez pas de guillemets). Cliquez sur Suite lorsque le résultat vous convient.**

5. **Dans l'étape 3, vous avez à spécifier les mots ou expressions qui doivent obligatoirement figurer dans les articles pour que ceux-ci vous soient adressés. Par exemple, vous pourriez entrer "Algérie" si vous vous intéressez à la situation internationale en général, et en Afrique du Nord en particulier. La syntaxe à respecter suit les mêmes règles que dans l'étape précédente. Cliquez sur Suite lorsque vous avez terminé.**

6. **L'étape 4 est basée sur le même principe, mais ce sont cette fois les termes à exclure qu'il vous faut préciser (évidemment, ce type de définition est facultatif). Cliquez sur Suite lorsque vous êtes prêt.**

7. **Au cours de l'étape 5, choisissez votre source d'informations, autrement dit la ou les agences de presse dont les communiqués vous seront envoyés par courrier en fonction des critères posés. Passez à la suite.**

8. **La dernière étape résume tous vos choix. Cliquez sur OK pour terminer. Vous venez de concevoir votre quotidien personnel !**

Si vous voulez plus tard changer vos définitions, relancez le Service de presse d'AOL. Choisissez cette fois l'option Modifier une revue de presse. Il ne vous reste plus qu'à sélectionner un élément, puis à saisir une nouvelle spécification (voir la Figure 3.5).

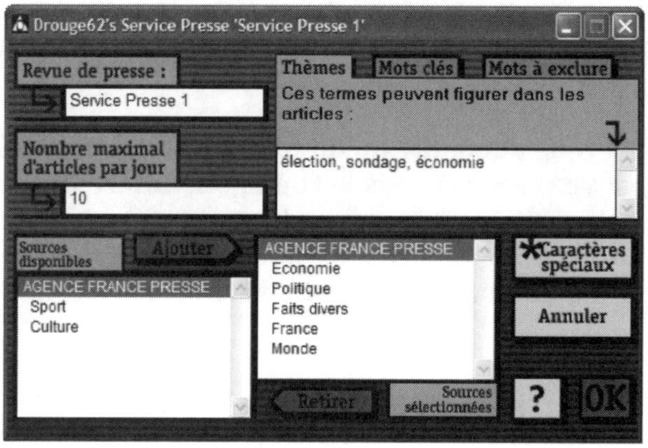

Figure 3.5 : A chacun sa revue de presse.

Rejoindre des newsgroups

Un groupe de messagerie (plus couramment et plus familièrement appelé *newsgroup*) est un forum de discussion sur Internet dont le principe consiste à poster des messages (ou des réponses à des messages) qui peuvent être lus par tous les autres participants. Chacun peut donc y écrire à peu près ce qu'il veut, à condition (en principe) de respecter le thème de base du newsgroup – et les autres participants. La précaution de langage (*en principe*) s'impose pleinement...

TRUC

Lorsque vous rejoignez des newsgroups, vous avez tout intérêt à vous attacher solidement au sol et à mettre votre détecteur intégré de c... (suit un mot grossier, impossible à écrire dans un livre aussi sérieux) en position maximum. Si quelqu'un affirme que les actions de Mnfsxlpt vont bientôt doubler de valeur, envisagez la possibilité que cette personne ait un intérêt tout à fait personnel à lancer ce type de ballon d'essai. Si quelqu'un d'autre affirme que Windows XP ne reconnaît que

64 Mo de mémoire et qu'il est donc inutile d'en acheter plus, demandez-vous si cette personne sait orthographier correctement "Windows XP". Ne riez pas, je l'ai moi-même vu. En passant, toutes les versions 32 bits de Windows reconnaissent l'ensemble de la mémoire dont vous pouvez disposer. Cette vieille légende urbaine se retrouve régulièrement dans des newsgroups. No comment (en anglais dans le texte).

Les newsgroups nécessitent un lecteur spécifique (heureusement fourni par AOL) pour lire et poster des messages.

Les listes de diffusion ressemblent un peu aux newsgroups, mais il s'agit uniquement d'informations publiées plus ou moins régulièrement, pour lesquelles vous souscrivez un abonnement (généralement gratuit) et que vous recevez dans votre boîte aux lettres. Ces listes ne nécessitent donc aucun lecteur particulier.

Les newsgroups sont sujet à polémique, car leur nature est extrêmement variée. Selon ce que vous visitez, vous pouvez trouver une masse d'informations tout à fait intéressantes, mises en commun par des personnes compétentes et qui ont les mêmes centres d'intérêts. Mais il peut aussi, hélas, arriver que des maniaques sexuels s'attaquent à des sites en apparence innocents sous couvert de leur anonymat. C'est pourquoi je vous suggère de vous placer d'abord en position d'observateur avant de vous décider à rejoindre un groupe donné. Cela vous permettra de prendre un peu de temps pour juger de ce qui se dit *réellement* avant de vous lancer dans le débat.

Un groupe de discussion est dit modéré lorsqu'une personne physique lit les messages qui sont envoyés par les participants et décide de les rendre publics ou non. Le contenu de ces newsgroups est en général plus intéressant, puisque tout ce qui sort du cadre fixé est filtré. Ah, nature humaine ! Il suffit que le modérateur s'en aille, et les souris se mettent à danser.

Accéder aux newsgroups

Vous avez envie d'explorer le monde étrange des newsgroups ? Il vous suffit pour cela d'ouvrir le menu Surfer de la barre d'outils et d'y choisir l'option Newsgroups (vous pouvez aussi entrer directement ce mot-clé). La fenêtre qui apparaît alors est illustrée sur la Figure 3.6.

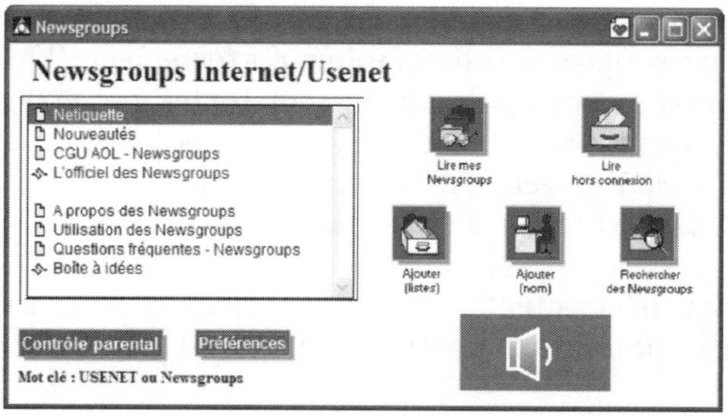

Figure 3.6 : La fenêtre Newsgroups.

Ici, c'est comme pour le courrier : vous pouvez demander à AOL de filtrer les messages indésirables en fonction de vos souhaits. Cliquez pour cela sur le bouton Préférences de la fenêtre Newsgroups.

Si une région d'Internet a vraiment besoin de contrôle parental, c'est bien celle-ci ! Lorsque vous commencez à explorer les listes de newsgroups, vous voyez à peu près tout ce qui est imaginable sous le soleil... et plus encore. Pour éloigner vos enfants de zones à haut risque, cliquez sur le bouton Contrôle parental, en bas de la fenêtre Newsgroups. Choisissez alors le pseudonyme à protéger, puis cliquez sur Modifier. Vous pouvez bloquer tous les groupes ou seulement certains d'entre eux. Pour filtrer réellement les messages susceptibles d'agresser vos enfants, il est même préférable d'éditer aussi les préférences et d'entrer les mots que vous voulez éviter. Mais, à mon avis, c'est beaucoup de travail pour un résultat improbable. Je préfère passer mon temps à faire des recherches sur le Web.

Trouver des newsgroups

Dans la fenêtre Newgroups, cliquez sur le bouton Rechercher des Newsgroups. Entrez ensuite un mot ou une expression, puis cliquez sur Rechercher. AOL vous propose alors une liste de groupes censés correspondre à votre demande (voir la Figure 3.7).

Vous pouvez alors cliquer sur un nom, puis sur Afficher la description pour en apprendre un (tout) petit peu plus. Le bouton Ajouter vous permet d'insérer le groupe dans votre liste personnelle et d'indiquer vos préférences (voir la Figure 3.8).

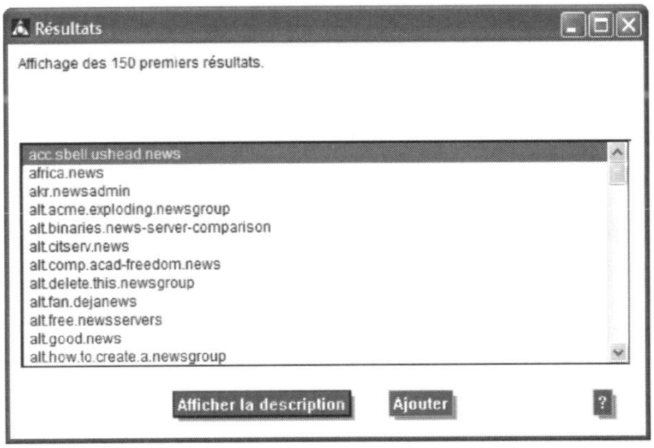

Figure 3.7 : Une liste de newsgroups, aux noms plus étranges les uns que les autres.

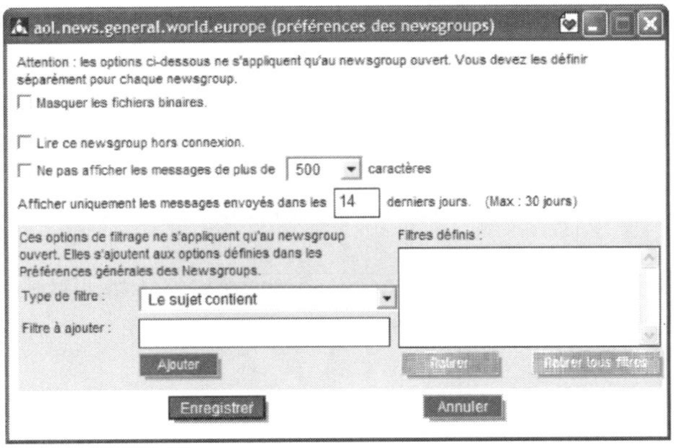

Figure 3.8 : Apprenez à maîtriser les newsgroups.

Si les noms de newsgroups n'évoquent rien dans votre esprit, c'est sans doute parce qu'ils sont affichés dans la langue d'Internet et non dans celle de William Faulkner. Pour changer cette présentation, cliquez sur le bouton Préférences dans la fenêtre principale des newsgroups. Activez l'onglet Affichage. Dans la rubrique Type d'intitulés, cochez l'option Titres descriptifs (au lieu de Nom Internet). Cliquez ensuite sur Enregistrer. Le résultat devrait être un peu plus présentable (sans aucune garantie cependant). Vous pouvez toujours revenir en arrière si vous décidez d'apprendre la langue maternelle des newsgroups. Le Tableau 3.1 décrit les principales catégories de newsgroups, ce qui devrait vous mettre sur la voie.

Tableau 3.1 : Quelques catégories de newsgroups.

Catégorie	Description
alt	Groupes dits alternatifs
aol	Les groupes spécifiques à AOL
bit	Listes de diffusion BITNET
biz	Tout ce qui se rapporte au commerce et aux affaires
comp	Groupes consacrés aux ordinateurs et à l'informatique
misc	Groupes divers
news	Groupes USENET
rec	Groupes consacrés aux loisirs
sci	Groupes centrés sur la science et la recherche
soc	Pour les débats de société
talk	Débats et discussions variés

TRUC

Le site `www.zcu.cz/services/news2www` propose une liste complète de toutes les catégories de newsgroups.

Avant de souscrire à un newsgroup, commencez par consulter ce qu'il contient afin de pouvoir juger de son intérêt. Voyons la démarche en détail :

1. **A partir de la fenêtre principale des newsgroups, cliquez sur le bouton Ajouter (listes). Vous obtenez alors une liste des thèmes disponibles.**

2. **Choisissez un nom. Cliquez alors sur le bouton Afficher les newsgroups (ou éventuellement sur Suite). Vous voyez s'afficher une liste des newsgroups disponibles pour le thème sélectionné (voir la Figure 3.9).**

3. **Faites votre choix, puis cliquez sur le bouton Afficher les Newsgroups. Vous obtenez la liste correspondante, avec pour chaque groupe le nombre de messages actuellement disponibles.**

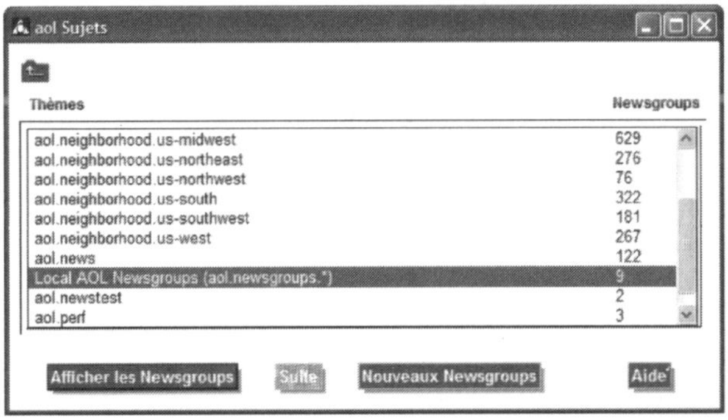

Figure 3.9 : Les newsgroups sont classés par thèmes.

4. **Vous pouvez alors lire les messages en cours, ou demander à afficher les sujets pour visualiser un niveau de regroupement plus fin.**

5. **Si vous voulez participer au groupe que vous avez choisi, cliquez sur Ajouter. Il ne vous reste plus qu'à définir vos préférences et à valider.**

Newsgroups : à l'aide !

Le système d'aide d'AOL ne vous sera pas d'un grand secours si vous voulez en savoir plus sur les newsgroups en deux clics de souris. Autant s'adresser justement à des groupes (en anglais) destinés aux petits nouveaux. Voici les principaux :

- `news.newusers.questions` est un forum simple, du type question/réponse, qui aide les nouveaux utilisateurs à trouver rapidement des informations de base.
- `news.annouce.newusers` est un groupe actif offrant des explications et des ressources à l'usage des débutants.
- `news.answers` fournit des FAQ (autrement dit, des réponses à des questions souvent posées) concernant les newsgroups.

Lire les contributions

Lorsque vous trouvez un message dont le sujet semble intéressant, cliquez sur la ligne correspondante puis sur le bouton Lire (voir la Figure 3.10).

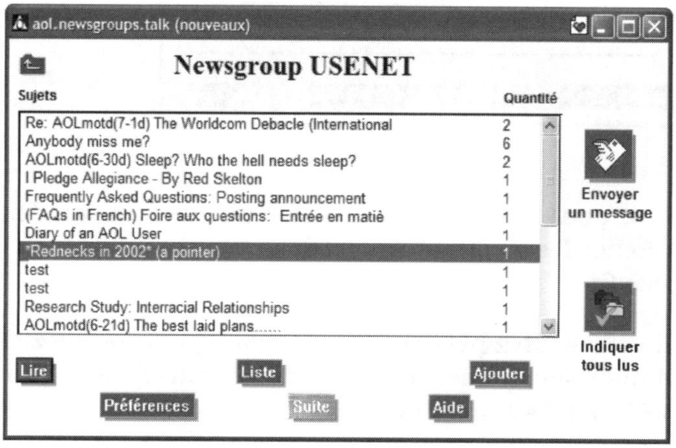

Figure 3.10 : Une liste de newsgroups.

La fenêtre de message du lecteur de newsgroups rappelle celle de votre boîte aux lettres. Une série de boutons vous permettent alors de décider de la suite des événements (voir la Figure 3.11).

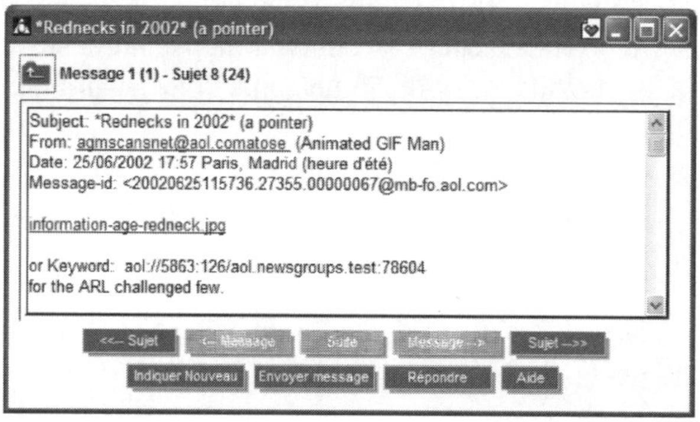

Figure 3.11 : La fenêtre de message des newsgroups.

- **<<- Sujet** vous permet de revenir au sujet précédent dans la liste.
- **<- Message** affiche le message précédent pour le même sujet.

- **Suite** fait défiler le message.
- **Message** -> fait passer au message suivant.
- **Sujet** ->> donne accès au sujet suivant.
- **Indiquer Nouveau** marque le message comme étant non lu (ce qui vous permet de le retrouver plus tard).
- **Envoyer message** vous permet d'adresser une contribution à la liste.
- **Répondre** sert à adresser une réponse au message courant.
- **Aide** affiche des informations sur les newsgroups.

Si vous fréquentez quelques temps les newsgroups, vous apprendrez rapidement à vous y retrouver et comprendre leur langage particulier. Vous y trouverez en particulier quelques termes courants qu'il est utile de connaître :

- **Flame :** Caractérise un message incendiaire, chose bannie des newsgroups, qui prend directement à partie, de façon violente, un autre participant. Bien entendu, seuls les groupes modérés peuvent véritablement faire appliquer la règle.
- **Lurk :** Désigne le fait de se mettre en position d'observateur anonyme, caché, ce qui permet de lire les messages sans participer aux discussions. Il est généralement conseillé de rester caché pendant un certain temps avant de s'inscrire dans un newsgroup, ce qui permet de se faire une opinion personnelle sur ses contenus.
- **Posting :** C'est tout simplement poster, autrement dit rédiger un message et l'envoyer au newsgroup. Il apparaît alors dans la liste du groupe et est dit *posted* (posté).
- **Spam :** Comme pour le courrier, il s'agit de messages indésirables qui essaient de vendre quelque chose aux autres participants. Du genre "gagnez rapidement de l'argent", ces messages sont contraires à la Netiquette (encore faut-il qu'il y ait un modérateur pour s'en débarrasser).

Chat, chat, chat !

Soit vous aimez le chat (c'est-à-dire les discussions *live*), soit vous le détestez. Le chat est l'un des ces substituts au contact humain à la mode, permettant de "converser" avec d'autres personnes présumées réelles, et avec l'apparence de véritables discussions. AOL a su se servir du phénomène et a construit des communautés autour de thèmes censés pouvoir regrouper pratiquement tout le monde.

Pour vous lancer dans l'aventure, il vous suffit de cliquer sur l'icône Discuter de la barre d'outils, ou de choisir l'option correspondante dans le menu Communiquer. La fenêtre Communiquer sur AOL va s'afficher (voir la Figure 3.12).

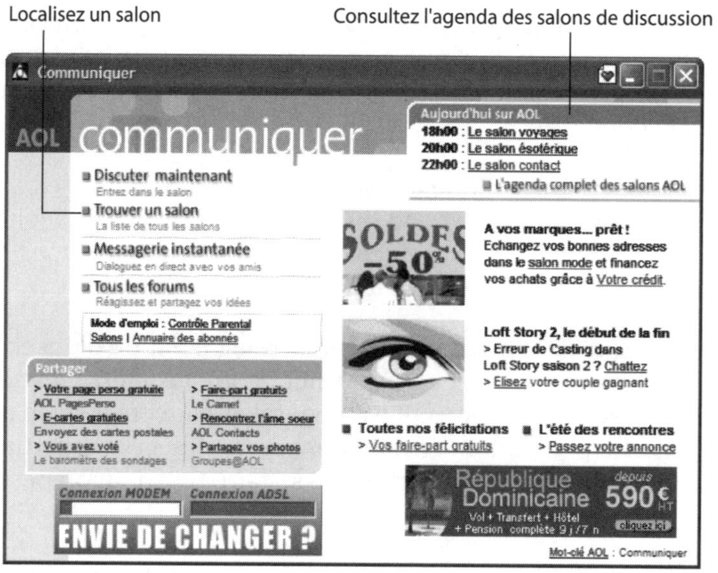

Figure 3.12 : A vos marques, prêt, discutez !

Si vous voulez participer à une discussion dans l'une des "communautés" (également appelées salons, ou forums, ou encore auditoriums, sous AOL), cliquez sur le lien Trouver un salon. Lisez les conseils qui vous sont donnés, et choisissez un pseudonyme (il est prudent d'avancer masqué, autrement dit de ne pas communiquer le pseudo qui vous sert à vous connecter). Lorsque vous avez trouvé un salon qui semble vous intéresser, écoutez la conversion en cours avant de vous y joindre.

Avant de faire votre entrée dans un salon, il est conseillé de consulter l'aide et les informations disponibles à partir du lien Mode d'emploi, dans la fenêtre Communiquer.

Vous aimez les rencontres avec les célébrités ? Regardez la liste des discussions à thème (Aujourd'hui sur AOL). Vous y trouverez un agenda complet. De telles annonces se font aussi régulièrement dans l'écran d'accueil.

Trouver un salon

Si vous voulez simplement faire un essai, et que le sujet censé faire l'objet de la conversation vous importe peu, cliquez sur le lien Discuter maintenant. Et c'est parti !

Cependant, puisque vous n'êtes pas encore familiarisé avec les salons d'AOL, il est préférable de commencer par faire un peu le tour des différentes communautés. Les points d'entrée sont variés : fonction Trouver un salon de la fenêtre Communiquer, bouton Discuter, options Rechercher un salon et Communiquer sur AOL (dans le menu Communiquer de la barre d'outils). Lorsque vous recherchez un salon, vous obtenez une liste semblable à celle qui est illustrée sur la Figure 3.13.

Figure 3.13 : Localisez un salon.

Pour accéder un salon, il vous suffit alors de :

- Faire un double clic sur une catégorie, dans la liste qui se trouve à gauche de la fenêtre.

- ✦ Cliquer sur un nom dans la liste de droite.
- ✦ Cliquer sur le bouton Participants pour savoir qui se trouve dans le salon.
- ✦ Cliquer sur le bouton Entrer pour ouvrir la fenêtre de discussion et vous annoncer.

Participer à une discussion

Même si vous n'avez jamais participé à ce type d'expérience auparavant, il suffit de suivre une conversation pendant quelques minutes pour comprendre le fonctionnement de la fenêtre de chat. Chaque participant actif tape une phrase qu'il envoie au groupe, et les lignes défilent sur l'écran au fur et à mesure que le débat avance.

La partie droite de la fenêtre indique le nom de personnes présentes ainsi que les pseudonymes des participants.

Le bas de la fenêtre contient un champ de saisie qui vous permet d'entrer vos propres remarques, divers boutons pour mettre en forme le texte, et un bouton Envoyer pour vous introduire dans la discussion. D'autres options sont visibles dans le coin inférieur droit (voir la Figure 3.14).

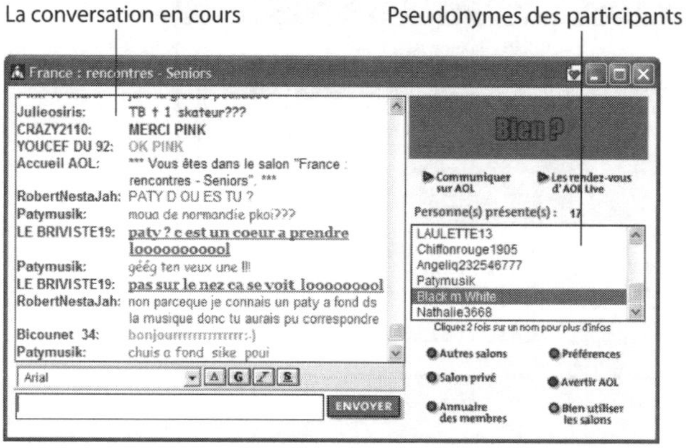

Figure 3.14 : Les discussions en direct, fleuron de la modernité sur Internet.

Pour participer à la discussion, il suffit d'entrer votre texte dans le champ de saisie, puis de cliquer sur Envoyer ou d'appuyer sur la touche Entrée. Votre note apparaît dans la fenêtre de chat. Au fur et à mesure que le dialogue se poursuit, le contenu de la fenêtre défile.

Si vous voulez personnaliser vos interventions, vous n'avez qu'à vous servir des boutons de mise en forme et/ou choisir une police de caractères à votre convenance.

Pour quitter le salon, cliquez simplement sur la case de fermeture de la fenêtre. Soyez poli : n'oubliez pas de saluer tout le monde avant de partir !

Démarrer votre propre chat

Vous avez certainement remarqué que les salons qui vous sont proposés dans la liste sont publics. Autrement dits, prédéfinis et ouverts à tous. Si vous appréciez fortement le chat, et que vous voulez lancer votre propre club en ligne, AOL vous permet de le faire très facilement. Voici comment procéder :

1. **Ouvrez le menu Communiquer de la barre d'outils, puis choisissez l'option Communiquer sur AOL.**

2. **Cliquez sur Trouver un salon.**

3. **Dans la fenêtre de recherche, cliquez sur Salon privé. Il ne vous reste plus qu'à donner un nom à votre forum personnel.**

Vous disposez en fait de deux solutions : créer un salon dit d'abonnés ou créer un salon privé. Un salon d'abonnés est, comme son nom l'indique, destiné aux abonnés d'AOL. Un salon privé n'est accessible que par les personnes auxquelles vous avez communiqué son nom. C'est donc un domaine bien à vous qui peut avoir une vocation personnelle ou professionnelle.

AOL Messager

Vous ne pouvez pas ouvrir la fenêtre d'AOL sans passer à côté d'AOL Messager (nom francisé d'AOL Instant Messenger, plus connu par son abréviation AIM). Vos amis vous ont certainement fait valoir combien cet outil est rapide, facile, amusant et prenant. Et bien, ils ont raison.

Il m'arrive d'être tellement pris par des discussions en ligne avec des amis (ou des collègues de travail) que j'en oublie de faire ce que j'avais prévu (par exemple, rédiger ce chapitre). Le temps passe tellement vite...

Si vous voulez, vous aussi, profiter de la messagerie instantanée sans pour autant vous connecter à AOL, vous pouvez facilement télécharger AIM à partir du site `www.aol.fr`.

Envoyer un message

Si vous décidez de franchir le pas, suivez les étapes décrites ci-dessous :

1. **Cliquez sur Communiquer dans la barre d'outils d'AOL, puis sur l'option AOL Messager dans le menu (formule longue), ou utilisez directement le bouton AOL Messager (formule courte).**

2. **Dans la fenêtre des membres enregistrés (les contacts dont vous avez enregistrés ici le pseudonyme), cliquez sur le bouton Envoyer un message éclair.**

3. **Dans la fenêtre de message, entrez dans le champ du haut le pseudonyme de votre correspondant (voir la Figure 3.15).**

Figure 3.15 : Un messager rapide et amusant.

4. **Cliquez sur Disponible pour savoir si la personne est bien en ligne.**

5. **Tapez votre message dans la zone de texte.**

6. **Cliquez sur Envoyer.**

TRUC

Si vous voulez changer la mise en forme d'une partie du message, sélectionnez une partie du texte et cliquez sur l'un des boutons situés au-dessus de la zone de saisie.

Recevoir un message

Lorsque quelqu'un vous envoie un message instantané, AOL affiche immédiatement une petite fenêtre de dialogue (voir la Figure 3.16). Elle vous dit qui veut vous contacter (pour en savoir plus, cliquez sur le bouton Carte de visite). Pour répondre, il vous suffit à votre tour de saisir un message et de cliquer sur Envoyer.

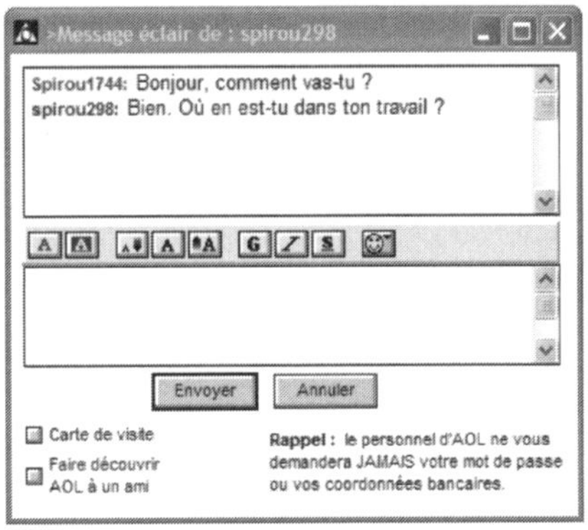

Figure 3.16 : Tapez, envoyez, c'est répondu.

Vous le voyez bien : AIM est très facile à utiliser. Bien sûr, même avec beaucoup de discipline, les choses peuvent devenir plus compliquée si une quinzaine de vos amis se mettent à vous contacter en même temps. C'est pourquoi AOL Messager vous permet de vous retirer dans votre tour d'ivoire pour pouvoir continuer tranquillement à travailler (ou à vous amuser). Il vous suffit pour cela de cliquer sur le bouton Absent dans la fenêtre principale d'AIM. Vous êtes toujours en ligne, mais les autres ne le savent pas !

"J.-P., j'ai un problème avec le bouquin. Contacte-moi immédiatement sur AIM. Il faut qu'on en discute tout de suite !"

Index

Livret VI

Connexions sur MSN

"Est-ce que tu as cliqué récemment sur AIDE, dans la barre des menus de MSN.com ? C'est Mr. Gates. Il voudrait savoir si tout va bien."

Sommaire

Chapitre 1 : Démarrer avec MSN Explorer

Dans ce chapitre :

- **MSN Explorer, c'est quoi ?**
- **MSN contre AOL : et le gagnant est...**
- **En route avec MSN.**
- **A bientôt !**

Ce chapitre explique comment configurer et utiliser MSN Explorer, qui est à la fois le nouveau service en ligne proposé par Microsoft et une nouvelle interface pour l'accès Internet. Différent de Internet Explorer, qui reste le navigateur Web standard de Windows, MSN Explorer contient de nombreux "gadgets" supplémentaires et tout ce qu'il faut pour dialoguer en direct.

NOTE TECHNIQUE

Normalement, MSN Explorer est le service en ligne qui est proposé par défaut sous Windows XP. Cependant, si vous avez acheté un PC sur lequel Windows XP est préinstallé, il est très possible que le constructeur ait une vue, disons, un peu différente de celle de Microsoft. Il se peut donc que certains détails varient d'une machine à une autre. En tout état de cause, cela ne change rien quant au fond, et MSN Explorer est, certes, un service en ligne facilement accessible mais qui ne constitue qu'une solution possible parmi bien d'autres.

MSN Explorer, c'est quoi ?

Après tout, nous sommes des animaux sociaux, et il est compréhensible que chacun veuille se rattacher à une certaine communauté. Appréciation qui s'applique bien entendu aux échanges sur Internet. Nous voulons discuter, apprendre, nous amuser et partager. Nous voulons acheter, vendre, gagner de l'argent. Nous voulons trouver pour nos enfants des jeux qui ne nous coûtent rien. Et nous voulons nous rassurer en constatant que les autres parents ont les mêmes problèmes que nous avec leur progéniture.

MSN Explorer est la réponse de Microsoft à AOL, dans le sens où il fournit une communauté accessible en ligne, un système intégré pour les e-mails, des agendas, des forums, et plus. Vous y trouvez le même type de système d'informations personnalisable, un moteur de recherche, de la musique, tout ce qu'il faut pour les achats en ligne, et bien d'autres choses encore. C'est un monde en soi, une possible interface unique pour toute votre navigation sur Internet.

Une porte à double entrée

MSN Explorer peut s'utiliser de deux façons. Avant d'être un service en ligne (gratuit), il s'agit d'un fournisseur d'accès Internet classique. Il vous suffit pour y accéder de lancer l'Assistant Nouvelle connexion, puis demander à établir une connexion Internet en choisissant l'accès dans une liste de fournisseurs préétablie. Il ne reste plus alors qu'à prendre l'option par défaut : se connecter avec MSN.

Vous pouvez aussi utiliser MSN Explorer avec votre compte Internet actuel. Pour cela, ouvrez le Panneau de configuration. Dans la fenêtre Choisissez une catégorie, cliquez sur Connexions réseau et Internet. Dans la fenêtre suivante, cliquez sur Configurer ou modifier votre connexion Internet. Lorsque la boîte de dialogue Propriétés apparaît, cliquez sur Configurer. L'Assistant Nouvelle connexion est alors lancé, et il vous conduit vers la même destination que la solution ci-dessus. Nous reviendrons sur tout cela un peu plus loin.

MSN Explorer versus AOL

Les chapitres du livret précédent vous ont fait découvrir la vision du monde en ligne selon AOL. Si vous n'êtes pas abonné à AOL, vous avez sûrement sauté ces pages. C'est peut-être le moment de revenir en arrière afin de vous familiariser avec les concepts de base et la notion de communauté version AOL. Mais que vaut la copie par rapport au maître ?

A la base, MSN Explorer est semblable à AOL, avec une interface plus jolie et des coins arrondis à la mode. De plus, il *vous* place au centre de l'univers, ce qui est au choix une bonne ou une mauvaise chose, selon votre degré de confiance envers Microsoft. Vous pouvez par exemple créer un agenda en ligne qui vous dit où vous devez être, et quand vous devez y être. Votre carnet personnel collecte les noms et adresses de vos relations. Votre messagerie est facilement accessible sur le Web, ce qui vous permet de la consulter où que vous vous trouviez. Mais, par voie de conséquence, toutes ces jolies choses sont enregistrées en ligne, et non sur le disque dur de votre petit système sécurisé. Faut-il pour autant s'angoisser ? Pas sûr. Mais laisser traîner trop d'informations rend certaines personnes nerveuses.

Cela étant posé, MSN Explorer offre une interface visuelle agréable et facile à comprendre. Les boutons qui se trouvent en haut de la fenêtre sont grands, colorés et évidents. Leurs légendes vous évitent de réfléchir avec de cliquer (voir la Figure 1.1).

La figure montre le type de page d'accueil présenté par défaut lorsque vous vous connectez. Si vous voulez changer d'affichage, vous avez la possibilité de créer une page personnalisée que vous retrouverez lors de chaque accès. Pour en savoir plus, il vous suffit de cliquer dans la barre de titre de MSN Explorer sur Aide et paramètres. Choisissez alors la rubrique qui vous propose de personnaliser le contenu de votre page d'accueil. Vous pouvez également cliquer dans la fenêtre sur l'onglet Mon MSN.

La messagerie de MSN Explorer est issue de Hotmail. Elle est donc entièrement basée sur le Web, et vous pouvez la consulter en ligne où que vous soyez (à condition bien entendu de disposer d'un accès Internet). Comme d'habitude, elle permet d'envoyer et recevoir des messages comportant éventuellement des pièces jointes, des images, etc. Vous avez aussi la possibilité de gérer votre carnet d'adresses en ligne. Un vérificateur d'orthographe vous aide à éliminer la plupart de vos fautes de frappe habituelles ("Au revoir et à deumain !").

Figure 1.1 : MSN Explorer, le look.

MSN, comme AOL (mais aussi comme Internet Explorer), propose une fonction Favoris qui vous permet de mémoriser les sites que vous voulez retrouver rapidement. Avec un petit plus : MSN Explorer vous propose de copier facilement vos *autres* favoris à partir d'Internet Explorer.

Le compagnon de MSN Explorer, Messenger, est basé sur le même principe qu'AOL Messager. Il vous permet de dialoguer en direct avec plusieurs personnes à la fois sur la base d'une liste de contacts.

Le chat reste le chat... Vous y retrouvez le même type de choses que vous pouvez faire avec d'autres services en ligne (par exemple AOL) : trouver des personnes qui partagent les mêmes centres d'intérêt que vous, participer à une conversation, etc. La Figure 1.2 donne une illustration de la page que vous voyez s'afficher lorsque vous cliquez sur le bouton Communautés de la barre d'outils de MSN Explorer. L'écran vous propose divers points d'accès et vous suggère quelques routes à explorer.

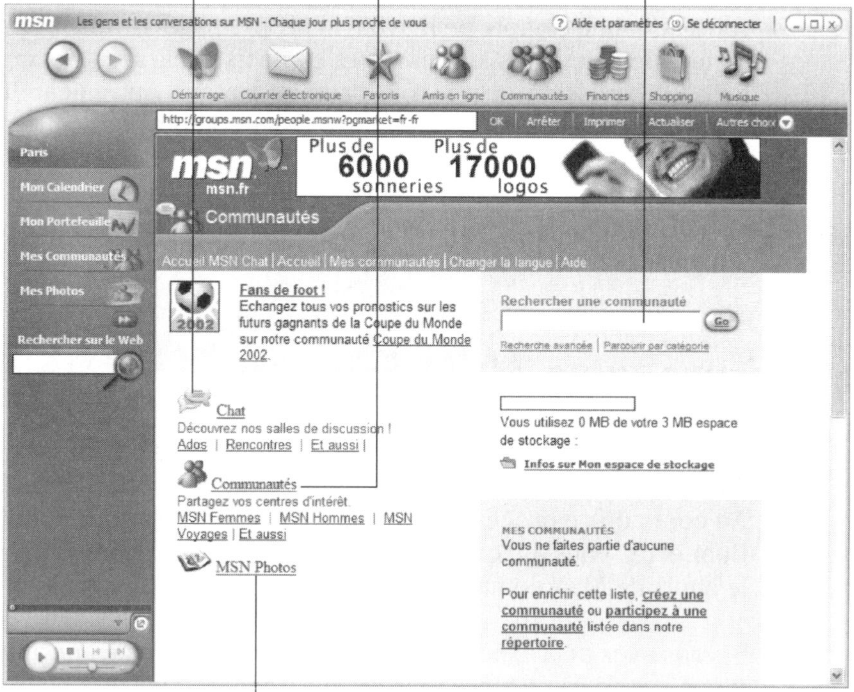

Figure 1.2 : Trouvez un thème, cliquez et dialoguez.

Comme Microsoft s'intéresse à votre argent et qu'il suppose qu'il en va de même pour vous, MSN Explorer vous propose un outil appelé Portefeuille, à gauche de la fenêtre. Si vous voulez gérer vos actions, vos dépenses ou vos emprunts en ligne, libre à vous. Là encore, tout dépend du degré de confiance que vous placez dans ce genre d'opération en général, et dans l'intervention de Microsoft en particulier.

MSN fait également certaines suppositions sur ce que vous recherchez sur le Web. C'est pourquoi il met l'accent sur deux types particuliers d'activités en offrant des boutons Shopping et Musique. Ce dernier vous emmène, comme le diffuseur de médias de Windows XP, vers le site WindowsMedia.com. Vous pouvez alors charger des morceaux, écouter de la musique en ligne, etc.

Enfin, MSN Explorer vous apporte la souplesse dont vous avez besoin en vous permettant de créer jusqu'à neuf comptes différents, ce qui devrait suffire à faire le bonheur de toute la famille et même de votre poisson rouge. Chaque compte peut avoir sa propre page d'accueil, une messagerie indépendante, ses favoris et ses contacts. Mais seul le compte principal a le pouvoir de jouer le rôle d'administrateur. Autrement dit, une seule personne a le droit de supprimer les comptes des autres.

Toute médaille a un revers. Si vous cliquez sur un lien aux heures de grande affluence, attendez-vous à patienter de longues, parfois très longues, secondes.

En voiture avec MSN Explorer

Dans le Chapitre 1 du Livret 4, je vous ai montré comment utiliser l'Assistant Nouvelle connexion pour configurer votre accès Internet. Au cours de ce processus, vous avez pu voir une option intitulée Connectez-vous avec MSN. Surprise, surprise : elle vous oriente vers le choix de MSN comme FAI.

Si vous avez déjà exécuté cet assistant et sélectionné une autre option (vous avez déjà un autre fournisseur d'accès), cela ne signifie pas que vous avez perdu toute chance d'utiliser MSN une fois pour toutes. Ouf !

Rappelons que Microsoft vous propose deux voies différentes :

- Choisir MSN comme fournisseur d'accès *et* utiliser MSN Explorer.
- Utiliser MSN Explorer sans aucune restriction, tout en conservant un autre FAI.

Dans tous les cas, la procédure à suivre se présente ainsi :

1. **Depuis le menu Démarrer, ouvrez le Panneau de configuration, puis cliquez sur le lien Connexions réseau et Internet. La fenêtre correspondante s'affiche.**

2. **Dans la rubrique Choisissez une tâche, cliquez sur Configurer ou modifier votre connexion Internet. Cela ouvre la boîte de dialogue des propriétés Internet, avec l'onglet Connexions actif.**

3. **Cliquez sur le bouton Configurer. L'Assistant Nouvelle connexion démarre. Lisez les explications sur l'écran d'accueil (si vous en avez envie), puis cliquez sur Suivant.**

4. **Dans la page Type de connexion réseau, conservez la proposition par défaut, Etablir une connexion à Internet. Cliquez sur Suivant.**

5. **La page qui suit est intitulée En cours de préparation. Là encore, laissez la proposition par défaut (Choisir dans une liste de fournisseurs de services Internet). Cliquez sur Suivant.**

6. **La dernière page de l'assistant vous propose deux choix :**

   Connectez-vous avec MSN. C'est fait : vous êtes pris au piège !

   Sélectionner à partir d'une liste d'autres fournisseurs. Cette option ouvre un dossier qui vous propose à nouveau de choisir MSN, ou de rechercher en ligne d'autres fournisseurs possibles (ayant, bien évidemment, signé un contrat avec Microsoft).

Lors du premier démarrage de MSN Explorer, le programme vous demande si vous voulez ajouter une icône pour l'accès Internet et la messagerie dans le menu Démarrer. Répondez par Oui ou par Non selon que vous acceptez ou refusez la proposition.

L'écran Bienvenue de MSN Explorer va apparaître. Il vous demande de vous assurer que votre modem est correctement installé et qu'il est bien allumé (bien entendu, la plupart des modems actuels se trouvent dans la machine ou sont branchés sur un port USB, mais bon, cela doit faire partie du sens de l'humour de Microsoft !). Cliquez sur Continuer et passons à la suite :

1. **La première chose à faire est d'ajouter un nouvel utilisateur, puisque vous n'avez pas encore de compte MSN. Cliquez sur cette option.**

2. **Indiquez ensuite que nous ne disposez pas de compte MSN et cliquez sur Continuer.**

3. **MSN Explorer vous connecte à Internet et vous demande si vous possédez déjà une adresse Hotmail ou MSN, ou si vous voulez créer une nouvelle adresse de messagerie (voir la Figure 1.3). Choisissez cette dernière option et cliquez sur Continuer.**

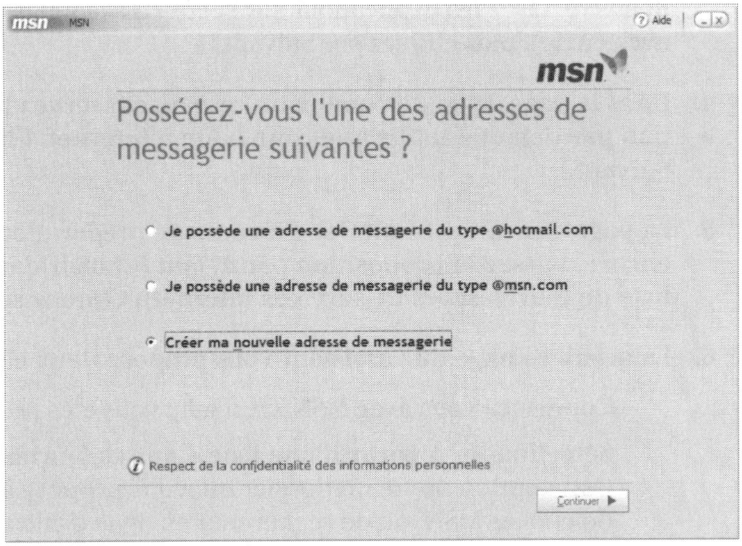

Figure 1.3 : Créer une nouvelle adresse de messagerie pour MSN.

4. **MSN va maintenant solliciter la saisie d'un certain nombre d'informations personnelles (genre, nom et prénom, tout ce qui permet de vous situer géographiquement). Entrez ces renseignements.**

5. **Vous devez ensuite fournir d'autres données encore plus intimes, comme votre anniversaire et votre profession, censées fournir un plus haut niveau de personnalisation (mais c'est bien entendu un support supplémentaire pour le *merchandising*). Cliquez sur Continuer lorsque vous avez terminé.**

6. **Lisez le contrat d'utilisation de MSN. Manifestez comme il se doit votre accord le plus total (voir la Figure 1.4).**

7. **L'étape suivante est essentielle, puisque c'est là que vous saisissez votre mot de passe personnel, à taper comme d'habitude deux fois pour confirmation, ainsi qu'une question secrète (vous devez être le seul à pouvoir y répondre, cela va de soi).**

Le mot de passe doit comporter au moins huit caractères (voir la Figure 1.5).

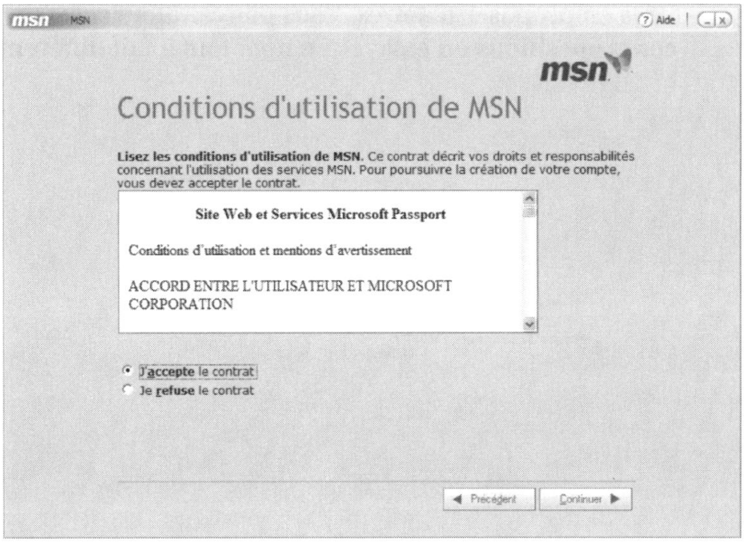

Figure 1.4 : Les conditions d'utilisation de MSN.

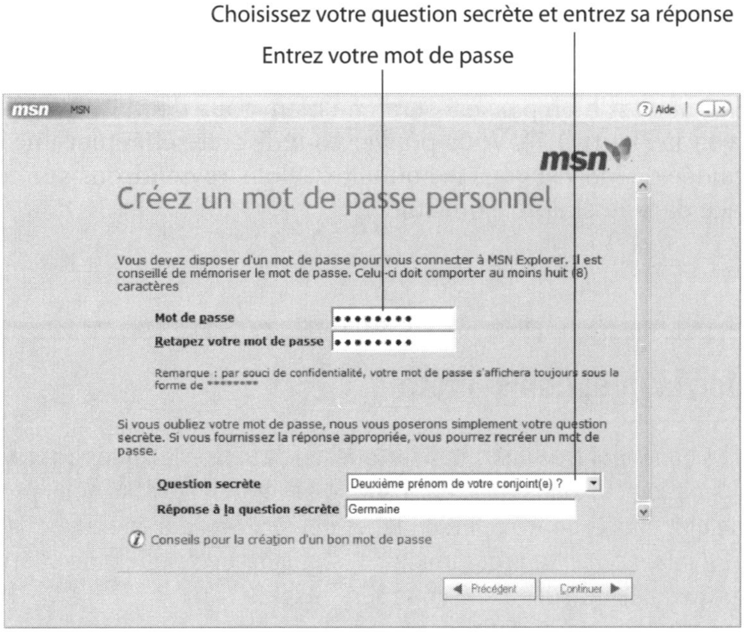

Figure 1.5 : Mot de passe et question secrète, le fin du fin de la protection.

8. **Il ne vous reste plus qu'à définir votre adresse de messagerie sur MSN, autrement dit ce qui va devenir votre nom d'utilisateur sur le service (voir la Figure 1.6). Si ce nom est déjà pris, MSN va vous en proposer d'autres. Vous pouvez alors accepter l'une de ces propositions ou essayer un nom tout à fait différent.**

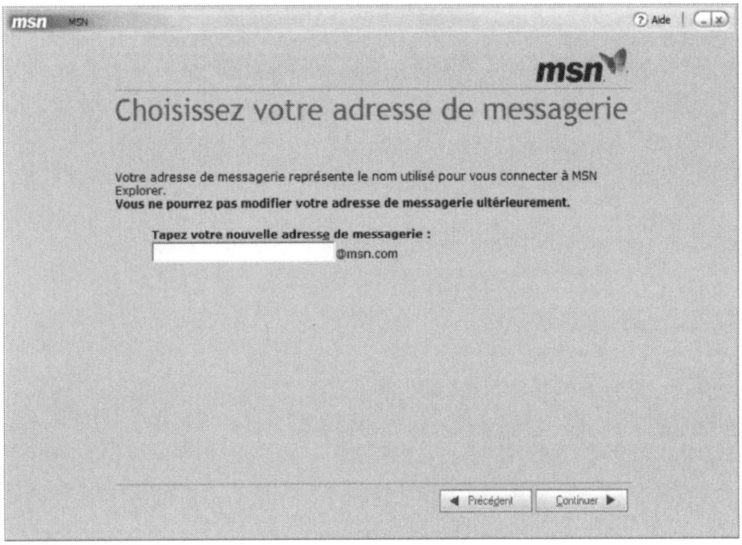

Figure 1.6 : Définissez votre nom d'utilisateur.

Si tout s'est bien passé, l'écran de bienvenue de MSN va apparaître (voir la Figure 1.7). Vous pouvez tout de suite effectuer une visite guidée de MSN si vous le souhaitez. Nous reviendrons sur cette interface dans le chapitre qui suit.

C'est quoi, la question secrète ?

Il arrive à la plupart d'entre nous d'oublier leur mot de passe de temps à autre. Comme les éditeurs de logiciels tels que Microsoft le savent bien, MSN nous propose de choisir quelque chose de très personnel et qui soit facile à retrouver dans notre mémoire. En cas d'oubli, le programme nous posera cette question secrète. Si la réponse est juste, le mot de passe nous sera restitué.

En réalité, la liste des questions est très limitée et il n'y a absolument rien de secret là-dedans. C'est uniquement la réponse qui compte. Si on me demandait mon avis (ce qui n'est pas le cas), je pourrais facilement proposer de vraies questions secrètes, auxquelles personne ne peux répondre. Par exemple :

- Est-ce que je plie mes chaussettes à l'endroit ou à l'envers ?
- Quel est le pourcentage que le percepteur prend sur mes droits d'auteur ?
- Quel est le prix d'achat de la dernière "ravissante petite robe pas chère" de ma femme ?

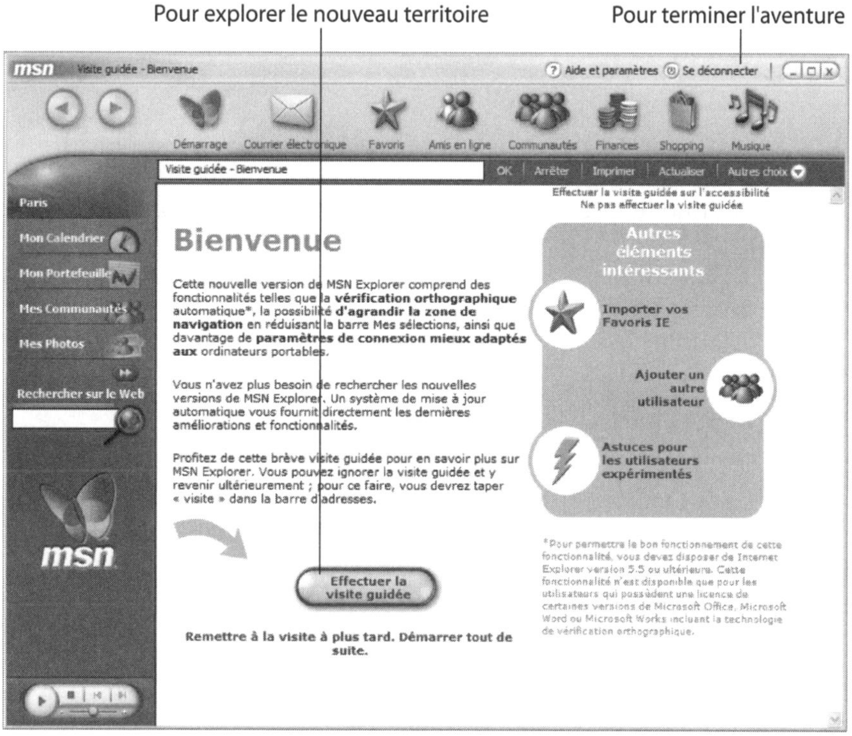

Figure 1.7 : Le grand moment : MSN enfin dévoilé !

Par ici la sortie

Vous en avez déjà assez ? Vous voulez quitter MSN Explorer ? Cliquez simplement sur le bouton Se déconnecter, à droite de la barre de titre de la fenêtre. Un message vous demande alors si vous voulez enregistrer les informations que vous avez saisies dans votre compte d'utilisateur Windows (voir la Figure 1.8). Cela vous permet d'accéder à tous les sites estampillés Passport. Cliquez sur Oui ou sur Non (accepter n'est pas plus ou moins risqué que tout le reste).

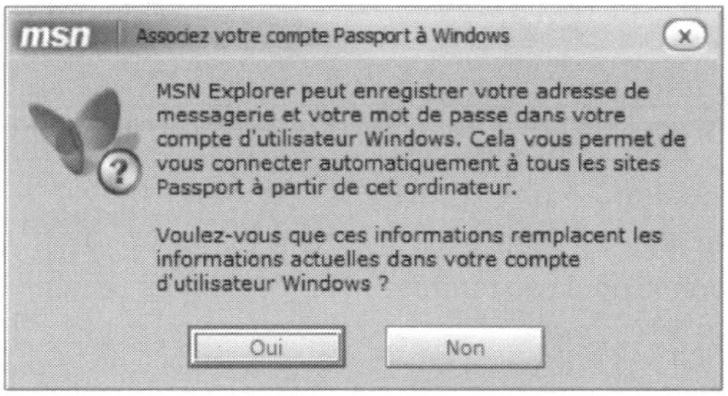

Figure 1.8 : Enregistrer ou non ses données personnelles ? Là est la question.

La prochaine fois que vous vous déconnecterez, vous entendrez uniquement une voix vous dire suavement "A bientôt !"

ATTENTION !

Si vous utilisez MSN Explorer à partir d'un autre accès que MSN, la fermeture de la fenêtre laissera votre connexion en cours active. N'oubliez pas de vous déconnecter d'Internet avant de vous coucher !

Chapitre 2 : MSN Explorer, la visite

Dans ce chapitre :

- **MSN Explorer et sa fenêtre.**
- **A vos marques, prêt, surfez !**
- **Obtenez votre passeport pour un monde meilleur.**
- **Changer de mot de passe.**
- **Personnalisez votre page d'accueil.**

Ce chapitre explique comment engager votre voyage sur le Web avec MSN Explorer. Vous y découvrirez à quoi ressemble le paysage du Web vu depuis le vaisseau MSN, et vous aborderez également les pour et les contre concernant Microsoft Passport. Vous verrez de plus comment vous servir des fonctions les plus importantes, comment changer votre mot de passe, configurer la sécurité, et comment personnaliser votre page d'accueil MSN.

Découvrir MSN Explorer

Paré pour tenter l'aventure ? Parfait. L'aventure peut commencer :

1. **Ouvrez le menu Démarrer et choisissez MSN Explorer.**

2. **Si vous avez opté pour un accès via MSN, votre ordinateur devrait se connecter directement. Dans le cas contraire, vous devrez normalement entrer votre nom d'utilisateur et votre mot de passe pour vous connecter auprès de votre FAI habituel. Laissez-vous bercer par les *ping-ping-ping/scratch-scratch* du modem. La fenêtre d'accueil de MSN devrait alors apparaître.**

3. **Si vous avez créé plusieurs comptes, choisissez celui sous lequel vous voulez surfer. Entrez votre mot de passe. Cliquez ensuite sur le bouton Se connecter.**

4. **MSN Explorer devrait rapidement afficher votre page d'accueil, autrement dit le site** `www.msn.fr` **(à moins que vous ne l'ayez déjà personnalisé).**

La Figure 2.1 vous montre les éléments de base de la fenêtre de MSN Explorer. Elle offre tout ce qu'il vous faut pour vous balader sur le Web, dialoguer ou gérer votre courrier électronique.

Figure 2.1 : L'écran de MSN Explorer.

Si vous avez déjà pratiqué Internet, que ce soit sous Internet Explorer, AOL ou tout autre service en ligne, vous devriez très vite vous familiariser avec MSN Explorer. En voici les principales fonctionnalités :

- **Barre d'outils :** Les gros boutons de MSN Explorer vous donnent un accès rapide et direct à diverses fonctions et communautés. Vous en trouverez une description dans le Tableau 2.1.

- **Barre d'adresse :** Elle vous permet de naviguer sur le Web, de retrouver ce que vous cherchez et de contrôler votre compte MSN.

- **Fenêtre Web :** C'est la région qui affiche le contenu des pages Web – texte, images, liens... Bref, c'est une fenêtre de navigation tout à fait classique.

- **Chaînes thématiques :** La partie droite de la fenêtre vous propose une liste de chaînes (voilà qui ressemble beaucoup à AOL !), ainsi que diverses aides et autres fonctions.

- **Outils personnalisés :** A gauche de la fenêtre, vous trouvez des liens vers des outils dont Microsoft croit qu'ils vous sont particulièrement chers : calendrier, gestion financière, communautés personnelles, gestion d'images.

- **Moteur de recherche :** Encore un grand classique. Servez-vous du champ Rechercher sur le Web pour retrouver des sujets spécifiques sur Internet.

- **Diffuseur de médias :** La barre de boutons judicieusement placée dans le coin inférieur de la fenêtre est en fait un point d'entrée vers une version intégrée de Media Player, le diffuseur de médias de Windows XP. Cliquez sur Play pour pouvoir sélectionner de la musique à écouter.

- **Aide et paramètres :** Cette option se trouve dans la barre de titre de la fenêtre. Elle active le Centre des utilisateurs, qui vous permet de personnaliser la configuration de MSN.

Tableau 2.1 : Les outils de MSN Explorer.

Bouton	Nom	Description
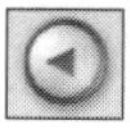	Page précédente	Affiche la page Web précédente.
	Page suivante	Affiche la page Web suivante.
	Démarrage	Affiche la page d'accueil par défaut de MSN Explorer (ou celle que vous avez choisie).
	Courrier électronique	Charge le système de gestion des e-mails sur le Web (plus connu sous le nom de Hotmail).
	Favoris	Affiche les sites mémorisés dans la liste des favoris.
	Amis en ligne	Vous permet d'ajouter, voir ou dialoguer en direct avec des amis ou des contacts.
	Communautés	Affiche la page d'accès aux salles de discussion (*chat*).
	Finances	Affiche la page à partir de laquelle vous pouvez vous lancer dans la gestion en ligne de vos finances personnelles.
	Shopping	Ouvre le point d'accès des achats en ligne.
	Musique	Vous permet de choisir de la musique à écouter (ou commander) dans une foule de catégories.

Surfer sur le Web avec MSN

L'un des traits qui distingue MSN Explorer de certains autres services en ligne peut facilement vous échapper : il s'agit de la façon dont le Web est totalement intégré dans toutes les activités du service. Il n'existe en effet aucune séparation réelle entre navigation sur le Web, courrier électronique, discussions instantanées, achats en ligne, musique, etc. Tout cela fonctionne à partir du Web, sans même que vous ayez besoin d'en prendre conscience.

Suivre les liens

Sous MSN Explorer, les liens se présentent comme dans tout autre navigateur. Vous y trouvez :

- Des liens de type texte, normalement soulignés et généralement affichés dans une couleur distincte du reste.
- Des boutons qui permettent d'accéder rapidement à d'autres pages.
- Des liens graphiques (dessins, icônes, photographies, compositions publicitaires, etc.).

TRUC

Comment faire la différence entre un lien et un texte ou une image normaux ? Placez le pointeur de la souris au-dessus d'un élément. Si le pointeur prend la forme d'une main avec l'index pointé, vous avez gagné. Il vous suffit de cliquer pour suivre le lien.

Naviguer dans les pages Web

Les deux objets de base qui vous permettent de vous déplacer dans MSN Explorer se trouvent en fait dans la barre d'outils :

- Cliquez sur ce bouton pour revenir à la page Web affichée juste avant la page courante.

- Cliquez sur ce bouton pour accéder à la page suivante dans la séquence en cours. Evidemment, le bouton Précédent doit avoir été utilisé pour que Suivant soit actif !

Les autres outils et boutons qui vous permettent de circuler entre les pages Web se trouvent dans la barre d'adresse. Ils sont décrits dans le Tableau 2.2.

TRUC

Lorsque vous trouvez une page que vous voulez conserver, cliquez sur le bouton Favoris, dans la barre d'outils de MSN Explorer. Cela ouvre un menu qui vous propose deux options : Ajouter aux Favoris, et Organiser les Favoris. Le premier affiche une fenêtre dans laquelle vous pouvez donner un nom à la page. L'adresse est alors enregistrée pour que vous puissiez y revenir facilement plus tard. Cliquez simplement sur le bouton Favoris, puis sur le nom que vous avez donné à la page.

Tableau 2.2 : La barre d'adresse.

Bouton	Nom	Description
http://www.msn.fr/default.asp	Adresse	Tapez ici l'adresse Web d'une page à visiter, puis cliquez sur OK ou appuyez sur la touche Entrée.
OK	OK	Active la page dont l'adresse se trouve dans le champ précédent.
Arrêter	Arrêter	Interrompt le chargement de la page en cours.
Imprimer	Imprimer	Imprime la page courante.
Actualiser	Actualiser	Met à jour l'affiche de la page courante.
Autres choix	Autres choix	Affiche un menu offrant diverses options pour travailler avec la page en cours : Nouvelle fenêtre, Envoyer par courrier électronique, Rechercher sur la page, Afficher le rapport sur la confidentialité, Couper, Copier, Coller, Sélectionner tout, Aide, Paramètres, A propos de MSN Explorer.

MSN Explorer et Passport

Microsoft Passport est l'une des nouveautés de Windows XP qui a provoqué de vives réactions, certains positives mais la plupart négatives. D'après Microsoft (c'est la version officielle), Passport est censé vous procurer le meilleur de l'expérience en ligne, en vous procurant une sorte de valise, ou de portefeuille, qui contient tous vos mots de passe, vos noms d'utilisateur, les informations qui vous permettent d'acheter en toute sécurité sur Internet via votre carte bancaire, etc. En théorie, cette technique vous permet de voyager plus facilement sur le Web, où que vous vous trouviez, et d'accéder à tous les sites compatibles Passport sans vous soucier du reste, simplement à partir de votre adresse de messagerie et de votre mot de passe.

En résumé, Microsoft vante les mérites de son "passeport" en mettant trois arguments en avant :

- **La facilité :** Entrez une fois les informations, utilisez-la à volonté.
- **La sécurité des achats :** Vous enregistrez les informations sur votre carte de crédit en un seul endroit, et vous n'avez même plus besoin d'avoir de remords si vous craquez...
- **Le contrôle :** Il existe un passeport pour les enfants pourvu de fonctions de contrôle parental.

Microsoft vous promet aussi que son passeport est protégé par une technologie de sécurité inviolable, et que vos informations personnelles sont régies par une charte de confidentialité stricte (vraisemblablement sous l'autorité de rébarbatives matrones du Web).

Pour autant, de nombreuses personnes ne se sentent absolument pas rassurées d'avoir à communiquer plus de renseignements personnels qu'il n'est réellement nécessaire à une entité aussi tentaculaire que l'est Microsoft.

Lors de ses premiers pas, le système Passport demandait toutes sortes d'informations aux utilisateurs (bien au-delà des renseignements de base). Après quelques passes d'armes juridiques, ses développeurs ont accepté de limiter les données nécessaires à l'obtention d'un compte Passport à une adresse e-mail et un mot de passe. Ce qui n'empêche pas la concurrence de rester nerveuse. Si vous voulez en savoir plus sur la stratégie de Microsoft, vous pouvez consulter un article rédigé par l'un de ses anciens employés, Joel Spolsky, à l'adresse :

```
Joel.editthispage.com/stories/storyReader$139
```

Comment fonctionne le système PassPort ? Lorsque vous voulez vous enregistrer auprès d'un site agréé "Passport", vous entrez votre adresse de messagerie et votre mot de passe (les mêmes que quand vous vous connectez sur MSN). Le site vérifie d'abord ces renseignements. Vous pouvez ensuite y aller sans contrainte : surfer, acheter... sans entrer aucune donnée supplémentaire.

Pour en savoir plus, rendez-vous sur le site `www.passport.com`. Vous y trouverez des explications plus détaillées. Vérifiez simplement votre propre "portefeuille Passport" avant de repartir.

Mais de quel passeport parlons-nous ?

Le passeport Microsoft prend, au gré des circonstances, des noms différents : Windows Passport, Microsoft Passport, MSN Passport ou encore .NET Passport. Juste avant de lancer Windows XP dans le public, toute la documentation a été changée, y compris les fichiers d'aide, de façon à n'utiliser qu'un seul terme : .NET Passport. Ce qui n'empêche pas de trouver régulièrement d'autres formulations sur les propres sites de Microsoft !

Derrière tout cela, c'est bien de la même technologie dont on parle. Microsoft est en train de construire une gigantesque base de données, Passport, et vous y serez probablement enregistré, si ce n'est déjà fait, d'une façon ou d'une autre. Officiellement, cette merveilleuse technique n'est rien d'autre qu'un cadeau offert au monde entier afin de réduire le nombre de mots de passe que les humains doivent retenir, et de leur permettre d'acheter plus facilement en ligne. Ce n'est pas faux. Mais le cœur de l'affaire, c'est bien une base de données. Microsoft peut ouvrir ses fichiers à des opérateurs liés à tout ce qui touche à la sécurité (qu'il s'agisse de services publics ou d'état, de banques, etc.). Normal. Et si la compagnie s'engage à ne pas divulguer les informations à des fins commerciales, que deviendront ces engagements dans quelques temps ? Et même si l'angélisme est peut-être de mise, c'est dans les détails que le diable réside. Et les détails, à ce stade, sont mal connus.

Il faut tout de même préciser un point important. En réalité, Microsoft gère (à l'heure actuelle) deux bases distinctes. L'une contient votre profil (adresse e-mail, nom, âge, sexe, coordonnées géographiques, type de profession, etc.). L'autre définit votre portefeuille (informations sur votre carte de crédit, adresse de facturation et de livraison, etc.). A condition bien entendu que vous ayez communiqué ces renseignements à un moment ou à un autre. L'interconnexion de ces deux représente bien sûr un enjeu considérable.

Si vous voulez en apprendre davantage sur ce que Microsoft vous propose, connectez-vous sur le site `www.passport.com`, et recherchez la rubrique Service aux utilisateurs. Vous verrez ici une fraction de toutes les informations collectées par Microsoft (voir `www.woodyswatch.com/windows/archtemplate.asp?3-18` pour quelques exemples documentés).

Je signe pour un passeport !

Pour créer un passeport .NET, il vous suffit au choix :

- ✦ De vous rendre sur le site www.passport.com.

- ✦ De cliquer sur le bouton Microsoft Passport ou Connexion .NET lorsque vous le rencontrez sur un site.

Dans les deux cas, le site de Microsoft Passport apparaît. Vous y trouverez différents renseignements et vous pourrez, si vous le souhaitez, vous inscrire en ligne (voir la Figure 2.2).

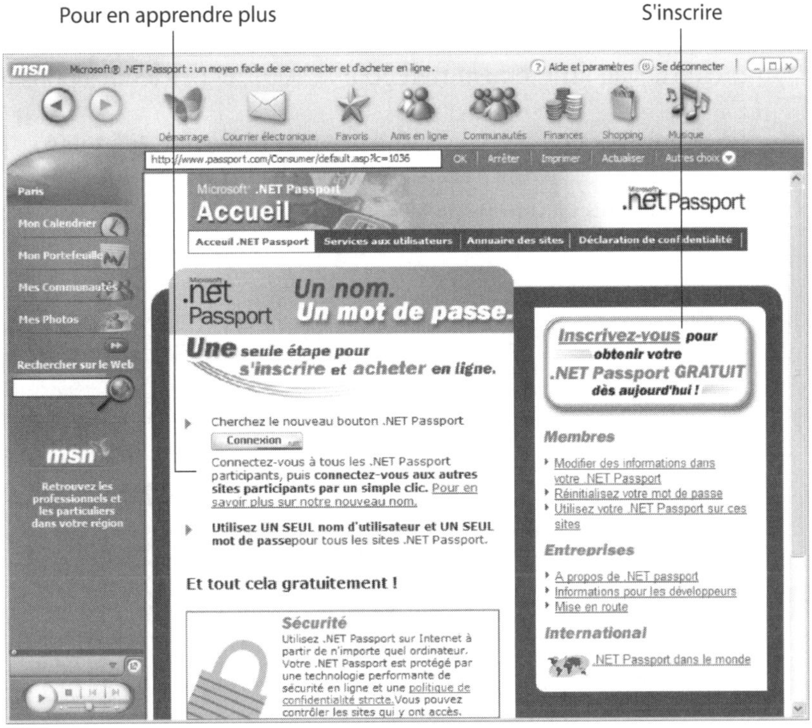

Figure 2.2 : Pour ceux qui veulent enregistrer tous ces nombres embêtants au même endroit.

Un passeport pour vos enfants

L'une des forces d'AOL est son système complet et efficace de contrôle parental. A l'inverse, c'est l'une des fonctionnalités qui fait le plus défaut à MSN Explorer. En fait, même la zone dite de sécurité en ligne de MSN n'a rien de mieux à proposer que quelques conseils sur la sécurité en ligne des enfants.

Le passeport pour enfants est une tentative pour remédier à cette insuffisance, mais, à mon avis, tout cela est bien léger. L'idée est la même que pour un passeport normal (collecter des informations qui puissent servir si, quand, où, et de la façon dont, vous en avez besoin). Avec le passeport pour enfants, ceux-ci ne peuvent partager des informations qu'avec le consentement d'un parent. Avec ce système, une autorisation est exigée si un enfant veut visiter un site non approuvé, ou dont le contenu peut sembler pernicieux. (Voir la Figure 2.3.)

ATTENTION !

Dans son état actuel, le passeport pour enfants de MSN n'a rien à voir avec les fonctions de contrôle parental d'AOL. De toute façon, MSN Explorer lui-même ne fait strictement rien pour la sécurité des jeunes pousses.

Le point d'accès à ce passeport est le site (non francisé) `kids.passport.com`. Vous y trouverez en particulier différentes informations et des liens vers l'adhésion aux différentes formules proposées.

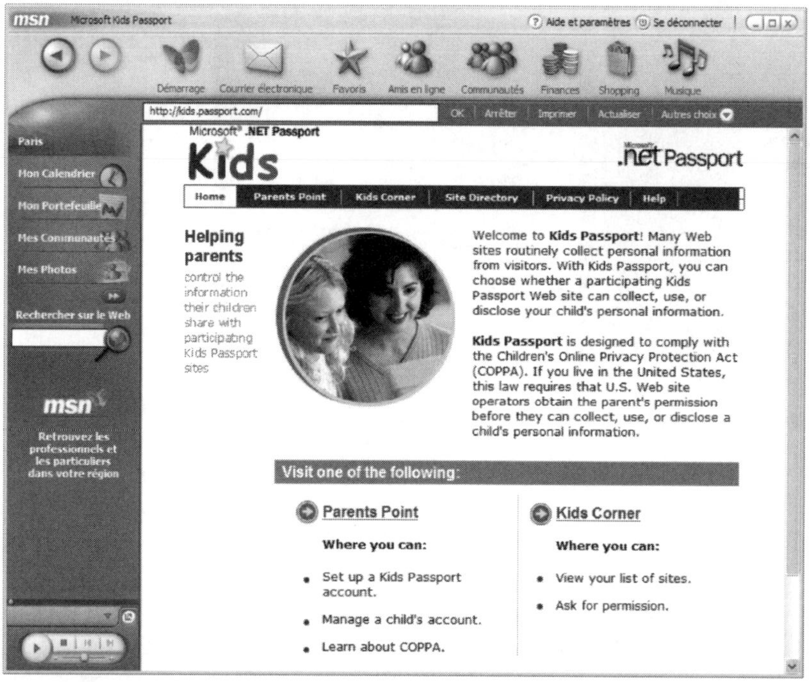

Figure 2.3 : Une tentative limitée de contrôle parental.

Changer de mot de passe

En personnalisant MSN Explorer en fonction de vos goûts, vous pouvez décider de changer le mot de passe que vous avez sélectionné à l'origine. Voici comme procéder :

1. Lancez MSN Explorer et connectez-vous.
2. Cliquez dans la barre de titre sur Aide et paramètres. La fenêtre du Centre des utilisateurs va apparaître (voir la Figure 2.4).

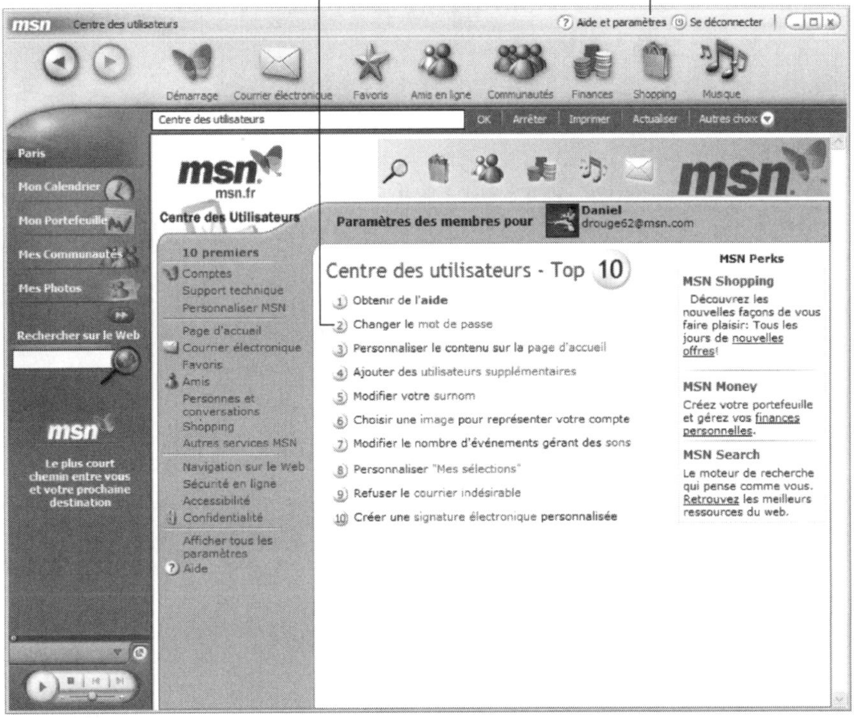

Figure 2.4 : Modifier son mot de passe depuis le Centre des utilisateurs.

3. Cliquez sur l'option Changer le mot de passe.
4. Tapez votre mot de passe actuel.
5. Saisissez le nouveau de passe (deux fois pour confirmation).
6. Cliquez sur Modifier maintenant afin d'enregistrer la nouvelle définition.

TRUC

MSN vous permet de créer jusqu'à neuf comptes différents, soit autant de mots de passe.

Personnaliser l'écran d'accueil

Vous avez sans doute remarqué que l'écran de MSN Explorer est à la fois réduit et chargé. Si vous voulez contrôler la nature des informations affichées dans cet espace limité, faites appel aux fonctions de personnalisation. Elles ne sont pas bien loin :

1. **La fenêtre de MSN Explorer étant ouverte, cliquez au bout de la barre d'adresse sur le bouton Autres choix. Un sous-menu apparaît.**

2. **Cliquez sur l'option Paramètres. Cela ouvre la fenêtre du Centre des utilisateurs.**

3. **Cliquez alors sur l'option Personnaliser le contenu sur la page d'accueil. La fenêtre Mon MSN va s'afficher (voir la Figure 2.5).**

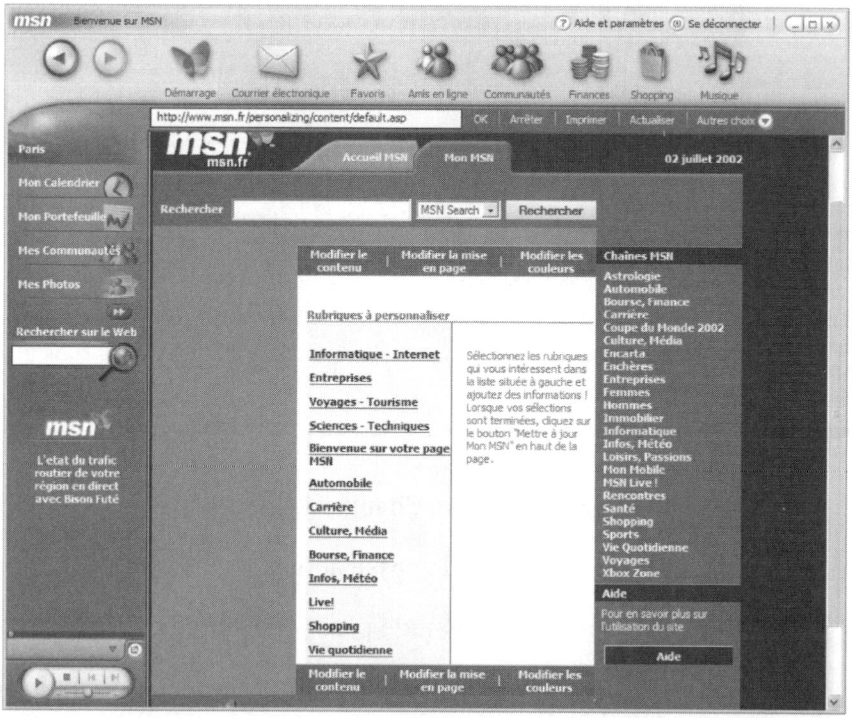

Figure 2.5 : Choisissez ce que vous voulez afficher dans votre MSN.

Vous pouvez accéder directement à cette fenêtre en cliquant sur l'onglet Mon MSN.

4. **Choisissez dans la liste de gauche les rubriques que vous voulez placer dans votre page d'accueil. Chaque fois, une série de sujets s'affiche dans la fenêtre Web. Cochez les cases voulues.**

5. **Lorsque vous avez terminé, cliquez sur le bouton Mettre à jour Mon MSN. Et c'est tout !**

Chapitre 3 : Plus loin avec MSN Explorer

Dans ce chapitre :

- **MSN Explorer, côté e-mail.**
- **Les oreilles du chat.**
- **Jamais sans vos amis.**

Ce hapitre explique comment recevoir, écrire et envoyer du courrier électronique avec MSN Explorer. Que faire avec vos e-mails, une fois que vous les avez lus ? Ce chapitre vous montre aussi comment organiser le courrier que vous voulez conserver, et comment jeter celui dont vous ne voulez plus. Plus vous vous ferez de relations en ligne, plus vous voudrez certainement ajouter de nouveaux contacts dans votre carnet d'adresses. Rien de plus simple avec MSN.

Lorsque vous commencerez à maîtriser les bases du courrier électronique, vous aurez envie de découvrir d'autres fonctions parmi tout ce qu'offre MSN Explorer à ses utilisateurs. Les fameux "chat" sont à une portée de clics, et les communautés en ligne vous permettent d'échanger des messages instantanés avec des amis lorsque ceux-ci sont présents sur le réseau.

Envoyer et recevoir des messages avec MSN Explorer

Avec MSN Explorer, les e-mails ne se présentent pas comme dans les programmes de messagerie classiques. Microsoft s'appuie en effet sur Hotmail pour fournir un service de messagerie en ligne entièrement basé sur le Web. En d'autres termes, le courrier n'est pas expédié vers la boîte de réception de votre ordinateur. Il est simplement enregistré sur Internet, en attente d'être ouvert, lu, détruit ou éventuellement sauvegardé.

Le courrier électronique sur le Web présente certains avantages :

- Vos e-mails sont disponibles en permanence, dès lors que vous avez accès au Web.
- Vous pouvez recevoir et envoyer des pièces jointes tout à fait normalement.
- Votre disque dur n'est pas encombré par votre messagerie.

Bien entendu, il y a également le côté obscur de la force. Au-delà des questions normales ("Est-ce que je veux vraiment laisser Microsoft enregistrer mon carnet d'adresses ?"), ce service présente des points noirs. Par exemple, les anciennes versions de Hotmail ne vous permettaient pas de sauvegarder et enregistrer les messages en cours. Mais il faut reconnaître que MSN Explorer vous permet de déplacer un message dans un dossier appelé Brouillons, puis d'y revenir lorsque vous en avez besoin.

Lire votre courrier

Lorsque vous vous connectez sur MSN, vous savez tout de suite si vous avez du courrier en attente. Le bouton Courrier électronique de la barre d'outils affiche en effet dans un cercle le nombre de messages présents dans votre boîte.

Pour lire vos messages, il vous suffit de cliquer sur le bouton Courrier électronique de la barre d'outils. La fenêtre Hotmail va s'ouvrir au bout de quelques instants (voir la Figure 3.1). Elle affiche en particulier trois onglets :

- **Mon courrier :** Affiche vos messages et vous permet de les lire, puis de les mémoriser ou de les détruire, à votre guise.

- **Composer :** Vous offre ce dont vous avez besoin pour rédiger de nouveaux messages.
- **Adresses :** Vous permet d'ajouter de nouveaux contacts, d'organiser votre carnet d'adresses ou de supprimer des noms.

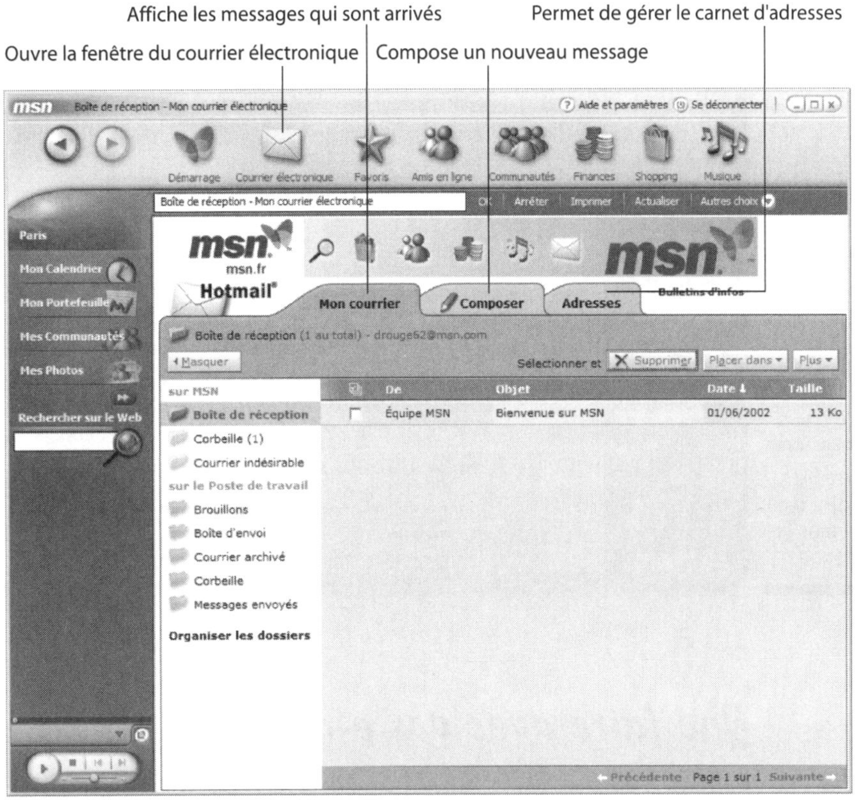

Figure 3.1 : Où que vous soyez, votre courrier est accessible sur le Web.

Pour lire un nouveau message, cliquez simplement sur le texte affiché dans l'une des colonnes Do ou Objet. Le contenu du courrier apparaît alors dans la fenêtre Hotmail (voir la Figure 3.2).

Figure 3.2 : Lecture d'un nouveau message.

Que faire avec vos e-mails ?

Lorsque vous avez ouvert et lu un message, plusieurs options s'offrent à vous : l'imprimer, le placer dans un dossier, y répondre, le transférer vers quelqu'un d'autre ou encore le supprimer. Tout cela ne pose aucun problème grâce à quelques petits boutons judicieusement répartis. Le Tableau 3.1 décrit les divers outils dont vous disposez dans la fenêtre Hotmail. Mais auparavant, résumons les différentes options proposées :

- Pour sortir un message sur le papier, cliquez sur le bouton Imprimer. Vous pouvez choisir entre l'ensemble de la fenêtre ou uniquement le cadre actif (autrement dit, celui qui contient le message lui-même). Validez.

- Pour répondre à un e-mail, cliquez sur le bouton de même nom. Tapez votre message, puis cliquez sur Envoyer (et oui, c'est aussi simple que cela). Si le courrier a été expédié à plusieurs destinataires, le texte peut être transmis à toutes les personnes figurant sur la liste en cliquant sur le bouton Répondre à tous.

- Cliquez sur Transférer pour envoyer le message à une autre personne. Entrez ensuite l'adresse du destinataire ou choisissez celui-ci dans votre carnet d'adresses. Insérez un commentaire de votre choix en haut de la fenêtre, puis cliquez sur Envoyer.

- Pour sauvegarder un e-mail, cliquez sur le bouton Placer dans un dossier. Le sous-menu associé à ce bouton vous donne le choix entre un enregistrement en ligne ou sur votre disque dur. Les deux options de la section Sur MSN (au-dessus du trait de séparation) vous permettent de placer le message dans la Corbeille ou de créer un nouveau dossier en ligne. La section du bas vous propose de placer le message dans votre Courrier archivé, dans la Corbeille ou Sur le Poste de travail, autant de dossiers qui se trouvent sur votre disque dur.

TRUC

Si vous voulez créer un dossier personnel pour archiver vos messages, choisissez l'option [nouveau] dans le menu Placer dans un dossier. Dans la fenêtre qui s'affiche, il vous suffit de donner un nom au dossier et de cliquer sur OK. La prochaine fois que vous ouvrirez le menu, le nom du dossier y apparaîtra.

- Cliquez sur Supprimer pour détruire le message.

- Cliquez sur Fermer pour quitter la fenêtre du message. Le courrier reste à votre disposition dans votre boîte aux lettres jusqu'à ce que vous décidiez d'en faire quelque chose.

Tableau 3.1 : Options pour les e-mails.

Bouton	Nom	Description
Imprimer	Imprimer	Imprime une copie du message affiché.
Répondre	Répondre	Ouvre une fenêtre de composition qui vous permet de répondre au message actuel.

Tableau 3.1 : Options pour les e-mails (suite).

Bouton	Nom	Description
Répondre à tous	Répondre à tous	Comme ci-dessus, mais pour répondre à un groupe de destinataires.
Transférer	Transférer	Permet d'envoyer une copie du message à une autre personne.
X Supprimer	Supprimer	Efface le message courant.
Placer dans dossier ▾	Placer dans un dossier	Ouvre un menu dans lequel vous pouvez choisir le dossier de destination pour y sauvegarder le message.
Plus ▾	Plus	Propose des options supplémentaires pour le courrier.
Fermer X	Fermer	Quitte le message et revient à la fenêtre Mon courrier.

Ecrire un e-mail

Prêt à prendre la plume ? Vous devriez avoir compris la procédure. Le plus dur là-dedans, c'est de savoir quoi dire. Voici les étapes à suivre :

1. **Lancez MSN Explorer comme d'habitude.**

2. **Cliquez sur le bouton E-mail dans la barre d'outils. La fenêtre Hotmail s'affiche.**

3. **Cliquez sur l'onglet Composer. Une fenêtre vierge s'affiche. Les entrées de votre carnet d'adresses sont disponibles sur la droite de l'écran (voir la Figure 3.3).**

4. **Cliquez sur une entrée du carnet d'adresses pour insérer le nom dans la ligne A, ou saisissez directement une adresse e-mail dans ce champ.**

5. **Cliquez dans le champ Objet. Tapez un en-tête ou une indication précise sur le contenu du message.**

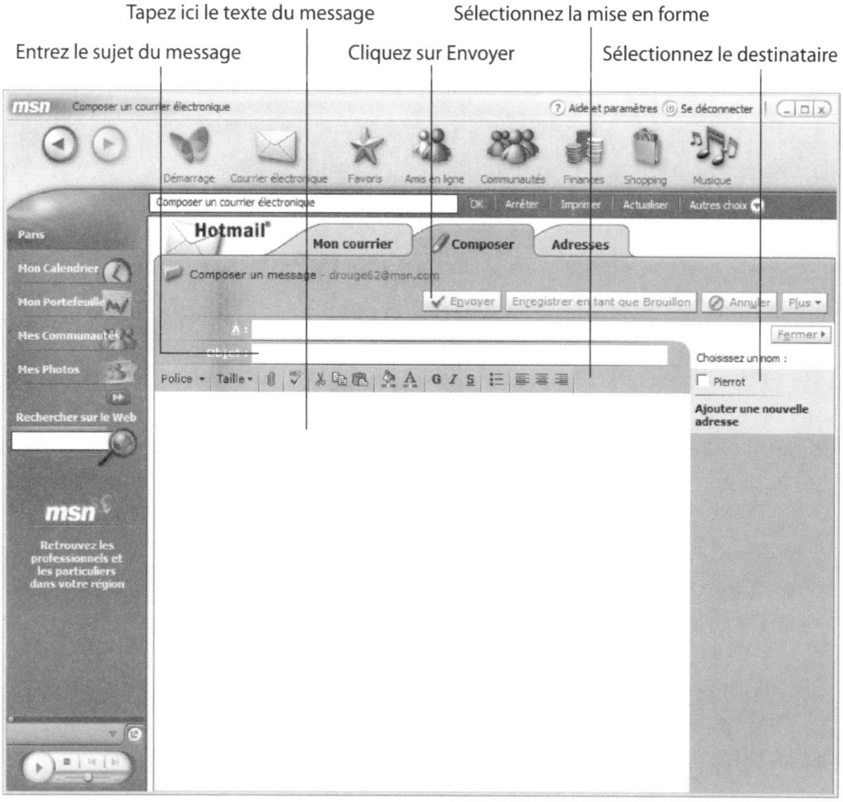

Figure 3.3 : Composer et envoyer un message en ligne.

6. **Si vous voulez modifier la présentation par défaut du message, servez-vous des outils mis à votre disposition pour choisir une police de caractères, la taille, la couleur, le style et l'alignement du texte.**

7. **Tapez le message dans la partie principale de la fenêtre.**

8. **Cliquez sur Envoyer. Vous pouvez entendre un petit avertissement sonore lorsque l'expédition est terminée.**

TRUC

De nombreuses personnes, en particulier celles qui sont très occupées, n'ouvrent les messages que si elles savent de quoi il s'agit. Plus votre champ Objet est court, clair et précis, et plus vous avez de chances d'être lu.

Options pour utilisateurs avertis

MSN Explorer propose d'autres options vous permettant de personnaliser votre messagerie en ligne. Ces outils sont utiles, notamment, si vous êtes concerné par des choses comme le blocage du courrier indésirable ou la protection de votre vie privée.

Pour voir ces options supplémentaires, cliquez sur le bouton Plus (il ouvre un sous-menu dont le contenu change selon l'onglet actif).

Si vous ne voulez plus recevoir d'e-mail de la personne qui vous a expédié le message en cours, choisissez l'option Blocage des expéditeurs. Hotmail ayant tendance à laisser passer de nombreuses "offres" publicitaires mirifiques, vous risquez d'avoir souvent recours à cette option pendant les premiers temps.

Pour gérer vos sauvegardes, cliquez sur Organiser les dossiers. Vous pourrez alors renommer vos dossiers personnels, voir le nombre de messages enregistrés ou encore vérifier la quantité de mémoire utilisée.

Avec l'option Paramètres de courrier électronique, vous pouvez modifier vos préférences, protéger votre boîte de réception, créer une signature électronique ou encore importer un carnet d'adresses.

TRUC

Si vous voulez prendre votre temps avant d'envoyer un courrier, cliquez sur le bouton Enregistrer en tant que brouillon. Cela sauvegarde votre prose dans un dossier appelé Brouillons. Cliquez sur Oui pour continuer. Lorsque vous voulez par la suite reprendre le message pour y retravailler, il vous suffit d'activer l'onglet Mon courrier, de cliquer (si nécessaire) sur le bouton Afficher, puis d'ouvrir le dossier Brouillons.

MSN et votre carnet d'adresses

Malheureusement, MSN Explorer ne sait pas d'entrée que vous avez déjà un carnet d'adresses rempli avec les noms de vos 5 000 amis les plus proches. C'est à vous de lui apprendre. Et, heureusement, son carnet d'adresses est simple et pratique à utiliser. A condition bien sûr d'accepter de travailler avec des informations enregistrées en ligne.

Pour afficher votre carnet, il vous suffit de cliquer dans la barre d'outils sur le bouton Courrier électronique. Activez ensuite l'onglet Adresses dans la fenêtre Hotmail. L'écran qui apparaît alors est illustré sur la Figure 3.4.

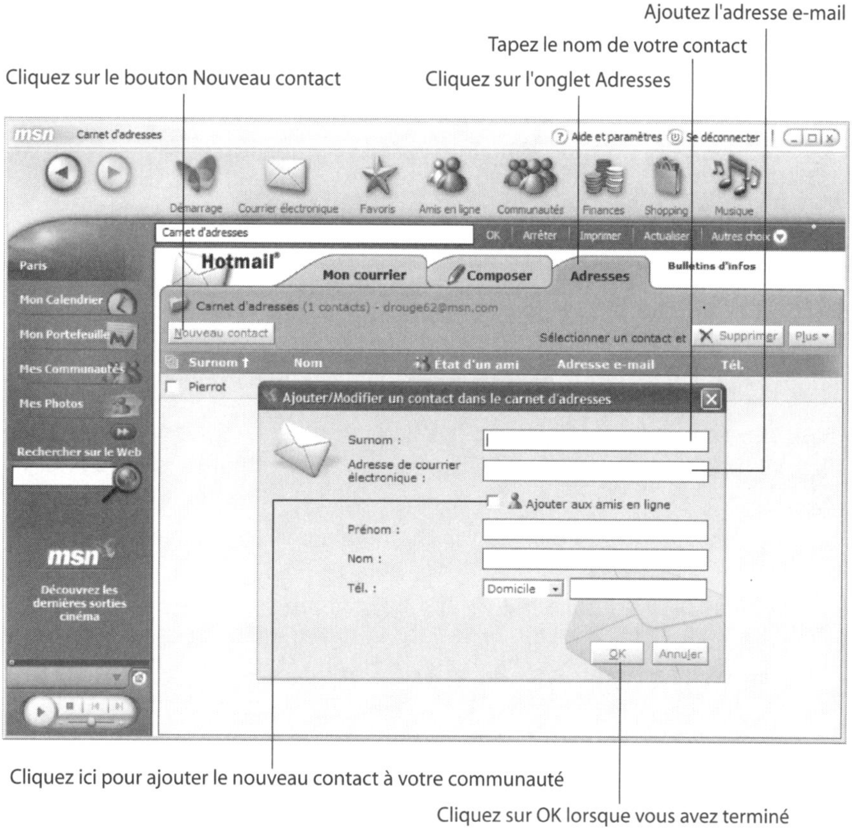

Figure 3.4 : Ajouter un contact à votre carnet d'adresses en ligne.

Voici comment ajouter une entrée dans votre carnet d'adresses :

1. **Cliquez sur le bouton Nouveau contact. Une fiche de renseignements apparaît.**

2. **Tapez le nom ou le pseudonyme de votre correspondant.**

3. **Entrez son adresse e-mail.**

4. **Si vous voulez pouvoir dialoguer en direct, cochez la case Ajouter aux amis en ligne.**

5. **Si nécessaire, entrez le nom et le numéro de téléphone du nouveau correspondant.**

6. **Il ne vous reste plus qu'à cliquer sur OK pour confirmer.**

Les informations sont enregistrées dans votre carnet d'adresses. Le nouveau nom sera disponible la prochaine fois que vous rédigerez un message ou que vous activerez l'onglet Adresses.

Importer des adresses

MSN Explorer vous permet d'importer le carnet d'adresses que vous utilisez dans d'autres programmes de messagerie (le pluriel étant tout même à mettre au conditionnel). Grâce en soit rendue à Microsoft ! Voici comment procéder :

1. Connectez-vous comme d'habitude avec MSN Explorer.

2. Cliquez sur le bouton Courrier électronique afin d'afficher la fenêtre Hotmail, puis sur le bouton Plus, à droite de l'écran. Dans le sous-menu, choisissez l'option Paramètres de courrier électronique.

3. Sur la page Centre des utilisateurs, cliquez sur Importer le carnet d'adresses. MSN vous décrit ce qu'il est possible de faire. En théorie, plusieurs sources devraient être reconnues. En pratique, il semble que MS Outlook Express soit nettement favorisé. Cliquez sur le bouton Importer le carnet d'adresses.

4. Choisissez l'élément à importer. Cliquez sur Oui pour confirmer.

TRUC

Il est possible d'ajouter à la volée de nouvelles adresses. Lorsque vous recevez un message d'une personne dont vous voulez conserver les coordonnées, cliquez sur Enregistrer l'adresse. Vous pouvez aussi utiliser l'option Ajouter une nouvelle adresse (sous la liste de vos contacts dans la fenêtre Composer).

Salles pour causeries de groupe

Vous n'êtes pas encore un adepte du "chat" ? Ne restez plus en marge : les discussions en direct ne sont plus réservées aux seules personnes extraverties (ou aux anonymes maladifs). MSN propose toutes sortes de communautés en ligne dans lesquelles vous pouvez aborder les sujets qui vous passionnent.

Un instinct communautaire

Pour dialoguer via MSN, cliquez sur le bouton Communautés de la barre d'outils. La page de chat de MSN va s'afficher (voir la Figure 3.5). Elle vous propose différentes catégories, appelées ici salles de discussion et communautés. Il vous suffit alors de cliquer sur un des liens. MSN vous propose de créer un surnom pour les discussions *live*. Il vous suffit ensuite de cliquer sur Sauvegarder pour continuer.

ATTENTION !

La démarche de MSN peut être source de confusion. Lorsque vous cliquez sur le bouton Communautés, la page Web qui s'affiche propose à la fois des salles de discussion et des communautés. Or ce sont deux choses différentes. Les salles de discussion correspondent au vrai "chat", c'est-à-dire à des discussions en direct, dans lesquelles les échanges se font de façon immédiate. Les communautés sont plutôt comme des tableaux d'affichage, où les membres peuvent ajouter ou lire des messages destinés à l'ensemble du groupe.

Si votre surnom est accepté, vous allez voir un message de confirmation. Vous avez alors la possibilité de créer un profil public ou d'accéder directement à la page de chat. La définition d'un profil peut toujours se faire plus tard (à l'aide des options Modifier le profil, ou encore Mes paramètres). Autant se lancer tout de suite dans le bain !

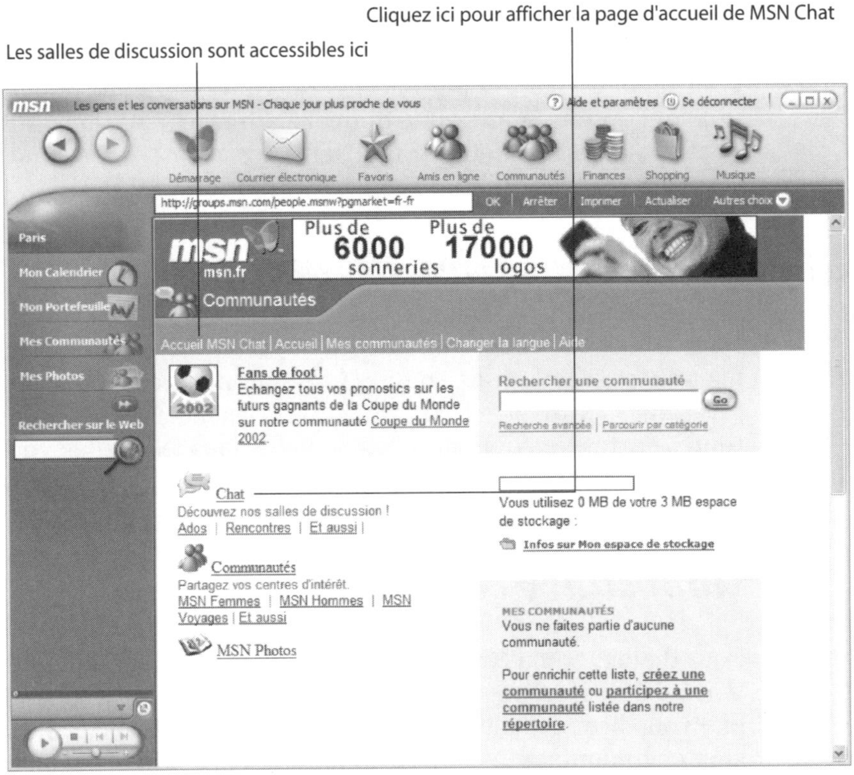

Figure 3.5 : Dialoguez en direct ou avec une communauté.

Cliquez sur la catégorie (ou la communauté) que vous voulez rejoindre. MSN vous propose la liste des salles disponibles en fonction de votre choix. Cliquez sur le nom de la salle dans laquelle vous voulez entrer. MSN devrait commencer à charger le logiciel nécessaire (du moins lors de votre toute première expérience). Après quoi, il ne vous reste qu'à bien vous tenir : vous êtes en contact avec le reste du monde !

TRUC

Si vous trouvez une salle de discussion que vous appréciez particulièrement, vous pouvez la placer dans vos favoris à l'aide de l'option Ajouter à mes chats (en haut et à droite de la fenêtre de discussion). Validez, et cette salle deviendra directement accessible à partir de votre page MSN personnalisée.

Trouver la bonne salle

Toutes les salles de discussion ne sont pas nées égales. Certaines sont rapides, endiablées, avec des dizaines de participants et de multiples interventions (certains plus ou moins correctes et intéressantes). D'autres sont plus calmes, avec un ton plus mesuré. Avec un peu d'expérience, vous devriez trouver des salles en accord avec votre propre style.

Lorsque la fenêtre de la salle de discussion dans laquelle vous êtes entré apparaît, vous êtes prêt à vous insérer dans la discussion (voir la Figure 3.6).

Figure 3.6 : Explorer la fenêtre de chat.

La plus grande partie de la fenêtre est occupée par la conversation en cours. Si la salle est particulièrement active, de nouvelles contributions arrivent sans cesse, et vous devez jouer de la souris sur la flèche qui se trouve en bas de la barre de défilement afin de rester dans la course.

Juste sous la zone de conversation, vous trouvez le champ de saisie de texte. Vous pouvez y entrer vos contributions personnelles puis cliquer sur Envoyer.

A propos des profils

Un profil public est une collection d'informations personnelles que vous pouvez (ou non) choisir de rendre disponibles auprès de toute la population. Il est possible d'entrer tous les renseignements demandés ou uniquement les données que vous acceptez de partager. Vous êtes libre de vos choix.

Pour créer un profil public, cliquez sur le bouton Modifier le profil, dans la fenêtre de chat. La fenêtre Répertoire des utilisateurs apparaît. Elle contient des informations de base : nom, contact, ainsi que votre situation familiale et vos centres d'intérêt. Vous pouvez partager d'autres données, telles que vos préférences, vos hobbies, une citation que vous aimez bien, ainsi que d'autres éléments permettant de mieux vous connaître.

Vous disposez d'options pour personnaliser votre profil : couleurs, liens vers votre page Web, et pourquoi pas vers votre photographie. Cliquez sur Enregistrer lorsque vous êtes satisfait du résultat. MSN va créer le profil, et les personnes avec lesquelles vous dialoguez pourront alors le consulter.

La partie droite de la fenêtre vous indique qui se trouve actuellement dans la pièce, et quel est le statut de chaque participant. L'animateur du forum est signalé par un petit papillon multicolore, le logo de MSN. Le Tableau 3.2 décrit les autres icônes et outils disponibles dans cette partie de la fenêtre.

Tableau 3.2 : Les outils du chat.

Outil	Description
	Permet d'envoyer un message à une seule personne sans que les autres participants le voient.
	Sert à ignorer ou à bloquer les messages émis par la personne que vous spécifiez.
	Marque une personne afin de pouvoir suivre ses observations.
	Apparaît quand une personne possède un profil public que vous pouvez consulter.
	Indique que la personne s'est retirée provisoirement de la discussion.

Lorsque vous voulez sortir de la salle de discussion, cliquez simplement sur Quitter. Vous revenez à la page principale du chat (pour le cas où vous voudriez changer de salon).

Les amis en ligne, entre chat et messagerie

MSN n'est certainement pas le premier service en ligne à proposer une messagerie instantanée, mais il rend cette technique facile – et gratuite. Les amis en ligne sont des utilisateurs de MSN et/ou de Hotmail qui possèdent aussi MSN Messenger (ou Windows Messenger, ce qui est pareil) et avec lesquels vous pouvez échanger des messages rapides lorsqu'ils sont connectés.

Mais comment savoir justement qui est en ligne, et avec qui vous pouvez engager la conversation ? Il s'agit de personnes qui utilisent comme vous MSN ou Hotmail, ou qui ont signé un passport .NET. Si vous connaissez quelqu'un qui possède une adresse de messagerie `msn.com` ou `hotmail.com`, ou qui possède un passport .NET, vous pouvez l'inviter à une séance de messagerie instantanée de la façon suivante :

1. Cliquez dans la barre d'outils de MSN Explorer sur le bouton Amis en ligne.

2. Cliquez sur Ajouter un nouvel ami. Dans la fenêtre qui suit, entrez l'adresse e-mail du contact à ajouter.

3. Cliquez sur Ajouter un ami pour terminer.

Vous avez maintenant un(e) nouvel(le) ami(e), et vous serez prévenu lorsqu'il (ou elle) sera en ligne.

Envoyer un message instantané

Voyons maintenant comment envoyer un message instantané à un(e) ami(e) connecté(e) :

1. **Cliquez sur Amis en ligne. Le menu qui s'affiche vous indique qui est présent. Il vous propose également d'autres options pour ajouter ou visualiser des utilisateurs.**

2. **Cliquez sur le nom de la personne que vous voulez contacter. Une fenêtre de message va apparaître (voir la Figure 3.7).**

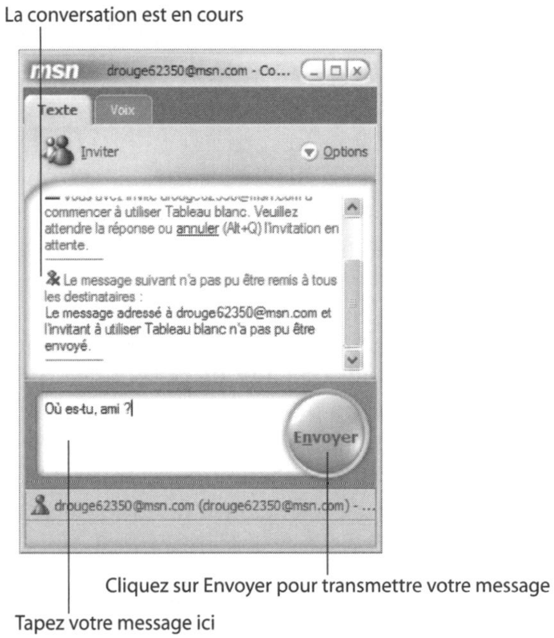

Figure 3.7 : Messagerie instantanée entre amis.

3. **Tapez votre message, puis cliquez sur Envoyer.**

Le message apparaît dans la partie du haut de la fenêtre. Lorsque le (ou la) destinataire répond, un signal vous l'indique en bas de la fenêtre de message.

Et c'est tout ! La conversation peut continuer aussi longtemps que vous le souhaitez, généralement émaillée d'acronymes et de petits symboles (les fameux emoticons, également appelés smileys).

TRUC

Vous pouvez utiliser la messagerie instantanée même si MSN Explorer n'est pas ouvert. Si vous jetez un coup d'œil sur la droite de la barre des tâches, vous devriez y voir une petite icône figurant les amis en ligne (autrement dit, celle du programme Windows Messenger). C'est d'ailleurs également là que l'arrivée d'un contact ou d'un message instantané est signalée. Cliquez sur cette icône pour ouvrir la fenêtre de dialogue ou pour répondre à un ami. Vous pouvez aussi vous servir de cette icône pour ouvrir ou terminer une session, et pour trouver qui est en ligne.

ATTENTION !

Windows Messenger ou MSN Messenger ? Qu'importe le flacon, puisque c'est le même. Ce qui compte, c'est l'ivresse de la messagerie instantanée !

Conversations à plusieurs

L'une des fonctionnalités qui donne tout son intérêt au messager de MSN (ou de Windows XP) par rapport à d'autres services en ligne est son aptitude à permettre des conversations en groupe (avec jusqu'à cinq participants à la fois). Il vous suffit pour cela de cliquer sur l'option Inviter, puis de sélectionner les noms des personnes avec lesquelles vous voulez discuter. Cela revient à ouvrir une sorte de petit salon privé de chat.

Préserver son intimité

C'est sûr, vous adorez déjà la messagerie instantanée, mais comment faire si une urgence se présente au moment où vos amis en ligne veulent justement vous parler du dernier film à la mode ? Il vous suffit de leur faire savoir que vous êtes parti ou simplement occupé provisoirement, en choisissant l'une des options disponibles dans le menu. Rien de bien difficile là-dedans :

1. Cliquez dans la barre d'outils de MSN Explorer sur le bouton Amis en ligne.
2. Cliquez sur votre nom pour afficher le sous-menu.

Vous disposez des options suivantes :

- **En ligne :** Fait savoir à vos contacts que vous êtes disponible pour discuter.
- **Occupé(e) :** Indique à vos amis que vous ne pouvez pas leur parler maintenant.
- **Je reviens :** Autrement dit, à tout de suite !
- **Absent(e) :** Signale que vous êtes indisponible.
- **En communication :** Demande à attendre un peu pour renouer le contact.
- **Pause repas :** Vous n'êtes plus dans le coin pour l'instant.
- **Apparaître hors ligne :** Vous êtes toujours en ligne, mais vous prétendez le contraire.

3. Il ne vous reste plus qu'à cliquer sur l'option voulue.

L'icône qui correspond à votre choix apparaît en regard de votre nom dans la liste des contacts, ce qui fait que vos ami(e)s savent à quoi s'en tenir sur votre présence.

Emoticons et acronymes

Plus vous vous familiariserez avec les discussions en ligne, et plus vous chercherez des moyens de communiquer plus vite. Les emoticons et les acronymes, issus de l'Amérique profonde, fournissent deux méthodes pour exprimer rapidement des états d'âme ou des commentaires.

Les emoticons sont de petites icônes souriantes ou mécontentes qu'il est possible de simuler à l'aide de deux ou trois caractères (à regarder de côté). En voici quelques exemples parmi les plus répandus :

:)	Visage souriant
:O	Bâillement
:P	Tirer la langue
;)	Clin d'œil
:(	Froncement de sourcils
:S	Dubitatif
:|	Assommant

Les acronymes sont des raccourcis que l'on met à la place d'expressions courantes. En voici quelques-uns, reconnus pour tous les "chateurs" impénitents :

<G>	Grin	Sourire ou rictus
<EG>	Evil grin	Sourire diabolique
AFK	Away from keyboard	Je ne suis plus devant le clavier !
BRB	Be right back	Je reviens de suite
BTW	By the way	A propos...
FWIW	For what it's worth	Pour ce que ça vaut
GMTA	Great minds think alike	Les grands esprits se rencontrent
IMHO	In my humble opinion	A mon humble avis
LOL	Laughing out loud	Je suis mort de rire
ROFL	Rolling on the floor laughing	Je me roule par terre de rire
TMI	Too much information	Trop d'informations
TTFN	Ta ta for now	C'est bon pour l'instant

Index

O

P

R

S

W

Livret VII

Ajouter et utiliser du matériel

Sommaire

Chapitre 1 : Trouver et installer le matériel que vous voulez

Dans ce chapitre :

- **Ce qui est disponible.**
- **Comment ça marche.**
- **Ce qu'il faut éviter.**
- **Ce pour quoi il faut mourir.**
- **Comment l'installer et l'utiliser.**

Rendons-nous à la réalité : vous n'avez pas besoin des gadgets les plus rapides et les plus dispendieux pour tirer le meilleur parti de votre ordinateur.

Cependant, disposer d'un équipement qui correspond à vos besoins peut vous permettre de travailler mieux dans de meilleures conditions et de gagner du temps.

Ce chapitre passe en revue les accessoires pour ordinateur les plus utilisés, afin de vous aider à décider si l'un d'entre eux peut vous être utile.

Comprendre les différents types de matériel

Pour décider en toute connaissance de cause si vous devez ajouter du matériel à votre ordinateur ou à votre réseau, vous devez comprendre comment le matériel se connecte à votre PC et connaître tout ce dont vous aurez besoin pour faire fonctionner ce nouveau joujou.

Jongler entre les périphériques internes et externes

Un périphérique interne se glisse dans le boîtier de votre ordinateur. Un périphérique externe dispose de son propre boîtier et est connecté à votre ordinateur via un câble.

Un périphérique interne est plus facile à utiliser. Si vous devez déplacer votre ordinateur, le périphérique interne se déplace avec. Il ne dispose pas de câble ou de cordon d'alimentation, toujours prêt à s'emmêler ou à prendre la poussière. Cependant, le nombre de périphériques internes que vous pouvez faire tenir dans un boîtier est physiquement limité.

Pour sa part, un périphérique externe est souvent plus souple d'emploi. Si vous disposez de plusieurs ordinateurs, vous pouvez déplacer ce périphérique d'un ordinateur à un autre comme vous l'entendez.

Un périphérique interne peut être une *carte d'extension* qui s'insère dans un *connecteur* sur la carte mère de votre ordinateur. Il peut aussi être connecté à un *contrôleur* via un *câble interne*. Tous les périphériques externes sont connectés à un contrôleur.

Le type *d'interface* d'un périphérique détermine le type du contrôleur qui lui correspond (la section suivante traite des interfaces). Un seul contrôleur peut servir à plusieurs périphériques d'un même type d'interface. Certains contrôleurs sont intégrés à la carte mère, d'autres doivent être ajoutés sous la forme de cartes d'extension.

Choisir une interface

Tout périphérique connecté à votre ordinateur utilise une *interface* pour échanger des données avec l'ordinateur. L'interface est simplement un connecteur physique – une prise, si vous voulez. Nombreux sont les périphériques qui sont commercialisés avec différents types d'interfaces. Par conséquent, vous devez absolument vous y connaître un peu pour choisir le modèle qui répond à vos besoins.

Les interfaces pour les cartes d'extension

Une carte d'extension – c'est-à-dire une carte que vous connectez directement à la carte mère du PC – utilise un des trois types d'interface, qui correspondent à trois types de connecteurs sur la carte mère. Les noms des connecteurs sont plutôt étranges, mais ne vous laissez pas rebuter par eux. Ils ont une histoire, qui date de bien longtemps, et qu'il n'est pas utile de connaître aujourd'hui. Comme "Paris", si vous voyez ce que je veux dire.

L'interface PCI est la plus utilisée. Elle est physiquement résistante (par conséquent, vous aurez beaucoup de mal à briser la carte quand vous l'insérez dans son connecteur), et dispose de nombreux contacts électriques. Le PCI permet le *plug-and-play*, ce qui signifie que Windows XP peut déterminer tout seul les caractéristiques d'une carte d'extension et procéder automatiquement à l'installation des logiciels requis pour la faire fonctionner. La plupart des ordinateurs Windows disposent de trois, quatre ou cinq connecteurs PCI.

L'interface AGP est réservée aux cartes vidéo – c'est-à-dire les cartes qui affichent des machins sur votre écran. Les cartes vidéo dotées de l'interface AGP sont plus performantes que celles dotées de l'interface PCI. L'AGP est aussi une interface plug-and-play.

ATTENTION !

Tous les PC ne disposent pas d'un connecteur AGP. Par conséquent, vérifiez si c'est le cas de votre PC avant d'acheter une carte vidéo AGP. Une carte AGP sans connecteur AGP est aussi utile qu'une voiture sans essence.

L'interface ISA est une interface bien plus ancienne, et elle n'est pas plug-and-play. La plupart des ordinateurs Windows modernes ne comportent qu'un seul connecteur ISA ou même pas du tout.

ATTENTION !

N'achetez pas une carte d'extension avec une interface ISA, à moins que vous ne soyez à la recherche d'un matériel très particulier qui n'existe que sous cette forme. Si vous achetez une carte ISA, attendez-vous à passer des heures sur des sujets aussi abscons que les IRQ, les canaux DMA et les adresses I/O avant d'espérer pouvoir vous en sortir. Ce n'est pas par hasard qu'il est aujourd'hui très difficile de trouver des cartes ISA. Laissez-les disparaître en silence.

Les interfaces IDE et EIDE

L'interface EIDE contrôle le disque dur sur la plupart des ordinateurs Windows. Elle contrôle aussi fréquemment le lecteur de CD-ROM et le lecteur de DVD. La carte mère de tous les ordinateurs modernes disposent d'un ou de deux contrôleurs EIDE intégrés, auxquels les disques durs, les lecteurs de CD-ROM et les lecteurs de DVD de l'ordinateur sont reliés par des nappes.

L'interface IDE est l'ancêtre de l'interface EIDE. Il se peut que vous trouviez des disques durs qui ont été conçus pour l'interface IDE. Si votre ordinateur dispose d'une interface EIDE, vous pourrez probablement utiliser ces disques durs sans problème, mais les performances s'en ressentiront.

Les interfaces IDE et EIDE sont rarement utilisées pour connecter des périphériques externes car la longueur du câble qui permet de connecter le contrôleur au périphérique est assez limitée.

L'interface SCSI

L'interface SCSI (prononcez "skeuzy") est utilisée par des périphériques rapides tels que les disques durs et les lecteurs de bandes. Ces périphériques peuvent être aussi bien internes qu'externes. L'interface SCSI est recommandée pour les disques durs externes, ainsi que pour les lecteurs de CD-ROM et de DVD externes.

Très peu d'ordinateurs Windows disposent de contrôleurs SCSI intégrés. Un contrôleur doit généralement être installé dans l'un des connecteurs de la carte mère de l'ordinateur. Voici pourquoi : bien que le SCSI soit théoriquement plus rapide que l'EIDE, il se trouve que très peu de personnes se rendent compte de la différence quand ils passant de l'EIDE au SCSI. Cependant, le SCSI est presque toujours (et parfois considérablement) plus onéreux que l'EIDE. A moins que vous ne rencontriez vraiment des problèmes de vitesse, restez-en donc à l'EIDE.

L'interface USB

L'interface USB est utilisée par des périphériques peu rapides tels que la souris, l'imprimante, le scanner et la caméra numérique. Tous les ordinateurs Windows modernes disposent d'un contrôleur USB intégré.

L'interface USB est utilisée par les périphériques externes. C'est l'interface la plus flexible pour ce type de périphérique, et la plus facile d'emploi. Vous pouvez connecter ou déconnecter un périphérique USB sans avoir à redémarrer votre ordinateur ; Windows XP détecte automatiquement la présence ou l'absence du périphérique et s'adapte en fonction. Cela ne marche pas avec les autres types d'interface. Vous risquez même d'abîmer votre ordinateur si vous procédez ainsi.

Les interfaces série et parallèles

Ces deux types d'interface sont essentiellement utilisés pour les imprimantes, les scanners et les modems externes. Elles sont bien plus anciennes que tous les autres types d'interface dont il a été question jusqu'à présent. Les interfaces parallèles comportent 25 broches, et servent généralement à relier une imprimante au PC. Les interfaces série comportent 9 broches, et servent généralement à connecter un modem au PC.

Presque tous les ordinateurs Windows comportent une interface parallèle (bonne pour un périphérique), et une ou deux interfaces série (bonnes pour un périphérique chacune).

De nombreux périphériques modernes utilisent l'interface USB en lieu et place de l'interface série ou parallèle. L'interface USB est préférée car elle est plus rapide et plus simple d'emploi.

S'assurer de la compatibilité avec Windows XP

La plupart des périphériques posent la question de la compatibilité : ce gadget va-t-il fonctionner avec Windows XP ? Vous pouvez traiter cette question de mille et une manières, mais la question qui tranche est la suivante : existe-t-il un pilote pour ce matériel ? (Un pilote est un logiciel qui permet à Windows XP de dialoguer avec le périphérique.)

Vous pouvez répondre à cette question de trois manières :

- ✦ Le pilote se trouve dans la liste des matériels compatibles Windows XP maintenue par Microsoft. Cela signifie que Microsoft a testé le matériel avec Windows XP et certifie que cela fonctionne. Windows XP peut disposer d'un pilote intégré pour ce matériel.

Microsoft maintient la liste des matériels compatibles avec Windows XP sur son site Web. A l'heure où j'écris ces lignes, vous pouvez trouver cette liste sur la page http://www.microsoft.com/hcl. Si vous ne la trouvez pas à cette adresse, rendez-vous à la page d'accueil du site de Microsoft et utilisez le moteur de recherche avec les mots-clés "liste matériels compatibles".

- Si le matériel n'est pas recensé dans la liste officielle du matériel compatible, l'entreprise qui le fabrique peut avoir réalisé un bon pilote (quelques fabricants de matériel n'aiment pas soumettre leurs produits à tous les tests qui leur permettrait de les faire figurer dans la liste du matériel compatible de Microsoft). Si vous décidez de vous fier au pilote du fabricant, vérifiez que vous récupérez bien une version du pilote pour Windows XP, et non pas pour une version antérieure de Windows.

- Aussi incroyable que cela puisse paraître, un matériel peut ne requérir aucun pilote pour fonctionner car son interface de connexion à l'ordinateur est totalement standardisée, si bien que Windows XP peut faire fonctionner tout matériel de ce type. La plupart (mais pas tous !) des claviers, des moniteurs et des souris fonctionnent de cette manière. Cependant, n'importe quel périphérique de ce type peut disposer de fonctionnalités qui lui sont propres et que vous ne pourrez utiliser que si vous installez le pilote approprié.

Mettre à jour le matériel courant

Vous avez probablement une imprimante, mais elle ne répond plus à vos besoins. Votre moniteur est peut-être mort – ou alors vous êtes tombé amoureux du moniteur ultraplat de 17 pouces que vous avez vu à Ordinat-O-Rama. Ce disque dur géant de 2 Go que vous avez acheté l'année dernière ne vous semble peut-être plus aussi géant qu'il vous semblait alors – surtout depuis que les enfants ont découvert combien il est facile d'imprimer des images prises avec votre appareil photo numérique.

Courage.

Généralement, le remplacement de matériel sous Windows XP se déroule le mieux du monde.

Choisir une imprimante

La plupart des imprimantes modernes sont d'un de ces deux types :

- **Les imprimantes à jet d'encre.** Elles fonctionnent en projetant de minuscules gouttes d'encre sur du papier. Les imprimantes à jet d'encre sont généralement petites, légères et peu coûteuses. Elles font moins de bruit que les imprimantes laser et consomment moins d'énergie.

- **Les imprimantes laser.** Elles fonctionnent en faisant fondre de l'encre sur du papier, comme les photocopieurs. Les imprimantes à jet d'encre sont généralement plus volumineuses et plus lourdes que leurs cousines à jet d'encre, et coûtent plus cher. D'un autre côté, les imprimantes laser sont plus rapides que les imprimantes à jet d'encre, et n'importe quelle imprimante laser digne de ce nom produit des résultats bien plus précis qu'une imprimante à jet d'encre.

Il serait facile de faire son choix entre une imprimante à jet d'encre et une imprimante laser, n'était-ce le prix des consommables.

Les cartouches d'encre pour les imprimantes à jet d'encre coûtent beaucoup plus cher par page que les toners pour imprimantes laser. Une imprimante à jet d'encre peut ainsi se révéler plus coûteuse à l'utilisation qu'une imprimante laser sur la durée.

N'OUBLIEZ PAS

Il existe des imprimantes dotées d'une interface USB, série ou parallèle. La plupart d'entre elles sont dotées de plusieurs de ces interfaces. Quelques imprimantes sont dotées d'une interface Ethernet, ce qui permet de les connecter directement à un concentrateur. L'interface USB est la meilleure garantie de vitesse et de facilité d'utilisation. L'interface Ethernet convient tout à fait aux imprimantes très rapides.

Imprimer des photos

La plupart des imprimantes à jet d'encre peuvent imprimer des images en couleurs. Elles permettent généralement d'imprimer correctement des photographies. Quelques-unes sont d'ailleurs spécialement conçues à cet effet.

Les imprimantes laser couleur sont rares et onéreuses. Le procédé d'impression laser ne permet pas de traiter correctement des zones de dégradés ou les variations subtiles de couleur. Quelques imprimantes laser couleur prétendent pouvoir générer un résultat de qualité photographique, mais la plupart ne sont conçues que pour imprimer des documents où figurent des aplats tels que des titres ou des graphiques. Comme les autres imprimantes laser, les imprimantes laser couleur sont plus rapides que les imprimantes à jet d'encre et se révèlent moins coûteuses à l'utilisation.

Les imprimantes à sublimation thermique produisent des sorties dont la qualité est équivalente, voire supérieure, à celle de photographies classiques. Cependant, elles sont onéreuses et ne fonctionnent qu'avec un papier spécial et des rubans thermiques qui sont fort chers. Le matériel requis pour une seule impression peut coûter plusieurs euros. C'est pourquoi les imprimantes à sublimation thermique sont recommandées pour imprimer des photos, mais pas pour imprimer des documents.

Les périphériques multifonctions

Quelques entreprises commercialisent des *périphériques multifonctions* qui assurent plusieurs tâches à la fois, telles que l'impression, la photocopie, le fax et le scanner.

Un périphérique multifonction permet d'économiser de l'espace et coûte généralement moins cher que la somme des périphériques auxquels il correspond réunis. Cependant, c'est une solution de compromis : un tel périphérique ne peut pas être aussi bien conçu pour une tâche qu'un périphérique spécifique à cette tâche. Vous devez aussi tenir compte du fait que vous ne pourrez pas utiliser plus d'une fonction du périphérique à la fois, et qu'une panne risque de vous interdire l'accès à toutes les fonctions simultanément.

Un périphérique multifonction peut se révéler d'une grande aide si vous utilisez chacune des fonctions épisodiquement. Si vous avez régulièrement recours à une fonction, vous feriez mieux d'acquérir un périphérique spécifiquement conçu pour cette dernière.

Des fonctionnalités exotiques

Vous pouvez trouver des imprimantes qui acceptent du papier au format A3. Les imprimantes à jet d'encre qui acceptent ce format coûtent quelques euros de plus ; les imprimantes laser qui l'acceptent coûtent quelques milliers d'euros de plus. Il existent des imprimantes qui acceptent des formats plus grands encore, mais vous devrez vous adresser à un fournisseur particulier pour en acquérir une (le prix est particulier, aussi).

De nombreuses imprimantes laser et quelques imprimantes à jet d'encre peuvent imprimer une page, puis la retourner afin d'imprimer sur son verso. C'est ce qu'on appelle l'impression duplex. Cette fonctionnalité est intéressante si vous imprimez des propositions ou des rapports dont l'apparence doit être soignée, ou si vous souhaitez procéder à un mailing important en économisant des frais de ports qui dépendent du poids du courrier.

TRUC

Quelques applications, dont Word de Microsoft, permettent d'imprimer en duplex avec une imprimante classique – à condition que vous vous donniez la peine de prendre une pile de pages imprimées, de l'inverser, et de le remettre dans le bac d'alimentation. L'astuce consiste à deviner quelles pages il convient d'imprimer en premier (paires ou impaires), si les pages doivent être imprimées dans l'ordre habituel (les pages 1, puis 3, puis 5, et ainsi de suite) ou inverse (les pages 5, puis 3, puis 1), et comment la pile doit être inversée (face imprimée avant, face imprimée arrière, retournée sur 180 degrés ou non). Après vous être livré à quelques expériences sur votre imprimante et la boîte de dialogue Fichier/Imprimer, vous devriez pouvoir transformer votre imprimante classique en imprimante duplex.

N'OUBLIEZ PAS

Il existe une liste sans fin d'imprimantes qui répondent à des besoins spécifiques. Par exemple, les imprimantes de bannières qui utilisent des rouleaux de papier, les imprimantes à crayon qui permettent d'imprimer des plans d'architecture sur du papier de grande surface, les imprimantes à étiquettes qui impriment plusieurs étiquettes à la fois, et ainsi de suite. Si vous avez besoin d'une imprimante un tant soit peu particulière, recherchez-la sur le Web ou consultez des vendeurs spécialisés. Quelle que soit l'imprimante à laquelle vous pourriez penser, il y a de grandes chances pour que quelqu'un la commercialise déjà.

Prendre une décision

Après avoir passé des années à conseiller des personnes et des entreprises sur le choix de leur imprimante, j'en suis arrivé à quelques conclusions élémentaires :

- Si vous n'imprimez pas beaucoup, achetez une imprimante couleur à jet d'encre de marque réputée. Vous ne risquez pas de faire un mauvais choix.
- Si vous imprimez beaucoup – disons, plus d'une dizaine de pages par jour –, achetez une laser. Elle vous coûtera moins cher dans le temps, bien que son coût initial soit élevé. Pour imprimer en couleurs occasionnellement, adressez-vous à un magasin spécialisé.
- Si vous avez vraiment besoin d'une imprimante laser couleur (ou à sublimation thermique), faites le calcul et apprêtez-vous à devoir vider votre portefeuille.
- Si vous avez besoin d'imprimer de nombreux documents en noir et blanc et en couleurs, vous pourriez acheter une imprimante à jet d'encre et une imprimante laser. L'imprimante laser peut se révéler coûteuse, mais c'est la meilleure solution pour être certain de ne pas négliger la qualité des résultats en noir et blanc comme en couleurs.

Choisir un nouvel écran

Il est fort probable que l'écran que vous utilisez soit un écran de type *CRT* (à tube cathodique). Il est tout aussi probable que vous avez vu en magasin un écran extra-plat qui vous a littéralement impressionné. Les écrans extra-plats LCD sont devenus bon marché et envahissent nos bureaux. Par conséquent, si vous songez à remplacer votre écran, vous devez tout d'abord choisir entre un écran standard et un écran à *LCD* (à cristaux liquides).

Ecran à tube cathodique contre écran extra-plat

Les écrans extra-plats LCD, depuis longtemps utilisés pour les ordinateurs portables, sont de plus en plus courants pour les ordinateurs de bureau. Ces écrans présentent un certain nombre d'avantages sur les écrans CRT :

- N'étant dotés d'aucun tube, ils sont beaucoup plus légers et occupent moins de place.
- Ils consomment moins.
- L'image est très nette, les lignes droites semblent parfaitement droites, et la convergence des couleurs est parfaite.
- Comme l'image persiste plus longtemps à l'écran que sur un tube, elle ne scintille pas.

Ils présentent aussi certains inconvénients, dont tous ne semblent pas évidents de prime abord :

- Bien que leur prix ne cesse de baisser, les écrans LCD restent plus onéreux que leurs équivalents CDT, et cette différence de prix devrait persister encore longtemps.
- Rares sont les écrans LCD dont la dimension est supérieure à 17 pouces ou dont la résolution dépasse 1 280 x 1 024 (pour plus d'informations sur la résolution de l'écran, reportez-vous à la section suivante).
- Le procédé de fabrication produit souvent des écrans qui comportent des pixels morts. Un pixel mort apparaît sous la forme d'un point noir (ou d'une autre couleur qui ne correspond pas à celle souhaitée) dans l'image. La plupart des fabricants considèrent qu'un écran LCD est fonctionnel s'il ne comporte pas plus de trois pixels morts, mais un seul de ces pixels morts peut vous rendre fou, surtout s'il se trouve en plein milieu de l'écran. Si vous regardez un écran et que vous notez la présence d'un pixel mort, ne l'achetez pas.

  Si vous achetez un écran plat et qu'un, deux ou trois pixels meurent subitement, vous ne pourrez rien y faire.

- Un écran LCD est difficilement lisible sous certains angles, notamment si vous vous éloignez de l'axe de l'écran. Cela peut poser un problème si plusieurs personnes doivent regarder l'écran simultanément.

- Les écrans LCD restituent moins bien les couleurs que les écrans CRT, si bien qu'ils sont moins adaptés aux travaux sur les photographies et les films.

- La persistance de l'image à l'écran qui permet d'éviter qu'elle ne scintille est aussi un inconvénient : si vous utilisez des applications qui produisent des images en mouvement rapide, telles que des jeux et l'outil de création de films de Windows, vous observerez des traînées à l'écran.

Choisir un écran de bonne dimension

La caractéristique la plus évidente d'un écran, c'est sa dimension. La diagonale des écrans CRT standards est de 15, 17, 19 et 21 pouces. Les écrans extra-plats LCD sont généralement plus petits.

Les fabricants d'écrans CRT standards (et de télévision) mesurent la diagonale de l'écran d'une manière tout à fait originale – ils mesurent la taille de l'écran lui-même, sans tenir compte du fait qu'une partie de l'écran est cachée par le boîtier en plastique, et ne peut donc être vue. Si vous mesurez vous-même la diagonale d'un écran CRT, vous observerez qu'elle est généralement inférieure d'un pouce à celle annoncée. Quelques fabricants sont assez sérieux pour vous communiquer la diagonale de la partie visible. Mais beaucoup trop ne le sont pas.

La résolution maximale d'un écran est aussi importante que sa diagonale.

La résolution correspond au nombre de points qui forment l'image, ou pixels, que l'écran peut afficher horizontalement et verticalement. Le nombre de pixels affichés par un écran CRT standard peut varier. Il est fixe pour un écran extra-plat.

Si vous utilisez un écran LCD extra-plat, la résolution est fixée, généralement à 1 024 x 768 (bien qu'elle puisse occasionnellement être de 800 x 600). Bien qu'il soit théoriquement possible de modifier la résolution (par exemple, pour passer de 1 024 x 768 à 800 x 600), le résultat produit laisse souvent à désirer car la grille des points d'un écran extra-plat est figée – la résolution modifiée résulte d'une interpolation de couleurs.

Les écrans CRT ont des résolutions maximales, que vous communique le fabricant. Ce sont généralement les suivantes :

- 1 280 x 1 024 pour un écran 15, 17 ou 18 pouces.
- 1 600 x 1 200 pour un écran 19 pouces.
- 1 600 x 1 200 ou 1 800 x 1 440 pour un écran 21 pouces.

Certains Nuls pensent que la résolution de l'écran a quelque chose à voir avec la netteté de l'image qui est affichée. Ce n'est pas le cas. Quand la résolution augmente, le nombre d'informations affichées à l'écran augmente. L'image peut être elle-même très nette ou très floue, selon la qualité de l'écran – un bon écran affiche une image très nette en 1 600 x 1 200, tandis qu'un mauvais écran affichera une image si floue en 1 024 x 768 que vous serez contraint de travailler en 800 x 600.

Je pense que la meilleure manière de comprendre ce phénomène consiste à considérer les effets de la résolution de l'écran sur une feuille de calcul Excel 2002 (Office XP) vierge :

- En 800 x 600, vous pouvez voir les cellules A1 à L25 – soit 30 cellules – sur une feuille de calcul vierge.
- En 1 024 x 768, vous pouvez voir les cellules A1 à O34, soit un total de 510 cellules. C'est 70 % de plus qu'en 800 x 600.
- En 1 280 x 1 024 – la limite généralement admise pour travailler sur du texte sur un écran CRT, à moins que votre vue ne soit bien meilleure que la mienne –, Excel 2002 affichera les cellules A1 à S50, pour un total de 950 cellules. C'est 86 % de plus qu'en 1 024 x 768, et plus de trois fois qu'en 800 x 600.

Bien que vous ne risquiez pas de passer la plupart de votre temps sur des feuilles de calcul qui comprennent des centaines de cellules, cette petite comparaison, combinée à une longue expérience, m'a permis d'aboutir aux conclusions suivantes :

- N'importe lequel des écrans que vous pouvez acheter aujourd'hui affiche correctement en 800 x 600. Dans cette résolution, vous pouvez visualiser la moitié d'une page Word ou Excel. Pour l'utilisateur lambda de Windows, c'est donc suffisant.

- La plupart des écrans CRT 17 pouces affichent correctement en 1 024 x 768. La plupart des écrans extra-plats LCD affichent eux aussi en 1 024 x 768. Dans cette résolution, vous pouvez visualiser les deux tiers d'une page Word. Sous Excel, vous doublez presque le nombre de cellules affichées simultanément à l'écran, comparé au 800 x 600. Pour cette raison, un écran 17 pouces vaut bien les quelques euros de plus qu'il faut y consacrer.

- Les résolutions supérieures à 1 024 x 768 sont pratiques si vous avez souvent besoin de travailler sur plus d'un document Word à la fois, ou si vous manipulez des feuilles de calcul sophistiquées. Malheureusement, les écrans qui peuvent afficher correctement dans de telles résolutions sont assez onéreux. Avant de casser votre tirelire pour atteindre des résolutions stratosphériques, essayez d'effectuer sur l'écran de votre choix votre travail quotidien, et laissez votre œil être le seul juge.

Combattre le scintillement

Quelques personnes ne peuvent pas supporter les écrans qui scintillent, surtout quand elles travaillent sous un éclairage artificiel de type néon. Si le scintillement de l'écran vous gêne, achetez un écran extra-plat LCD. Il ne scintillera pas. Point final.

La fréquence de rafraîchissement d'un écran CRT correspond au nombre de fois par seconde que l'image est redessinée à l'écran. La fréquence de rafraîchissement se mesure en Hertz (Hz), tout comme la fréquence d'une onde radio. Si la fréquence de rafraîchissement est de 70 Hz, votre écran redessine l'image 70 fois par seconde.

Si la fréquence de rafraîchissement d'un écran est trop basse, l'image scintille. La plupart des gens ne remarquent plus le scintillement à partir de 72 Hz, mais cette perception peut dépendre de la qualité du tube, de la lumière ambiante et de la sensibilité de vos yeux. Plus personne ne détecte généralement le scintillement quand la fréquence de rafraîchissement atteint 75 Hz. Des fréquences supérieures ne procurent aucun avantage.

La fréquence de rafraîchissement d'un écran CRT est variable, tout comme sa résolution. La fréquence de rafraîchissement maximale décroît généralement quand la résolution augmente : par exemple, elle peut être de 80 Hz en 1 024 x 768, mais seulement de 72 Hz en 1 280 x 1 024.

Avant d'acheter

Il est difficile d'estimer la "qualité", mais elle importe beaucoup dans le choix d'un écran. Ne vous fiez pas seulement aux spécifications avant d'acheter un écran. Regardez attentivement l'image.

Sur un moniteur CRT standard, vérifiez que l'image est bien nette (regardez dans les coins !). Les différentes couleurs qui composent l'image convergent-elles toutes bien sur l'ensemble de la surface de l'écran ? Pouvez-vous ajuster l'écran de telle manière que des lignes droites se trouvant sur les côtés de l'écran apparaissent bien droites, ou ces lignes apparaissent-elles toujours courbées vers l'intérieur ou l'extérieur de l'écran ?

L'écran tiendra-t-il dans votre espace de travail ? Si vous devez le déplacer, êtes-vous certain de pouvoir le transporter facilement ?

Quelque soit le type d'écran que vous souhaitez acheter, posez-vous cette question : y a-t-il quelque chose qui me dérange avec cet écran, comme sa surface brillant qui renvoie des reflets vers vos yeux ? Si vous pressentez quelques inconvénients, sachez qu'ils deviendront des problèmes majeurs une fois que vous aurez passé quelques heures devant la bête.

Avant d'acheter un écran, essayez de le faire fonctionner dans sa fréquence de rafraîchissement maximale afin de voir si cette fréquence est suffisante pour supprimer le scintillement. Faites attention aux écrans très bon marché, dont la fréquence de rafraîchissement risque de ne pas dépasser 60 Hz dans la résolution maximale.

N'OUBLIEZ PAS

La résolution et la fréquence de rafraîchissement sont toutes deux contrôlées par votre carte d'extension vidéo. Votre écran peut être capable d'afficher en 1 280 x 1 024 à 80 Hz, mais votre carte vidéo doit pouvoir lui fournir un signal à cette fréquence. Les spécifications de l'écran vous permettent de déterminer si l'écran peut afficher l'image que la carte vidéo produit. Par conséquent, si vous changez d'écran, vous risquez d'avoir à changer de carte vidéo pour tirer parti de toutes les performances de votre nouvel écran.

Vérifier et modifier la résolution et la fréquence de rafraîchissement

Fort heureusement, Windows vous permet de vérifier et modifier facilement la résolution et la fréquence de rafraîchissement de votre écran :

1. **Cliquez sur Démarrer/Panneau de configuration.**
2. **Dans le Panneau de configuration, sélectionnez Apparence et thèmes/Affichage.**

   Windows XP ouvre la boîte de dialogue Propriétés de l'affichage.

3. **Cliquez sur l'onglet Paramètres.**

   La Figure 1.1 reprend cet onglet. La glissière Résolution de l'écran affiche la résolution courante de l'écran.

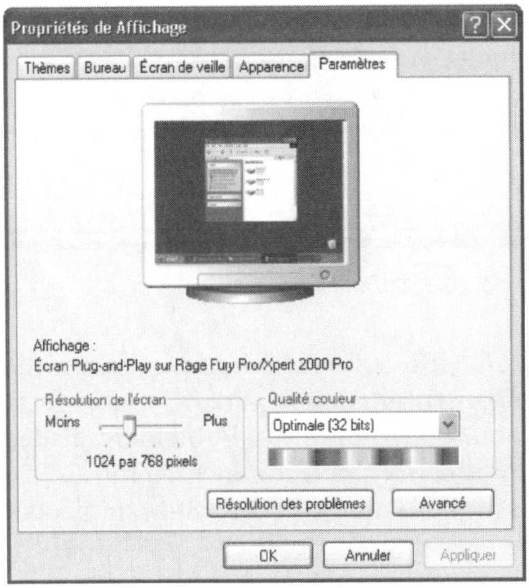

Figure 1.1 : L'onglet Paramètres de la boîte de dialogue Propriétés de l'affichage.

4. **Si vous voulez modifier la résolution, déplacez la glissière au niveau que vous souhaitez. Si vous ne voulez pas modifier la résolution, rendez-vous à l'étape 8.**
5. **Vérifiez la liste déroulante Qualité couleur.**

Si Windows XP a passé la valeur courante à une valeur inférieure à celle que vous souhaitez, il se peut que vous deviez mettre à jour ou remplacer votre carte vidéo (voir la section "Choisir une carte vidéo").

6. **Cliquez sur le bouton Appliquer.**

   Windows XP modifie la résolution de l'écran.

7. **Si Windows XP ouvre une nouvelle boîte de dialogue pour vous demander si vous voulez conserver les nouveaux paramètres, cliquez sur Oui pour conserver ces nouveaux paramètres ou sur Non pour récupérer les précédents.**

   Si l'affichage disparaît ou devient illisible, pressez la touche Echap pour récupérer les anciens paramètres (ou alors, attendez 15 secondes, et Windows XP récupérera les anciens paramètres automatiquement). Cela signifie que vous avez choisi une résolution que votre écran ne peut pas afficher. Vous devez choisir une résolution inférieure.

8. **Quand vous en avez terminé, cliquez sur OK afin de fermer la boîte de dialogue Propriétés.**

Pour vérifier et modifier la fréquence de rafraîchissement de votre écran, suivez ces étapes :

1. **Choisissez Démarrer/Panneau de configuration.**

2. **Dans le Panneau de configuration, double-cliquez sur Affichage pour afficher la boîte de dialogue Propriétés de l'affichage.**

3. **Cliquez sur l'onglet Paramètres.**

4. **Cliquez sur le bouton Avancé.**

   Windows XP ouvre une autre boîte de dialogue qui affiche les paramètres de votre carte vidéo.

5. **Cliquez sur l'onglet Ecran.**

   La Figure 1.2 reprend cet onglet. La liste déroulante Fréquence d'actualisation du moniteur affiche la fréquence de rafraîchissement courante de l'écran.

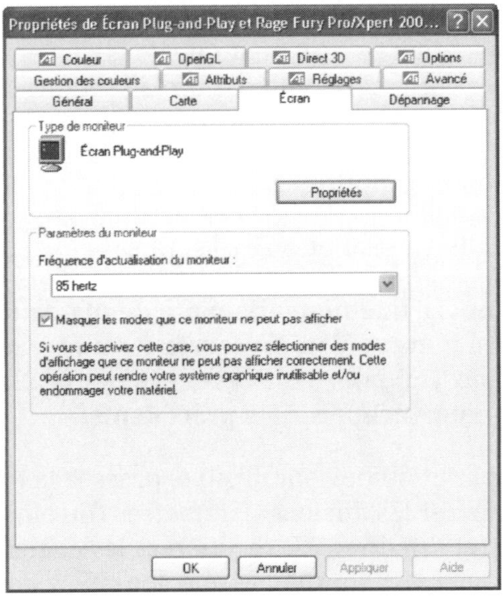

Figure 1.2 : L'onglet Ecran de la boîte de dialogue des propriétés de la carte vidéo et de l'écran.

6. **Si vous voulez modifier la fréquence de rafraîchissement, sélectionnez une fréquence de rafraîchissement différente et cliquez sur Appliquer.**

   Windows XP modifie la fréquence de rafraîchissement.

7. **Si Windows XP ouvre une boîte de dialogue afin de vous demander si vous voulez conserver les nouveaux paramètres, cliquez sur Oui pour conserver la nouvelle fréquence de rafraîchissement ou cliquez sur Non pour récupérer la précédente.**

   Si l'affichage disparaît ou devient illisible, pressez la touche Echap pour récupérer la précédente fréquence de rafraîchissement (ou attendez que Windows XP la récupère automatiquement). Cela signifie que vous avez choisi une fréquence de rafraîchissement que votre écran ne peut pas afficher dans la résolution courante. Vous devez choisir une fréquence de rafraîchissement ou une résolution moins élevée.

8. **Quand vous avez terminé, fermez les boîtes de dialogue des propriétés et le Panneau de configuration.**

Choisir une carte vidéo

Vous pourriez souhaiter remplacer votre carte vidéo pour atteindre des résolutions ou des fréquences de rafraîchissement plus importantes, améliorer les performances de l'affichage ou encore disposer de nouvelles fonctionnalités. Quelques cartes vidéo prétendent garantir un affichage plus rapide et une meilleure qualité de rendu tridimensionnel pour certains jeux. Nombreuses sont celles qui ne tiennent pas ces promesses.

Vous ne pouvez afficher dans une résolution et à une fréquence de rafraîchissement données (voir la discussion dans les sections précédentes) que si votre écran et votre carte vidéo se révèlent tous deux à la hauteur. Si vous achetez un écran qui peut afficher jusqu'en 1 800 x 1 600 à 90 Hz, il est probable que vous devrez aussi acheter une carte vidéo qui tienne le coup.

Quelques ordinateurs sont dotés d'une carte mère qui comprend un contrôleur vidéo intégré. Si vous ajoutez une carte vidéo à un ordinateur de ce type, cela désactive généralement le contrôleur intégré, et vous ne rencontrez aucun problème. Bien entendu, ça ne fonctionne que "généralement".

Tenez compte des points suivants quand vous achetez une carte vidéo :

- Assurez-vous que la carte peut afficher dans la plus grande résolution que vous souhaitez à une fréquence suffisamment élevée pour éliminer tout scintillement. Vérifiez le nombre de couleurs que la carte peut afficher dans cette résolution. Si vous travaillez sur des vidéos ou des photographies, vous souhaiterez afficher en couleurs de 24 bits (16 millions de couleurs), et probablement même en couleurs de 32 bits ("vraies couleurs").
- Si la carte mère de votre ordinateur dispose d'un connecteur AGP, achetez une carte vidéo AGP (voir "Les interfaces pour les cartes d'extension", plus tôt dans ce chapitre).
- Achetez une carte vidéo conçue pour fonctionner avec les applications que vous utilisez. Si vous jouez beaucoup aux jeux vidéo, vous devriez acheter une *carte 3D*, qui dispose d'un matériel spécifiquement conçu pour afficher rapidement les images de jeux vidéo.

- Si vous voulez voir la télé sur votre ordinateur, ou utiliser l'ordinateur pour capturer des images à partir d'un signal vidéo qui provient d'une télé, d'un magnétoscope ou d'une caméra vidéo, choisissez une carte dotée d'une entrée et d'une sortie TV (voir le Chapitre 2 du Livret VII pour plus d'informations sur la capture vidéo).

- Si vous voulez visualiser des films DVD sur votre ordinateur, recherchez une carte vidéo qui supporte le décodage DVD (sans cette fonctionnalité, vous pourrez toujours visualiser des DVD à condition que le processeur de votre ordinateur soit assez rapide, mais cela consommera beaucoup de temps de calcul et vous ne pourrez probablement pas faire fonctionner une autre application simultanément).

- Vérifiez que la carte vidéo que vous choisissez est bien supportée par Windows XP. Quelques fabricants de cartes vidéo sont notoirement connus pour prendre un temps considérable avant de fournir un matériel compatible avec les nouveaux systèmes d'exploitation (voir "S'assurer de la compatibilité avec Windows XP", plus haut dans ce chapitre).

ATTENTION !

Je sais d'expérience que la plus grande source de frustration avec Windows est un pilote de carte vidéo mal fichu. C'est un problème que je rencontre à longueur d'année, avec chaque version de Windows, et avec chaque fabricant de carte vidéo. Windows XP ne fait pas exception. Il faut beaucoup de temps avant qu'un fabricant de carte vidéo ne livre un pilote adapté à son matériel. Si vous achetez une nouvelle carte vidéo, n'oubliez pas de passer sur le site Web de son fabricant pour télécharger la dernière version du pilote, avant d'installer la carte. Et conservez toujours votre précédente carte vidéo, au cas où la nouvelle ne fonctionnerait tout simplement pas.

TRUC

La plupart des cartes vidéo disposent d'une mémoire vidéo intégrée, qu'elles utilisent pour stocker l'image affichée à l'écran. Quelques cartes vous permettent d'ajouter plus de mémoire vidéo pour atteindre des résolutions plus élevées, avec plus de couleurs. Vérifiez si ce n'est pas le cas de votre carte vidéo. Si vous pouvez atteindre les performances que vous escomptez en ajoutant seulement de la mémoire, cela vous coûtera moins cher que d'acheter une nouvelle carte.

Se doter d'assez de mémoire (RAM)

La mémoire à accès aléatoire, ou *RAM*, est le type de mémoire que votre ordinateur utilise pour stocker les programmes qu'il exécute et les données sur lesquelles ces programmes travaillent. Si un système Windows XP n'est pas doté d'assez de mémoire, il doit écrire des morceaux de code ou de données sur le *fichier d'échange* de votre disque dur pour en lire de nouveaux.

Cette technique peut nuire aux performances de votre ordinateur, à tel point que l'ordinateur passe plus de temps à lire des choses dans le fichier d'échange et les y écrire qu'à faire des calculs qui vous sont utiles. Vous pouvez alors améliorer les performances de l'ordinateur en ajoutant plus de RAM.

La quantité de RAM qu'il convient d'ajouter dépend de la nature des applications que vous utilisez, et dans une certaine mesure de vos habitudes de travail, comme le nombre d'applications que vous tenez simultanément ouvertes.

La RAM se mesure en mégaoctets, ou Mo. Un mégaoctet correspond à peu près à un million d'octets. Un *kilo-octet* (Ko) correspond à 1 024 octets. Un *octet* est l'unité de base de stockage pour un ordinateur, qui correspond généralement à un caractère, ou huit *bits*. Un bit vaut un ou zéro. Si vous n'avez rien compris, demandez conseil à votre nièce de huit ans. Croyez-moi. Elle a certainement mieux compris tout cela que le vendeur de la boutique informatique.

N'OUBLIEZ PAS

Un ordinateur Windows XP a besoin de 128 Mo pour fonctionner correctement, surtout si vous utilisez Office. Les applications qui traitent des images, telles que les éditeurs de films ou les programmes de dessin, requièrent généralement 256 Mo, voire plus.

Pour déterminer la quantité de mémoire dont vous avez besoin, reportez-vous aux recommandations publiées dans les documentations des applications que vous utilisez. Faites aussi attention au fonctionnement de votre ordinateur. Si vous observez qu'il ne cesse de lire et écrire sur le disque pendant que vous travaillez sur un fichier qui est déjà ouvert, c'est que vous avez besoin de plus de RAM. De même, si votre ordinateur fait de nombreux accès au disque quand plusieurs applications sont ouvertes simultanément.

Voici comment déterminer la quantité de RAM dont votre ordinateur est doté :

1. **Choisissez Démarrer/Panneau de configuration.**
2. **Cliquez sur Performances et maintenance, puis cliquez sur Système.**

   Windows XP ouvre la boîte de dialogue Propriétés système.

3. **L'onglet Général affiche la quantité de RAM dont dispose votre système, comme sur la Figure 1.3.**

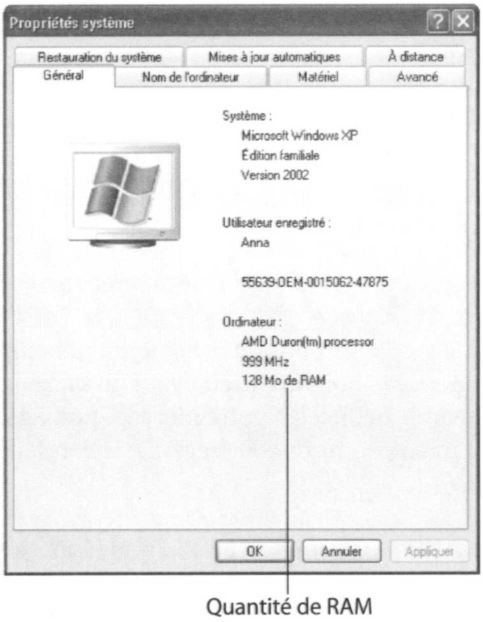

Figure 1.3 : La boîte de dialogue Propriétés du système affiche la quantité de RAM installée sur votre ordinateur.

Il est utile d'ajouter plus de RAM si vous suspectez en avoir besoin. La RAM n'est pas très coûteuse, et en ajouter ne peut pas faire de mal. Si vous en avez besoin, elle se révélera vraiment très utile.

Certains ordinateurs nécessitent des types de RAM spécifiques. C'est un problème lié à la carte mère, pas à Windows XP. Vérifiez que la mémoire est compatible avec votre ordinateur avant d'en acheter.

Changer de clavier

Convenez-en. Le clavier qui vous a été livré avec votre ordinateur ne pourrait même pas servir d'ancre à un bateau. Si vous passez plus de quelques heures par jour sur votre ordinateur, vous vous demandez peut-être pourquoi vous avez mal aux doigts, et pourquoi vous faites autant de fautes de frappe. Il y a une bonne raison. Le clavier que vous utilisez coûte sans doute un euro. Voire moins. Si vous en achetiez un nouveau, il est fort probable que vous taperiez beaucoup plus vite et mieux.

Plusieurs fabricants commercialisent des claviers *ergonomiques*, qui adoptent une forme incurvée censée vous permettre de positionner vos mains de telle manière que vous vous fatiguiez moins. Il faut passer quelque temps avant de se faire à l'usage de tels claviers, mais ceux qui les utilisent ne jurent plus que par eux. Personnellement, je ne les apprécie pas du tout. Vous pouvez trouver des claviers sans fil. Vous pouvez aussi trouver des claviers qui disposent un périphérique intégré qui remplace la souris. Vous pouvez probablement même en trouver un qui ressemble à Mickey.

Si vous pensez sérieusement à remplacer votre clavier à deux balles, tenez compte de ces remarques :

✦ Cherchez un clavier qui vous plaise. Quelques personnes apprécient les claviers dont les touches ne font pas de bruit. Pour ma part, j'aime quand elles en font. D'autres apprécient les touches à course courte – celles que vous n'avez qu'à presser légèrement. J'aime les touches à course longue. Certains préfèrent les touches dont le retour tactile est minimum – quand vous pressez une touche, elle ne revient pas en place. J'aime beaucoup le retour tactile. La plupart des claviers disposent d'une rangée supérieure de touches de fonctions. J'apprécie qu'elles se trouvent sur le côté sur le mien. Chacun a ses préférences, et la seule manière de trouver le clavier qui vous sied consiste à en tester des dizaines.

✦ Les claviers onéreux ne sont pas toujours meilleurs que les claviers bon marché. Les claviers de marque ne sont pas forcément meilleurs que les démarqués.

- Les claviers lourds sont préférables aux claviers légers, à moins que vous ne comptiez emporter le vôtre avec vous dans vos voyages en Asie. Les claviers lourds dotés de pieds caoutchoutés tiennent en place.

Quel clavier j'utilise ? L'Avant Stellar, www.cvtinc.com, qui est certainement le tank Sherman des claviers. Le poids de la bête est à peu près équivalent à celui d'un ordinateur portable, et il coûte un peu moins de deux cents euros. Il est laid, rétro et pas du tout à la mode. Mais il n'est jamais tombé en panne.

Tous les claviers conçus pour des ordinateurs Windows sont compatibles avec Windows XP. Cependant, il se peut que vous deviez installer un pilote pour accéder aux fonctionnalités spéciales de votre clavier. Assurez-vous alors de la compatibilité.

Choisir une souris – ou autre chose

Il existe sans doute plus de modèles de souris que de tout autre accessoire informatique. Vous pouvez trouver des souris au profil ergonomique, des souris colorées, des souris transparentes, des souris conçues pour les enfants, et ainsi de suite.

L'une des variétés les plus intéressantes est la souris optique. Une souris optique utilise une source de lumière et un capteur pour détecter le mouvement sur une surface plane. Elle ne dispose d'aucune boule qui s'accroche ou glisse, si bien qu'elle a rarement besoin d'être nettoyée. Vous trouverez cela particulièrement utile si vous avez des animaux domestiques à fourrure, et que votre souris est toujours couverte de leurs poils.

Quelques utilisateurs préfèrent *les trackballs*. Une trackball est un périphérique inamovible qui comprend une grosse boule reposant dans un réceptacle. Vous la faites fonctionner en faisant tourner la boule sur elle-même avec votre main.

Quelques utilisateurs préfèrent *la tablette graphique* à la souris, ou en complément de la souris. Vous contrôlez un logiciel avec la tablette graphique en touchant la surface de cette dernière à l'aide d'un stylet spécial. Contrairement à la souris, la tablette graphique détecte la position, et non le mouvement, si bien que vous pouvez littéralement pointer l'objet avec lequel vous voulez interagir à l'écran. Vous pouvez même écrire ou dessiner avec le stylet. Les tablettes graphiques sont très appréciées des utilisateurs professionnels de logiciels d'édition de photos ou de dessins. Nombre de ces applications disposent d'une gestion particulière de la tablette graphique et peuvent détecter la pression que vous exercez sur le stylet. Par exemple, vous pouvez tracer une ligne épaisse en appuyant fort sur le stylet, et une ligne fine en appuyant légèrement.

Un touchpad ressemble à une palette graphique, mais vous le contrôlez avec votre doigt au lieu d'utiliser un stylet. Vous "cliquez" en tapant sur la tablette. Un touchpad se révèle très pratique à l'usage pour déplacer la souris sur l'écran, mais étant donné que nos doigts sont moins pointus que la mine d'un stylet, le touchpad n'est pas très adapté au dessin ou à l'écriture. Les dimensions d'un touchpad ne dépassent généralement pas quelques centimètres. Un touchpad coûte généralement de 20 à 50 euros, alors qu'une tablette graphique coûte généralement plus de 100 euros.

Vous pouvez trouver des touchpads dotés d'une interface série, d'une interface USB, ou de cette interface ronde dont la plupart des claviers et des souris sont dotés (un connecteur PS/2). Vous pouvez aussi acheter un clavier qui comprend un touchpad intégré, et qui utilise un connecteur clavier standard.

Toutes les souris conçues pour les ordinateurs Windows sont compatibles avec Windows XP. Des périphériques spécialisés tels que les tablettes graphiques peuvent requérir des pilotes particuliers ; vérifiez alors que le matériel que vous achetez est bien compatible avec Windows XP.

Ajouter des périphériques de stockage

Vous pouvez ajouter différents types de périphériques de stockage à votre ordinateur : des disques durs, des lecteurs de CD et de DVD, d'autres types de disques, des lecteurs de carte mémoire et des lecteurs de bande.

Choisir un second disque dur

Tous les ordinateurs Windows XP disposent d'un disque dur, mais vous pouvez en ajouter un second si vous avez besoin de plus de capacité de stockage.

La capacité d'un disque dur se mesure en gigaoctets, ou Go. Un gigaoctet correspond à peu près à 1 000 mégaoctets, ou 1 000 000 d'octets.

Il est aussi possible de remplacer votre premier disque dur par un autre de plus grande capacité, mais vous devez alors réinstaller Windows XP, toutes vos applications, et transférer vos données (il existe des moyens pour transférer le système d'exploitation et les applications, mais cela requiert du matériel ou du logiciel particulier).

Assurez-vous que votre disque dur est doté d'une interface dont le type correspond à celui du contrôleur dont est doté votre ordinateur. Pour la plupart des ordinateurs Windows, cela signifie une interface EIDE.

Choisir un lecteur de CD-R ou de CD-RW

Si vous voulez créer des CD ou des CD-ROM, vous pouvez remplacer votre lecteur de CD-ROM par un lecteur de CD-R ou de CD-RW. Vous pourrez alors :

- Créer des CD sur mesure qui contiennent votre propre choix de musiques extraites de CD commerciaux, de sites Web ou d'autres ressources.
- Enregistrer votre propre musique ou celle de vos amis.
- Sauvegarder vos données sur un support bon marché et fiable.
- Déplacer des fichiers volumineux d'un ordinateur à un autre via un CD.

Un lecteur de CD-R utilise des disques sur lesquels vous ne pouvez écrire qu'une seule fois. Une fois que vous avez procédé à une écriture, vous ne pouvez plus rien ajouter, ni rien effacer.

Un lecteur de CD-RW peut utiliser des disques du type précédent, ainsi que des disques d'un autre type, plus onéreux, mais sur lesquels écrire et effacer des données plusieurs fois. En fait, vous vous servez de ce type de disque tout comme vous utilisez un disque dur, pour écrire et effacer des fichiers un à un (notez cependant que n'importe quel lecteur de CD est beaucoup plus lent qu'un disque dur).

Les lecteurs CD-RW deviennent de plus en plus rapides et meilleur marché, si bien qu'il est presque difficile aujourd'hui de trouver des lecteurs CD-R.

ATTENTION !

La plupart des lecteurs de CD-ROM peuvent lire des CD-RW, mais les lecteurs de CD ne le peuvent pas toujours. Cependant, les lecteurs de CD peuvent lire des CD-R gravés par un lecteur de CD-RW.

La vitesse d'un lecteur de CD-R est mesurée à l'aide de deux nombres, tels que "32x/12x". Cela signifie que le lecteur peut lire un CD 32 fois plus vite qu'un lecteur de CD, et qu'il écrit sur un CD-R 12 fois plus vite. De même, la vitesse d'un lecteur de CD-RW est mesurée à l'aide de trois nombres, tels que "32x/8x/12x". Le troisième nombre correspond à la vitesse à laquelle le lecteur peut écrire sur un CD-RW. Les nombres ne sont pas toujours communiqués dans cet ordre, mais le plus grand correspond généralement à la vitesse de lecture, le plus petit à la vitesse d'écriture sur un CD-RW, et le dernier à la vitesse d'écriture sur un CD-R.

Les nombres ne disent pas tout. Des lecteurs dont les vitesses nominales sont identiques peuvent se comporter de façons très différentes en fonction de la manière dont ils ont été conçus. Lisez quelques tests de produits et tester des lecteurs avant de faire votre choix.

Utiliser des lecteurs de DVD

Les lecteurs de DVD peuvent lire des disques DVD-ROM, qui contiennent de 4 Go à 16 Go de données, alors qu'un CD-ROM n'en contient que 650 Mo. Les disques DVD-ROM ne sont pas encore systématiquement utilisés pour distribuer des logiciels et des données.

Les lecteurs de DVD peuvent lire les CD-ROM, si bien que vous pouvez retirer votre lecteur de CD-ROM quand vous installez un lecteur DVD. Si votre carte vidéo décode le DVD, ils peuvent jouer des DVD classiques sur votre ordinateur. (Voir "Choisir une carte vidéo", plus haut dans ce chapitre, pour plus d'informations sur le décodage de DVD.)

Il existe des graveurs de DVD, mais ils utilisent des standards plus ou moins propriétaires, plus ou moins incompatibles entre eux. L'absence d'un standard rend la production d'un DVD assez hasardeuse, et nous n'en parlerons pas dans ce livre. Si cette technologie vous intéresse, recherchez des informations sur le Web ou consulter un revendeur bien informé.

Il est tout aussi important de choisir un lecteur DVD compatible avec Windows et disposant d'une interface dont est dotée votre carte mère que de choisir des lecteurs de CD-R et de CD-RW. Reportez-vous à "Choisir un lecteur de CD-R ou de CD-RW, juste ci-dessus.

Comprendre les disques amovibles

Vous pouvez acheter un kit qui vous permet d'ajouter un disque dur en le glissant dans un emplacement de la face avant de votre ordinateur. Si vous équipez plus d'un ordinateur d'un tel kit, vous pourrez transférer vos données d'un ordinateur à l'autre en transférant tout simplement le disque dur.

Les disques amovibles méritent un peu d'attention. Les disques eux-mêmes sont conçus pour être installés sur un ordinateur, puis laissés en paix. Ils peuvent donc être facilement endommagés si vous les manipulez brusquement. Vous devez aussi faire attention à bien éteindre votre ordinateur avant d'insérer ou retirer un disque.

Plusieurs sociétés fabriquent des lecteurs de disques spécialement conçus pour utiliser des supports amovibles (comme des lecteurs de disquettes) dont la capacité et la vitesse sont proches de celles des disques durs. Ces lecteurs se révèlent pratiques pour déplacer des données d'un ordinateur à un autre. De nombreuses personnes les utilisent comme support de sauvegarde. Cependant, quelques modèles sont réputés pour ne pas être très fiables, ce qui en fait un choix contestable en matière de sauvegarde.

Utiliser des lecteurs de cartes mémoire

Une carte mémoire est un périphérique solide qui contient quelques dizaines de mégaoctets. Contrairement à tous les autres types de mémoire (dont la RAM), une carte mémoire n'a pas besoin d'être alimentée par un courant électrique pour conserver des données. Cela en fait un support de stockage idéal pour les appareils photo numériques, les lecteurs audio numériques et autres engins transportables.

Un lecteur de cartes mémoire est un périphérique qui permet d'accéder en lecture comme en écriture à des cartes mémoire sur un ordinateur. Windows XP considère un lecteur de cartes mémoire comme un lecteur de disquettes, et chaque carte mémoire comme un disque extractible.

Les deux types de cartes mémoire les plus utilisés sont SmartMedia (SM) et CompactFlash (CF). Ces deux types ne sont pas compatibles, aussi le type pour lequel vous devrez opter peut vous être imposé par un périphérique que vous possédez déjà ou que vous souhaitez acheter. Les deux fonctionnent aussi bien l'un que l'autre.

Il existe divers modèles de lecteurs de cartes de l'un et l'autre type. Pour la majorité des utilisateurs, le modèle qui s'impose est celui d'un lecteur petit, qui peut être connecté à l'ordinateur via un port USB.

Sauvegarder sur une bande

La bande est le support préféré pour sauvegarder des données sur des serveurs Web ou sur d'autres ordinateurs importants. Elle est moins utilisée sur les ordinateurs personnels car les lecteurs de bande sont généralement onéreux, mais elle présente des avantages que vous ne devriez pas sous-estimer. Une bande est fiable, économique et réutilisable, et c'est le seul support de sauvegarde dont la capacité permet de sauvegarder un disque dur entier – un peu comme un second disque dur, d'une certaine manière.

Le coût limité des bandes vous permet de conserver des générations de sauvegarde. Si vous préférez vous référer à une vielle version d'un fichier ou récupérer un fichier que vous avez supprimé il y a des semaines ou des mois, avoir conservé plusieurs générations peut vous sauver la vie.

Quand vous choisissez un lecteur de bande, optez pour un lecteur dont la capacité permet de sauvegarder votre disque dur entier sur une seule bande à une vitesse que vous jugerez raisonnable.

Tout comme les lecteurs de disque, choisissez un lecteur de bande dont le type de l'interface est adapté à votre ordinateur. Il existe des lecteurs de bande dotés d'interfaces EIDE, USB, et SCSI. Presque tous les lecteurs de bande haut de gamme n'existent qu'en SCSI.

Si vous décidez d'acheter un lecteur de bande externe, votre choix sera limité à SCSI ou USB. Il y a une bonne raison pour laquelle vous pourriez souhaiter opter pour un lecteur externe : si votre ordinateur doit être réparé, vous pourrez plus facilement déplacer un lecteur externe sur un ordinateur de location afin d'y restaurer vos données et continuer votre travail. Les lecteurs de bande ne sont pas standardisés, si bien que vous ne pouvez pas toujours lire votre bande sur n'importe quel autre lecteur – en supposant que vous trouviez un ordinateur de location doté d'un lecteur de bande.

Contrairement aux divers types de disques, un lecteur de bande ne peut être contrôlé que via un logiciel spécifique. Plusieurs éditeurs de logiciels commercialisent des utilitaires de sauvegarde. Adressez-vous à l'un de ces éditeurs pour obtenir la liste des lecteurs de bande que son logiciel supporte.

Les concentrateurs USB

Votre ordinateur Windows dispose probablement de deux ports USB, mais vous pouvez y attacher bien plus de périphériques USB que cela. En théorie, vous pouvez attacher 127 périphériques USB à un ordinateur. Si vous avez autant de périphériques, vous ne devez plus avoir une place pour vous asseoir !

Pour raccorder des périphériques supplémentaires, vous aurez besoin de l'équivalent USB d'une prise multiple, qui permet de transformer un connecteur en plusieurs. Ce matériel se nomme un concentrateur USB.

Un concentrateur USB dispose d'un connecteur USB pour le relier à l'ordinateur et de plusieurs autres connecteurs pour le relier à d'autres périphériques. Les concentrateurs disposent généralement de quatre ou sept connecteurs pour périphériques.

Vous pouvez connecter un concentrateur USB à un autre pour connecter plus de périphériques à votre ordinateur qu'un seul concentrateur le permet.

La longueur maximale d'un câble USB n'est pas précisément définie, mais on la limite généralement à 5 mètres. C'est la longueur maximale d'un câble qui relie l'ordinateur à un concentrateur ou un concentrateur à un périphérique. La longueur maximale de câble entre un ordinateur et un périphérique ne doit pas dépasser 25 mètres.

Améliorer la communication

Aucun ordinateur n'est une île. Enfin, plus maintenant. Avec Windows XP, vous n'avez plus aucune excuse pour rester isolé. La gestion du réseau fait partie intégrante du système.

Mettre en place un réseau

Le procédé standard pour mettre en réseau plusieurs ordinateurs consiste à ajouter une carte réseau, ou *carte Ethernet*, à chacun d'entre eux. Toutes les cartes Ethernet sont ensuite reliées entre elles via un *concentrateur* central. D'autres périphériques compatibles Ethernet, comme des imprimantes et des modems rapides, peuvent aussi être connectés au concentrateur. Si le réseau ne comporte que deux périphériques, vous n'aurez pas besoin d'un concentrateur ; les périphériques peuvent être directement reliés l'un à l'autre via un câble spécial. (La configuration de ce type consiste en un ordinateur et un modem rapide. Voir la section "Faire fonctionner l'accès haut débit à Internet", plus loin dans ce chapitre.)

N'OUBLIEZ PAS

J'ai parlé du réseau dans le détail dans le Livret IX.

De nombreux cartes Ethernet et concentrateurs utilisent un standard dit *100BT* ou *100BaseT* (prononcer *cent base T*), qui permet théoriquement de transférer des données à une vitesse de 100 mégabits (à peu près 12 mégaoctets) par seconde. En réalité, le débit des réseaux est bien inférieur à cela.

D'autres cartes Ethernet et concentrateurs utilisent un standard plus dit 10BaseT qui est dix fois plus lent que le 100BaseT, mais qui suffit pour répondre aux besoins de l'utilisateur lambda.

Vous connectez une carte Ethernet à un concentrateur via un câble léger et peu coûteux qui ressemble à ceux que vous utilisez pour relier un téléphone à une prise murale. Sur de longues distances (100 mètres), vous devez utiliser un câble spécial qui est généralement installé dans un mur ou dans un plafond. C'est un travail pour installateur professionnel.

TRUC

Le réseau Ethernet est une technologie mature, et les périphériques sont totalement standardisés. A de rares exceptions près, vous pouvez mélanger diverses marques de matériels sans rencontrer de problème de comptabilité. Vérifiez simplement que les cartes que vous utilisez se trouvent sur la liste du matériel compatible de Windows.

ATTENTION !

Quelques fabricants commercialisent maintenant du matériel pour mettre en place un réseau radio au lieu d'un réseau câblé. C'est une solution intéressante si vos ordinateurs sont placés à différents endroits de votre maison ou de votre bureau et que vous voulez vous épargner les frais de l'installation de câbles. Cependant, les réseaux sans fil sont plus onéreux que leurs homologues Ethernet, et généralement moins rapides. Ils s'appuient sur deux standards incompatibles entre eux, WiFi et HomeRF. Ne pensez pas faire fonctionner un périphérique prévu pour l'un avec l'autre. Ne pensez même pas faire fonctionner ensemble deux réseaux de types différents.

Faire fonctionner l'accès haut débit à Internet

Presque tous les ordinateurs sont dotés d'un modem qui vous permet d'accéder à Internet via une connexion téléphonique à votre *prestataire de service Internet.* Dans des conditions idéales, un modem peut recevoir des données à 53 Kb/s (53 000 bits, ou à peu près 5 300 caractères par seconde) et envoyer des données à 33,6 Kb/s. En terme technique, la *vitesse descendante* est de 53 Kb/s et la *vitesse montante* est de 33,6 Kb/s.

D'autres types de connexions permettent d'accéder à des débits bien supérieurs. Ces connexions étaient généralement commercialisées auprès des entreprises pour quelques milliers d'euros par mois, mais elles sont devenues ces dernières années accessibles au commun des mortels pour moins d'une centaine d'euros par mois, voire bien moins.

Le DSL (ligne pour abonné numérique) est un type particulier de service qui fonctionne sur des lignes téléphoniques classiques et qui permet d'atteindre des débits qui vont jusqu'à 6 Mo/s (6 millions de bits par seconde) en descendant et jusqu'à 600 Ko/s en montant.

Le DSL n'est pas partout disponible. Le central téléphonique qui est le vôtre doit avoir été équipé pour le supporter, et votre ordinateur doit se trouver à une distance maximale de ce dernier qui ne dépasse pas quelques kilomètres.

De nombreux opérateurs de télévision sur le câble proposent maintenant de recevoir Internet via leurs câbles. Dans les régions où ce service est disponible, quiconque est peut recevoir la télévision par le câble peut généralement aussi accéder à Internet. Les débits sont ici de l'ordre de 300 Kb/s à 3 Mo/s. Les plus vieux systèmes n'autorisent que le flux descendant, si bien que vous devez utiliser une connexion téléphonique pour assurer le flux montant. Les systèmes les plus récents assurent la communication dans les deux sens.

L'Internet sans fil est disponible dans quelques régions. C'est une solution pour apporter Internet là où le DSL et le câble ne peuvent aller. Ce type de service utilise une petite antenne installée sur un toit ou sur un mur pour communiquer avec une station-relais centrale. La distance à la station importe peu, pourvu qu'aucun obstacle ne se trouve sur la trajectoire la plus directe. Les débits sont généralement de l'ordre de 500 Kb/s à 1,5 Mb/s en flux descendant, et de 50 à 250 Kb/s en flux montant.

Internet peut aussi être accédé via satellite. Ce service est généralement plus onéreux que les autres, mais c'est la seule solution dans des régions où aucun autre type d'accès n'est disponible. Quelques prestataires proposent une communication dans les deux sens, d'autres proposent une communication descendante, et vous devez installer un modem pour assurer la communication montante. Les débits atteignent généralement 500 Kb/s en flux descendant, et ils vont du débit d'une connexion par modem à 150 Kb/s en flux montant.

Tous ces moyens d'accès à Internet ont quelques points en commun. Tout d'abord, la vitesse du flux montant est généralement inférieure à celle du flux descendant. Ca ne pose pas vraiment un problème, car la plupart des utilisateurs rapatrient plus de données qu'ils n'en envoient.

Bien que vous ne régliez généralement qu'une facture pour votre accès Internet, vous utilisez généralement les services de deux entreprises : votre prestataire de services Internet, qui fournit l'accès, le courrier électronique, et ainsi de suite ; et un *opérateur*, qui assure le transport des données entre votre ordinateur et le prestataire. Cela signifie que vous risquez de devoir vous adresser à deux supports clients si vous rencontrez un problème.

Les pare-feu

La plupart des accès Internet sont permanents, ce qui signifie que votre ordinateur est toujours connecté à Internet lorsqu'il fonctionne. C'est pratique, car vous pouvez utiliser Internet à n'importe quel instant sans avoir à attendre qu'une connexion soit établie. Cependant, cette solution présente aussi un inconvénient : votre ordinateur est une proie bien plus facile pour un hacker car il est toujours disponible, et il n'est plus une cible mouvante qui change d'adresse sur Internet épisodiquement. Pour cette raison, il est important d'installer un pare-feu sur votre ordinateur, afin de le protéger des attaques.

Windows XP dispose de son propre pare-feu, que vous devriez installer et utiliser si vous disposez d'une connexion Internet permanente. Je traite les pare-feu en détail dans le Livret IX.

Tous ces services requièrent un modem haut débit. Ce modem prend un signal de la ligne téléphonique, du câble ou de l'antenne, et communique généralement avec votre ordinateur par Ethernet (voir "Mettre en place un réseau", plus haut dans ce chapitre). Les modems haut débit ne sont pas aussi standardisés que les modems classiques ; vous devez utiliser le modem que votre opérateur vous fournit ou vous recommande.

Améliorer la gestion des images

Windows XP dispose de nombreuses nouvelles fonctionnalités qui vous permettent (enfin !) d'installer du matériel grâce auquel vous pourrez capturer et manipuler des graphismes.

Choisir un scanner

Un scanner est un accessoire indispensable pour de nombreux utilisateurs d'ordinateurs. Il fonctionne en numérisant une image sur une feuille de papier à l'aide d'un capteur lumineux. L'image est transmise à votre ordinateur sous la forme d'un fichier.

Vous pouvez utiliser l'image capturée par un scanner de nombreuses manières : vous pouvez l'attacher à un courrier électronique, l'inclure dans un document, la publier sur un site Web ou l'utilisez comme point de départ d'une œuvre. *Les logiciels de reconnaissance de caractères* vous permettent de "lire" le texte imprimé sur le document que vous numérisez pour le transformer en un document que vous pouvez reprendre dans un logiciel de traitement de texte.

Il existe des scanners dotés d'interfaces USB, SCSI ou parallèle (voir "Choisir une interface", ci-avant dans ce chapitre). Dans la plupart des cas, l'USB est l'interface recommandée pour la vitesse et la facilité d'utilisation qu'elle procure.

Numériser des documents papier

Les scanners de documents papier pour le grand public sont répartis en deux catégories. *Les scanners à plat* sont dotés d'une vitre recouverte d'un cache. Vous placez le document face contre la vitre, vous apposez le cache, et le scanner déplace son capteur sur le document. *Les scanners à tambour* disposent de rouleaux par lesquels circule le document pour passer sous le capteur.

Ces deux types de scanners sont de prix équivalents. Les scanners à tambour sont plus compacts et plus pratiques, mais ils sont aussi plus limités car ils ne peuvent numériser que des feuilles volantes. Les scanners à plat permettent de numériser des livres, des magazines et du matériel rigide.

La plupart des scanners permettent de numériser correctement des photographies et des dessins en couleurs ou en noir et blanc.

Numériser des films photographiques

Vous pouvez acheter un accessoire pour de nombreux scanners à plat qui vous permet de numériser des films photographiques négatifs ou positifs. Cet accessoire est parfois nommé unité transparente. Il a pour fonction d'illuminer par l'arrière des négatifs ou des positifs.

Ce matériel fonctionne bien, mais se révèle parfois insuffisant, car il ne permet pas d'augmenter la résolution optique du scanner. Une résolution de 1 200 DPI suffit largement quand vous numérisez une page A4, mais elle insuffisante quand vous numérisez une zone aussi petite qu'une photo sur un film. Si vous agrandissez l'image par la suite, il est probable que vous verrez apparaître des pixels.

Plusieurs solutions pour résoudre ce problème :

- Si vous pensez devoir numériser beaucoup de négatifs ou de positifs, achetez un *scanner à films* – un scanner spécialement conçu à cet effet. La résolution optique de ces scanners est largement supérieure à celle des scanners à plat, pour un prix à peu près équivalent.
- Si vous ne devez numériser des documents photographiques qu'occasionnellement, envoyez votre film à un spécialiste doté du matériel idoine.
- Si vous ne devez numériser des documents photographiques qu'occasionnellement et que vous ne vous souciez pas de la qualité, faites réaliser des impressions de vos films et numérisez ces impressions. De la sorte, vous pourrez faire le travail vous-même sans avoir à acheter des gadgets supplémentaires.

Choisir un appareil photo ou une caméra numérique

Un appareil photo numérique capture des images dans sa mémoire électronique, dont vous pouvez transférer le contenu sur votre ordinateur. Une caméra fait la même chose avec des films.

Les appareils photo et les caméras numériques sont plus pratiques que leurs équivalents argentins car vous pouvez voir les images sans avoir à attendre qu'elles soient développées. Ces matériels se révèlent moins coûteux à l'usage car ils enregistrent les données sur des supports réutilisables, et vous n'avez rien à payer pour le développement.

Une caméra Internet, ou webcam, est une caméra qui se connecte directement à votre ordinateur et qui s'appuie sur le processeur pour numériser une image. Un ordinateur peut en utiliser une pour capturer des images fixes ou des films. La plupart des caméras Internet utilisent une interface USB.

Les caméras numériques, les appareils photo numériques et les caméras Internet sont traités dans le détail au Chapitre 3 du Livret VIII.

Ajouter le son

Le Media Player de Windows XP est rock'n roll, mais il ne vous servira pas à grand-chose si votre PC ne sait pas jouer les musiques.

Choisir une carte son

Un ordinateur qui peut jouer et enregistrer des sons permet un certain nombre d'applications dont :

- ✦ Jouer des CD et des DVD.
- ✦ Enregistrer et jouer des musiques avec le Media Player ou avec d'autres applications.
- ✦ Enregistrer, modifier et visualiser des films avec le Movie Maker ou d'autres applications.
- ✦ Jouer.
- ✦ Téléphoner par Internet et faire des téléconférences.
- ✦ Reconnaître la voix (par exemple, convertir la voix pour alimenter en texte un logiciel de traitement de texte).
- ✦ Composer de la musique électronique.

De nombreux ordinateurs modernes disposent de cartes son intégrées à leur carte mère. Si ce n'est pas le cas pour votre ordinateur, vous pouvez lui ajouter une carte son vous-même.

Pour la plupart des utilisateurs, sélectionner une carte son est un jeu d'enfant. Choisissez simplement une carte qui se trouve sur la liste du matériel compatible de Microsoft. Assurez-vous que la carte peut s'enficher dans un connecteur PCI (voir "Choisir une carte vidéo", ci-avant dans ce chapitre).

Les choses se compliquent si vous voulez obtenir le meilleur son possible. Le matériel sonore qu'intègre une carte mère ne vous suffira probablement pas, et celui que vous devrez acquérir dépendra de l'utilisation que vous souhaitez en faire.

Pour le jeu, achetez une carte qui dispose de quatre canaux de sortie (vous aurez besoin de quatre enceintes ou de quatre casques).

Les DVD s'appuient sur un système d'encodage sonore nommé *Dolby Digital 5:1*. Pour obtenir le meilleur son possible, choisissez une carte qui supporte ce standard. (Vous aurez alors besoin de cinq enceintes et d'un caisson de basses. Cela risque de vous coûter cher. Cela en vaut-il le prix ? A vous de décider.)

Si vous êtes un mélomane averti, vous apprécierez une carte qui restitue les sons dans une large bande de fréquences, et qui dispose d'entrée et de sortie spécialisées pour être connectées à du matériel hi-fi haut de gamme, comme des entrées/sorties S/PDIF et S/PDIF optiques.

L'intérieur d'un ordinateur n'est pas un milieu très adapté au traitement des signaux sonores, car c'est le siège d'un tas de signaux électromagnétiques. Une carte son a besoin d'être bien isolée pour éviter d'être perturbée par du bruit. Le rapport signal/bruit (RSB) de la carte mesure son immunité au bruit. Un RSB de 70 dB est moyen. Un RSB de 90 dB est bon.

La reconnaissance vocale est une application exigeante. Si vous songez à utiliser ce type de logiciel, choisissez une carte qui se trouve tant sur la liste des matériels compatibles de l'éditeur que sur celle de Microsoft. En cas de doute, consultez l'éditeur.

ATTENTION !

La génération de sons MIDI (une technologie développée pour synthétiser de la musique électronique) était autrefois très prisée car de nombreux jeux l'utilisaient pour générer des sons. Maintenant que l'usage des CD-ROM et des disques durs à haute capacité est largement répandu, la plupart des jeux produisent du son directement à partir de pistes audio. Le MIDI n'est important que si vous comptez composer de la musique électronique sur votre ordinateur. Dans ce cas, choisissez une carte dotée d'un grand nombre de voix, c'est-à-dire une carte qui peut générer un grand nombre de sons différents à la fois. Vérifiez que la carte est citée dans la liste du matériel compatible du logiciel que vous comptez utiliser, et consultez l'éditeur de ce logiciel si vous avez besoin de plus d'informations.

Les enceintes et les casques

Pour tirer un bon son de votre ordinateur, vous aurez besoin d'enceintes ou d'un casque. Les mélomanes investissent beaucoup de temps (et d'argent) dans le choix de ce matériel, mais la plupart des personnes se contentent de quelque chose de moins, euh, sophistiqué. Voici quelques conseils pour vous aider à choisir le matériel qui vous convient.

Décidez de la qualité du matériel dont vous avez besoin. Si vous jouez ou écoutez de la musique de temps en temps, n'importe quel matériel ou presque devrait faire l'affaire. Si vous attachez de l'importance à la qualité du son, vous devrez être plus sélectif. Les enceintes bon marché livrées avec les ordinateurs ne vous conviendront probablement pas.

Un bon système sonore répond aux caractéristiques suivantes :

- **Une bande passante large pour restituer correctement les fréquences basses comme les fréquences élevées.** Votre carte son doit avoir une bande passante au moins équivalente, autrement même les meilleures enceintes du monde ne vous seront d'aucun secours !
- **Une distorsion harmonique faible.** Si ce nombre est inférieur à 1 %, vous ne noterez aucune distorsion sauf si votre système auditif est exceptionnellement sensible.

- **Plus de puissance qu'il n'en faut pour générer un son du volume que vous souhaitez.** Un surplus de puissance vous évite d'avoir à augmenter le volume à fond, et minimise donc la distorsion.

- **Un blindage magnétique.** Si vous placez les enceintes à côté de l'écran, le blindage permettra d'éviter que les aimants des enceintes ne distordent l'image affichée à l'écran.

Quand vous comparez la fréquence de réponse et la distorsion harmonique, essayez de vous référer à des chiffres dont l'origine ne prête pas à contestation – de préférence des chiffres dont l'origine est la même. Il existe de nombreuses manières de mesurer ces choses, si bien qu'il n'est pas très utile de comparer des mesures qui proviennent d'origines différentes.

Un système à quatre enceintes, souvent qualifié de surround, peut renforcer l'impression que le son provient d'un endroit particulier. Les jeux vidéo modernes font une utilisation intensive de cet effet. Quand une voiture de course traverse l'écran, les concepteurs du jeu s'assurent que vous pouvez l'entendre venir de votre gauche et passer sur la droite.

Le son surround produit un effet notable sur les enregistrements de musique rock. Pour le reste des enregistrements, l'effet produit n'est pas notable.

De nombreux films DVD utilisent le son surround, mais ils exploitent un standard qui fonctionne mieux avec cinq enceintes qu'avec quatre (voir "Choisir une carte son" ci-avant, pour plus d'informations).

Un autre raffinement : le caisson de basse, enceinte distincte qui reproduit des sons à fréquence basse. Il ajoute un effet à la musique rock et aux jeux vidéo et, dans une moindre mesure, à la musique classique.

Les écouteurs constituent une bonne alternative aux enceintes pour quelques utilisateurs. Non seulement ils vous permettent d'écouter votre musique sans déranger vos amis et vos voisins, mais ils délivrent aussi un son d'excellente qualité pour moins que ne vous en coûtera un ensemble d'enceintes haut de gamme.

Si vous optez pour un casque, vous devrez choisir entre un casque dont les écouteurs recouvrent vos oreilles ou ne les recouvrent pas. Les premiers annihilent la plupart du bruit ambiant et restituent mieux les basses, mais ils sont plus lourds, et parfois moins confortables. Cependant, si vous voulez bénéficier d'un effet surround, vous devez opter pour ce type de casque.

Choisir un micro

Vous aurez besoin d'un micro pour le téléphone via Internet, la téléconférence ou la reconnaissance vocale.

Dans ces trois cas, un casque combiné à un micro se révèle être la solution la plus pratique. Pour la reconnaissance vocale, vérifiez que le micro ou que le casque que vous choisissez a été testé avec votre logiciel et qu'il produit de bons résultats.

TRUC

Le logiciel de reconnaissance vocale de Office XP vous recommande d'utiliser un micro USB pour de meilleurs résultats. De nombreux experts ne sont pas d'accord. Un micro antibruit qui se connecte à une carte son de bonne qualité peut produire des résultats qui sont tout aussi bons que ceux que produira un micro totalement électronique. Recherchez sur le site www.woodyswatch.com pour obtenir des informations supplémentaires sur le sujet.

ATTENTION !

Ne vous attendez pas à ce qu'un casque combiné à un micro délivre un son d'excellente qualité. Si vous souhaitez obtenir un tel son, achetez un casque pour écouter la musique et un autre pour parler.

Choisir un lecteur audio numérique

Un lecteur audio numérique est un petit gadget qui stocke des musiques au format numérique et qui sait les rejouer, généralement via des écouteurs. Appelez-le un lecteur MP3 si vous le voulez. Vous pouvez le conserver dans votre poche ou attaché à votre ceinture. Il joue le même rôle qu'un lecteur de CD ou de cassette personnel, mais vous pouvez y télécharger de la musique depuis votre ordinateur.

A l'heure où j'écris ces lignes, seuls quelques lecteurs audio numériques sont compatibles avec Windows XP. Pour obtenir des informations plus à jour, reportez-vous à la liste du matériel compatible de Windows XP.

Faites attention à ces quelques points quand vous choisissez un lecteur audio numérique :

- ✦ **La capacité totale :** Combien d'heures de musique le lecteur peut-il stocker ?
- ✦ **L'expansion :** Pouvez-vous augmenter la capacité du lecteur en ajoutant une carte mémoire ? Si tel est le cas, quel type de carte ? Si vous disposez d'autres engins qui utilisent des cartes mémoire, le lecteur pourra-t-il les utiliser ?
- ✦ **L'aspect pratique :** Le design du lecteur vous convient-il ?
- ✦ **Les fonctionnalités** : Le lecteur est-il doté des fonctionnalités spéciales que vous recherchez ?

Choisir un assistant personnel

Un assistant personnel (ou PDA) est un petit ordinateur qui fonctionne sur batteries et que vous pouvez tenir dans une main.

Il existe deux types de PDA. Les premiers sont assez petits pour tenir dans votre poche. Vous saisissez des informations en écrivant à l'aide d'un stylet sur un écran à cristaux liquides. Ce type d'engin peut généralement reconnaître l'écriture manuscrite, bien que vous deviez éventuellement utiliser une forme stylisée de l'alphabet pour cela. Il est éventuellement possible d'acheter un clavier séparé pour saisir de grandes quantités de texte.

L'autre type de PDA est plus grand et dispose d'un clavier complet. Généralement, le clavier est plus petit qu'un clavier standard, mais il est assez grand pour vous permettre de taper du texte sans avoir à trop vous contorsionner.

Vous pouvez considérer un PDA comme un engin d'un type particulier, et non pas comme un ordinateur aux capacités limitées. De ce point de vue, l'absence d'un clavier n'est pas un inconvénient. Cependant, il se peut que vous ayez plus besoin d'un engin doté d'un clavier que d'un engin qui tient dans votre poche, en fonction de vos besoins particuliers.

Choisissez un PDA selon ces critères :

- ✦ Tient-il ou non dans votre poche ? Est-il ou non doté d'un clavier ? Si non, avez-vous besoin d'y connecter un clavier amovible, et cela est-il possible ?
- ✦ Quelles applications sont intégrées ? Quelles applications pouvez-vous ajouter ?
- ✦ Quel système d'exploitation utilise-t-il ?

  Quelques PDA utilisent une version spéciale de Windows nommée Windows CE, qui permet de faire fonctionner des versions limitées de Word et d'Excel. Ces PDA vous permettent de travailler dans un environnement logiciel qui est hautement compatible avec votre système Windows XP. Vous pouvez déplacer des documents Word et Excel de votre ordinateur à votre PDA, et inversement, bien que vous risquiez de perdre beaucoup lors de la traduction.

  D'autres PDA utilisent un système d'exploitation spécialement conçu pour les ordinateurs personnels, le plus souvent Palm OS de Palm, Inc. Ces engins peuvent faire fonctionner des applications équivalentes à Word et Excel, mais ces applications sont différentes des logiciels de Microsoft et leur compatibilité avec ces derniers est plus limitée.
- ✦ L'affichage est-il à base de cristaux liquides en couleurs ? En aurez-vous besoin ? Un tel affichage consomme plus de puissance qu'un affichage en noir et blanc, et réduit donc l'autonomie des batteries.
- ✦ Quelle est l'autonomie des batteries ?
- ✦ Combien de données peut stocker l'engin ? Dispose-t-il d'un connecteur pour lui ajouter une carte mémoire ? Si oui, de quel type ?

- Est-il possible de connecter l'engin à votre ordinateur pour synchroniser et échanger des données ?
- Est-il possible d'établir d'autres types de communication avec l'engin ? Dispose-t-il d'un modem intégré, ou pouvez-vous lui en ajouter un ? Et un modem sans fil ?
- De quel type d'accessoire particulier avez-vous besoin ? Est-il disponible pour l'engin ?

Comment installer du nouveau matériel

Il y a deux manières d'installer du nouveau matériel. C'est amusant de constater combien certaines personnes se refusent à l'installer eux-mêmes, tandis que d'autres refusent de confier l'installation à un magasin !

Laisser faire le magasin

Quand vous achetez un nouveau lecteur de disquettes ou une nouvelle carte vidéo, pourquoi vous encombrer avec l'installation ? Pour quelques euros de plus, la plupart des magasins peuvent installer le matériel qu'ils commercialisent. C'est la solution la plus facile et la plus sûre ! Plutôt que de vous embrouiller avec du matériel que vous ne connaissez pas, ce qui peut se révéler compliqué et délicat, laissez quelqu'un d'expérimenté faire le travail à votre place.

Autant de types de matériels, autant de niveaux de difficultés. Vous pouvez trouver qu'il est très facile d'installer un certain périphérique, et très compliqué d'en installer un autre.

Tout au bout de l'échelle de complexité, vous trouvez l'installation d'une carte vidéo ou d'un lecteur de disquettes. Elle peut se révéler plutôt difficile, et devrait incomber à un expert. A l'autre bout, vous trouver l'installation des enceintes, que vous n'avez qu'à connecter pour qu'elles fonctionnent. Le magasin peut vous montrer les connecteurs que vous devez utiliser, et vous n'avez qu'à y insérer les fiches une fois chez vous.

Voici quelques recommandations pour vous permettre de juger de la difficulté d'installation d'un matériel :

- Tout matériel qui va dans votre ordinateur devrait être laissé aux bons soins du magasin, à moins que vous n'ayez une expérience particulière dans l'installation de ce type de matériel.
- Laissez le magasin se charger de l'installation d'un matériel doté d'une interface SCSI.
- Il est facile d'installer un matériel doté d'une interface USB ; neuf fois sur dix, il suffit de le connecter pour qu'il fonctionne.
- L'installation d'un matériel doté d'une interface série ou parallèle est d'un niveau de difficulté intermédiaire.

L'installation d'un modem haut débit devrait être assurée par un technicien de l'opérateur de communication. Il suffit de brancher le modem, mais la ligne téléphonique ou le câble peut devoir être reconfiguré ou réinstallé pour délivrer un signal adéquat. L'installation d'une connexion sans fil est définitivement réservée aux professionnels. Quant à la configuration des applications Internet pour une connexion permanente, elle peut se révéler plutôt complexe.

Si vous n'êtes pas certain de pouvoir installer vous-même du matériel, laissez faire le magasin. Si vous décidez d'essayer malgré tout, mais que les instructions vous font peur quand vous les lisez, n'ayez pas honte et allez demander conseil.

C'est ce que je fais.

Le faire soi-même

Si vous décidez d'installer du matériel vous-même, sachez que votre tâche n'en sera que facilitée si vous suivez les recommandations suivantes :

- **Ne vous lancez pas tête baissée – lisez d'abord les instructions !** Faites attention aux avertissements qui y sont prodigués. Identifiez les étapes qui risquent de vous poser problème. Certaines instructions sont-elles ambiguës ? La procédure met-elle en œuvre du matériel ou du logiciel qui semble manquer ? Essayez de résoudre ces problèmes potentiels auparavant.

- **Sauvegardez votre système avant de démarrer.** Il est peu probable que votre tentative d'installation d'un nouveau matériel perturbera votre système si vous échouez, mais il vaut mieux effectuer une sauvegarde pour le cas où les choses se gâtent.

- **Ecrivez tout ce que vous faites pour le cas où vous devriez revenir dessus ou demander de l'aide.** C'est particulièrement important si vous ouvrez votre ordinateur pour installer du matériel interne !

- **Si le matériel est livré avec un pilote Windows XP, consultez le site Web du fabricant pour y rechercher une éventuelle nouvelle version.** Le fabricant propose généralement ses pilotes au téléchargement dans des pages auxquelles vous pouvez accéder en cliquant sur le lien Pilotes, Téléchargements, ou Support. Si vous trouvez une version plus récente que celle qui vous a été livrée avec le matériel, téléchargez-la et installez-la à la place.

Si vous ne pouvez pas dire s'il existe ou non une version plus récente du pilote sur le site Web car vous ne connaissez pas le numéro de version de celui qui vous a été livré avec le matériel, vous avez deux possibilités :

- Téléchargez et installez la version disponible sur le site Web. Il est peu probable qu'elle se révèle être moins récente que celle qui vous a été livrée !

- Installez la version qui vous a été livrée. Puis vérifiez sa date et son numéro de version (voir "Vérifier la version d'un pilote" ci-dessous). Si le pilote proposé sur le Web se révèle être plus récent, téléchargez-le et installez-le. Lisez les instructions ; il se peut que vous deviez désinstaller le pilote original d'abord.

Vérifier la version d'un pilote

Pour vérifier le numéro de version d'un pilote, suivez les étapes suivantes :

1. **Cliquez sur Démarrer/Panneau de configuration.**
2. **Cliquez sur Système.**

   Windows XP ouvre la boîte de dialogue Propriétés du système.

3. **Cliquez sur l'onglet Matériel.**
4. **Cliquez sur le bouton Gestionnaire de périphériques.**

   Windows XP ouvre la fenêtre Gestionnaire de périphériques, comme sur la Figure 1.4.

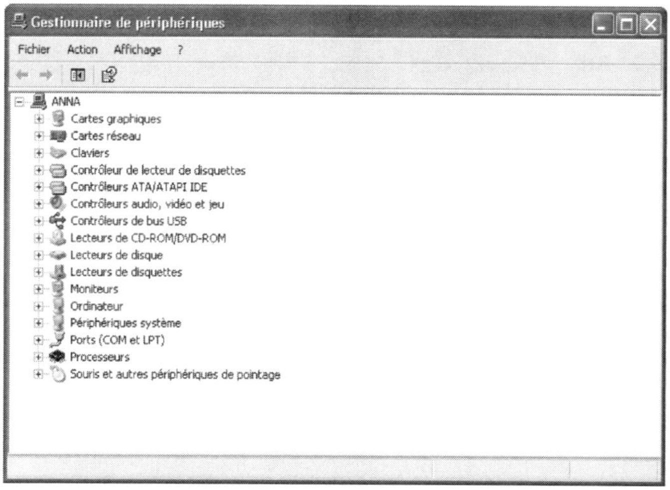

Figure 1.4 : La fenêtre Gestionnaire de périphériques.

5. **Cliquez sur le signe plus à côté du libellé qui contient le matériel dont vous souhaitez vérifier la version du pilote.**

   Windows XP déploie le libellé pour vous montrer les périphériques, comme sur la Figure 1.5.

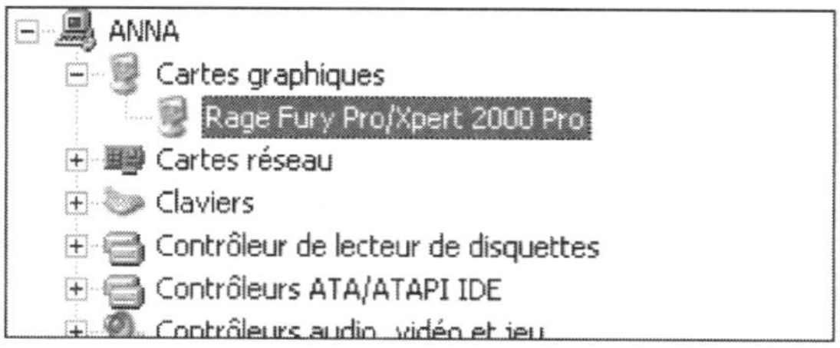

Figure 1.5 : Cliquez sur le signe plus pour déployer un libellé.

Il se peut que vous deviez déployer ainsi plusieurs libellés avant de trouver le bon. Si vous avez mal deviné, cliquez de nouveau sur le libellé que vous avez déployé pour le refermer.

6. **Double-cliquez sur le matériel pour ouvrir la boîte de dialogue Propriétés du périphérique.**

7. **Vous devriez pouvoir lire le numéro de version du pilote ou sa date, voire les deux.**

Figure 1.6 : La boîte de dialogue Propriétés du périphérique, onglet Pilote.

Si quelque chose va de travers

Si votre installation ne réussit pas, essayez ces manipulations, dans l'ordre qui vous semble le plus adapté :

- Relisez les instructions. Recherchez un titre ou une section nommé "Problèmes" où vous pourriez trouver des conseils.
- Appelez ou envoyez un courrier électronique au service du support technique pour demander de l'aide. Le manuel ou le site Web vous indiquera comment procéder.

✦ Appelez le magasin ou remballez tout et rapportez l'ensemble au magasin. Si vous avez un copain de 110 kg dont les cheveux traînent par terre, emmenez-le avec vous. A titre de support psychologique...

Si votre ordinateur ne fonctionne plus correctement, relancez Windows XP en utilisant la dernière bonne configuration connue (reportez-vous aux instructions de la section suivante).

Restaurer la dernière bonne configuration connue

Quand vous installez un nouveau pilote de périphérique, vous modifiez la configuration de Windows XP. La fois suivante où vous démarrez votre ordinateur, Windows XP essaie d'utiliser la nouvelle configuration. S'il réussit, il supprime la configuration précédente, pour en faire une copie de la nouvelle.

Parfois, vous installez un nouveau pilote de périphérique, et tout se met à aller de travers. Dans ce cas, vous devez redémarrer Windows XP et lui indiquer qu'il doit utiliser la "dernière bonne configuration connue" – autrement dit, Windows XP doit ignorer les modifications qui l'ont fait aller de travers, et retrouver l'état qui était le sien la dernière fois qu'il a été démarré. Cela supprime le nouveau pilote de Windows XP.

1. **Si votre ordinateur fonctionne, cliquez sur Démarrer/Arrêter l'ordinateur.**

   Windows XP essaie d'ouvrir la boîte de dialogue Arrêter l'ordinateur. Cliquez sur le bouton Redémarrer. Puis passez à l'étape 3.

2. **Si votre ordinateur ne fonctionne plus du tout, pressez le bouton d'allumage pour l'éteindre.**

   Si cela ne fonctionne pas, essayez de presser le bouton de nouveau en le maintenant ainsi pendant plusieurs secondes. Si rien n'y fait, débranchez le câble d'alimentation à l'arrière de l'ordinateur ; attendez quelques secondes, puis rebranchez-le. Si vous utilisez un portable, vous devrez peut-être retirer les batteries. Et oui, ça peut arriver.

Pressez le bouton d'allumage une nouvelle fois pour rallumer l'ordinateur. Passez ensuite à l'étape 3.

3. **Regardez l'affichage quand l'ordinateur redémarre. Lorsque le message Sélectionner le système d'exploitation à démarrer apparaît, pressez F8.**

   Windows XP affiche un menu d'options de démarrage que vous pouvez fermer.

4. **Utilisez les flèches haut et bas pour déplacer la barre de sélection du menu sur Dernière bonne configuration connue, et pressez Entrée.**

5. **Terminer le démarrage comme d'habitude.**

Si cette procédure vous permet de redémarrer votre ordinateur normalement, Windows XP supprime la "nouvelle" configuration qui ne fonctionne pas et restaure de manière permanente la dernière bonne configuration connue.

Chapitre 2 : Travailler avec les imprimantes

Dans ce chapitre :

- **Connecter une nouvelle imprimante à votre PC ou à votre réseau.**
- **Choisir une imprimante par défaut.**
- **Problèmes avec la file d'impression.**
- **Autres problèmes.**

Ah, les bureaux sans papier. Quel concept formidable ! Plus d'armoires à dossiers remplies à craquer de fichiers en désordre. Plus de hernies à soulever les cartons de papier pour la photocopieuse conçue pour cracher 500 feuilles à la fois dans un réservoir en plastique. Plus d'arbres sacrifiés, rendant leur dernier souffle avant que nous les dépecions de leur pulpe pour alimenter des toners. Plus de rapports tâchés de café.

Plus de… Oh, mais vous pensez que je me moque ? Absolument pas.

Les experts en industrie nous ont prédit pendant plus d'une décennie que le bureau sans papier allait arriver demain. Bien sûr. Mais moi je prédis que les imprimantes pour PC disparaîtront le jour où Star Trek ne sera plus diffusé à la télé.

Windows XP sait parfaitement gérer les imprimantes. Tout est très simple pour peu que vous vous donniez la peine de vous informer sur quelques points.

N'OUBLIEZ PAS

Pour savoir comment choisir une imprimante, reportez-vous au Chapitre 1 du Livret VII.

Installer une imprimante

Vous pouvez connecter une imprimante à votre ordinateur de trois manières :

- Vous la connectez directement à votre ordinateur.
- Vous connectez votre ordinateur à un réseau et vous connectez l'imprimante à un autre ordinateur de ce réseau.
- Vous connectez votre ordinateur à un réseau et vous connectez l'imprimante directement au concentrateur.

ATTENTION !

Ce n'est pas difficile de connecter une imprimante directement à un concentrateur, pour autant que vous disposiez du bon matériel. Chaque contrôleur d'imprimante est particulier. Par conséquent, reportez-vous aux instructions du fabricant.

NOTE TECHNIQUE

A l'heure où j'écris ces lignes, il est question d'une quatrième méthode pour connecter une imprimante à un PC. Elle permet d'imprimer directement par Internet, via une imprimante connectée à ce réseau. Comme vous l'imaginez, cette solution présente quelques problèmes d'ordre logistique. Par exemple, si vous vous plaignez de recevoir des fax de publicité, attendez de voir ce que cela va donner une fois que leurs auteurs auront découvert le moyen d'utiliser votre imprimante pour vous envoyer 40 pages à la minute !

Connecter une imprimante locale

Vous avez donc une nouvelle imprimante, et vous voulez l'utiliser. La solution la plus simple est de la connecter localement – c'est-à-dire, directement à votre PC – et la seule qui convienne si vous ne disposez pas d'un réseau.

Tout d'abord, connectez physiquement l'imprimante à votre ordinateur. Si l'imprimante utilise un connecteur USB, connectez-la directement au port USB de votre PC. Avec un connecteur série ou parallèle, éteignez votre ordinateur, branchez l'imprimante, puis rallumez l'ordinateur.

TRUC

Une fois que vous aurez connecté l'imprimante à votre ordinateur, vous devrez faire en sorte que Windows XP la reconnaisse. Cela s'appelle "installer l'imprimante".

Si vous avez une imprimante USB, il se peut que Windows XP la détecte et l'installe automatiquement aussitôt que vous l'allumez. Si vous avez une imprimante série ou parallèle, Windows XP peut la détecter et l'installer automatiquement quand vous démarrez l'ordinateur. Si ce n'est pas le cas, vous devez sortir l'artillerie lourde. Suivez cette procédure :

1. **Choisissez Démarrer/Panneau de configuration.**
2. **Dans le Panneau de configuration, cliquez sur Imprimantes et autres périphériques.**

   La boîte de dialogue Imprimantes et télécopieurs s'ouvre alors, comme sur la Figure 2.1.

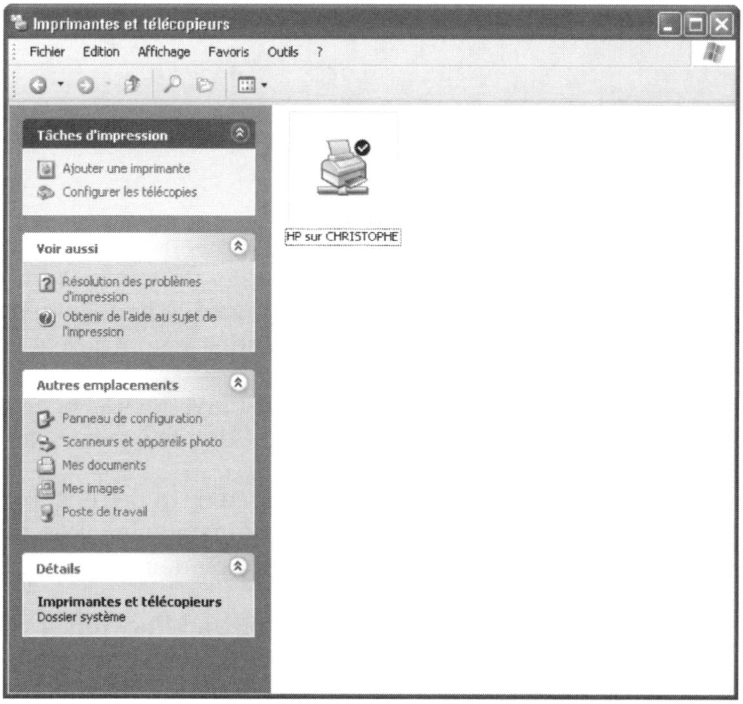

Figure 2.1 : La boîte de dialogue Imprimantes et télécopieurs.

3. **Dans la liste Tâches d'impression, cliquez sur Ajouter une imprimante.**

   Cela lance l'Assistant Ajout d'imprimante, et affiche une page d'accueil.

4. **Cliquez sur Suivant.**

   L'assistant affiche la page reprise dans la Figure 2.2. Cliquez sur le bouton Imprimante locale.

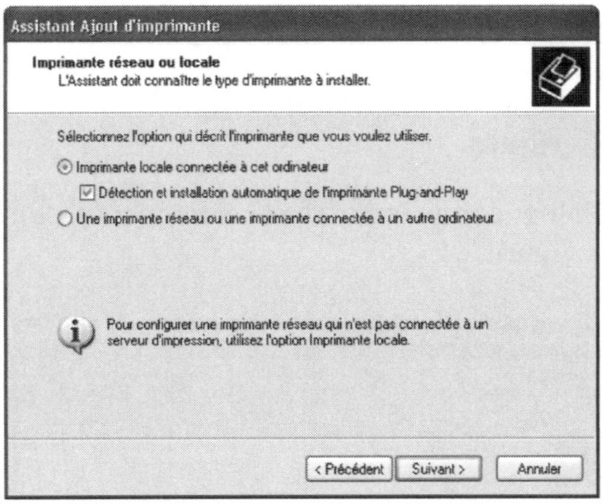

Figure 2.2 : L'Assistant Ajout d'imprimante. Imprimante locale ou réseau ?

Toutes les imprimantes USB sont Plug-and-Play – i.e. : détectées et installées automatiquement. Les imprimantes série et parallèles ne le sont généralement pas, bien que la documentation de l'imprimante puisse parfois prétendre le contraire.

5. **Si votre imprimante est Plug-and-Play, cochez la case Détection et installation automatique. Cliquez ensuite sur Suivant.**

   L'assistant vous explique qu'il est en train de rechercher votre imprimante. Quand il l'a trouvée, il installe le pilote correspondant. Vous pouvez vous rendre directement à l'étape 9.

6. **Si votre imprimante n'est pas Plug-and-Play (ou si vous êtes arrivé à cette étape parce que Windows XP n'a pas pu identifier automatiquement votre imprimante), décochez Détecter et installer automatiquement. Cliquez sur Suivant.**

Windows vous demande d'identifier le port auquel votre imprimante est connectée (voir Figure 2.3).

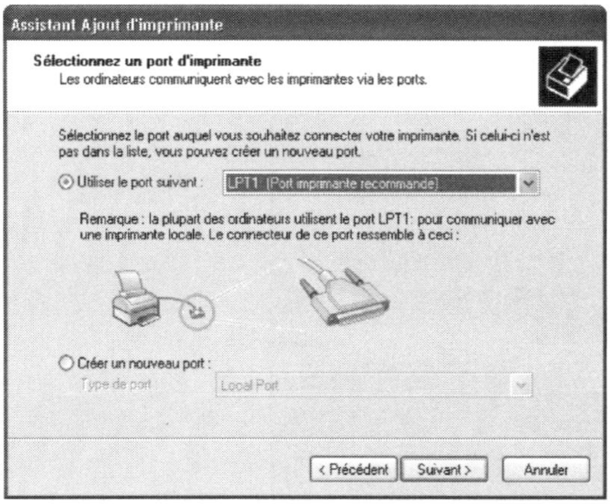

Figure 2.3 : L'Assistant Ajout d'imprimante, sélection d'un port.

7. **Sélectionnez le port approprié dans la liste déroulante, et cliquez sur Suivant.**

   TRUC

   La plupart des ordinateurs Windows ne comportent qu'un port parallèle (le port assez allongé) et un ou deux ports série (plus petits). Si votre imprimante est connectée au port parallèle, il doit probablement s'agir du port LPT1. Si elle est connectée à un port série, il peut s'agir du port COM1 ou du port COM2. Cela est éventuellement indiqué à l'arrière de votre ordinateur, à côté des ports série. Cependant, si vous ne réussissez pas à identifier le port série impliqué, indiquez à l'assistant qu'il doit utiliser le port COM1. Si cela ne fonctionne pas, éteignez votre ordinateur, connectez le câble sur l'autre port. Normalement, vous êtes maintenant certain d'utiliser le port COM1.

8. **L'assistant affiche la page qui vous demande de sélectionner la marque et le modèle de votre imprimante, comme sur la Figure 2.4. Sélectionnez la marque et le modèle, puis cliquez sur Suivant.**

   TRUC

   Si la marque et le modèle de votre imprimante ne figurent pas dans les listes, vous pouvez quand même installer votre imprimante si vous avez une disquette ou un CD-ROM qui contient un pilote Windows XP ou si vous avez téléchargé ce pilote sur le site Web du fabricant. Cliquez sur le bouton Disque fourni… et suivez les instructions de l'assistant.

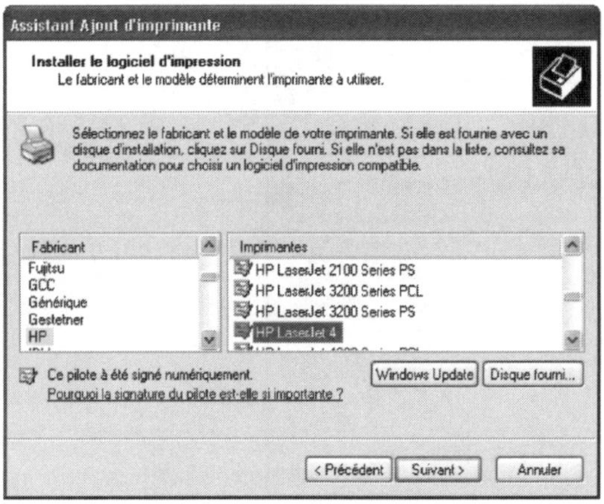

Figure 2.4 : L'Assistant Ajout d'imprimante, installation du pilote.

9. **L'assistant vous demande de saisir le nom que Windows XP utilisera pour identifier l'imprimante (voir Figure 2.5). Acceptez le nom par défaut ou saisissez-en un autre, court mais significatif.**

Les noms courts d'imprimantes (tels que LJ4 ou DJ930C) sont plus faciles à retenir et il est plus difficile de mal les orthographier.

Vous devez aussi spécifier si vous souhaitez que cette imprimante soit votre imprimante par défaut – c'est-à-dire celle qu'une application Windows XP utilisera pour imprimer de documents à moins que vous ne lui spécifiiez explicitement d'en utiliser une autre. Si c'est la seule imprimante de votre système, le seul choix que vous pouvez faire est Oui.

Si votre ordinateur est connecté à un réseau et que vous avez configuré un réseau en utilisant l'Assistant de réseau familial, l'assistant vous demande si vous souhaitez partager l'imprimante, comme sur la Figure 2.6. "Partager l'imprimante" signifie que les utilisateurs des autres ordinateurs du réseau peuvent voir qu'une imprimante est connectée à votre ordinateur et qu'ils peuvent l'utiliser pour imprimer des documents.

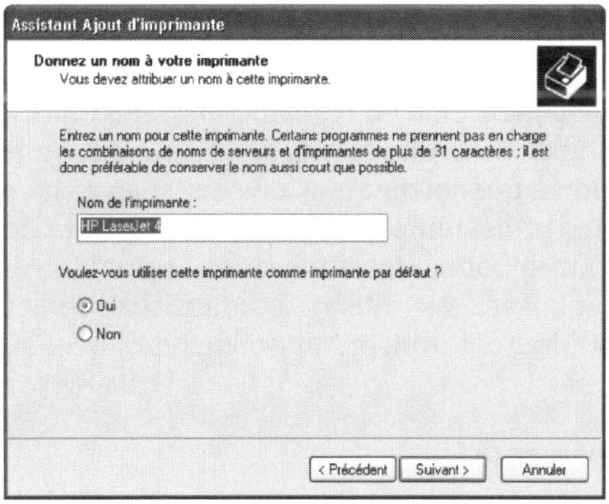

Figure 2.5 : L'Assistant Ajout d'imprimante, dénomination de l'imprimante.

10. **Si vous voulez partager l'imprimante, cliquez sur le bouton radio Nom de partage et saisissez le nom sous lequel les ordinateurs verront l'imprimante. Cliquez sur Suivant.**

    Si vous partagez une imprimante, l'assistant vous demande de saisir des informations sur le lieu où se trouve l'imprimante, et un commentaire. Ces informations sont optionnelles, mais elles permettent aux autres utilisateurs du réseau de savoir où se trouve votre imprimante et comment l'utiliser.

11. **Spécifiez le lieu où se trouve l'imprimante, saisissez un commentaire, et cliquez sur Suivant.**

    L'assistant vous demande si vous voulez imprimer une page de test.

12. **Cliquez sur le bouton Oui, puis cliquez sur Suivant.**

    L'assistant affiche des informations relatives à votre imprimante.

13. **Cliquez sur le bouton Terminer pour imprimer la page de test.**

    L'assistant affiche une boîte de dialogue pour vous demander si la page de test s'est imprimée correctement.

14. **Si la page de test a été correctement imprimée, cliquez sur OK pour quitter l'assistant. Si tel n'est pas le cas, cliquez sur Problèmes et suivez les instructions que l'assistant vous prodigue.**

Utiliser une imprimante en réseau

Windows fonctionne à merveille en réseau. J'en parle dans le détail dans le Livret IX. Si vous avez un réseau, vous pouvez connecter une imprimante à n'importe quel ordinateur de ce réseau et la rendre utilisable par tous les utilisateurs de tous les ordinateurs de ce réseau. Vous pouvez aussi connecter différentes imprimantes à différents ordinateurs, et laissez les utilisateurs du réseau sélectionner l'imprimant qu'ils souhaitent utiliser, au gré de leurs besoins.

Partager une imprimante

Avant que d'autres ordinateurs d'un réseau puissent utiliser une imprimante, celle-ci doit être officiellement partagée. Pour partager une imprimante, un administrateur doit se rendre sur le PC hôte – c'est-à-dire le PC auquel l'imprimante est physiquement connectée – et indiquer à Windows que l'imprimante doit être partagée.

TRUC

Je parle des Administrateurs dans le Chapitre 2 du Livret I. Si vous utilisez Windows XP/Home, vous êtes probablement un Administrateur.

La procédure à suivre pour partager une imprimante dépend du système d'exploitation qui fonctionne sur votre ordinateur. Cette section décrit la procédure à suivre pour un hôte qui utilise Windows XP. D'autres versions du système d'exploitation Windows requièrent des procédures similaires.

1. **Sur l'ordinateur auquel est connectée l'imprimante, choisissez Démarrer/Panneau de configuration.**

2. **Dans le Panneau de configuration, cliquez sur Imprimantes et autres périphériques.**

   Cela ouvre la boîte de dialogue Imprimantes et télécopieurs (voir Figure 2.1).

3. **Cliquez du bouton droit sur l'icône de l'imprimante que vous souhaitez partager, et cliquez sur Propriétés dans le menu qui apparaît.**

   Cela affiche la boîte de dialogue Propriétés de l'imprimante.

4. **Cliquez sur l'onglet Partage de la boîte de dialogue Propriétés.**

   L'onglet Partage ressemble à celui repris dans la Figure 2.6.

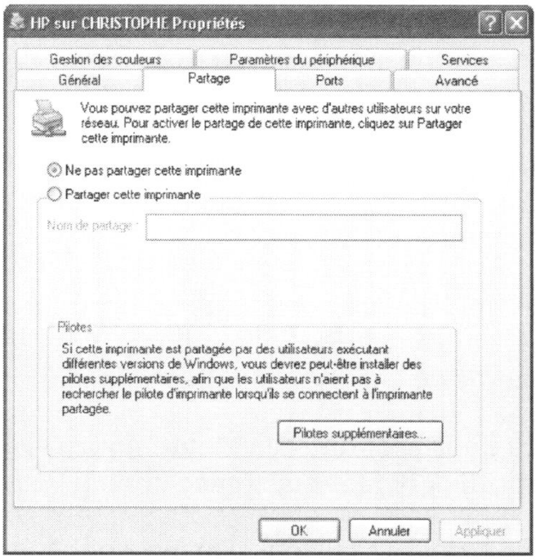

Figure 2.6 : Une boîte de dialogue Propriétés, onglet Partage.

5. **Cliquez sur le bouton Partager cette imprimante.**

   Windows XP affiche un nom de partage par défaut pour l'imprimante. C'est le nom sous lequel l'imprimante sera connue par les utilisateurs du réseau.

6. **Si vous le voulez, saisissez un autre nom, plus significatif pour les utilisateurs de votre réseau. Puis cliquez sur le bouton OK.**

ATTENTION !

Si vous saisissez un nom qui fait plus de huit caractères ou qui contient des caractères espace ou des caractères spéciaux, Windows XP vous indiquera que les ordinateurs MS-DOS ne pourront pas utiliser cette imprimante. Cela ne devrait pas poser de problème, à moins que certains des ordinateurs de votre réseau n'utilisent MS-DOS plutôt que Windows, ou si vous pensez recourir à certaines espèces anciennes et ésotériques de systèmes d'exploitation.

Installer une imprimante partagée

Il arrive parfois que Windows XP se révèle assez futé pour repérer les imprimantes connectées à votre réseau et les installer automatiquement, sans que vous n'ayez à lever le petit doigt. Quand vous regardez dans la liste des imprimantes de Windows XP, vous remarquez ces imprimantes car leur nom débute par "Auto" – par exemple, "Auto DJ930C".

Il arrive aussi (et je ne sais pas pourquoi) que Windows XP ne reconnaisse pas automatiquement les imprimantes connectées au réseau. Vous devez alors installer l'imprimante vous-même sur le PC qui doit l'utiliser :

1. **Vérifiez que l'imprimante est bien installée sur un PC hôte – c'est-à-dire, sur le PC auquel l'imprimante est connectée, et vérifiez que vous pouvez l'utiliser.**

   Essayez de lancer un traitement de texte quelconque et d'imprimer une page. Si l'imprimante ne fonctionne pas sur le PC hôte, reprenez au début de ce chapitre, et faites-la fonctionner.

2. **Suivez les étapes de la section précédente pour vérifier que l'imprimante est officiellement désignée comme partagée.**

   Dans au moins 90 % des cas, si vous n'arrivez pas à installer une imprimante connectée à un réseau, c'est soit parce que l'imprimante ne fonctionne pas sur l'hôte (voir l'étape 1), soit parce que l'imprimante n'a pas été partagée (voir l'étape 2).

3. **Sur l'ordinateur qui ne reconnaît pas automatiquement l'imprimante, choisissez Démarrer/Panneau de configuration.**

4. **Dans le Panneau de configuration, choisissez Imprimante et autres périphériques.**

   Cela ouvre la boîte de dialogue Imprimantes et télécopieurs (voir Figure 2.1).

5. **Cliquez sur Ajouter une imprimante, et l'Assistant Ajout d'imprimante affiche sa page d'accueil.**

6. **Cliquez sur Suivant.**

   L'assistant affiche la page Imprimante réseau ou locale (voir Figure 2.2).

7. **Cliquez sur le bouton Une imprimante réseau. Puis cliquez sur Suivant.**

L'assistant affiche la page reprise dans la Figure 2.7.

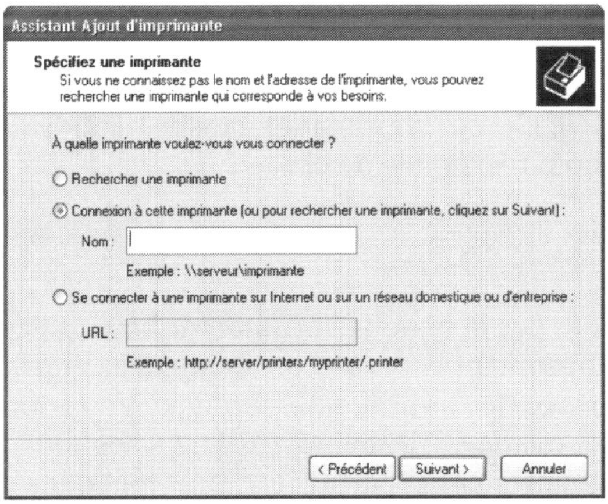

Figure 2.7 : L'Assistant d'installation d'une imprimante, spécification d'une imprimante.

8. **Cliquez sur le bouton Connexion à cette imprimante (le bouton du milieu). Laissez le champ Nom vide, et cliquez sur Suivant.**

   L'assistant affiche la page Parcourir à la recherche d'une imprimante, comme sur la Figure 2.8. La liste Imprimantes partagées affiche la liste des imprimantes et des ordinateurs de votre groupe de travail.

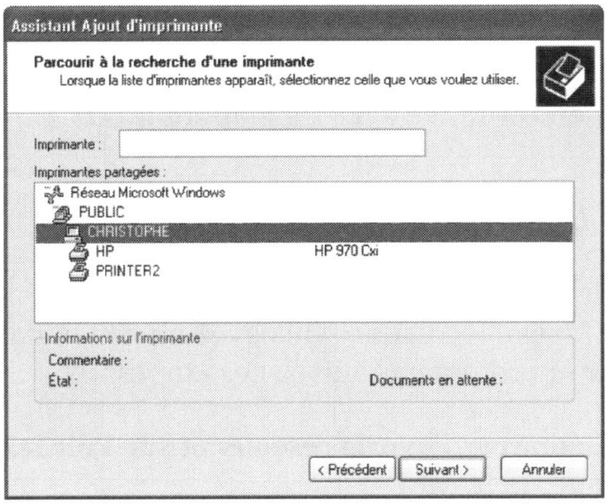

Figure 2.8 : L'Assistant d'installation d'une imprimante, recherche d'une imprimante.

9. **Cliquez sur l'imprimante que vous souhaitez installer. Puis cliquez sur Suivant.**

   TRUC

   Si l'assistant n'affiche pas l'imprimante que vous voulez installer, vous pouvez l'installer tout de même, mais vous devez saisir son nom dans le champ Imprimante dans le haut de la boîte de dialogue. Le nom ressemble à cela :

```
\\hôte\imprimante
```

   Remplacez hôte par le nom de l'ordinateur hôte qui apparaît dans la liste Imprimantes partagées. Remplacez imprimante par le nom de partage de l'imprimante partagée. Vous obtiendrez quelque chose comme \\Dimension\LJ4. La section "Trouver les noms des imprimantes partagées", plus loin dans ce chapitre, vous explique comment trouver le nom de partage d'une imprimante.

10. **Si l'ordinateur hôte requiert que vous vous connectiez pour utiliser ses ressources, l'assistant affiche une boîte de dialogue Connexion. Saisissez un nom d'utilisateur et un mot de passe valides sur l'ordinateur hôte, et cliquez sur OK.**

    Une fois que vous avez réussi à vous connecter, l'assistant vous demande si vous voulez faire de cette imprimante celle par défaut : l'imprimante qu'une application utilise à moins que vous ne lui en spécifiiez une autre.

11. **Cliquez sur le bouton Oui ou Non, comme vous voulez, et sur Suivant pour en terminer avec l'installation.**

Trouver les noms des imprimantes partagées

Il est parfois utile de trouver les noms de partage des imprimantes partagées de votre réseau local, que vous ayez ou non installé ces imprimantes sur votre ordinateur. Suivez ces étapes :

1. **Cliquez sur Démarrer/Favoris réseaux et sur Voir les ordinateurs du groupe de travail.**

2. **Double-cliquez sur n'importe quel ordinateur hôte dont vous pensez qu'il héberge une imprimante récalcitrante.**

Si une imprimante officiellement partagée est connectée à cet ordinateur hôte, elle devrait être signalée par une icône imprimante. Le nom de partage devrait apparaître juste à la droite de cette icône.

Sélectionner une imprimante

Si plus d'une imprimante est installée sur votre ordinateur, soit directement, soit via un réseau, vous pouvez sélectionner l'une ou l'autre pour certaines tâches. Par exemple, vous pouvez imprimer des documents ordinaires sur une imprimante laser, et des photographies sur une imprimante à jet d'encre couleur.

Changer l'imprimante par défaut

L'une des imprimantes installées est l'imprimante par défaut de Windows XP. L'imprimante par défaut est celle que toute application utilise à moins que vous ne lui indiquiez d'en utiliser une autre.

Pour voir quelle imprimante est votre imprimante par défaut, suivez ces étapes :

1. **Choisissez Démarrer/Panneau de configuration.**

2. **Dans le Panneau de configuration, cliquez sur Imprimantes et autres périphériques.**

3. **Cliquez sur Afficher les imprimantes ou les imprimantes télécopieurs installées.**

   Une marque apparaît à côté de l'imprimante par défaut, comme sur la Figure 2.9.

TRUC

Si l'icône est petite, vous aurez peut-être du mal à distinguer la marque. Choisissez une visualisation à base d'icônes plus grandes, telle que Miniatures ou Mosaïques, en cliquant sur le menu Affichage.

Pour changer l'imprimante par défaut, cliquez du bouton droit sur l'imprimante dont vous voulez faire l'imprimante par défaut. Puis sélectionnez Définir comme imprimante par défaut.

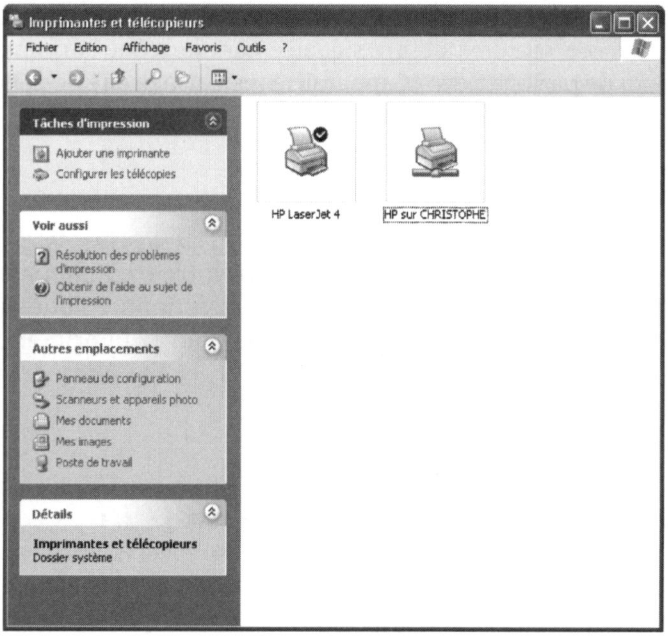

Figure 2.9 : Une marque apparaît à côté de l'imprimante par défaut.

Changer d'imprimante temporairement

Si vous voulez imprimer sur une imprimante donnée occasionnellement, changer l'imprimante par défaut puis la changer de nouveau n'est pas pratique. Vous feriez mieux de changer l'imprimante temporairement.

Pour changer l'imprimante temporairement :

1. **Choisissez la commande Imprimer de votre application comme vous le feriez normalement, en sélectionnant généralement Fichier/Imprimer.**

   L'application ouvre une boîte de dialogue Imprimer, comme sur la Figure 2.10. La zone Imprimante contient la liste des imprimantes installées sur votre ordinateur. L'imprimante par défaut est sélectionnée.

2. **Cliquez sur l'imprimante que vous souhaitez utiliser.**

3. **Imprimez comme d'habitude.**

   L'application utilise l'imprimante que vous avez choisie.

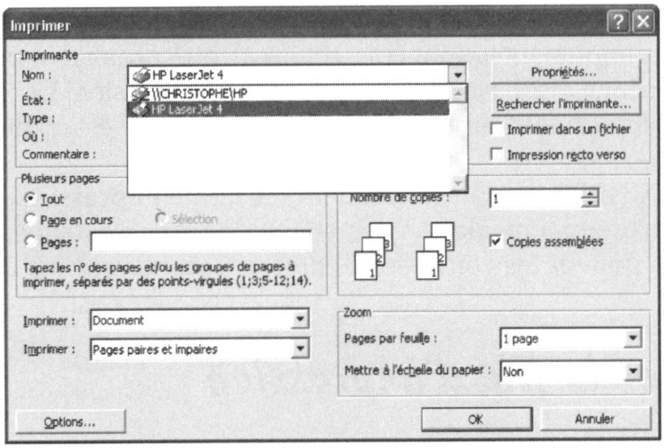

Figure 2.10 : La boîte Imprimer de Word 2002.

La modification temporaire de l'imprimante n'affecte que l'application dans laquelle vous effectuez ce changement. Par exemple, si vous changez d'imprimante sous Word, cela ne change pas l'imprimante sous Excel. Quelques applications utilisent l'imprimante que vous sélectionnez pour une seule opération, d'autres l'utilisent pour toutes les opérations consécutives que vous effectuez.

TRUC

Si vous avez recours à une application qui se souvient de l'imprimante temporaire, vous pouvez revenir à l'imprimante par défaut après avoir imprimé. Cependant, si vous ne vous servez pas de l'imprimante pendant un certain temps, vous risquez d'oublier de le faire. Il est donc recommandé de revenir à l'imprimante par défaut aussitôt que vous avez terminé d'imprimer, tant que vous y pensez. Ce conseil émane d'un gars qui a imprimé un jour 50 pages de noir et blanc sur une imprimante couleur dispendieuse.

Utiliser la file d'impression

Vous avez peut-être remarqué que lorsque vous imprimez un document depuis une application, l'application vous signale que l'impression est terminée avant même que quelque chose a été imprimé. Si le document est volumineux, vous pouvez imprimer plusieurs documents depuis une ou plusieurs applications tandis que l'imprimante travaille sur le premier. Tout cela est possible car Windows XP conserve les documents à imprimer dans une file d'attente, jusqu'à ce qu'ils soient effectivement imprimés.

Si plusieurs imprimantes sont connectées à votre ordinateur ou à votre réseau, chacune disposera de sa propre file d'impression. La file est gérée par le PC hôte – c'est-à-dire le PC auquel l'imprimante est connectée.

Windows XP utilise automatiquement les files d'impression, si bien que vous n'avez même pas à vous soucier de leur existence. Cependant, vous pouvez les contrôler de diverses manières bien utiles.

Afficher la file d'impression

Vous pouvez afficher des informations sur le document qu'une imprimante est en train d'imprimer et sur n'importe quel document en attente d'impression :

1. **Rendez-vous sur l'ordinateur hôte. Choisissez Démarrer/ Panneau de configuration.**

2. **Dans le Panneau de configuration, cliquez sur Imprimantes et autres périphériques.**

3. **Cliquez sur l'imprimante dont vous voulez afficher la file d'impression.**

4. **Dans la liste des Tâches d'impression sur la gauche, cliquez sur Afficher les tâches d'impression en cours.**

   Le Panneau de configuration ouvre la fenêtre de la file d'impression, comme sur la Figure 2.11.

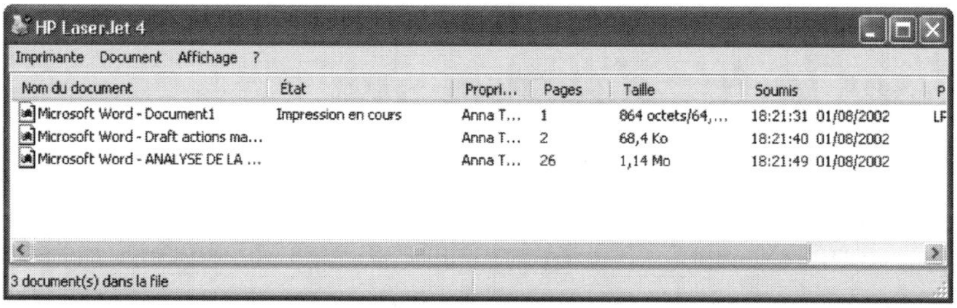

Figure 2.11 : La fenêtre d'une file d'impression.

Les travaux de la file d'impression sont classés dans l'ordre chronologique, du plus ancien au plus récent, de haut en bas. La colonne Etat indique le travail qui est en cours d'impression.

TRUC

Vous pouvez fermer la fenêtre du Panneau de configuration ou la garder ouverte pour l'utiliser ultérieurement. Vous pouvez minimiser la file d'impression et la conserver dans la barre des tâches. Cela peut se révéler fort pratique si vous imprimez un document particulièrement volumineux ou complexe – il est de notoriété publique que l'impression de documents Word générés par publipostage doit être surveillée de près.

Contrôler la file d'impression

Vous pouvez utiliser la fenêtre de la file d'impression, décrite dans la section précédente, pour exercer plusieurs types de contrôle sur votre file d'impression.

ATTENTION !

Si plusieurs utilisateurs impriment des documents sur une même imprimante, Windows XP ne permet pas à l'un d'interférer avec le travail des autres. Par conséquent, vous pouvez contrôler les documents que vous avez placés dans la file d'impression ; vous ne pouvez pas contrôler ceux des autres, pas plus qu'ils ne peuvent contrôler les vôtres.

Suspendre et reprendre une file d'impression

Lorsque vous suspendez une file d'impression, Windows XP arrête d'imprimer les documents que contient cette file. Si un document est en court d'impression quand vous suspendez la file, Windows XP tente de terminer l'impression puis s'arrête.

TRUC

Pourquoi souhaiteriez-vous suspendre l'impression ? Disons que vous voulez imprimer une page pour l'utiliser ultérieurement, mais que vous ne voulez pas vous ennuyer à mettre en route votre imprimante pour n'imprimer qu'une seule page. Suspendez la file d'impression, et imprimez la page. La prochaine fois que vous allumerez votre imprimante, reprenez l'impression, et la page s'imprimera.

Il arrive parfois que Windows rencontre des difficultés à terminer un document – par exemple, vous pouvez être confronté à une saturation du tampon d'impression (voir "Problèmes", plus loin dans ce chapitre). Si cela survient, suspendez l'impression, et éteignez l'imprimante. Aussitôt que l'imprimante est rallumée, Windows est assez futé pour reprendre le travail là où il s'était arrêté.

Quand vous reprenez une file d'impression, Windows XP commence à imprimer de nouveau les documents qui figurent dans cette dernière.

Pour suspendre une file d'impression, choisissez le menu Imprimante de la fenêtre de la file d'impression, puis cliquez sur la commande Suspendre l'impression. Pour prendre une file d'impression, cliquez de nouveau sur la même commande. Une marque apparaît à côté de la commande Suspendre l'impression quand la file est suspendue.

Selon la manière dont votre réseau est configuré, vous pourrez, ou vous ne pourrez pas, suspendre et reprendre une file d'impression sur une imprimante connectée à un ordinateur d'un autre utilisateur.

Vous pouvez suspendre et reprendre l'impression d'une autre manière. Cliquez du bouton droit sur l'imprimante dans l'affichage Imprimante et télécopieurs du Panneau de configuration, et sélectionnez la commande Suspendre l'impression ou Reprendre l'impression. Une seule de ces commandes apparaît dans le menu à la fois, selon que la file d'impression est suspendue ou non.

Suspendre, recommencer et reprendre un document

Pourquoi voudriez-vous suspendre l'impression d'un document ? Supposons que vous imprimiez une page Web qui contient le détail d'une commande que vous venez de passer, et que l'imprimante bourre. Vous avez presque terminé de passer commande, et vous n'avez aucun moyen d'afficher de nouveau la page pour l'imprimer une seconde fois. Suspendez l'impression, nettoyez l'imprimante, et recommencez l'impression du document.

Voici un autre cas de figure où suspendre une impression peut se révéler très pratique. Vous imprimez un document volumineux, quand le téléphone sonne. Pour que l'imprimante ne fasse pas de bruit quand vous discutez, suspendez l'impression. Une fois que vous avez terminé votre coup de fil, reprenez l'impression du document.

Lorsque vous suspendez un document, Windows XP n'imprime pas ce document. Il passe au document suivant dans la file d'impression. Si vous suspendez un document alors que Windows XP est en train de l'imprimer, Windows XP s'arrête au milieu du document et n'imprime plus rien jusqu'à ce que vous entrepreniez une autre action.

Pour suspendre un document, sélectionnez ce document. Choisissez le menu Document de la fenêtre de la file d'impression, et cliquez sur la commande Suspendre. La colonne Etat vous indique que l'impression du document est suspendue.

Quand vous recommencez un document, Windows XP en recommence l'impression. Si le document se trouve en première place dans la file, Windows XP l'imprime aussitôt qu'il a terminé le document qu'il est en train d'imprimer. Si le document était en court d'impression quand il a été suspendu, Windows XP arrête l'impression et la reprend depuis le début.

Reprendre l'impression d'un document n'a de sens que si vous l'avez suspendue quand Windows XP la traitait. Quand vous reprenez l'impression d'un document, Windows XP la reprend là où elle a été suspendue.

Pour reprendre ou recommencer l'impression d'un document, sélectionnez ce document et choisissez le menu Document dans la fenêtre de la file d'impression, puis cliquez sur la commande Reprendre ou Recommencer.

N'OUBLIEZ PAS

Vous pouvez suspendre une impression d'une autre manière. Cliquez du bouton droit sur le document dans la fenêtre de la file d'impression et choisissez la commande Suspendre. Pour recommencer ou reprendre l'impression, cliquez du bouton droit sur le document et sélectionnez la commande Reprendre ou Redémarrage (ces commandes apparaissent dans le menu quand l'impression du document est suspendue).

Annuler une impression

Quand vous annulez une impression, Windows XP retire le document de la file d'impression sans l'imprimer. C'est ce qui s'appelle purger ou zapper un travail d'impression.

Voici un cas d'école où il se révèle pratique de pouvoir annuler une impression. Vous commencez à imprimer un document volumineux, et au moment où la première page commence à sortir, vous réalisez que vous avez oublié l'en-tête. Annulez l'impression, modifiez l'en-tête, et recommencez l'impression.

Pour annuler une impression, sélectionnez le document. Choisissez le menu Document dans la fenêtre de la file d'impression, et cliquez sur la commande Annuler. Ou cliquez du bouton droit sur le document dans la fenêtre de la file d'impression, et cliquez sur la commande Annuler. Ou encore sélectionnez le document et pressez la touche Suppr.

Quand l'impression est supprimée, elle est supprimée. Il n'y a pas de poubelle où vous pourriez la récupérer.

Modifier les propriétés de l'imprimante

Windows XP vous permet de contrôler l'imprimante de deux manières : via la boîte de dialogue Propriétés de l'imprimante et via sa boîte de dialogue Préférences. Ces deux boîtes de dialogue sont accessibles via le Panneau de configuration. La boîte de dialogue Propriétés est aussi accessible via la commande Imprimer d'une application.

En général, la boîte de dialogue Propriétés contrôle les propriétés générales de l'imprimante, et la boîte de dialogue Préférences contrôle les propriétés qui affectent un seul document. Ces deux groupes de propriétés ne sont pas clairement distincts, si bien que quelques propriétés peuvent figurer dans les deux à la fois.

Utiliser la boîte de dialogue Propriétés

Pour ouvrir la boîte de dialogue Propriétés de l'imprimante, suivez ces étapes :

1. **Choisissez Démarrer/Panneau de configuration**

2. **Dans le Panneau de configuration, cliquez sur Imprimantes et autres périphériques.**

Cela affiche la boîte de dialogue Imprimantes et télécopieurs (voir Figure 2.1).

3. **Cliquez du bouton droit sur l'icône de l'imprimante et cliquez sur Propriétés dans le menu.**

   Cela affiche la boîte de dialogue Propriétés de l'imprimante, comme sur la Figure 2.12.

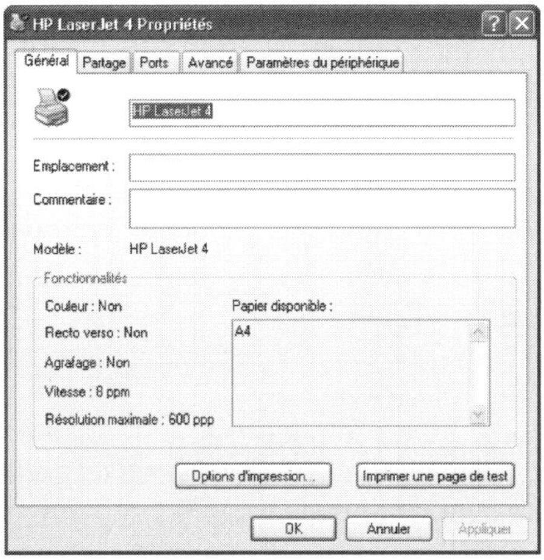

Figure 2.12 : L'onglet Général d'une boîte de dialogue Propriétés typique.

La boîte de dialogue Propriétés contient plusieurs onglets. L'ensemble des onglets, et parfois leur contenu, dépend des fonctionnalités de votre imprimante. La plupart des onglets contrôlent des aspects techniques de l'imprimante et il vaut mieux les laisser inchangés. Les onglets suivants contiennent des informations que vous pourriez souhaiter consulter ou modifier :

- **Onglet Général :** Donne le nom de l'imprimante, sa localisation, ses commentaires (voir "Connecter une imprimante locale", plus haut dans ce chapitre), et les caractéristiques élémentaires telles que ses fonctionnalités d'impression en couleurs et sa résolution. Vous pouvez changer uniquement le nom, la localisation et les commentaires.

- **L'onglet Partage :** Contrôle le statut et le nom de partage de l'imprimante (voir "Partager une imprimante", plus haut dans ce chapitre).

✦ **Onglet Paramètres du périphérique** : Contrôle des fonctionnalités spécifiques au type de l'imprimante (voir Figure 2.13).

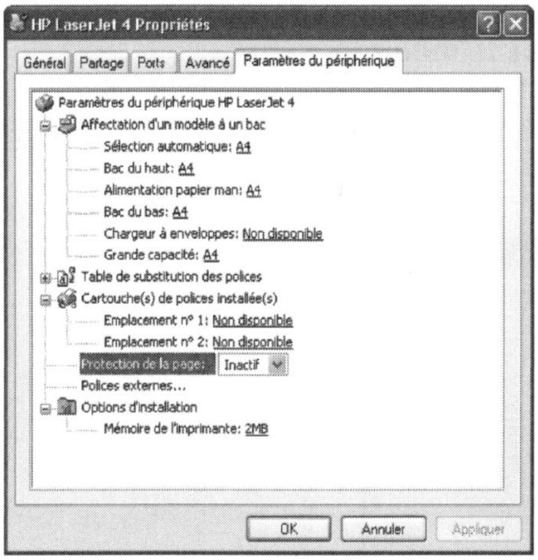

Figure 2.13 : L'onglet Paramètres du périphérique dans une boîte de dialogue Propriétés classique.

✦ **Onglet Avancé :** Vous donne accès à des fonctionnalités particulières de l'imprimante, telles que le nettoyage de la tête d'impression pour une imprimante à jet d'encre.

Utiliser la boîte de dialogue Préférences

Vous êtes perdu dans toutes ces propriétés et préférences ? Moi aussi. Je sais pourquoi vous vous sentez perdu. Microsoft et les fabricants d'imprimante n'identifient pas de la même manière tous les paramètres de l'imprimante. Si vous utilisez Windows XP et Office XP, et que vous jouez un peu avec, vous trouverez toutes sortes d'anomalies ennuyeuses.

Ma préférée : le pilote de l'imprimante LaserJet de HP. Si vous cliquez du bouton droit sur une imprimante LaserJet de HP dans la liste des Imprimantes et des fax et que vous sélectionnez Options d'impression, vous verrez s'afficher la boîte de dialogue Options d'impression (dont nous parlons dans cette section). Mais si vous allez dans une application Office, choisissez Fichier/Imprimer, et cliquez sur la boîte de dialogue Propriétés – notez que j'ai dit Propriétés et non Options – vous verrez s'afficher une boîte de dialogue similaire. La seule différence (voir Figure 2.14) est que la boîte de dialogue Office permet de modifier les préférences pour un seul document, et non pas les préférences par défaut de l'imprimante.

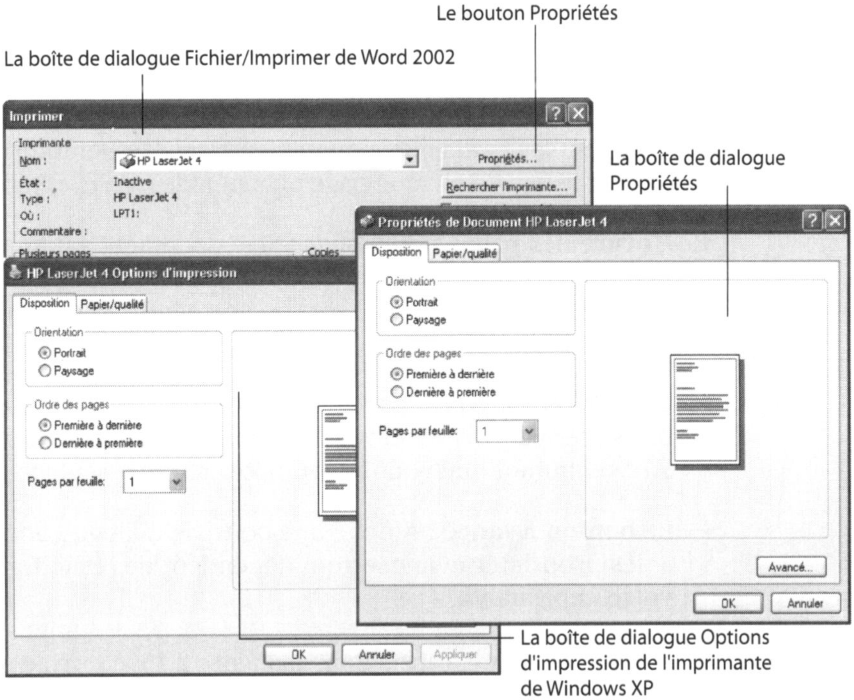

Figure 2.14 : Propriétés ? Options ? Quelle est la différence ? Microsoft ne semble pas savoir.

Quoi qu'il en soit, voici comment vous pouvez ouvrir la boîte de dialogue Préférence de l'impression :

1. **Choisissez Démarrer/Panneau de configuration.**
2. **Dans le Panneau de configuration, cliquez sur Imprimantes et autres périphériques.**
3. **Cliquez du bouton droit sur l'icône de l'imprimante et cliquez sur Options d'impression dans le menu.**

   Vous verrez s'afficher une boîte de dialogue qui ressemble à l'une de celles reprises dans la Figure 2.14.

Comme la boîte de dialogue Propriétés, la boîte de dialogue Options dispose de plusieurs onglets. Les onglets et leur contenu dépendent des fonctionnalités de votre imprimante. Les onglets les plus communs sont Disposition, Papier/qualité, et Paramètres.

L'onglet Disposition propose les options suivantes :

- **L'orientation du papier :** Dans l'orientation portrait, le document est imprimé de telle manière que le haut et le bas de chaque page occupent les petits côtés du papier. Dans l'orientation paysage, le haut et le bas de chaque page occupent les longs côtés du papier.
- **L'ordre des pages imprimées :** Si le document est imprimé de la première à la dernière page, ou l'inverse. Si vous en avez assez de trier le papier quand il sort de votre imprimante, utilisez cette option.
- **Le nombre de pages par feuille :** Si vous sélectionnez un nombre supérieur à 1, Windows XP réduit la taille des pages pour en stocker autant que vous le souhaitez sur une seule feuille.
- **Le bouton Avancé :** Affiche une boîte de dialogue donnant accès à des propriétés avancées qui dépendent des fonctionnalités de votre imprimante.

L'onglet Papier/qualité, repris dans la Figure 2.15, contrôle une ou plusieurs options, selon les fonctionnalités de votre imprimante :

- **La sélection du papier utilisé :** Dans la plupart des cas, il vaut mieux conserver le choix par défaut, Sélection automatique, et utiliser la boîte de dialogue Imprimer pour choisir la taille du papier que vous souhaitez. Windows XP sélectionne la source de papier qui correspond à la bonne taille, en fonction des paramètres que vous avez saisis dans la boîte de dialogue Propriétés.
- **Le type de papier ou autre média utilisé par l'imprimante :** Les autres médias sont le papier pour photocopieur, le papier qualité photo ou les transparents pour rétroprojecteur (quelques imprimantes peuvent s'ajuster pour produire un résultat optimal sur différents types de médias).
- **Le paramètre de qualité à utiliser :** Si votre imprimante permet de choisir entre plusieurs qualités, vous pouvez faire votre choix entre des qualités telles que Optimale, Normale ou Brouillon. Un niveau de qualité inférieure permet généralement d'imprimer plus vite.

✦ **Imprimer en noir et blanc ou en couleurs :** Quand vous imprimez des documents qui contiennent des couleurs qu'il n'est pas utile de reproduire, vous pouvez choisir noir et blanc pour économiser l'encre couleur, généralement onéreuse.

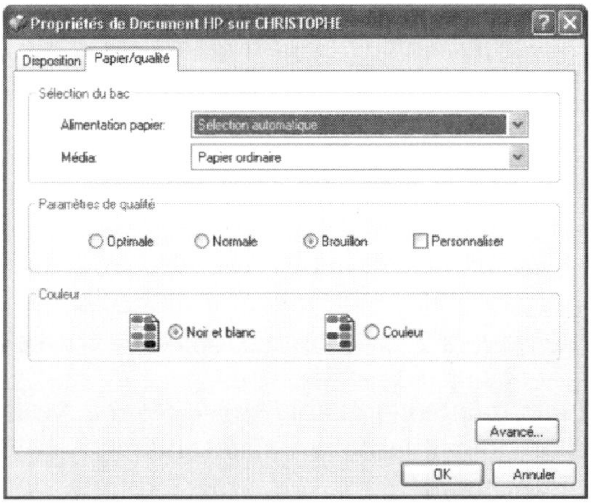

Figure 2.15 : L'onglet Papier/qualité est une boîte de dialogue Options typique.

L'onglet Paramètres propose les mêmes outils que l'onglet Paramètres de la boîte de dialogue Propriétés.

Problèmes

✦ ***J'essaie d'installer une imprimante. Je la connecte à mon ordinateur, et Windows XP ne détecte pas sa présence.***

Vérifiez que l'imprimante est allumée et que le câble qui la relie à l'ordinateur est bien connecté aux deux extrémités. Consultez le manuel de l'imprimante ; vous devez peut-être suivre une procédure (comme presser un bouton) pour mettre l'imprimante en état de marche.

En général, Windows XP ne détecte la présence d'une imprimante que si elle est connectée via une interface USB. Si Windows XP ne peut pas détecter votre imprimante, appliquez la procédure décrite dans la section "Connecter une imprimante".

- ***J'essaie d'installer une imprimante connectée à un autre ordinateur sur mon réseau, et Windows XP ne détecte pas sa présence. Je sais que l'imprimante fonctionne ; elle a été installée comme imprimante locale sur ce système et y fonctionne parfaitement !***

  L'imprimante n'est peut-être pas partagée. Reportez-vous à la section "Partager une imprimante", ci-avant dans ce chapitre.

  Si le PC hôte signale que l'imprimante est partagée, voyez les ordinateurs connectés à votre réseau en choisissant Démarrer/Favoris réseaux. Si aucun ordinateur n'apparaît, quelque chose va de travers avec votre connexion réseau. Si les ordinateurs sont visibles mais que l'hôte de l'imprimante n'est pas parmi eux, quelque chose va de travers avec la connexion réseau de ce dernier.

  Si l'hôte de l'imprimante est visible sur le réseau, vous devriez pouvoir installer l'imprimante en saisissant son nom. La section "Installer une imprimante partagée" vous explique comment procéder.

- ***Je ne peux pas utiliser une imprimante partagée que je pouvais pourtant utiliser correctement autrefois. Windows XP me dit qu'elle n'est pas disponible quand je tente de m'en servir, ou il ne me l'affiche même plus parmi la liste des imprimantes installées.***

  Cela peut se produire si quelqu'un interfère avec votre connexion au réseau ou avec la connexion de l'hôte de l'imprimante. Cela peut aussi se produire si quelqu'un interfère avec la disponibilité de l'imprimante ; par exemple, si l'utilisateur de l'ordinateur hôte a désactivé le partage.

  Si vous ne pouvez pas trouver le problème ou que vous n'arrivez toujours pas à utiliser l'imprimante bien qu'ayant trouvé et résolu le problème, essayez de redémarrer Windows XP sur votre système. Si cela ne sert à rien, désinstallez l'imprimante de votre système et installez-la de nouveau.

  Pour désinstaller une imprimante de votre système, ouvrez la fenêtre Imprimantes et fax du Panneau de configuration, puis cliquez du bouton droit sur l'imprimante et choisissez la commande Supprimer dans le menu. Windows XP vous demande si vous êtes certain de vouloir supprimer cette imprimante. Cliquez sur le bouton Oui.

Pour réinstaller l'imprimante sur votre système, utilisez la même procédure que celle qui vous a permis de l'installer. Reportez-vous à "Installer une imprimante", plus haut dans ce chapitre.

✦ ***J'imprime un document, mais il ne sort jamais de l'imprimante.***

Vérifiez la file d'attente de l'imprimante sur le PC hôte (celui auquel l'imprimante est connectée). Le document y figure-t-il ? Si non, vérifiez les cas suivants :

- L'imprimante n'est pas allumée. Dans quelques cas, Windows XP ne peut pas faire la distinction entre une imprimante qui est connectée mais qui n'est pas allumée et une imprimante qui est prête, et il envoie les documents à une imprimante qui ne fonctionne pas.
- Vous avez accidentellement envoyé le document sur une autre imprimante.
- Un autre utilisateur a accidentellement pris votre document et est parti avec.
- L'imprimante est allumée mais elle n'est pas prête à imprimer, et l'imprimante (contrairement au PC hôte) retient votre document dans sa mémoire interne jusqu'à ce qu'elle soit prête pour l'imprimer. Une imprimante peut retenir quelques dizaines de pages, en fonction de la capacité de sa mémoire et de la complexité des pages.

Si votre document est dans la file d'attente mais qu'il ne s'imprime pas, vérifiez les points suivants :

- L'imprimante n'est peut-être pas prête à imprimer. Vérifiez si elle est branchée, allumée et correctement connectée à votre ordinateur ou à l'ordinateur hôte.
- L'impression de votre document est peut-être suspendue.
- La file d'impression est peut-être elle-même suspendue.
- L'imprimante imprime peut-être un autre document dont l'impression est suspendue.

- L'imprimante est en train de "penser". Si c'est une imprimante laser ou tout autre type d'imprimante qui compose une page entière dans sa mémoire interne avant de commencer à l'imprimer, elle semblera ne rien faire pendant qu'elle traite les photographies et autres graphismes compliqués. Le traitement peut parfois prendre plusieurs minutes.

  Observez l'imprimante et étudiez son manuel. Une lumière clignotante ou un écran d'affichage peut vous indiquer si l'imprimante est réellement en train de faire quelque chose. Après plusieurs utilisations, vous vous serez habitué à la manière dont l'imprimante fonctionne, et vous pourrez estimer combien de temps peuvent demander les divers types d'impression.

- Le système d'indication du statut de l'imprimante peut vous permettre de détecter qu'elle est déconnectée, qu'elle manque de papier, qu'elle est bourrée ou qu'elle n'est pas prête à imprimer pour une quelconque raison.

✦ ***J'ai essayé d'imprimer un document complexe, mais seulement une partie s'est imprimée. Un message d'erreur qui me dit quelque chose comme "Dépassement imprimante" apparaît soit sur la dernière page, soit sur l'affichage du statut de l'imprimante.***

Cela peut arriver sur les imprimantes laser et sur les autres imprimantes qui composent une page entière dans leur mémoire interne. L'erreur survient si la page est trop compliquée pour tenir dans la capacité mémoire de l'imprimante.

La procédure suivante permet de régler le problème dans la plupart des cas, bien que les modalités puissent varier d'une imprimante à une autre :

1. **Pressez le bouton Réinitialisation de l'imprimante, ou éteignez-la et rallumez-la.**
2. **Dans Windows XP, ouvrez la boîte de dialogue Propriétés de l'imprimante, et cliquez sur l'onglet Paramètres du périphérique (voir "Modifier les propriétés de l'imprimante", ci-avant dans ce chapitre).**

3. **Recherchez une propriété nommée Protection de la page. Elle doit être à Off si le problème est survenu.**
4. **Cliquez sur la propriété Protection de la page.**

   La valeur Inactif est remplacée par une liste déroulante. Utilisez la liste pour modifier la valeur de la propriété à Actif. Quand la protection des pages est ainsi activée, l'imprimante assemble chaque page dans la mémoire de l'imprimante avant de les imprimer. Quand cette option est désactivée, l'imprimante commence à imprimer une page et découvre en plein milieu qu'elle n'a pas assez de mémoire pour l'imprimer en entier. Cela peut arriver de temps en temps, quand la page contient des graphismes élaborés.

Chapitre 3 : Tout savoir sur les scanners

Dans ce chapitre :

- **Installer un scanner en une – ou deux ou trois – étapes.**
- **Utiliser un scanner.**
- **Utiliser des scanners sur votre réseau.**
- **Problèmes.**

Un scanner est un périphérique qui "lit" une image à partir d'un papier et crée une version numérique de cette dernière. C'est comme un photocopieur qui produirait une image dans votre ordinateur plutôt que sur une feuille de papier.

Je consacre un chapitre aux scanners dans ce livre car les scanners ont de très nombreux usages. Combinez un scanner avec une imprimante, et vous disposerez d'un photocopieur multifonction. Combinez-le avec le courrier électronique et un service comme J2 (www.j2.com) et vous pourrez envoyer et recevoir des fax depuis n'importe où dans le monde sans disposer d'une ligne téléphonique. Vous pouvez utiliser les scanners avec un logiciel de reconnaissance de caractères (OCR) pour convertir du texte imprimé en document que vous pouvez éditer. Vous pouvez vous asseoir sur le scanner afin de créer des images immortelles que vous pouvez mettre en ligne sur votre site Web pour la postérieurité... euh, la postérité. Les scanners peuvent être utilisés de bien des manières.

N'OUBLIEZ PAS

Le Chapitre 1 du Livret VII explique comment choisir un scanner. Ce chapitre vous explique comment installer et utiliser un scanner.

Installer un scanner

Votre scanner vous a certainement été livré avec une grande feuille qui vous explique étape par étape comme installer la bête et la faire fonctionner. Malgré tout, je voudrais insister sur un ou deux points :

1. **Placez votre scanner à un endroit pratique.**

   Les scanners ont besoin de quelque place sur les côtés. Si vous comptez numériser une copie de l'Encyclopédie Universalis un de ces jours, la moitié d'un livre versera sur le côté gauche tandis que vous traiterez le côté droit, et inversement. Si vous logez votre scanner dans un emplacement étroit, vous aurez énormément de difficultés chaque fois que vous tenterez de numériser quelque chose de plus grand qu'une simple feuille de papier.

2. **Une fois que vous avez mis le scanner en place, que vous avez retiré l'emballage plastique, la carte, et que vous avez enfin nettoyé l'horrible autocollant qui était dessus, vous devez le déverrouiller.**

   Recherchez une sorte d'interrupteur à glissière sur le côté ou sous le scanner, à côté duquel figure probablement une image. Quand vous déplacez le scanner, vous devez le verrouiller – ce qui permet d'éviter que la tête de lecture se balade et cogne contre les bords internes du scanner. Mais pour utiliser le scanner, vous devez d'abord le déverrouiller.

3. **Branchez le scanner.**

   Oui, il m'est arrivé d'oublier cela.

4. **Si votre scanner utilise une interface USB, connectez-le au câble et au port USB de votre ordinateur. Allumez-le.**

   Windows XP devrait détecter automatiquement la présence du scanner et l'installer. Des petites fenêtres devraient s'afficher pour vous informer des progrès de l'installation. A la fin de l'installation, vous disposez d'un scanner prêt à fonctionner. Si Windows XP ne détecte pas votre scanner, maugréez quelques mots contre les dieux, et rendez-vous à l'étape 6.

5. **Si votre scanner n'utilise pas un port USB, vous devez éteindre votre PC et le scanner, avant de les connecter entre eux.**

   Une fois que le câble est connecté, Windows XP active votre scanner. Si le mécanisme du scanner se déplace quand vous l'allumez, en faisant un certain bruit, attendez que le bruit s'arrête. Allumez ensuite votre PC. Avec un peu de chance, Windows XP détecte le scanner, installe tout ce dont vous avez besoin, et vous êtes prêt à travailler. Si vous n'avez pas de chance, rendez-vous à l'étape 6.

6. **Vous savez maintenant que Windows XP n'a pas pu installer automatiquement votre scanner. Ne vous inquiétez pas. Cela arrive aux meilleurs d'entre nous. Vous devez activer l'Assistant d'installation d'un nouveau matériel. Choisissez Démarrer/Panneau de configuration/Imprimantes et autres périphériques. Dans le panneau de gauche, cliquez sur Ajout de matériel.**

   Windows XP lance l'Assistant Ajout de matériel et affiche sa page d'accueil.

7. **Cliquez sur Suivant.**

   L'assistant recherche le matériel qui n'a pas encore été installé. Si l'assistant trouve votre scanner, il l'installe et vous signale quand il a terminé.

8. **Cliquez sur le bouton Terminer pour fermer l'assistant, ce qui met un terme à la procédure.**

   Si l'assistant ne trouve pas votre scanner, il vous demande quel matériel a été connecté.

9. **Cliquez sur le bouton Oui, puis cliquez sur le bouton Suivant.**

   L'assistant affiche la liste des périphériques installés.

10. **Vérifiez la présence du scanner dans la liste. S'il s'y trouve, cliquez sur le bouton Annuler et fermer l'assistant.**

    Votre scanner est connecté et en état de fonctionner, même si vous ne pensiez pas que c'était le cas.

11. **Si votre scanner n'est pas dans la liste des périphériques installés, faites défiler la liste jusqu'en bas, sélectionnez Ajouter un nouveau périphérique matériel, et cliquez sur le bouton Suivant.**

    L'assistant vous demande si vous voulez rechercher un nouveau matériel et l'installer automatiquement. Hum ! Si vous en êtes arrivé là, c'est que l'assistant a recherché le scanner mais ne l'a pas trouvé !

12. **Cliquez sur le bouton Installer le matériel que je sélectionne manuellement, et cliquez sur le bouton Suivant.**

    L'assistant affiche la liste des périphériques les plus communs.

13. **Cliquez sur Périphériques d'images, et cliquez sur le bouton Suivant.**

    L'assistant affiche une liste des marques sur la gauche, et des scanners sur la droite.

14. **Cliquez sur votre marque, cliquez sur votre modèle, et cliquez sur le bouton Suivant. Répondez aux questions que vous pose l'assistant.**

    Quand vous avez terminé de répondre aux questions, l'assistant installe le scanner et vous indique quand il a terminé.

Si la marque et le modèle de votre scanner ne figurent pas dans la liste des périphériques de l'assistant, vous pouvez quand même installer votre scanner si vous disposez d'un pilote Windows XP correspondant. Le pilote vous est éventuellement livré sur un CD-ROM ou une disquette qui accompagne votre scanner. Vous pouvez aussi le télécharger sur le site Web du fabricant. Pour installer un scanner en fournissant son pilote, cliquez sur le bouton Disque fourni de l'assistant, et suivez les instructions.

Il arrive parfois qu'un pilote de scanner prévu pour Windows 2000 fonctionne avec Windows XP. Il arrive aussi qu'il ne fonctionne pas. Si vous ne disposez pas d'un pilote Windows XP, essayez le pilote Windows 2000 – et à défaut, un pilote Windows NT.

Le logiciel du scanner ScanJet de Hewlett-Packard, nommé HP Precision Scan, comprend un pilote qui facilite l'installation et l'utilisation d'un scanner sur un réseau Windows XP. Pour faire fonctionner un scanner HP ScanJet sur n'importe quel ordinateur de votre réseau :

1. Vérifiez que vous disposez de la dernière version de HP Precision Scan en consultant le site Web de HP, www.hp.com.

2. Connectez le scanner à un PC du réseau (le PC "hôte") puis installez le scanner sur ce PC comme d'habitude, en vous référant aux instructions du logiciel Precision Scan.

3. Vérifiez que le programme Precision Scan LAN Host fonctionne. Si tel est le cas, vous verrez une icône représentant un scanner apparaître dans la barre des tâches Windows – près de l'horloge. Si cette icône n'apparaît pas, choisissez Démarrer/Programmes/HP ScanJet Software/HP ScanJet Utilities/Share Scanner.

4. Installez le logiciel HP Precision Scan sur les PC du réseau d'où vous voulez pouvoir utiliser le scanner. Ces PC détectent automatiquement le scanner partagé connecté à l'ordinateur hôte.

Quand le programme HP Precision Scan LAN Host fonctionne et que Precision Scan est installé sur un PC connecté au réseau, il devient aussi simple de numériser depuis ce dernier que depuis l'ordinateur hôte.

Tirer le meilleur d'un scanner

L'Assistant Scanners et appareils photo de Windows XP permet d'effectuer les manipulations de base avec tous les types de scanners.

TRUC

Votre scanner peut être livré avec un logiciel qui dispose de fonctionnalités dont l'assistant est dépourvu. Consultez le manuel de votre scanner pour plus d'informations. A moins que le logiciel du fabricant n'implémente une fonctionnalité particulière dont vous avez vraiment besoin – telle que le partage sur le réseau, dont il a été question dans la section précédente –, vous feriez sans doute mieux de vous en tenir au logiciel natif de Windows XP.

Numériser avec l'assistant

Pour utiliser l'Assistant Scanners et appareils photo :

1. **Cliquez sur Démarrer/Panneau de configuration.**

   Windows XP ouvre la fenêtre du Panneau de configuration.

2. **Cliquez sur Imprimantes et autres matériels, puis sur Scanners et appareils photo.**

   Windows XP ouvre la fenêtre Scanners et appareils photo.

3. **Double-cliquez sur l'icône qui représente le scanner.**

   Windows XP ouvre l'assistant et affiche une page d'accueil.

4. **Cliquez sur le bouton Suivant.**

   L'assistant affiche la boîte de dialogue Choisir des préférences de numérisation, reprise dans la Figure 3.1.

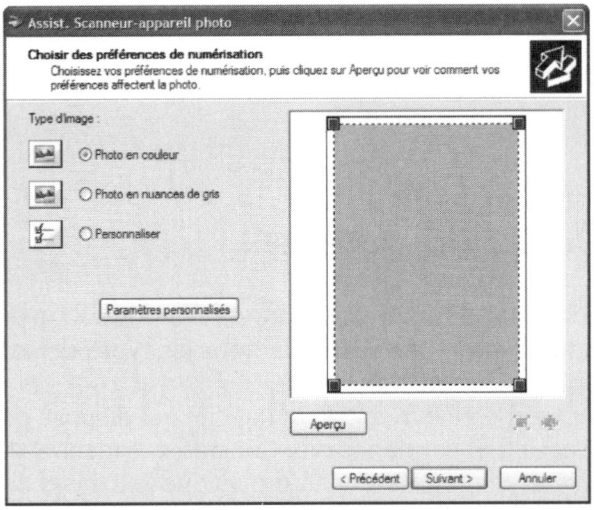

Figure 3.1 : La boîte de dialogue Choisir des préférences de numérisation.

5. **Cliquez sur le bouton radio qui correspond au type de document que vous souhaitez numériser.**

Le bouton Aperçu vous permet d'agrandir une zone particulière de l'image. Reportez-vous à la section "Utiliser le bouton Aperçu", plus loin dans ce chapitre, pour plus d'informations.

Le bouton Paramètres personnalisés vous permet de contrôler la luminosité, le contraste et la résolution. Reportez-vous à la section "Utiliser le bouton Paramètres personnalisés" pour plus d'informations.

6. **Cliquez sur Suivant.**

L'assistant affiche la boîte de dialogue Visualiser le nom et la destination, reprise dans la Figure 3.2.

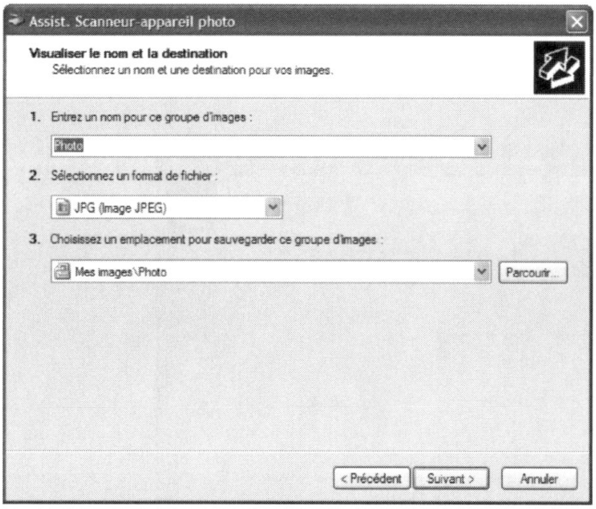

Figure 3.2 : La boîte de dialogue Visualiser le nom et la destination.

7. **Dans les champs Entrez un nom pour ce groupe d'images, saisissez le nom que vous voulez donner au fichier qui sera créé en numérisant le document.**

Si vous utilisez le même nom pour plusieurs documents, l'assistant ajoute un nombre au nom pour rendre chacun unique.

Le champ Sélectionnez un format de fichier permet de sélectionner le format du fichier sauvegardé. JPG convient aux images en couleurs. TIF est recommandé pour les images en noir et blanc ou en dégradé de gris.

TRUC

L'assistant stocke automatiquement les images numérisées dans le dossier Mes images, dans un sous-dossier qui porte le nom que vous avez saisi. Par exemple, si vous avez saisi "Notes de réunion", il stockera les images dans Mes images\Notes de réunion. Si vous voulez utiliser un autre répertoire, vous pouvez en choisir un en utilisant le bouton Naviguer ou la liste déroulante Choisir un emplacement.

8. **Cliquez sur Suivant.**

   L'assistant affiche la boîte de dialogue Numérisation de l'image, reprise dans la Figure 3.3, pendant qu'il numérise. Quand l'assistant a terminé de numériser, il affiche une boîte de dialogue qui vous demande ce que vous voulez faire par la suite. Cette boîte de dialogue est prévue pour les images qui sont téléchargées depuis un appareil photo numérique, et n'est pas très utile dans le cas d'un scanner.

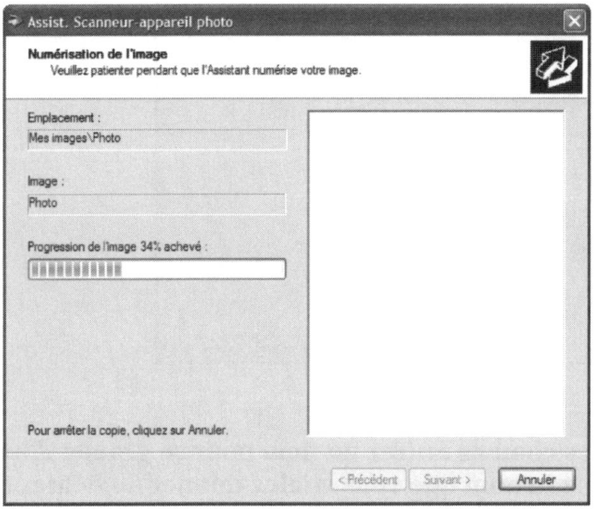

Figure 3.3 : La boîte de dialogue Numérisation de l'image de l'assistant.

9. **Cliquez sur le bouton Annuler pour fermer l'assistant.**

Utiliser le bouton Aperçu

Dans la section "Numériser avec l'assistant", l'étape 4 permet d'accéder à la boîte de dialogue Choisir des préférences de numérisation (voir la

Figure 3.1). Si vous cliquez sur le bouton Aperçu, votre scanner effectue une numérisation rapide de votre document et affiche l'image à l'écran, comme sur la Figure 3.4.

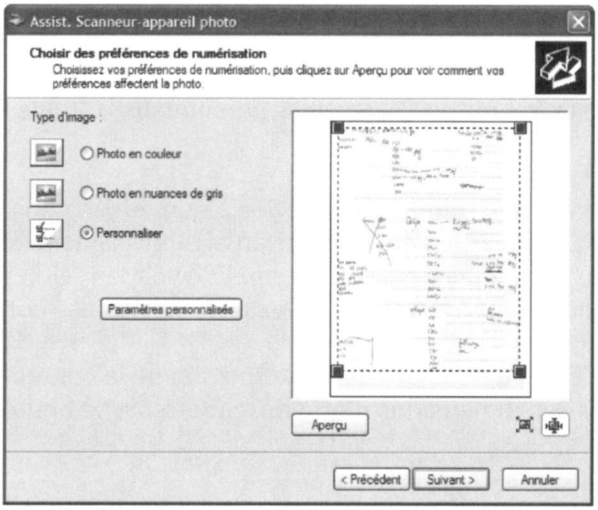

Figure 3.4 : Les effets du bouton Aperçu.

Notez le rectangle en pointillé dont les angles sont occupés par des carrés. Il couvre la zone que le scanner va numériser. Par défaut, cette zone correspond à tout le document.

Si vous souhaitez ne numériser qu'une partie du document, vous pouvez déplacer le bord de la sélection de sorte qu'elle ne recouvre plus que cette partie. Glissez-posez les carrés qui sont aux angles pour les placer où vous le souhaitez. Vous pouvez aussi déplacer un côté en glissant-posant la ligne en pointillé qui le représente.

Pourquoi voudriez-vous ne numériser qu'une partie d'un document ? Pourquoi ne pas numériser le document en entier ? Voici quelques raisons :

- ✦ La taille d'un fichier image est à peu près proportionnelle à la surface numérisée. Vous pouvez économiser de l'espace sur le disque en ne numérisant que la partie dont vous avez besoin.
- ✦ Le temps pris pour effectuer une numérisation dépend de la distance que doit parcourir la tête de lecture du scanner. Il dépend donc de la surface de la partie que vous numérisez.

Même si le scanner doit déplacer sa tête en bas de la page pour atteindre le début de la région avant de commencer la numérisation, cela lui prendra moins de temps que s'il doit numériser le document sur toute cette distance.

Ces deux remarques prennent tout leur sens quand vous augmentez la résolution du scanner. Pour plus d'informations, reportez-vous à la section "Utiliser le bouton Paramètres personnalisés", plus loin dans ce chapitre.

Une fois que vous avez configuré la région à numériser, vous pouvez demander à l'assistant de vous afficher un agrandissement en cliquant sur le bouton "Agrandir". Cela vous permet de voir la région plus en détail pour vous assurer que vous l'avez bien déterminée correctement.

Pour réduire l'image de la prévisualisation afin de la contempler de nouveau dans ses dimensions d'origine, cliquez sur le bouton "Page entière".

Quand vous avez bien défini la région, cliquez sur le bouton Suivant. L'assistant numérise seulement la partie de l'image que vous lui avez indiquée.

Utiliser le bouton Paramètres personnalisés

Dans la section "Numériser avec l'assistant", l'étape 4 de l'Assistant Scanners et appareils photo affiche la page Choisir les préférences de numérisation (voir Figure 3.1). Si vous cliquez sur le bouton Paramètres personnalisés, vous pouvez contrôler certains paramètres du scanner dans le détail.

Cliquez sur Paramètres personnalisés, et l'assistant affiche une boîte de dialogue Propriétés, telle que celle reprise dans la Figure 3.5.

La boîte de dialogue vous permet d'ajuster l'apparence de l'image numérisée. Vous pouvez corriger dans certaines limites les problèmes que pose l'image que vous numérisez.

- **Luminosité.** Ajuste la luminosité de l'image. Déplacez le curseur sur la droite pour rendre l'image plus claire, et déplacez-le sur la gauche pour rendre l'image plus sombre.

Figure 3.5 : La boîte de dialogue Propriétés.

Il est intéressant d'assombrir une image en noir et blanc (sans dégradé de gris) lorsque le document est si clair que les lignes et lettres semblent s'effacer. Il est intéressant de pouvoir éclaircir une image quand le fond du document n'est pas très propre (par exemple, parsemé de tâches sombres).

- **Contraste.** (Uniquement pour les images en couleurs ou en dégradé de gris.) Ajuste le contraste de l'image – c'est-à-dire, modifie l'image pour renforcer ou atténuer la brutalité des transitions entre les parties claires et les parties sombres. Déplacez le curseur sur la droite pour augmenter le contraste (accentuer la transition entre le sombre et le clair) et déplacez-le sur la gauche pour atténuer le contraste.

- **Type de photo.** Vous permet de choisir le type de l'image numérisée à créer : couleur, dégradé de gris ou noir et blanc.

- **Résolution (ppp).** Vous permet de modifier la résolution de la numérisation en points par pouce (ppp). La valeur par défaut convient à la plupart des documents. Une plus grande valeur produit une image plus détaillée, mais le scanner travaille alors vite et produit un fichier image plus volumineux. Une plus petite valeur produit une image moins détaillée, mais le scanner travaille plus vite et produit un fichier image moins encombrant. Reportez-vous aux sections "Choisir la résolution qui vous convient le mieux" et "Choisir la résolution qui convient le mieux à votre scanner".

- **Remise à zéro.** Réinitialise tous les paramètres à leur valeur par défaut.

Choisir la résolution qui vous convient le mieux

Voici quelques suggestions pour vous aider à choisir la meilleure résolution de numérisation en fonction du travail que vous souhaitez accomplir. Si deux suggestions s'appliquent à ce que vous voulez faire, essayez une résolution intermédiaire.

- **Numériser des documents à des fins d'archivage (une lisibilité correcte est suffisante) :** 150 à 200 ppp.
- **Numériser des documents dans la meilleure qualité :** 250 à 300 ppp.
- **Numériser des documents pour effectuer de la reconnaissance de caractères (OCR) :** 400 à 500 ppp, ou autant que le recommande l'application d'OCR.
- **Numériser du texte imprimé :** 400 à 500 ppp.
- **Numériser du texte et des photographies dans des magazines à papier glacé :** 250 à 300 ppp.
- **Numériser des impressions de photographies :** 250 à 300 ppp.
- **Numériser des images en noir et blanc :** 250 à 300 ppp.
- **Des images à imprimer :** Choisissez une valeur qui n'est pas supérieure de plus d'un tiers à la résolution de l'imprimante. Par exemple, si la résolution de l'imprimante est de 600 PPP, ne numériser pas à plus de 200 ppp. Une résolution supérieure à 300 ppp n'améliore pas la qualité du résultat produit.
- **Des images à afficher à l'écran :** 72 ppp.

Dans chaque cas, si l'image est agrandie, augmentez la résolution dans les mêmes proportions que les dimensions. Par exemple, si l'image est destinée à être imprimée ou affichée dans des dimensions trois fois supérieures aux dimensions du document original, multipliez la résolution recommandée par trois. Une seule exception à cette règle : le texte et les photographies dans les magazines. La recommandation de 250 à 300 ppp se base sur la taille des points qui forment les images dans le document original. Vous n'améliorerez pas la qualité de l'image résultat en augmentant la résolution.

Choisir la résolution qui convient le mieux à votre scanner

Pour obtenir les meilleurs résultats, vous devez non seulement prendre en compte la résolution la plus adaptée à votre travail, mais aussi celle qui est la plus adaptée à votre scanner. Vous feriez toujours mieux de choisir une résolution qui est multiple de la résolution optique de votre scanner. Par exemple, si la résolution optique de votre scanner est 1 000 ppp, 200, 250 ou 500 ppp sont des résolutions que vous pouvez utiliser. Si la résolution optique de votre scanner est de 1 200 ppp, vous pouvez utiliser des résolutions de 200, 240, 300, 400 ou 600 ppp.

Si la résolution optique de votre scanner n'est pas la même en horizontal comme en vertical, basez-vous sur la résolution la plus petite.

Vous pouvez trouver la résolution optique de votre scanner en consultant son manuel ou en affichant sa boîte de dialogue Propriétés, comme ceci :

1. **Choisissez Démarrer/Panneau de configuration.**

   Windows XP ouvre la fenêtre du Panneau de configuration.

2. **Cliquez sur Imprimantes et autres matériels, plus sur Scanners et appareils photo.**

   Windows XP ouvre la fenêtre Scanners et appareils photo.

3. **Cliquez du bouton droit sur l'icône qui représente votre scanner et choisissez Propriétés.**

   Windows XP affiche la boîte de dialogue Propriétés du scanner, comme sur la Figure 3.6. Dans cet exemple, la boîte de dialogue Propriétés vous indique que la résolution optique du scanner est de 1 200 ppp.

Si vous consultez le manuel, recherchez à "résolution optique" ou "résolution matérielle". Ne vous laissez pas abuser par la "résolution maximale" ou la "résolution interpolée", qui est généralement supérieure. L'utilisation d'une résolution supérieure à la résolution optique du scanner n'améliore généralement en rien les résultats.

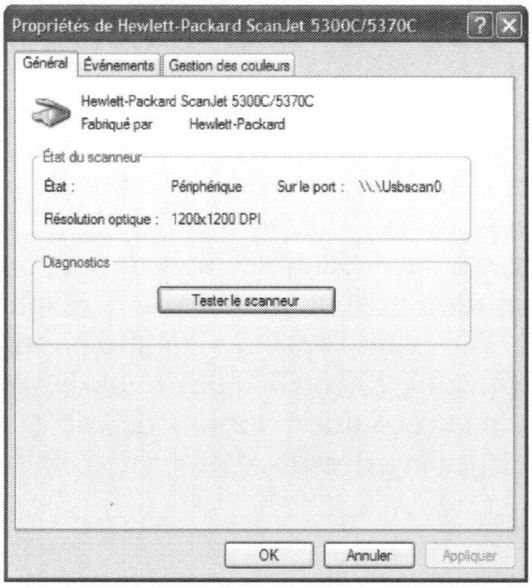

Figure 3.6 : La boîte de dialogue Propriétés du scanner.

Quelques astuces pour utiliser votre scanner

Les sections suivantes regroupent quelques précieux conseils sur l'art de la numérisation.

Imprimer une image numérisée

Pour imprimer une image numérisée, vous pouvez l'ouvrir avec Paint de Windows, et choisir Fichier/Imprimer.

Une autre solution consiste à utiliser l'Assistant Impression de photos, dont il est question au Chapitre 3 du Livret VIII.

De nombreux scanners sont livrés avec un utilitaire qui numérise et imprime des images en une seule étape. C'est un moyen plus efficace pour transformer votre scanner en photocopieuse. Quelques-uns de ces utilitaires disposent de fonctionnalités que l'on ne retrouve que sur les photocopieuses les plus coûteuses.

Programmer les boutons d'action de votre scanner

De nombreux scanners sont dotés de boutons d'action pour effectuer certaines actions, comme pour commencer une numérisation et faire une photocopie. Ces boutons sont pratiques ; une fois que vous avez inséré votre document dans le scanner, vous n'avez qu'à presser un bouton plutôt que retourner sur votre ordinateur pour y exécuter un programme.

Vous pouvez contrôler les fonctions des boutons de votre scanner via la boîte de dialogue Propriétés :

1. **Choisissez Démarrer/Panneau de configuration.**

   Windows XP ouvre la fenêtre du Panneau de configuration.

2. **Cliquez sur Imprimantes et autres matériels, plus sur Scanners et appareils photo.**

   Windows XP ouvre la fenêtre Scanners et appareils photo.

3. **Cliquez du bouton droit sur l'icône qui représente votre scanner et choisissez Propriétés.**

   Windows XP affiche la boîte de dialogue Propriétés du scanner.

4. **Cliquez sur l'onglet Evénements (voir Figure 3.7).**

   La liste déroulante Sélectionnez un événement contient tous les événements que votre scanner peut générer (c'est-à-dire, les boutons actions dont il est doté). Pour voir la fonction associée à un de ces boutons, sélectionnez-le dans la liste.

   Pour changer la fonction d'un bouton d'action, cliquez sur l'un des boutons radio dans le groupe Actions de la boîte de dialogue Propriétés.

- Lancer ce programme vous permet d'exécuter un programme quand le bouton est pressé.

- Demander le programme à exécuter indique à Windows XP qu'il doit vous demander le programme à exécuter quand vous pressez le bouton.
- Ne rien faire désactive le bouton.

N'OUBLIEZ PAS

Quelques boutons ne peuvent pas exécuter certaines de ces actions. Si vous choisissez un tel bouton, les boutons radio qui correspondent aux actions seront désactivés.

5. **Cliquez sur le bouton OK pour appliquer vos modifications et fermez la boîte de dialogue Propriétés, ou cliquez sur le bouton Appliquer pour appliquer vos modifications et laissez la boîte de dialogue ouverte.**

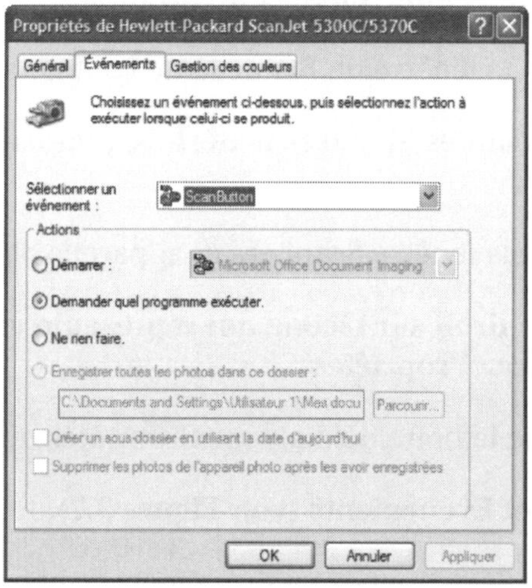

Figure 3.7 : L'onglet Evénements de la boîte de dialogue Propriétés.

Problèmes

Voici une liste rapide des problèmes que vous pouvez rencontrer et la manière de les résoudre :

- ***Mon scanner génère une page blanche !***

  Vérifiez que vous avez bien mis un document dans votre scanner, orienté dans le bon sens.

✦ ***Mon document numérisé est gris sombre ou gris clair, plutôt que noir et blanc.***

Le type de l'image est probablement réglé sur Couleur ou Dégradé de gris. Passez-le à Noir et blanc.

✦ ***Ma photographie numérisée est noir et blanc, sans dégradé de gris ni couleurs.***

Le type de l'image est probablement réglé sur Noir et blanc. Passez-le à Couleur ou Dégradé de gris.

✦ ***Le résultat de mes numérisations est toujours de travers.***

Quand vous posez le document sur la vitre de votre scanner, alignez les bords du document sur les bords de la vitre. Plus simplement, poussez votre document dans un coin de la vitre. C'est celui sur lequel il convient de s'aligner avec la plupart des scanners.

Il est très difficile d'aligner un document quand vous numérisez un article de journal. Vous devez généralement plier le journal pour le faire tenir dans le scanner, si bien qu'aucun des bords du journal n'est véritablement parallèle à ceux de l'article. Dans ce cas, vous devriez essayer de plier le journal sur lui-même, de sorte que vous puissiez au moins vous baser sur un de ses bords pour aligner l'article.

✦ ***J'ai essayé de numériser, mais l'assistant me dit que "l'image courante ne peut pas être numérisée".***

Pour tester l'électronique du scanner et sa connexion à l'ordinateur, fermez l'Assistant Scanners et appareils photo. Cliquez ensuite du bouton droit sur l'icône du scanner et choisissez Propriétés. Dans la boîte de dialogue Propriétés (voir Figure 3.7), cliquez sur le bouton Tester le scanner. Si Windows XP vous signale que le test a échoué, recherchez un problème au niveau de la connexion. Si la connexion semble correcte, recherchez un problème au niveau du scanner.

Si Windows XP signale que le test a réussi, essayez de nouveau de numériser. N'oubliez pas de cliquer sur le bouton

Prévisualisation avant de numériser pour de bon. Pour une raison étrange, cela résout le problème. Du moins, pour moi.

✦ ***J'ai essayé de numériser une image d'un magazine, et elle apparaît couverte de bandes sombres et claires.***

Cet effet est nommé moire. Il survient quand un motif de l'image se superpose à un autre, et que les deux motifs sont presque (mais pas tout à fait) alignés. Dans ce cas, le premier motif correspond aux points formant l'image que vous numérisez, et le second motif correspond aux pixels de l'image résultat.

Tentez de nouveau à une résolution inférieure. Essayez de réduire un peu la résolution jusqu'à ce que le moire disparaisse.

Index

O

P

R

S

T

W

Livret VIII

En avant vers le multimédia

"Bien, bien. Devine qui vient juste de perdre 9 pixels ?"

Sommaire

Chapitre 1 : Jouer avec le Lecteur Windows Media de Windows

Dans ce chapitre :

- **Qu'est-ce qu'on joue ?**
- **Guide multimédia : la programmation mondiale.**
- **Copier de la musique depuis un CD.**
- **La bibliothèque multimédia : où votre musique est conservée.**
- **La radio.**
- **Copier de la musique sur un CD ou sur un lecteur numérique.**
- **Changer l'apparence du Lecteur Windows Media.**
- **Personnaliser le Lecteur Windows Media.**

Le Lecteur Windows Media de Windows (ou LWM) est absolument fabuleux. Il permet de jouer et gérer n'importe quel type de musique stockée sur votre ordinateur, qu'elle provienne de CD, d'Internet ou d'ailleurs. Il permet aussi de visualiser des vidéos et de se connecter sur des stations de radio qui diffusent leurs émissions sur Internet.

Si vous avez un graveur de CD, le Lecteur Windows Media peut créer des CD qui contiennent les pistes audio de votre choix. Si vous avez un lecteur numérique, LWM peut copier de la musique dans ce lecteur pour que vous puissiez l'écouter où vous allez.

Le Lecteur Windows Media peut aussi se comporter comme un caméléon, puisqu'il peut changer d'apparence – ie : d'aspect à l'écran – pour s'adapter à vos goûts.

Le Lecteur Windows Media n'est utile que si votre ordinateur est doté d'une carte sonore et d'un casque ou d'une paire d'enceintes. Le petit haut-parleur qui se trouve dans le boîtier et qui fait "Bip" quand vous démarrez votre ordinateur ne sert à rien. Si votre ordinateur n'a pas de carte sonore, vous devez en acheter une ou alors abandonner tout espoir d'utiliser le Lecteur Windows Media.

L'aspect normal du Lecteur Windows Media est assez inhabituel. Si vous utilisez des apparences, vous pouvez le rendre encore plus étrange. Vous avez été prévenu.

Prendre en main le Guide multimédia

Pour lancer le Lecteur Windows Media, choisissez Démarrer/Tous les programmes/Accessoires/Divertissement/Lecteur Windows Media (si vous avez utilisé le LWM récemment, il se trouve dans la sélection des raccourcis du menu Démarrer, ce qui vous permet de le lancer plus facilement). Cliquez sur le bouton Guide multimédia sur le côté gauche de la fenêtre LWM. L'application devrait maintenant ressembler à la version présentée sur la Figure 1.1.

Figure 1.1 : Le LWM ressemble à ceci quand il est démarré.

Le Lecteur Windows Media ressemble à l'application représentée sur la Figure 1.1, si vous disposez d'une connexion permanente à Internet ou si l'application peut effectuer une connexion. C'est parce que le Lecteur Windows Media affiche une page Web par défaut – www.windowsmedia.com – que vous pouvez aussi visualiser avec un navigateur Web.

NOTE TECHNIQUE

Si le Lecteur Windows Media ne peut pas se connecter, il affiche un message qui vous signale que la page ne peut pas être affichée. Cet avertissement ressemble à un message qu'Internet Explorer vous afficherait dans cette situation ; et ce, parce que le Lecteur Windows Media est réellement Internet Explorer, mais il apparaît avec des bords étranges tracés le long des côtés, et sans les outils de navigation auxquels vous êtes habitué.

Le Guide multimédia se trouve dans www.windowsmedia.com qui appartient et est géré par – vous l'aurez deviné – une petite entreprise de Redmond, dans l'Etat de Washington, qui édite aussi des systèmes d'exploitation pour PC. Le site www.windowsmedia.com contient des clips de nouvelles musiques et vidéos, et des informations qui peuvent intéresser les utilisateurs du LWM. De nombreuses pages contiennent des liens qui vous permettent d'acheter les produits présentés.

ATTENTION !

Le Lecteur Windows Media veut vraiment, vraiment, se connecter à Internet quand il fonctionne. S'il ne peut pas se connecter, vous pouvez toujours l'utiliser pour des opérations hors connexion, comme pour jouer de la musique et écrire des CD ; mais attendez-vous à ce que le Lecteur Windows Media se plaigne de manière répétitive au sujet des sites Web auxquels il ne peut pas accéder. Des sites Web de Microsoft, bien entendu.

Notez que le Lecteur Windows Media n'a pas de barre de menu. En fait, il en a une, mais elle est souvent dissimulée. La plupart du temps, vous pouvez utiliser l'application sans problème sans la barre de menu, mais lorsque vous voulez effectuer une opération qui n'est accessible que par l'intermédiaire de la barre de menu, vous devez rendre visible cette dernière. Cliquez simplement sur le bouton qui se trouve dans le coin supérieur gauche de la fenêtre de la Figure 1.1. Cliquez de nouveau sur le bouton pour faire disparaître la barre de menu.

Quand la barre de menu est dissimulée, des boîtes Minimiser et Fermer apparaissent dans le coin supérieur droit de la fenêtre du

Lecteur Windows Media. Elles sont plutôt petites, mais elles fonctionnent comme leurs homologues qui se trouvent à la même place dans des fenêtres plus classiques.

Vous contrôlez le Lecteur Windows Media à l'aide de la rangée de boutons qui se trouve le long du côté gauche de la fenêtre.

Jouer avec Lecture en cours

Le premier bouton qui se trouve sur le côté gauche du LWM se nomme Lecture en cours. Quand vous le cliquez, le LWM affiche la sélection, comme sur la Figure 1.2.

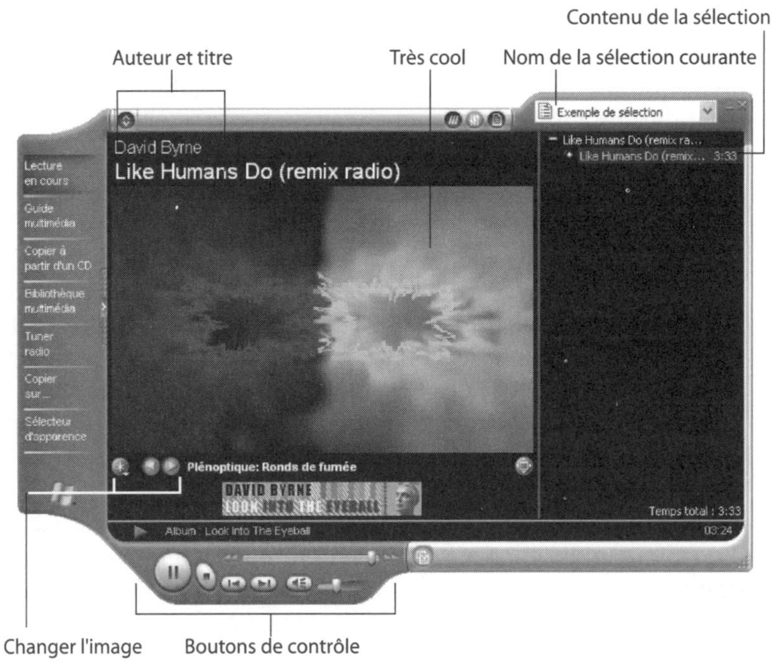

Figure 1.2 : L'affichage de la sélection.

Le côté droit de la fenêtre contient une sélection, qui n'est autre qu'une séquence de pistes. Le côté gauche contient des informations sur la première piste. Quand la piste est jouée, la zone qui se trouve sous les informations contient soit une image de la pochette de l'album, soit une visualisation psychédélique de la musique.

Pour sélectionner une autre sélection, choisissez-en une dans la liste déroulante des sélections. Si vous procédez ainsi, LWM se comporte comme un lecteur de CD quand vous y insérez un CD : il commence à jouer la première piste, puis la deuxième, et ainsi de suite jusqu'à ce qu'il atteigne la fin.

Pour sélectionner une piste différente dans la sélection courante, double-cliquez sur la piste dans la sélection.

Les boutons de contrôle

Les boutons se trouvent en bas de la fenêtre. Ils ressemblent aux boutons d'un lecteur de CD normal :

- Le premier bouton place le Lecteur Windows Media sur pause.

  Quand le Lecteur Windows Media est en pause, le bouton ressemble à ceci. Cliquez de nouveau dessus pour que le Lecteur Windows Media reprenne la lecture.

- Le deuxième bouton arrête le Lecteur Windows Media.

  Cliquez sur le premier bouton pour que le Lecteur Windows Media reprenne la lecture. Contrairement au bouton Suspendre/Lire, Arrêter/Lire reprend au début de la piste. Pour commencer une piste différente, double-cliquez sur une piste dans la sélection.

- Le troisième bouton permet de passer au début de la piste précédente. De la première piste de la sélection, le Lecteur Windows Media passe à début de la dernière.

- Le quatrième bouton permet de passer au début de la piste suivante. De la dernière piste de la sélection, le Lecteur Windows Media passe à début de la première.

- Le cinquième bouton coupe le son. Cliquez de nouveau sur le bouton pour le restaurer. Contrairement au bouton Pause, le bouton Muet n'arrête pas le Lecteur Windows Media. Si vous coupez le son pendant dix secondes, vous manquez dix secondes de la piste en train d'être jouée.

- La petite glissière sur la droite des boutons de contrôle permet de contrôler le volume.
- La grosse glissière au-dessus des boutons représente la position du LWM dans la piste en train d'être jouée. Au fur et à mesure que la piste est jouée, le curseur se déplace de la gauche vers la droite. Tant que le LWM joue une piste, vous pouvez lui demander de rejouer la piste à partir d'un instant donné en déplaçant le curseur au point qui y correspond.

C'est à peu près tout ce que vous devez savoir pour jouer de la musique. Comme vous le voyez, tout cela est très compliqué.

Jouer un CD

Vous voulez jouer un CD ? C'est très compliqué aussi. Voici comment procéder :

1. **Retirez le CD de sa boîte, s'il en a une.**
2. **Retirez les traces de doigts de la face brillante (ne vous inquiétez pas de l'autre face).**
3. **Insérez le CD dans le lecteur de votre PC. Fermez ce dernier.**

Si le LWM n'est pas encore lancé, il se lance tout seul. Attendez quelques secondes (surtout si vous êtes doté d'une connexion Internet peu rapide), et le LWM commence à jouer la première piste.

TRUC

Vous pouvez utiliser les boutons de contrôle pour contrôler un CD tout comme vous pouvez les utiliser pour contrôler une sélection – dans le but de mettre en pause et réactiver le LWM, sélectionner des pistes, etc.

Pour le LWM, un CD est une sélection. Les pistes du CD apparaissent dans la sélection sur le côté droit de la fenêtre. Regardez la liste déroulante des sélections, dans le coin supérieur droit de la fenêtre. Le nom du CD apparaît en tant qu'élément sélectionné.

Comment le LWM sait-il ce qui se trouve sur le CD ? Une fois qu'il a identifié le CD à partir des informations encodées dans ses pistes, il obtient la description du CD et les titres des pistes via le Web, en interrogeant une base de données sur www.windowsmedia.com. Vous savez maintenant pourquoi le LWM prend si longtemps avant de jouer la première piste.

ATTENTION !

Si un CD est d'origine obscure, il n'est peut-être pas recensé dans la base de données de Microsoft. Le LWM ne peut alors afficher que les informations qu'il trouve sur le CD lui-même : le nombre de pistes et la longueur de chacune d'entre elles (voir Figure 1.3).

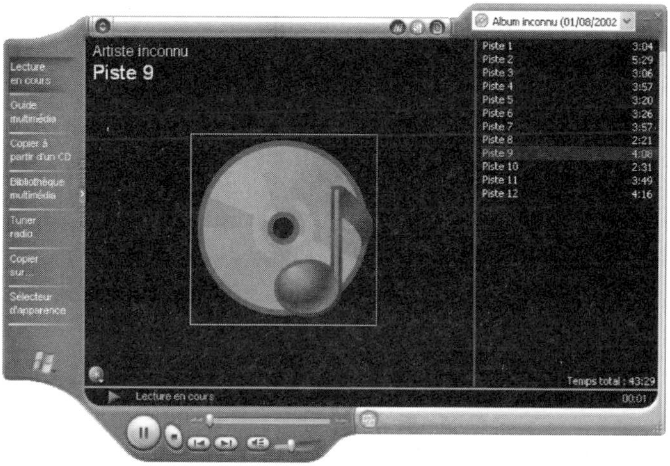

Figure 1.3 : Ce CD n'est pas recensé dans la base de données de Microsoft.

Changer la zone graphique

Les trois boutons qui se trouvent sous la zone graphique, ou écran de visualisation, peuvent changer le contenu de cette dernière.

- ✦ Cliquez sur le premier bouton pour afficher une sélection d'options. La première option est Pochette de l'album. Les autres correspondent à différents groupes de visualisations abstraites de la musique.
- ✦ Cliquez sur le deuxième bouton pour passer au groupe précédent de visualisations.
- ✦ Cliquez sur le troisième bouton pour passer au groupe suivant de visualisations. (Ces boutons disparaissent quand vous sélectionnez Pochette de l'album. Vous n'avez qu'une couverture par album.)

Les visualisations les plus cool sont les Plénoptiques. J'aime tout particulièrement Ronds de fumée. Cela me rappelle mes voyages à Katamandou.

Changer les dimensions de la fenêtre

Dans son format initial, LWM occupe une bonne partie du Bureau. Pour le rendre moins encombrant, glissez-posez un angle de la fenêtre jusqu'à la position désirée, comme vous le feriez avec une autre fenêtre. Notez que lorsque la barre de menu n'est pas visible, le seul angle que vous pouvez glisser-poser est l'angle inférieur droit.

Quand vous réduisez la fenêtre, celle-ci peut ne plus disposer d'assez de place pour afficher tous les boutons qui se trouvent sur le côté gauche. Utilisez alors la paire de flèches située sous les boutons afin de faire défiler ces derniers.

Copier un CD

Cliquez sur le bouton Copier à partir d'un CD sur le côté gauche de l'écran du LWM pour copier des pistes d'un CD sur votre ordinateur.

Si le CD est déjà dans votre PC quand vous cliquez sur Copier à partir d'un CD, LWM affiche simplement la sélection des pistes, comme sur la Figure 1.4.

Si vous sélectionnez Copier à partir d'un CD avant d'insérer un CD, LWM commence automatiquement à jouer la première piste. Cliquez sur le bouton Stop en bas de la fenêtre pour l'arrêter ou, si vous vous en souvenez, maintenez le bouton Maj quand Windows commence à lire le CD. La touche Maj indique à Windows "N'essaie pas d'exécuter ce CD, ni de lire une piste ; je veux simplement voir ce qui se trouve sur ce CD, stupide !"

A moins que votre fenêtre LWM ne soit très grande, elle ne pourra pas afficher toutes les informations que contient la sélection des pistes. Vous pouvez utiliser la barre de défilement qui se trouve en bas de la sélection des pistes pour afficher les colonnes qui ne tiennent pas dans la fenêtre.

Figure 1.4 : L'affichage Copier à partir d'un CD.

Vous voyez la colonne de cases à cocher sur le côté gauche de la sélection des pistes. Elles indiquent les pistes qui sont sélectionnées pour être copiées sur votre ordinateur.

- ✦ Pour copier toutes les pistes, ne touchez à aucune case.
- ✦ Pour exclure quelques pistes, décochez les cases correspondantes.
- ✦ Pour ne copier que quelques pistes, décochez la case qui se trouve en haut de la colonne, au niveau des titres des colonnes. Cela désélectionne toutes les pistes d'un coup. Cochez maintenant les cases des pistes que vous souhaitez copier.

TRUC

La copie d'une piste prend un temps proportionnel à sa lecture. Ne sélectionnez que quelques pistes pour vérifier rapidement si le processus de copie fonctionne.

Quand vous avez choisi les pistes que vous voulez transférer sur votre PC, cliquez sur le bouton Copier la musique (il se trouve au-dessus de la sélection, vers le milieu de l'écran). Observez la colonne Statut de la copie dans la sélection des pistes. Elle vous renseigne sur les progrès de votre ordinateur tandis qu'il copie les pistes sélectionnées.

Où se trouve la musique copiée sur votre ordinateur ? Dans une sélection, bien entendu. LWM crée une nouvelle sélection qui porte le nom de l'album et y stocke les pistes copiées. Si vous basculez sur Lecture en cours et jetez un œil à la liste déroulante des sélections, vous verrez que le titre du CD y apparaît avec une icône (voir Figure 1.5). C'est là que les pistes que vous avez copiées se trouvent.

Figure 1.5 : La sélection des pistes du CD qui viennent d'être copiées.

La musique est stockée dans le répertoire Ma musique. LWM crée un dossier pour chaque artiste et, dans le dossier d'un artiste, un sous-dossier pour chaque album. Les pistes de musique vont dans le dossier de l'album. Si vous utilisez la commande Copier depuis un CD, LWM stocke toutes les informations associées – titres des pistes, pochette de l'album, artiste – avec la musique. C'est très pratique car LWM peut récupérer les informations dans les fichiers et dossiers quand il en a besoin, plutôt que d'avoir à interroger www.windowsmedia.com.

Organiser votre bibliothèque multimédia

LWM utilise la bibliothèque multimédia pour organiser les pistes sonores. Quand vous aurez compris comment fonctionne la bibliothèque multimédia, vous pourrez organiser votre musique comme vous l'entendez.

LWM génère la bibliothèque multimédia à la volée, en utilisant toutes les entrées de votre dossier Ma musique ainsi que celles du dossier partagé Ma musique, quand ces dossiers existent.

Consulter la bibliothèque multimédia

Cliquez sur le bouton Bibliothèque multimédia pour afficher le contenu de la bibliothèque multimédia. LWM affiche une fenêtre coupée en deux panneaux. La structure de la bibliothèque multimédia occupe le panneau de gauche et le contenu de l'élément sélectionné occupe le panneau de droite, comme sur la Figure 1.6.

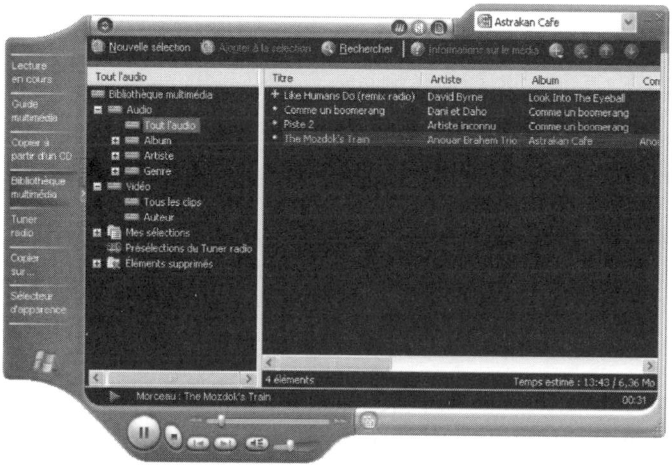

Figure 1.6 : La bibliothèque multimédia.

La bibliothèque multimédia est organisée en dossiers, comme le système de fichiers de Windows XP. Mais, contrairement au système de fichiers, la sélection des dossiers de la bibliothèque multimédia est figée :

✦ **Audio :** Contient les pistes audio, telles que celles que vous avez copiées depuis des CD.

 Tout l'audio : Contient toutes les pistes audio de la bibliothèque multimédia.

 Album : Contient tous les albums de la bibliothèque multimédia.

N'OUBLIEZ PAS

 Un album se trouve "dans" la bibliothèque multimédia si vous avez copié au moins une de ses pistes avec la commande Copier à partir d'un CD.

Cliquez sur le signe plus qui se trouve à côté d'Album pour déployer le contenu d'Album et accéder à la sélection des albums, comme sur la Figure 1.7.

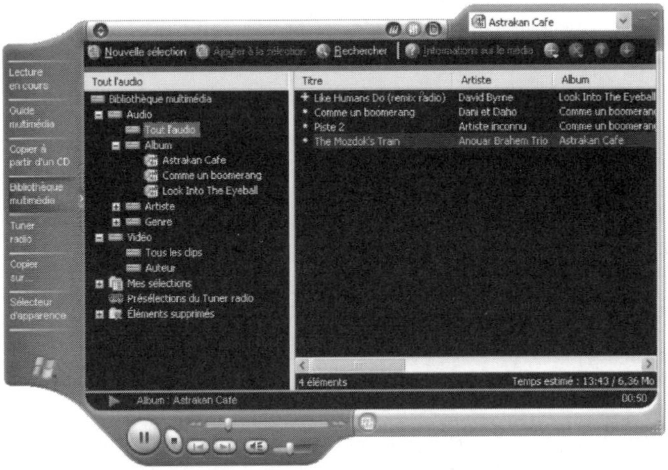

Figure 1.7 : Tous les albums de la bibliothèque multimédia.

Cliquez sur un album pour afficher ses pistes dans le panneau de droite.

Artiste : Contient tous les artistes dont la bibliothèque multimédia possède des œuvres.

Cliquez sur le signe plus qui se trouve à côté d'Artiste pour afficher une sélection des artistes recensés dans ce dossier. Sélectionnez un artiste pour afficher les pistes de ses œuvres.

Genre : Ce dossier fonctionne comme Artiste, mais il permet d'organiser les pistes par genre (rock, classique, etc.) plutôt que par artiste.

✦ **Vidéo :** Les enregistrements, dont il est question au Chapitre 2 du Livret VIII.

Tous les clips : Contient tous les clips vidéo de la bibliothèque multimédia.

Auteur : Contient les auteurs dont la bibliothèque multimédia possède des clips vidéo. Ce dossier fonctionne comme le sous-dossier Artiste dans le dossier Audio. Vous pouvez le déployer en cliquant sur le signe plus pour accéder à la sélection des auteurs, et sélectionner un auteur pour afficher la sélection de ses clips vidéo.

- **Mes sélections :** Les sélections que vous avez créées ou qui sont livrées avec Windows XP. Cliquez sur le signe plus pour déployer le dossier et visualiser les sélections qu'il contient, et choisissez une sélection pour voir les pistes audio ou les clips vidéo qu'elle contient.
- **Présélection du Tuner radio :** Contient la sélection de toutes les stations de radio sur le Web que vous avez recensées (voir "Le Tuner radio", plus loin dans ce chapitre).
- **Eléments supprimés :** Les éléments que vous avez supprimés dans les autres dossiers. Le rôle de cette fonctionnalité s'apparente à celui de la Corbeille pour les fichiers : elle vous permet de récupérer un élément supprimé si vous changez d'avis.

Trouver les pistes que vous voulez

Les dossiers de la bibliothèque multimédia sont des outils puissants pour organiser vos enregistrements, car ils permettent de visualiser une même information de plusieurs manières.

Vous voulez savoir quels albums contiennent des enregistrements d'un artiste donné ? L'entrée qui correspond à cet artiste dans le dossier Artiste vous le dira. Vous voulez voir un de ces albums pour savoir ce qu'il s'y trouve d'autre ? L'entrée qui correspond à cet album dans le dossier Album vous le dira.

Trier

Vous pouvez trier une sélection dans le panneau de droite en fonction du contenu de n'importe quelle colonne. Par exemple, cliquez sur le dossier Tout l'audio pour afficher la sélection de toutes vos pistes audio. Cliquez ensuite sur le titre de la colonne Artiste pour trier la sélection par artiste. Cliquez sur le titre de la colonne Album pour trier la sélection par album. Cliquez deux fois sur un titre pour trier la sélection en ordre descendant en fonction de la colonne correspondante.

Pouvoir trier une sélection de différentes manières peut vous aider à trouver l'enregistrement que vous cherchez quand votre collection devient importante.

Rechercher

Vous pouvez effectuer des recherches sur le nom du titre, de l'artiste ou de l'album dans la bibliothèque multimédia. C'est un moyen pratique pour trouver un élément dans votre collection d'enregistrements quand elle devient importante.

Pour effectuer une recherche dans la bibliothèque multimédia, cliquez sur le bouton Rechercher, qui se trouve juste au-dessus des panneaux de la fenêtre. LWM affiche la boîte de dialogue Rechercher dans la bibliothèque multimédia, comme sur la Figure 1.8.

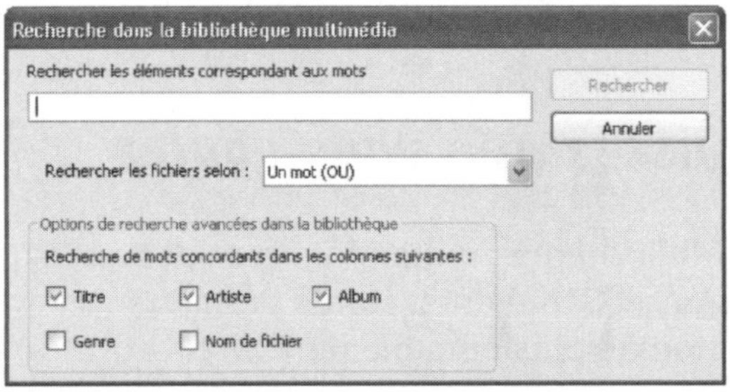

Figure 1.8 : La boîte de dialogue Recherche dans la bibliothèque multimédia.

Saisissez un mot qui apparaît dans au moins un titre de piste ou un nom d'artiste ou d'album de la bibliothèque multimédia. Cliquez sur le bouton Rechercher. LWM recherche dans la bibliothèque et affiche une plus grande version de la même boîte de dialogue, comme sur la Figure 1.9.

Cliquez sur le bouton Afficher les résultats pour fermer la boîte de dialogue Recherche dans la bibliothèque multimédia. Notez que la nouvelle sélection est nommée Résultats de la recherche ; elle est sélectionnée, et elle contient les pistes qui ont été trouvées lors de la recherche. La Figure 1.10 montre une telle sélection.

TRUC

La sélection Résultats de la recherche ressemble à toute autre sélection, à cela près que son contenu – les pistes trouvées lors de la recherche – est modifié quand Rechercher est utilisé. Vous pouvez conserver une sélection Résultats de la recherche de côté pendant longtemps.

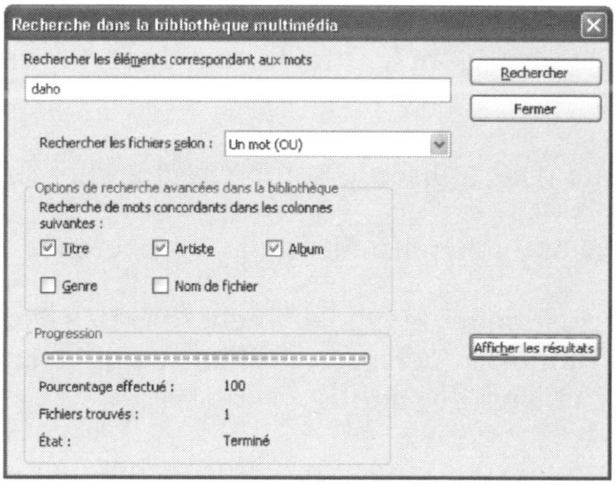

Figure 1.9 : La boîte de dialogue Recherche dans la bibliothèque multimédia, après une recherche.

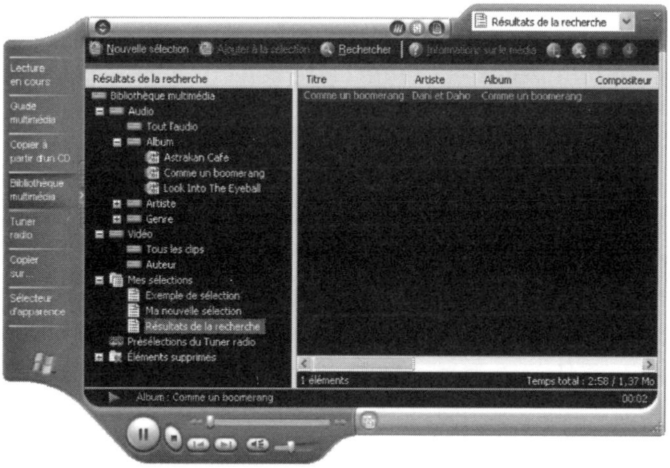

Figure 1.10 : La sélection Résultats de la recherche.

Observez avec attention la boîte de dialogue Rechercher dans la bibliothèque multimédia et vous remarquerez que vous pouvez effectuer des recherches de plusieurs manières différentes :

- ✦ Si vous saisissez plus d'un mot dans la boîte de dialogue "Recherche...", vous pouvez rechercher les éléments qui correspondent à ces mots de plusieurs manières, dont les éléments qui contiennent n'importe lequel des mots, les éléments qui contiennent tous les mots, et les éléments qui contiennent la combinaison exacte de mots que vous avez saisis.

✦ Vous pouvez rechercher n'importe quelle combinaison de plusieurs propriétés (dont le titre, le nom de l'artiste et le nom de l'album).

La prochaine fois que vous utilisez le bouton Rechercher :

✦ Vous devez saisir un ou plusieurs mots à rechercher.

✦ Vous devez sélectionner le type de recherche (les éléments qui contiennent n'importe quel mot, les éléments qui contiennent tous les mots, et ainsi de suite).

✦ Les propriétés que vous choisissez pour rechercher les éléments sont sauvegardées et sont utilisées lors des recherches suivantes, si vous ne les modifiez pas.

✦ Les éléments qui se trouvaient dans la sélection Résultats de la recherche sont retirés de cette sélection, et les éléments trouvés y sont ajoutés.

Jouer des pistes depuis la bibliothèque multimédia

Vous pouvez jouer une piste directement depuis la bibliothèque multimédia. Sélectionnez simplement la piste et cliquez sur le bouton Lire qui se trouve en bas de la fenêtre du LWM.

Vous pouvez même jouer des groupes de pistes en sélectionnant leur groupe. Par exemple, pour jouer toutes les œuvres d'un artiste donné, sélectionnez cet artiste dans le dossier Artiste et cliquez sur Lire.

Identifier "Piste 6, Artiste inconnu, Album inconnu"

Vous savez probablement déjà que si vous copiez une piste d'un CD d'origine obscure, le site Web de Windows Media se révélera probablement incapable de vous fournir le nom de la piste, de l'artiste…

Dans ce cas, la bibliothèque multimédia utilise le numéro de la piste comme nom de la piste et désigne l'album et l'artiste par "inconnu".

Zut !

Si vous avez beaucoup de fichiers de la sorte, ils ne vous seront pas très utiles, car vous ne pourrez pas les distinguer. Heureusement, vous avez la possibilité de spécifier les informations qui manquent.

Affichez la piste dans le panneau droit de la fenêtre. Pour remplir l'un de ses champs inconnus, cliquez du bouton droit sur le champ et utilisez la commande Modifier. LWM sélectionne le champ et affiche un curseur à sa fin. Vous pouvez maintenant remplacer ou modifier le contenu du champ, comme n'importe quel texte. Quand vous avez terminé, pressez Entrée ou cliquez à un autre endroit.

N'OUBLIEZ PAS

Chaque information que vous saisissez est ajoutée ou mise à jour dans le dossier approprié. Par exemple, si vous saisissez le nom d'un album, il est ajouté au dossier Album. Si vous saisissez le nom d'un artiste, il est ajouté au dossier Artiste, si besoin est, et la piste est ajoutée à ce dossier. LWM se souvient des informations, si bien que vous n'avez à les saisir qu'une seule fois.

Gérer des sélections

LWM vous permet de contrôler de bien des manières la musique que vous écoutez, par l'intermédiaire des sélections. Vous avez toujours voulu modifier l'ordre des chansons sur le White Album des Beatles ? Mon fils était comme fou quand il a découvert qu'il pouvait graver un CD qui contenait Oops… I Did it again immédiatement après Oops… The Real Slim Shady Did It Again. Vous avez le pouvoir.

La bibliothèque multimédia vous permet de créer vos propres sélections, et vous pouvez les modifier comme bon vous semble.

Créer une nouvelle sélection

Si vous avez un ensemble de pistes favorites que vous souhaitez écouter dans un ordre particulier, et que les pistes se trouvent dans la bibliothèque multimédia, vous pouvez créer une sélection qui vous permet de les écouter exactement dans cet ordre. C'est comme si vous pouviez créer votre propre CD.

TRUC

En fait, vous pouvez utiliser une sélection pour faire votre propre CD. Ce n'est pas difficile. La section "Copier sur un CD ou un périphérique" vous explique comment faire.

Pour créer votre sélection, cliquez sur le bouton Nouvelle sélection sur le côté gauche de la fenêtre de la bibliothèque multimédia. LWM ouvre une boîte de dialogue qui vous demande de saisir le nom de la sélection (voir Figure 1.11).

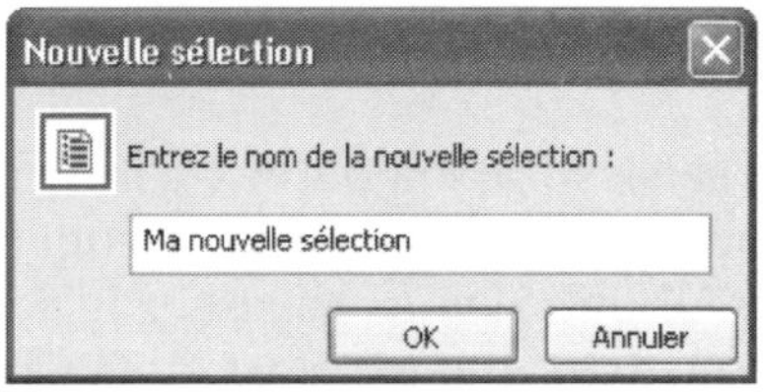

Figure 1.11 : Saisissez le nom d'une nouvelle sélection.

Saisissez le nom de la sélection et cliquez sur OK.

Si vous consultez la liste déroulante des noms de sélection qui se trouve en haut du panneau droit de la fenêtre, vous y trouverez votre nouvelle sélection (voir Figure 1.12).

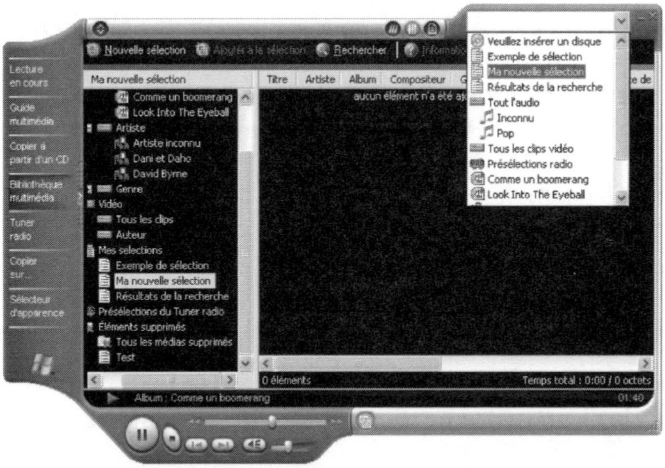

Figure 1.12 : Votre nouvelle sélection est dans la liste déroulante.

C'est aussi difficile que cela de créer une nouvelle sélection.

Ajouter une piste à une sélection

Dans la bibliothèque multimédia, vous pouvez ajouter une piste à n'importe quelle sélection, à n'importe quel moment :

1. **Sélectionnez un dossier ou un élément d'un dossier qui contient la piste, de sorte que la piste apparaisse dans le panneau droit de la fenêtre.**
2. **Cliquez sur la piste pour la sélectionner.**
3. **Cliquez sur le bouton Ajouter à la sélection (qui se trouve à côté du bouton Nouvelle sélection, en haut, à gauche).**
4. **Cliquez sur la sélection que vous voulez.**

   Si vous avez beaucoup de sélections, WP vous en affichera tout d'abord seulement quelques-unes dans la liste déroulante. Si celle que vous voulez ne s'y trouve pas, cliquez sur le dernier élément, Sélections supplémentaires. Cela ouvre une liste déroulante de toutes les sélections. Cliquez sur celle que vous voulez, puis sur OK.
5. **LWM ajoute la piste à la sélection et ferme la liste déroulante des sélections.**

Vous pouvez ajouter une même piste à autant de sélections que vous le souhaitez. Reprenez simplement la procédure "Ajouter une piste à une sélection", en spécifiant cette fois une autre sélection.

Vous pouvez même ajouter une piste à une sélection depuis une autre sélection, en utilisant la même procédure. Sélectionnez la sélection qui contient la piste désirée sur la gauche. Cliquez sur la piste sur la droite, et cliquez sur Ajouter à la sélection. Et voilà.

Ne vous préoccupez pas des questions d'espace de stockage. Quel que soit le nombre de sélections auxquelles vous ajoutez une piste, la bibliothèque multimédia ne conserve qu'une copie de cette piste. Les sélections sont comme les index du catalogue d'une bibliothèque : quel que soit le nombre de références sur un livre, il n'existe qu'un seul exemplaire du livre dans toute la bibliothèque.

Renommer et supprimer des sélections

Pour supprimer une sélection, cliquez du bouton droit sur la sélection et cliquez sur la commande Supprimer dans le menu qui s'affiche, comme sur la Figure 1.13. Vous pouvez aussi sélectionner la sélection et presser la touche Suppr.

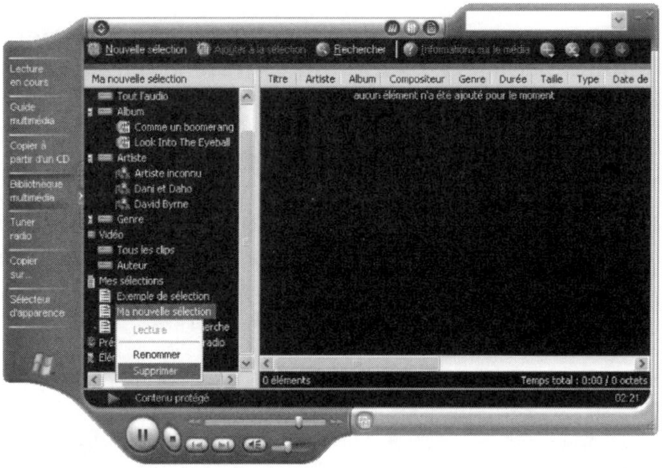

Figure 1.13 : Comment supprimer une sélection.

Une sélection supprimée est conservée dans le dossier Eléments supprimés de la bibliothèque multimédia. Pour le récupérer, affichez le contenu de ce dossier, puis cliquez du bouton droit sur la sélection et cliquez sur la commande Restaurer.

Pour modifier le nom d'une sélection, cliquez du bouton droit sur la sélection et cliquez sur la commande Renommer dans le menu qui apparaît.

Gérer le contenu des sélections

Tout comme vous pouvez gérer les sélections, vous pouvez gérer le contenu d'une sélection.

Pour apporter n'importe quelle modification à une sélection, sélectionnez d'abord la sélection dans le panneau de gauche de la bibliothèque multimédia afin d'afficher son contenu dans le panneau de droite.

Pour supprimer une piste de la sélection, cliquez du bouton droit sur la piste et cliquez sur la commande Supprimer de la sélection, ou sélectionnez la sélection et presser la touche Suppr.

N'OUBLIEZ PAS

Quand vous supprimez une piste de la sélection, la piste n'apparaît pas dans le dossier Eléments supprimés. C'est parce que vous n'avez pas supprimé la piste ; vous avez simplement supprimé une référence à la piste.

Pour modifier la position d'une piste dans la sélection, glissez-posez la piste à la position que vous souhaitez lui affecter.

Supprimer des pistes de la bibliothèque multimédia

Si vous avez lu ce qui vient d'être dit au sujet de la bibliothèque multimédia, vous savez que quel que soit le nombre de sélections auxquelles une piste est ajoutée, la bibliothèque multimédia ne contient qu'une copie de cette piste. L'inverse est vrai : même si vous supprimez une piste de toutes les sélections qui la contiennent, la bibliothèque multimédia contient toujours une copie de la piste.

Cependant, il est possible de supprimer une piste de la bibliothèque multimédia. Vous pouvez le faire de différentes manières.

La première consiste à sélectionner le dossier Tout l'audio, ou l'élément approprié dans le dossier Album, Artiste ou Genre, pour que la piste apparaisse dans le panneau droit de la fenêtre. Cliquez du bouton droit sur la piste et sélectionnez la commande Supprimer de la bibliothèque, comme sur la Figure 1.14, ou pressez la touche Suppr.

La seconde consiste à sélectionner une sélection qui contient la piste. Cliquez ensuite du bouton droit sur la piste et cliquez sur la commande Supprimer de la bibliothèque (dans ce cas, presser la touche Suppr ne fonctionne pas ; cela ne fait que supprimer la piste de la sélection).

ATTENTION !

Faites attention à ne pas supprimer une piste de la bibliothèque multimédia quand vous ne cherchez qu'à la supprimer d'une sélection. Lorsque vous cliquez du bouton droit sur une sélection, les commandes Supprimer de la bibliothèque et Supprimer de la sélection apparaissent l'une à côté de l'autre ! Il est facile de se tromper.

N'OUBLIEZ PAS

Si vous supprimez une piste de la bibliothèque multimédia par accident, vous pouvez toujours la récupérer depuis le dossier Eléments supprimés. Cependant, vous devrez l'ajouter de nouveau à toutes les sélections où elle figurait. Quand vous supprimez une piste de la bibliothèque multimédia, LWM la supprime automatiquement de toutes les sélections qui la contiennent, et quand vous la récupérez, ses liens avec les sélections ne sont pas restaurés.

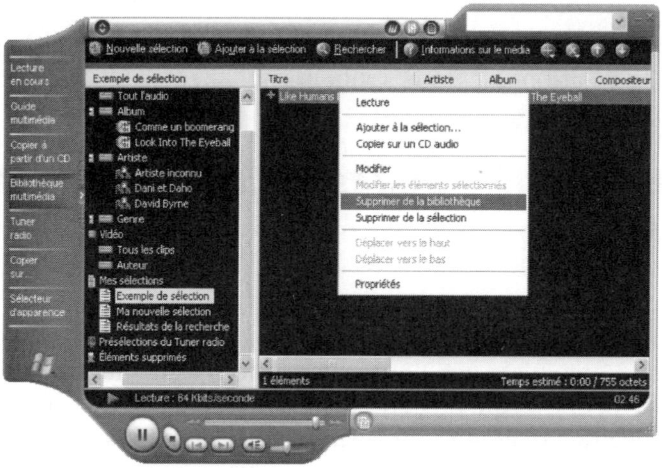

Figure 1.14 : Comment supprimer une piste de la bibliothèque multimédia.

Travailler avec des fichiers et des sites Web

LWM peut jouer plus que les pistes des CD ou de la bibliothèque multimédia. Il peut jouer n'importe quel son accessible via un fichier sur votre ordinateur, via un réseau local ou encore via Internet.

Cela donne accès à de nombreuses possibilités. Vous pouvez échanger des musiques avec vos amis par le biais du courrier électronique. Vous pouvez aussi en télécharger depuis des sites Web traditionnels.

Jouer un fichier

Pour jouer un fichier qui contient un enregistrement sonore, vérifiez que la barre de menu du LWM est visible. Choisissez Fichier/Ouvrir. Cela ouvre une boîte de dialogue de sélection d'un fichier. Utilisez cette boîte pour trouver et ouvrir le fichier. Quand vous cliquez sur le bouton Ouvrir, LWM joue le fichier.

Si vous ne disposez d'aucun enregistrement sonore en dehors de la bibliothèque multimédia, vous pouvez essayer cette manipulation avec quelques-uns des enregistrements sonores qui sont livrés avec Windows XP. Il s'agit des sons que vous entendez quand vous vous connectez, quand vous vous déconnectez, etc. Allez dans C:\Windows\Media et essayez d'ouvrir quelques-uns des fichiers que vous y trouvez.

Jouer depuis un site Web

Pour jouer depuis un site Web, choisissez Fichier/Ouvrir une URL. Saisissez l'adresse du site Web (une URL de la forme www.chisalloway.net/minni.mp3) et cliquez sur OK.

Comme les adresses des fichiers sur le Web sont souvent longues et difficiles à saisir, il est plus facile de les copier que de les saisir. Voici comment procéder :

1. **Utilisez Internet Explorer pour naviguer jusqu'à la page Web qui contient un lien sur l'enregistrement sonore.**
2. **Si vous cliquez sur le lien, Internet Explorer va jouer l'enregistrement. Ne le faites pas. Cliquez plutôt du bouton droit sur le lien et cliquez sur la commande Copier le raccourci.**
3. **Retourner au LWM, cliquez sur la commande Fichier/Ouvrir une URL, et collez l'URL (le "raccourci") dans la boîte de dialogue.**

Ajouter un fichier ou un site Web à la bibliothèque multimédia

Ce processus est très semblable à celui mis en œuvre pour jouer un fichier sur un site Web, dont il a été question dans la section précédente. Pour ajouter un fichier à la bibliothèque multimédia, suivez ces étapes :

1. **Affichez la barre de menu (si elle n'est pas déjà visible) en cliquant sur le bouton qui se trouve dans le coin supérieur gauche de l'écran du LWM (voir Figure 1.1).**

2. **Choisissez Fichier/Ajouter à la bibliothèque multimédia.**

   Cela ouvre un sous-menu.

3. **Cliquez sur la commande Ajouter un fichier, cliquez sur le fichier, et enfin sur le bouton Ouvrir.**

   LWM ajoute le fichier à la bibliothèque multimédia en tant qu'entrée dans le dossier Tout l'audio.

Pour ajouter une adresse Web à la bibliothèque multimédia, suivez les étapes précédentes, mais choisissez Ajouter une URL à l'étape 3.

Notez que lorsque vous ajoutez un fichier ou un site Web à la bibliothèque multimédia, vous ne stockez pas une copie de l'enregistrement sonore dans la bibliothèque ; vous stockez simplement une référence à cet enregistrement. Quand vous jouez l'enregistrement via la bibliothèque multimédia, LWM joue l'enregistrement original, où qu'il se trouve.

Si vous ajoutez un fichier dans la bibliothèque multimédia et que vous le supprimez ou le déplacez, il apparaîtra toujours dans la bibliothèque multimédia, mais LWM ne pourra plus le jouer. De même, si vous ajoutez un site Web à la bibliothèque multimédia et que le site Web est déplacé, supprimé ou mis hors service.

Vous pouvez souvent choisir entre télécharger un fichier depuis un site Web et l'ajouter à la bibliothèque multimédia ou simplement ajouter l'adresse de ce fichier à la bibliothèque multimédia. Chaque solution présente des avantages.

Les avantages de la solution qui consiste à télécharger un fichier puis à l'ajouter à la bibliothèque multimédia sont :

- Vous disposez de votre propre version de l'enregistrement. Vous ne risquez pas de perdre l'accès à ce dernier s'il n'est plus proposé sur le Web.
- Vous n'avez pas à vous demander si vous arriverez à télécharger assez rapidement l'enregistrement pour que le LWM puisse le jouer sans interruption. Si votre connexion Internet est lente ou qu'Internet est encombré, le téléchargement peut prendre

longtemps, mais une fois le fichier arrivé, vous pouvez jouer ce dernier sans interruption. C'est la seule solution pour jouer des enregistrements de bonne qualité sonore sans être constamment interrompu.

Les avantages de la solution qui consiste à ajouter l'adresse d'un site Web :

- Cela consomme virtuellement moins d'espace sur votre disque. Les enregistrements sonores ont tendance à occuper beaucoup de place. Si vous téléchargez beaucoup de fichiers, vous pouvez saturer votre disque dur.

- Vous n'avez peut-être pas d'autre solution. De nombreux sites Web vous permettent de jouer de la musique directement sans vous autoriser à télécharger des fichiers, car ils ne veulent pas que des copies de leurs propriétés intellectuelles soient distribuées.

ATTENTION !

Quelques enregistrements sonores sont stockés dans un format que le LWM ne peut pas lire. Ce sont des formats propriétaires pour lesquels vous devez acheter un logiciel particulier d'une tierce partie. Si vous tentez de jouer un fichier ou un site Web qui est enregistré dans un de ces formats, LWM vous affichera un message pour vous expliquer qu'il ne peut pas jouer le fichier.

La radio

ATTENTION !

Microsoft contrôle l'apparence du tuner radio du LWM depuis ses bunkers, trente étages sous le niveau de la mer dans un endroit tenu secret qui se trouve sous le parking fortifié du 156, rue Redmond, dans l'Etat de Washington. Enfin, ce n'est pas tout à fait cela. Cependant, il est vrai que Microsoft peut changer à tout moment l'apparence de la fonction Tuner radio, en effectuant des modifications sur un site Web. Cela signifie que les instructions détaillées et les photos d'écran qui vous suivre ne correspondront peut-être pas à ce que vous verrez quand vous activerez le Tuner radio. Si vous rencontrez des difficultés pour faire fonctionner le Tuner radio, lisez attentivement ce qui suit, car les actions que vous devez effectuer – modifier la sélection des préréglages, sélectionner les canaux, etc. – seront toujours les mêmes, quelle que soit la fantaisie dont les designers de Microsoft feront preuve cette semaine.

Vous n'auriez jamais imaginé que Windows XP contenait une radio.

Pourtant, c'est presque le cas. De nombreux sites Web utilisent le streaming audio, c'est-à-dire qu'ils diffusent massivement du son (radio) sur Internet. De nombreuses stations AM et FM donnent accès à leurs programmations via leur site Web de cette manière. D'autres organisations vous permettent ainsi d'écouter des enregistrements qui ne sont pas diffusés sur les ondes par ailleurs. LWM vous permet d'écouter tout cela.

Si vous cliquez sur le bouton Tuner radio qui se trouve sur le côté gauche de l'écran, vous serez connecté au Web, et le LWM prendra la même apparence que sur la Figure 1.15.

Figure 1.15 : L'affichage du Tuner radio.

Le Tuner radio ne ressemble pas vraiment à une radio conventionnelle, mais vous pouvez le contrôler presque de la même manière.

La moitié droite de la fenêtre permet de sélectionner les stations (les sources de streaming audio) via un service de recherche assuré par le site Web Windows Media de Microsoft, www.wnidowsmedia.com.

La moitié gauche de la fenêtre vous permet de sélectionner vos stations favorites plus facilement, tels les boutons de préréglages sur une radio.

Ecouter une station

La manière la plus simple d'écouter une station de radio est d'en choisir une dans la sélection des préréglages, dans la moitié gauche de la fenêtre. Vous y trouvez trois sélections, nommées Stations par défaut, Mes stations et Stations jouées récemment. La sélection Stations par défaut est affichée par défaut.

Vous pouvez accéder à plus d'informations sur une station en cliquant sur son nom ou sur les flèches qui se trouvent à droite du nom. Le LWM étend le nom de la station, comme sur la Figure 1.16.

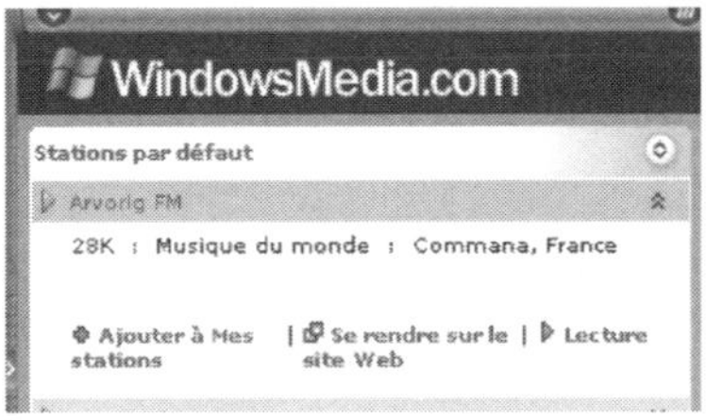

Figure 1.16 : Plus d'informations sur une station.

Pour jouer cette station, cliquez sur le bouton Lecture ou sur la flèche verte qui se trouve à côté (vous pouvez aussi cliquer sur la flèche verte qui se trouve à côté du nom de la station, que vous ayez ou non affiché les informations de la station préalablement). Attendez quelques secondes (euh, plusieurs secondes en fait, surtout si votre connexion à Internet est peu rapide), et LWM commence à jouer la station.

ATTENTION !

Enfin, LWM commence à jouer la station si tout va bien. Le streaming audio n'est pas une technologie très au point, aussi se peut-il que vous rencontriez les problèmes suivants :

- ✦ Le site Web qui donne accès à la station que vous avez choisie peut ne pas fonctionner, ou peut ne pas émettre à cette heure.
- ✦ Le site Web peut être si occupé qu'il ne peut pas émettre les données à la vitesse à laquelle votre ordinateur s'attend à ce qu'elles lui parviennent pour les jouer correctement, si bien que le son est entrecoupé de pauses.
- ✦ Internet peut être occupé, ce qui donne le même résultat.

✦ Le site Web ou Internet peut être si occupé que le WEMP ne peut pas recevoir la station du tout. Il affiche donc une boîte de dialogue qui vous parle de "bande passante insuffisante".

Cela ne constitue pas la sélection exhaustive des problèmes, auxquels vous ne pouvez par ailleurs pas faire grand-chose. Le fait est que vous devez vous montrer patient avec le Tuner radio. Si vous ne pouvez pas joindre la station que vous souhaitez, essayez-en une autre ou essayez de nouveau ultérieurement. Dans dix ans, par exemple.

De nombreuses stations ouvrent une ou plusieurs fenêtres de navigation pour vous expliquer combien elles sont géniales, pour vous demander de leur donner des informations supplémentaires ou encore pour essayer de vous vendre n'importe quoi. Si vous n'aimez pas la politique de publicité à laquelle se livre la station, votez avec vos pieds – euh ! votre souris.

Les premières fois que vous essayez d'écouter une nouvelle station, vous risquez de voir s'afficher une boîte de dialogue qui vous demande si vous voulez installer un "codec", une "machine virtuelle Java" ou tout autre chose incompréhensible.

Ne vous laissez pas effrayer par les "Alertes sécurité". Ce type de message est courant, et ne signale pas un aussi grand danger qu'il y paraît.

Voici ce que cela signifie : de nombreuses stations de radio encodent leurs programmations d'une manière qui requiert que LWM dispose d'un logiciel particulier pour les jouer. Par cette boîte, Windows XP vous explique que LWM doit télécharger ce logiciel d'un site Web, et vous demande si vous l'autorisez à continuer.

Que signifie l'alerte sécurité ? Windows XP vous avertit car certains sites Web peu scrupuleux utilisent cette technique pour vous faire installer des logiciels qui vont semer la panique dans votre ordinateur.

En général, vous devriez cliquer sur Non quand cette boîte apparaît si vous avez le moindre doute quant à la fiabilité du logiciel en question. Cependant, si le logiciel émane d'une source réputée, vous pouvez être à peu près certain qu'il ne vous causera aucun tort.

Si la source du logiciel est Microsoft Corporation et qu'un service d'identification indépendant certifie que la source est réellement

Microsoft Corporation, et non pas un pirate quelconque qui prétendrait l'être, et si vous faites confiance à Microsoft pour ne pas tenter de saboter votre machine, allez-y et cliquez sur Oui. (Si vous ne faites pas confiance à Microsoft pour ne pas saboter votre ordinateur, vous ne devriez pas utiliser Windows !)

Les stations radio utilisent de nombreuses techniques d'encodage différentes qui requièrent autant de logiciels de décodage différents. C'est pourquoi vous risquez de rencontrer souvent cette boîte de dialogue. Cependant, vous n'aurez jamais à télécharger qu'une seule fois chaque logiciel, si bien que les apparitions de la boîte de dialogue devraient se faire plus rares avec le temps.

Le débit du streaming

Le débit du streaming correspond à la vitesse à laquelle une station peut fournir des données au Lecteur Windows Media pour que ce dernier les convertisse en son. En supposant qu'elle pourra fournir les données à un débit idéal, une station peut choisir d'émettre un son de bonne qualité. Si votre ordinateur ne peut pas recevoir les données à ce débit, il doit effectuer une pause après avoir jouer un segment de données pendant qu'il reçoit le segment suivant. Cela donne un son saccadé qui peut être aussi désagréable qu'un son de mauvaise qualité.

L'astuce est de savoir à quel débit votre ordinateur peut recevoir les données et de n'écouter que les stations qui n'essaient pas d'émettre des données à un débit supérieur. Le Station Finder vous donne le débit de chaque station, mesuré en bits par seconde.

- Le débit le plus commun, 28 K (28 000 bits/s) est bon pour la voix, mais inadéquat pour la musique.
- Le débit suivant, 32 K, est plutôt bon pour la voix et passable pour la musique. Si vous vous connectez à Internet via un modem, c'est probablement le débit le plus important auquel vous pourrez accéder.
- Le débit suivant, 56 K, est très bon pour le son. Il est adapté à tous les types de connexions haut débit, ainsi qu'aux connexions par modem classique quand le modem est rapide et que la qualité de la connexion est presque idéale.

- Le débit commun le plus élevé, 100 K, est comparable à la qualité d'un CD. Il est adapté à tous les types de connexions haut débit.

Sauvegarder une station dans la bibliothèque multimédia

Vous pouvez sauvegarder une station dans la bibliothèque multimédia parmi vos enregistrements sonores, ainsi que dans une sélection. Quand une station se trouve dans la bibliothèque multimédia, vous pouvez l'inclure dans des sélections. (Pourquoi voudriez-vous le faire ? Vous le saurez lorsque vous aborderez la section "Changer d'apparence", plus loin, dans ce chapitre.)

Pour stocker une station dans la bibliothèque multimédia, vérifiez que la barre de menu du LWM est visible (souvenez-vous : si elle n'est pas visible, cliquez sur le bouton rond qui se trouve dans le bord supérieur de la fenêtre, près du coin supérieur gauche). Connectez-vous sur la station par un moyen quelconque. Choisissez alors Fichier/Ajouter à la bibliothèque multimédia. Cette commande ouvre un sous-menu. Sélectionnez Ajouter la piste en cours de lecture.

Une fois que vous avez ajouté une station à la bibliothèque multimédia, vous pouvez sélectionner l'onglet Bibliothèque multimédia. Vous verrez que la station figure dorénavant dans le dossier Tout l'audio.

Certaines stations ne permettent pas à LWM de jouer directement le son qu'elles diffusent. Elles ouvrent pour cela des fenêtres distinctes d'Internet Explorer. Ce type de station ne peut pas être ajouté à la bibliothèque multimédia. Pas pratique, mais vrai.

Copier sur un CD ou un périphérique

Si votre ordinateur est doté d'un graveur de CD, vous pouvez copier des enregistrements sonores de la bibliothèque multimédia sur un CD. Si vous possédez un lecteur numérique compatible avec Windows XP, vous pouvez copier des enregistrements sonores de la bibliothèque multimédia vers votre lecteur.

Dans tous les cas, vous ne pouvez pas copier des enregistrements diffusés en live, comme ceux qu'émettent les stations de radio. Ces programmes sont destinés à être diffusés seulement une fois, si bien que les enregistrer serait enfreindre les droits de propriété intellectuelle des stations de radio.

Vous ne pouvez pas non plus copier des fichiers qui utilisent certaines techniques d'enregistrement, que signalent les extensions des fichiers. Les seuls types de fichiers que vous pouvez copier sur un CD sont les fichiers Windows Media (.wmf), les fichiers MP3 (.mp3) et les fichiers Wave (.wav).

NOTE TECHNIQUE

Pour en savoir plus sur les extensions de nom de fichier, reportez-vous au Chapitre 2 du Livret I.

Comprendre les CD-R et les CD-RW

Il y a deux types de CD sur lesquels vous pouvez écrire : les CD-R et les CD-RW.

Le CD-R est un CD sur lequel vous ne pouvez écrire qu'une fois. Une fois que vous y avez écrit, vous ne pouvez plus rien y ajouter, ni y effacer.

Le CD-RW est un CD sur lequel vous pouvez écrire et effacer plusieurs fois.

Un graveur de CD-R ne vous permet d'écrire que sur des CD-R. Un graveur de CD-RW vous permet généralement d'écrire sur des CD-R comme sur des CD-RW.

TRUC

Vous pouvez lire un CD-R sur le lecteur CD-ROM (ou CD-R, ou CD-RW) d'un ordinateur ou sur un lecteur CD. La règle veut qu'un lecteur CD-ROM d'un ordinateur peut toujours lire un CD-RW.

TRUC

Vous trouverez plus d'informations sur les CD-R et les CD-RW au Chapitre 5 du Livret I.

ATTENTION !

LWM ne peut pas ajouter des données à un CD-RW partiellement enregistré. Avant de pouvoir utiliser un CD-RW, vous devez donc l'effacer, comme suit :

1. **Insérez le CD-RW dans le lecteur CD.**

2. **Choisissez Démarrer/Mon ordinateur.**

3. **Sélectionnez le lecteur CD.**

4. **Cliquez sur Effacer CD-RW.**

Graver un CD

Dans cette section, "CD" correspond à CD-R et CD-RW.

Graver un CD signifie que l'on écrit des données dessus. LWM vous permet de graver un CD facilement, très facilement. Voici comment :

1. **Choisissez Démarrer/Lecteur Windows Media pour lancer le Lecteur Windows Media.**

   Si pour une raison quelconque le LWM n'apparaît pas quand vous cliquez sur Démarrer, utilisez Démarrer/Tous les programmes/Lecteur Windows Media.

2. **Cliquez sur le bouton Copier sur...**

   LWM affiche la fenêtre reprise dans la Figure 1.17. Le panneau de gauche de la fenêtre, Musique à copier, affiche les pistes qui sont disponibles pour être copiées sur un CD.

3. **Si le panneau de gauche n'est pas vide, sélectionnez toutes les pistes et supprimez-les.**

   Cela ne supprime les pistes que dans la fenêtre – et non pas dans la bibliothèque multimédia. Le panneau de droite de la fenêtre, Musique sur le périphérique, vous indique le périphérique sur lequel le Lecteur Windows Media s'apprête à copier de la musique, et les musiques qu'il contient. Votre graveur de CD devrait être sélectionné dans la liste déroulante qui se trouve en haut du panneau.

Figure 1.17 : La fenêtre Copier sur un CD ou un périphérique.

4. **Si votre graveur de CD n'est pas sélectionné dans la sélection, cliquez sur la liste déroulante et sélectionnez-le.**

5. **Sélectionnez les pistes que vous voulez copier sur le CD. Commencez par cliquer sur l'onglet Bibliothèque multimédia.**

6. **Pour copier une piste, afficher la piste que vous voulez copier dans le panneau de droite de la fenêtre. Cliquez ensuite du bouton droit sur la piste et cliquez sur Copier sur un CD audio.**

   LWM retourne à la fenêtre Copier sur un CD ou un périphérique et affiche la piste dans le panneau Musique à copier.

7. **Pour copier une autre piste, retournez dans la bibliothèque multimédia et recommencez la manœuvre.**

8. **Pour copier plusieurs pistes en une seule fois, affichez le contenu de la bibliothèque multimédia dans le panneau de droite. Sélectionnez les pistes en maintenant la touche Maj ou la touche Ctrl enfoncée, puis cliquez du bouton droit sur l'une des pistes sélectionnées, et cliquez sur Copier sur un CD audio.**

9. **Une fois que vous avez collecté toutes les pistes que vous souhaitez copier sur le CD, organisez-les dans l'ordre que vous souhaitez.**

LWM les enregistre sur le CD dans l'ordre dans lequel elles apparaissent dans le panneau Musique à copier. Si cet ordre ne correspond pas à celui que vous souhaitez, glissez-posez chaque piste à la position désirée.

Si vous détectez une piste que vous ne voulez plus copier dans le panneau Musique à copier, vous pouvez la supprimer du panneau, ou vous pouvez déselectionner la case à cocher qui se trouve sur sa gauche. Seuls les pistes dont la case à cocher est sélectionnée seront copiées sur le CD.

10. **Insérez un CD vierge dans le graveur de CD.**

    Attendez quelques secondes, et le message Copier… sur le lecteur apparaîtra dans le panneau Musique à copier.

11. **Observez la progression de la copie de chaque piste, dans la colonne Statut.**

    Tous les statuts doivent indiquer "Prêt pour copie". Si certains indiquent "Dépasse la capacité", c'est que la durée totale de toutes les pistes excède la capacité d'enregistrement du CD. Si vous gravez le CD sans en tenir compte, les pistes " Dépasse la capacité" ne seront pas copiées. Vous devriez plutôt retirer quelques pistes pour que toutes celles que la sélection contient puissent être copiées.

12. **Cliquez sur le bouton Copier la musique, au-dessus du panneau Musique sur le périphérique, pour commencer la copie.**

    LWM passe deux fois en revue la sélection des pistes à copier. Lors de la première passe, il prépare chaque piste à être copiée et passe son statut de "Prêt pour copie" à "Convertie". Lors de la seconde passe, il écrit chaque piste sur le CD et passe son statut à "Copie sur le CD" puis à "Terminé" lorsque la copie est terminée.

13. **Quand le statut de la dernière piste passe à "Terminée", le CD est gravé, et LWM l'éjecte du graveur.**

Le temps pris par le processus de copie est proportionnel à la durée des pistes à copier, le temps exact dépendant de la vitesse de votre graveur de CD.

Il vaut mieux éviter d'utiliser votre ordinateur pour d'autres tâches quand vous gravez un CD. Si une autre tâche empêche LWM d'écrire un flux continu de données, le CD sera bon à jeter.

Si vous interrompez le processus de copie en cliquant sur le bouton Annuler ou en retirant le CD du graveur avant la fin, LWM deviendra fou et le processus s'arrêtera. Si vous ratez un CD-RW, vous devez l'effacer avant de le réutiliser. Si vous ratez un CD-R, il est bon pour la poubelle.

Plutôt que de copier des pistes isolées dans le panneau Musique à copier, vous pouvez copier une sélection entière en une seule fois.

Allez dans la bibliothèque multimédia et sélectionnez la sélection (double-cliquez dessus). LWM commence à jouer la sélection. Cliquez sur le bouton Stop en bas de la fenêtre pour l'arrêter. Puis cliquez sur Copier sur un CD ou un périphérique. Le contenu de la sélection apparaît dans le panneau Musique à copier.

Quand vous copiez de cette manière une sélection entière dans le panneau Musique à copier, vous copiez la sélection elle-même, et non les pistes qu'elle contient. Si vous supprimez une piste du panneau Musique à copier, cette piste sera supprimée de la sélection !

Copier vers un lecteur numérique

Le "périphérique" de "Copier vers un CD ou un périphérique" fait référence à un lecteur numérique : un de ces merveilleux petits gadgets que vous pouvez balader partout et utiliser pour écouter la musique stockée dans sa mémoire électronique. On vous pardonnera si vous l'appelez lecteur MP3. C'est ainsi que les personnes de Microsoft le désignent.

Voici comment stocker vos musiques dans votre lecteur MP3 :

1. **Connectez le lecteur à l'un des ports USB de votre ordinateur et allumez-le.**

2. **Sélectionnez l'onglet Copier vers un CD ou un périphérique du LWM.**

3. Si votre lecteur n'est pas sélectionné dans la liste déroulante du panneau Musique dans le périphérique, cliquez sur la sélection et sélectionnez-le.

Si vous cliquez sur la sélection et que vous ne trouvez pas votre périphérique, c'est qu'une des choses suivantes va de travers :

- ✦ LWM n'a peut-être pas remarqué votre lecteur quand vous l'avez connecté à l'ordinateur. Pour régler le problème, quittez et redémarrez LWM.
- ✦ Windows XP ne gère pas votre modèle de lecteur. Pour régler le problème, vous avez besoin d'un nouveau compte en banque.

Le reste du processus de copie se déroule presque comme celui que j'ai décrit dans la section précédente pour la copie d'un CD: élaborez une sélection des pistes dans le panneau Musique à copier, cliquez sur le bouton Copier la musique, et attendez la fin du processus.

Le processus diffère toutefois légèrement sur les points suivants :

- ✦ Vous pouvez ajouter des pistes à un lecteur audio qui en contient déjà.
- ✦ Vous pouvez supprimer des pistes de votre lecteur. Pour supprimer une piste, cliquez sur cette dernière puis sur le bouton qui contient un "X", en haut du panneau Musique sur le périphérique.

Sélectionner une apparence

Une apparence est un petit fichier qui permet de changer l'apparence du LWM. Je ne parle pas de quelques subtiles altérations ici ; je parle d'une transformation complète. Une apparence peut transformer votre LWM en juke-box des années 50, en vaisseau de Star Trek, en face de clown ou en salle de trampoline de Bill G.

Si vous adorez les effets visuels, vous allez adorer les apparences.

Les apparences présentes aussi un autre avantage : elles permettent généralement au LWM d'occuper moins de place à l'écran qu'il n'en occupe par défaut. Pour cela, les apparences n'affichent que les fonctions les plus utilisées du LWM ; mais si ce sont là les seules fonctions dont vous vous servez, pourquoi vous en plaindre ? Vous pouvez toujours basculer vers un mode d'affichage complet quand vous avez besoin d'une fonction que votre apparence préférée n'affiche pas.

Basculer en mode apparence

Il est très facile de basculer en mode apparence. Cliquez sur le bouton Basculer en mode apparence au bas de la fenêtre, à droite de la réglette qui permet de contrôler le volume. Ou utilisez le raccourci clavier Ctrl+2.

A quoi ressemble le mode apparence ? Eh bien, tout dépend de l'apparence. L'apparence que le LWM affiche par défaut est celle de la Figure 1.18.

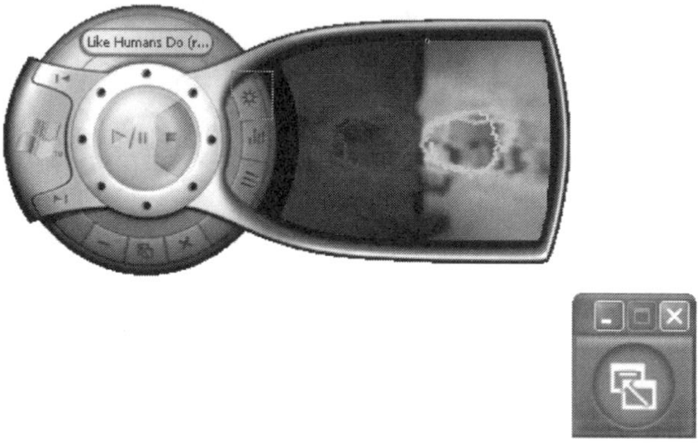

Figure 1.18 : L'apparence par défaut du LWM.

Utiliser la fenêtre d'ancrage

Notez que l'apparence est composée de deux parties. La grande partie est l'apparence du LWM lui-même, la partie qui contrôle la musique. Une petite partie se trouve dans le coin inférieur droit, nommée fenêtre d'ancrage. Elle permet de contrôler l'apparence.

La fenêtre d'ancrage ne change pas réellement d'apparence. Elle contient un bouton de minimisation qui minimise la fenêtre d'ancrage et l'apparence, ainsi qu'un bouton de fermeture qui ferme les deux. Un bouton de maximisation apparaît, mais il est désactivé.

Si vous cliquez n'importe où dans la partie inférieure de la fenêtre d'ancrage, un menu s'affiche qui contient les fonctions les plus couramment utilisées, comme sur la Figure 1.19.

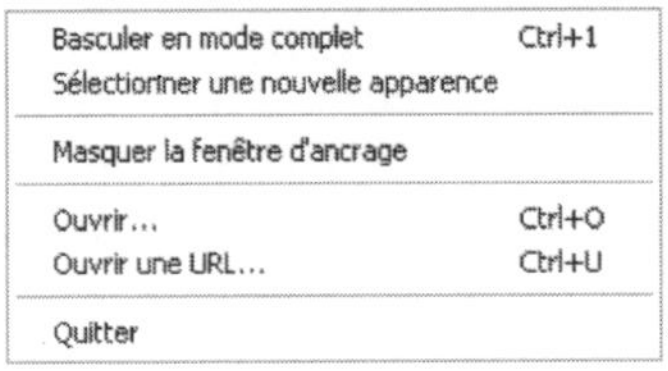

Figure 1.19 : Le menu de la fenêtre d'ancrage.

Le premier menu est très important ; il vous permet de basculer sur le mode d'affichage complet du LWM. Les autres éléments correspondent à des opérations que vous pouvez effectuer en mode complet.

N'OUBLIEZ PAS

Vous pouvez aussi basculer sur le mode complet du LWM en utilisant le raccourci clavier Ctrl+1. C'est assez facile de s'en souvenir : Ctrl+2 pour le mode apparence, Ctrl+1 pour le mode complet.

Changer d'apparence

Chaque apparence est unique en son genre. C'est pourquoi vous devez apprendre à utiliser une apparence en jouant avec. Cependant, les apparences sont assez semblables pour qu'il soit intéressant d'en étudier une dans le détail.

Prenons une apparence qui est plus lisible dans les pages de ce livre, et jouons un peu avec :

1. **Cliquez sur le bouton au centre de la fenêtre d'ancrage et choisissez Sélectionner une nouvelle apparence.**

   LWM affiche la fenêtre Sélecteur d'apparence, comme sur la Figure 1.20. Vous pouvez maintenant voir que le nom de l'apparence par défaut est Windows XP. Qui l'aurait deviné ?

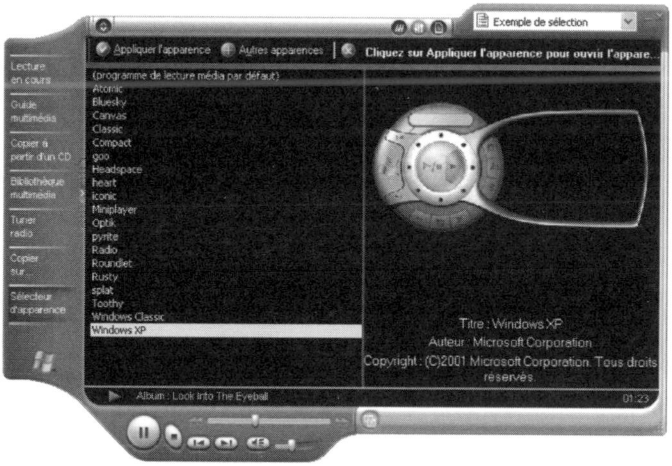

Figure 1.20 : La fenêtre Sélection d'une apparence.

TRUC

Vous pouvez aussi afficher cette fenêtre en mode complet (sans avoir à passer par une apparence) en cliquant sur l'onglet Sélecteur d'apparence.

2. **Choisissez une apparence différente – Toothy par exemple, qui me rappelle un de mes anciens patrons – et cliquez sur le bouton Appliquer l'apparence au-dessus de la sélection des noms d'apparence.**

   Vous vous retrouvez en mode apparence, mais votre apparence est maintenant Toothy et non plus Windows XP. La Figure 1.21 est un portrait de Toothy.

Toothy est une apparence plus ou moins classique, si on la compare à d'autres. Les contrôles qui se trouvent en bas de la face fonctionnent exactement comme vous pourriez vous y attendre.

TRUC

Si vous jouez une station de radio, la sélection courante contient la station de radio. Si vous voulez écouter plusieurs stations de radio, référez-vous aux instructions de la section "Ajouter une station à la bibliothèque multimédia" afin de sauvegarder chacune d'entre elle dans une sélection particulière. Cela vous permettra de basculer plus facilement de l'une à l'autre.

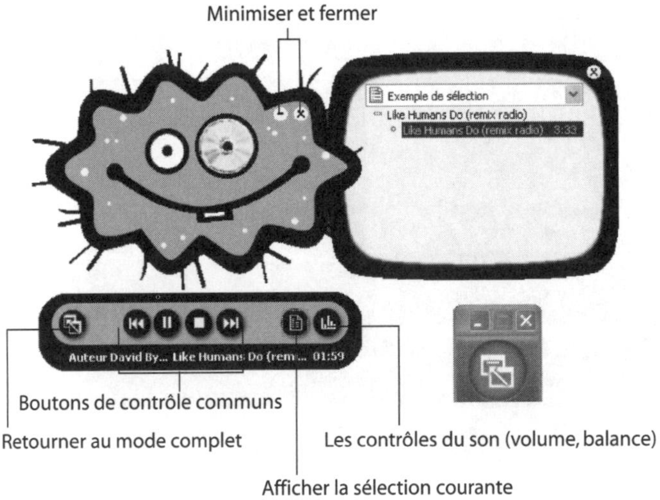

Figure 1.21 : L'apparence Toothy.

Comment pouvez-vous deviner quel détail de l'apparence est un contrôle, et de quel contrôle il s'agit ? Tant que la fonctionnalité Aide de Windows XP est activée, c'est très facile. Déplacez simplement le curseur de votre souris sur le détail, et s'il s'agit d'un contrôle, Windows XP affichera une petite fenêtre vous expliquant le rôle du contrôle.

Vous pouvez aussi cliquer du bouton droit sur l'apparence pour afficher un menu des opérations les plus communes. Il s'agit de celles que vous souhaiterez effectuer en mode apparence – dont basculer en mode complet.

Plus d'apparences !

La sélection des apparences que vous avez vues dans la fenêtre de sélection des apparences n'est pas exhaustive. Vous pouvez trouver encore plus d'apparence en cliquant sur le bouton Autres apparences qui se trouve vers le haut de la fenêtre de sélection des apparences.

Le bouton Autres d'apparences ouvre Internet Explorer et affiche les apparences que vous pouvez télécharger depuis la page www.windowsmedia.com (oui, c'est un site Microsoft, comme celui qui vous fournit des informations sur les artistes, les albums et les stations de radio).

Il peut sembler étrange que le Guide des médias et la Radio utilisent tous les deux le LWM comme un ersatz d'Internet Explorer, tandis que le système de sélection d'apparence ne l'utilise pas ainsi, puisqu'il affiche Internet Explorer dans toute sa gloire. Bah, Microsoft travaille parfois de manière bizarre.

Je ne vais pas décrire le site Web dans le détail, car son apparence peut changer à n'importe quel instant, et son contenu est modifié régulièrement. Voici tout ce que vous devez savoir : quand vous cliquez sur un lien qui représente une apparence, la fenêtre du navigateur télécharge le fichier de l'apparence sur votre ordinateur. Une fois le téléchargement terminé, la nouvelle apparence est ajoutée à la sélection des noms du système de sélection des apparences.

Si la sélection des noms des apparences est trop longue pour tenir dans la fenêtre, vous pouvez la faire défiler.

Lorsque vous en avez assez d'une apparence, vous pouvez la supprimer de la sélection en la sélectionnant et en cliquant sur le bouton Supprimer, qui se trouve juste à droite du bouton Autres apparences. Faites attention. Si vouté vulez utiliser de nouveau l'apparence ultérieurement, il se peut que la page de téléchargement des apparences ait changé entre-temps, et que l'apparence en question ne soit plus disponible.

Personnaliser LWM

Vous pouvez personnaliser LWM de nombreuses manières, en utilisant essentiellement le menu Outils de la commande Options. Cette commande affiche une boîte de dialogue dotée d'onglets pour modifier nombre des aspects du comportement du LWM :

- L'onglet **Lecteur** contrôle les aspects généraux du comportement du LWM, comme la présence de la fenêtre d'ancrage en mode apparence.
- L'onglet **Copier la musique** contrôle des aspects du processus de copie, comme le taux de compression des données à utiliser lorsqu'elles sont copiées sur un CD (plus le taux est élevé, moins les pistes copiées occupent de place, mais la qualité du son s'en

ressent). Il contrôle aussi le dossier dans lequel la musique est copiée (par défaut, le dossier Ma musique, qui correspond au dossier que la bibliothèque multimédia utilise).

- L'onglet **Périphériques** dresse la sélection des périphériques que le LWM peut utiliser (comme les lecteurs CD et les lecteurs numériques) et vous permet de contrôler certains aspects de leur fonctionnement.
- L'onglet **Performances** vous permet de contrôler la manière dont le LWM gère le streaming.
- L'onglet **Bibliothèque multimédia** contrôle l'accès à la bibliothèque multimédia par d'autres applications et d'autres sites sur Internet.
- L'onglet **Visualisations** vous permet de choisir la manière dont le LWM représente une musique graphiquement quand il la joue.
- L'onglet **Types de fichiers** vous permet de sélectionner les types de fichier, tels que les .wav et .mp3, que le LWM doit jouer par défaut (double-cliquez sur un de ces fichiers dans un dossier et le LWM le joue aussitôt).
- L'onglet **Réseau** vous permet de sélectionner les protocoles réseau que le LWM doit utiliser pour recevoir des données diffusées par streaming. Il vous permet aussi de contrôler les paramètres du proxy, que vous devrez éventuellement modifier si vous connectez votre ordinateur à un réseau local dont l'accès est protégé par un pare-feu.

Nombre de ces options restent incompréhensibles pour qui n'a pas un bagage technique, et en parler ici serait sortir du sujet de ce livre. Vous ne devriez changer une option que si vous l'avez bien comprise, et si vous prenez des notes pour pouvoir restaurer sa valeur par défaut au cas où les choses iraient de travers par la suite.

Cependant, ça ne fait pas de mal de regarder les options. Vous pouvez en apprendre beaucoup à leur sujet en cliquant sur le bouton Aide de chacun des onglets de la boîte de dialogue Options.

Comprendre les licences numériques

Vous connaissez les copyrights. La loi dit que le créateur d'une œuvre écrite (dont les enregistrements sonores) a droit à une compensation financière pour l'utilisation de son œuvre. A quelques rares exceptions près, il est illégal de ne pas respecter les droits de l'auteur. Par exemple, en envoyant par courrier électronique 50 copies d'une de ses œuvres à 50 de vos amis.

Il est très délicat de faire respecter les copyrights avec les ordinateurs, car ces derniers permettent de copier très facilement les œuvres. LWM supporte un système nommé licence numérique, qui permet de protéger les droits des auteurs.

Acquérir une licence

Voici comment le procédé de licence numérique fonctionne. Le détenteur d'un copyright sur un enregistrement sonore peut encoder cet enregistrement dans un fichier Windows Media Audio (.wma) et verrouiller le fichier de telle sorte que personne ne puisse le jouer sans la licence numérique. Puis le détenteur du copyright (ou fournisseur de contenu, dans ce contexte) peut publier le fichier comme il l'entend, en le mettant par exemple en ligne sur un site Web. N'importe qui peut télécharger le fichier, mais personne ne peut l'utiliser sans avoir acquis auparavant une licence.

Comment obtenir une licence ? C'est à la charge du fournisseur de contenu : si ce dernier est une société d'édition musicale, il vous vend généralement une licence. C'est ainsi que le fournisseur de contenu récupère de l'argent et que vous pouvez utiliser une copie de l'enregistrement, tout comme si vous l'aviez acheté dans une boutique.

Que pouvez-vous faire d'un fichier sous licence une fois que vous en avez acquis la licence ? Non, contrairement à ce que vous pourriez penser, vous ne pouvez pas en faire ce que vous voulez ! En particulier, vous ne pouvez pas envoyer des copies du fichier et de sa licence par courrier électronique à vos 50 meilleurs amis. Si vous procédez ainsi, vos amis recevront un fichier inutilisable, car votre licence ne peut fonctionner que sur votre ordinateur (vos amis sont libres d'acquérir leurs propres licences, bien entendu, et ils pourront alors utiliser le fichier).

Voici les restrictions qui s'appliquent à une licence numérique :

- ✦ La licence ne fonctionne que sur votre ordinateur.
- ✦ La licence peut expirer à une certaine date, et vous devrez en acquérir une nouvelle (la validité de la licence dépend du fournisseur de contenu).
- ✦ La licence peut vous empêcher d'utiliser le fichier de certaines manières, par exemple, de le copier vers un lecteur numérique.

Utiliser des licences numériques

Il est important de sauvegarder vos licences numériques. Si vous devez réinstaller une copie de Windows XP à cause d'un plantage logiciel ou matériel, vous devrez restaurer des sauvegardes de vos fichiers de licence. Si vous ne disposez d'aucune sauvegarde, vous devrez acquérir de nouveau chaque licence. Cela vous prendra du temps, et vous coûtera de l'argent.

De même, si vous changez d'ordinateur, vous devrez restaurer vos licences numériques sur le nouvel ordinateur pour utiliser vos fichiers.

Windows XP vous permet de restaurer les licences numériques quatre fois.

Sauvegarder une licence

Pour sauvegarder vos licences numériques :

1. **Dans le Lecteur Windows Media, choisissez Outils/Gestion des licences.**

   Cela provoque l'affichage de la boîte de dialogue Gestion des licences, comme sur la Figure 1.22.

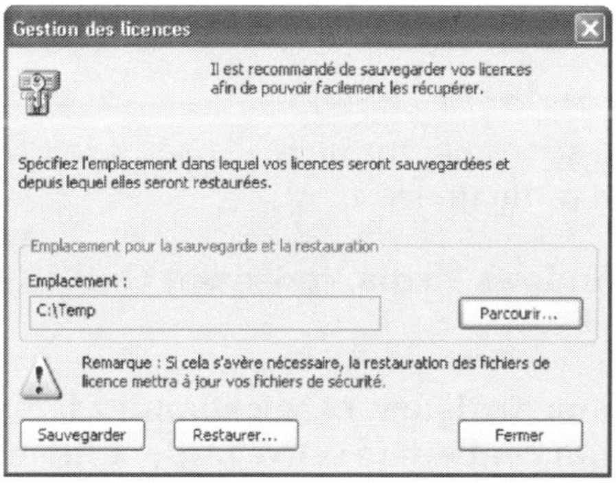

Figure 1.22 : La boîte de dialogue Gestion des licences.

2. **Cliquez sur le bouton Parcourir. Sélectionnez le périphérique ou le dossier dans lequel vous souhaitez stocker la sauvegarde, puis cliquez sur OK.**

3. **Une fois que vous avez choisi l'endroit de votre sauvegarde, cliquez sur le bouton Sauvegarder.**

   LWM sauvegarde vos licences à l'endroit souhaité et affiche le message Transfert terminé. Cliquez sur OK.

TRUC

Microsoft recommande de sauvegarder les licences sur une disquette. Cela présente l'intérêt de préserver les licences si le disque dur de votre ordinateur crashe ou si l'ordinateur lui-même est endommagé. Cependant, les disquettes ne constituent pas un support de stockage fiable. Si vous utilisez cette méthode, vous ferez donc bien de les dupliquer. Il est plus raisonnable d'utiliser un CD ou de recopier un espace de fichiers sécurisés fournis par un prestataire de service Internet.

Quand devez-vous sauvegarder vos licences ? Dans l'idéal, vous devriez le faire chaque fois que vous faites l'acquisition d'une nouvelle licence. En réalité, vous devriez le faire régulièrement, en fonction du nombre de licences que vous achetez.

Restaurer les licences

La procédure pour restaurer les licences ressemble beaucoup à celle qui permet de les sauvegarder.

1. **Vérifiez que votre dernière sauvegarde est accessible via votre ordinateur.**

   Par exemple, si elle se trouve sur un CD, insérez le CD dans le lecteur CD de votre ordinateur.

2. **Dans le Lecteur Windows Media, choisissez Outils/Gestion des licences.**

3. **Cliquez sur le bouton Naviguer, et sélectionnez le périphérique ou le dossier qui contient la sauvegarde. Cliquez sur OK.**

4. **Cliquez sur le bouton Restaurer.**

   LWM restaure vos licences à partir de l'endroit que vous avez spécifié.

Si vous essayez ce procédé pour vérifier simplement s'il fonctionne, ne cliquez pas sur le bouton Restaurer. Souvenez-vous que Windows XP ne vous permet de restaurer une licence que quatre fois.

Obtenir des licences gratuites

Si la licence d'un fichier sous licence est gratuite et qu'elle ne requiert pas que vous vous inscriviez auprès d'un fournisseur de contenu, LWM peut la télécharger pour vous automatiquement quand vous téléchargez le fichier. Dans ce cas, vous n'êtes même pas informé du fait que le fichier utilise une licence.

Pour contrôler le téléchargement automatique des licences, choisissez Outils/Options, et cochez ou décochez l'option Acquisition automatique des licences dans l'onglet Lecteur.

Protéger un fichier par une licence puis distribuer cette dernière gratuitement n'est pas aussi ridicule que cela pourrait paraître car, ainsi, le fournisseur de contenu peut exercer un certain contrôle sur la manière dont le fichier peut être utilisé. Le fournisseur de contenu peut aussi créer une sélection de diffusion en vous demandant de vous enregistrer pour obtenir la licence, mais cette dernière n'est alors pas téléchargée automatiquement. LWM vous demande de vous enregistrer vous-même, ce qui vous laisse le choix de le faire ou non.

Voir une licence

Un fichier audio donné est-il sous licence, et si oui, quels sont les termes de la licence ?

Pour le savoir, affichez le fichier dans le panneau droit de la fenêtre LWM ; par exemple, en sélectionnant la bibliothèque multimédia et en cliquant sur l'album qui contient le fichier. Cliquez du bouton droit sur le fichier et cliquez sur la commande Propriétés. LWM ouvre une boîte de dialogue dotée d'onglets qui affiche les propriétés du fichier. Si le fichier est sous licence, la boîte de dialogue comporte un onglet Information de licence. Cliquez sur cet onglet pour accéder à une description de la licence.

Protéger des CD avec des licences

LWM vous permet de protéger par licence les pistes que vous copiez d'un CD dans la bibliothèque multimédia. En protégeant ces pistes, vous pouvez prévenir l'utilisation frauduleuse de données protégées par des droits.

Si la protection par licence est activée, LWM génère une licence automatiquement quand il copie une piste du CD. Tout comme les autres licences numériques, la licence n'est valide que pour votre ordinateur. Si la piste est copiée sur un autre ordinateur, elle ne pourra pas être jouée. Vous pouvez écrire la piste protégée sur un CD, et vous pouvez la copier vers beaucoup (mais pas tous) de types de lecteurs numériques.

Par défaut, LWM protège par licence les pistes copiées d'un CD. Vous pouvez désactiver et activer la protection via l'option Protéger le contenu de l'onglet Copier la musique dans la boîte de dialogue Outils/Options.

Chapitre 2 : Lumières ! Action ! Le Movie Maker de Windows

Dans ce chapitre :

- **Enregistrer et éditer des vidéos.**
- **Utiliser des images fixes pour du titrage.**
- **Ajouter une narration et des effets sonores.**
- **Organiser vos clips.**

Le Movie Maker de Windows est un logiciel complet d'édition vidéo pour votre PC. Vous pouvez l'utiliser pour créer aussi bien des séquences de quelques secondes – par exemple, pour habiller un courrier électronique – que des documentaires complets, comme la première fête d'anniversaire de votre enfant. Ajouter du son bien synchronisé, et vous pouvez fabriquer un clip vidéo, le vendre à Hollywood, et en faire le succès de l'année.

Le Movie Maker ne va pas mettre Georges Lucas au chômage avant longtemps, c'est définitivement une application en devenir. Ce n'est pas l'outil professionnel sur lequel vous pourriez risquer votre réputation ou celle de votre entreprise. Cependant, il est parfaitement adapté à vos besoins domestiques.

Ce dont vous avez besoin pour réaliser des films

La réalisation d'un film mobilise beaucoup de matériel. Evidement, vous avez besoin d'une caméra vidéo et d'un ordinateur. Microsoft recommande la configuration minimale suivante :

- Un Pentium III à 300 MHz, ou équivalent.
- Au moins 64 Mo de RAM.
- Une carte son ou un matériel équivalent sur la carte mère de votre ordinateur.
- Au moins 2 Go d'espace disque de libre.

Selon le modèle de caméra dont vous disposez, vous aurez peut-être aussi besoin d'une carte vidéo particulière pour copier la vidéo enregistrée sur votre ordinateur. Si vous comptez utiliser une caméra totalement numérique, qui peut alimenter directement votre PC, pensez plutôt à utiliser un Pentium à 600 MHz, avec 128 Mo de mémoire, et des montagnes d'espace disque de libre. La vidéo consomme énormément d'espace disque.

Présentation du Movie Maker de Windows

Le Movie Maker ne ressemble pas beaucoup aux autres applications de Microsoft : il a été spécialement conçu pour le traitement des vidéos. Si vous lancez le Movie Maker (choisissez Démarrer/Tous les programmes/Accessoires/Windows Movie Maker), vous verrez apparaître la fenêtre de la Figure 2.1.

Prenez un instant pour vous familiariser avec les différentes parties de la fenêtre. La partie centrale est divisée en trois panneaux. Celui qui se trouve sur la gauche contient les collections de clips vidéo. Une collection est un groupe de clips vidéo qui ont quelque chose en commun, identifié par un nom. Vous pouvez utiliser les collections pour organiser vos clips vidéo, un peu comme vous utilisez les dossiers pour organiser d'autres types de fichiers.

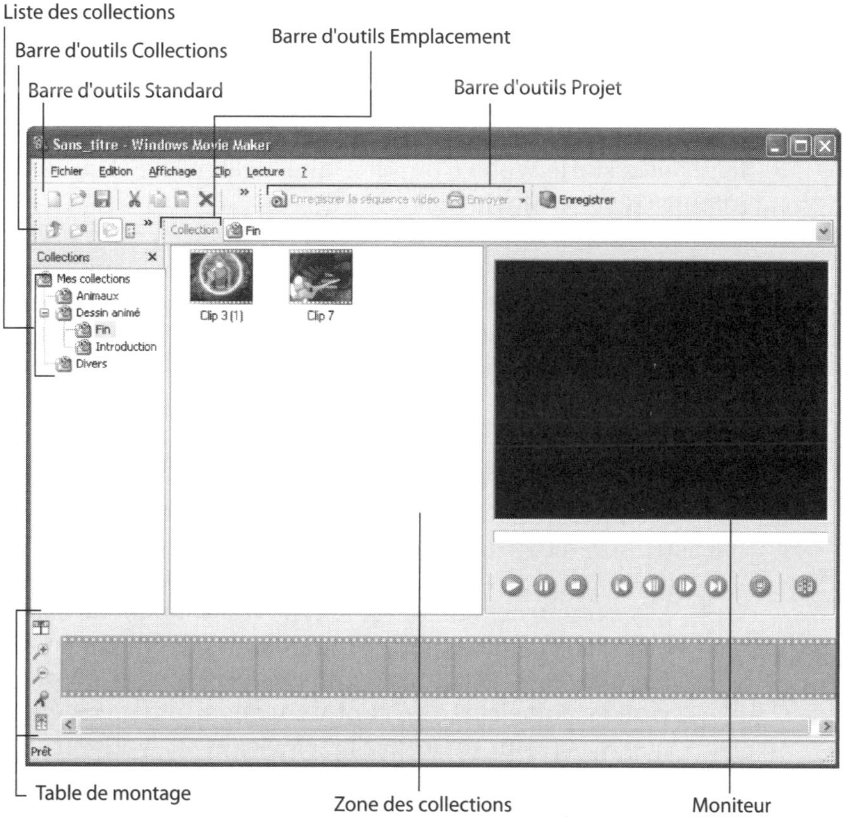

Figure 2.1 : La fenêtre du Movie Maker de Windows.

Le panneau du milieu est nommé la zone des collections. Si une collection est sélectionnée (s'il existe une collection courante), la zone des collections affiche les clips vidéo qu'elle contient. Vous pouvez jouer les clips vidéo dans le panneau de droite, qui s'appelle le moniteur.

Sous les trois panneaux se trouve la table de montage. Quand vous assemblez des clips vidéo pour réaliser un film, cette zone reflète l'état de votre travail et vous permet de le contrôler.

En haut de la fenêtre se trouve une barre de menu, et sous cette barre se trouvent plusieurs barres d'outils. La barre d'outils supérieure contrôle le fonctionnement du Movie Maker. La petite barre d'outils inférieure contrôle l'apparence des panneaux de gauche et du milieu. Le bouton le plus utile de la barre d'outils inférieure est celui qui se trouve sur la droite. Il contrôle l'apparence de la zone des collections.

Enregistrer et éditer une vidéo

Avant de pouvoir éditer une vidéo, vous devez la stocker sur votre ordinateur. Si vous souhaitez utiliser (et manipuler) une vidéo déjà faite, allez sur le Web : n'importe quel fichier MPEG ou AVI peut être importé dans le Movie Maker.

Si vous voulez travailler sur vos propres vidéos, vous devez les capturer. Cela peut s'avérer assez compliqué, parce que la capture d'une vidéo requiert un matériel supplémentaire et parce que la procédure à mettre en œuvre dépend en partie du matériel que vous utilisez.

Choisir une caméra

Il existe quatre types de caméras vidéo :

✦ Les caméras vidéo : C'est le type traditionnel de caméra. Les enregistrements qu'elle produit sont généralement d'une qualité équivalente à celle des émissions de télévision. Vous capturez la vidéo via une carte de capture vidéo – le type de carte que vous pouvez utiliser pour voir la télévision sur votre ordinateur.

✦ Les caméras numériques : Ce type de caméra vidéo produit les meilleurs résultats. Pour capturer une vidéo numérique sans perte de qualité, vous devez connecter la caméra à une carte IEEE 1394 (ou carte FireWire) installée dans votre ordinateur. Vous pouvez aussi utiliser une carte de capture de vidéo analogique, mais vous perdrez un peu de la qualité de la vidéo numérique.

✦ La magnétoscope : Vous pouvez capturer de la vidéo depuis un magnétoscope en connectant sa sortie vidéo à votre carte de capture de vidéo analogique. Vous pouvez d'ailleurs capturer ainsi aussi bien des vidéos enregistrées que des émissions de télévision en direct.

✦ Les caméras Internet (Webcam) : Pas besoin de matériel supplémentaire pour capturer de la vidéo avec une caméra Internet. Connectez simplement la caméra au port USB de votre ordinateur, laissez Windows XP installer le pilote idoine, et commencez à travailler.

TRUC

Si votre Webcam comporte un micro intégré, le Movie Maker vous permettra de capturer à la fois l'image et le son. Sinon, vous devrez recourir à un micro séparé pour capturer le son. Branchez le micro à votre ordinateur via le connecteur prévu à cet effet.

Si vous n'avez pas tout le matériel dont vous avez besoin – ou si vous ne savez pas le faire fonctionner –, demandez de l'aide à votre vendeur.

Enregistrer la vidéo

Le Movie Maker permet d'enregistrer la vidéo en un clin d'œil :

1. **Branchez la caméra.**

   Si vous capturez de la vidéo déjà enregistrée, connectez la caméra ou le magnétoscope à votre ordinateur et préparez votre matériel pour lire la vidéo. Si vous enregistrez une vidéo via une caméra Internet, vérifiez que la caméra est branchée et qu'elle est pointée sur quelque chose d'intéressant.

2. **Cliquez sur le bouton Enregistrer dans la barre d'outils Projet du Movie Maker.**

   Le Movie Maker ouvre une boîte de dialogue Enregistrement, comme sur la Figure 2.2. Les contrôles qui se trouvent dans la moitié gauche de la boîte de dialogue permettent de déterminer ce que le Movie Maker va enregistrer. La liste déroulante Enregistrement vous permet d'enregistrer le son et l'image simultanément, le son seulement ou encore l'image seulement.

3. **Pour l'instant, sélectionnez Vidéo et audio.**

   TRUC

   La vidéo et l'audio seulement ne sont utiles que pour enregistrer les sons et l'image sur des pistes distinctes.

4. **Périphérique vidéo et Périphérique audio, qui se trouve vers le haut de la boîte de dialogue Enregistrement, identifient les périphériques que le Movie Maker utilise pour capturer l'image et le son. Si les périphériques sélectionnés ne sont pas les bons, cliquez sur le bouton Modifier le périphérique pour en changer, puis cliquez sur OK.**

Ce bouton ouvre la boîte de dialogue Modifier le périphérique, reprise dans la Figure 2.3.

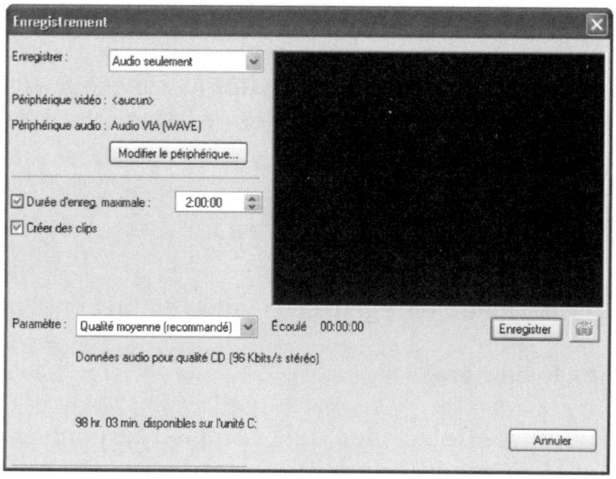

Figure 2.2 : La boîte de dialogue Enregistrement.

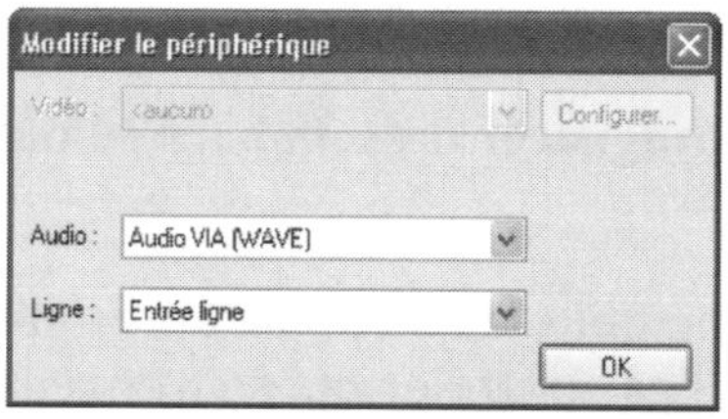

Figure 2.3 : La boîte de dialogue Modifier le périphérique.

Les listes Vidéo et Audio permettent de sélectionner le périphérique que votre ordinateur utilise pour capturer l'image et le son. La liste Ligne permet de sélectionner le type de source d'où provient le signal audio. Dans la plupart des cas, le Movie Maker sélectionne le bon type quand vous sélectionnez le matériel de capture audio.

La boîte de dialogue Modifier le périphérique se ferme, et vous retournez à la boîte de dialogue Enregistrement (référez-vous à la Figure 2.2).

5. **Pour enregistrer, cliquez sur le bouton Enregistrer.**

Le Movie Maker prend quelques secondes pour démarrer. Quand il démarre, le bouton Enregistrer est renommé en bouton Stop et le temps écoulé commence à être décompté. L'image en court d'enregistrement est affichée dans la fenêtre moniteur de la boîte de dialogue Enregistrement.

6. **Si vous enregistrez depuis une bande vidéo dans une caméra ou un magnétoscope, commencez-en la lecture aussitôt après que le Movie Maker a commencé à enregistrer. Enregistrez suffisamment longtemps pour disposer de différentes prises.**

   Si vous enregistrez avec une caméra Internet, couvrez et découvrez l'objectif rapidement avec votre main plusieurs fois. (Je vais vous expliquer pourquoi dans un instant, mais faites-le !)

7. **Quand vous êtes prêt à cesser l'enregistrement, cliquez sur Stop.**

   Le Movie Maker ouvre la boîte de dialogue Sauvegarder qui vous demande de saisir un nom pour la séquence que vous venez d'enregistrer.

8. **Saisissez un nom et cliquez sur Sauvegarder.**

   Le Movie Maker sauvegarde la capture et ferme les boîtes de dialogue Sauvegarder et Enregistrer.

   Regardez le panneau gauche de la fenêtre principale du Movie Maker, celui qui contient la liste des collections. Vous y voyez maintenant une nouvelle collection qui porte le nom que vous avez saisi dans la boîte de dialogue Sauvegarder. Cette collection contient la vidéo que vous venez d'enregistrer.

9. **Cliquez sur la collection que vous venez d'enregistrer pour afficher son contenu dans la zone des collections.**

   Vous devriez voir apparaître plusieurs clips nommés Clip 1, Clip 2, et ainsi de suite. Ils contiennent les prises de la vidéo que vous venez d'enregistrer. Si vous avez enregistré via une caméra Internet, ils contiennent les "prises" que vous avez créées en passant la main devant l'objectif.

N'OUBLIEZ PAS

Comment le Movie Maker sait-il quand une prise se termine et une autre commence ? Il recherche un changement complet de l'image entre deux images consécutives de l'enregistrement. Chaque fois qu'il détecte cela, il termine le clip vidéo qu'il était en train d'enregistrer et en commence un nouveau. Il en résulte que votre enregistrement est découpé en segments plus petits, logiquement distincts.

Regardez la boîte de dialogue Enregistrer de la Figure 2.2. Voyez-vous la case à cocher qui porte le nom Créer des clips ? Cette case vous permet de contrôler le comportement dont il vient d'être question. Si vous la décochez, le Movie Maker sauvegardera l'enregistrement dans un seul clip.

Assembler un film

Un projet est un fichier qui contient votre travail sur un film. En effet, un projet est un film, soit complet, soit en court de réalisation. Un clip est un morceau d'un film. Dans la section précédente, je vous ai montré comment créer des clips avec une caméra ou un magnétoscope. Quand les clips sont prêts, vous les assemblez pour créer un projet.

Voici comment assembler un projet, euh, un film :

1. **Choisissez Fichier/Nouveau/Projet.**

   Cette sélection de menus entraîne la création d'un nouveau projet, ce qui signifie que vous démarrez un nouveau film.

2. **Choisissez un clip dans l'une de vos collections et glissez-posez-le sur la table de montage, en bas de la fenêtre.**

   Une image du clip apparaît au début de la table de montage.

3. **Glissez-posez un ou deux clips supplémentaires dans des parties inoccupées de la table de montage.**

   Une image de chacun de ces clips apparaît sur la table de montage. La table de montage ressemble désormais à celle représentée sur la Figure 2.4.

   Vous pouvez insérer un clip entre deux autres clips. Glissez-posez-le simplement sur la table de montage, à la frontière des deux clips.

4. **Quand le clip est sur la table de montage, vous pouvez le déplacer à différentes positions. Cliquez sur le clip, et glissez-posez-le à la position où vous voulez l'insérer, puis relâchez la souris.**

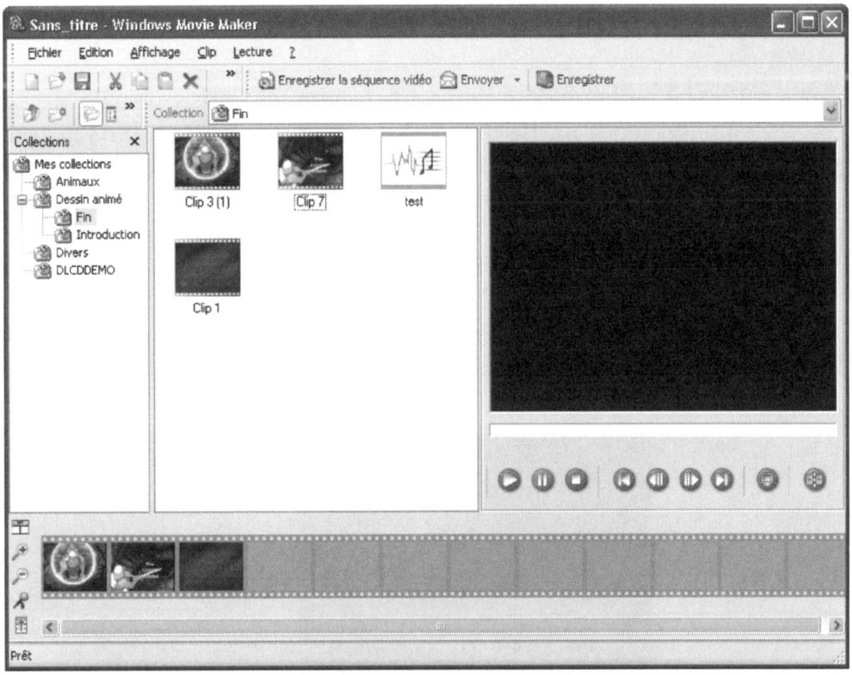

Figure 2.4 : La table de montage avec quelques clips.

Le glisser-poser peut vous conduire à faire des erreurs quand vous devez déplacer un clip sur une longue distance. Il vaut mieux couper et coller. Pour couper et coller, cliquez du bouton droit sur le clip que vous voulez déplacer et cliquez sur la commande Couper. Puis cliquez du bouton droit sur le clip avant lequel vous voulez insérer le clip coupé, et cliquez sur la commande Coller.

TRUC

Pour supprimer un clip de la table de montage, cliquez du bouton droit sur le clip et cliquez sur la commande Supprimer.

5. **Pour sauvegarder votre projet, choisissez Fichier/Sauver.**

La première fois que vous sauvegardez un projet, le Movie Maker ouvre une boîte de dialogue pour vous permettre de saisir le nom du projet. Bravo. Vous êtes sur la bonne voie pour devenir un réalisateur de légende.

Jouer un clip ou un film

Vous êtes-vous déjà demandé comment vous pourriez deviner de quel clip il s'agit à partir des petites images affichées dans la zone des collections ? Très facilement, car vous pouvez voir ce que contient un clip en le jouant dans le moniteur.

Pour jouer un clip, sélectionnez-le dans la zone des collections ou la table de montage. Puis cliquez sur le bouton Lecture sous le moniteur. Quand vous en avez assez vu, cliquez sur le bouton Pause pour arrêter le clip (voir Figure 2.5).

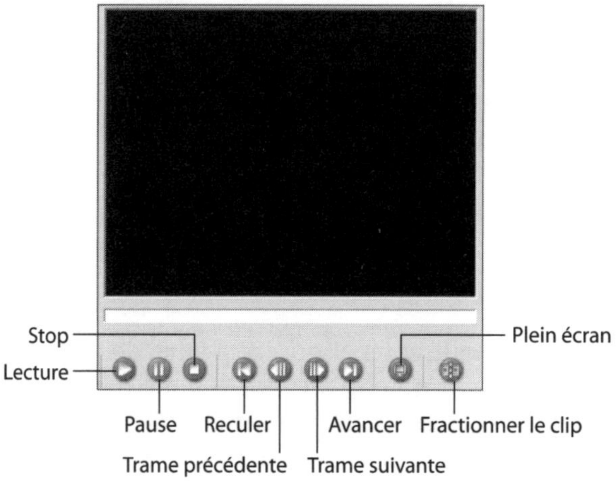

Figure 2.5 : Jouer un clip dans le moniteur.

Lorsque vous jouez le clip, le curseur de la barre de progression se déplace de gauche à droite pour vous montrer où vous en êtes dans le clip. Le nombre qui se trouve dans le coin inférieur droit du moniteur correspond au temps écoulé, mesuré avec une précision de 0,01 seconde.

Les autres boutons qui se trouvent sous le moniteur sont les suivants :

- **Stop :** Arrête de jouer le clip et le désélectionne.
- **Reculer :** Sélectionne le clip précédent.
- **Trame précédente :** Positionne le moniteur sur l'image précédente (à utiliser après Pause).

✦ **Trame suivante :** Positionne le moniteur sur l'image suivante (à utiliser après Pause)

✦ **Avancer :** Sélectionne le clip suivant.

✦ **Plein écran :** Agrandit le moniteur jusqu'à ce qu'il occupe tout l'écran. La barre de progression et les boutons de contrôle ne sont plus visibles. En mode plein écran, vous pouvez contrôler le moniteur à l'aide de ces touches (elles fonctionnent aussi en mode d'affichage normal) :

Lecture ou Pause : La barre d'espace.

Stop : La touche point.

Reculer : Ctrl+Alt+Flèche gauche.

Trame précédente : Alt+Flèche gauche.

Trame suivante : Alt+Flèche droite.

Avancer : Ctrl+Alt+Flèche droite.

Quitter le mode plein écran : Esc.

Fractionner le clip : Ctrl+Shift+S.

✦ **Fractionner le clip :** Coupe le clip en deux (voir "Fractionner et combiner des clips").

Vous pouvez aussi jouer votre film en entier dans le moniteur. Choisissez Lecture/Lire toute la table de montage séquentiel/Chronologie.

La table de montage séquentiel et la chronologie

La table de montage séquentiel et la chronologie sont deux manières différentes de visualiser un film.

La vue table de montage séquentiel représente chaque clip du film sous la forme d'une image réduite, comme le montre la Figure 2.6. La vue table de montage séquentiel est pratique pour assembler et arranger des clips.

Figure 2.6 : La vue table de montage séquentiel de la table de montage.

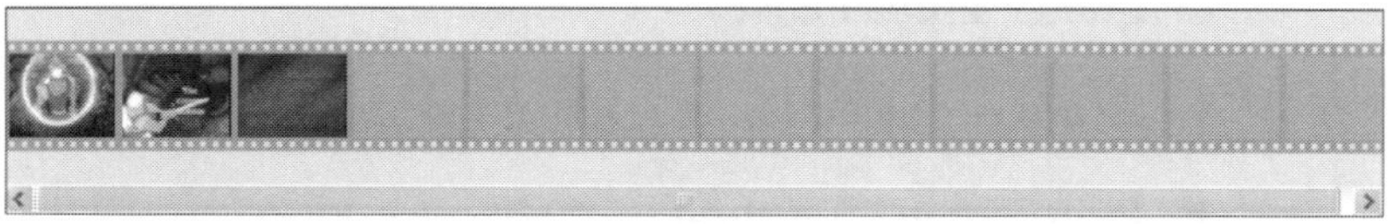

La chronologie représente chaque clip sous la forme d'un ensemble d'images réduites dans un espace où la largeur est proportionnelle à la longueur du clip, comme sur la Figure 2.7. Un chronogramme qui se trouve au-dessus des images réduites vous permet d'estimer la durée de chaque clip. La vue chronologie est pratique pour ajuster le début et la fin d'un clip.

Figure 2.7 : La vue chronologie de la table de montage.

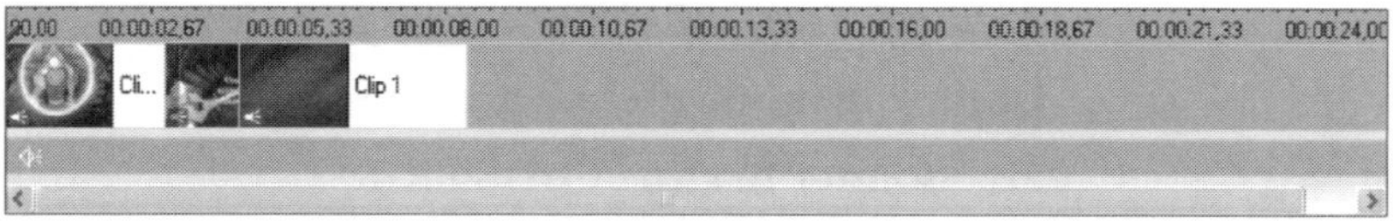

Pour basculer entre la vue table de montage séquentiel et la vue chronologie, cliquez sur l'icône qui se trouve le plus haut dans le groupe des cinq icônes, à gauche de la table de montage.

Découper le début et la fin d'un clip

Le Movie Maker vous permet de découper des morceaux du début et de la fin d'un clip, pour le raccourcir. Vous pouvez raccourcir ainsi un film dans la vue table de montage séquentiel ou la vue chronologie, mais dans la plupart des cas vous préférerez le faire dans la vue chronologie car vous vous rendrez mieux compte de ce que vous êtes en train de faire.

Pour découper l'une des extrémités d'un clip, suivez ces étapes :

1. **Sélectionnez le clip sur la table de montage.**

   La première image du clip apparaît dans le moniteur.

2. **Déplacez le curseur de la barre de progression du film jusqu'au point où vous voulez couper le clip. Vous pouvez procéder de plusieurs manières :**

   Cliquez sur le bouton Lecture, puis sur le bouton Pause lorsque vous arrivez au moment que vous avez choisi.

   Cliquez sur les boutons Trame précédente et Trame suivante pour vous déplacer d'une image à la fois.

3. **Quand la barre de progression se trouve au bon endroit, sélectionnez Clip/Définir le point initial de découpage pour commencer à découper le clip à cet endroit. Choisissez Clip/Définir le point final de découpage pour terminer de découper le clip à cet endroit.**

   Lorsque vous découpez un clip, la partie qui subsiste s'étend pour remplir toute la barre de progression. Si la table de montage est en vue chronologie, le clip contracte le temps si bien que seule la partie du film qui subsiste est affichée.

4. **Si vous découpez trop un clip, choisissez la commande Supprimer les points de découpage dans le menu Clip pour afficher de nouveau le clip entier et recommencer.**

   Si vous glissez-posez un clip de la zone des collections sur la table de montage pour le couper et que vous glissez-posez de nouveau le même clip sur la table de montage, la seconde copie ne sera pas coupée. Vous pouvez la couper différemment si vous le souhaitez.

Essayez cette autre manière de couper un film : dans la vue chronologie, glissez-posez les points de découpage du film aux endroits où vous voulez couper. La Figure 2.8 vous montre à quoi ressemblent les points de découpage.

L'affichage du moniteur et le curseur de la barre de progression changent quand vous déplacez un point de découpage. Maintenez le bouton de la souris appuyé jusqu'à ce que vous soyez certain d'avoir placé le point de découpage au bon endroit.

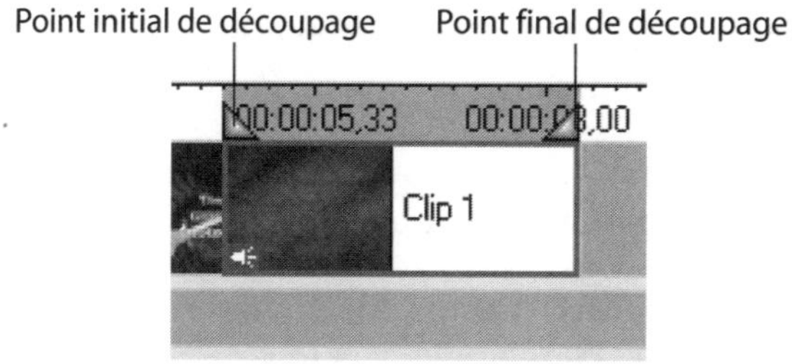

Figure 2.8 : Un clip dans la vue chronologie, avec des points de découpage.

Si vous coupez trop un film, choisissez Clip/Supprimer les points de découpage. Cela permet de repositionner les points de découpage au début et à la fin du clip, pour tout recommencer.

Le point de découpage de la vue chronologie vous permet de résoudre ce problème avec plus de précision. Rapprochez la marque d'un point de découpage de sa position d'origine, qui se trouve au début ou à la fin du film, pour déplacer le point de découpage correspondant.

N'OUBLIEZ PAS

Quand vous annulez un découpage en déplaçant un point de découpage, le clip chevauche le clip adjacent. Si vous laissez les clips dans cet état, les parties des clips qui se chevauchent se mélangeront à l'écran lorsque vous jouerez le clip (voir "Fondu" juste après). Pour éviter le chevauchement, glissez le clip de droite sur la droite. Tous les clips qui se trouvent à sa droite se déplaceront avec lui.

Pour visualiser le temps à une petite échelle, cliquez sur l'icône agrandissement. Pour visualiser le temps à une plus grande échelle, cliquez sur l'icône réduction.

Fondu

Un *fondu* est une transition progressive entre deux clips.

Pour créer un fondu, la table de montage doit être en vue chronologie. Sélectionnez le second clip (celui qui va apparaître) et glissez-le sur la gauche de sorte qu'il recouvre partiellement le premier clip (celui qui va disparaître). La largeur du chevauchement détermine la durée du fondu.

TRUC

Pour savoir quand faire un fondu, observez attentivement les deux clips et utilisez l'affichage du temps du moniteur afin de détecter les instants auxquels vous voulez que le fondu commence et se termine. Une fois que vous avez découpé les deux clips comme il convient, utilisez le chronogramme de la table de montage pour déterminer l'importance du chevauchement.

Fractionner et associer des clips

Vous pouvez fractionner et associer des clips de deux manières : sur la table de montage et dans la zone des collections. Quand vous fractionnez ou associez des clips sur la table de montage, tout se passe comme lorsque vous découpez un clip : le fichier du clip reste intact, seule sa représentation temporaire est affectée. Quand vous fractionnez ou associez des clips dans la zone des collections, vous fractionnez et associez les fichiers qui contiennent ces clips. Cela affecte tous les projets qui utilisent les clips, maintenant et dans le futur.

ATTENTION !

Il est très pratique de fractionner un clip sur la table de montage lorsque vous voulez insérer une image fixe ou un autre clip en son milieu. Associer des clips sur la table de montage est un exercice moins fréquent, mais toujours possible.

Fractionner/associer des clips sur la table de montage

Pour fractionner un clip sur la table de montage, suivez ces étapes :

1. **Cliquez sur le clip que vous voulez fractionner.**
2. **Positionnez le curseur de la barre de progression à l'endroit auquel vous voulez effectuer le fractionnement.**
3. **Cliquez sur le bouton Fractionner le clip du moniteur.**

   La première partie du clip conserve le nom du clip. La seconde partie devient un nouveau clip qui porte le même nom suivi d'un nombre entre parenthèses. Par exemple, si vous fractionnez un clip nommé Souffler les bougies, la première partie portera ce nom, et la seconde portera le nom Souffler les bougies (1).

Ces noms de clip n'ont de signification que sur la table de montage. Le clip n'est pas modifié dans la collection.

Pour combiner deux ou plusieurs clips consécutifs sur la table de montage, maintenez la touche Shift appuyée et cliquez sur le premier et sur le dernier clip. Puis cliquez du bouton droit sur l'un des clips sélectionnés et cliquez sur la commande Associer.

Fractionner/associer des clips dans la zone des collections

Fractionner et associer des clips dans la zone des collections vous permet d'organiser vos clips. Par exemple, vous voudrez peut-être diviser un clip car le Movie Maker n'a pas réussi à démarrer un nouveau clip entre deux prises que vous avez enregistrées. Vous pourriez aussi vouloir combiner des clips car le Movie Maker a démarré un nouveau clip alors qu'une nouvelle prise n'avait pas commencé.

Pour fractionner un clip dans la zone des collections, sélectionnez le clip dans ce panneau. Déplacez le curseur de la barre de progression jusqu'au point de fractionnement, et cliquez sur le bouton de Fractionner le clip du moniteur.

Pour associer des clips dans la zone des collections, sélectionnez les clips dans ce panneau, cliquez du bouton droit, et sélectionnez la commande Associer.

Vous ne pouvez associer des clips que si vous les avez enregistrés consécutivement ou s'ils ont été générés en fractionnant un seul et même clip.

Terminer le film

Une fois que vous avez édité un film comme vous le souhaitiez, vous voudrez probablement le montrer à d'autres personnes. Le Movie Maker conserve le film sous la forme d'un projet qui ne peut être visualisé que dans le Movie Maker. Si vous voulez que vos amis puissent le voir, ils devront disposer du Movie Maker ; sinon vous devrez convertir le film dans un format qu'ils pourront utiliser, comme le format WMV (pour Windows Movie Video), qui est reconnu par le

Lecteur Média, et que le Movie Maker peut utiliser pour sauvegarder vos productions.

Pour permettre à d'autres de voir vos films, suivez ces étapes :

1. **Choisissez Fichier/Enregistrer la séquence vidéo.**

   Le Movie Maker ouvre la boîte de dialogue Enregistrer la séquence vidéo de la Figure 2.9.

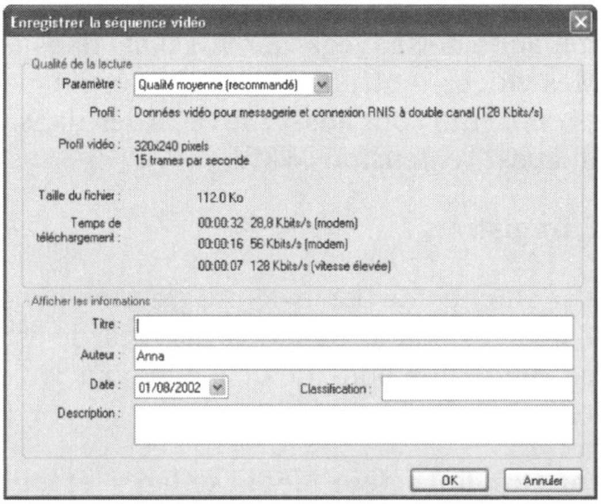

Figure 2.9 : La boîte de dialogue Enregistrer la séquence vidéo.

2. **Choisissez la qualité la plus appropriée pour ce film.**

   Plus la qualité est élevée, plus le film est volumineux, ce qui peut poser des problèmes si vous comptez sauvegarder le film sur un CD, l'envoyer par courrier électronique ou le télécharger sur un site Web.

   Le Profil décrit l'usage approprié à chaque qualité. Taille du fichier indique l'espace qu'occupe votre film s'il est sauvegardé dans la qualité sélectionnée.

3. **Saisissiez les informations à afficher pour décrire votre film.**

   Le Lecteur Média affiche ces informations quand il liste votre film dans la bibliothèque multimédia.

4. **Cliquez sur OK.**

   Le Movie Maker ouvre une boîte de dialogue Enregistrer sous pour vous permettre de choisir le nom du fichier et l'endroit où vous voulez le stocker.

   Par défaut, le film prend le même nom que le fichier du projet (avec l'extension .WMV) et il est sauvegardé dans le dossier Mes vidéos. Vous pouvez lui donner le nom que vous souhaitez et le sauvegarder où vous voulez.

   Je vous recommande de sauvegarder vos films dans un autre dossier que Mes vidéos. Autrement, vous aurez du mal à les distinguer des clips, qui sont aussi sauvegardés dans ce dossier et qui utilisent aussi l'extension .WMV.

5. **Cliquez sur Enregistrer.**

   Le Movie Maker affiche une barre de progression pendant qu'il sauvegarde le fichier du film. Quand la sauvegarde est achevée, le Movie Maker ouvre une boîte de dialogue pour vous demander si vous voulez voir le film maintenant.

6. **Si vous cliquez Oui, le Lecteur Média se lance et joue le film.**

Tout utilisateur de Windows peut visualiser le film en double-cliquant sur le fichier. Cela lance le Lecteur Média qui joue le film.

Pour ajouter un film à la bibliothèque des médias du Lecteur Média, choisissez Fichier/Ajouter à la bibliothèque multimédia/Ajouter un fichier. Le Lecteur Média ouvre une boîte de dialogue. Sélectionnez le fichier du film que vous souhaitez ajouter à la bibliothèque multimédia, et cliquez sur le bouton Ouvrir. Le film apparaît maintenant dans le dossier Vidéos de la bibliothèque multimédia, dans les dossiers Tous les clips et Auteurs (si vous avez spécifié un nom d'auteur quand vous avez créé le fichier du film).

Vous pouvez proposer le fichier d'un film au téléchargement sur un site Web, ou l'attacher à un courrier électronique et l'envoyer à vos amis.

TRUC

Le Movie Maker vous permet aussi de sauvegarder et distribuer un film en une seule fois. Pour sauvegarder et distribuer un film, choisissez Fichier/Envoyer la séquence vidéo/Par courrier électronique ou Sur un serveur Web. Le Movie Maker vous guidera pas à pas dans le processus de sauvegarde et de distribution du film par la méthode que vous aurez choisie (voir le Chapitre 3 du Livret VIII pour plus d'informations sur le téléchargement de fichiers sur un site Web).

Utiliser des images fixes dans un film

Les images fixes peuvent se révéler utiles dans un film pour réaliser des titres ou des clips sans mouvement. Le Movie Maker accepte des fichiers image dans la plupart des formats (dont le JPEG, le GIF, le BMP, mais malheureusement pas le PNG). Vous pouvez aussi capturer une image fixe via une source vidéo telle que la télévision, une caméra vidéo ou un magnétoscope.

Voici comment procéder pour capturer une image fixe :

1. **Suivez les étapes décrites dans "Enregistrer une vidéo", plus haut dans ce chapitre, pour afficher l'image issue de la source vidéo dans le moniteur du Movie Maker. Si vous utilisez une caméra vidéo pour jouer une bande déjà enregistrée, un magnétoscope ou toute autre source qui vous permet de faire un arrêt sur image, réglez votre source sur l'image que vous souhaitez capturer.**

   Si vous utilisez une caméra, la télévision ou une caméra Internet, préparez-vous à capturer l'image au bon moment.

2. **Cliquez sur le bouton Enregistrer de la barre d'outils pour ouvrir la boîte de dialogue Enregistrer (voir Figure 2.2). Sélectionnez le périphérique approprié, si nécessaire.**

3. **Pour capture l'image, cliquez sur le bouton qui comporte une icône représentant un appareil photo, à côté du bouton Enregistrer.**

   Le Movie Maker ouvre une boîte de dialogue Enregistrer.

4. **Spécifiez le nom de l'image et l'endroit où vous voulez la sauvegarder, puis cliquez sur le bouton Enregistrer.**

   Le Movie Maker stocke l'image dans le fichier et l'ajoute à la collection en court.

5. **Une fois que le Movie Maker a sauvegardé l'image, il retourne à la boîte de dialogue Enregistrer. Vous pouvez capturer une autre image ou cliquer sur Annuler pour fermer la boîte de dialogue.**

Quand une image fixe est dans la collection, vous pouvez l'utiliser dans un projet tout comme vous utiliseriez un clip vidéo : glissez-posez-la à l'endroit désiré sur la table de montage.

Combien de temps dure une image fixe dans un film ? C'est à vous de décider. Par défaut, elle est jouée durant cinq secondes. Vous pouvez réduire cette durée en coupant l'image, tout comme vous couperiez un clip vidéo. Vous pouvez l'augmenter en déplaçant les marques de coupe de l'image vers l'extérieur de cette dernière, tout comme vous le feriez pour corriger une coupe trop importante.

TRUC

Pour changer la durée de cinq secondes par défaut durant laquelle une image fixe est jouée dans un film, sélectionnez Affichage/Options, modifiez la valeur dans la boîte de dialogue Durée d'importation par défaut de la photo, puis cliquez sur OK. Cette modification n'affecte que la durée d'affichage des images qui vont être capturées par la suite. Une fois qu'une image a été capturée, vous ne pouvez pas changer sa durée par défaut.

Utiliser des clips sonores

Vous pouvez enregistrer du son pour l'utiliser dans vos films. Le Movie Maker stocke le clip sonore sur votre disque sous la forme d'un fichier .WAV et l'insère dans la collection courante. Quand un clip sonore se retrouve dans une collection, vous pouvez l'ajouter à la table de montage comme vous pouvez y ajouter un clip vidéo ou une image fixe.

Enregistrer un clip sonore

Vous avez le choix entre deux techniques pour enregistrer un clip sonore. L'une de ces techniques est plus particulièrement indiquée pour la narration, qui doit être synchronisée avec le film. L'autre est plus indiquée pour l'enregistrement d'un fond sonore ou d'autres types de sons dont la synchronisation n'est pas aussi cruciale.

Pour enregistrer une narration, suivez ces étapes :

1. **Ouvrez le projet dans lequel vous voulez utiliser l'enregistrement et sélectionnez la collection à laquelle vous voulez l'ajouter.**

2. **Quand vous êtes prêt à enregistrer, choisissez Fichier/Enregistrer la narration.**

   Le Movie Maker ouvre la boîte de dialogue Enregistrer la narration, comme sur la Figure 2.10.

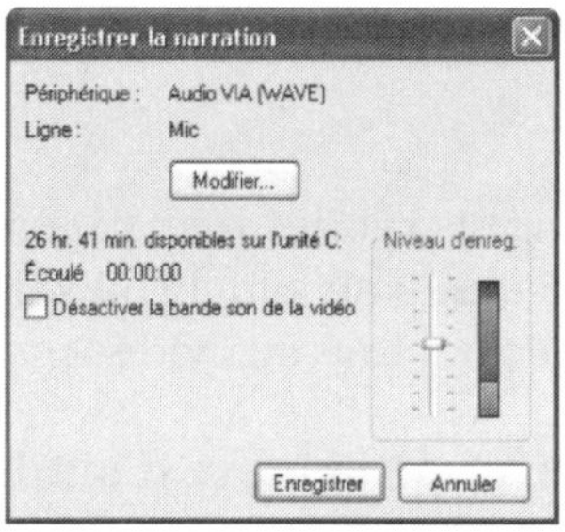

Figure 2.10 : La boîte de dialogue Enregistrer la narration.

3. **Les lignes Périphérique et Ligne vous indiquent le périphérique et la ligne via lesquels le Movie Maker va procéder à l'enregistrement. Si vous souhaitez les changer, cliquez sur le bouton Modifier. Utilisez la glissière Niveau d'enregistrement pour ajuster le niveau d'enregistrement.**

   TRUC

   Si les clips vidéo ont une piste sonore et que vous ne voulez pas l'entendre, cochez la case Désactiver la bande son de la vidéo.

4. **Cliquez sur le bouton Enregistrer pour commencer l'enregistrement.**

   Le Movie Maker joue le film au fur et à mesure que vous enregistrez afin que vous puissiez vous synchroniser avec.

5. **Quand vous avez terminé, cliquez sur le bouton Arrêt (qui remplace le bouton Enregistrer lorsque vous enregistrez).**

   Le Movie Maker ouvre une boîte de dialogue Sauver. Choisissez un nom de fichier et un endroit pour l'enregistrement et cliquez sur le bouton Sauver. Le Movie Maker sauvegarde le fichier et l'ajoute à la collection courante. Une fois que le Movie Maker a sauvegardé le fichier, il revient à la boîte de dialogue Enregistrer.

6. **Vous pouvez réaliser un autre enregistrement ou cliquer sur Annuler pour fermer la boîte de dialogue.**

ATTENTION !

Vous ne pouvez pas synchroniser la narration quand un seul clip est sélectionné sur la table de montage. Pour obtenir ce résultat, créez un projet distinct qui contient le clip, et synchronisez la narration avec le clip.

Les enregistrements sonores qui ne sont pas des narrations n'ont généralement pas besoin d'être enregistrés en synchronisation avec le film. Vous pouvez donc les enregistrer comme des vidéos :

1. **Cliquez sur le bouton Enregistrer de la barre d'outils pour ouvrir la boîte de dialogue Enregistrer.**

2. **Utilisez la liste déroulante Enregistrer pour sélectionner Audio seulement.**

3. **Cliquez sur le bouton Modifier le périphérique pour sélectionner un autre périphérique et une autre ligne si vous le devez.**

   Normalement, le périphérique est censé être votre carte sonore, et la ligne doit être Mic Volume pour un microphone, Entrée ligne pour la radio, un magnétophone, toute autre source externe, ou Lecteur CD pour le lecteur de CD-ROM de votre ordinateur.

4. Procédez comme si vous enregistriez de la vidéo.

Windows sauvegarde votre clip sonore dans un fichier Windows Media Audio (.WMA).

Ajouter un clip sonore à un film

Pour ajouter un clip sonore à un film, glissez-posez le clip sonore de la collection courante à l'endroit approprié sur la table de montage. C'est essentiellement la même opération qu'ajouter un clip vidéo, mais notez ces différences :

- ✦ Les clips sonores ne sont visibles que dans la vue chronologie, et ils ne peuvent être ajoutés et manipulés que dans la vue chronologie.
- ✦ Les clips sonores apparaissent sous les clips vidéo, comme sur la Figure 2.11.

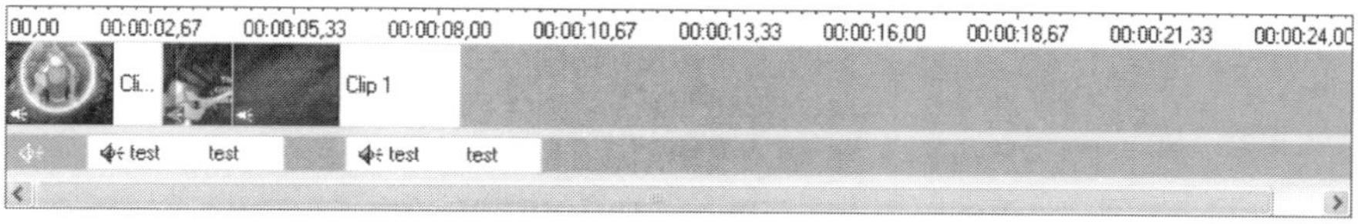

Figure 2.11 : Les clips sonores apparaissent sous les clips vidéo sur la table de montage.

- ✦ Vous ne pouvez pas laisser d'espaces entre les clips vidéo dans la chronologie, mais vous pouvez laisser des espaces entre les clips sonores. Cela vous permet de placer chaque clip sonore à un endroit très précis du clip vidéo.

Vous pouvez jouer un clip sonore en le sélectionnant et en cliquant sur le bouton Lecture du moniteur, tout comme vous pouvez jouer un clip vidéo. Vous pouvez aussi découper un clip sonore tout comme vous pouvez découper un clip vidéo. Cliquez sur le clip sonore, puis utilisez le moniteur ou les marques des points de découpage dans la vue chronologie de la table de montage.

Importer des clips d'autres sources

Vous pouvez utiliser dans vos films des clips vidéo, de clips sonores et des images fixes qui proviennent d'autres sources. Par exemple, vous pouvez vous servir d'images capturées via l'Assistant Scanners et appareils photo (voir Chapitre 3 du Livret VIII) ou des pistes sonores enregistrées depuis un CD via le Lecteur Média (voir le Chapitre 1 du Livret VIII). Vous pouvez aussi télécharger ces trois types de médias depuis des sources en ligne sur le Web.

Pour importer un clip ou une image fixe dans le Movie Maker, ce clip ou cette image doit se trouver sur votre ordinateur. Si le clip se trouve sur le Web, vous devez d'abord le télécharger.

Si vous comptez distribuez votre film auprès du public ou l'utiliser à des fins commerciales, vous ne pouvez pas utiliser des données sous droits d'auteur sans l'accord du détenteur de ces droits. En cas de doute, consultez un avocat.

Quand vous avez récupéré un fichier, vous l'insérez ainsi dans votre projet, euh, film :

1. **Choisissez Fichier/Importer.**
2. **Trouvez et sélectionnez le fichier que vous voulez importer, puis cliquez sur le bouton Ouvrir.**

   Le Movie Maker ajoute le fichier à la collection courante.
3. **Quand le clip ou l'image fixe apparaît dans votre collection, vous pouvez cliquer dessus pour l'utiliser.**

La seule restriction technique qui pèse sur l'importation de clips est qu'ils doivent être dans un des formats d'enregistrement que le Movie Maker sait gérer. Voici la liste des formats les plus communs qui sont ainsi reconnus :

- **Les clips vidéo :** .AVI, .WMV, .MPEG, .MPG, .MP2 et .WMV.
- **Les clips audio :** .WAV, .WMA et .MP3.
- **Les images fixes :** .BMP, .JPEG, .JPG et .GIF.

Organiser vos clips

Quand vous réalisez des films, vous avez tendance à accumuler beaucoup de clips. Un seul projet peut utiliser des dizaines ou des centaines de clips. Il est important de les organiser de telle manière que vous puissiez les trouver facilement.

TRUC

Chaque fois que vous enregistrez un clip, associez-lui une description.

Voici comment associer une description à un clip :

1. **Dans le Movie Maker, cliquez du bouton droit sur le clip et cliquez sur la commande Propriétés.**

   Le Movie Maker ouvre la boîte de dialogue Propriétés représentée sur la Figure 2.12.

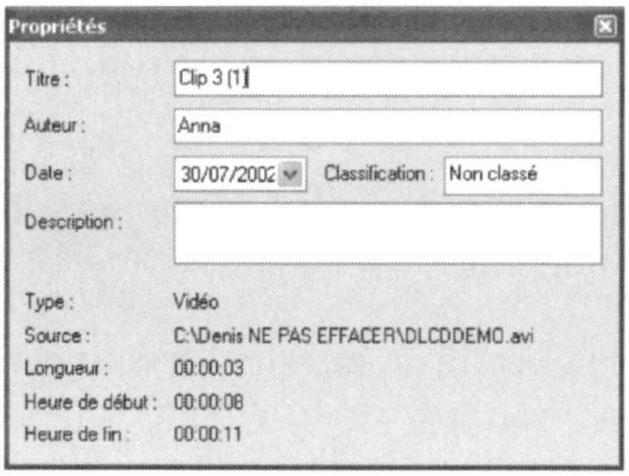

Figure 2.12 : La boîte de dialogue Propriétés d'un clip.

2. **Remplacez le titre par défaut du clip par un titre plus explicite et remplissez les autres champs de manière appropriée.**

3. **Lorsque vous avez terminé, fermez la boîte de dialogue Propriétés en cliquant sur le bouton de fermeture ou en pressant la touche Echap (la boîte de dialogue n'a pas de bouton OK).**

TRUC

Les collections que le Movie Maker crée quand vous enregistrez des clips sont rarement utiles pour organiser ces derniers. Créez des collections supplémentaires plus adaptées à l'organisation que vous voulez mettre en place, et déplacez vos clips dans ces collections. Une fois que vous avez vidé une collection que le Movie Maker avait créée pour vous, vous pouvez la supprimer.

Pour créer une nouvelle collection, suivez ces étapes :

1. **Cliquez sur l'icône Mes collections dans la liste des collections du Movie Maker.**

2. **Choisissez Fichier/Nouveau/Collection.**

   Cela crée une nouvelle collection nommée Nouvelle collection.

3. **Saisissez le nom que vous souhaitez pour renommer Nouvelle collection et pressez la touche Entrée.**

Le Movie Maker vous permet de placer une collection dans une autre, tout comme le système de fichiers de Windows vous permet de déplacer des dossiers dans d'autres dossiers. Pour placer une collection X dans une collection Y, glissez l'icône de X sur l'icône de Y. Pour créer une nouvelle collection dans une collection Z, sélectionnez la collection Z, puis créez une nouvelle collection.

Pour supprimer une collection, cliquez du bouton droit et cliquez sur la commande Supprimer.

De même, pour renommer une collection, cliquez du bouton droit et cliquez sur la commande Renommer.

Bien que le Movie Maker vous permette de stocker des clips et des collections dans d'autres collections, ce type d'organisation n'est pas représenté sur votre disque sous la forme de fichiers et de dossiers. Tous les fichiers que le Movie Maker crée pour les clips sont stockés dans le dossier Mes vidéos ou le dossier Mes musiques. Quand vous importez des clips, vous pouvez les stocker à n'importe quel endroit. Les collections ne sont pas représentées par des dossiers, mais par des données stockées dans un fichier des collections particulières gérées par le Movie Maker.

ATTENTION !

Si le fichier des collections est endommagé, le Movie Maker "perd" tout ou une partie des collections et des clips. Les clips existent peut-être toujours là où ils se trouvent, mais le Movie Maker ne peut pas les trouver. J'ai rencontré tant de problèmes avec la fonctionnalité de sauvegarde des collections que je vous conseille ardemment de ne pas miser sur ces dernières. Vos clips sont protégés – ils se trouvent dans des fichiers que vous pouvez visualiser et copier où vous le souhaitez. Vos projets sont eux aussi protégés. Mais jusqu'à ce que Microsoft propose une autre solution, ne comptez pas trop sur les collections. Elles peuvent disparaître purement et simplement du jour au lendemain.

Chapitre 3 : Découvrir les appareils photo numériques et les périphériques vidéo

Dans ce chapitre :

- **Choisir un appareil photo.**
- **L'impression de photos.**
- **Le Movie Maker de Windows.**
- **Personnaliser le Media Player.**
- **Problèmes.**

Windows XP est à des milliers d'années-lumière des systèmes d'exploitation précédents de Microsoft pour tout ce qui concerne le traitement des images. La plupart de ses fonctionnalités en ce domaine ne sont pas nouvelles, mais XP rend bien plus faciles des choses qui demandaient auparavant beaucoup de travail et de connaissances.

Dans ce chapitre, vous allez découvrir tout ce que vous devez savoir pour choisir un appareil photo, le connecter à votre PC, et déplacer des images de votre caméra vers le PC, où vous pouvez les stocker, les éditer, les imprimer, en quelques clics de souris.

Choisir un appareil photo

Avant de pouvoir vous amuser avec vos images, vous devez bien entendu les stocker sur votre ordinateur. Voici les diverses solutions qui s'offrent à vous :

- Vous pouvez utiliser un appareil photo conventionnel pour enregistrer des images sur un film puis demander à un magasin de photo de vous transférer les images sur un média pour ordinateur. Quand je parle d'appareils photo conventionnels dans ce livre, je parle du type d'appareil qui produit des images sur des films. Le type argentin.

✦ Vous pouvez utiliser un appareil photo numérique comme celui de la Figure 3.1 pour enregistrer les images dans une mémoire électronique puis les transférer sur votre ordinateur. Quand je parle d'appareils photo numériques dans ce livre, je veux parler d'appareils photo qui produisent des images sous la forme de fichiers, une image à la fois, et stockent les fichiers dans un appareil photo.

Figure 3.1 : L'appareil photo numérique DSC-F707 Cybershot 5.24 mégapixels de Sony, doté d'un objectif Carl Zeiss Vario-Sonnar, d'un procédé de mise au point Hologram AF laser, et de nombreuses autres fonctionnalités. Avec l'autorisation de Sony Electronics Inc.

✦ Vous pouvez utiliser une caméra Internet (une "Webcam") comme celle de la Figure 3.2 pour alimenter en temps réel votre ordinateur avec des images que vous capturerez sous la forme d'images fixes ou de clips vidéo. Quand je parle de caméras

Internet ici, je veux parler de celles qui doivent impérativement être connectées à un ordinateur, car elles ne peuvent pas stocker d'images elles-mêmes.

Figure 3.2 : Le SiPix iQuest DualCam est tout à la fois une caméra vidéo numérique USB, une caméra vidéo pour téléconférence, et un appareil photo numérique.

- ✦ Vous pouvez utiliser une caméra vidéo analogique ou numérique comme celle représentée sur la Figure 3.3 pour enregistrer des clips vidéo sur une bande puis alimenter votre ordinateur à partir de la caméra ou d'un magnétoscope. Quand je parle de caméras vidéo dans ce livre, je veux parler de matériels qui peuvent stocker des films.

A proprement parler, les caméras Internet sont des caméras numériques. Tout comme de nombreuses caméras vidéo. Mais à proprement parler seulement. Les Nuls ne se laissent jamais abuser. Fin de la digression.

Figure 3.3 : La caméra Hi8 CCD-TRV98 de Sony. Avec l'autorisation de Sony Electronics Inc.

Comprendre les appareils photo numériques

Vous pouvez utiliser un appareil photo numérique comme un appareil conventionnel, mais il enregistre les images dans une mémoire électronique, pas sur un film. Au lieu d'envoyer un rouleau de film au développement et de commander un tirage, vous n'avez qu'à copier les images sur votre ordinateur. Puis vous pouvez effacer le contenu de la mémoire de votre appareil et l'utiliser de nouveau.

Les appareils numériques se classent en quatre catégories :

- **Les appareils photo automatiques.** Le plus simple et le moins cher. La plupart des appareils photo de ce type sont dotés d'objectifs peu onéreux, souvent réalisés en matière plastique, et sont dépourvus d'un dispositif de mise au point. Ils suffisent pour prendre occasionnellement des photos que vous publierez sur votre site Web.

- **Les appareils photo autofocus.** Plus performants que les appareils photo du type précédent, et plus chers aussi. Leur conception est essentiellement la même, mais ils sont dotés de plus de fonctionnalités et utilisent des parties de plus grande qualité. Par exemple, les appareils photo autofocus sont dotés de lentilles en verre.

- **Les appareils photo avec zoom.** Ces appareils photo sont dotés d'un zoom intégré. L'image est formée par le même dispositif qui prend la photo, plutôt que par un dispositif optique distinct. Comme ces appareils photo sont conçus pour des amateurs éclairés et des professionnels, ils produisent généralement des images de meilleure qualité que la plupart des appareils photo autofocus.

- **Les appareils photo à objectif amovible.** C'est le type d'appareil le plus performant. Et le plus cher aussi. Ces appareils photo fonctionnent comme ceux du type précédent, mais leur objectif est interchangeable. Nombre d'entre eux sont des modèles d'appareils photo argentins reconvertis pour capturer des images numériques plutôt sur un film.

Cet exposé devrait vous permettre d'avoir une meilleure idée du type d'appareil photo qui vous convient le mieux, mais il est loin de passer en revue toutes les fonctionnalités que les fabricants d'appareils photo ont imaginées à ce jour. Il faut des semaines de recherche pour devenir un bon vendeur dans ce domaine.

TRUC

A moins que vous ne vous soyez friand des détails techniques, allez demander conseil à un ami bien informé ou à un vendeur en lequel vous avez confiance.

Résolution

Un appareil photo numérique forme une image sur un capteur qui contient une grille de petites régions photosensibles nommées pixels. La résolution fait référence au nombre de pixels que comporte le senseur. Plus il y a de pixels, plus l'appareil peut enregistrer de détails. Plus il y a de détails, plus l'image que vous imprimez peut être agrandie avant que la présence de pixels ne devienne notable.

Voici une règle dont vous feriez bien de vous souvenir. Un senseur d'un million de pixels produit des impressions correctes en 12 x 18. Avec 2 millions de pixels, vous pouvez produire des impressions correctes en 20 x 25. Et avec 3 millions de pixels, vous pouvez produire des impressions en 28 x 35.

Disposer d'une résolution supérieure à celle dont vous avez besoin vous permet de disposer d'une certaine marge de manœuvre pour découper des parties superflues de l'image tout en préservant la qualité d'impression. Bien entendu, tous ces pixels supplémentaires coûtent de l'argent.

Le zoom

Un zoom vous permet de modifier l'angle d'ouverture de l'appareil photo, et donc le facteur d'agrandissement de ce dernier. La plupart des appareils photo disposent de cette fonctionnalité.

Un zoom produit par un objectif particulier est aussi nommé zoom optique. De nombreux appareils photo sont dotés d'un zoom numérique, qui agrandit une image en augmentant simplement la surface de chaque pixel. Les zooms numériques ne sont pas très utiles. Vous pouvez obtenir le même résultat en agrandissant l'image finale.

Mise au point

Les appareils meilleur marché sont dotés d'un système optique qui ne permet d'effectuer que quelques mises au point pour vous permettre d'obtenir un résultat convenable sur quelques distances. Si vous recherchez un appareil photo qui comporte un réglage pour les prises de vue en gros plan et un autre pour les autres prises de vue, un appareil de ce type devrait faire l'affaire.

Les appareils photo plus évolués savent effectuer une mise au point automatiquement – ils sont autofocus – pour produire un résultat net, quelle que soit la distance. En général, les appareils photo autofocus peuvent être davantage rapprochés du sujet que les appareils du type précédent : parfois à quelques dizaines de centimètres seulement, ce qui peut se révéler très pratique si vous comptez photographier des petits objets comme des fleurs ou des pièces.

Certains appareils photo disposent d'une fonctionnalité avancée qui vous permet de gérer vous-même la mise au point dans des contextes où l'autofocus ne fonctionne pas très bien. C'est le cas notamment quand le sujet ne se trouve pas au milieu de la photo, quand le sujet est très brillant, très sombre ou très contrasté, quand vous prenez une photo à travers une vitre ou de l'eau, ou quand vous voulez mettre en exergue une petite partie de l'image en ajustant la mise au point sur cette dernière – par exemple, une petite fleur tenue à quelque distance d'un visage.

Le contrôle de l'exposition et le flash

Tous les appareils numériques ajustent automatiquement leur exposition pour s'adapter à différents niveaux de luminosité. Les meilleurs appareils disposent de circuits sophistiqués qui produisent de bons résultats dans une grande variété de contextes. Ces appareils vous donne aussi la possibilité de contrôler l'exposition, soit par l'intermédiaire d'un réglage qui permet de prendre une photo plus claire ou plus sombre que celle que l'appareil pense être idéale, soit en vous permettant de régler l'exposition à votre gré (en jouant sur la vitesse d'obturation, pour ceux que cela intéresse).

De nombreux appareils photo disposent d'un flash électronique intégré qui est déclenché automatiquement quand le besoin s'en fait sentir. Les meilleurs appareils sont dotés de flashes puissants, que vous pouvez contrôler de différentes manières. Par exemple, vous pouvez désactiver le flash intégré et connecter un flash amovible de votre choix à la place.

Les appareils photo numériques sont bien connus pour leurs flashes trop puissants ou trop faibles – et il arrive souvent que le même flash se révèle trop puissant dans certains contextes d'illumination et ne fonctionne pas du tout dans d'autres contextes pourtant très peu différents. Si vous voulez pouvoir utiliser un flash autonome (ou flash externe), choisissez un appareil qui dispose d'un connecteur synchro-flash – un endroit pour connecter et contrôler un flash autonome. Utiliser un flash externe en recourant à des techniques aussi simples que le rebond (viser un plafond ou un mur blanc avec le flash) peut changer radicalement la qualité de vos images.

Le stockage et le transfert des images

Les appareils photo meilleur marché stockent les images dans leur mémoire interne. Quand la mémoire est pleine, vous devez transférer les images sur votre ordinateur pour libérer de la place. Si vous êtes dans la région du Grand Canyon et que votre ordinateur est chez vous, vous avez donc un problème.

Les appareils plus élaborés utilisent un support de stockage amovible, qui prend souvent la forme de petites cartes. Quand une carte mémoire est pleine, vous la retirez simplement de l'appareil et vous en insérez une nouvelle. Les appareils photo utilisent différents types de cartes mémoire, qui sont tous aussi recommandables les uns que les autres.

Les appareils photo les plus récents sont dotés d'une interface USB pour transférer vos images sur votre ordinateur. L'USB est rapide et facile à utiliser, mais sa mise en œuvre peut être un peu complexe, surtout si vous voulez brancher votre appareil sur le secteur pour éviter de vider les batteries durant le transfert des fichiers.

Si vous achetez un appareil photo qui utilise des cartes mémoire, investissez quelque 40 euros de plus dans un lecteur de carte mémoire qui se connecte au port USB. Vous pourrez alors glisser la carte mémoire de l'appareil dans le lecteur et traiter cette dernière comme s'il s'agissait d'un lecteur de disquettes. Vous pouvez aussi insérer la carte mémoire dans le lecteur, puis connecter le lecteur au port USB ou PCMCIA. Windows XP reconnaît automatiquement la carte dans les deux cas.

Insérer la carte mémoire de votre appareil dans un lecteur USB ou PCMCIA permet de résoudre virtuellement tous les problèmes de compatibilité (voir la section suivante). De plus, vous n'avez pas à vous soucier du chien qui est en train de triturer le câble d'alimentation de l'appareil ou le câble USB, entraînant avec lui l'appareil. Mon chien m'a cassé mon Nikon Coolpix de cette manière, et la réparation m'a coûté plusieurs centaines d'euros. Beurk !

Compatibilité

Windows XP gère par défaut la plupart des appareils photo numériques, mais pas tous. Si vous possédez un appareil que Windows XP ne reconnaît pas, pas de problème ; vous devrez simplement utiliser l'application fournie avec l'appareil pour stocker les images sur votre PC, plutôt que l'Assistant Scanners et appareils photo de Windows XP. Si vous achetez un nouvel appareil photo, vérifiez quand même s'il peut être directement reconnu par Windows XP.

Les appareils photo reconnus par Windows XP sont recensés dans la liste des matériels compatibles de Windows XP. Je parle de la compatibilité dans le Chapitre I du Livret VII.

L'ergonomie

Oui, au même titre que les applications informatiques, un appareil photo a son ergonomie. Et elle est importante. Le meilleur appareil photo du monde ne vous rendra pas service si vous ne pouvez l'utiliser facilement. Si vous réglez tout le temps les contrôles de la mauvaise manière ou que vous avez des difficultés à maintenir l'appareil quand vous prenez une photo, cet appareil n'est décidément pas pour vous.

Il est recommandé de tester un appareil photo dans le calme avant de l'acheter. Il est tout aussi recommandé de l'acheter auprès d'un vendeur susceptible de vous l'échanger si vous deviez vous rendre compte que l'appareil n'est pas doté d'une fonctionnalité dont vous avez besoin. Il vaut donc toujours mieux s'adresser à un vendeur spécialisé et recommandé, plutôt que sur le Web, même si l'appareil y fait l'objet d'une promotion très intéressante.

Utiliser un appareil photo conventionnel

Si vous ne voulez pas acheter un appareil photo numérique, vous pouvez prendre des photos avec un appareil photo conventionnel et demander à un magasin de vous les numériser. Le magasin vous livrera des images numériques sur un CD-ROM ou les téléchargera sur un site Web sécurisé d'où vous pourrez les télécharger.

Si vous êtes un photographe occasionnel, cette solution vous permettra de mettre vos photos en ligne sans avoir à acheter un nouvel appareil photo. Si vous êtes un utilisateur averti, cette solution devrait aussi vous convenir car les meilleurs appareils photo conventionnels produisent de meilleures photos que les appareils photo numériques. En demandant au magasin de numériser vos photos, vous tirez le meilleur parti des deux mondes : les images numériques sont faciles à manipuler, et les négatifs/positifs produisent des images de meilleure qualité.

Faire numériser ses photos par un magasin peut prendre un certain temps, car vous devez attendre que le film soit développé. C'est aussi assez onéreux, car vous devez payer le film, son développement et sa numérisation. Et vous risquez aussi de devoir passer d'un magasin à l'autre pour procéder à la numérisation.

Brancher une caméra Internet

Une caméra Internet (ou Webcam) ressemble à une petite caméra vidéo qui serait conçue pour ne fonctionner que si elle est connectée à un ordinateur. De nos jours, toutes les Webcams sont dotées d'une interface USB.

Quelques personnes utilisent des Webcams pour diffuser en temps réel de la vidéo via un site Web. On trouve ainsi le spectacle de poissons qui évoluent dans leur bocal, de vagues sur la plage, de cambrioleurs qui rentrent dans des maisons, et… bon je vais m'arrêter là. Les Webcams sont aussi souvent utilisées pour de la vidéoconférence et pour enregistrer des images fixes ou des petits clips vidéo que l'on attache à des courriers électroniques.

Les Webcams sont généralement moins coûteuses que les appareils photo numériques, mais leur potentiel est aussi beaucoup plus limité car elles ne fonctionnent que si elles sont branchées à un ordinateur. Leur résolution est faible : 320 x 240 pixels (à peu près 77 000 pixels, en comparaison à 1 million de pixels pour le plus abordable des appareils photo numériques). Les meilleures peuvent monter à 640 x 480 pixels (soit 300 000 pixels). La lentille, la résolution et la précision des couleurs suffisent à l'usage auquel ces caméras sont destinées, mais n'égalent pas en qualité ce qu'un appareil photo numérique bon marché propose.

TRUC

Si vous voulez stocker rapidement des images sur votre ordinateur et que vous n'accordez pas beaucoup d'importance à la qualité, vous pouvez vous contenter d'une Webcam. Elles sont quand même particulièrement abordables.

Consultez la liste des matériels compatibles de Windows XP avant d'acheter une Webcam. Windows XP peut ne pas gérer une Webcam qui ne se trouve pas sur la liste. Reportez-vous à la section "Compatibilité" de ce chapitre pour plus d'informations.

Effectuer des panoramiques

Si vous possédez une caméra vidéo, vous pouvez transférer vos enregistrements sur votre ordinateur. Selon le type de votre caméra, vous aurez éventuellement besoin de matériels supplémentaires pour la connecter à votre ordinateur.

Une caméra vidéo est l'outil idéal pour enregistrer des vidéos que vous éditerez avec le Movie Maker de Windows. C'est un outil moins idéal pour la prise d'images fixes. En effet, sa résolution est généralement très inférieure à celle d'un appareil photo numérique.

Stocker les images sur votre ordinateur

Le moyen par lequel vous transférez des images sur votre ordinateur dépend du type d'appareil photo que vous utilisez.

Si vous vous servez d'un appareil photo classique et que vos images ont été numérisées en magasin, le transfert est extrêmement simple : insérez le CD-ROM dans le lecteur de CD et copiez les fichiers, ou rendez-vous sur le site Web du magasin et suivez les instructions qui y sont prodiguées. Très difficile.

Si vous vous servez d'une caméra vidéo, la procédure dépend du type de la caméra et de l'interface que vous utilisez. Il existe un tel nombre de combinaisons possibles que je ne les traiterai pas toutes ici. Si vous cherchez des réponses, reportez-vous au site Web du fabricant de votre caméra. Voyez le Tableau 3.1.

Tableau 3.1 : Les sites Web des principaux fabricants de caméras.

Fabricant	Site Web
Canon	www.canon.com
Intel	www.intel.com
Kodak	www.kodak.com
Logitech	www.logitech.com
Minolta	www.minolta.com
Nikon	www.nikon.com
Olympus	www.olympus.com
Panasonic	www.panasonic.com
Philips	www.philips.com
Sony	www.sony.com

Vous pouvez utiliser l'un de ces trois moyens pour stocker les images de votre appareil photo numérique et de votre Webcam sur votre PC :

- L'Assistant Scanners et appareils photo de Windows XP est le moyen le plus simple pour les appareils photo et les caméras numériques reconnues par Windows XP.
- Vous pouvez utiliser l'application de transfert de fichier fournie avec n'importe quel appareil photo.
- Si votre appareil utilise une carte mémoire, vous pouvez transférer les images en insérant la carte – une carte SmartMedia ou CompactFlash – dans un lecteur de cartes.

Utilisez l'Assistant Scanners et appareils photo pour transférer les images stockées dans la mémoire de l'appareil photo numérique sur votre PC ou pour capturer des images fixes via une Webcam.

1. **Branchez l'appareil sur le port approprié de votre ordinateur.**

   Si c'est un appareil photo, mettez-le en route. Vous devrez peut-être régler quelques contrôles de l'engin ; reportez-vous aux instructions de l'appareil sur le transfert d'images.

2. **L'Assistant Scanners et appareils photo démarre automatiquement. Si tel n'est pas le cas, choisissez Démarrer/Mes images pour afficher le contenu du dossier Mes images dans l'Explorateur Windows.**

   Quand vous démarrez l'Explorateur Windows de cette manière, il affiche certaines tâches dans le panneau de gauche, comme sur la Figure 3.4.

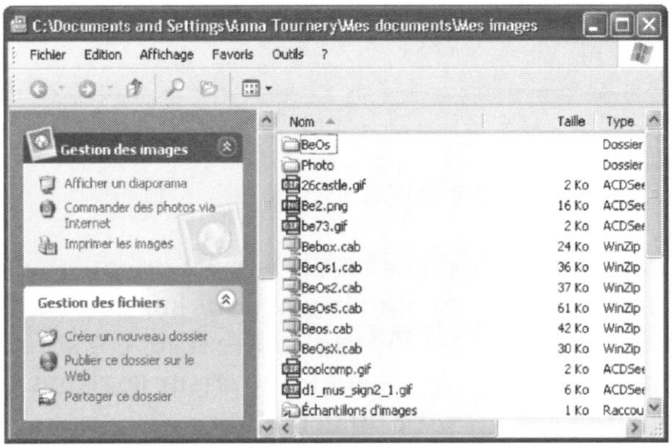

Figure 3.4 : L'Explorateur Windows avec une liste de tâches.

3. **Dans la liste Gestion des images, sélectionnez Récupérer les images de l'appareil ou du scanner.**

   Cela ouvre une boîte de dialogue. Sélectionnez-y l'icône qui représente votre appareil, et cliquez sur OK. L'assistant affiche un message d'accueil.

4. **Cliquez sur Suivant pour afficher la boîte de dialogue représentée sur la Figure 3.5.**

   Si vous êtes connecté à une Webcam, un panneau Prévisualisation affiche l'image capturée en temps réel par la caméra. Chaque fois que vous cliquez sur le bouton Prendre une photo, l'assistant capture une image fixe. Les images apparaissent dans le panneau Images.

   Si vous êtes connecté à un appareil photo numérique, le processus est presque identique, à ceci près que le panneau Images affiche les images que contient l'appareil.

Figure 3.5 : L'Assistant Scanners et appareils photo, Choisir les images à copier.

Si une des images n'est pas correctement orientée, vous pouvez la faire tourner. Cliquez sur l'image pour la sélectionner, puis cliquez sur les boutons "Pivoter"qui se trouvent sous les images pour la faire tourner d'un quart de tour sur la droite, d'un quart de tour sur la gauche ou d'un demi-tour.

TRUC

Notez la petite case à cocher, au-dessus de chaque image. Cochez les boîtes des images que vous voulez sauvegarder et/ ou décochez celles des images que vous ne voulez pas sauvegarder. Vous pouvez utiliser les boutons Effacer tout et Sélectionner tout pour vous faciliter la tâche.

5. **Cliquez sur Suivant.**

   L'assistant affiche la boîte de dialogue de la Figure 3.6.

6. **Dans le champ Entrez un nom, saisissez le nom que vous voulez donner à la première image que vous sauvegardez.**

   Si vous sauvegardez plusieurs images, l'assistant attribuera un nom unique à chacune d'entre elles. Par exemple, si le nom que vous saisissez est "portraits" et que vous sauvegardez trois images, l'assistant les nommera "portraits", "portraits 001" et "portraits 002".

   L'assistant stocke automatiquement les images dans le dossier Mes images, dans un sous-dossier qui porte le nom que vous avez saisi. Par exemple, si vous avez saisi "portraits", il stocke les images dans le sous-dossier Mes images\portraits. Si vous voulez utiliser un dossier différent, vous pouvez en choisir un avec le bouton Parcourir ou la liste déroulante Choisissez un emplacement.

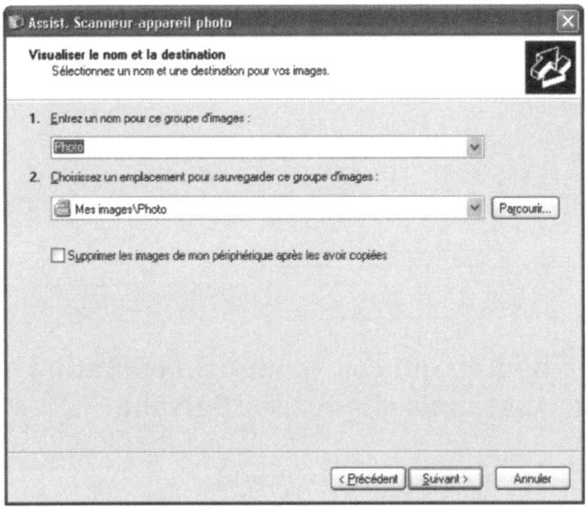

Figure 3.6 : L'Assistant Scanners et appareils photo, Visualiser le nom et la destination.

Notez la case à cocher libellée "Supprimer les images de mon périphérique après les avoir copiées". Si vous utilisez un appareil photo numérique, cette boîte vous permet de supprimer les images de la mémoire de l'appareil. Il ne supprime que les images qui sont transférées – c'est-à-dire celles qui sont marquées dans la boîte de dialogue précédente de l'assistant.

Si vous utilisez une Webcam, la caméra n'a pas de mémoire, mais l'assistant obtient le même résultat en conservant lui-même des copies des images qui ont été prises. Si vous ne cochez pas la case à cocher, vous retrouverez les images que vous avez sauvegardées dans la liste des images la prochaine fois que vous utiliserez l'assistant. Si vous cochez la case à cocher, les images que vous aurez sauvegardées ne seront plus là la prochaine fois que vous utiliserez l'assistant.

7. **Cliquez sur Suivant.**

L'assistant copie les images dans le dossier que vous avez choisi et affiche la boîte de dialogue de la Figure 3.7.

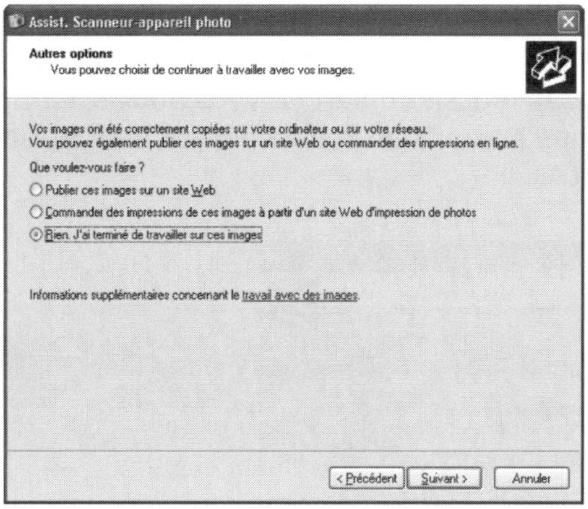

Figure 3.7 : L'Assistant Scanners et appareils photo, Autres options.

8. **Cliquez sur le bouton qui correspond à l'opération que vous souhaitez effectuer, puis cliquez sur Suivant.**

   L'assistant affiche un message "d'adieu".

   TRUC

   Si vous ne voulez pas publier ou imprimer les images maintenant, vous pourrez toujours le faire ultérieurement.

9. **Cliquez sur Terminer.**

   L'assistant se ferme et ouvre une fenêtre de l'Explorateur Windows qui vous montre le contenu du dossier dans lequel vos images viennent d'être sauvegardées.

Si Windows XP ne reconnaît pas votre appareil photo, la solution la plus simple à mettre en œuvre est de loin de recourir à un lecteur de cartes mémoire. Ces petits périphériques bon marché se connecte au port PCMCIA ou USB de votre ordinateur. Insérez-y simplement la carte mémoire de votre appareil (probablement une carte SmartCard ou CompactFlash), et Windows XP pensera que vous avez un nouveau disque dur. Les fichiers qui se trouvent dans la mémoire de la caméra sont traités comme n'importe quel autre fichier image sous Windows.

Vous pourriez aussi essayer le logiciel qui vous a été livré avec l'appareil photo pour transférer des images de l'appareil vers votre PC. La plupart des appareils photo numériques sont livrés avec une application de ce type. Installez l'application et suivez les instructions. Bonne chance.

Même si Windows XP gère votre appareil photo directement, vous feriez bien de jeter un œil sur l'application de transfert de fichiers de l'appareil photo. Nombre de ces applications ont des fonctionnalités dont Windows XP est dépourvu, comme la configuration à distance de certains contrôles de l'appareil photo.

Imprimer des images

Windows XP vous permet d'imprimer des photos et autres images de diverses manières. Si vous avez une imprimante de qualité photographique, vous pouvez utiliser l'Assistant Impression de photographies de Windows XP pour imprimer des images du dossier Mes images.

Imprimer avec l'assistant

Pour utiliser l'Assistant Impression de photographies :

1. **Choisissez Démarrer/Mes images.**

   Cela ouvre une fenêtre de l'Explorateur Windows dont le côté droit contient le dossier Mes images et dont le panneau gauche contient une liste de tâches (référez-vous à la Figure 3.4).

2. **Sélectionnez l'image que vous voulez imprimer, puis cliquez sur la commande Imprimer cette image.**

   Cela lance l'Assistant Impression de photographies. L'assistant affiche une page d'accueil.

3. **Cliquez sur Suivant.**

   L'assistant affiche des versions réduites des images que contient le dossier, comme sur la Figure 3.8. Une case à cocher se trouve au-dessus de chaque image. La case à cocher de l'image que vous avez sélectionnée est cochée, pour indiquer que l'image sera imprimée. Vous pouvez cocher d'autres images pour que l'assistant imprime plus d'une image à la fois.

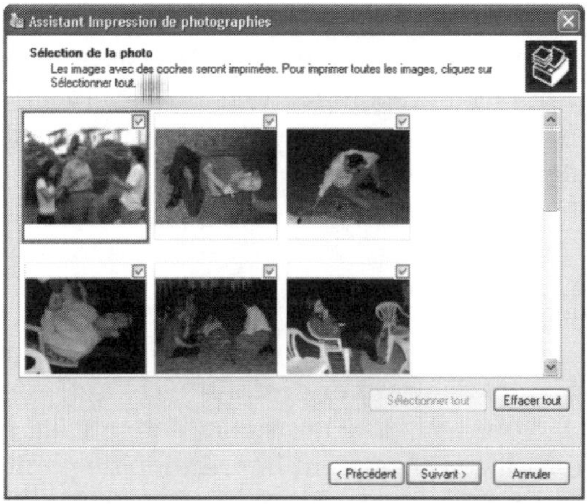

Figure 3.8 : L'Assistant Impression de photographies, Sélection de la photo.

4. **Cliquez sur Suivant.**

   L'assistant affiche un panneau d'options d'impression, comme sur la Figure 3.9.

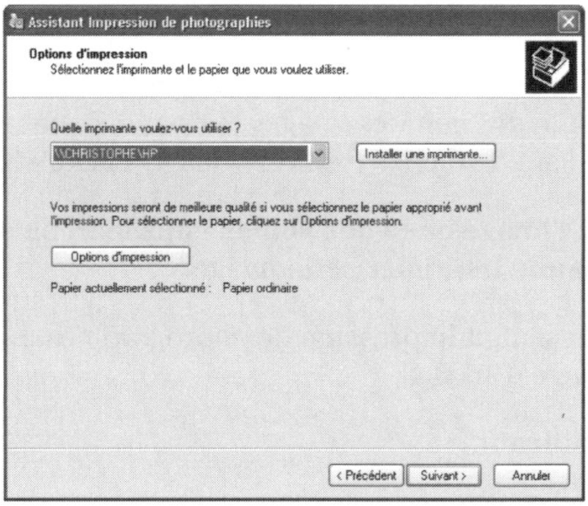

Figure 3.9 : L'Assistant Impression de photographies, Options d'impression.

Ce panneau vous permet de sélectionner l'imprimante à utiliser (si vous avez plus d'une imprimante). Le bouton Préférences d'impression ouvre une boîte de dialogue qui vous permet de spécifier des options telles que le type de papier sur lequel vous imprimez, le niveau de la qualité d'impression que vous souhaitez, et si vous voulez imprimer en noir et blanc ou en couleurs.

Les options affichées dépendent du type de l'imprimante que vous possédez.

5. **Cliquez sur Suivant.**

   L'assistant affiche une page qui vous permet de sélectionner un agencement et de spécifier le nombre de fois qu'il faut imprimer l'image (voir Figure 3.10).

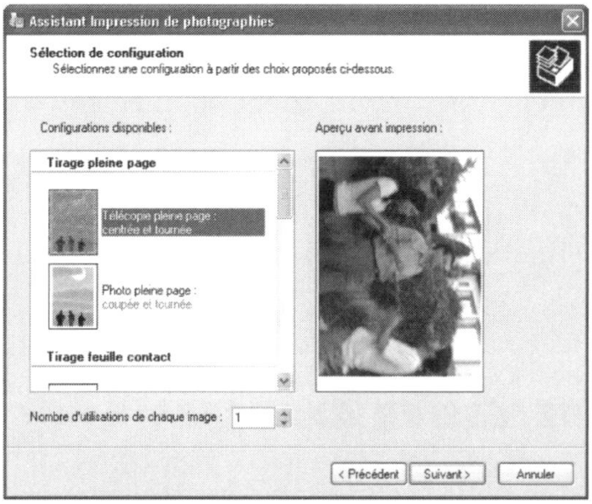

Figure 3.10 : L'Assistant Impression de photographies, Sélection de configuration.

   Vous pouvez choisir entre une mise en page de pleine page (une impression par page) et différentes mises en page qui vous permettent d'imprimer plusieurs images sur une page. Cette option vous sera utile si vous avez sélectionné plusieurs images ou si vous avez indiqué à l'assistant que vous voulez imprimer une image plus d'une fois.

6. **Cliquez sur Suivant.**

   L'assistant affiche un panneau qui contient une barre de progression durant l'impression, puis un panneau qui indique qu'il a terminé.

7. **Cliquez sur Terminer pour fermer l'assistant.**

Le menu Affichage de l'Explorateur Windows vous permet de faire votre choix entre différents types de visualisation de vos images. La vue Icônes et la vue Pellicule sont particulièrement utiles. Essayez les deux pour voir celle qui vous plaît le plus.

La vue Détails du dossier Mes images vous permet de visualiser des informations supplémentaires qui peuvent se révéler utiles : la date à laquelle chaque image a été prise, si elle a été enregistrée, et les dimensions de l'image en pixels.

Quand vos images se trouvent dans le dossier Mes images, vous pouvez les organiser comme vous le souhaitez. Par exemple, vous pouvez les stocker dans un dossier "Vacances", dans un dossier "Les enfants", etc. Vous pouvez créer deux ou plusieurs niveaux de dossiers si vous le souhaitez. Tant que vous conservez ces dossiers dans le dossier Mes images, ils héritent de la liste des tâches du dossier Mes images, et ils affichent les informations supplémentaires dans la vue Détails.

TRUC

Si vous voulez partager des images sur votre réseau, stockez-les dans un dossier distinct et glissez-posez-les dans le dossier Images partagées.

Logiciel d'impression avancée

L'Assistant Impression photo est parfait pour réaliser une impression conforme d'une image entière. Mais supposons que vous souhaitiez imprimer juste une petite partie d'un portrait de famille pour éviter que l'on puisse voir les grimaces d'un de vos enfants ? Ou supposons que la lumière qui se trouvait derrière vous ait rendu verdâtre la face de tante Gertrude, et que vous souhaitiez modifier l'équilibre des couleurs pour corriger cette erreur ? Vous voulez couper la tête de votre ex-femme ? C'est plus facile que vous pourriez le penser.

L'assistant ne peut pas vous permettre de faire cela, mais de nombreux programmes commerciaux d'impression de photos le peuvent. Si vous êtes intéressé par les fonctionnalités de l'un d'entre eux, jetez un œil sur des programmes tels que Photoshop d'Adobe (le choix des professionnels), Picture-it de Microsoft, PaintShop Pro, PhotoSuite de MGI Software, et PhotoImpact d'Ulead. Reportez-vous au Tableau 3.2 pour une liste des URL.

Tableau 3.2 : Les programmes d'impression de photos commerciaux.

Programme	URL
Photoshop	www.adobe.com/products/photoshop/main.html
Picture-It	http://pictureitproducts.msn.com/default.asp
PaintShop Pro	www.jasc.com
PhotoSuite	www.photosuite.com
Ulead PhotoImpact	www.ulead.com/pi/runme.htm

Imprimer via le Web

Vous pouvez envoyer vos images à un prestataire qui vous les imprimera sur du papier photographique standard et vous les enverra par courrier. Cela est extrêmement pratique, et la qualité des impressions peut se révéler bien meilleure que tout ce que ne pourra jamais produire une imprimante de qualité photo. Et certains prestataires peuvent faire ce qu'une imprimante de qualité photo ne peut pas faire – comme imprimer des images de la taille de posters ou imprimer sur des tasses de café.

De tels prestataires tentent d'empiéter sur le terrain de Windows XP, mais Windows XP dispose d'un nouveau niveau de fonctionnalité. Vous pouvez accéder à ce service depuis Windows.

Pour voir comment cela fonctionne :

1. **Choisissez Démarrer/Mes images.**
2. **Ouvrez un sous-dossier qui contient quelques images que vous souhaitez imprimer.**

   Si vous ne voulez pas imprimer des images maintenant, ouvrez n'importe quel sous-dossier. Vous pouvez tester le processus sans vous condamner à payer quoi que ce soit.

3. **Cliquez sur la commande Commander des photos via Internet, dans la liste Gestion des images.**

   Cela lance l'Assistant Commande d'impressions en ligne. L'assistant affiche d'abord une boîte de dialogue d'accueil.

4. **Cliquez sur Suivant pour afficher la boîte de dialogue de la Figure 3.11.**

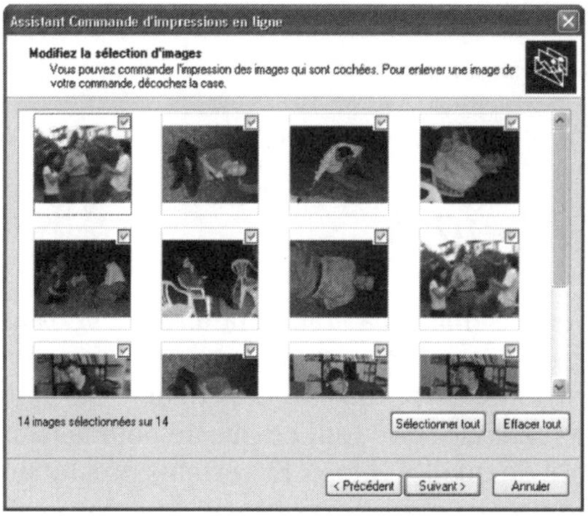

Figure 3.11 : L'Assistant Commande d'impressions en ligne, Modifier la sélection d'images.

   La boîte de dialogue de la Figure 3.12 affiche la liste des images que le dossier que vous avez sélectionné contient. Une case à cocher se trouve à côté du nom de chaque image afin que vous puissiez indiquer que vous souhaitez en commander l'impression.

5. **Cochez et décochez les cases à cocher pour sélectionner les images que vous voulez imprimer. Cliquez sur Suivant.**

   L'assistant affiche la boîte de dialogue de la Figure 3.12. Cette boîte de dialogue contient la liste des prestataires qui proposent leurs services d'impression accessible via l'assistant.

6. **Sélectionnez le prestataire que vous préférez et cliquez sur Suivant.**

   A cet instant, le serveur Web du prestataire du service d'impression prend alors la main, et les détails du processus qui suit dépendent de lui. Chacun vous guidera à travers une séquence de pages pour sélectionner le service que vous désirez, donner vos coordonnées et régler votre commande.

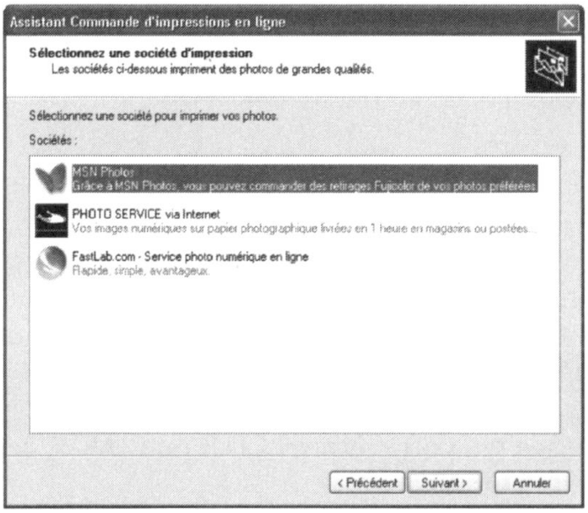

Figure 3.12 : L'Assistant Commande d'impressions en ligne, Sélectionner une société d'impression.

Partager vos images avec les autres

Si vous possédez quelques belles images sur votre ordinateur, vous voudrez sans doute pouvoir les partager avec d'autres personnes. Vous pouvez procéder de différentes manières.

Courrier électronique

Souvent, des fichiers image sont envoyés attachés à du courrier électronique. Reportez-vous à la documentation de votre logiciel de courrier électronique pour savoir comment procéder. Si vous utilisez un service de courrier électronique par le Web, consultez les pages d'aide du site Web.

TRUC

Si vous utilisez Outlook Express, vous pourrez trouver de plus amples informations au Chapitre 3 du Livret III.

De nombreux prestataires de service Internet et de service de courrier électronique basé sur le Web limitent la quantité de données que vous pourriez attacher à un courrier. La limite peut varier mais elle est généralement comprise entre un demi-mégaoctet et quelques mégaoctets. La plupart des fichiers image sont assez petits pour être envoyés, mais la limitation qui vous est imposée peut vous interdire d'attacher plusieurs images à un même message.

CD-ROM

Si vous possédez un graveur de CD, vous pouvez facilement copier des images sur des CD. Un CD dispose d'assez d'espace pour stocker des centaines ou même des milliers d'images.

Pour graver des images via votre lecteur CD-R ou CD-RW, reportez-vous au Chapitre 5 du Livret I.

En désespoir de cause, vous pouvez utiliser des disquettes pour sauvegarder des images de qualité médiocre. Cependant, ne vous attendez pas à pouvoir stocker plus de quelques images sur une disquette – et moins si vous avez des images de bonne qualité. Souvenez-vous qu'une disquette ne peut contenir que 1,44 Mo de données.

Un site Web

De nombreux prestataires de service Internet maintiennent des sites Web sur lesquels leurs abonnés peuvent télécharger des données personnelles. Vous pouvez utiliser un tel site Web pour "publier" vos images. Notez cependant que toute personne qui sait où se trouve le site pourra voir les images, ce qui n'est peut-être pas ce que vous souhaitez.

Consultez votre prestataire de service Internet afin d'obtenir des informations sur sa politique d'hébergement de fichiers et la manière dont il faut procéder pour télécharger des fichiers.

Vous pouvez aussi trouver des prestataires de service qui propose d'héberger des sites Web gratuitement ou à faible coût. L'un d'entre eux est http://familyinternet.about.com.

Les sites Web d'hébergement de photos

Quelques entreprises n'offrent pas forcément d'accès Internet, mais elles publient les fichiers de particuliers sur le Web. Différentes entreprises, différents types de service.

L'un des services les plus intéressants est l'hébergement de photos. Un service d'hébergement de photos vous permet généralement de télécharger vos photos sur une zone privée d'un site Web. Vous pouvez alors choisir les personnes qui auront accès à cette zone.

La plupart des services d'hébergement de photos sont soit gratuits, soit très bon marché. Ils gagent de l'argent à l'aide de la publicité et en proposant à ceux qui voient vos photos d'en commander des tirages.

Voici trois de ces services :

- Celui de Microsoft sur www.msn.com.
- www.myfamily.com.
- www.webshots.com.

L'Assistant de publication sur le Web de Windows

Windows XP dispose d'un assistant pour télécharger des images et des documents sur le site Web de Microsoft www.msn.com (ainsi que sur certains autres sites Web). Si vous choisissez www.msn.com pour service d'hébergement de vos photos, cet assistant se révélera extrêmement pratique pour télécharger vos photos.

Amusant, non ?

Pour utiliser l'assistant, sélectionnez Démarrer/Mes images, trouvez la liste Tâches fichier et dossier (sous Tâches image), et cliquez sur la commande Publier fichier sur le Web. L'assistant vous demande de sélectionner le ou les fichiers que vous voulez télécharger et le prestataire de service que vous souhaitez utiliser. Si vous avez sélectionnez le prestataire "MSN" pour la première fois, vous devrez vous enregistrer. Cela ne coûte rien, mais Oncle Bill vous demandera plein d'informations sur vous.

Utiliser une image pour fond d'écran

Le fond du Bureau est une image que Windows XP affiche quand aucune autre fenêtre n'est ouverte. Reportez-vous au Chapitre 1 du Livret II pour plus d'informations.

Il est très facile d'utiliser une de vos images pour fond d'écran. Tout d'abord, cliquez sur l'image dans le dossier Mes images. Puis, dans la liste Tâches image, choisissez Spécifier comme fond d'écran. Vous ne verrez rien se passer, mais la prochaine fois que vous exposez le Bureau, l'image sera là.

Si les dimensions de votre image (en pixels) ne dépassent pas la moitié de celles de l'écran, Windows XP essaiera de remplir l'écran avec autant de copies de l'image que nécessaire. Cette technique est dite "tiling". Autrement, Windows XP étire ou réduit votre image pour qu'elle occupe tout le Bureau.

Spécifier le fond avec Paint

Paint permet aussi de spécifier une image pour fond d'écran, en la répétant ou en la déformant pour remplir le Bureau. Voici comment procéder :

1. **Choisissez Démarrer/Tous les programmes/Accessoires/Paint pour démarrer Paint.**

2. **Choisissez Fichier/Ouvrir. Utilisez la boîte de dialogue pour afficher le dossier qui contient l'image que vous souhaitez utiliser. Maintenez le curseur de la souris sur l'entrée qui correspond à l'image jusqu'à ce qu'une petite fenêtre apparaisse, qui affiche les dimensions et le type de l'image. Notez le type et ouvrez l'image.**

   Si le type de l'image est Bitmap, rendez-vous à l'étape 5. Autrement, continuez à l'étape 3.

3. **Vous devez sauvegarder l'image au format Bitmap. Choisissez Fichier/Enregistrer sous.**

   Paint ouvre la boîte de dialogue Enregistrer sous.

4. **Dans la liste déroulante Type, choisissez une des options Bitmap en fonction du nombre de couleurs que vous voulez afficher dans votre Bureau. Cliquez sur Enregistrer.**

   Paint sauvegarde l'image dans un nouveau fichier qui porte l'extension .bmp.

5. **Pour faire tenir une copie de l'image dans le Bureau, choisissez Fichier/Définir comme arrière-plan (centré). Pour répéter l'image, choisissez Fichier/Définir comme arrière-plan (mosaïque). Notez que seule une partie de l'image est affichée si vous la répétez et qu'elle est plus grande que le Bureau.**

Ne supprimez pas le fichier .bmp tant que vous utilisez cette image pour fond d'écran. Windows XP en a besoin pour afficher le fond.

TRUC

Une image répétée produit un effet esthétique quand ses dimensions sont multiples des dimensions de l'écran. Par exemple, un écran répété de 1 280 x 1 024 permet d'utiliser des images de 640 x 480 (répétée 2 x 2 fois) ou de 320 x 240 (répétée 4 x 4 fois).

La plupart des logiciels commerciaux d'édition d'image vous permettent de modifier les dimensions de l'image. Paint vous le permet aussi, mais la procédure à suivre est complexe :

1. **Lancez Paint et choisissez la commande Démarrer/Ouvrir. Utilisez la boîte de dialogue Ouvrir pour afficher le dossier qui contient l'image que vous voulez utiliser. Maintenez le curseur de la souris sur l'entrée qui correspond à l'image jusqu'à ce qu'une petite fenêtre apparaisse. Notez les dimensions et ouvrez l'image.**

2. **Choisissez Image/Etirer/Incliner. Cette commande ouvre la boîte de dialogue de la Figure 3.13, qui vous permet de modifier les dimensions de l'image.**

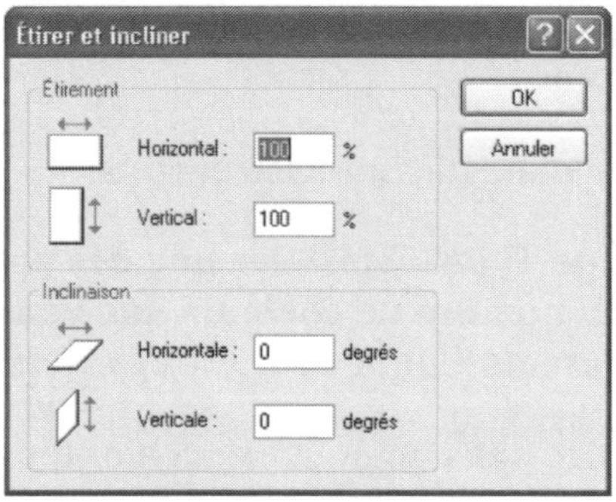

Figure 3.13 : La boîte de dialogue Etirer et incliner.

Etirer et incliner vous demande de saisir les pourcentages qui vont modifier les dimensions de l'image. Par exemple, supposons que les dimensions courantes de l'image que vous avez notées dans la fenêtre soient 800 x 600, et que vous vouliez que l'image occupe une zone de 320 x 240 pour pouvoir la répéter à l'écran. Pour réduire la dimension horizontale de 800 à 320, vous devez la multiplier par 320 / 800 = 0.4, soit 40 %. Pour réduire la dimension verticale de 600 à 240, vous devez la multiplier par 240 / 600 = 0.4, soit 40 %.

3. **Saisissez les pourcentages grâce auxquels vous allez réduire les dimensions verticales et horizontales. Ne saisissez rien dan la partie "Inclinaison" de la boîte de dialogue. Cliquez sur OK.**

4. **Utilisez Fichier/Enregistrer sous pour sauvegarder le fichier au format Bitmap, comme lors de la première procédure de cette section. Si le fichier est déjà au format Bitmap, changez son nom pour éviter de l'écraser lors de la sauvegarde.**

   Si le type de fichier est Bitmap, vous pouvez utiliser Fichier/Enregistrer plutôt que Fichier/Enregistrer sous, mais ce n'est pas recommandé. En réduisant la taille de l'image, vous diminuez son niveau de détail, et vous ne pouvez pas restaurer ce dernier ultérieurement, même en agrandissant l'image. Une telle perte de détail peut se produire aussi si vous agrandissez l'image et que vous la réduisez par la suite.

5. **Choisissez une des commandes Fichier/Définir comme arrière-plan, tout comme dans la première procédure de cette section.**

Spécifier le fond avec le Panneau de configuration

Utiliser le Panneau de configuration pour modifier le fond vous permet de choisir entre n'importe lequel des fonds prédéfinis de Microsoft ou aucun fond (un écran blanc) :

1. **Choisissez Démarrer/Panneau de configuration.**

2. **Choisissez Apparence et thèmes, puis choisissez la tâche nommée Modifier l'image d'arrière-plan du Bureau.**

3. **Sélectionnez l'onglet Bureau. Il est représenté sur la Figure 3.14.**

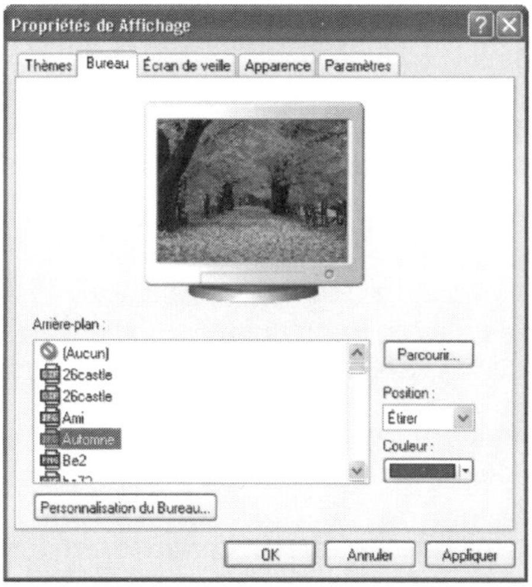

Figure 3.14 : La boîte de dialogue Propriétés de Affichage, onglet Bureau.

4. **Cliquez sur le fond que vous souhaitez. Pour choisir un fond blanc, faites défiler la liste jusqu'en haut et sélectionnez Aucun. Pour choisir une de vos images, cliquez sur Naviguer. Utilisez la boîte de dialogue Parcourir pour sélectionner l'image que vous voulez, et cliquez sur OK.**

5. **Utilisez la liste déroulante Position pour sélectionner la manière dont vous voulez positionner l'image sur le Bureau.**

   L'onglet Bureau vous propose trois choix de position. Centré centre l'image sur le Bureau ; si l'image est plus petite que le

Bureau, elle sera entouré de contours de la couleur du fond (vous pouvez spécifier cette couleur via la liste déroulante Couleur). Mosaïque répète l'image. Etirer étire l'image pour lui faire occuper toute la surface du Bureau.

6. **Cliquez sur OK.**

7. **Fermez la fenêtre du Panneau de configuration.**

Le Movie Maker de Windows

Ne négligez pas le Movie Maker (voir Chapitre 2 du Livret VIII) pour manipuler les images.

Vous pouvez importer des images dans le Movie Maker via la commande Importer du menu Fichier que vous utilisez pour réaliser des plans fixes. Vous pouvez aussi y avoir recours pour capturer une image fixe via une Webcam ou une caméra vidéo, et l'utiliser dans vos films ou pour tout autre usage.

Problèmes

Voici quelques suggestions pour ceux qui rencontreraient des problèmes avec les procédures décrites dans ce chapitre :

- ***J'ai branché mon appareil photo à l'ordinateur, mais l'Assistant Scanners et appareils photo ne le trouve pas.***

  Vérifiez que le câble est bien connecté aux deux extrémités, que l'appareil est en marche et que ses batteries sont chargées.

  Si les contrôles de votre appareil doivent être réglés pour initier le transfert, vérifiez qu'ils le sont bien.

  Si vous n'avez jamais utilisé cet appareil avec Windows XP auparavant, vérifiez qu'il figure dans la liste du matériel compatible de Windows. Si tel n'est pas le cas, installez et utilisez l'application de transfert de fichiers livrée avec l'appareil.

✦ ***J'ai affiché le contenu du dossier Mes images dans l'Explorateur Windows, mais le panneau de gauche ne contient pas la liste Gestion des images – il contient simplement la liste habituelle de mes dossiers.***

Quittez l'Explorateur Windows, et relancez-le directement depuis le menu Démarrer (choisissez Démarrer/Mes images). C'est la manière la plus simple de vous assurer que la liste Tâches image sera affichée.

✦ ***Mes images sont belles à l'écran, mais elles sont horribles quand je les imprime.***

La qualité de nombreuses imprimantes couleur à jet d'encre laisse à désirer, mais vous pouvez quand même recourir à quelques astuces pour améliorer le résultat.

Spécifiez la plus grande qualité d'impression possible : Supérieur produira une image bien plus belle que Normal.

Utilisez un papier approprié. Le papier recommandé pour les photos sur imprimante à jet d'encre est le meilleur. N'importe quel papier glacé produira un résultat supérieur à celui d'un papier de qualité ordinaire.

Vérifiez que vous avez une imprimante pour photos. De nombreuses imprimantes couleur à jet d'encre sont conçues pour imprimer des choses telles que des graphiques, avec de grandes régions de couleurs uniformes. Elles ne peuvent pas très bien gérer les subtiles variations de couleurs que l'on trouve dans une photographie.

✦ ***C'est fascinant, et je voudrai obtenir plus d'informations sur les sujets dont vous avez parlé.***

Voyez la réponse à la question suivante.

✦ ***Je n'ai rien compris !***

Vous pouvez trouver énormément d'informations sur la photographie numérique sur Internet.

N'OUBLIEZ PAS

Vous pouvez trouver des sources d'informations supplémentaires via votre moteur de recherche sur le Web préféré en utilisant des mots-clés tels que "didacticiel photographie numérique". Si vous n'avez pas de moteur de recherche préféré, utilisez www.google.fr.

Index

Livret IX

Windows XP et les réseaux

"Ici, nous prenons très au sérieux la sécurité des réseaux."

Sommaire

Chapitre 1 : Sacrés réseaux !

Dans ce chapitre :

- **Pourquoi voulez-vous vraiment un réseau ?**
- **Groupe de travail ou domaine ?**
- **Ce dont vous avez besoin pour débuter.**
- **Le réseau expliqué à l'homme de Neandertal.**

Lorsque des personnes parlent entre elles dans un bureau climatisé, on parle de *réseau*. Lorsque des ordinateurs parlent entre eux, on dit que c'est le chaos. Ce chapitre tente de résumer 25 ans de progrès dans l'art du chaos informatique (pardon, des réseaux) en un scénario comestible, compréhensible et bref. Je pense que vous serez agréablement surpris de découvrir que même le jargon apparemment le plus imbuvable qui soit (et dont une bonne partie s'est infiltrée dans Windows XP) prend ses racines dans des concepts simples, à la portée de tout le monde.

Comprendre les réseaux

Il n'y a pas si longtemps, les réseaux étaient considérés comme quelque chose d'ésotérique et d'intimidant ; domaine réservé de certains types en tenue de laboratoire, dont le seul but semblait être de vous permettre de sortir des états sur la capricieuse imprimante de l'entreprise, ou de partager cette connexion Internet super rapide, et surtout de vous empêcher de jeter un coup d'œil sur les fichiers personnels de votre directeur ou sur le budget de la société. Les mêmes types (encore une profession apparemment interdite aux femmes) condescendaient souvent à vous expliquer ce que vous pouviez ou non faire avec votre PC, quels logiciels vous aviez le droit d'utiliser et comment, où vous aviez le droit d'enregistrer vos données, etc. Ils se cachaient derrière un fatras de termes incompréhensibles par le commun des mortels, apôtres d'un clergé plus connu sous le nom étrange de "administration des systèmes".

Eh bien, tout cela a changé ! Avec Windows XP, un réseau est devenu quelque chose qu'un adolescent de 13 ans peut installer en dix minutes. (Mon fils l'a fait, mais les résultats ne sont pas garantis !)

La terminologie n'est d'aucun secours. Demandez à un spécialiste de la question (ou simplement à un vendeur dans une boutique d'informatique) quelle est la différence entre un réseau local et un réseau étendu. Vous provoquerez à coup sûr une tirade peuplée de LAN, de WAN, et d'une telle couche d'acronymes qu'il vous faudra un périscope pour regarder au travers. Autant couper au plus court.

Utile, un réseau ?

Avez-vous besoin d'un réseau ? Réponse courte : oui. Si vous avez deux ordinateurs (ou davantage), l'un sous Windows XP et le reste sous Windows 98 ou plus, un réseau est *vraiment* utile. Vous n'avez pas spécialement besoin de quelque chose de sophistiqué. Juste d'un réseau. Réfléchissez à cela :

✦ Si vous avez un réseau, pratiquement n'importe quel matériel présent sur l'un des ordinateurs peut être utilisé par les autres. Par exemple, le lecteur de CD-ROM de votre machine de bureau servira aussi bien à votre portable, exactement comme s'il lui était connecté directement. Et cela vaut aussi pour une imprimante ou un scanner.

✦ Tous vos ordinateurs peuvent partager la même connexion Internet. Avec le partage de connexion Internet, vous n'avez pas besoin de payer deux abonnements ou d'avoir deux lignes de téléphone distinctes (ou deux connexions sur le câble ou en ADSL). Si plusieurs personnes chargent de très gros fichiers en même temps, il est certain que les performances s'en ressentiront. Mais, dans des circonstances normales, vous ne remarquerez probablement rien du tout. Le partage de connexion Internet sous Windows XP fonctionne bien. Et même très bien.

✦ Vous pouvez utiliser les fonctions de Windows XP sur des données enregistrées sur d'autres machines, même si elles ne sont pas sous XP. Avec l'Explorateur de Windows XP, par exemple, il est possible de visualiser des images sous forme de diaporama ou de miniatures, et ce même si ces images se trouvent sur un système qui n'a pas franchi le cap de Windows 98. Vous pouvez graver des CD en choisissant les fichiers parmi tous les ordinateurs du réseau. Même le diffuseur de médias de XP sait travailler à partir de sons, de musiques et de clips vidéo provenant d'autres machines.

- Le truc le plus simple, le plus rapide et le plus fiable pour sauvegarder des données est de les copier du disque dur d'un ordinateur vers celui d'une autre machine du réseau.
- Vous pouvez partager des documents, des photos, de la musique (en fait, pratiquement tout) entre des ordinateurs du réseau, et cela presque sans effort. Bien que très peu d'applications permettent de partager simultanément des fichiers de travail (essayez d'éditer à deux le même document sous Word sur deux machines différentes, rien que pour voir), ce type de procédure en est tout de même grandement facilité.

Un réseau, sans jeu de mots

Il y a une terminologie tellement déroutante autour de ce sujet qu'une excursion, même limitée, en dehors du territoire de ce livre vous donnera des vertiges. Là-bas, c'est la jungle. L'un des acronymes préférés des indigènes est LAN, qui est l'abréviation de *Local Area Network*, ce qui signifie tout simplement en français *réseau local* (ou domestique, comme le dirait Microsoft). Qu'est-ce que c'est ? Et bien disons... un réseau. Un bon vieux réseau comme on voit tous les jours. Du type de ceux que les personnes à la mine entendue connectent dans l'immeuble de votre société, et du type de celui que vous créez avec Windows XP. En fait, du type dont nous parlons dans ce chapitre.

Quand plusieurs réseaux sont reliés, cela produit toujours un réseau, mais d'une dimension supérieure. Et de nouvelles expressions apparaissent, comme WAN (*Wide Area Network*, autrement dit *réseau étendu*), ou encore VLAN (*Virtual Local Area Network*, soit *réseau local virtuel*). Il y a quelques années, ces distinctions avaient un sens, car les boîtes noires qui servent à connecter des ordinateurs n'étaient pas du tout les mêmes que celles qui reliaient les réseaux entre eux. Mais les différences s'estompent avec le temps, et les distinctions linguistiques commencent à faire un peu langue morte.

Oublions donc la terminologie. Un réseau, et bien, c'est un réseau. Si vous connectez des ordinateurs, vous avez un réseau. Et si vous les déconnectez, vous n'avez plus de réseau. Point à la ligne. Que ce soit un LAN, un WAN, un VLAN, un VPN, un intranet ou encore une connexion d'accès réseau à distance sur un serveur d'adresse IP RAS/L2TP, avec routeur connectable à chaud, votre problème à vous, c'est de vous asseoir devant votre ordinateur et de communiquer.

Cela marche comment, un réseau ?

Vous avez déjà appris à la maternelle tout ce que vous avez besoin de savoir sur les réseaux :

- ✦ Les bons ordinateurs parlent entre eux sur un réseau. Si votre ordinateur est connecté, il peut jouer avec ses petits camarades, ceux qui sont dans le même réseau. Sinon, il ne lui reste plus qu'à se mettre dans un coin et à jouer tout seul.
- ✦ Vous pouvez voir tous les ordinateurs qui se trouvent dans le réseau en regardant la liste des élèves de la classe... pardon, dans Favoris réseau (depuis le menu Démarrer).
- ✦ Tous les ordinateurs du réseau ont un nom (en réalité, il s'agit d'un code numérique appelé adresse IP). Tous les noms (tous ces codes numériques, en fait) sont différents. C'est comme cela que les ordinateurs se reconnaissent entre eux.
- ✦ Vous pouvez partager des choses de deux façons différentes. Tout dépend de l'organisation de la classe… euh, du réseau :

  Si l'institutrice s'occupe de tout (on dit alors qu'elle est un Administrateur réseau), c'est elle qui décide de ce qui peut être partagé. Lorsque d'autres enfants veulent quelque chose que vous avez, ils doivent d'abord le demander à la maîtresse. Nous parlerons peu de ce type de réseau, car la plupart des décisions sont prises ailleurs. Lisez tout de même la section suivante.

Si ce sont les enfants qui partagent directement leurs affaires, ils ont là encore deux possibilités. Soit les jouets mis en commun sont placés sur une étagère spéciale, que l'on dit donc partagée (concrètement, dans le PC, il s'agit d'un dossier spécifique, comme Images partagées ou Musique partagée). Soit chacun dit à l'ordinateur de partager tel ou tel chose (un disque, un dossier, une imprimante, etc).

- Dans l'école, il y a plusieurs classes, et les élèves de ces classes se rencontrent, par exemple à la récréation. Pour les réseaux, c'est pareil. Ils peuvent se connecter et échanger. Et la plus grande école du monde, c'est Internet. Youpi !

- Malheureusement, il y a de sales gosses dans d'autres classes, et ils veulent vous prendre vos affaires ou vous casser vos jouets, ou encore vous refiler des choses qui ne sont pas bien. Vous devez donc vous protéger contre eux.

Lorsque vous avez un problème, le conseil qui revient le plus souvent (et notamment dans le Centre d'aide et de support de Windows XP), c'est de contacter votre maîtresse d'école. Pardon, votre administrateur système. C'était peut-être encore bon il y a cinq ans, mais ce type de conseil paraît aujourd'hui un peu dépassé.

Lorsque les réseaux fonctionnent bien (soit au moins 90 % du temps sous Windows XP), ils sont réellement simples.

Organiser les réseaux

Si vous voulez comprendre un concept abstrait, rien ne vaut une bonne analogie. Vous avez pu remarquer que je me sers régulièrement de cette méthode. Un document est comme une feuille de papier. Un microprocesseur se compare à un moteur de voiture. Un modem ressemble à un sonotone évolué, réglé sur le volume maximum. Et ainsi de suite.

Justement, c'est là le problème avec les réseaux. Il n'y a pas vraiment de bonnes analogies. Bien sûr, on pourrait comparer un *serveur* à un portier, ou un *hub* à un groupe de singes faisant des claquettes dans une rave-party. Mais toutes ces images tombent rapidement à plat.

Pourquoi ? Parce que les réseaux sont différents de ce que vous pouvez rencontrer dans votre expérience quotidienne.

Puisqu'il n'y a pas de bonnes analogies, essayons de nous débrouiller autrement.

Maîtres et esclaves, serveurs et clients

Sur le fond, il existe deux types de réseaux. Le matériel n'est pas foncièrement différent. Il y a des câbles, des boîtes, des cartes d'interface... Tous deux parlent une langue proche – Ethernet et quelque chose appelé TCP/IP, quoi qu'il y ait quelques renégats. Mais ils divergent sur un unique point crucial, même s'il est plutôt d'essence philosophique.

Dans un cas, il y a un chef, un PC leader, qui contrôle les choses. Peut-être parce que les gens qui s'occupaient des réseaux formaient autrefois une espèce d'aristocratie informatique, ce chef a été appelé *maître*. Puis, peut-être par crainte d'évolutions révolutionnaires, on a pris l'habitude de parler de *serveur*. Drôle de logique ! Dans ce genre de réseau, les humbles PC de base sont des *esclaves*. Devenus maintenant des *clients*. Vous vous demandez sans doute en quoi un client, censé commander, et un serveur, censé passer les plats, peuvent se trouver ainsi classés socialement. Et bien, en informatique, c'est comme cela : ce n'est pas le client qui est roi, mais le serveur.

Dans l'autre catégorie de réseaux, tous les petits cochons (enfin, les PC) sont créés égaux. Aucun PC ne domine (ou sert) les autres. Chaque machine vaut exactement autant qu'une autre. Curieusement, ce type de réseau est appelé peer-to-peer, soit littéralement pair-à-pair (ce qui a un petit côté Chambre des lords).

Réseau client/serveur

Dans les réseaux client/serveur, un PC joue le rôle de serveur. On peut dire de façon imagée qu'il est placé au-dessus des autres, ce qu'illustre la Figure 1.1. Bien entendu, il ne faut pas prendre ce schéma trop au sérieux. Ne vous amusez pas à empiler des ordinateurs sur votre bureau ! Simplement, cela veut dire que les autres machines sont soumises au serveur, qu'elles dépendent de lui.

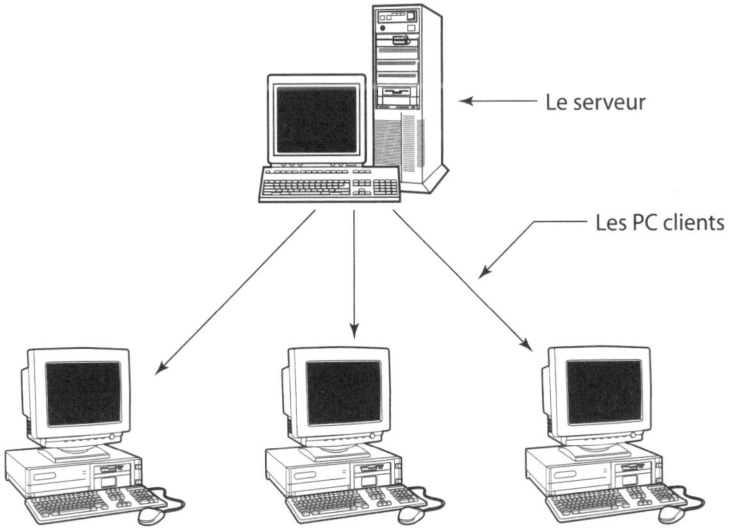

Figure 1.1 : Schéma logique d'un réseau client/ serveur.

Les clients possèdent, fort heureusement, une certaine autonomie, quoi que celle-ci soit limitée. Et il existe des variations dans le niveau de sécurité qu'un réseau ou un serveur spécifiques impose. Par exemple, certains réseaux sont plus laxistes que d'autres et ils autorisent la création de comptes d'invité sans mot de passe. Mais, pour l'essentiel, les réseaux client/serveur sont précisément conçus (et configurés) pour être sûrs. Ils sont là pour permettre à des ordinateurs (et donc à des utilisateurs et à des périphériques) de dialoguer. Mais avec des limites strictes concernant ce qu'un utilisateur donné a le droit de faire, ce qu'il peut voir et là où il peut aller.

NOTE TECHNIQUE

Avec Windows 2000 Server, Microsoft a ajouté un nouveau parapluie de sécurité appelé Active Directory. Il est fondamentalement conçu afin de centraliser tout ce qui concerne la sécurité des réseaux client/ serveur. Il s'agit d'un programme extrêmement complexe – un mode à lui tout seul. Si vous n'arrivez pas à parler avec votre administrateur système en employant un langage simple, dites-vous qu'il a peut-être quelques excuses s'il doit de son côté dialoguer avec Active Directory. La traduction est plus que délicate. Les dialectes "cliqués" d'Afrique font pâle figure en comparaison.

En règle générale, un réseau client/serveur va de pair avec la version Pro de Windows XP. Oui, vous pouvez configurer la version de base de XP pour travailler sur un réseau client/serveur. Non, cela ne mérite pas les efforts à fournir, ni ne justifie la dépense supplémentaire.

Dans la suite de ce livre, nous ne nous occuperons pratiquement plus des réseaux client/serveur (que Microsoft appelle des *domaines*). Tout simplement parce que votre intervention y est très limitée. Dans ce cas, il y a de fortes chances pour qu'un spécialiste ait déjà pris toutes les décisions à votre place. Il a certainement installé votre copie de Windows XP (sans aucun doute en version Pro), et l'a configuré en fonction du réseau de votre entreprise. C'est également lui que vous devez appeler si vous perdez votre connexion réseau en pleine nuit. Justice poétique, en quelque sorte.

Il faudra quand même, de temps à autre, revenir sur ce sujet, et ce pour trois raisons principales :

- Si vous voulez convertir un réseau client/serveur en pair-à-pair. Il existe bien des Nuls (et là, je lève la main pour recevoir mon bonnet d'âne) qui ont installé à la maison un réseau client/serveur sous Windows NT ou Windows 2000, et qui sont fatigués des pépins incessants auxquels ils doivent faire face. Il faut donc avoir une compréhension suffisante de ce type de réseau pour pouvoir s'en débarrasser.

- Si vous avez besoin de certaines fonctionnalités que seul un réseau client/serveur peut offrir, sans savoir exactement quoi. Dans ce cas, il vaut mieux tout de suite franchir la rivière, et passer à ce type de réseau plutôt que de s'arrêter au milieu du gué.

- Le mode client/serveur est la forme qu'ont pris les réseaux à l'origine (du moins dans les environnements professionnels). C'est pourquoi un grand nombre de concepts (et l'essentiel de la terminologie ésotérique qui va avec) sont issus de ce chaudron.

Les comptes d'administrateur sur des PC clients peuvent modifier profondément les PC en question. Mais, sur le fond, les vraies actions se produisent sur le serveur. Si vous voulez vraiment changer des choses, vous devez avoir un compte d'administrateur sur le serveur. C'est là que se trouve le siège du pouvoir dans l'empire client/serveur.

De plus, dans ce type de réseau, la connexion à Internet est (pratiquement) toujours contrôlée via le serveur à l'aide de l'un des éléments suivants :

- **Serveur proxy Windows :** Un *serveur proxy* est un programme qui permet à tous les utilisateurs du réseau de partager une connexion Internet. Il fonctionne en même temps comme un *pare-feu*. Ce dernier joue le rôle de barrière de sécurité pour les données qui transitent entre votre ordinateur et Internet.
- **Microsoft Internet Security and Acceleration Server :** Sous ce nom barbare se cache un serveur proxy encore plus évolué.
- **Autres serveurs proxy :** Microsoft n'est pas le seul à fournir des serveurs proxy. Bien au contraire. Par exemple, WinProxy, de Ositis Software, est employé par de nombreuses entreprises pour protéger leurs réseaux client/serveur. WinProxy fonctionne d'ailleurs aussi sur de petits réseaux (vous trouverez son site à l'adresse `www.winproxy.com`).

Histoire de parité

De l'autre côté de la barrière, nous trouvons les réseaux pair-à-pair. Plus indisciplinés, un peu débraillés, en un mot plus "cool", ces réseaux pratiquent l'égalité entre ordinateurs comme une vertu, même si une moindre sécurité est le prix à payer pour la souplesse.

Si je vous dis que j'aime ce type de réseau, vous n'en serez sans doute pas surpris (voir la Figure 1.2).

Selon le temps et le lieu, Microsoft emploie différents termes pour désigner cette catégorie de réseaux : groupe de travail (ou workgroup), petit réseau d'entreprise ou encore réseau domestique... Les seuls mots que l'on ne trouve apparemment pas dans le Centre d'aide et de support de Windows XP sont *peer* ou *pair*.

Traditionnellement, les réseaux client/serveur (voir plus haut) géraient tous les périphériques partagés directement au niveau du serveur lui-même. C'est probablement là que se trouvait la grosse imprimante laser du bureau il y a encore cinq ans. Même chose pour les gros disques durs servant à réaliser les sauvegardes journalières.

Aujourd'hui encore, vous entendez parler (sur le ton du secret comme il se doit) de *serveurs d'impression* et de *serveurs de fichiers*, comme si seul le serveur était capable de traiter une telle masse de demandes.

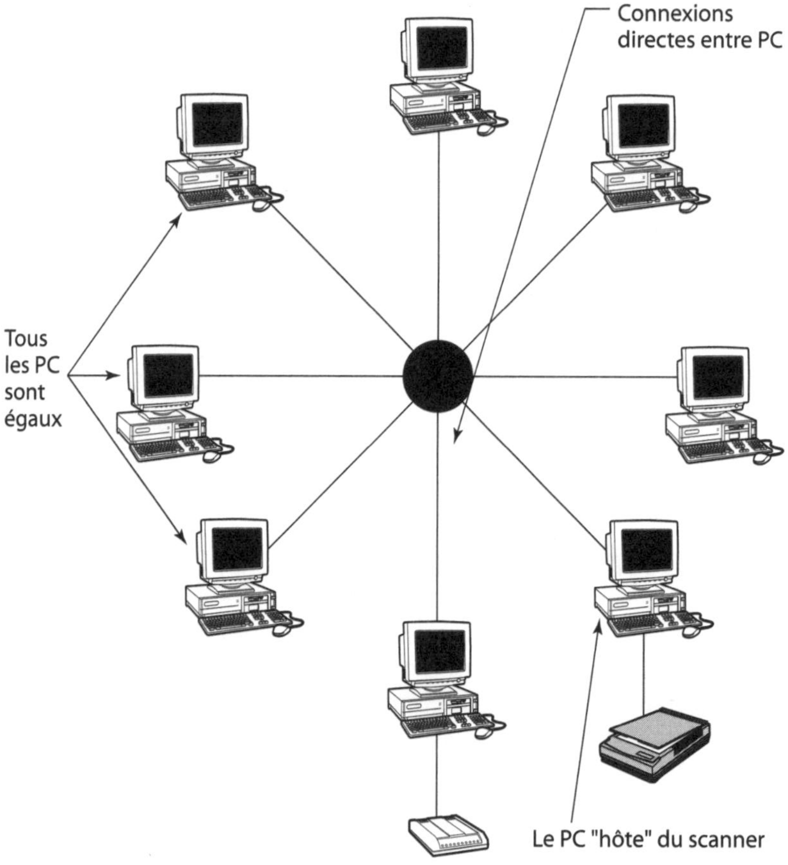

Figure 1.2 : Les réseaux pair-à-pair ne reposent pas sur un seul super PC.

A l'heure actuelle, vous achetez une imprimante laser pour quelques sous (en fait, c'est la ligne budgétaire pour le toner et le papier qui devient plus ennuyeuse), et un disque dur de 100 Go qui tient sur une tête d'épingle. Enfin presque.

Les réseaux pair-à-pair (ou les groupes de travail, selon Microsoft) vous dispensent des formalités d'un contrôle centralisé. Tout administrateur autorisé possédant un compte sur un PC quelconque (et, comme l'explique le Chapitre 2 du Livret I, pratiquement tous les utilisateurs sont des administrateurs), peut partager un disque, un dossier ou un périphérique sur sa machine. Autrement dit, rendre son système accessible à tous les autres utilisateurs du réseau.

Dans un groupe de travail, chaque administrateur peut partager tout ce qui se trouve sur son PC. Si les questions de sécurité vous concernent de près, voilà de quoi vous rendre perplexe au mieux, et au pire provoquer une anxiété profonde. Sans parler d'une attaque foudroyante. Supposons que vous configuriez un réseau domestique à partir des réglages standards de Windows XP Home. Vous obtenez un groupe de travail sans mots de passe. Ce qui signifie que n'importe qui peut se planter devant l'écran d'accueil, cliquer sur un nom d'utilisateur et, dans la foulée, déclarer tous les disques comme étant partagés. La procédure ne prend pas plus de 30 secondes. A partir de là, il suffit à un complice d'accéder à l'un des ordinateurs du réseau pour avoir un contrôle total sur le disque dur de votre machine, qu'il s'agisse de lire, modifier ou détruire définitivement vos si précieux fichiers.

Le seul point qui différencie véritablement les PC d'un tel réseau est la présence de matériel partagé sur l'un ou l'autre des ordinateurs. La Figure 1.2 montre par exemple un PC auquel est attaché un scanner. En fait, on dit plutôt que ce PC est l'*hôte* du scanner.

Les groupes de travail sont plus facilement adaptables (certains disent plus *robustes*) que leurs cousins client/serveur, car ils ne s'appuient pas sur un seul ordinateur pour faire vivre toute la maison. Si le PC qui sert d'hôte à l'imprimante laser vous lâche, il vous suffit de débrancher celle-ci, de la rattacher à un autre ordinateur et de l'installer. Elle devient immédiatement opérationnelle. Si la détection automatique du matériel fonctionne comme il se doit, cette opération est particulièrement simple. Vous n'avez qu'à changer l'imprimante par défaut dans la fenêtre Imprimantes et télécopieurs. Avec un réseau client/serveur, ce type de panne vous coûtera probablement le week-end entier.

Pour la plupart d'entre nous, le partage de connexion Internet vaut à lui seul l'effort d'installer un groupe de travail. Il n'y a qu'à relier l'un des PC à Internet, et tous les autres membres du réseau peuvent partager cette connexion de façon transparente et égalitaire. C'est l'hôte qui se charge des détails ennuyeux.

Pour le monde extérieur, le partage de connexion fait apparaître le réseau comme s'il s'agissait d'un PC unique (avec en prime un solide pare-feu pour vous protéger des attaques potentielles). Pour le petit Jules, qui pianote dans sa chambre afin de charger des dessins à colorier ou des images de Pokémon anatomiquement correctes, la connexion Internet se présente comme d'habitude : lente et asthmatique, avec des pertes de ligne inexplicables et aléatoires. Mais, au moins, tous les membres de la famille se retrouvent déconnectés en même temps.

ATTENTION !

Selon les textes, Microsoft appelle l'ordinateur sur lequel le partage de la connexion Internet est activé un *hôte ICS*, ou encore une *passerelle ICS*. Les deux noms ont la même signification. Il désigne également de façon sporadique un ordinateur relié à un hôte ICS par l'expression *client ICS*. Pourtant, le sens habituel du mot client est quelque peu différent dans un environnement client/serveur. Toujours cette terminologie bizarre !

Les pour et les contre

Si vous devez décider avoir besoin d'un réseau client/serveur (ce que Microsoft appelle un *domaine*) ou pair-à-pair (un *groupe de travail*, dans le langage de Redmond), lisez ou relisez les deux sections qui précèdent. Réfléchissez ensuite à ces autres arguments :

- Le *c* de client/serveur, veut dire compliqué et coûteux. Casse-tête aussi. Vous, ou quelqu'un dont c'est le travail, devrez passer beaucoup de temps à configurer ce réseau. Si vous êtes responsable d'une petite société, avec quelques employés et une ou deux applications, vous savez exactement quelles machines effectuent quelle tâche. Vous savez aussi qui doit accéder à telle ou telle information, et où celle-ci se trouve. Un vrai pro, avec une solide expérience d'Active Directory, pourra probablement configurer votre réseau client/serveur en quelques heures. Au-delà, seul le ciel connaît ses limites. Il vaut mieux demander à votre consultant son numéro de téléphone personnel, car vous aurez besoin de lui chaque fois que vous embaucherez une nouvelle personne, installerez un nouvel ordinateur ou commencerez à utiliser une nouvelle application.

- Les réseaux client/serveur sont capables de traiter d'énormes volumes de données. Les serveurs les plus puissants peuvent gérer des centaines (parfois des milliers) d'ordinateurs clients, avec une rapidité à faire pleurer un pauvre groupe de travail. Le serveur prend souvent en charge des fonctionnalités supplémentaires, comme traiter tout le courrier électronique du réseau (le plus souvent en utilisant Microsoft Exchange Server, encore un produit rébarbatif bourré de fonctions plus sophistiquées les unes que les autres). Ici, les sauvegardes comme d'autres tâches de maintenance sont totalement centralisées, alors qu'elles sont parfois un vrai cauchemar au sein d'un groupe de travail. Dans certains cas, des applications (comme MS Office) sont exécutées à partir du serveur, ce qui simplifie en particulier les mises à jour (il n'y a qu'une seule copie à faire, au lieu de plusieurs dizaines, voire quelques centaines).

- Le *p* de pair-à-pair veut dire puissant, sans peine, et potentiellement problématique. Votre réseau peut fonctionner correctement en très peu d'heures, et l'essentiel du temps est pris par les câbles, les cartes d'interface ou tout autre matériel qui refuse de marcher du premier coup. Une fois en route, le réseau est fiable et facile à utiliser – et aussi exposé qu'un homard dans son casier. A moins que vous ne preniez la peine de créer des mots de passe et de protéger vos dossiers, n'importe qui peut entrer n'importe quand dans votre PC, et rendre son contenu accessible à tout un chacun.

- Si vous essayez d'installer et d'assurer vous-même la maintenance d'un réseau client/serveur (y compris avec l'aide d'outils spécialisés), n'oubliez pas ceci : l'opération est plus compliquée que ce que certaines brochures marketing voudraient vous faire croire. En fait, ce n'est même pas un travail pour un Nul, et je suis au premier rang de la classe.

Un jour, il sera facile d'installer, configurer et utiliser des réseaux sécurisés. Mais ce jour n'est pas encore arrivé. Même si les groupes de travail de Windows XP simplifient considérablement la gestion de groupes de travail, les réseaux totalement sûrs (comme les très grands réseaux) restent encore du domaine des types en blouse blanche.

Comment faire communiquer des ordinateurs

Faire dialoguer entre eux des ordinateurs peut être une chose très simple : vous achetez une boîte, quelques cartes et du câble, et vous branchez le tout. A peu près comme pour installer un téléphone. Mais c'est aussi parfois un véritable calvaire, de quoi vous ruiner et vous faire dresser les cheveux sur la tête.

Dans cette section, nous allons apprendre à configurer un petit groupe de travail, avec une carte d'interface dans chaque PC, une espèce de boîtier de commutation que l'on appelle du doux nom de *hub*, et quelques câbles.

Après avoir vu les bases de l'installation, nous aborderons quelques technologies récentes. Mais nous n'approfondirons pas trop le sujet pour trois raisons :

- A l'heure actuelle, aucune de ces technologies n'offre une fiabilité parfaite. Cela changera, bien qu'il soit impossible de prédire quelles techniques envahiront la planète, et lesquelles périront sur le bûcher de l'innovation.
- A l'heure actuelle toujours, ces technologies sont onéreuses. Bien entendu, cela changera aussi.
- Chaque constructeur a sa façon de procéder. Il faut lire en entier un manuel imbuvable pour arriver à quelque chose de valable.

En ce qui concerne les détails de l'assemblage d'un réseau (choisir les composants matériel, les installer et les tester, faire reconnaître le réseau par Windows XP...), reportez-vous au prochain chapitre.

Comprendre Ethernet

La méthode la plus facile, la moins chère et la plus sûre de créer un groupe de travail est aussi la plus ancienne, la moins souple et la plus ennuyeuse. Si vous recherchez en plus le plaisir, allez voir ailleurs. Si vous voulez un bon cheval de labour, j'ai exactement ce qu'il vous faut. Ce cheval s'appelle *Ethernet*, et il travaille comme un champion (voir la Figure 1.3).

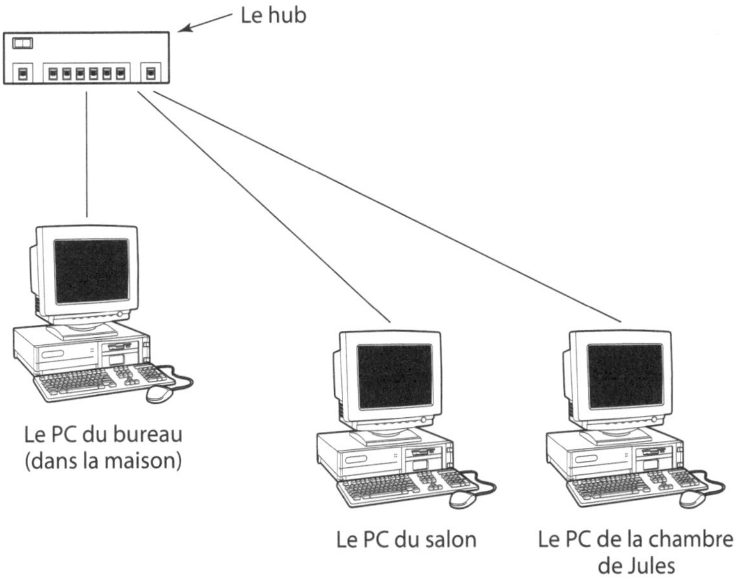

Figure 1.3 : Un groupe de travail Ethernet typique.

En soi, Ethernet n'a rien de compliqué. Dans les années 70, une personne de chez Xerox trouva une nouvelle et intéressante façon de connecter des ordinateurs Alto. Elle appela cette technologie *EtherNet*. Remarquez le *N* majuscule dans le nom. Et comme souvent, les idées les plus brillantes sont aussi les plus simples. Comparé aux standards les plus récents, Ethernet n'a rien de bien sophistiqué :

- ✦ Tous les PC d'un réseau attendent des messages qui transitent par des prises spéciales.
- ✦ Lorsque le PC *A* veut parler au PC *B*, il expédie un message vers la prise (et le câble qui y est attaché). Il dit quelque chose comme "Salut, B, moi c'est A", suivi du message lui-même.
- ✦ Le PC *B* récupère le message, trouve qu'il vient de *A*, et en lit le contenu.

C'est dur à croire, mais si l'on excepte quelques cas particuliers (par exemple deux PC qui essaient de s'envoyer un message en même temps), Ethernet n'est rien d'autre que cela.

Encore plus dur à croire. Des PC avec une bonne vieille connexion Ethernet sont capables d'envoyer et recevoir des messages à une vitesse de 10 Mbps (en clair, dix millions de bits par seconde). Par comparaison, un modem 56 K, dans des circonstances idéales, se traîne à 56 000 bits par seconde. Il n'y a pas photo ! Bien entendu, de nombreux PC qui tentent de se parler en même temps ralentissent le débit. Mais, dans le cas d'un groupe de travail typique, ces 10 Mbps (le nom usuel est 10Base-T) sont tout à fait suffisants.

Ethernet a besoin d'un boîtier de connexion (ou *hub*) et de câbles reliant ce hub à chaque PC. Ces derniers nécessitent également une carte d'interface réseau (il faut bien brancher les câbles quelque part). Les ordinateurs peuvent être sous Windows 98 (toutes versions confondues), Windows Me ou encore Windows 2000. Reliez le tout, lancez l'Assistant Configuration du réseau de Windows XP, acceptez d'écrire sur une disquette un programme spécial que vous exécuterez sur les autres machines, et votre réseau est prêt à démarrer.

TRUC

Vous pouvez vous passer d'un hub si vous ne reliez que deux ordinateurs. Il vous suffit d'acheter un câble dans lequel certains fils sont inversés, puis de le brancher directement sur les deux cartes d'interface. Demandez au vendeur de la boutique. Il sait de quoi il s'agit.

Cela, c'est la théorie. Surprise : en pratique, ça marche dans au moins 90 % des cas. Je reviendrais sur les détails dans le chapitre suivant.

NOTE TECHNIQUE

Il existe une version plus rapide d'Ethernet. Appelée Fast Ethernet (ou encore 100Base-T), sa vitesse est multipliée par dix (soit 100 Mbps). Si vous créez votre premier réseau, il est vraisemblable que l'écart de prix actuellement pratiqué vous poussera à choisir cette solution. En fait, le seul avantage indiscutable de la version 100Base-T se révèle si vous disposez d'une connexion Internet rapide partagée entre les ordinateurs du réseau. Si plusieurs personnes utilisent Internet en même temps, les 100 Mbps peuvent faire la différence.

NOTE TECHNIQUE

J'allais oublier. Il existe une version encore plus rapide de Fast Ethernet. Elle s'appelle Gigabit Ethernet (quoi que Faster Ethernet aurait mieux convenu, mais l'humour ne fleurit pas à ces vitesses). Evidemment, on parle ici de 1 000 Mbps !

L'ère du sans fil approche

Quel est le principal problème d'Ethernet ? Les câbles. A moins d'avoir la chance inouïe d'habiter un logement déjà câblé, il vous faudra les plaquer au sol ou sous les moquettes, les glisser le long de l'escalier, les cacher derrière les plinthes ou les rideaux, et prier pour que rien ne leur arrive tout en affrontant le regard froid de votre conjoint(e). Croyez-moi. J'ai fait pire encore.

Les réseaux sans fil sont basés sur des émetteurs et récepteurs radio qui remplacent les câbles Ethernet. Vous avez aussi besoin d'un hub sans fil (le nom change selon le constructeur) et d'adaptateurs réseau, toujours sans fil, dans chaque PC. Le plus souvent, vous achetez la panoplie complète pour relier deux PC.

- Le hub dit sans fil a tout de même besoin d'un câble standard (avec des connecteurs RJ-45) pour être branché sur un hub Ethernet classique. En fait, différentes options peuvent exister selon le fabricant.

- Les adaptateurs réseau peuvent être internes (autrement dit, installés à l'intérieur des PC) ou externes (le cas le plus courant aujourd'hui étant le branchement sur port USB).

Si vous avez besoin de traiter des données en volume sur un réseau sans fil, évitez de préférences les adaptateurs sur port USB, surtout si vous voulez vous servir de ces ports pour faire autre chose. En effet, ces systèmes sont réputés pour s'accaparer toutes les ressources USB disponibles, laissant les autres dispositifs dans la misère.

Au jour d'aujourd'hui, le plus probable survivant dans la guerre des réseaux Ethernet sans fil est une technologie appelée 802.11b, plus connue sous son nom familier : WiFi. Il s'agit d'un standard qui permet aux PC de communiquer avec le hub à une vitesse de 11 Mbps (à rapprocher de la norme Ethernet de base, 10 Mbps, et du Fast Ethernet, coté à 100 Mbps).

Comme dans tous les réseaux, il y a une limite à la distance entre le hub et les PC. Avec la norme 802.11b, cette distance est d'au plus 100 mètres. A réduire dans des proportions qui peuvent être sensibles si vous êtes entouré de "bruits" électriques, de murs et de barrières diverses. De plus, certains téléphones sans fil sont connus pour perturber les connexions WiFi.

HPNA, le réseau sur téléphone

La technologie HPNA (en bon français, carte réseau pour ligne téléphonique domestique) se sert de la ligne de téléphone déjà installée chez vous. Le concept est le suivant : l'adaptateur HPNA détourne une partie de la ligne et elle y fait circuler les données des ordinateurs. Vous branchez chaque PC sur une prise de téléphone, et l'adaptateur HPNA se charge du reste.

HPNA n'est pas un modem ! La ligne de téléphone ne sert ici qu'à remplacer des câbles réseau. En d'autres termes, cet adaptateur ne compose pas votre numéro d'appel Internet.

A l'heure actuelle, les systèmes HPNA disponibles sont prévus pour un débit de 10 Mbps, autrement dit la même vitesse que le standard Ethernet.

HPNA apparaît plus ou moins comme une sorte de gadget technologique. On ne peut pas dire que cela ne marche pas, mais c'est cher, limité aux seules lignes de téléphone (rien ne dit que vous avez des prises libres à côté de vos PC), sans aucune amélioration significative par rapport à un simple câble Ethernet. Il faut aussi signaler des risques potentiels d'interférence avec la fonction d'intercom des téléphones fixes. A moins d'avoir une confiance totale dans les déclarations des constructeurs engagés dans cette technologie, préférez WiFi si vous voulez le comble de la modernité.

Chapitre 2 : Construire votre réseau

Dans ce chapitre :

- **Tout ce dont vous avez besoin pour installer un réseau.**
- **Que faut-il acheter ?**
- **Comment brancher le tout.**
- **Comment faire croire à Windows XP que votre réseau fonctionne.**
- **Utiliser une seule connexion Internet pour tout le réseau.**

Partager une imprimante. Transférer des fichiers. Libérer une ligne de téléphone. Eviter des dépenses. Autant de raisons imparables pour configurer un réseau. Super !

Je sais que vous voulez vraiment que vos ordinateurs, à la maison comme au bureau, soient reliés en réseau pour pouvoir écraser vos collègues à des jeux comme Half Life ou War Craft. Peut-être avez-vous aussi envie de vous retrouver avec votre fils un dimanche après-midi à éclater des démons sous Diablo. Splatch ! Motus et bouche cousue. Je n'en parlerai à personne.

Lisez le chapitre qui précède, et vous serez convaincu : vous avez besoin d'un réseau. Bien. Selon mon expérience, il est assez facile d'y arriver dans 90 % des cas, à condition du moins de connaître les bons trucs. Windows XP rend véritablement simple toute cette affaire. Dans ce chapitre, je vais vous expliquer comment.

Une histoire de planification

Désolé. Il vous faut commencer par planifier les choses.

Il existe des quantités (et des quantités de quantités) de façons de créer un réseau. Je vous en propose une dans ce chapitre. C'est celle que je recommande aux débutants. Ce n'est ni cool, ni le dernier cri de l'art. Mais cela marche.

Si vous n'êtes pas encore fatigué du jargon technique, voilà une expression à retenir : ce chapitre vous explique comment mettre en place un réseau de type *groupe de travail* (ou pair-à-pair) *Ethernet 100Base-T*. De quoi impressionner votre entourage !

Lisez les sections qui suivent dans l'ordre. C'est le meilleur moyen d'installer et de configurer votre réseau en un minimum de temps.

Que faut-il pour installer un réseau ?

Pour installer un réseau, vous avez besoin de poignée de composants :

- Chaque PC a besoin d'un adaptateur réseau.
- Si votre réseau doit contenir au moins trois ordinateurs, il vous faut aussi un boîtier de raccordement que l'on appelle *hub* (en cas de besoin, revoyez le chapitre précédent).

Si vous n'avez que deux ordinateurs à relier, il n'est pas nécessaire d'avoir un hub. Vous avez seulement besoin d'un câble Ethernet un peu spécial, dit *croisé*. Vous pouvez en acheter un (et un seul) dans n'importe quelle boutique qui vend du matériel pour réseaux. Dites simplement au vendeur que vous voulez un câble RJ-45 croisé pour connecter deux PC. Branchez ensuite un côté du câble dans la prise de l'adaptateur réseau d'un des PC. Faites de même avec l'autre côté et le second PC. Il ne vous reste plus qu'à lancer l'Assistant de configuration réseau de Windows XP. Facile !

Evidemment, il y a quelques cadavres cachés dans des placards. Vous vous en doutiez certainement. Tout bien considéré, si vous vous en tenez à du matériel simple (et de plus pas cher), tout devrait se dérouler correctement.

Vos PC sont-ils à niveau ?

Avant même d'acheter quelque matériel que ce soit, vérifiez avec le plus grand soin que les PC à connecter sont à la hauteur de la rigueur exigée par un réseau. Tout les élèves du cours supérieur de l'école des Nuls (dont je suis évidemment diplômé) apprennent les cinq règles d'or à graver sur le côté de chaque PC :

1. N'importe quel PC sous Windows XP attend avec impatience d'être en réseau.

2. Au moins un des PC du réseau devrait être sous Windows XP. Histoire de se simplifier beaucoup l'existence.

3. Si vous voulez partager une connexion Internet (qu'elle soit par modem, câble ADSL, satellite ou relais neuronal), celle-ci doit être installée sur une machine sous Windows XP.

4. Tout PC sous Windows 98, Windows Me ou Windows 2000, et qui fonctionne raisonnablement bien (autrement dit qui ne plante pas toutes les cinq minutes et qui avance plus vite qu'une limace) est aussi un bon candidat pour le réseau.

5. Un autre type de PC (sous Windows 3.1 ou 95, ou encore sous NT 4 et moins) n'a d'intérêt que s'il est déjà équipé d'un adaptateur réseau, et si vous êtes à 150 % sûr que cet adaptateur fonctionne parfaitement.

Ne violez pas la dernière règle. Ce ne serait que folie. A de rares exceptions près, vous passez tellement de temps et dépensez tellement qu'argent à essayer de faire marcher une nouvelle carte réseau sur une ancienne machine sous Windows 95, qu'il vaut mieux la jeter (ou en faire cadeau à votre neveu collégien) et acheter un ordinateur bas de gamme.

Note technique

Pourquoi est-il si difficile d'installer correctement des adaptateurs réseau sur des PC sous Windows 95 ou NT 4 ? Des millions d'heures d'analyses (informatiques aussi bien que psychiatriques) ont été passées à tenter d'en trouver la cause. Toute la question tourne autour d'un problème fondamental de coopération entre l'adaptateur réseau et la machine. Ces adaptateurs réclament au PC deux choses essentielles : une *IRQ* (c'est une sorte de ligne interne qui sert à communiquer des informations vers, ou depuis, le monde extérieur), et une *adresse de base* (un petit bout de mémoire qui permet à l'adaptateur de placer les données en transit). L'IRQ et l'adresse de base doivent être uniques. L'adaptateur réseau se refuse à les partager avec quoi que ce soit d'autre dans l'ordinateur. Si vous vous trouvez dans la position désastreuse et pas du tout enviable de la personne qui essaie d'accorder un adaptateur réseau et un PC sous Windows 95, faites-vous un grand cadeau : laissez tomber ! La vie est trop courte. Vous ne pouvez vraiment pas faire autrement ? Adressez-vous au vendeur de votre boutique préférée et donnez-lui un gros pourboire. Et je sais de quoi je parle : j'ai fait ce genre de travail.

Il y en a certains qui croient qu'il est possible d'installer des Mac et des PC sous Linux dans un réseau Windows XP, pratiquement sans difficulté. Désolé, mais je ne suis pas preneur. Certains Mac semblent en effet s'adapter assez bien, mais d'autres sont capables de vous faire dresser les cheveux sur la tête. Et ne me demandez pas pourquoi. Quant à Linux... c'est Linux. Si vous arrivez à faire marcher un adaptateur réseau sous Linux, je vous tire mon chapeau.

Ajouter des adaptateurs réseau

Armé de courage, et des explications qui précèdent, vous avez pu déterminer quels sont les ordinateurs à mettre en réseau. Chacun de ces PC doit être doté d'un adaptateur réseau (sur le fond, et de votre point de vue à vous, c'est là où vous branchez le câble réseau dans le PC).

Avant d'acheter un adaptateur, révisez les quatre règles d'or de l'université des hautes études pour les Nuls :

- ✦ Peut-être votre PC est-il déjà équipé d'un adaptateur sans que vous le sachiez. Croyez-moi, il se passe parfois d'étranges choses dans le monde des connexions réseau. Examinez l'arrière de votre ordinateur. Si vous avez de la chance, vous y trouverez un branchement qui ressemble à une prise de téléphone, mais un peu plus large. Il s'agit d'un connecteur RJ-45. Vous le voyez ? Vous avez peut-être gagné ! Choisissez alors le bon câble (voir plus loin).

Malheureusement, il existe des PC qui ont une prise RJ-45 "morte". Vous ne me croyez pas ? Venez chez moi. Je vous montrerai mon IBM Thinkpad. Certains constructeurs placent des prises sur toutes leurs machines, sans doute parce qu'ils y gagnent, mais ils n'installent pas l'adaptateur correspondant (du moins, si vous ne payez pas pour le supplément). Comment savoir si une prise RJ-45 est morte ou vive ? En la connectant à un hub. Allumez ce dernier ainsi que le PC. Si une petite lumière sur le hub montre que le PC est en ligne, vous avez tiré le gros lot. Pas de lumière, pas d'adaptateur.

- Si vous avez besoin d'acheter un adaptateur réseau pour votre PC, prenez si possible une carte PCMCIA – vous savez, ces petites cartes grandes comme une carte de crédit, mais un peu plus épaisses. Commencez bien sûr par vérifier que votre ordinateur accepte ce type d'extension. Si la réponse est oui, choisissez un modèle bon marché au format Fats Ethernet (ou 100Base-T, bref quelque chose qui fonctionne à 100 Mbps). Ces cartes PCMCIA ont largement ma préférence, car elles sont fiables, faciles à installer, relativement économiques, et qu'elles ne posent pas les problèmes de conflit que l'on rencontre avec les adaptateurs réseau USB (invariablement, elles marchent du premier coup).

- Si votre PC n'a pas de connecteur PCMCIA, tournez-vous plutôt vers un adaptateur réseau USB. Là encore, orientez-vous vers un modèle à 100 Mbps, ou 100Base-T.

Les adaptateurs réseau USB interfèrent parfois avec d'autres extensions USB. J'ai par exemple un portable qui fonctionne parfaitement avec ce type de périphérique, ainsi qu'avec une souris USB, mais qui commence à se prendre pour un amoureux plaqué par sa belle lorsque je branche les deux ensemble. La seule solution que j'ai trouvée consiste à utiliser ou le réseau ou la souris, mais surtout pas les deux en même temps.

- Et en dernier ressort ? Il ne vous reste plus que la traditionnelle carte d'interface réseau. J'ai tendance à croire qu'un anneau est réservé à ces cartes dans l'enfer de Dante, quelque part sous le septième. Ce que vous voulez, c'est une carte Fast Ethernet (ou 100 Mbps, ou 100Base-T, vous commencez à avoir l'habitude). Pour installer ce dispositif, il est nécessaire d'ouvrir la boîte du PC et de savoir un peu pratiquer le maniement du tournevis. Les adaptateurs modernes sont tous Plug and Play, ils s'installent assez facilement et fonctionnent généralement dès la première tentative. Mais si ce n'est pas le cas...

Si vous insistez pour installer vous-même une carte d'interface réseau, réservez une demi-heure sur votre emploi du temps pour la mettre dans le PC, et autant de temps pour résoudre les problèmes. Suivez religieusement les indications données par le constructeur. Si, au bout d'une heure, vous n'arrivez pas à vous en sortir, remettez bien proprement la carte dans sa boîte et retournez-la au revendeur. On peut parier que celui-ci (ou le constructeur) clamera que c'est impensable, unique, que c'est votre PC qui a un problème, que ce cas devrait être signalé dans la base de données sur le site Web du fabricant, que vous avez forcément fait une erreur, et que de toute façon, on ne peut pas s'attendre à autre chose avec Windows. Vous utilisez Windows XP ? Voilà qui explique tout ! XP est plein d'horribles bogues... Le vendeur vous dira très certainement que votre souci n'a absolument rien à voir avec la carte elle-même. Admettons. Si c'est si facile, pourquoi ne l'installe-t-il pas lui-même gratuitement ?

Il est très important que tous les adaptateurs réseau que vous utilisez soient compatibles Fast Ethernet. Il suffit qu'une seule carte soit limitée à 10 Mbps, et c'est tout le réseau qui verra sa vitesse divisée par dix (à moins d'investir pas mal d'argent dans un hub haut de gamme qui compense les différences). Les adaptateurs Fast Ethernet ne coûtent pas cher. Pourquoi s'en priver ?

Choisir un hub

Un hub, c'est simplement un boîtier qui connecte tous les câbles qui y sont branchés.

Si vous avez une connexion Internet par câble ou via ADSL, le fournisseur peut avoir en amont un hub associé au service Internet. C'est ce que l'on appelle parfois une passerelle résidentielle. Ou un autre nom tout aussi obscur. Tant que tout cela vous permet de connecter plusieurs PC en même temps pour le même prix, ne vous posez pas de question : allez-y. Pourquoi dépenser plus ?

Si votre prestataire de service prétend vous facturer le prix de plusieurs connexions simultanées, il vous reste deux bonnes options :

- Le *partage de connexion Internet* de Windows XP transforme l'un des PC de votre réseau en une sorte de maman poule qui prend sous son aile les autres machines. Le PC qui dispose du partage de connexion se débrouille avec Internet. Et tous les autres interagissent avec lui. Vu de l'extérieur, vous n'avez qu'un seul ordinateur sur Internet. Mais tous les PC de votre réseau croient qu'ils sont aussi en ligne. Merci, maman poule. Simple, efficace et intelligent.

- Le *partage d'adresse IP* repose sur un type particulier de hub, que l'on appelle en général routeur, ou encore passerelle. Du point de vue du fournisseur d'accès Internet, il apparaît comme un PC. Pour tout le reste, c'est un hub normal. Vous y branchez votre modem (ou tout câble adapté à votre installation) ainsi qu'un PC. Pour le reste, le fonctionnement est le même qu'avec un partage de connexion Internet (voir plus loin l'encadré "Partager des adresses IP"). En fait, la première solution est vivement recommandée, car elle est plus simple et très bon marché. Que cela soit dit !

ATTENTION !

Si votre FAI découvre que plusieurs personnes peuvent accéder en même temps à Internet via votre réseau, et qu'il prétend multiplier par autant votre nombre d'abonnements, ne vous laissez surtout pas faire. Certes, il y a peu de chances de rencontrer un tel comportement, mais sait-on jamais ? En tout état de cause, et quelle que soit la solution que vous retenez, vous n'avez d'un point de vue technique qu'un, et un seul, appareil connecté à Internet (un PC ou un hub). Tous les autres ne sont que des petits poussins alimentés par maman poule.

Rien de plus facile de nos jours que de se procurer un hub. Il suffit que celui-ci dispose (au moins) des caractéristiques suivantes :

- L'emballage doit préciser Fast Ethernet, ou 100Base-T, ou 100 Mbps. Bref, vous avez compris.

- Le boîtier doit posséder huit connecteurs RJ-45. Nous allons y revenir dans la prochaine section, mais pratiquement tous les hub actuels proposent ce type de branchement. Si vous envisagez de relier plus de six ordinateurs en réseau, il vous faudra 12 connecteurs RJ-45. Voire seize si vous voyez encore plus grand. Mais là, on sort largement du domaine des Nuls que nous sommes tous ici !

Ne cherchez pas le dernier cri de la technologie : simple et bon marché, c'est parfait. Le plus important est de pouvoir retourner l'appareil s'il n'accepte pas de fonctionner facilement.

TRUC

J'ai vu beaucoup de publicités pour de nombreux hubs. Mais franchement rien qui justifie pour un utilisateur normal de dépenser un centime de plus.

Sélectionner les câbles

Pour que votre réseau fonctionne, vous devez relier chaque PC au hub à l'aide de câbles appropriés. Il existe de multiples espèces de cordons dédiés à Ethernet – et c'est justement ce type de réseau que vous mettez en place. Inutile de passer en revue toute la panoplie, car vous n'avez besoin que d'un seul modèle spécifique.

Il y a en fait un petit problème, mais uniquement dû à la terminologie imbuvable des réseaux. Ce type de câble peut en effet être désigné sous cinq noms différents (voire plus). Retenons pour l'instant qu'il ressemble à un cordon de téléphone, avec une fiche un peu carrée au bout, et huit fils à la sortie.

La fiche est un peu plus épaisse que celle d'un téléphone (normal, puisqu'il y a plus de fils dedans...). Ce type de connecteur est appelé RJ-45, et voilà le plus important à retenir : demandez au vendeur du câble réseau de bonne qualité avec des connecteurs RJ-45.

Le câble proprement dit est fréquemment dénommé "câble RJ-45" (en l'honneur des connecteurs qui se trouvent au bout), ou encore 10Base-T, ou 100Base-T, voire 10/100Base-T, et même câble Ethernet à paire torsadée (le terme est issu de la préhistoire du téléphone), TPE, 10Base-T UTP, IEEE 802.3, câble de catégorie 5, et seul le ciel sait quoi encore.

Partager des adresses IP

Tout ordinateur connecté à un réseau (du moins, au genre de réseau dont je parle dans ce livre) possède un numéro. Derrière ce numéro se cache une bonne dose de salmigondis hors de propos. Il vous suffit donc de savoir que ce code s'appelle une adresse IP, et que celle-ci identifie la machine de façon unique. Tous les ordinateurs d'un réseau possèdent une adresse IP, et toutes les adresses IP sont différentes. Tout va bien jusque-là ? Facile ?

En fait, ce n'est pas si facile. Et pour de multiples raisons. Mais, pour l'instant, concentrons-nous sur le problème suivant : comment obtenir une adresse IP lorsque l'on se connecte à Internet ? Et bien, c'est votre fournisseur d'accès qui vous attribue cette adresse. Selon la nature de votre connexion, cette adresse est soit permanente (ce qui est possible en général avec un modem câble ou une ligne ADSL), soit recalculée lors de chaque connexion.

Si vous avez un accès permanent, vous payez pour une adresse IP. Aux jours pas si anciens et pas si bons que cela, cela signifiait que vous pouviez disposer d'exactement un ordinateur connecté, une adresse IP, une connexion et une facture. Si vous partagiez cette connexion avec votre fille, il y avait de fortes chances pour que vous ne puissiez pas tous les deux accéder en même temps à Internet. Votre fille se connectait et l'adresse IP lui était affectée. Si vous tentiez ensuite de composer le numéro, le FAI refusait votre arrivée puisque, de son point de vue, l'adresse n'était plus disponible. Finalement, on en revient à une histoire de prix : qui paye pour l'adresse, qui a le droit de s'en servir, et quand ?

C'est pourquoi le partage d'adresses IP est si populaire. Cette fonctionnalité, incorporée dans Windows XP, permet à tous les PC de votre réseau de partager la même adresse IP. Point à la ligne. C'est le PC qui est physiquement connecté qui prend en charge les détails techniques de l'opération. Avec un hub pratiquant le partage d'adresse IP, tous les PC de votre réseau disposent d'une adresse commune, et c'est un petit ordinateur situé dans le boîtier (ou routeur, ou encore passerelle) qui coordonne le tout. Dans les deux cas, vous n'avez qu'un seul point d'accès à Internet. Et votre FAI n'a rien à y redire.

Si plusieurs ordinateurs du réseau ont besoin d'accéder en même temps à Internet, le partage d'adresse IP s'occupe de tout. Que la solution soit logicielle (grâce à Windows XP) ou matérielle (avec le hub), la procédure est transparente. Ma préférence va à la première méthode, qui est rapide, fiable et simple. Un hub est plus délicat à installer (il faut suivre exactement les instructions du manuel), mais il présente l'avantage de ne pas être lié à un seul PC.

La catégorie 5 fait référence à la qualité du câble. Si l'on vous propose du câble de catégorie 3, refusez. Il coûte à peu près aussi cher, mais il n'est pas certain qu'il supporte les débits élevés du réseau dont vous avez besoin.

Il vous faut un cordon RJ-45 pour chacun des PC de votre réseau. Ce câble doit être suffisamment long pour relier la machine au hub. En cas de doute, voyez grand : un long câble peut être caché derrière un bureau ou un meuble. S'il est trop court, il ne vous sert pas à grand-chose.

Organiser l'installation

Mesurez deux fois, coupez une fois. C'est un excellent conseil, y compris dans le monde de l'électronique.

Si vous avez lu ce chapitre depuis le début, vous devriez maintenant avoir une idée assez précise des éléments dont vous avez besoin pour installer votre réseau. Il est temps dans ce cas de s'occuper de leur destination physique finale. Voici donc quelques derniers conseils avant le décollage de la fusée :

- Si vous avez l'intention de partager une connexion Internet sur le réseau, le PC qui sera chargé de dispatcher les opérations doit exécuter Windows XP. Concrètement, il doit être plutôt puissant, et placé à proximité d'une prise de téléphone, ou encore de votre modem câble ou ADSL.

- Si vous voulez graver des CD à partir de fichiers pris un peu partout sur le réseau, ayez le même réflexe que ci-dessus. Autrement dit, le graveur se portera bien mieux dans l'ordinateur sous Windows XP.

- En dehors de deux cas précédents (connexion Internet et graveur de CD), il ne semble pas y avoir de raison particulière justifiant l'installation d'un périphérique spécifique sur une machine plutôt qu'une autre. Une imprimante réseau, par exemple, fonctionne sans problème avec un PC quelconque, qu'il soit sous Windows 98 ou sous XP.

- Le hub peut aller n'importe où. Bien sûr, vous aimez voir les petites lumières danser dans la nuit, pour vous assurer que toutes vos machines se parlent gentiment. Mais cela ne signifie pas pour autant que le hub doive trôner sur votre bureau.

NOTE TECHNIQUE

Il y a une limite théorique à la longueur d'un câble RJ-45 qui relie un hub à un réseau de PC. Rassurez-vous, cette limite est d'environ 100 mètres, ce qui ne doit pas excéder la taille de votre logement ! Sachez tout de même qu'au-delà tout le réseau risque de planter. Pour des distances plus importantes, il existe une sorte d'amplificateur, ou répétiteur. A mon avis, il vaut mieux éviter de se trouver dans cette situation. Et à défaut ne pas essayer soi-même de procéder à l'installation du réseau.

Installer votre réseau

Vous êtes paré à la manœuvre. Les adaptateurs réseau sont installés et piaffent d'impatience. Le hub est posé sur le sol, dans son boîtier tout neuf. Bien sûr, il y a aussi tous ces câbles qui rampent par terre, au grand désespoir de votre épouse qui imagine déjà les nids de poussière et les remarques de ses amies sur l'état déplorable de votre appartement.

Bref, vous êtes prêt. Tout le processus tient maintenant en une bonne quinzaine d'étapes, juste le temps qu'il faut pour avoir un réseau en bon état de marche sans trop de peines et de soucis.

ATTENTION !

Si vous essayez de convertir un réseau déjà existant en groupe de travail (ou réseau pair-à-pair) sous Windows XP, reportez-vous aux remarques et aux conseils donnés dans la dernière partie de ce chapitre.

1. **Assurez-vous que chaque PC a sa carte d'interface réseau, bien proprement fixée. Mais, surtout, ne branchez pour l'instant aucun câble RJ-45. Connectez tous les autres périphériques. Vérifiez soigneusement que chaque système (pour l'instant indépendant des autres) est parfaitement opérationnel.**

   ATTENTION !

   Si, en particulier, vous avez une connexion Internet à partager, testez-la sur le PC qui va ensuite servir de relais aux autres machines du réseau.

2. **Eteignez tous les PC. Voilà qui peut vous paraître étrange. Mais faites-le. Placez le hub là où il doit se trouver, et branchez-y tous les câbles RJ-45. Reliez les autres extrémités à vos PC. Allumez le hub. Il s'allume normalement ? Tout va bien pour l'instant.**

3. **Choisissez un PC. Allumez-le.**

   J'ai bien dit un PC, et un seul. Laissez les autres tranquilles pour l'instant. La petite lumière du hub qui est associée à cette machine doit briller. Cela veut dire que l'adaptateur réseau et le câble pour cet ordinateur sont en état de marche. Si la diode ne s'allume, il est probable que vous avez un problème avec le câble. A moins, tout simplement, que l'adaptateur soit mal fixé. Contrôlez le tout et réparez tout de suite le défaut. Quand vous voyez la petite lumière sur le hub, poussez un premier Ouf de soulagement, et plantez un drapeau sur le PC. Pardon : éteignez-le et passez au suivant.

4. **Et voici l'événement le plus important. Eteignez tous les appareils. Débranchez tout ce qui relie le réseau au monde extérieur : modem, modem câble, boîtier Numéris ou ADSL, etc.**

5. **Remettez tout en marche : vos PC, vos périphériques, le hub, et toute la sainte famille.**

   Testez tous les périphériques reliés à vos PC : sortez des pages de test sur les imprimantes, exécutez des CD, scannez une image, etc. Si vous utilisez un boîtier spécialisé pour le partage d'adresse IP, vérifiez qu'il est en bon état de fonctionnement et que vous avez suivi fidèlement les instructions du manuel pour configurer tous les PC du réseau. Tout ce que vous voulez partager devrait à ce stade être disponible et opérationnel.

6. **Si vous avez l'intention de vous servir du partage de connexion Internet de Windows XP, placez-vous devant la machine sur laquelle ce partage doit être activé. Connectez-vous sur Internet (branchez le modem, cliquez là où il faut, etc).**

   Vérifiez l'état de votre connexion, par exemple en lançant Internet Explorer. Cliquez sur quels liens au hasard (vous gagnez des points de bonus si vous tombez sur des sites intéressants).

Laissez le navigateur ouvert. Maintenez la connexion active jusqu'à ce que tous les ordinateurs soient intégrés au réseau. Vous êtes prêt à ajouter votre premier PC.

7. **Deux cas de figure se présentent : soit vous utiliserez le partage de connexion Internet, soit non. Dans le premier cas, prenez le PC relié à Internet. Sinon, choisissez un PC au hasard, mais sous Windows XP. Ouvrez le menu Démarrer. Cliquez ensuite successivement sur Tous les programmes, Accessoires, Communications, et enfin Assistant Configuration du réseau. Vous voyez un écran d'accueil... Cliquez sur Suivant. Et puis un autre écran de rappel. Suivant, vous dis-je !**

8. **Dans la fenêtre intitulée Sélectionnez une méthode de connexion, l'assistant vous propose trois choix (voir la Figure 2.1) :**

   - Cliquez sur le premier bouton si vous voulez activer le partage de connexion Internet sur le réseau, et si vous voulez que Windows utilise cet ordinateur pour le partage. Evidemment, il vaut mieux que le PC soit celui qui gère la connexion Internet (voir l'étape 6).

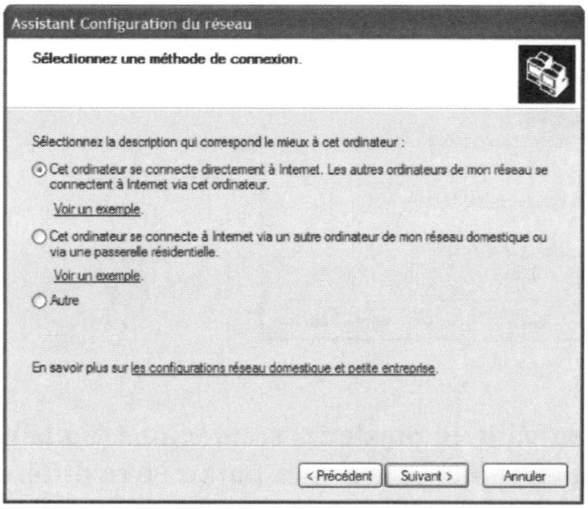

Figure 2.1 : Configurer la méthode de connexion.

   - Cliquez sur le deuxième bouton si votre réseau est déjà configuré avec le partage de connexion Internet (ou si vous utilisez un boîtier spécialisé pour cet usage). Dans tous les cas, il vaut mieux que votre connexion Internet soit en parfait état de marche (voir l'étape 6).

- Cliquez sur le dernier bouton si aucune des deux options précédentes ne s'applique à votre situation. Cela se produit en général si votre réseau contient un PC excentrique, qui doit se connecter avec son propre modem, ou encore si vous n'envisagez pas le recours à un quelconque partage de connexion, voire si vous êtes encore allergique à Internet.

9. **Cliquez sur Suivant. Si vous avez opté pour le partage de connexion Internet sur cet ordinateur (le premier choix de l'étape 8), l'assistant va vous demander de sélectionner cette connexion. Cette fenêtre, qui est illustrée sur la Figure 2.2, peut vous tromper. Elle ajoute en effet votre adaptateur réseau à la ou aux connexions Internet, disponible(s). Ne croyez pas que Windows XP vient de perdre la tête. Contentez-vous de sélectionner votre modem ou la connexion Internet à utiliser, dans la liste qui vous est proposée.**

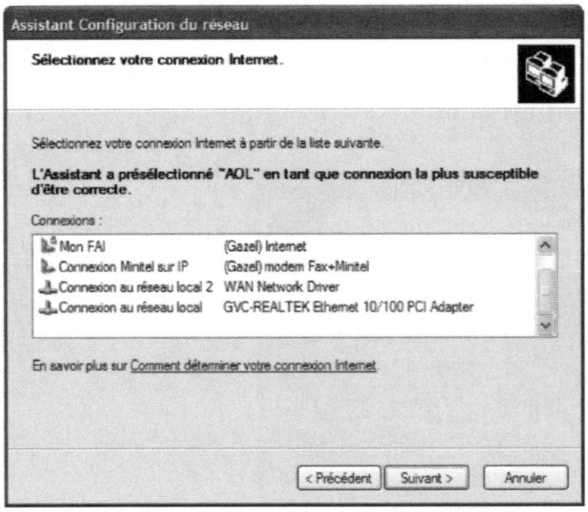

Figure 2.2 : Choisissez une connexion Internet, et non un adaptateur réseau.

10. **Cliquez sur Suivant. Si plusieurs connexions (ou la même sous plusieurs appellations et avec des paramètres différents) ont été détectées, l'assistant devrait vous demander de préciser votre idée. Le plus simple est de conserver l'option par défaut et de laisser l'assistant se débrouiller (voir la Figure 2.3).**

11. **Cliquez sur Suivant. Il vous faut maintenant donner un nom à l'ordinateur et entrer une description (voir la Figure 2.4). Le premier champ n'a pas de signification précise. Elle sert**

essentiellement de légende dans la liste des favoris réseau, et c'est tout. Le nom de l'ordinateur, par contre, sert à des centaines de choses différentes (sans que vous en ayez même conscience). C'est pourquoi il doit être unique sur le réseau : deux PC ne peuvent pas porter le même nom.

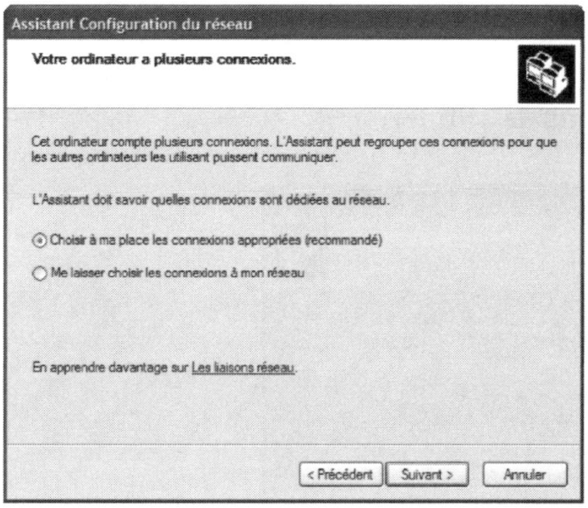

Figure 2.3 : Choisir entre plusieurs connexions.

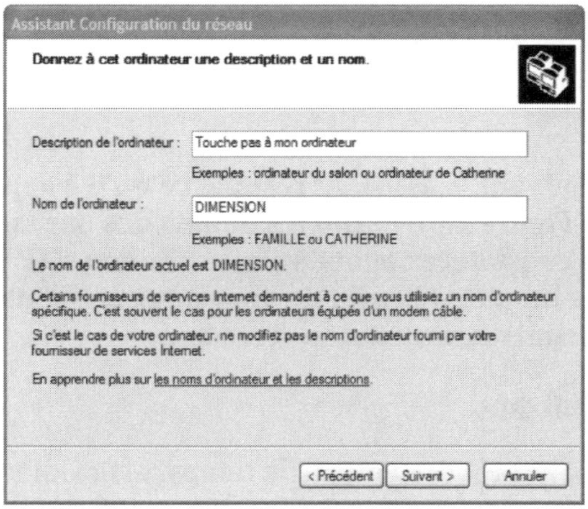

Figure 2.4 : Donnez à l'ordinateur un nom court et clair. La description n'est pas importante.

TRUC

Utilisez un nom simple et court pour identifier un ordinateur. N'oubliez pas que vous aurez de temps à autre à le taper. En théorie, vous avez le droit d'insérer des points, des barres obliques, des caractères dollar, des traits de soulignement, et plein d'autres signes ésotériques (j'espère voir des amulettes et des entrailles de poulet pour apaiser la colère des dieux, mais mon attente est toujours déçue). En pratique, contentez-vous des classiques mais efficaces lettres et chiffres.

12. **Cliquez sur Suivant. L'assistant veut maintenant que vous donniez un nom au groupe de travail, c'est-à-dire au réseau lui-même. Il vous suggère MSHOME (voir la Figure 2.5). A moins d'avoir une très bonne raison pour changer ce nom, contentez-vous de valider.**

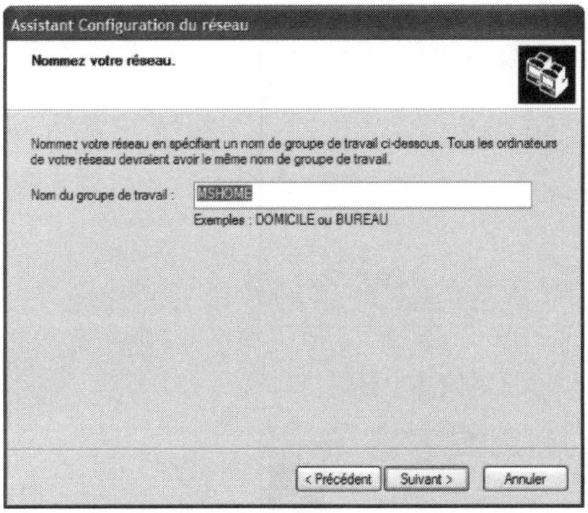

Figure 2.5 : Donner un nom au réseau.

13. **Cliquez sur Suivant. L'assistant résume ce qu'il s'apprête à faire (voir la Figure 2.6). Parmi les détails des paramètres réseau, vous constaterez peut-être que Windows XP prend sur lui d'installer un pare-feu afin de vous protéger d'attaques sournoises depuis Internet. Bon. Très bon.**

14. **Cliquez sur Suivant.**

L'opération peut prendre un peu de temps. Mais, lorsque votre PC atterrit, votre réseau est prêt. Du moins, sur ce PC. Si vous activez aussi le partage de connexion Internet sur cette machine, l'assistant installe tous les composants nécessaires à ce partage (voir à ce propos l'encadré qui suit), de même que le pare-feu qui vient s'intercaler entre votre réseau et Internet. Il crée aussi un dossier appelé Documents partagés (pour chacun des utilisateurs du PC), et étend ce partage aux imprimantes reliées à l'ordinateur. Comme le dit l'assistant, vous avez pratiquement fini, mais il reste encore une dernière étape cruciale (voir la Figure 2.7).

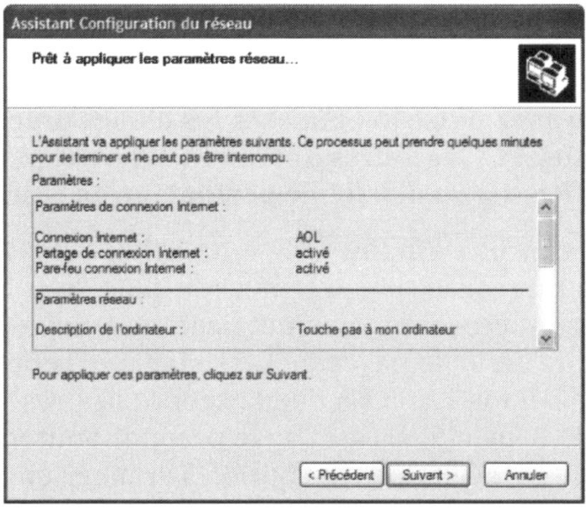

Figure 2.6 : Résumé des options avant installation finale.

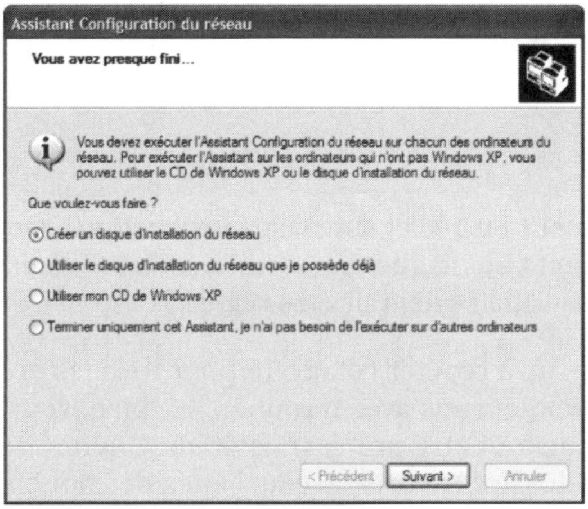

Figure 2.7 : Si un des PC n'est pas sous Windows XP, créez une disquette d'installation du réseau.

15. **Si tous les PC de votre réseau sont sous Windows XP, vous avez fait votre part du travail et vous pouvez souffler un peu. Vous n'avez qu'à cliquer sur l'option Terminer uniquement cet assistant, je n'ai pas besoin de l'exécuter sur d'autres ordinateurs. Ouf !**

Si, d'un autre côté, un des PC n'exécute pas Windows XP (un seul suffit), je ne connais rien de mieux pour lui faire une place au soleil que d'utiliser la disquette d'installation du réseau générée par XP. Si tel est votre cas, cliquez sur l'option Créer un disque d'installation du réseau, puis sur le bouton Suivant. Windows XP va vous guider gentiment pour placer ce programme d'installation sur une disquette.

16. **Lorsque vous avez passé avec succès les étapes précédentes pour le premier PC, les autres devraient suivre rapidement le mouvement. Passez au deuxième ordinateur du réseau :**

    - Si ce PC exécute Windows XP, ouvrez l'Assistant de configuration du réseau (menu Démarrer, puis Tous les programmes, Accessoires, Communications). Suivez de nouveau la série de pages de l'assistant, en reprenant à partir de l'étape 7, mais à deux exceptions près. Au cours de l'étape 8, ne choisissez pas le premier bouton. Et, lors de l'étape 15, sélectionnez l'option Terminer uniquement cet assistant, je n'ai pas besoin de l'exécuter sur d'autres ordinateurs.
    - Si le PC utilise une version plus ancienne de Windows, insérez-y la disquette d'installation du réseau. Ouvrez le menu Démarrer, cliquez sur Exécuter, puis entrer la commande :

```
a:\netsetup.exe
```

      Appuyez sur Entrée et suivez les instructions. Quelques grincements du disque dur et un ou deux redémarrages plus tard, l'affaire devrait être réglée.

Il ne vous reste plus qu'à répéter l'étape 15 pour tous les ordinateurs de votre réseau. Lorsque vous avez terminé… eh bien, vous avez terminé. Le réseau devrait être prêt à vous obéir. Ouvrez, depuis le menu Démarrer, le dossier Favoris réseau. Faites des doubles clics sur quelques icônes. Essayez d'imprimer quelque chose vers un autre poste. Dire que, dans 90 % des cas, Windows XP se débrouille pratiquement tout seul pour configurer le réseau, cela vous ferait croire au Saint-Graal !

DHCP et autres impondérables

Selon mon expérience, l'Assistant de configuration du réseau de Windows XP fonctionne comme un champion dans 90 % des cas. Mais voilà, il reste les autres 10 %. Si vous faites partie de ce lot, vous n'êtes pas sorti d'affaire. Ou bien tout se passe en quelques clics-clics-clics de souris, ou bien vous êtes immédiatement confronté à des tas de problèmes récalcitrants, complexes, rébarbatifs. De quoi dégoûter même le plus grand amateur d'ordinateurs qui soit.

Il faudrait un autre livre aussi épais pour entrer dans les détails des ennuis que l'on peut rencontrer avec les réseaux sous Windows, et pour expliquer comment s'en sortir. Il ne m'est pas possible de répondre à tout cela en aussi peu de place. Et quand bien même cela serait possible, je ne saurais pas par quel bout commencer. Dans la section qui suit, je vais aborder les trois problèmes les plus courants (avec, je l'espère, leur solution). Pour les dix millions d'autres situations catastrophiques possibles, je n'ai à vous offrir que ma sympathie. Et quelques petits conseils.

Chaque PC d'un réseau de type groupe de travail (ou pair-à-pair) est associé à un numéro unique. Ce numéro est son adresse IP (exactement comme pour Internet, si ce n'est qu'ici il sert à identifier chaque poste sur le réseau). Dans l'encadré consacré au partage d'adresses IP, il s'agissait d'Internet. Cette fois, nous parlons bien de votre réseau à vous. Est-ce bien clair ?

Lorsque vous écrivez une adresse IP, vous notez une série de quatre nombres séparés par un point (exemple : 192.128.33.117). La valeur de ces nombres peut aller de 0 à 255. Les adresses IP utilisées par Windows XP dans un réseau pair-à-pair couvrent une place comprise entre 192.168.0.1 et 192.168.0.254. Si vous ouvrez le ventre de la bête et que vous y voyez un numéro comme 192.168.0.3 ou 192.168.0.5, vous pouvez parier qu'il s'agit de l'adresse IP de l'un des PC de votre réseau. Si vous avez activé le partage de connexion Internet sur un PC donné (qui est donc l'hôte de ce partage), l'adresse IP de cet ordinateur est toujours et obligatoirement égale à 192.168.0.1.

Dans un réseau de type client/serveur (voir le Chapitre 1 du Livret IX), c'est le serveur qui attribue l'adresse IP à chacun des ordinateurs du réseau. Cela simplifie les choses. Dans un groupe de travail, par contre, la situation est plus complexe. Du fait qu'aucun PC n'est responsable du réseau, il n'y a pas d'ordinateur chargé de vérifier que tout le monde possède un numéro différent. Pour contourner l'obstacle, Windows XP dispose de trois méthodes :

- ✦ Vous pouvez forcer manuellement un PC à utiliser une adresse IP spécifique. Bien entendu, il faut vous assurer que vous n'affectez pas deux fois la même adresse à deux ordinateurs différents du réseau. C'est la technique qui est parfois employée avec des boîtiers spécialisés conçus pour le partage d'adresses IP. La procédure est relativement compliquée, et elle doit être clairement expliquée dans le manuel de l'appareil.

- ✦ Si le réseau est configuré pour le partage de connexion Internet, c'est l'hôte (l'ordinateur sur lequel ce partage est actif) qui s'y colle. Autrement dit, c'est lui qui affecte les adresses des autres PC.

- ✦ A défaut, lors de chaque démarrage de Windows XP, celui-ci parie sur une adresse IP. Il vérifie alors immédiatement si une autre machine du réseau a déjà pris ce numéro. Si la réponse est positive, Windows XP choisit une adresse différente, et il recommence à interroger tout le monde. Tout ou tard, il va trouver un numéro encore libre.

Passons le cap. Au moment où vos yeux se voilent et où votre cerveau meurtri refuse de continuer à penser, surgit un nouvel acronyme : DHCP. Voilà qui ressemble à une formule cabalistique. Et, tout bien réfléchi, c'est une formule cabalistique. Mais je digresse. DHCP veut dire : Dynamic Host Configuration Protocole, soit en meilleur français : protocole de configuration dynamique de l'hôte. Et en langage humain : le programme qui distribue les adresses IP.

Lorsque vous installez Windows XP (ou certains types de périphériques), il se peut que l'on vous demande quelque chose à propos de DHCP. A moins qu'il ne s'agisse d'une adresse IP, ou d'un masque de sous-réseau, ou encore d'un nom de domaine DNS. Si vous êtes un jour confronté à ce type de question, réfléchissez à l'histoire qui suit.

Vous entrez dans un débit de boissons, et vous demandez un café crème avec deux sucres. Le serveur vous répond : "Parfaitement, monsieur. Et les chaînes de carbone dans les molécules de caféine, vous les voulez comment ?"

Un jour, sûrement, les types qui conçoivent des réseaux et leurs programmes d'installation seront capables de comprendre ce que l'on attend d'eux quand on commande un café crème (pardon, un réseau facile à faire fonctionner). Mais jusque-là, vous devrez vous battre avec des réglages DHCP, des masques de sous-réseau et autres horreurs dépassant l'entendement.

Voici ce que je conseille. Si vous tombez sur un programme d'installation qui vous demande des choses si complexes qu'aucun être humain rationnel n'est capable de les comprendre, commencez par ne rien faire. Cliquez sur Suivant, Oui, Bof, L'ordinateur a toujours raison, Débrouille-toi toute seule, stupide machine. Bref sur le bouton qui passe à la page suivante. Si cela ne suffit pas, lisez le manuel et suivez religieusement ce qu'il vous dit de faire, en priant au passage pour qu'il n'ait pas simplement été passé à la moulinette d'un logiciel de traduction automatique. Si rien de tout cela ne marche, téléphonez au vendeur en criant plus fort que lui. Forcez-le à vous rembourser, et cherchez une solution plus simple.

Trois problèmes courants

En travaillant avec des réseaux XP de type pair-à-pair, j'ai rencontré trois genres de problèmes généraux, de ceux qui se rencontrent le plus couramment (je veux dire, à l'intérieur des 10 % de cas délicats).

Modem câble, ADSL et RNIS

En règle générale, lorsque votre installation s'élève au-dessus du niveau d'une simple ligne de téléphone, il vous suffit de prendre un abonnement adapté, d'acheter (ou louer) un modem qui correspond au type de connexion Internet dont vous avez besoin, et éventuellement de faire apporter par l'opérateur de téléphonie les modifications adéquates sur votre ligne. Mais il se peut aussi que votre FAI (ou votre revendeur de matériel réseau) vous propose plusieurs alternatives, plus ou moins coûteuses, et évidemment présentées comme la panacée universelle. Dont évidemment le fin du fin : la fameuse passerelle résidentielle (ou le routeur), ce bon vieux hub de base vous étant alors présenté comme un machin ringard. D'où le schéma de branchement illustré sur la Figure 2.8. Bref, le "bon plan" finit par coûter cher.

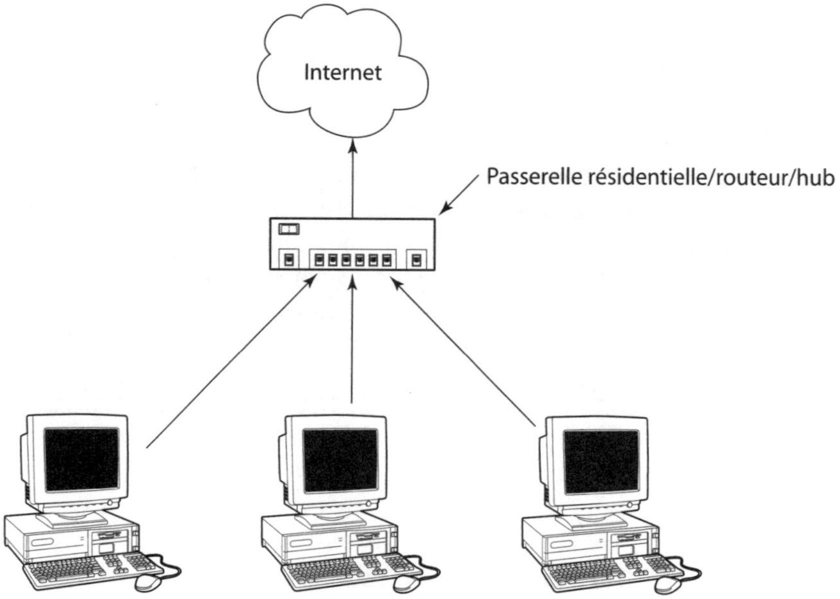

Figure 2.8 : Schéma de principe d'une passerelle résidentielle.

Mais vous disposez d'une alternative intéressante : le partage de connexion Internet intégré à Windows XP. Regardez le diagramme revu et corrigé de la Figure 2.9. Il présente un gros avantage : un seul PC est relié à la passerelle résidentielle, ce qui peut faire une grande différence en terme d'abonnement (un seul PC est concerné, et non plus toutes les machines du réseau). Dans ce contexte, l'ordinateur sur lequel le partage de connexion est activé a besoin de deux adaptateurs réseau : un pour la passerelle, et l'autre pour un hub basique et bon marché.

Quelle est la meilleure approche ? A vous de le dire en calculant vos dépenses pour ces deux variantes !

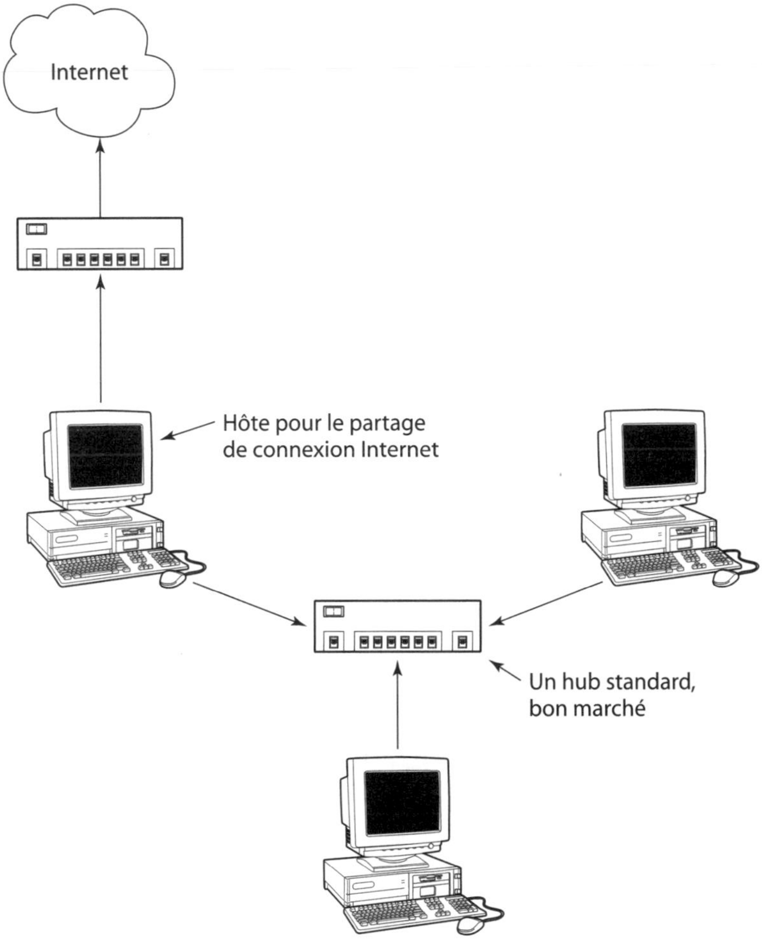

Figure 2.9 : Passerelle résidentielle et partage de connexion Internet.

Pair-à-pair contre client/serveur

Si vous avez déjà un réseau de type client/serveur et que vous voulez installer à la place un groupe de travail Windows XP, c'est un choix excellent et je vous en félicite. J'ai moi-même déjà fait ce genre de travail à partir d'un réseau client/serveur sous Windows 2000 (et qui était, il faut le dire, un véritable casse-tête chinois). Je pourrais vous raconter là-dessus de nombreuses histoires.

Quoi qu'il en soit, j'ai trouvé une séquence d'étapes qui semble très bien marcher si vous essayez d'installer un groupe de travail Windows XP sur un réseau client/serveur Windows 2000 (et même probablement Windows NT) existant. Les clients peuvent exécuter n'importe quelle version de Windows 32 bits, y compris 95. Bien entendu, le serveur Windows 2000 ne fonctionnera pas sur votre réseau, mais il est assez facile de faire basculer toutes les autres machines dans un groupe de travail.

Voyons cela de plus près :

1. **Eteignez toutes les machines du réseau. Laissez-les refroidir un peu.**

2. **Allumez un PC sous Windows XP. Comme d'habitude, commencez par le PC relié à Internet si vous utilisez le partage de connexion. Sinon, n'importe quel ordinateur exécutant Windows XP fera l'affaire.**

3. **Démarrez un (et un seul) PC dans le réseau existant. Remarquez qu'il ne peut pas s'agir du serveur. Pour opérer la conversation, il faut en effet remplacer totalement le système d'exploitation.**

4. **Sur la machine qui exécute Windows XP, suivez les étapes décrites plus haut pour l'installation d'un réseau. Ce qui vous permet de donner vie à celui-ci. N'oubliez surtout pas à la fin de générer la disquette d'installation du réseau.**

5. **Insérez la disquette dans la "vieille" machine (celle de l'étape 3). Exécutez le programme a:\netsetup. Relancez ensuite cet ordinateur. Il devrait maintenant être connecté au groupe de travail.**

6. **Répétez l'étape 5 pour tous les PC que vous voulez basculer du réseau client/serveur vers le groupe de travail.**

Lorsque vous avez terminé, les PC du nouveau réseau pair-à-pair seront toujours capables d'accéder aux ressources partagées (dossiers, lecteurs ou imprimantes) de l'ancien réseau client/serveur (à condition évidemment de fournir un nom et un mot de passe valides). Pour retrouver ces ressources, procédez de la façon suivante :

1. **Dans le menu Démarrer, ouvrez le dossier Favoris réseau.**

2. **Dans le panneau de gauche intitulé Gestion du réseau, choisissez l'option Voir les ordinateurs du groupe de travail.**

3. **Dans la rubrique Autres emplacement, sélectionnez Réseau Microsoft Windows.**

A l'inverse, les PC de l'ancien réseau client/serveur peuvent aussi retrouver les ressources partagées du nouveau groupe de travail. Avec Windows 98, Me, 2000 ou NT, il vous suffit faire un double clic sur l'icône des favoris réseau, puis de choisir l'option Tout le réseau. Evidemment, vous devez là aussi disposer d'un nom d'utilisateur et d'un mot de passe valides.

TRUC

Vous n'avez pas peur pour la sécurité de votre réseau ? Il est parfaitement possible de se passer de mot de passe sur une machine Windows XP en y activant le compte Invité. Voir à ce propos le Chapitre 2 du Livret I.

On the road again...

Lorsque je voyage, j'ai besoin la plupart du temps de connecter deux PC entre eux. C'est peut-être dû à une déformation professionnelle, mais je dois dire que j'ai passé des heures (pour ne pas dire des jours ou des semaines) à essayer de faire communiquer des ordinateurs. Connexion directe par câble, Laplink, adaptateurs USB vers USB... Plus quelques dizaines d'autres "panacées" matérielles ou logicielles. Tout y est passé. Je me suis envoyé tant de messages de test et de fichiers que j'ai honte de l'avouer.

Et soudain est apparu Windows XP avec ses groupes de travail, et tout est devenu facile. Vraiment facile.

Si vous êtes en déplacement et que vous avez besoin de connecter votre PC à un réseau "étranger", il n'y a à peu près rien à faire. A la condition sine qua non que ce réseau soit un groupe de travail Windows XP, évidemment. Branchez une extrémité du câble RJ-45 dans l'adaptateur réseau de votre PC, l'autre extrémité dans une prise libre du hub, allumez le portable, et ba-da-boum-ba-da-bing ! Toute l'opération ne prend pas plus de 30 secondes.

Mieux encore. Si je voyage avec deux portables que je veux connecter, il me suffit d'emporter un câble RJ-45 croisé (nous en avons parlé plus haut). Je prends un câble d'environ un mètre de long, je le branche sur l'adaptateur réseau du premier portable, je fais la même chose sur l'autre portable, et mon groupe de travail Windows XP est immédiatement disponible. Tout ce que je peux faire sur le "gros" réseau du bureau fonctionne exactement de la même façon quand je me déplace.

Absolument phénoménal.

Chapitre 3 : Protéger votre réseau et vous-même

Dans ce chapitre :

- **Au secours, les virus attaquent !**
- **Comment éviter l'infection.**
- **Vous et votre pare-feu.**
- **Ne vous laissez pas mystifier.**
- **Cookies à gogo et autres métaphores.**
- **Protégez votre vie privée.**

La jungle est partout. Il y a d'un côté ces types (curieusement, ce sont pratiquement toujours des garçons) avec leur chapeau noir, qui produisent en série des programmes dont le seul but est de planter votre système, d'effacer vos disques, de saturer l'Internet de millions de messages bidon et de pirater les sites Web soi-disant les mieux protégés. Et tout cela avec une facilité déconcertante.

De l'autre côté, il y a toutes ces sociétés (et ce sont pratiquement toujours de sociétés) qui amassent des tonnes de renseignements sur vous, sur vos habitudes en ligne, qui collectent, manipulent, décortiquent et revendent toutes les informations à leur portée pour gagner quelques cybereuros de plus.

Il est assez normal, pour ne pas dire moral, que le dernier chapitre de ce livre soit consacré au seul problème réellement important s'agissant de Windows XP et de ses utilisateurs : la sécurité. Mais c'est après tout une question posée depuis les premiers âges de l'informatique. Et qui n'est pas prête d'être résolue.

Vous devez comprendre comment vous, votre ordinateur et votre réseau, vous inscrivez dans le grand schéma de la sécurité, comment vous pouvez éviter les principaux pièges tendus sous vos pas, comment identifier et corriger les choses qui pourraient mal tourner. Et vous devez aussi trouver les moyens de vous protéger dans la jungle des réseaux. Ce qui n'est pas la tâche la plus facile.

Comprendre le danger pour mieux le combattre

Il n'y a pas si longtemps, la plupart des virus sur PC se répandaient en se reproduisant sur des disquettes. Les gens transmettaient l'infection en se passant ces disquettes. La contagion se produisait lorsque l'on démarrait l'ordinateur autrement qu'avec le disque dur.

Du coup, les machines infectées plaçaient des copies du virus sur toutes les disquettes qui avaient le malheur d'être insérées dans le lecteur. Même si ces virus ont eu des concurrents s'attaquant au disque dur de l'ordinateur (via le secteur de démarrage principal, ou MBR), ils ont fait la loi pendant plusieurs années. Le plus fameux (pardon, infamant) de ces virus MBR, appelé Michelangelo, a reçu une énorme publicité dans les médias en 1992. Ceux qui se souviennent de cette époque se rappellent sans doute que Michelangelo finit par tomber à plat, ruinant la réputation de certains soi-disant "experts" qui prédisaient l'apocalypse informatique.

Encore un thème récurrent.

Durant l'été 1995, quelqu'un écrivit un petit virus en se servant de WordBasic, le langage de programmation de macros incorporé dans Microsoft Word. Ce virus ne fonctionnait pas très bien. Après tout, c'était déjà un miracle qu'il survive. Mais, fin août de la même année, un très grand nombre d'ordinateurs du campus de Redmond (celui de Microsoft) étaient infectés par le virus Winword.Concept.A. Microsoft fit tout pour en diminuer la portée, le traitant de "virus pour gamins". Mais quel gamin !

Winword.Concept.A a pratiquement donné naissance à une industrie. En fait, deux industries : celle des auteurs de virus (que j'appelle souvent les types au chapeau noir, ou encore "crétins"), et celle des auteurs de logiciels antivirus (les types au chapeau blanc). La plupart des choses qui infectent aujourd'hui Internet (Melissa, ILOVEYOU et autres horreurs du même acabit) se servent du même code des programmes qu'ils prennent comme support. Exactement comme ce bon vieux Concept.A.

Windows XP contient plusieurs outils et de multiples fonctionnalités pour protéger votre PC et votre réseau. Tout cela est plutôt puissant. Mais il n'y a rien là-dedans qui doive vous faire oublier la règle d'or : protégez-vous vous-même, ainsi que les autres personnes qui se servent de votre réseau.

Identifier les types d'attaques

Les personnes qui travaillent dans les journaux ont tendance à appeler virus tout logiciel qui répond à un but plus ou moins malveillant. Un pou est un insecte. Tous les insectes ne sont pas des poux (c'est un exemple).

En fait, il existe de multiples types de programmes hostiles. Il est même difficile de trouver deux experts en antivirus qui s'accordent totalement sur les définitions. Pour simplifier, on peut classer les agresseurs en trois catégories :

- **Cheval de Troie :** Comme son nom l'indique, c'est un programme caché dans un autre. Autrement dit, vous le lancez en croyant qu'il fait une chose, et c'est finalement une autre qui se produit. Par exemple, un ami vous envoie un économiseur d'écran qui affiche un joli feu d'artifice, et vous ne réalisez pas que ce programme détruit une partie de votre configuration Windows.
- **Virus :** Il se reproduit en s'attachant à un autre fichier, par exemple un document Word ou un classeur Excel. Les virus ont généralement pour vocation de se répandre en infectant un maximum de fichiers sur le PC. Ils voyagent de machine en machine par le biais de ces fichiers déjà contaminés.
- **Ver :** Il se reproduit lui-même, comme un virus, mais sans utiliser d'autre fichier. Pour se répandre sur les PC, ces vers n'ont donc besoin de personne d'autre, l'une de leur technique favorite étant la dissémination via les pièces jointes des e-mails. Du fait de ce besoin urgent de procréation in vitro, ils ont tendance à voyager plus rapidement que les virus.

Pour ce qui me concerne, vous pouvez appeler un cheval de Troie virus, un virus ver, et un ver paresseux à trois doigts. Vous pouvez même m'appeler pour déjeuner. Mais, par piété, n'appelez pas un virus *bogue*. Ce ne sont pas des bogues. Un bogue (ou bug) est une erreur dans un programme. De nombreux chevaux de Troie, virus et autres vers contiennent des bogues. Les crétins qui les écrivent ne sont pas toujours des lumières ! Si vous voyez ce que je veux dire. Mais ce n'est pas parce qu'un virus est mal écrit qu'il s'agit d'un bogue. A ne plus confondre !

Plutôt que de vous creuser la tête pour savoir si un programme malveillant est un cheval de Troie, un virus ou un ver, je pense qu'il est plus important pour vous de comprendre comment votre système peut être attaqué par un intrus :

- ✦ On trouve toujours des virus à l'ancienne attachés à des documents Word, des feuilles de calcul Excel, des présentations PowerPoint et même à des fichiers Adobe Acrobat. En règle générale, l'attaque se déclenche lorsque vous ouvrez un fichier infecté.

- ✦ Les programmes destructeurs arrivent souvent sous la forme d'une pièce jointe à un courrier électronique. Vous ouvrez le fichier, et hop, la bête se répand en envoyant des centaines de messages aux personnes qui sont enregistrées dans votre carnet d'adresses. Tout en s'enfouissant dans un recoin secret de votre disque dur pour mieux vous frapper dans le futur.

Si Windows XP masque les extensions des fichiers, vous n'avez absolument aucune chance d'échapper aux virus (ou chevaux de Troie, ou vers) dissimulés dans les pièces jointes des e-mails. Ces trois petites lettres qui suivent le point fatidique font toute la différence. Pour afficher les extensions de nom de fichier, reportez-vous au Chapitre 2 du Livret I.

- ✦ De plus en plus d'imbéciles trouvent le moyen de placer des programmes vérolés dans des pages Web et dans des e-mails formatés. Il était une fois un expert hors pair qui prétendait que consulter une page Web ou visualiser un message formaté n'offrait aucun risque. Depuis cette époque épique, l'expert s'est effondré dans un coin du ring. Et vous êtes exposé aux coups.

- Les programmes qui infectent directement les réseaux sont de plus en plus sophistiqués. Si un seul PC est atteint, ce type de ver assoiffé de sang va vampiriser rapidement tous les autres ordinateurs du réseau. Se protéger est un effort de groupe. Tous les utilisateurs du réseau doivent être très prudents.

- Votre machine sous Windows XP peut être transformée en zombie. Certes, cela a un curieux côté vaudou, mais c'est la réalité. L'idée de base est assez simple : des personnes (en fait, leurs poissons pilotes automatiques) circulent sur l'Internet en recherchant des PC dans lesquels il est facile de pénétrer. Lorsqu'elles trouvent un ordinateur dont la porte d'entrée est grande ouverte, elles y déposent un programme, puis reprennent leur voyage sans laisser de trace apparente. A une heure bien définie, tous les PC (il peut y en avoir des milliers et des milliers d'infectés) commencent à bombarder un certain site Web. Ce dernier n'arrive pas à supporter le trafic et il tombe à genou, vaincu par l'attaque (parfois appelée refus de service distribué, ou quelque chose d'approchant).

- Evidemment, si vous n'avez aucune protection contre les intrus, la transformation de votre PC en zombie est peut-être le cadet de vos soucis. Après tout, si quelqu'un est capable d'accéder à votre PC, il peut aussi faire beaucoup plus de dégâts sur votre disque dur.

ATTENTION !

Si vous utilisez un accès classique par modem pour vous connecter à Internet, les risques d'attaque directe ou via un zombie sont minimes. En effet, votre FAI votre attribue une adresse IP différente lors de chaque nouvelle connexion. Un automate chassant sur le Web aura du mal à vous pister bien longtemps. Si, par contre, vous disposez d'une connexion permanente (par modem câble ou ADSL), les deux derniers types d'attaques décrits ci-dessus représentent un réel danger.

Se protéger contre les attaques

Pris de panique ? Face à tous les dangers qui vous guettent, vous avez envie de jeter Windows XP à la corbeille ? Adieu Internet, réseau, veau, vache, cochon, couvée ? Non !

Bien entendu, vous devez vous entourer de précautions. Mais cela ne veut pas dire qu'il faut jeter le bébé avec l'eau du bain XP. Voici quelques mesures de sécurité indispensables à prendre :

✦ Achetez, installez, mettez à jour et utilisez religieusement un logiciel antivirus. Peu importe lequel : tous les logiciels les plus connus dans ce domaine font du beau travail. Tant que vous actualisez régulièrement les fichiers de signatures en vous connectant sur le site Web de l'éditeur et que vous vous servez du produit en suivant scrupuleusement son mode d'emploi, vous serez protéger contre la plupart des attaques.

ATTENTION !

Vous croyez peut-être que les programmes antivirus ne font que cibler ces maudites bêtes. Pas du tout. De nos jours, tous les logiciels réputés dans ce domaine vous protègent contre différentes espèces d'agressions, qu'il s'agisse de virus (ou de chevaux de Troie, ou de vers) traditionnels, mais aussi de pages Web infectées, ou encore d'e-mails avec des pièces jointes douteuses (voir la Figure 3.1).

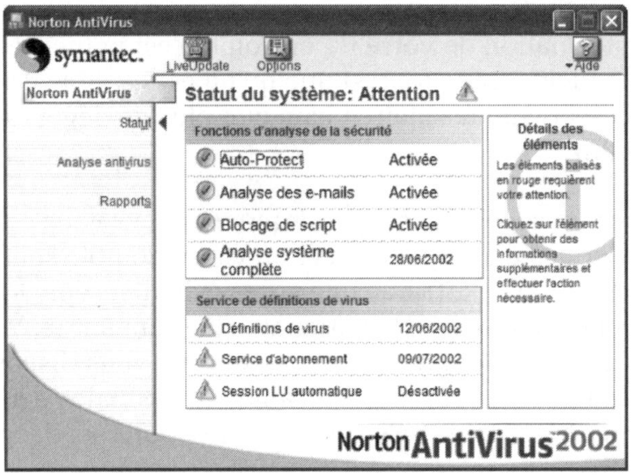

Figure 3.1 : L'antivirus analyse non seulement votre système, mais aussi les pages Web et votre courrier électronique.

✦ N'ouvrez aucun fichier attaché à un courrier électronique avant d'avoir effectué ce qui suit :

  - Contactez la personne qui est censée vous avoir expédié le message et demandez-lui de confirmer la teneur de l'envoi.
  - Sauvegardez ensuite le fichier sur votre disque dur et exécutez votre logiciel antivirus sur ce document afin de vous assurer qu'il est sain.

- Après quoi, et après quoi seulement, vous pouvez ouvrir le fichier l'esprit serein.
- Exécutez le pare-feu de Windows XP sur tout PC qui est connecté directement à Internet.

Un pare-feu est un programme qui isole votre PC (ou votre réseau) de l'Internet. L'un des ses fonctions centrales consiste à mémoriser les demandes qui sont envoyées par l'ordinateur ou par le réseau. Lorsque des données arrivent en provenance de l'Internet, le pare-feu s'assure qu'elles ont bien été demandées par une de vos applications. Les données non sollicitées sont rejetées. Les autres sont autorisées à passer. De cette façon, les petits malins qui tentent de s'infiltrer sur votre système sont bloqués.

Si un de vos PC se sert du partage de connexion Internet, activez en même temps le pare-feu de Windows XP. Faites de même pour tout ordinateur susceptible de se connecter directement à Internet (ce peut être le cas d'un portable qui utilise le partage de connexion lorsqu'il est attaché au réseau, mais qui doit pouvoir travailler de façon autonome lorsque vous êtes en déplacement).

Windows XP protège des connexions Internet spécifiques. Si vous avez deux accès Internet à distance différents, vous devez activer le pare-feu pour ces deux connexions. Certes. Mais comment s'y prendre pour installer un pare-feu ? Rien de plus simple en vérité :

1. **Ouvrez le menu Démarrer. Cliquez sur Connexions, puis, dans le sous-menu qui apparaît, sur Afficher toutes les connexions. Sélectionnez la connexion que vous voulez protéger.**
2. **Dans le panneau Gestion du réseau, à gauche de la fenêtre, choisissez l'option Modifier les paramètres de cette connexion.**
3. **Cliquez sur l'onglet Avancé. La fenêtre de propriétés correspondante est illustrée sur la Figure 3.2.**
4. **Dans la rubrique du haut, Pare-feu de connexion Internet, cochez la case intitulée Protéger mon ordinateur et le réseau en limitant ou interdisant l'accès à cet ordinateur à partir d'Internet. Il ne vous reste plus qu'à cliquer sur OK. Le pare-feu sera opérationnel lors de votre prochaine connexion.**

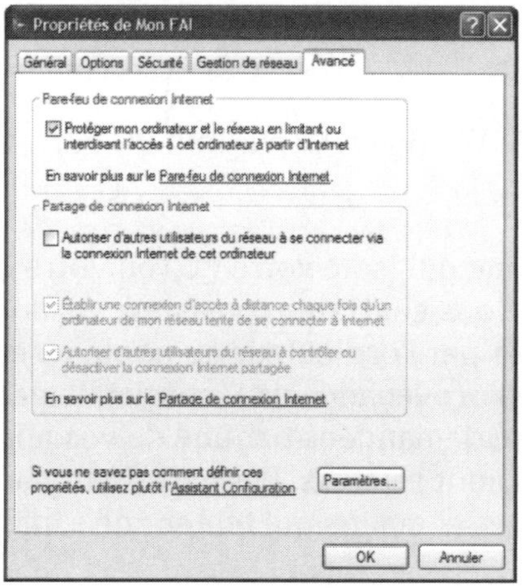

Figure 3.2 : Activer le pare-feu de connexion Internet.

TRUC

Si vous accédez à Internet via votre réseau en utilisant uniquement le partage de connexion, le pare-feu n'a besoin d'être activé que sur le PC qui abrite ce partage. C'est inutile sur les machines clientes.

TRUC

Un pare-feu se met à jour ! Même si vous n'appréciez pas particulièrement l'instance dont fait preuve Windows Update pour vous forcer à charger tout et parfois n'importe quoi (voir à ce propos le Chapitre 6 du Livret I), il est important que votre pare-feu reçoive les dernières mises à jour. Pourquoi ? Parce que c'est l'une des principales cibles des crétins de l'Internet. Le nombre d'utilisateurs du pare-feu de Windows XP doit actuellement dépasser celui de tous les autres programmes de même type réunis. Ce qui en fait une victime de choix pour les types qui passent leur temps à essayer de casser les protections. Ne transformez pas votre PC en chair à canon.

Après l'attaque

Tous les jours, je reçois des messages de personnes qui sont convaincues que leurs PC ont été infectés par un virus. Et, presque invariablement, leur problème n'a rien à voir avec un virus. Il s'agit parfois d'un ennui matériel, dans d'autres cas d'une application défectueuse, si ce n'est pas la connexion Internet elle-même qui provoque des griefs. Mais les programmes malfaisants n'ont rien à voir avec tout cela.

Si vous pensez avoir été atteint par un virus ou encore par un ver, il y a trois choses à faire immédiatement. En réalité, il y a une chose à *ne pas* faire, et deux autres à mettre en œuvre :

- **NE RELANCEZ PAS VOTRE ORDINATEUR !** C'est un conseil, disons même un ordre, particulièrement important sous Windows XP, dont l'un des rôles consiste à prendre un "cliché" des dernières "bonnes configurations connues" du système. Si vous êtes infecté et que vous relancez l'ordinateur, Windows XP peut croire que votre système est en bon état. Dans ce cas, il enregistra une "dernière bonne configuration connue" qui sera en réalité une configuration infectée. Résistez à la tentation d'appuyer sur le bouton de réinitialisation tant que vous n'avez pas épuisé toutes les autres possibilités.

- **Suivez les instructions données par votre logiciel antivirus.** Si vous avez jeté votre manuel, empruntez-en une copie ou, à défaut, achetez-la. Ou bien procurez-vous un autre PC (non infecté, bien sûr) et connectez-vous sur le site de l'éditeur. Tous les sites Web des principaux programmes antivirus expliquent les démarches que vous devez suivre de façon détaillée (quoique généralement en anglais).

- **Si vous n'avez pas d'antivirus, donnez-vous une bonne gifle.** Non, deux gifles. Connectez-vous ensuite sur le site Web d'un éditeur connu (voyez par exemple Symantec, à l'adresse `http://www.symantec.fr/region/fr/downloads/index.html`, ou encore MacAfee, sur `www.mcafee.com`), et suivez les instructions données pour télécharger une version d'évaluation de leur logiciel.

Le temps où il fallait trouver soi-même un virus et s'en débarrasser manuellement est bien révolu. Inutile de vous torturer... Faites confiance à des professionnels. Ils sont là pour vous aider.

Ne vous laissez pas piéger par des canulars

Avez-vous déjà entendu ce genre de propos :

- Un virus va s'attaquer à votre ordinateur si vous lisez un message dont le sujet contient la phrase (en anglais, généralement) "Good Times" (cela remonte à 1994). Idem pour "It Takes Guts to

Say 'Jesus'", "Win a Holiday", "Help a poor dog win a holiday", "Join the Crew", "pool party", "A Moment of Silence", "an Internet flower for you", "a virtual card for you", "Valentine's Greetings", etc.

- Il y a un virus mortel dans la page d'accueil du site de Microsoft (vous pouvez mettre à la place le nom de votre site préféré). N'y allez pas, sinon votre système va mourir.

- Si vous avez le fichier [placez un nom de votre choix] sur votre PC, il contient un virus. Supprimez-le immédiatement !

Ce ne sont que des canulars. Il n'y a même pas un souffle de vérité dans tout cela.

Les canulars font du mal. Parfois, quand un véritable ver frappe, un tel trafic est généré par les messages de ceux qui veulent avertir tout le monde, que les chiens de garde bien intentionnés finissent par provoquer plus de dégâts que le virus lui-même. Etrange, mais vrai.

Faites-vous plaisir. Et à moi aussi. Si quelqu'un vous envoie un message qui ressemble à l'un des exemples suivants, contentez-vous de détruire le courrier. D'accord ?

Il y a un horrible virus en liberté. Il est en train de détruire l'Internet.

- Envoyez une copie de ce message à dix de vos meilleurs amis. Pour chaque e-mail expédié, Bill Gates donnera 10 $ à [placez ici le nom d'une association caritative quelconque].

- Envoyez une copie de ce message à dix de vos amis en ajoutant votre nom à la fin de la liste. Dans [indiquez ici un délai au hasard], vous recevrez dans votre messagerie 10 000 € (ou encore les numéros gagnants de la loterie). Si vous ne répondez pas, les pires malheurs vont s'abattre sur vous et votre famille.

- Microsoft [remplacez par un autre nom à votre convenance] vous dit qu'il est absolument indispensable de télécharger quelque chose (ou l'inverse), ou encore de visiter tel site (ou le contraire)…

Si vous pensez être dans le secret de la plus importante alerte au virus qui se soit jamais produite dans le monde, via le futur ex-petit ami de la coiffeuse de la copine de la belle-sœur de votre oncle Charles (tout le monde sait que le futur ex est un type qui connaît tout sur les ordinateurs), respirez un bon coup et comptez deux fois jusqu'à dix. Quand vous avez repris vos esprits, révisez les trois points importants ci-dessous :

✦ Il y a une grosse probabilité (disons à peu près 99,999 9 chances sur cent) pour que vous soyez tombé sur un canular éventé depuis longtemps. Si vous lisez l'anglais, amusez-vous à visiter le site de Rob Rosenberger (`www.vmyths.com`). Vous y apprendrez beaucoup de choses sur les mythes qui circulent à propos des virus.

✦ Si c'est un vrai virus, vous allez très vite en entendre parler au JT. Même si les médias disent souvent des âneries sur ce sujet (je ne parle pas du reste), les informations ainsi diffusées seront de très loin plus réalistes et fiables que tout ce que vous pourrez lire dans des e-mails.

✦ Si le monde de l'Internet est sur le point d'imploser, avec des milliards d'e-mails infectés qui attaquent les boîtes aux lettres de tous les PC, le pire que vous puissiez faire est précisément de chercher à prévenir vos relations et votre famille par courrier électronique. Attrapez le téléphone, lâchez un pigeon voyageur ou envoyez des signaux de fumée, et surtout donnez à vos correspondants une adresse Web fiable pour y récupérer une parade. Ne vous faites aucune illusion : les éditeurs d'antivirus sont au courant avant vous et ils se mettent au travail tout de suite.

En résumé, faites partie de la solution, pas du problème.

Défendre sa vie privée

Je suis toujours étonné de l'étrange attitude qu'ont de nombreux utilisateurs de Windows dès qu'il s'agit de vie privée et de confidentialité. Des personnes, qui n'imagineraient même pas un instant donner à un étranger leur numéro de téléphone, fournissent sans réfléchir leur adresse e-mail dans des questionnaires trouvés sur des services en ligne. D'autres, qui tombent raides à la seule idée d'utiliser leur carte de crédit en ligne pour effectuer un achat auprès d'un fournisseur ayant pignon sur rue (procédure d'ailleurs très sûre), tapent sans se poser de question leur numéro de sécurité sociale dans un formulaire trouvé sur un site Web quelconque.

Windows XP (notamment avec ses services auxiliaires que sont MSN et .NET Passport) offrent des facilités sans précédent. Il vous suffit par exemple d'entrer une fois pour toutes votre numéro de carte bancaire dans .NET Passport, et vous pourrez commander immédiatement des livres ou des disques, ou encore tout le contenu de la page 412 d'un célèbre catalogue de vente par correspondance.

Mais il y a évidemment une contrepartie. Tout ce que vous faites avec MSN ou .NET Passport (et c'est la même chose pour pratiquement tous les sites commerciaux du Web) finit dans une gigantesque base de données stockée quelque part dans le monde. Plus les technologies employées deviennent sophistiquées, et plus votre vie privée vous échappe.

Vers le degré zéro de l'intimité ?

"Le champ du privé, c'est fini. Tournez la page." Tels sont à peu près les propos tenus en 1999 par le P-DG de Sun Microsystems, Scott McNealy, devant un groupe de journalistes. Discours exagéré, certes, et bien dans le caractère du personnage, mais qui se rapproche terriblement de la réalité.

Réfléchissez un peu. Avec Windows XP, vous êtes contraint d'activer le système (sans fournir d'informations particulières), pressé de vous enregistrer (avec ici un tas de renseignements personnels), instamment sollicité de créer un passeport .NET (vous en avez besoin pour Windows Messenger et pour Hotmail), et gentiment prié d'entrer votre numéro de carte bancaire dans votre passeport pour simplifier vos achats en ligne. Vous lancez le diffuseur de médias de Windows XP ? Vous voilà immédiatement connecté au site Web de Microsoft, où l'on vous "offre" l'opportunité d'acheter de la musique sur Internet. Vous vouliez simplement regarder vos photographies ? Et voilà une proposition commerciale "amicale" pour en commander une reproduction sur papier.

Commerce, marketing, marketing et commerce.

Bien entendu, les problèmes liés à tout ce qui concerne la vie privée vont bien au-delà de ces pratiques. Certains ont compris qu'il y avait beaucoup d'argent à gagner en collectant, organisant, filtrant et revendant des données personnelles. A l'heure actuelle, Microsoft n'est pas le pire des délinquants. Mais vous pouvez faire confiance aux types de Redmond...

Web et vie privée

Windows XP en général, et Internet Explorer 6 en particulier, fournit un niveau de contrôle sans précédent sur tout ce qui touche aux rapports entre Web et données privées. Au cœur de cette protection se trouve la politique de confidentialité appelée P3P (Platform for Privacy Preférences).

La technologie P3P permet aux développeurs de sites Web de vous dire ce qu'ils vont faire des informations qu'ils collectent sur vous. Ces informations sont stockées selon des procédures standardisées. Les sites Web qui se conforment à P3P doivent en particulier répondre à neuf questions :

- Qui collecte les informations ?
- Quelles données sont précisément collectées ? Est-ce que la filière de ces renseignements peut être remontée jusqu'à une personne particulière ?
- A quoi les données sont-elles destinées ? Pourquoi le site en a-t-il besoin ?
- Quelles sont les informations partagées avec d'autres organismes ?
- Qui sont les destinataires de ces données ?
- Est-ce que les utilisateurs ont la possibilité de modifier des renseignements qui les concernent ?
- Comment les désaccords sont-ils résolus ?

- Quelles sont les règles de déontologie appliquées pour la conservation des données ?
- Où ces règles peuvent-elles être consultées sous une forme clairement lisible ?

Vous trouverez des indications plus précises sur le site Web officiel de P3P, à l'adresse :

```
www.w3a.org/p3p
```

A l'heure actuelle, un grand nombre de sites commerciaux ont mis en place une "stratégie P3P". Si vous voulez en apprendre plus sur la politique de confidentialité d'un site, procédez de la façon suivante :

1. **Lancez Internet Explorer. Accédez au site qui vous intéresse.**
2. **Choisissez alors dans le menu Affichage l'option Rapport de confidentialité. La liste de tous les fichiers qui constituent la page Web courante va s'afficher dans une boîte de dialogue (voir la Figure 3.3).**

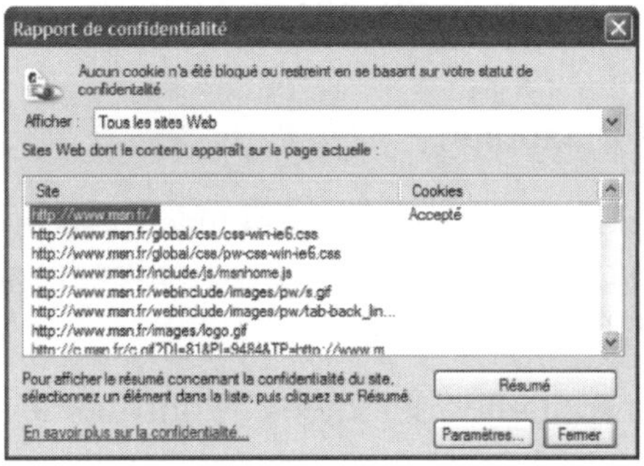

Figure 3.3 : Trouver les sites Web qui se cachent derrière la page courante.

ATTENTION !

Vous pouvez remarquer que de nombreux sites Web utilisent des insertions publicitaires provenant d'autres sites. Disons que www.abc123.com affiche un bandeau fourni par www.def456.com, et le second n'a pas la même politique de confidentialité que le premier. A titre d'exemple, le type de certificat employé par doubleclick.net (un des plus grands spécialistes de l'encart publicitaire) est fréquemment différent de celui des sites qui hébergent ses bandeaux. Inutile de citer de nom, vous ferez vous-même le constant sur des pages Web que vous fréquentez régulièrement.

3. **Sélectionnez dans la fenêtre le nom d'un site, puis cliquez sur le bouton Résumé. Le détail des déclarations P3P pour ce site va apparaître.**

4. **Cliquez sur le texte souligné afin d'accéder aux informations sur telle ou telle déclaration de confidentialité (correspondant aux neuf questions posées plus haut).**

Certains points sont plutôt inoffensifs. D'autres peuvent réclamer une lecture attentive. A titre d'exemple, la Figure 3.4 montre une déclaration P3P pour `global.msads.net`, le site qui gère les insertions publicitaires pour de nombreuses pages Web de Microsoft (y compris celles de `www.msn.fr`).

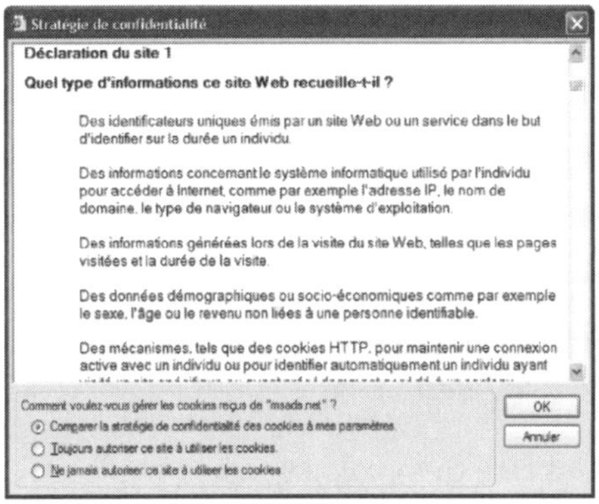

Figure 3.4 : Déclaration de politique de confidentialité, en provenance du site de MSN.

Vous pouvez raisonnablement penser qu'un site Web respecte les termes de la politique de confidentialité qu'il prône. Mais vous n'en avez aucune garantie.

Si vous constatez qu'un site Web n'a pas de politique de confidentialité, envoyez un message à son responsable (le fameux webmaster dont l'adresse est généralement signalée en bas de page). N'hésitez pas à protester. La technologie P3P n'est évidemment pas infaillible, mais c'est un pas intéressant dans la bonne direction (et à mon avis, un pas qui aurait dû être franchi depuis longtemps). Les responsables de sites qui hésitent à implémenter une politique de confidentialité doivent être convaincus qu'ils font fausse route.

Contenir les cookies

Evidemment, vous avez envie de savoir ce qu'est un cookie.

Un cookie est un fichier de texte qu'un site Web enregistre sur votre ordinateur. Et pourquoi fait-il cela ? Pour vous identifier lorsque vous revenez le visiter. C'est aussi simple que cela.

Prenons le cas le M. Lenul, de son ordinateur et d'un site Web que M. Lenul visite. Appelons ce site La Gazette des Nuls (`www.gazettedesnuls.fr`). Ce magasine (évidemment, notre favori à tous) utilise des cookies pour savoir à quand remonte la dernière visite de M. Lenul. Quand celui-ci clique sur un bouton, il peut voir tout ce qui s'est passé depuis son passage précédent. Magnifique idée. Et voici comment les cookies s'insèrent dans cet idyllique paysage :

1. M. Lenul décide qu'il a envie de regarder le site Web de La Gazette des Nuls. Il tape donc l'adresse www.gazettedesnuls.fr dans son navigateur habituel, puis il appuie sur la touche Entrée.

2. L'ordinateur de M. Lenul commence à dialoguer avec le site Web. ("Bonjour, bonjour. Je suis M. Lenul, et j'aimerais bien regarder votre page d'accueil.")

3. Le site Web de La Gazette des Nuls reçoit le message, et il se met à répondre à l'ordinateur de M. Lenul. ("Bien le bonjour à vous, M. Lenul ! Avez-vous déjà visité mon site ?" En réalité, La Gazette des Nuls utilise des formules de politesse bien plus élaborées, mais cela vous donne l'idée générale du dialogue.)

4. L'ordinateur de M. Lenul se retourne immédiatement vers son disque dur, et il y recherche un fichier de texte appelé par exemple `MLenul@www.gazettedesnuls.txt` (merci pour votre indulgence). Comme c'est la première fois qu'il entre ici, il ne trouve pas ce fichier et le signale au site. ("Désolé, mais je n'ai pas de cookie de La Gazette des Nuls chez moi.")

5. La Gazette des Nuls retire ses souliers et ses chaussettes, elle compte ses doigts de pied, se gratte le front, et annonce alors à l'ordinateur de M. Lenul : "Très bien. Je viens de calculer que vous êtes l'utilisateur numéro 1578462. Est-ce que vous pouvez enregistrer ce nombre pour que je puisse vous identifier lors de

votre prochain passage ? Et, tant que nous y sommes, enregistrez aussi la date d'aujourd'hui, soit le 25 décembre à 11 heures 36 du matin. Merci d'avance."

6. L'ordinateur de M. Lenul s'exécute, et il crée un nouveau fichier appelé `MLenul@www.gazettedesnuls.txt`. Il y stocke le numéro 1578462 ainsi que la date du 25 décembre à 11 heures 36 du matin.

La page principale du site de La Gazette des Nuls commence à s'afficher sur l'écran. M. Lenul lit les gros titres, et il voit brusquement une promotion sur un produit, qu'il commande bien sûr. Quelques heures (jours, semaines ou mois) plus tard, M. Lenul revient sur le site `www.gazettedesnuls.fr`. Et voici ce qui se passe :

1. M. Lenul tape l'adresse du site dans Internet Explorer, puis il appuie sur Entrée.

2. L'ordinateur de M. Lenul commence à dialoguer avec le site Web ("Bonjour, bonjour. Je suis M. Lenul, et j'aimerais bien regarder votre page d'accueil.") Vous connaissez l'histoire.

3. Le site Web de La Gazette des Nuls reçoit le message, et il se met à répondre à l'ordinateur de M. Lenul. ("Bien le bonjour à vous, M. Lenul ! Avez-vous déjà visité mon site ?") Air connu.

4. L'ordinateur de M. Lenul se retourne immédiatement vers son disque dur, et il y recherche un fichier de texte appelé par exemple `MLenul@www.gazettedesnuls.txt`. Surprise, il le trouve ! Il répond alors au site Web : "Sacré veinard ! J'ai justement un cookie qui viens de chez vous. Il dit que je suis l'utilisateur 1578462, et que je suis venu le 25 décembre à 11 heures 36 du matin."

5. C'est tout ce que le site de La Gazette des Nuls avait besoin de savoir. Il envoie immédiatement un gros bandeau annonçant "Bienvenue, M. Lenul", et il place un bouton qui dit : "Cliquez sur moi pour savoir tout ce qui s'est passé depuis le 25 décembre à 11 heures 36 du matin."

Remarquez que La Gazette des Nuls pourrait aussi récupérer le numéro qu'il a attribué à M. Lenul (le 1578462), l'enregistrer dans une base de données quelconque, et accumuler des informations sur ce visiteur. Ce n'est pas le genre de la maison, mais c'est parfaitement possible.

ATTENTION !

Quelqu'un vous a certainement dit que les cookies sont horribles, qu'il s'agit de programmes diaboliques fouillant dans les entrailles de Windows pour divulguer le code de votre carte bancaire à un adolescent boutonneux du Gazukistan, puis découpant en petits dés les données de votre disque dur avant de vous dénoncer aux services du ministère des Finances. En fait, c'est probablement le futur ex-petit ami de la coiffeuse de la copine de la belle-sœur de votre oncle Charles qui vous l'a dit. Vous y croyez vraiment ? Un cookie est juste un petit fichier de texte placé sur votre disque dur par une page Web. Rien de calamiteux là-dedans.

N'OUBLIEZ PAS

Un cookie ne peut être retrouvé que par le site qui l'a envoyé. Si La Gazette des Nuls a placé des cookies sur mon disque dur, il n'y a qu'elle qui peut les lire. Bien sûr, il y a quand même un truc. Mais attendons la fin du chapitre pour en parler.

Pour comprendre en quoi les cookies peuvent devenir un problème, il faut s'intéresser de plus près aux genres d'informations qu'ils sont capables d'accumuler sur vous, en tant qu'individu, et comment cela est susceptible d'interférer avec votre vie privée.

Lorsque vous visitez un site Web, celui-ci collecte en règle générale et de façon automatique une petite quantité d'informations sur vous :

- L'adresse de votre ordinateur. Il s'agit en fait de son adresse IP (voir à ce propos le Chapitre 2 du Livret IX). Si vous utilisez un accès à distance (autrement dit, un modem normal), cette adresse change chaque fois que vous vous connectez à l'Internet. Avec une connexion permanente (modem câble ou ADSL), il est probable que votre adresse reste identique. Cela signifie qu'un programme d'exploitation peut (en théorie) disposer de données suffisamment persistantes pour pister vos activités pendant une longue période de temps.
- Le nom du navigateur que vous utilisez, son numéro de version ainsi que le nom de votre système d'exploitation. En d'autres termes, le site Web est capable de savoir que vous disposez de Windows XP et d'Internet Explorer 6. Rien de gênant.
- L'adresse de la page Web que vous avez visitée juste avant.

Cela ne représente pas beaucoup d'informations, mais ces données sont réclamées chaque fois que vous visitez un site Web. Vous ne pouvez rien y faire. Bien entendu, un site peut conserver bien d'autres renseignements sur votre comportement : les noms des pages chargées, le temps passé sur chacune, les boutons sur lesquels vous avez cliqué, etc.

De surcroît, un site peut vous demander littéralement n'importe quoi : votre salaire mensuel, le nom de jeune fille de votre mère, vos numéros de téléphone, de cartes bancaires, de sécurité sociale, de permis de conduire, votre pointure, le QI de votre tante Marthe... Si êtes assez joueur pour accepter de répondre à ce genre de question, le site Web peut mémoriser les informations.

C'est là que les choses commencent à devenir risquées. Supposons que vous accédiez à une page Web sur lequel vous entrez votre adresse e-mail ainsi que votre numéro de carte bancaire. Vous visitez ensuite un autre site, et vous tapez votre adresse e-mail ainsi que votre numéro de téléphone. Si ces deux sites pratiquent le partage d'informations (éventuellement via un troisième larron), il devient du même coup possible d'associer téléphone et carte de crédit. L'encadré qui se trouve à la fin du chapitre vous en dira plus sur le sujet.

Comme il se doit, Microsoft collecte une quantité considérable d'informations sur vous dans ses diverses bases de données (enregistrement de Windows XP, .NET Passport, MSN, etc.). Officiellement, ces bases de données ne sont pas connectées. Pas encore.

Windows XP et Internet Explorer 6 proposent des outils vous permettant d'éliminer les cookies qui ne sont pas nécessaires. Les méthodes employées à cet effet sont directement liées à la politique de confidentialité P3P mise en œuvre par les sites Web consciencieux. Si vous voulez freiner la course des cookies, procédez de la façon suivante :

1. **Lancez Internet Explorer depuis le menu Démarrer.**

2. **Ouvrez le menu Outils, et sélectionnez la commande Options Internet. Cliquez alors sur l'onglet Confidentialité (voir la Figure 3.5).**

3. **Faites glisser le curseur vers le haut ou vers le bas selon que vous voulez bloquer plus ou moins de cookies sur votre PC.**

Lorsqu'un cookie est bloqué, une petite icône apparaît en bas de la fenêtre d'Internet Explorer. Cliquez sur ce symbole pour découvrir qui a été refusé, et pourquoi.

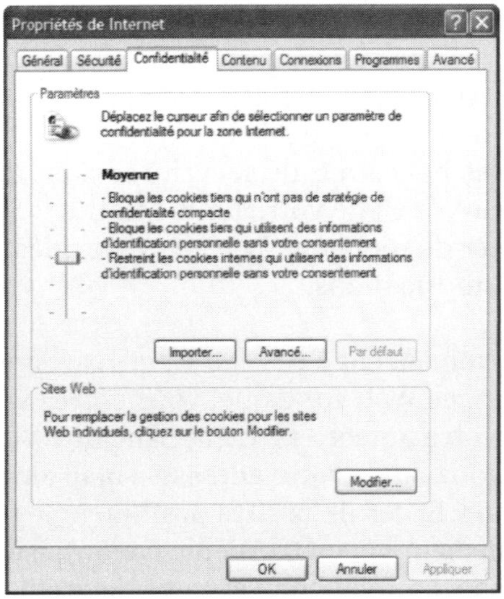

Figure 3.5 : La gestion des cookies d'Internet Explorer 6 est directement liée à la politique de confidentialité P3P des sites Web.

4. **Si vous souhaitez interdire tous les cookies pour un site donné (ou à l'inverse les autoriser sans contrôle), cliquez sur le bouton Modifier, vers le bas de la fenêtre. Entrez alors manuellement l'adresse du site dans la boîte de dialogue Actions de confidentialité par site (voir la Figure 3.6).**

Figure 3.6 : Internet Explorer 6 vous permet de bloquer facilement tous les cookies pour certains sites.

Crypter le courrier électronique

Bill G. le fait. Le président de la République le fait faire. Vous devriez peut-être vous y mettre aussi.

Pratiquement tous les messages circulent "en clair" sur l'Internet. Et pratiquement n'importe quelle personne disposant des compétences techniques nécessaires (ce qui fait beaucoup de monde) est à même de récupérer vos e-mails, de les rediriger, de les lire tranquillement, et donc aussi de les modifier. Et si l'individu est assez malin, vous ne saurez même jamais que vous avez été piraté.

La façon la plus simple de protéger vos e-mails des regards indiscrets est de les coder, de les *crypter*. Et la méthode la plus répandue est fournie par votre programme de messagerie lui-même :

- Si vous utilisez Outlook 2002 (fourni avec Microsoft Office XP), Outlook 2000 (compagnon de Microsoft Office 2000) ou Outlook Express (installé avec Windows XP et Internet Explorer 6), ouvrez la boîte de dialogue Options à partir du menu Outils. Activez l'onglet Sécurité, puis cochez la case intitulée Crypter le contenu et les pièces jointes de tous les messages sortants. Suivez les instructions vous permettant d'obtenir une identification numérique.
- Si vous ne vous servez pas d'une version quelconque d'Outlook (ou si votre confiance dans les méthodes de cryptage les plus courantes est limitée), vous pouvez vous tourner vers le programme PGP (Pretty Good Privacy), qui est libre de droits pour une utilisation personnelle. Voyez pour cela le site `web.mit.edu/network/pgp.html` (qui vous indiquera fermement que PGP est réservé aux citoyens américains et canadiens...).

Protégez votre vie privée

Pour terminer, voici quelques conseils importants, à respecter par tous les Nuls :

- En règle générale, tout ce que vous faites au travail sur votre ordinateur peut être suivi et examiné par votre employeur. Ce qui ne veut pas dire pour autant que les choses se passent ainsi. Mais sachez que c'est un jeu d'enfants de savoir quels sont les programmes, les documents ou encore les paramètres de configuration enregistrés sur votre PC professionnel. Si vous disposez d'un accès Internet au travail, il est très probable que les sites Web visités et les messages échangés sont surveillés. Votre intimité est réduite à zéro. Ne l'oubliez pas, et soyez prudent !

Pourquoi utiliser une adresse de messagerie professionnelle pour des messages personnels ? Il existe des dizaines de fournisseurs, à l'image de Hotmail, qui vous permettent de disposer d'une adresse e-mail gratuite !

Internet Explorer sauvegarde (dans un cache) une copie des pages Web que vous visitez, et ce afin d'accélérer leur chargement lorsque vous y revenez plus tard. Il conserve également un historique de vos déplacements (par défaut pendant vingt jours). Pour effacer ces traces, lancez Internet Explorer, et choisissez dans le menu Outils la commande Options Internet. Sous l'onglet Général, cliquez sur les boutons Supprimer les fichiers, puis Effacer l'Historique.

- Vous pouvez surfer sur le Web de façon anonyme. Rien de bien compliqué. Visitez par exemple le site `www.anonymizer.com`. N'oubliez cependant pas que même cette technique laisse des traces sur votre PC. Pour les effacer, suivez le conseil ci-dessus.

- Vous pouvez aussi envoyer des e-mails de façon anonyme. Personne ne pourra remonter à leur source. Voyez par exemple le site `www.gilc.org/speech/anonymous/remailer.html` (en anglais), ou encore `www.emailanonyme.com` (en français). Certains de mes amis prétendent même qu'une certaine firme de Redmond emploie ce type de procédé en permanence.

Pour en savoir plus sur le sujet, essayez de taper dans le champ d'adresse d'Internet Explorer quelque chose comme "Internet anonyme" ou "message anonyme". Cela vous permettra d'obtenir une liste de sites qui évoquent la question. A voir également le site `www.anonymat.org`.

Cookies : la grande menace

Un site Web plante un cookie sur votre ordinateur. Seul ce site Web peut retrouver ledit cookie. Cette information est protégée du regard des autres sites Web. Cela, c'est la théorie. Aucun problème en apparence.

Et voici qu'entre en scène Doubleclick.com. Vous visitez un site qui propose des avis publicitaires provenant d'une société appelée Doubleclick.com (pour savoir si c'est le cas d'une page donnée, voyez ce qu'en dit le rapport de confidentialité – depuis le menu Affichage d'Internet Explorer 6). L'astuce est la suivante : la page que vous consultez sur le site A contient un bandeau Doubleclick.com. Celui-ci place dans votre PC un cookie qui dit que vous avez affiché une certaine page de A. Deux heures (ou jours ou semaines) plus tard, vous surfez sur le site B, qui contient également un encart tout à fait différent, mais également d'origine Doubleclick.com. Ce dernier ausculte votre système, et il s'aperçoit que vous avez aussi visité le site A un peu plus tôt.

Multipliez ce petit scénario par dix, cent ou un million, et vous commencerez à comprendre comment les cookies peuvent être utilisés pour collecter de grandes quantités d'informations sur vous et sur vos habitudes de navigation. Il n'y a en soi rien là-dedans qui soit particulièrement immoral, voire illégal (sous réserve du respect des textes en vigueur). Cependant, Big Brother veille en permanence sur vous lorsque vous êtes connecté. Il est important de le savoir.

Index

R

S

U

V

W

Index général

J

K

L

M

N

O

P

R

V

W

Z

Achevé d'imprimer par Corlet, Imprimeur, S.A. - 14110 Condé-sur-Noireau
N° d'Imprimeur : 62960 - Dépôt légal : février 2003 - *Imprimé en France*